新东方 XDF.CN

•最适合中国学生使用的词汇学习书•

英语词根词典

Vocabulary Workshop 2

（韩）金正基 编著

翻译委员会

主任：李先汉（北京大学外国语学院教授）

委员：南燕（北京大学外国语学院讲师）

孙红娟（北京师范大学汉语文化学院讲师）

焦艳（中国社会科学院外国文学研究所助理研究员）

董洁（北京大学历史系在读博士）

群言出版社
Qunyan Press

图书在版编目(CIP)数据

英语词根词典 /（韩）金正基编著 ; 李先汉，南燕译
.— 北京 : 群言出版社，2009（2014.4重印）
书名原文：Vocabulary Workshop 2
ISBN 978-7-80080-969-9

Ⅰ. ①英… Ⅱ. ①金… ②李… ③南… Ⅲ. ①英语—词根—词典 Ⅳ. ①H314.1-61

中国版本图书馆CIP数据核字（2008）第018897号

版权登记：图字 01—2006—6989

出 版 人　范　芳
责任编辑　周艳华
封面设计　赵文康
出版发行　群言出版社(Qunyan Press)

地　　址　北京市东城区东厂胡同北巷1号（100006）
网　　站　www.qypublish.com
电子信箱　bj62605588@163.com　qunyancbs@126.com
总 编 办　010-62605588　65265404　65138815
发 行 部　010-62605019　62263345　65220236
经　　销　全国新华书店
读者服务　010-62418641　65265404　65263345
法律顾问　北京市君泰律师事务所

印　　刷　北京鑫海达印刷有限公司
版　　次　2009年8月第1版　2014年4月第10次印刷
开　　本　880×1230　1/32
印　　张　16
字　　数　586千字
书　　号　ISBN 978-7-80080-969-9
定　　价　48.00元

前　言

20 多年前，笔者倾注了极大的心血，编写并出版了《英语词缀词典》（*Vocabulary Workshop 1*）。如今，此书的销售量已突破百万，也已成为了大学生必备的词汇宝典和作者的自豪，乃至作者生命的一部分。此书出版后，广大读者纷纷提出要求，希望能有一本通过词根来学习词汇的书籍。为此，笔者编写了《英语词根词典》（*Vocabulary Workshop 2*）。

笔者于留学期间在英国伦敦和牛津、美国纽约和华盛顿的大型书店以及纽约州立大学图书馆搜集了大量的资料。根据这些资料以及词源学理论，本书归纳、讲解了近 2,000 个词根，涵盖常用基本词根及其同义、反义词根。这种利用词根来扩充词汇的学习方法效果极佳。例如，通过本书 Lecture 1 的词根 DUC 和 DUCT，可以同时掌握 4 个主词及 5 个派生词，31 个补充词汇及 10 个派生词，共 50 个单词。

本书的一个重要特色是，根据美国小学、初中、高中、大学的教科书以及美国教育学家兼心理学家桑戴克博士（Edward L. Thorndike）的词频统计著作《教师的 20,000 词词汇书》（*Teacher's Word Book of 20,000 Words*），整理了单词的等级和使用频率，分别标示为：☆☆☆→到美国 4 年级为止 / 5,000 个单词；★★★→美国 5 年级～8 年级 / 10,000 个单词；★★→美国 9 年级～11 年级 / 20,000 个单词；★→美国 12 年级 / 30,000 个单词；☆→美国大学以上 / 30,000 个单词以上。科学地划分单词的等级并标注使用频率有助于提高学习效率，避免浪费时间。

本书的另一个重要特色是，列举了丰富的例句和词语搭配实例，并对基础词汇作了详细的阐释。国际化时代的到来要求我们具备出色的英语能力。本书收录的特别是以形容词为主的 10,000 多个例句，有助于提高英语会话和写作能力。会话和写作过程中最难把握的是形容词，这是因为人们往往分别掌握形容词及其修饰的名词。而事实上高效的方法应该是将形容词和名词结合起来学习。本书提供的大量搭配实例可以为英语会话和写作积累实用素材。基础词汇大体是中学时学过的非常简单的词汇，许多人觉得英语很难，主要就是因为没有掌握好这些基础词汇。而英语里的大部分俗语和口语表达都是由这些基础词汇（基础动词 110 个，基础名词 200 个，基础介词 50 个）所构成，所以扎实掌握这些基础词汇是攻克英语的前提和捷径。

本书科学划分词汇等级，标注使用频率，读者可据此安排学习计划。全书 200 个 LECTURE 中出现的 1,000 个主词条应当全部掌握。其他词汇可按照星号标注的使用频率依次攻克：第一阶段→读者在以往考试中遇到的词汇；第二阶段→标有☆☆☆和★★★的初级词汇；第三阶段→标有★★的中级词汇；第四阶段→标有★的高级词汇；第五阶段→标有☆的最高级词汇。其中，标有☆的词汇使用频率很低，考试中基本不会出现；而标有★★★和★★的词汇在考试中出现的几率很高，需重点掌握。

通过词根学习词汇的《英语词根词典》和通过前缀、后缀学习词汇的《英语词缀词典》里的 1,000 个主词条彼此重复。本书按照《英语词缀词典》里各 Lecture 中词条的词根顺序编写。建议两本书同时学习使用，反复学习，效果加倍！

最后，将本书献给这个时代的每一位生活实践者。

编　者

使用说明

本书按照《英语词缀词典》各 Lecture 中词根出现的顺序编写，分为两部分，共 200 个 Lecture，与《英语词缀词典》的编排体例相呼应，方便对照，有助于同时学习词根、词缀。

本书的第一部分“利用前缀扩充词汇之词根篇”与《英语词缀词典》的第一部分“利用前缀扩充词汇”相对应。本书的第二部分“利用后缀扩充词汇之词根篇”与《英语词缀词典》的第二部分“利用后缀扩充词汇”相对应。讲解《英语词缀词典》中主词条的词根，补充同义、近义、反义、变形词根，讲解同根词。

Contents

目　录

例如：本书 Lecture 1 讲解的词根 duct 是《英语词缀词典》Lecture 1 中 abduct 的词根。本节以词根 duct 为基础，讲解同义词根 duc，列举其他同义、近义词根及其变形词根，补充讲解同根词。

目录列示了每个 Lecture 的主讲词根，并按讲解顺序以圆点分隔各组词根，以逗号分隔同义词根。

列示本节所讲词根，以方括号标示变形词根。

以星号标示词汇等级和使用频率，避免浪费时间。具体标示为：☆☆☆→到美国4年级为止/5,000个单词；★★★→美国5年级~8年级/10,000个单词；★★→美国9年级~11年级/20,000个单词；★→美国12年级/30,000个单词；☆→美国大学以上/30,000个单词以上。

讲解词根来源和含义，补充同义、反义、近义、变形词根，帮助理解、记忆。列举形近词根，防止混淆、误记。

以词源为中心，剖析单词结构。以粗体标示本节所讲词根，同时用楷体标出本节词根对应的中文含义，以强化对词根的记忆，有助于彻底记住词义。

LECTURE 1

词根 DUC, DUCT[DU]

来自拉丁语的词根 duc, duct 意为 to lead。du 是它们的变形。同义词根有来自拉丁语的 men[mean] 和来自希腊语的 agog。此外，还有意为 to drive 的来自拉丁语的词根 ag / ig / act, flig, pel / puls [peal] 等。

abduct★ [æbˈdʌkt]
[拉向远处 ab (= away) + **duct** (= lead)]
vt. 诱拐(女子或孩子)；绑架
ⓝ abduction 诱拐 abductor 诱拐者 ⓔ The robber decided to abduct a hostage. (强盗决定绑架一名人质。)

conducive★★ [kənˈdjuːsɪv]
[一起、一块拉的 con⟨com (= together) + **duc** (= lead)]
a. 有助于…的，有利的
ⓥ conduce 有助于，有利于 ⓔ The excessive cold in the classroom is not conducive to learning. (教室太冷会不利于学习。)

induce★★★ [ɪnˈdjuːs]
[向里拉 in (= in, into) + **duc** (= lead)]
vt. sb + to do 引起，诱发；劝诱；【逻】归纳；【医】用人工方法引导
ⓝ inducement 劝诱 ⓔ Doctors often induce labor in pregnant women with powerful drugs. (医生常常使用强效药来为孕妇引产。)

traduce★ [trəˈdjuːs]
[拉过头、拉偏 tra⟨trans (= over, across) + **duc** (= lead)]
vt. 中伤，诽谤
ⓝ traducer 诽谤者 ⓔ Stars are used to seeing their names traduced in the tabloids. (看见小报中伤自己的名誉，明星们已经习以为常了。)

aqueduct★★ [ˈækwɪdʌkt] *n.* 沟渠；导水管，水道 *aqu (= water)

conduction★★ [kənˈdʌkʃn] *n.* (电流、热等的)传导 *con⟨com (= together)
ⓥ conduct (传导；引导；指挥) ⓐ conductive (传导的)

conductor★★★ [kənˈdʌktə(r)] *n.* 指挥家；列车长；(电流、热等的)导体 *con⟨com (= together)
ⓝ conductress (女车长) semiconductor (半导体)

deduct★★ [dɪˈdʌkt] *v.* 扣除，减除 *de (= down)
ⓔ deduct 10% from the salary (从工资里扣除10%)

deductible★★ [dɪˈdʌktəbl] *a.* 可扣除的；可减免的 *de (= down)
ⓔ deductible tax (可减免的税款)

deduction★★ [dɪˈdʌkʃn] *n.* 扣除(额)，减除(额)；推论；演绎 *de (= down)
ⓔ deductions from pay for insurance and pension (从薪水里扣除一部分作为保险费和退休金)

deductive★ [dɪˈdʌktɪv] *a.* 推论的；演绎的 *de (= down)
ⓔ deductive method (演绎法)

ductile★ [ˈdʌktaɪl] *a.* (金属)可延展的；易教导的；顺从的 *ile (= capable of)
ⓝ ductility ((金属的)可延展性；(人等的)可塑性) ⓐ inductile (无延展性的；难以教导的)

induct★ [ɪnˈdʌkt] *v.* 使(正式)就任；吸收为会员；使入门；【逻】归纳；引导 *in (= into)

induction★★ [ɪnˈdʌkʃn] *n.* (正式)就职；入门；入会；归纳(法)；诱导 *in (= into)
ⓔ induction course (入门课程) induction ceremony (入会仪式，如加入 Phi Beta

拓展使用频率较高的派生词，并标示派生词词性，轻松记忆同源单词。

补充含有本节词根的词汇及派生词，利用词根有效扩充词汇。

以 *vt.* 和 *vi.* 区分及物动词和不及物动词，并给出常用动介搭配和部分动词的宾语和宾补形式。区分及物动词和不及物动词是说出和写出正确英语句子的必要前提。

给出补充词汇中词缀的英文释义，同时扩充词缀知识和词汇量。建议使用《英语词缀词典》来系统学习词缀。

每个词条均配以例句及词语搭配实例，内容时新、实用，主题包罗万象，可以为英语口语、写作积累实用素材。

Contents

目　录

第二部分 利用后缀扩充词汇之词根篇

必备前缀、后缀整理

前缀/后缀	含义	变形
前缀 AB	1. away, from, off（分离，脱离；消失，减小，去除） 2. intensive（强调）	ABS→在辅音字母 c，t 之前 A→在辅音字母 m，v 之前
前缀 AD	1. to（方向；行为、动作、作用的对象；附加，添加；接近） 2. intensive（强调）	AC→在发“k”音的辅音字母 c, q 之前 AS→在发“s”音的辅音字母 c, s 之前 AF, AG, AL, AN, AP, AR, AT→在辅音字母 f，g，l，n，p，r，t 之前 A→在辅音字母 b，m，p，v 及双辅音字母 sc，sp，st 之前
前缀 AN	1. not（不是…的，不…的，不是…） 2. without（没有…的，没有…地，不具备…的）	A→在辅音字母之前
前缀 COM	1. with（联合，伴随；持有，拥有；委托，管理；工具，手段；和…一致，适合于…；分离 ） 2. together（一起，伴随，一块儿；总共；相互…；和…同时；完全地，彻底地） 3. intensive（强调）	COL→在辅音字母 l 之前 CON→在辅音字母 c，f，g 之前 COR→在辅音字母 r 之前 CO→在元音字母 a，e，i，o，u 和送气音“h”以及辅音字母 g，v 之前 COUN→添加元音字母 u
前缀 DE	1. down（向下；降低地） 2. from（脱离，使分离；使没有，…掉了的） 3. intensive（强调）	
前缀 DIS	1. apart（分离地，使分离；分别；远远地，脱离） 2. not, reverse（否定，轻微否定） 3. intensive（强调）	DI→在辅音字母 g,l,m,r,v 之前 DIF→在辅音字母 f 之前
前缀 EN	1. in（在…里，在…中） 2. make（使变成…，使成为…） 3. give（授予） 4. not（否定） 5. intensive（强调）	EM→在辅音字母 b，m，p 之前

前缀/后缀	含义	变形
前缀 EX	1. out（在外边；向上；挑选；去除，使分离；彻底地，完全地） 2. intensive（强调）	E→在辅音字母 b，d，g，j，l，m，n，r，v 之前 EF→在辅音字母 f 之前 EC→在辅音字母 c，l，s，t，z 之前 ES→在辅音字母 c 之前 EX→ex 之后的辅音字母 s 脱落
前缀 IN	1. in（在里边，以…的状态） 2. on（在…上面，对…；对于；依靠…；针对…；进行中，继续；披在身上） 3. not（否定） 4. against（反对） 5. to（向…，因…） 6. intensive（强调）	IL→在辅音字母 l 之前 IM→在辅音字母 b，m，p 之前 IR→辅音字母 r 之前 I→在辅音字母 g 之前
前缀 INTER	between（在…之间，在…的中间；相互的）	INTEL→在辅音字母 l 之前 ENTER / ENTR→用于法语系统
前缀 MAL	ill, bad(坏的)	MAL→在辅音字母 d，f，v 之前 MALI→在辅音字母 g，s 之前
前缀 OB	1. against(逆着…，和…敌对，和…相反) 2. to（向…；给…） 3. in the way（妨碍地） 4. over（越过；盖住） 5. away（远远地，消失） 6. intensive（强调）	OC→在辅音字母 c 之前 OF→在辅音字母 f 之前 OP→在辅音字母 p 之前 OS→在辅音字母 t 之前 O→在辅音字母 m 之前
前缀 PARA	1. beside（在…旁边，和…并肩） 2. intensive（强调）	PAR→在元音字母之前
前缀 PER	1. through（贯通，通过） 2. throughout（到处；从头到尾，一直，始终） 3. falsely（虚假地） 4. by（依据…） 5. intensive（强调）	PEL, POL→在辅音字母 l 之前 PAR→在辅音字母 d，s 和元音字母 a 之前 PIL→在辅音字母 g 之前 POR→在辅音字母 t 之前
前缀 PRE	before（先前，以前；前面；提前；向前）	
前缀 PRO	1. forward, forth（向前） 2. before（先前，提前，首先） 3. for（赞同…，支持…） 4. according to（跟随…） 5. in place of（代替…）	PUR→在辅音字母 c，p，s，v 之前 POR→在辅音字母 t 之前 PROD→在元音字母之前 PR→在元音字母之前 o 脱落

前缀/后缀	含义	变形
前缀 RE	1. back（向后；在后边；变成…；还给，作为答礼；藏在后边；抑制） 2. again（重新） 3. against（逆着） 4. away（远远地，消失） 5. mutually（相互） 6. intensive（强调）	RED→在元音字母之前 REN→在辅音字母 d 之前 R→在元音字母之前 e 脱落
前缀 SUB	1. under（在…底下，在…下边） 2. secondary（下位，副） 3. slightly（一点，稍许） 4. in place of（代替…） 5. precisely（精确地）	SUC→ 在辅音字母 c 之前 SUF→ 在辅音字母 f 之前 SUG→ 在辅音字母 g 之前 SUM→ 在辅音字母 m 之前 SUP→ 在辅音字母 p 之前 SUR→ 在辅音字母 r 之前 SUS→在辅音字母 c，p，t 之前
前缀 SUPER	1. over（越过…，比…多，变得更加…；剩下，多余地，过多地；从上到下；超越；关于；全部；重复，再一次；结束） 2. above（在上边） 3. beyond（越过,超越）	SUR SUPR SOPR
前缀 TRANS	1. across（横穿，到那边；十字交叉；分叉；使理解） 2. through（通过） 3. over（越过） 4. beyond（超越） 5. change（变化） 6. intensive（强调）	TRAN→在辅音字母 q，s 之前 TRA→在辅音字母 d，j，v 和元音字母 i 之前 TRES, TREAS
后缀 AGE	1. state, that which（状态，物） 2. act（行为，动作） 3. collective（集合） 4. cost（费用） 5. place, position（地点；地位，身份）	
后缀 ITY	1. state, that which（状态，物） 2. act（行为，动作） 3. quality（性质）	TY Y
后缀 TION	1. state, that which（状态，物） 2. act（行为，动作） 3. result（结果）	SION ION

前缀/后缀	含义	变形
后缀 ABLE	capable of（能做…的，易做…的）	IBLE ILE
后缀 ANT，ENT	having the quality of（具有…性质的）	
后缀 ARY，ORY	1. having the quality of（具有…性质的） 2. related（有关系的）	
后缀 IC，ICAL	nature of（具有…性质的）	
后缀 OUS	1. full of, many（多的） 2. having the quality of（具有…性质的） 3. like（如同…）	
后缀 ATE	1. make（使…） 2. having the quality of（具有…性质的） 3. person who, that which（人，…东西）	
后缀 FY	make（使…）	

第一部分　利用前缀扩充词汇之词根篇

LECTURE 1

词根 DUC, DUCT[DU]

来自拉丁语的词根 duc, duct 意为 to lead。du 是它们的变形。同义词根有来自拉丁语的 men[mean] 和来自希腊语的 agog。此外，还有意为 to drive 的来自拉丁语的词根 ag / ig / act, flig, pel / puls [peal] 等。

abduct* [æb'dʌkt]
[拉向远处 ab (= away) + duct (= lead)]
vt. 诱拐(女子或孩子)；绑架
ⓝ abduction 诱拐 abductor 诱拐者 ⓔ The robber decided to abduct a hostage.(强盗决定绑架一名人质。)

conducive** [kən'djuːsɪv]
[一起、一块拉的 con〈com (= together) + duc (= lead)]
a. 有助于…的，有利的
ⓥ conduce 有助于，有利于 ⓔ The excessive cold in the classroom is not conducive to learning.(教室太冷会不利于学习。)

induce*** [ɪn'djuːs]
[向里拉 in (= in, into) + duc (= lead)]
vt. sb + to do 引起，诱发；劝诱；【逻】归纳；【医】用人工方法引导
ⓝ inducement 劝诱 ⓔ Doctors often induce labor in pregnant women with powerful drugs.(医生常常使用强效药来为孕妇引产。)

traduce* [trə'djuːs]
[拉过头、拉偏 tra〈trans (= over, across) + duc (= lead)]
vt. 中伤，诽谤
ⓝ traducer 诽谤者 ⓔ Stars are used to seeing their names traduced in the tabloids.(看见小报中伤自己的名誉，明星们已经习以为常了。)

aqueduct** ['ækwɪdʌkt]
n. 沟渠；导水管，水道 *aqu (= water)

conduction** [kən'dʌkʃn]
n. (电流、热等的)传导 *con〈com (= together)
ⓥ conduct (传导；引导；指挥) ⓐ conductive (传导的)

conductor*** [kən'dʌktə(r)]
n. 指挥家；列车长；(电流、热等的)导体 *con〈com (= together)
ⓝ conductress (女车长) semiconductor (半导体)

deduct** [dɪ'dʌkt]
v. 扣除，减除 *de (= down)
ⓔ deduct 10% from the salary (从工资里扣除 10%)

deductible** [dɪ'dʌktəbl]
a. 可扣除的；可减免的 *de (= down)
ⓔ deductible tax(可减免的税款)

deduction** [dɪ'dʌkʃn]
n. 扣除(额)，减除(额)；推论；演绎 *de (= down)
ⓔ deductions from pay for insurance and pension (从薪水里扣除一部分作为保险费和退休金)

deductive* [dɪ'dʌktɪv]
a. 推论的；演绎的 *de (= down)
ⓔ deductive method (演绎法)

ductile* ['dʌktaɪl]
a. (金属)可延展的；易教导的；顺从的 *ile (= capable of)
ⓝ ductility ((金属的)可延展性；(人等的)可塑性) ⓔ inductile (无延展性的；难以教导的)

induct* [ɪn'dʌkt]
v. 使(正式)就任；吸收为会员；使入门；【逻】归纳；引导 *in (= into)

induction** [ɪn'dʌkʃn]
n. (正式)就职；入门；入会；归纳(法)；诱导 *in (= into)
ⓔ induction course (入门课程) induction ceremony (入会仪式，如加入 Phi Beta

Kappa(美国大学优等生和毕业生的荣誉组织)等在全国拥有最高权威的优秀学会的仪式)

---

inductive★★ [ɪn'dʌktɪv]
a. 归纳的；诱导性的 *in (= into)
ⓔ inductive method (归纳法)

introduction★★★ [ˌɪntrə'dʌkʃn]
n. 介绍；引进；绪论，前言；初级读物 *intro (= within)

introductory★★ [ˌɪntrə'dʌktəri]
a. 介绍性的；前言的；初步的 *intro (= within)
ⓔ introductory remarks (前言，序言) introductory chapter (绪篇)

oviduct★ ['əʊvɪdʌkt]
n. 输卵管 *ovi (= egg)

product★★★ ['prɒdʌkt]
n. 产物；产品；产量；结果 *pro (= forth)
ⓔ agricultural / marine / forest products (农/海/林产品) gross national product (GNP) (国民生产总值)

---

production★★★ [prə'dʌkʃn]
n. 生产；产量；作品 *pro (= forth)
ⓔ mass production (大量生产) production line (生产线)

productive★★★ [prə'dʌktɪv]
a. 多产的；生产性的；肥沃的；造成某种结果的 (of) *pro (= forth)
ⓔ productive writer (多产作家) productive of happiness (带来幸福的)

productivity★★ [ˌprɒdʌk'tɪvəti]
n. 生产率，生产力 *pro (= forth)
ⓔ productivity movement (提高生产率运动) labor productivity (劳动生产率)

seduction★★ [sɪ'dʌkʃn]
n. 教唆，诱惑，勾引；魅力；富有魅力的事物，诱惑物 *se (= apart)
ⓔ seductions of suburban life (郊外生活的吸引力)

seductive★★ [sɪ'dʌktɪv]
a. 诱惑的；富有魅力的，诱人的
ⓔ seductive smiles (富有魅力的微笑) seductive offer (诱人的提议)

---

reduction★★★ [rɪ'dʌkʃn]
n. 减少，削减，缩小 *re (= back)
ⓔ price reduction (减价)

viaduct★★ ['vaɪədʌkt]
n. 高架桥；高架道路 *via (= way)

adduce★★ [ə'djuːs]
v. (作为证据、示例)引用，举出，引证 *ad (= to)
ⓔ adduce proof / reasons / authority (举出证据/举出理由/引用权威的典籍)

deduce★★ [dɪ'djuːs]
v. 演绎，推论 *de (= down)

deducible★ [dɪ'djuːsəbl]
a. 可推论的 *de (= down)

Duce★ ['duːtʃi]
n. 首领，元首(特指意大利法西斯时期对墨索里尼的称呼)
ⓔ duke (公爵) dukedom (公爵领地) duchess (公爵夫人) duchy (公爵领地；公国)

educational★★★ [ˌedʒu'keɪʃənl]
a. 教育的；有教育意义的 *e〈ex (= out)
ⓔ educational film (教育电影) educational work (教育工作)

educator★★ ['edʒukeɪtə(r)]
n. 教育家；教育工作者 *e〈ex (= out)
ⓔ co-education (男女同学(制))

educe★ [iː'djuːs]
v. 引出；使显现出(潜在的能力或性格) *e〈ex (= out)

introduce★★★ [ˌɪntrə'djuːs]
v. 提出(议案、话题等)；采用；(向某人)介绍…，(特指正式地向某人)引见… *intro (= within)
ⓔ introduce a bill into congress (向议会提交法案) Potatoes were introduced into

Europe from America.（马铃薯是从美洲引入欧洲的。）

produce***
[prəˈdjuːs]
v. 引起，招致；制造，生产；制作；创作；安排上演；出版；拿出，出示
n. [ˈprɒdjuːs] 产品；[总称] 农产品；产量　*pro（= forth, forward）
ⓔ film that produced a sensation（引起很大反响的电影） produce a new play（上演一部新剧） a well-produced book（一本印制得很好的书）

词根 HOM, HUM

来自拉丁语的 hom 意为 man，hum 意为 earth，ground。同义词根有来自希腊语的 anthrop 和来自盎格鲁-撒克逊语的 man。

abominable**
[əˈbɒmɪnəbl]
[脱离人的模样的 ab（= away）+ om〈hom（= man）]
a. 令人憎恶的，讨厌的；(天气、饮食等)令人不快的，糟糕的
ⓝabomination 厌恶　abominator 憎恶者　ⓥ abominate 憎恶　ⓔ Her taste in clothing is abominable!（她的衣着品味很糟糕！）

homage***
[ˈhɒmɪdʒ]
n. 尊敬，敬意；(封建时代对君主的)宣誓效忠
ⓔ pay / do homage to（向…表示敬意）

homicide**
[ˈhɒmɪsaɪd]
n. 杀人；杀人犯　*cid（= kill）
ⓔ homicide squad（追查杀人犯的警队）

homicidal*
[ˌhɒmɪˈsaɪdl]
a. 杀人(犯)的　*cid（= kill）
ⓔ homicidal lunatic（杀人狂） homicidal tendencies（杀人倾向）

Homo Sapiens*
[ˌhəʊməʊ ˈsæpienz]
n. 智人　*sap（= wise, judge）

exhume*
[eksˈhjuːm]
v. (从地里把尸体等)掘出；发掘　*ex（= out）
ⓔ inhume（埋葬）

exhumation*
[ˌekshjuːˈmeɪʃn]
n. 掘尸　*ex（= out）

humane**
[hjuːˈmeɪn]
a. 仁慈的；富于同情心的，亲切的；(指学科)促进文明或教化的，人文的
ⓔ inhumane（不人道的） a man of humane character（富于同情心的人） humane officer（仁爱的官员）

humanism*
[ˈhjuːmənɪzəm]
n. 人道主义；人文主义；人本主义

humanist*
[ˈhjuːmənɪst]
n. 人文学者；人道主义者；人本主义者

humanitarian**
[hjuːˌmænɪˈteəriən]
n. 人道主义者；慈善家 *a.* 人道主义的；博爱的

humanity***
[hjuːˈmænəti]
n. 人类；人性，人道；慈爱；(pl.)人文学科（如哲学、文学等）

humanize**
[ˈhjuːmənaɪz]
v. 赋予人性
ⓔ dehumanize（使失去人性；使非人化）

humble***
[ˈhʌmbl]
a. 谦逊的；身份低贱的；(东西)粗陋的
ⓔ eat humble pie（赔罪，道歉） a man of humble birth（出身卑微的人）

humid**
[ˈhjuːmɪd]
a. 潮湿的，湿润的，湿气重的

humidity**
[hjuːˈmɪdəti]
n. 湿气；湿度

humidify* [hjuːˈmɪdəfaɪ]
v. 使潮湿，使湿润
ⓝ humidifier（加湿器） ⓔ dehumidify（除湿）

humiliate** [hjuːˈmɪlieɪt]
v. 羞辱；使丢脸，使蒙耻辱
ⓔ humiliate oneself（出丑，丢脸）

humiliation** [hjuːˌmɪliˈeɪʃn]
n. 羞辱；丢脸

humility*** [hjuːˈmɪləti]
n. 谦逊

humorist** [ˈhjuːmərɪst]
n. 谈吐诙谐的人；滑稽演员；幽默作家

---

humorous*** [ˈhjuːmərəs]
a. 幽默的，滑稽的，诙谐的
ⓔ humorous writer（幽默的作家） humorous remarks（诙谐的话）

humus** [ˈhjuːməs]
n. 腐殖质

posthumous** [ˈpɒstjuməs]
a. 遗腹的；作者死后出版的；死后的 *post（= after）
ⓔ posthumous child（遗腹子） posthumous work（遗著） posthumous fame（追授的名誉）

subhuman* [ˌsʌbˈhjuːmən]
a. 类似人类的；低于人类的 *sub（= under）

词根 TAIN, TEN[TIN]

来自拉丁语的 ten 意为 to hold。tain 是该词根从法语借用到英语后的形式，tin 是元音弱化后的形式。

abstain** [əbˈsteɪn]
[抓住自己脱离某物 abs‹ab（= from）+ tain（= hold）]
vi. from + sth 戒除；弃权；有意回避
ⓝ abstention 戒除 abstinence 节制，禁欲 abstainer 节制者；戒酒者
ⓐ abstinent 节制的，禁欲的 ⓔ In this age of AIDS, it's wise to abstain from unprotected sex.（在这个艾滋病盛行的年代，最好避免无保护措施的性行为。）

attainment** [əˈteɪnmənt]
[在近处拥有 at‹ad（= to, near）+ tain（= hold）]
n. 达到；获得；(pl.)学识，才能
ⓥ attain 达到；到达 ⓐ attainable 可达到的 ⓔ His attainment of a Pulitzer Prize gave him a sense of satisfaction.（获得普利策奖使他感到满足。）

countenance*** [ˈkaʊntənəns]
[一起抓 coun‹com（= together）+ ten（= hold）]
vt. 支持，赞同；鼓励
n. 面容，脸色；支持，赞同
ⓔ Our teacher does not countenance tardiness in the classroom.（我们老师不允许上课迟到。）

malcontent** [ˈmælkəntent]
[不能一起、全部拥有 mal（= bad）+ con‹com（= together）+ ten（= hold）]
a. 不平的，不满的；反抗的
n. 不满者；反抗者
ⓔ Don't take his comments seriously; he's just an old malcontent （不要太在意他的批评，他只不过是个心怀不满的老人。）

pertain**
[pəˈteɪn]

[抓牢 per (= intensive) + tain (= hold)]

vi. to + sth 从属，附属；有关；适合，符合

ⓐ pertinent 有关的；适当的 ⓝ pertinence 恰当，适当 ⓐⓓ pertinently 适当地

ⓔ He wrote a report on current copyright law as it pertains to email.（他写了一份有关当前版权法的报告，主要涉及与电子邮件相关的内容。）

pertinacious*
[ˌpɜːtɪˈneɪʃəs]

[抓牢的 per (= intensive) + tin〈ten (= hold)]

a. 顽固的，执拗的；坚持的

ⓝ pertinacity 执拗，顽固；坚持 ⓔ Anti-abortionists are one of the most pertinacious interest groups in America.（反堕胎主义者是美国最顽固的利益集团之一。）

retentive*
[rɪˈtentɪv]

[拿在后边的 re (= back, again) + ten (= hold)]

a. 保持的，有保持力的；记性好的

ⓥ retain 保持，保留；记住 ⓝ retention 保持，保留；记忆力 retainer 保持者；仆人，家臣；(律师等的)聘用定金 ⓔ I used to have a retentive memory, but it's weakened with age.（我以前记忆力很好，可年龄越大，记性越差。）

sustain***
[səˈsteɪn]

[在下面支撑 sus〈sub (= under) + tain (= hold)]

vt. 支撑，维持；遭受、蒙受(损失等)；经历，承受；养育，扶养；【律】确认，认可

ⓝ sustenance 生计；食物；营养；维持 ⓔ During the lean years, egg sales alone sustained our farm.（年景不好时，我们只能靠卖鸡蛋来维持农场。）

tenable*
[ˈtenəbl]

[可维持的或保持的 ten (= hold)]

a. (学术等)站得住脚的；(要塞、阵地等)可抵抗住进攻的；(官职或职位)可保持的

ⓝ tenability 站得住脚；可防守；可维持 ⓔ One tenable explanation is that your tiredness is caused by chronic fatigue syndrome.（一个合理解释是，你的疲劳是由慢性疲劳综合征引起的。）

container***
[kənˈteɪnə(r)]

n. 容器；集装箱(用于货物运输的大金属箱) *con〈com (= together)

ⓥ contain (包含)

containment*
[kənˈteɪnmənt]

n. 遏制(政策)；牵制 *con〈com (= together, intensive)

ⓔ containment policy (遏制政策)

content***
[ˈkɒntent]

n. (pl.)(具体的)内容；(pl.)(书籍等的)目录；含量；要旨

*con〈com (= together)

ⓔ table of contents (目录) contents of a statement (声明的内容) moisture content of the gas (气体的湿度) sugar content of milk (牛奶的含糖量)

continence*
[ˈkɒntɪnəns]

n. 自制；(特指性欲的)节制 *con〈com (= together)

continental***
[ˌkɒntɪˈnentl]

a. 大陆的，大陆性的；(C~)欧洲大陆的 *con〈com (= together)

ⓔ continental breakfast ((喝咖啡、吃面包的)欧洲大陆式早餐) Continental Congress (【史】大陆会议) continental drift (大陆漂移) continental shelf (【地】大陆架)

continual***
[kənˈtɪnjuəl]

a. 多次重复的，频繁的；连续的 *con〈com (= together)

ⓐⓓ continually (频繁地；不间断地) ⓔ continual interruption (不停的干扰) continual invitation (频繁的邀请)

continuance★★ [kənˈtɪnjuəns]
n. 继续，持续；持续的时间 *con‹com (= together)
ⓔ during the continuance of the war（战争期间） continuance of prosperity（繁荣的持续）

continuation★★ [kənˌtɪnjuˈeɪʃn]
n. 继续，持续；续篇 *con‹com (= together)
ⓔ exciting continuation of the story（激动人心的故事续篇）

continuity★★ [ˌkɒntɪˈnjuːəti]
n. 连续（性）；电影分镜头剧本；广播节目的串词 *con‹com (= together)
ⓔ There is no continuity of subject in a dictionary.（字典里各主题之间没有连续性。）

continuous★★★ [kənˈtɪnjuəs]
a. 连续的，不断的 *con‹com (= together)
ⓐⓓ continuously（接连地，连续地） ⓔ continuous performance（连续上演） continuous group（连续群）

---

detain★★★ [dɪˈteɪn]
v. 留住；拘留，扣留 *de (= down, away)

detainee★ [ˌdiːteɪˈniː]
n. 被拘留者 *de (= down, away)

detention★★ [dɪˈtenʃn]
n. 留住；拘留，扣留 *de (= down, away)

entertain★★★ [ˌentəˈteɪn]
v. 招待，款待；使欢乐 *enter‹inter (= between)

entertainer★★ [ˌentəˈteɪnə(r)]
n. 款待者；专业演员 *enter‹inter (= between)

---

entertainment★★★ [ˌentəˈteɪnmənt]
n. 招待，款待；娱乐；演艺 *enter‹inter (= between)
ⓔ entertainment expenses（招待费） musical entertainment（音乐会） give entertainments to（招待、款待某人）

lieutenant★★★ [lefˈtenənt]
n. 中尉，少尉；代理官员；副职官员，助理官员
*lieu (= place, left)
ⓔ lieutenant colonel（陆军中校） lieutenant governor（〈美〉副州长） police lieutenant（警队的中尉，少尉）

maintain★★★ [meɪnˈteɪn]
v. 主张；维持，保持；赡养 *main‹man (= hand)

maintenance★★★ [ˈmeɪntənəns]
n. 维持；赡养；生活费；维修 *main‹man (= hand)
ⓔ maintenance order（（法院下达的）生活费支付令，供养令） cost of maintenance（维修费） maintenance man（维修工）

obtain★★★ [əbˈteɪn]
v. 得到，获得；（规则、习俗等）流行 *ob (= intensive)

---

obtainable★★ [əbˈteɪnəbl]
a. 可获得的，能得到的 *ob (= intensive)

retinue★★ [ˈretɪnjuː]
n. 随员 *re (= again, back)

tenacious★★ [təˈneɪʃəs]
a. 紧握的；坚韧的；固执的；顽强的
ⓔ tenacious of life（生命力顽强的） tenacious memory（很强的记忆力） tenacious foe（顽固的敌人）

tenacity★★ [təˈnæsəti]
n. 顽固，执拗；保持力；坚韧
ⓔ tenacity of purpose（意志的顽强）

tenant ★★ [ˈtenənt]
n.（房间等的）承租人，房客；佃户
ⓔ evict tenants for non-payment of rent（赶走没有交房租的房客） tenant right（承租人

权利） tenant farmer（佃农）

tenancy*
[ˈtenənsi]
n.（土地、房屋等的）租用；租赁；租期

tenement***
[ˈtenəmənt]
n. 廉价公寓；【律】保有物

tenet**
[ˈtenɪt]
n. 主义；信条；教义，教理

tenor***
[ˈtenə(r)]
n. 进程，（尤指生活的）一般趋向；（演说等的）要旨，主旨，大意
ⓔ even tenor of one's life（平坦的人生历程） get the tenor of what was being said（理解所讲的大意）

tenure**
[ˈtenjə(r)]
n.（官职等的）占有；任期；（大学教授等的）终身职位
ⓔ tenure of the president（总统的任期）

---

untenable**
[ʌnˈtenəbl]
a. 防守不住的；（论据等）站不住脚的

词根 NORM

来自拉丁语的 norm 意为 standard，rule。

---

abnormal***
[æbˈnɔːml]
[脱离标准的 ab（= from）+ norm（= rule）]
a. 不正常的；不规则的；异常的；变态的
ⓝ abnormality 不规则；异常；变态 ⓐⓓ abnormally 反常地 ⓔ The calm before a thunderstorm sometimes seems abnormal.（暴风雨前的平静有时显得很异常。）

---

enormous***
[ɪˈnɔːməs]
a. 庞大的，巨大的 *e〈ex（= out）

enormity**
[ɪˈnɔːməti]
n. 穷凶极恶；滔天大罪 *e〈ex（= out）

norm*
[nɔːm]
n. 标准，规范

normal***
[ˈnɔːml]
a. 正常的；标准的；通常的；师范的 *n.* 标准；常态；平常程度
ⓝ normalcy / normality（常态） ⓐⓓ normally（正常地） ⓔ normal distribution（【统】正态分布） normal school（师范学校） above / below normal（标准以上 / 以下）

normalize*
[ˈnɔːməlaɪz]
v. 使正常化
ⓝ normalization（正常化）

---

normative*
[ˈnɔːmətɪv]
a. 标准的，基准的，规范的
ⓔ normative grammar（规范语法）

subnormal*
[ˌsʌbˈnɔːml]
a. 正常值以下的；低能的

词根 UND

来自拉丁语的 und 意为 wave。

---

abound***
[əˈbaʊnd]
[用力荡漾 ab（= intensive, away）+ und（= wave）]
vi. in/with + sth 大量存在；富于；充满
ⓝ abundance 丰富 ⓐ abundant 丰富的 ⓐⓓ abundantly 丰富地 ⓔ This section of town abounds with Italian restaurants.（这个城区有很多意大利餐厅。）

inundate**
[ˈɪnʌndeɪt]

[在某物上荡漾 in (= on, in) + und (= wave)]

vt. 压倒; 使应接不暇; 泛滥, 淹没

ⓝ inundation 泛滥, 洪水; 压倒; 应接不暇 ⓔ In September of 1999, floods inundated many Nigerian villages. (1999年9月, 尼日利亚的许多村庄被洪水淹没。)

redundant**
[rɪˈdʌndənt]

[继续荡漾的 red⟨re (= back, again) + und (= wave)]

a. 多余的; 过剩的; 累赘的

ⓝ redundancy 多余, 过剩 ⓔ Stop berating me! You're being redundant. (不要再责备我了! 你太啰唆了。)

undulate**
[ˈʌndjuleɪt]

v. (表面)呈波浪形; 波动, 起浪; 起伏

ⓔ field of wheat undulating in the breeze (微风中起伏的麦田) undulating land (起伏不平的土地)

undulation**
[ˌʌndjuˈleɪʃn]

n. 波动; 起伏

LECTURE 2

词根 DIC, DICT

来自拉丁语的词根 dic, dict 意为 to say, to declare, to allot (此含义比较少用)等。有时"c" (k)不发音。同义词根有来自拉丁语的 fa / fam / fess, locut / loqu, nounc / nunci, or, parl, 来自希腊语的 phras, pha / phe / phu 等。

abdicate**
[ˈæbdɪkeɪt]

[说要脱离某物 ab (= off) + dic (= say, proclaim)]

vi. from + sth 退出

vt. 放弃(权力等); 退(位); 辞(职)

ⓝ abdication 放弃; 退位; 辞职 abdicator 退位者 ⓔ Despite the scandal, the mayor did not abdicate his office. (尽管发生了丑闻, 市长却没有辞职。)

edict**
[ˈiːdɪkt]

[大声说出 e⟨ex (= out) + dict (= say)]

n. 敕令; 布告; 命令, 法令

ⓔ Historically, royal edicts had to be obeyed by a monarch's subjects. (历史上, 臣民必须服从君主的命令。)

indictment***
[ɪnˈdaɪtmənt]

[逆着某人说 in (= against) + dict (= say)]

n. 起诉, 控告; 起诉书

ⓥ indict 起诉, 控告 ⓐ indictable 应予以指控的; (罪等)可能招致起诉的

ⓔ The financier was deeply depressed after his indictment. (那位金融家被起诉后变得非常消沉。)

vindicate**
[ˈvɪndɪkeɪt]

[使有力地说 vin (= force) + dic (= say)]

vt. 证明…正确, 证明…无辜; 维护

ⓝ vindication 证明无罪; 辩护 ⓔ Various GAO studies have vindicated the new welfare reform laws. (美国总审计局的各种研究证明了新福利法修正案的正确性。)

jurisdiction***
[ˌdʒuərɪsˈdɪkʃn]

[法律说 jur (= law, swear) + dict (= say)]

n. 司法权, 裁判权; 管辖权; 管辖区域

ⓐ jurisdictional 司法权的，裁判权的；管辖(权)的 ⓔ Does this case have state or federal jurisdiction?（该案件属州法院管辖还是属联邦法院管辖?）

---

predicament**
[prɪˈdɪkəmənt]
[先说 pre (= before) + dic (= say)]
n. 困境
ⓔ The world is in a real predicament with the proliferation of nuclear weapons.（世界因核武器扩散而陷入困境。）

---

malediction*
[ˌmælɪˈdɪkʃn]
[说得很坏 male〈mal (= bad) + dict (= say)]
n. 诅咒；坏话
ⓔ Heaping maledictions upon her ex-husband, she stormed from the room.（她一边咒骂着前夫，一边冲出房间。）

---

indicative**
[ɪnˈdɪkətɪv]
[在里边说的 in (= in, to) + dic (= say)]
a. 表示的；暗示的；【语】陈述的
ⓥ indicate 指示，指出；暗示 ⓝ indication 指示，指出；表示；暗示 indicator 指标；指针；指示器 ⓔ The white color of the dog's gums is indicative of a circulatory problem.（狗的牙龈发白，说明循环系统有问题。）

---

addict**
[ˈædɪkt]
n. 有瘾的人 *v.* [əˈdɪkt] 使沉溺，使成瘾；使热衷于 *ad (= add, to)
ⓝ addiction（沉溺，上瘾） ⓐ addictive（使人上瘾的） ⓔ drug addict（吸毒者；瘾君子） He is addicted to alcohol / smoking / lying / study / drugs.（他是个喝酒成瘾的人 / 烟鬼 / 常说谎话的人 / 书呆子 / 药物上瘾的人。）

benediction**
[ˌbenɪˈdɪkʃn]
n. 祝福；(礼拜结束时的)赐福祈祷；(饭前或饭后的)感恩祷告 *bene (= good)

contradict**
[ˌkɒntrəˈdɪkt]
v. 否认(陈述等)；反驳；与…矛盾 *contra (= against)

contradiction**
[ˌkɒntrəˈdɪkʃn]
n. 反驳，驳斥；矛盾；否认 *contra (= against)
ⓔ in contradiction to（与…相反）

contradictory**
[ˌkɒntrəˈdɪktəri]
a. 矛盾的；反对的 *contra (= against)
ⓔ contradictory statements / reports（矛盾的陈述 / 报道）

---

dedicate***
[ˈdedɪkeɪt]
v. 献身(to)；以…奉献，以…供奉；(给著作)题献词 *de (= intensive), dic (= allot)
ⓐ dedicated（献身的，一心一意的）

diction**
[ˈdɪkʃn]
n. 用语，措词

dictate***
[dɪkˈteɪt]
v. 使听写；指示，命令
n. (pl.) 指示，命令

dictation**
[dɪkˈteɪʃn]
n. 听写；口述；听写的文字；指示，命令

dictator**
[dɪkˈteɪtə(r)]
n. 独裁者

---

dictatorial**
[ˌdɪktəˈtɔːriəl]
a. 独裁者的；专横的
ⓔ dictatorial government（独裁政府） dictatorial manner（专横的态度）

dictatorship**
[ˌdɪkˈteɪtəʃɪp]
n. 独裁；专政
ⓔ military / Fascist dictatorship（军事独裁 / 法西斯独裁）

dictum** [ˈdɪktəm]　*n.* 正式声明；格言，警句；权威意见

interdict** [ˌɪntəˈdɪkt]　*v.* 以禁令禁止 *n.*（法庭或官吏作出的）禁令　*inter (= between)
Ⓝ interdiction（禁止）

predicate** [ˈpredɪkət]　*n.*【语】谓语 *v.* [ˈpredɪkeɪt] 断言，断定　*pre (= before)

---

predicatory* [ˈpredɪkətəri]　*a.* 传道的　*pre (= before)

predict*** [prɪˈdɪkt]　*v.* 预言；预报　*pre (= before)

prediction** [prɪˈdɪkʃn]　*n.* 预言；预报　*pre (= before)

predictable* [prɪˈdɪktəbl]　*a.* 可预言的；可预料的　*pre (= before)
Ⓔ unpredictable（不可预知的）

syndicate*** [ˈsɪndɪkət]　*n.* 辛迪加，企业联合组织　*syn (= together)

---

valediction* [ˌvælɪˈdɪkʃn]　*n.* 告别，告辞　*val (= worth)

valedictory* [ˌvælɪˈdɪktəri]　*a.* 告别的　*val (= worth)
Ⓔ valedictory speech（告别演说）

valedictorian** [ˌvælɪdɪkˈtɔːriən]　*n.*（毕业典礼时）致告别辞的学生代表　*val (= worth)

verdict*** [ˈvɜːdɪkt]　*n.*（陪审团的）判决，决定；意见；判断　*ver (= true)
Ⓔ a verdict of guilty / not guilty（（陪审团）判决有罪 / 无罪）

vindictive** [vɪnˈdɪktɪv]　*a.* 怀恨在心的，有报复心的　*vin (= force)

词根 COND

来自拉丁语的 cond 意为 to hide。同义词根有来自拉丁语的 cel [ceal, cul]，cover / cur，tect / teg 和来自希腊语的 crypt。

---

abscond*** [əbˈskɒnd]　[悄悄隐藏起来 abs⟨ab (= from, away) + cond (= hide)]
vi. with / to + sth 潜逃，逃亡
Ⓝ abscondence 逃亡　Ⓔ They robbed the bank and then absconded.（他们抢劫银行后逃跑了。）

---

recondite* [ˈrekəndaɪt]　*a.*（学问等）深奥的，不易懂的；隐藏的　*re (= back)

词根 VERT, VERS

来自拉丁语的 vert，vers 意为 to turn，同义词根有 verg，rot 和来自希腊语的 stroph 等，以及来自盎格鲁-撒克逊语的 tour。

---

avert*** [əˈvɜːt]　[眼睛和脸离开某物转移方向 a⟨ab (= away, from) + vert (= turn)]
vt. 移开，避开；防止
Ⓐ avertible / avertable 可避免的　Ⓔ I usually avert my eyes if I see someone stumble in the street.（如果看见有人在路上绊倒，我大都会向别处看。）

averse*
[ə'vɜːs]

[脱离某物转移的 a〈ab (= away, from) + **vers** (= turn)]

a. 厌恶的；反对的

ⓝ aversion 厌恶，反感 ⓔ The members of the church are averse to dancing.(教会的成员们反对跳舞。)

adverse***
['ædvɜːs]

[向某个事物所在的方向转换的 ad (= to) + **vers** (= turn)]

a. 相反的；反对的；敌对的；不利的；有害的

ⓝ adversity 逆境，不利 adversary 敌手，对手，反对者 ⓐⓓ adversely 逆向地；反对地

ⓔ She had an adverse reaction to the penicillin shot.(她注射青霉素后出现了不良反应。)

inadvertent**
[ˌɪnəd'vɜːtənt]

[不向某物转换方向的 in (= not) + ad (= to) + **vert** (= turn)]

a. 不注意的；怠慢的

ⓝ inadvertence/inadvertency 不注意；疏忽 ⓐⓓ inadvertently 不注意地；不慎地

ⓔ I assure you, my error was entirely inadvertent.(我向你保证，我的失误绝不是故意的。)

conversant**
[kən'vɜːsənt]

[同时、一起转换方向的 con〈com (= together) + **vers** (= turn)]

a. 精通的，熟知的；亲近的

ⓥ converse 谈话 ⓝ conversation 会话，谈话 conversationalist 健谈的人，口才好的人 ⓐ conversational 会话的；健谈的 ⓔ My uncle is conversant with most major European languages, though fluent in none. (我叔叔精通大部分欧洲语言，虽然哪门语言说得都不流利。)

controversy***
['kɒntrəvɜːsi]

[因反对而调转方向 contro〈contra (= against) + **vers** (= turn)]

n. (尤指以文字进行的)争论

ⓥ controvert 争论 ⓐ controversial 争论的；引起争论的；爱争论的 ⓝ controversialist 争辩者 ⓔ There's a lot of controversy over whether to build a new high school or not.(是否成立新高中的问题引发了很多争论。)

diversity**
[daɪ'vɜːsəti]

[分别转换方向 di〈dis (= apart) + **vers** (= turn)]

n. 差异；多样性

ⓥ diversify 使多样化 ⓝ diversification 多样化 ⓐ diverse 多样的；不同的，相异的 ⓐⓓ diversely 不同地；多样地 ⓔ The social and cultural diversity in the San Francisco area is remarkable.(旧金山地区的社会、文化多样性非常显著。)

divert***
[daɪ'vɜːt]

[分开转换方向 di〈dis (= apart) + **vert** (= turn)]

vt. 使转向；娱乐，供消遣

ⓝ diversion 转向；娱乐；【军】牵制 diversionist 阴谋破坏者 ⓐ diverting 消遣的；有趣的 diversionary【军】牵制的；转移注意力的 ⓔ Traffic was diverted to a detour while roadwork was completed.(道路施工完工之前，人们都绕道走。)

perverse**
[pə'vɜːs]

[方向改变不当的 per (= intensive, falsely) + **vers** (= turn)]

a. 倔强的；邪恶的；有悖常情的；故意作对的

ⓝ perversity 固执；邪恶 cf. perversion 曲解，歪曲；误用 ⓔ He has a perverse character, always making problems for everybody. (他故意和人作对，常常给每个人制造麻烦。)

revert**　[rɪˈvɜːt]

[回到原来的位置 re (= back) + vert (= turn)]

vi. to + sth　回复；复旧；归还(财产、权力等)，归属

ⓝ reversion 归还；继承权　ⓐ reversible 可逆转的　reversionary 回复的；逆转的　cf. reverse 颠倒；逆转　ⓔ When his mother leaves on a trip, he reverts to his old, lazy self.(当他母亲出去旅行时，他就会恢复到自己以前的懒模样。)

---

versatile**　[ˈvɜːsətaɪl]

[可以向任何地方调转方向的 vers (= turn)]

a. 多才多艺的；多用途的，多功能的

ⓝ versatility 多才多艺；多用途，多功能　ⓔ She's a versatile performer who can sing, dance, and make people laugh.(她是一个多才多艺的演员，唱歌、跳舞、逗乐，无所不能。)

---

advert*　[ədˈvɜːt]

v. 谈到…；注意　*ad (= to)

advertising***　[ˈædvətaɪzɪŋ]

n. 广告 *a.* 广告的　*ad (= to)

ⓔ advertising agency (广告商)　advertising expenditure (广告费)　advertising media (广告媒体)

conversion***　[kənˈvɜːʃn]

n. 转变，转换；改变信仰；换算　*con⟨com (= completely)

convert***　[kənˈvɜːt]

v. 转换，转变；(使)改变信仰；换算 *n.* [ˈkɒnvɜːt] 改变信仰者；皈依者

*con⟨com (= completely)

convertible**　[kənˈvɜːtəbl]

a. 可改变的，可转换的；可改变信仰的 *n.* 有活动折篷的汽车

*con⟨com (= completely)

---

inverse**　[ˌɪnˈvɜːs]

a. 相反的；反向的 *n.* 反面　*in (= against)

invert***　[ɪnˈvɜːt]

v. 使倒转，使颠倒；使反向　*in (= against)

inversion**　[ɪnˈvɜːʃn]

n. 颠倒；反向　*in (= against)

introvert*　[ˈɪntrəvɜːt]

n. 内向的人　*intro (= within)

obverse*　[ˈɒbvɜːs]

n. (钱币、奖章等的)正面；对立面　*ob (= against)

---

subvert*　[səbˈvɜːt]

v. 破坏，颠覆(宗教组织、政府等)　*sub (= under)

subversive*　[səbˈvɜːsɪv]

a. 破坏的，颠覆的　*sub (= under)

tergiversate*　[ˈtɜːdʒɪvɜːseɪt]

v. 改变立场，变节；搪塞　*tergi (= the back)

transverse**　[ˈtrænsvɜːs]

n. 横向物 *a.* 横向的；横断的　*trans (= across)

traverse***　[ˈtrævɜːs]

v. 横越，横贯；妨碍　*tra⟨trans (= across)

---

universal***　[ˌjuːnɪˈvɜːsl]

a. 宇宙的；全世界的；普遍的；一般的　*uni (= one)

ⓔ universal rules (普遍规律)

versed**
[vɜːst]
a. 熟练的，精通的
ⓔ well versed in mathematics / the arts（精通数学的 / 精通艺术的）

version***
[ˈvɜːʃn]
n. 译文；版本；改编形式；说法；变化形式
ⓔ a modern version of the ancient superstition（古老迷信的现代形式） a new version of the *Bible*（《圣经》的新版本） a film version of a novel（小说的电影版）

vertex***
[ˈvɜːteks]
n. 顶点，最高点

vertical***
[ˈvɜːtɪkl]
a. 垂直的，竖的
ⓔ vertical line（垂直线） vertical union（产业工会）

---

vertigo*
[ˈvɜːtɪgəʊ]
n. 眩晕

vortex*
[ˈvɔːteks]
n. 旋涡
ⓔ in the vortex of war（在战争的旋涡中）

词根 HOR

来自拉丁语的词根 hor 意为 to shudder, to bound, hour 等。

---

abhor*
[əbˈhɔː(r)]
[脱离某人发抖 ab (= away, from, intensive) + hor (= shudder)]
vt. 厌恶；憎恶
ⓝ abhorrence 憎恶；令人讨厌的事物 ⓐ abhorrent 可恶的；让人憎恶的
ⓔ The only character flaw I abhor is dishonesty.（我唯一憎恶的性格缺陷就是不诚实。）

---

horrible***
[ˈhɒrəbl]
a. 可怕的，令人毛骨悚然的；糟透的 *hor (= shudder)
ⓔ horrible cruelty / crimes（可怕的残忍行为/令人发指的犯罪） horrible sight（可怕的景象）

horrid***
[ˈhɔːrɪd]
a. 可怕的，恐怖的；令人不快的，极讨厌的 *hor (= shudder)
ⓔ horrid look（可怕的眼神） horrid weather（令人讨厌的天气）

horrific*
[həˈrɪfɪk]
a. 可怕的，恐怖的 *hor (= shudder)

horrify***
[ˈhɒrɪfaɪ]
v. 使恐惧，使惊骇；使反感 *hor (= shudder)

horror***
[ˈhɒrə(r)]
n. 恐怖；令人恐怖的事；极端厌恶 *hor (= shudder)
ⓔ chamber of horrors（恐怖屋） horror fiction / comic / films（恐怖小说 / 惊险连环漫画 / 恐怖电影） horror-struck / horror-stricken（惊恐万状的）

---

aphorism**
[ˈæfərɪzəm]
n. 箴言，格言，警句 *ap〈apo (= away), hor (= bound)

horizon***
[həˈraɪzn]
n. 地平线；(学识、思考力等的)范围；视野 *hor (= bound)

horizontal***
[ˌhɒrɪˈzɒntl]
a. 水平的；地平线的 *n.* 水平线 *hor (= bound)
ⓔ horizontal line（水平线） horizontal bar（单杠） horizontal mobility（水平流动） horizontal union（同行工会）

horology*
[hɒˈrɒlədʒi]
n. 钟表学；钟表制造术 *hor (= hour)

horoscope**
[ˈhɒrəskəʊp]
n. (算命等用的)天宫图；黄道十二宫图；星象 *hor(= hour)

LECTURE 3

词根 SOLV, SOLU

来自拉丁语的solv，solu意为to loosen，to free，同义词根有来自拉丁语的franc，liber / liver，lys / lyt等。

absolve** [əbˈzɒlv]
[放开使脱离责任、罪 ab (= from) + solv (= loosen)]
vt. sb + of + sth 使免除(责任、义务等)；宽恕；赦免…的罪
ⓝ absolution 免除，责任解除；宽恕；免罪 ⓔ Children usually absolve their parents when they reach adulthood.(孩子们在长大成人之后大都会原谅自己的父母。)

irresolute** [ɪˈrezəluːt]
[完全无法解开的 ir〈in (= not) + re (= intensive) + solu (= loosen)]
a. 优柔寡断的，犹豫不决的
ⓝ irresolution 犹豫不决，优柔寡断 ⓔ This committee is frustratingly irresolute. Can't we please just vote now?(委员会太优柔寡断了，我们不能现在就投票吗?)

resolution*** [ˌrezəˈluːʃn]
[完全解开 re (= intensive) + solu (= loosen)]
n. 决心；决定；决断力；决议；解决，解答；分解，分析
ⓥ resolve 决定；分解；解决 ⓐ resolute 坚决的；果断的 resolvable 可分解的；可解决的 ⓐⓓ resolutely 坚决地 ⓔ If we work toward a resolution in a spirit of cooperation, I know we'll succeed.(如果我们能够同心协力解决问题的话，我相信我们会成功的。)

solvent** [ˈsɒlvənt]
[解开或溶解 solv (= loosen)]
a. 有溶解力的；有偿付能力的
n. 溶剂
ⓝ solvency 偿付能力 ⓔ Once I'm solvent, I promise to pay you everything I owe.(一旦我有了偿付能力，我承诺一定将我所亏欠的全部偿还给你。)

absolute*** [ˈæbsəluːt]
a. 绝对的，纯粹的，完全的；专制的 *ab (= away)
ⓐⓓ absolutely (完全地，绝对地) ⓝ absolutism (专制主义，专制政治) ⓔ absolute lie (纯粹的谎言) absolute ignorance (一无所知) absolute majority (绝对多数)

dissolve*** [dɪˈzɒlv]
v. (使)融化；(使)溶解；分解；解散；使结束；取消 *dis (= apart, away)

dissoluble* [dɪˈsɒljubl]
a. 可溶解的，可分解的；可取消的；可解散的 *dis (= apart, away)

dissolute** [ˈdɪsəluːt]
a. 放荡的，放纵的 *dis (= apart, away)
ⓔ dissolute life (放荡不羁的生活) dissolute conduct (放荡的行为)

dissolution*** [ˌdɪsəˈluːʃn]
n. 溶解；分解；取消；解散 *dis (= away, apart)

insoluble** [ɪnˈsɒljubl]
a. (物质)不溶的；不易溶解的；(问题)不可解决的；难以解释的 *in (= not)
ⓔ insoluble salts (难溶盐) insoluble problem (难以解决的问题)

insolvent** [ɪnˈsɒlvənt]
a. /*n.* 无偿付能力的(人)；破产的(人) *in (= not)
ⓝ insolvency (无力偿还；破产)

soluble***
[ˈsɒljubl]
a. 可溶解的；可解决的；可解释的

solution***
[səˈluːʃn]
n. (对问题等的)解答，解决方法；溶解(状态)；溶液；溶体
ⓝ best solution to a quarrel between two countries (解决两国纷争的最佳策略) solution of sugar in tea (糖在茶中的溶解) solution of salt in water (盐在水中的溶解)

词根 TOM[TEM]

来自希腊语的 tom 意为 to cut。tom 里的元音字母 o 弱化成 e，变成了 tem。同义词根有来自拉丁语的 cis, cop / coup, scind / scis, sect, sever, tail, tons, trench 等。

abstemious**
[əbˈstiːmiəs]
[砍断使分离的 abs⟨ab (= away, from) + tem⟨tom (= cut)]
a. 有节制的；节约的
ⓝ abstemiousness 节制 ⓔ Being abstemious, the old gentleman wasted little money on entertaining. (那位老绅士特别节俭，几乎没有在娱乐方面浪费过钱。)

dichotomy*
[daɪˈkɒtəmi]
[切成两部分 di (= two) + cho (= into) + tom (= cut)]
n. 两份；分裂；二分法
ⓔ Playwright Tennessee Williams could never reconcile the spirit-flesh dichotomy. (剧作家田纳西·威廉斯始终无法调和精神和肉体的分裂。)

anatomy***
[əˈnætəmi]
n. 解剖学 *ana (= completely)
ⓐ anatomical (解剖的，解剖学的) ⓝ anatomist (解剖学者)

atomic**
[əˈtɒmɪk]
a. 原子的；原子能的；极小的 *a⟨an (= not)
ⓔ atomic age (原子能时代) atomic bomb (原子弹) atomic energy (原子能) atomic warfare (核战争) atomic weapon (核武器)

atomize*
[ˈætəmaɪz]
v. 使分裂为原子；使成雾状 *a⟨an (= not)
ⓝ atomizer ((香水等的)喷雾器)

appendectomy*
[ˌæpənˈdektəmi]
n.【医】阑尾切除手术 *ap (= add, near), pend (= hang), ec⟨ex (= out)

entomology*
[ˌentəˈmɒlədʒi]
n. 昆虫学 *en (= into), ology (= science)
ⓐ entomological (昆虫(学)的) ⓝ entomologist (昆虫学者)

epitome**
[ɪˈpɪtəmi]
n. (书等的)摘要，梗概；缩影；象征 *epi (= on)
ⓔ epitome of a loving mother (慈母的象征) man, the world's epitome (人，世界的缩影)

epitomize*
[ɪˈpɪtəmaɪz]
v. 写…的摘要；成为…的缩影 *epi (= on)
ⓔ She epitomizes a loving mother. (她是典型的慈母。)

hysterotomy*
[ˌhɪstəˈrɒtəmi]
n.【医】子宫切开术 *hystero (= womb)

vasectomy*
[væˈsektəmi]
n.【医】输精管切除术 *vas (= vessel)

词根 JECT, JAC[JET]

来自拉丁语的 ject, jac 意为 to throw，jet 是其变形。同义词根有来自希腊语的 bol[bl, bal]和来自拉丁语的 lanc / launc, sip 等。

abject**
[ˈæbdʒekt]
[扔掉使脱离某物的 ab (= from) + ject (= throw)]
a. 悲惨的；糟透的；卑劣的；自卑的
ⓝ abjection 落魄；屈辱；羞辱 ⓐⓓ abjectly 悲惨地；卑劣地 ⓔ The prisoner of war was kept in abject circumstances. (战俘被关押在恶劣的环境中。)

adjacent***
[əˈdʒeɪsnt]

[扔得很近的 ad (= to, near) + jac (= throw)]
a. 邻近的；相邻的
ⓝ adjacency 邻近 ⓔ The chicken restaurant is adjacent to the dry cleaners. (那家鸡肉馆挨着干洗店。)

conjecture***
[kənˈdʒektʃə(r)]

[带着某物扔 con‹com (= with) + ject (= throw)]
n./v. 猜测，推测
ⓐ conjectural 猜测的，推测的 ⓔ Without any scientific data, the best he could do was conjecture. (由于没有任何科学资料，他至多只能推测。)

eject**
[iˈdʒekt]

[向外扔 e‹ex (= out) + ject (= throw)]
vt. 逐出，驱逐；喷射(液体等)，吐出
ⓝ ejection 逐出；排出 ejector 驱逐者；喷射器 ⓔ After committing 5 fouls, a basketball player is ejected from the game. (篮球选手犯规五次就要被罚下赛场。)

adjective**
[ˈædʒɪktɪv]
n. 形容词 *ad (= add, near)

deject**
[dɪˈdʒekt]
v. 使灰心 *de (= down)
ⓐ dejected (灰心的，气馁的)

dejection**
[dɪˈdʒekʃn]
n. 灰心 *de (= down)

ejaculate**
[iˈdʒækjuleɪt]
v. 突然说出(或喊出)；射出(液体) *e‹ex (= out)

ejaculation**
[iˌdʒækjuˈleɪʃn]
n. 突然的喊出或说出；射出 *e‹ex (= out)

inject***
[ɪnˈdʒekt]
v. 注射(液体、药等)；注入 *in (= into)
ⓔ inject penicillin into the blood-stream (往血液里注射青霉素) inject new life into the committee (给委员会注入新的活力)

injection**
[ɪnˈdʒekʃn]
n. 注射；注入 *in (= into)
ⓔ five injections of glucose (五支葡萄糖的注射) an injection in the left buttock (在左边臀部的注射) fuel injection (燃料的注入)

interject**
[ˌɪntəˈdʒekt]
n. 突然插话 *inter (= between)

jettison*
[ˈdʒetɪsn]
v. 投弃(指紧急情况时为减轻船的负载把货物抛弃)；抛弃
ⓔ jettison an unpleasant passenger (丢下令人不快的乘客)

jetty**
[ˈdʒeti]
n. 防波堤；码头

objective***
[əbˈdʒektɪv]
a. 客观的 *n.* 目的 *ob (= to, toward)
ⓐⓓ objectively (客观地)

词根 LU, LAV, LAU

来自拉丁语的 lu, lav, lau 意为 to wash。

ablution** [洗得干干净净 ab (= intensive, away, off) + lu (= wash)]

[ə'bluːʃn] *n.*【宗】沐浴仪式；洗礼

ⓐ abluent 洗净的；(*n.*)清洗剂 ⓔ The Aztecs often performed ritual ablution on victims prior to their sacrifice.（阿兹特克人在献上祭品之前往往要举行一个为牺牲沐浴的仪式。）

deluge** [干净地、完全地洗掉 de (= off) + lu (= wash)]

['deljuːdʒ] *n.* 洪水，暴雨；泛滥；蜂拥而至

vt. 使泛滥，淹没

ⓔ The deluge swept away the bridge, isolating the town.（洪水卷走了大桥，使城镇陷于孤立。）

alluvial** [ə'luːviəl] *a.* 冲积的 *al〈ad (= to)

ⓔ alluvial soil（冲积土） alluvial deposits（冲积层矿床）

antediluvian** [ˌæntidɪ'luːviən] *a.*（《圣经》所载的）大洪水前的；古老的；老式的；过时的 *n.* 年迈的人

*ante (= before), di〈dis(= away)

dilute** [daɪ'luːt] *v.* 稀释；削弱 *a.*（酸等）稀释的；减弱了的 *di〈dis (= away)

ⓝ dilution（稀释；稀释物）

laundry*** ['lɔːndri] *n.* 送洗的衣物；洗好的衣物；洗衣房，洗衣店

launder** ['lɔːndə(r)] *v.* 洗涤；洗熨

ⓝ Laundromat（(商标名)自助洗衣店） launderette（装有由顾客自行操作的自动洗衣机和烘干机的自助洗衣店） laundress（洗衣女工）

lava*** ['lɑːvə] *n.*【地】熔岩；火山岩

ⓔ stream of lava（熔岩流） lava beds（熔岩层）

lavatory** ['lævətri] *n.* 洗手间，卫生间，厕所 *ory (= place where)

lave** [leɪv] *v.* 洗，沐浴；（溪流等）冲刷（堤岸）

lavish*** ['lævɪʃ] *a.* 非常慷慨的；极其丰富的；无节制的 *v.* 挥霍；滥施

ⓔ lavish praise（过度的称赞） lavish care on only child（对独子的过分疼爱）

undiluted* [ˌʌndaɪ'luːtɪd] *a.* 未稀释的，未掺水的 *un (= not), di〈dis (= away)

词根 ROG

来自拉丁语的 rog 意为 to ask。同义词根有来自拉丁语的 quir / quisit / quer / quest 等。

abrogate** [要求某物消失 ab (= away) + rog (= ask)]

['æbrəgeɪt] *vt.* 废除（法律等）；取消

ⓝ abrogation 废除 ⓔ Congress abrogated many of the lax bankruptcy laws.（议会废除了许多不严谨的破产法。）

arrogance***
[ˈærəgəns]

[补充提问 ar〈ad (= to, add) + rog (= ask)]

n. 傲慢，自大

ⓐ arrogant 傲慢的，狂妄自大的 cf. arrogation 僭称；僭取 ⓔ In my book, dishonesty is a greater crime than arrogance.（在我看来，不诚实是比傲慢更大的罪过。）

arrogate*
[ˈærəgeɪt]

[补充要求 ar〈ad (= to, add) + rog (= ask)]

vt. sth + to + oneself 冒称，僭越；没有正当理由地把…归属(于)

ⓝ arrogation 僭称，僭越 ⓔ A dictator, by definition, arrogates absolute power to himself.（根据定义，所谓独裁者就是指僭取绝对权力的人。）

derogatory*
[dɪˈrɒgətri]

[为贬低某人而询问的 de (= down) + rog (= ask)]

a. 损害名声的；贬低的

ⓥ derogate 损害，贬损 ⓝ derogation（名誉等的）贬低 ⓔ My boss seems to make only derogatory remarks about my work.（我的老板好像对我的工作只作贬低的评价。）

interrogate**
[ɪnˈterəgeɪt]

[在中间问 inter (= between) + rog (= ask)]

vt. 审问；质问

ⓝ interrogation 审问；质问 interrogator 审问者；质问者 ⓐ interrogative 疑问的；(*n.*)【语】疑问词 interrogatory 审问的；询问的；(*n.*)审问；质询 ⓔ The customs agent interrogated us for a full five minutes.（海关人员整整审问了我们五分钟。）

prerogative**
[prɪˈrɒgətɪv]

[比某人率先提出要求 pre (= before) + rog (= ask)]

n. 特权

ⓔ It's the mayor's prerogative to choose the 4th of July speaker each year.（选择每年美国独立纪念日的演讲者是市长的特权。）

rogation*
[rəʊˈgeɪʃn]

n. 法案的提出；祈祷

rogue***
[rəʊg]

n. 恶棍，无赖；调皮鬼；凶猛的离群兽

ⓝ roguery（坏事；欺骗；恶作剧，捣蛋） ⓔ rogue's gallery（罪犯照片集）

roguish**
[ˈrəʊgɪʃ]

a. 流氓的，无赖的；调皮的，淘气的

ⓔ roguish eyes（调皮的眼神）

surrogate*
[ˈsʌrəgət]

a. 代理的；代用的 *n.* 替代物；代理人；（人工授精的）代孕妇 *sur〈sub (= in place of)

ⓔ surrogate mother（代孕妈妈） surrogate emperor（代理皇帝）

LECTURE 4

词根 TRUD, TRUS

来自拉丁语的 trud，trus 意为 to thrust。

abstruse**
[əbˈstruːs]

[用力刺的 abs〈ab (= intensive, away) + trus (= thrust)]

a. 深奥的，难以理解的

ⓝ abstruseness 深奥，难以理解 ⓔ For most people, the field of theoretical physics is decidedly abstruse.（对大多数人来说，理论物理学确实很深奥。）

obtrude**
[əbˈtruːd]
[使劲推以成为阻碍 ob (= in the way, intensive) + trud (= thrust)]
vt. sth + upon / on + sb 强加，强制；伸出 *vi.* upon/on + sth 闯入，打扰
ⓐ obtrusive 强迫人的；鲁莽的 ⓝ obtrusion 强加；闯入 ⓐⓓ obtrusively 冒失地
ⓔ I'm sick of that guy obtruding his opinions upon us at every turn.（我对经常把自己的意见强加给我们的那个家伙感到厌烦。）

protrude**
[prəˈtruːd]
[向前推 pro (= forth) + trud (= thrust)]
v.（使）伸出，（使）突出
ⓝ protrusion 伸出，突出 ⓐ protrusive 伸出的，突出的；惹眼的 ⓔ The lavatory protrudes 22 inches from the bathroom wall.（洗脸池从洗手间的墙壁上突出来 22 英寸。）

extrude*
[ɪkˈstruːd]
v. 推出；逐出 *ex (= out)
ⓝ extrusion（推出；逐出）

intrude***
[ɪnˈtruːd]
v. 把…强加(在)；硬挤入，侵入；打扰 *in (= into)
ⓔ I hope I am not intruding.（希望我没有打扰你。）

intruder***
[ɪnˈtruːdə(r)]
n. 侵入者；(通常在夜间)袭击敌方机场的飞机 *in (= into)
ⓔ intruder aircraft（夜间空袭敌方机场的飞机）intruder patrols（强行闯入的巡逻队）

intrusion**
[ɪnˈtruːʒn]
n. 侵入；打扰 *in (= into)
ⓐ intrusive（侵入的，闯入的） ⓔ guilty of unpardonable intrusion（不可饶恕的侵犯罪）angry at numerous intrusions（对屡次干扰感到愤怒）

thrust***
[θrʌst]
v. 用力推；(用刀等)刺 *n.* 猛推，刺；突击；抨击；要点
ⓝ thruster（推进者；〈口〉拼命向上爬的人） ⓔ with one thrust（用力一推）ⓐ home thrust（打中要害的一击）

词根 VOC, VOK[VOUC, VOW, VOIC]

来自拉丁语的 voc, vok 意为 to call。因与拉丁语中的 vox, vocis 相关，所以也有 voice 的意思。vouc, vow, voic 是其变形。

avocation**
[ˌævəʊˈkeɪʃn]
[远离上天所赋予的天职 a〈ab (= away) + voc (= voice, call)]
n. 副业；业余爱好
ⓔ I am a poet, but only by avocation.（我是个诗人，不过只是业余的。）

advocate***
ⓥ [ˈædvəkeɪt]
ⓝ [ˈædvəkət]
[向人们大喊 ad (= to) + voc (= call)]
vt. 拥护；主张
n. 拥护者
ⓝ advocacy 拥护；倡导 advocator 拥护者；倡导者 ⓔ The candidate advocates deep tax cuts.（那位候选人主张大幅削减税金。）

evoke**
[ɪˈvəʊk]
[向外、向上叫 e〈ex (= out, up) + vok (= call)]
vt. 招(魂)；引起，唤起
ⓝ evocation 引起；唤起 ⓐ evocative 引起的；唤起的 ⓔ That song evokes many pleasant high school memories for me.（那首歌唤起了我许多高中时的美好回忆。）

avowed***
[əˈvaʊd]
[向人们大喊的 a〈ad (= to) + vow〈voc (= call)]
a. 坦率承认的；公开宣布的

ⓝ avowal 公开声明；坦率承认 ⓥ avow 公开声明；坦率承认 ⓐⓓ avowedly 公然地 ⓔ My father is an avowed supporter of the Republican Party.（我父亲坦然承认自己是共和党的支持者。）

---

disavow*
[ˌdɪsəˈvaʊ]

[向人们大喊说不是 dis（= not）+ a⟨ad（= to）+ vow⟨voc（= call）]

vt. 否认；拒绝

ⓝ disavowal 否认；拒绝 ⓔ He put an ad in the newspaper disavowing any debts of his ex-wife.（他在报纸上登广告表示拒绝对前妻所欠的任何债务负责。）

---

invoke**
[ɪnˈvəʊk]

[依靠某物呼喊 in（= on）+ vok（= call）]

vt. 祈求神的庇护；请求；诉诸（法律）；以法术、咒语召唤（鬼怪等）

ⓝ invocation 祈祷；求助 ⓔ People who say blessings at mealtime invoke the name of God with thanks.（就餐时祈祷的人心怀感激地呼唤上帝的名字。）

---

irrevocable**
[ɪˈrevəkəbl]

[无法叫回的 ir⟨in（= not）+ re（= back）+ voc（= call）]

a. 不能取消的；不可挽回的

ⓔ The country club gave my father an irrevocable lifetime membership.（那个乡村俱乐部授予我父亲终身会员资格。）

---

provoke***
[prəˈvəʊk]

[向前召唤 pro（= forward, forth）+ vok（= call）]

vt. 激怒；诱发；激起

ⓝ provocation 激怒；刺激；挑拨 ⓐ provocative 令人生气的；刺激的 provoking 刺激的；惹人恼火的 ⓔ My words provoked her so much that she stopped speaking to me.（我的话让她很生气，所以她没再跟我说话。）

---

revoke**
[rɪˈvəʊk]

[叫回 re（= back）+ vok（= call, voice）]

vt. 撤回；废止，取消

ⓝ revocation 废止，取消 ⓐ revocable 可以废止（或取消）的 ⓔ His driving license was revoked after his DUI arrest.（他酒后驾车被捕后，驾照被吊销了。）

---

avouch* [əˈvaʊtʃ]
v. 肯定；保证 *a⟨ad（= to），vouc⟨voc（= call）

convoke* [kənˈvəʊk]
v. 召集 *con⟨com（= together）

convocation** [ˌkɒnvəˈkeɪʃn]
n.（会议的）召集；（大学毕业生的）评议会；（英国教会的）主教区会议 *con⟨com（= together）

invoice** [ˈɪnvɔɪs]
n. 发货单；清单 *v.* 开清单；将…列入清单

unvoiced* [ˌʌnˈvɔɪst]
a.（想法等）未说出的 *un（= not），voic⟨voc（= call）

---

vocabulary*** [vəˈkæbjələri]
n. 词汇 *ary（= place where）
ⓔ a writer with a large vocabulary（词汇量大的作家）

vocal*** [ˈvəʊkl]
a. 声音的；声乐的
ⓥ vocalize（说；唱） ⓝ vocalist（声乐家；歌手） ⓐⓓ vocally（发声地；歌唱的） ⓔ vocal cords（声带） vocal organs（发声器官） vocal music（声乐） vocal score（声乐钢琴缩编谱）

vocational** [vəʊˈkeɪʃənl] *a.* 职业的
ⓔ vocational guide (职业指导)

vocative* [ˈvɒkətɪv] *a.* 称呼的;【语】呼格的
ⓔ vocative case (呼格)

vouch** [vaʊtʃ] *v.* 保证, 担保; 证明 *vouc〈voc (= call, voice)
ⓔ vouch for him / for his ability to pay / for the truth of his story (为他担保 / 证明他有支付能力 / 证明他所说的是事实)

---

voucher* [ˈvaʊtʃə(r)] *n.* 收据, 凭单; 代金券 *vouc〈voc (= call, voice)
ⓔ luncheon voucher ((作为工资的一部分发给雇员供在餐馆使用的)就餐券) meal voucher (餐券) gift voucher (礼券) hotel vouchers (住宿券)

vow*** [vaʊ] *n.* 誓言, 誓约 *v.* 发誓, 立誓 *vow〈voc (= call, voice)
ⓔ marriage vows (婚誓) break a vow (违背誓言)

vowel** [ˈvaʊəl] *n.* 元音 *vow〈voc (= call, voice)

vox* [vɒks] *n.* 嗓音; 声音; 言辞 *vox〈voc (= call, voice)
ⓔ Vox Populi Vox Dei (民之声, 人之声)

词根 ERR[ARR]

来自拉丁语的 err 意为 to wander, arr 是它的变形。同义词根有来自拉丁语的 plan 和来自希腊语的 vag。

---

aberration* [ˌæbəˈreɪʃn] [脱离某物徘徊 ab (= from) + err (= wander)]
n. 脱离常规, 越轨; 像差
ⓐ aberrant 脱离常规的, 越轨的 ⓔ An aberration in the lens caused the telescope to reveal a flawed image. (镜头的像差导致望远镜显示的图像有问题。)

---

arrant** [ˈærənt] *a.* 十足的; 臭名昭著的, 声名狼藉的
ⓔ arrant thief (臭名昭著的小偷) arrant fool (十足的傻瓜) arrant rogue (十足的恶棍) arrant nonsense (一派胡言)

err*** [ɜː(r)] *v.* 犯错; 出差错

errand*** [ˈerənd] *n.* 差事
ⓔ a fool's errand (白跑腿的差事) errand boy (供差遣的童仆) run errands (跑腿)

errant** [ˈerənt] *a.* 犯错误的, 误入歧途的
ⓔ errant husband (犯了错误的丈夫)

erratic** [ɪˈrætɪk] *a.* 古怪的; 无规律的; 无固定路线的
ⓔ erratic star (运行轨道不定的星星)

---

erratum* [eˈrɑːtəm] *n.* 书写错误, 印刷错误
ⓔ errata (erratum 的复数)

erroneous*** [ɪˈrəʊniəs] *a.* 错误的, 不正确的

error*** [ˈerə(r)] *n.* 错误, 过失, 失误
ⓔ clerical error (誊写工作中的笔误) fall into error (误入歧途) printer's errors (印刷错误) error of judgment (判断错误)

unerring** [ʌnˈɜːrɪŋ] *a.* 正确无误的; 没有偏差的 *un (= not)
ⓔ fire with unerring aim (瞄准射击) strike an unerring blow (击中)

词根 ORI[ORT]

来自拉丁语的 ori 意为 to rise, to arise, 变形是 ort。

abortive** [əˈbɔːtɪv]
[从产生的地方脱落的 ab (= from) + ort〈ori (= arise)]
a. 失败的；流产的
ⓝ abortion 流产，堕胎；中途失败 abortionist 流产权的支持者 ⓥ abort 流产；中途失败 ⓔ The soldiers made an abortive attempt to rescue the hostages.（士兵们试图救出人质，但没有成功。）

aboriginal** [ˌæbəˈrɪdʒənl]
a.（人、生物）原始的；土著的 *n.* 土著居民；土生植物（或动物） *ab (= away)

aborigines** [ˌæbəˈrɪdʒəniːz]
n. 土生植物（或动物）群 *ab (= away)
ⓔ Aborigine（澳大利亚的土著居民）

orient*** [ˈɔːrient]
v.（使）适应（环境等）；（使）向东 *n.*（the O~）东方；东方诸国 *a.* 东方的；（太阳等）升起的
ⓔ help freshmen to orient themselves to college and its life（帮助新生适应大学和大学生活）

oriental*** [ˌɔːriˈentl]
a. 东方的；东方人的 *n.*（O~）东方人
ⓝ orientalist（东方学者）

orientation* [ˌɔːriənˈteɪʃn]
n.（向新生、新职员等进行的）情况介绍；（对环境的）适应；（方针、方向的）确定
ⓥ orientate（（使）向东；（使）适应（环境））

oriented* [ˈɔːrientɪd]
a. 以…为目的的；重视…的
ⓔ land-oriented（以土地为目的的） child-oriented home（重视孩子的家庭）

origin*** [ˈɒːrɪdʒɪn]
n. 起源，开端
ⓔ *The Origin of Species*（《物种起源》） the origin(s) of civilization（文明的起源） a word of Latin origin（来自拉丁语的词）

original*** [əˈrɪdʒənl]
a. 独创的，有创意的；最初的，本来的 *n.* 原物
ⓐⓓ originally（独创地；原来，最初） ⓔ original edition（原版） original writer（有创意的作家） original mind（有创意的头脑）

originality*** [əˌrɪdʒəˈnæləti]
n. 独创性，创造力，创意
ⓔ work that lacks originality（缺乏创意的作品）

originate** [əˈrɪdʒɪneɪt]
v. 起源于，来自于；创作，发明
ⓝ originator（创作者；创始人，发起人） ⓔ originate a new style of dancing（开创一种新的舞蹈风格）

词根 RAD, RAS[RAZ]

来自拉丁语的 rad, ras 意为 to rub, to scrape。其变形为 raz。

abrasive* [əˈbreɪsɪv]
[刮擦以使脱离、消失 ab (= away) + ras (= scrape)]
a. 有研磨作用的；磨损的；伤人感情的；恼人的；粗暴的
n. 研磨料
ⓝ abrasiveness 研磨 abrasion 磨损 ⓥ abrade 磨损 ⓔ The texture of a cat's tongue is remarkably abrasive.（猫舌头的肌理非常粗糙。）

erase** [ɪˈreɪz]
v. 擦掉 *e〈ex (= out)

eraser** [ɪˈreɪzə(r)]
n. 擦除器（如橡皮、黑板擦等） *e〈ex (= out)

rase/raze** [reɪz]

v. 拆毁，夷平

ⓔ city razed by an earthquake（被地震夷为平地的城市）

rascal*** [ˈrɑːskl]

n. 恶棍；（开玩笑愚弄人的）捣蛋鬼

rascally** [ˈrɑːskəli]

a. 流氓的，卑鄙的

ⓔ rascally trick（卑劣的伎俩）

---

rash*** [ræʃ]

n. 疹；短时间内爆发的一连串（多指不愉快的事物）*a.* 急躁的；鲁莽的，轻率的

ⓔ heat-rash（痱子） come out in a rash（身上生满疹子） rash act（草率的行动） rash young man（鲁莽的年轻人）

rasp** [rɑːsp]

n. 粗锉刀；锉磨声

v. 用粗锉刀锉；刺激，使恼怒；发出刮擦声；发出刺耳的声音；用嘶哑的声音大声说

ⓔ rasp one's feelings / nerves（刺激某人的感情 / 神经） rasp out orders （用嘶哑的声音大声命令） rasping voice（刺耳的嗓音）

LECTURE 5

词根 CLAIM, CLAM

来自拉丁语的 claim，clam 意为 to cry，to shout。

---

acclaim** [əˈkleɪm]

［向某人大声叫喊 ac〈ad（= to）+ claim（= cry out）］

v. 欢呼，喝彩；极力称赞

n. 欢呼，喝彩；极力称赞

ⓝ acclamation 欢呼，喝彩 ⓔ The film debuted to widespread acclaim.（那部电影首映时受到了广泛的好评。）

---

disclaim** [dɪsˈkleɪm]

［大喊说不要 dis（= not）+ claim（= cry）］

vt. 放弃；拒绝；否认

ⓝ disclaimer 放弃；放弃声明书；否认者 ⓔ I disclaim any responsibility in this woman's death.（我否认我对这个女人的死负有责任。）

---

proclaim*** [prəˈkleɪm]

［向前喊 pro（= forth）+ claim（= cry）］

vt. 宣布，公布，声明；显露，显示

ⓝ proclamation 宣布，公布；宣言书 ⓔ The mayor proclaimed this as "be Nice To Your Secretary Week".（市长宣布这周为"热情对待秘书周"。）

---

claim*** [kleɪm]

n.（根据权利提出的）主张，要求；要求权；要求物；（依据保险合约的）索赔；赔款

v. 要求（拥有某种身份、所有权等）；断言，主张；需要，值得

claimant** [ˈkleɪmənt]

n. 要求者；【律】原告

clamor*** [ˈklæmə(r)]

n. 喧嚣，（表示愤怒或提要求的）吵闹声

v. 喧嚷；吵闹着要求

clamorous** [ˈklæmərəs]

a. 吵闹的，喧哗的

ⓔ clamorous mob（喧哗的人群）

counterclaim* n. 反要求；反诉 v. [ˌkaʊntəˈkleɪm] 提出反诉 *counter (= against)
[ˈkaʊntəkleɪm] ⓔ counterclaim for damages (就赔偿金提出反诉)

declaim** v. 慷慨激昂地演说；朗读，朗诵 *de (= down)
[dɪˈkleɪm] ⓝ declamation (朗读；雄辩) ⓐ declamatory (雄辩的；朗诵的)

exclaim*** v. 惊叫，呼喊 *ex (= out)
[ɪkˈskleɪm]

exclamation*** n. 叫喊；(因惊吓、痛苦等而发出的)惊叫；感叹词，感叹句 *ex (= out)
[ˌekskləˈmeɪʃn] ⓔ exclamation mark (感叹号(!))

exclamatory* a. 叫喊的；感叹的，表示感叹的 *ex (= out)
[ɪkˈsklæmətəri] ⓔ an exclamatory sentence (感叹句)

reclaim** v. 开垦(荒地)，开拓；使悔改；回收利用 *re (= back)
[rɪˈkleɪm] ⓝ reclamation (感化；开垦) ⓔ reclaim a man from vice (使人改邪归正) reclaimed drunkard (洗心革面的酒鬼)

词根 MOD

来自拉丁语的 mod 意为 fit, manner, modern, measure, kind, way 等。

accommodate*** [使适合于某物 ac‹ad (= to) + com (= together) + mod (= fit)]
[əˈkɒmədeɪt] vt. oneself + to + sth 使适应；向…提供；给…方便；提供住宿；容纳；调和，使和解
ⓝ accommodation 适应；住宿设施；方便；和解；容纳 ⓐ accommodating 亲切的；善于适应新环境的；肯融通的 accommodative 适应的；亲切的 ⓔ The hotel staff made every effort to accommodate our least desire. (哪怕是我们提出的最小的要求，宾馆职员也一样竭力满足。)

commodious** [和任何事物都相符的 com (= with) + mod (= fit, manner, modern)]
[kəˈməʊdiəs] a. 宽敞的；便利的
ⓐⓓ commodiously 宽敞地；便利地 ⓔ The apartment is full of commodious closets. (那家公寓有很多宽敞的壁橱。)

modulate* [使契合 mod (= fit)]
[ˈmɒdjuleɪt] vt. 调整，调节；变换(音调等)
ⓝ modulation 调整；调节；变调 ⓔ Though furious, she modulated her voice to soothing tones to answer the phone. (虽然很生气，但她还是调整了一下声音，以平和的语调接了电话。)

commode* n. 衣柜，橱；室内便器 *com (= together)
[kəˈməʊd]

commodity*** n. 日用品；商品 *com (= together)
[kəˈmɒdəti] ⓔ staple commodities (主要商品) household commodities ((锅、碗、瓢、盆等)家用品) prices of commodities (物价)

démodé* a. 过时的；老式的 *de (= down, away)
[deɪmɒˈdeɪ]

mod* a. (尤指穿着)新潮的
[mɒd]

modal* a. 形态的，形式的
[ˈməʊdl] ⓝ modality (形式)

mode☆☆☆ [məʊd]
n. 样式；形式；方式，做法；流行，时尚；【音】调式
ⓔ a mode of life（一种生活方式） the latest modes of clothes（最新的服装款式） the major / minor mode（大 / 小调式）

model☆☆☆ [ˈmɒdl]
n. 模型；模范，典型；极相似的人或物；模特儿；样式
a. 模范的；模型的 v. 做…的模型；当模特儿；按模型制作；(使)模仿
ⓔ model of an ocean liner（远洋客轮的模型） automobile of 2003 model（2003 年款汽车） model behavior / wife（模范行为 / 妻子） model school（模特儿学校） model plane（模型飞机） earn a living by modeling clothes（靠当时装模特儿为生）

moderate☆☆☆ [ˈmɒdərət]
a. 不过分的，节制的；适度的，适当的；稳健的；温和的 n. 稳健派，(政治上的)温和主义者
v. [ˈmɒdəreɪt]使缓和，使温和；使适中；主持（讨论等）
ⓔ moderate-sized house（大小适中的房子） a man of moderate opinions（持温和观点的人）

moderation★★★ [ˌmɒdəˈreɪʃn]
n. 缓和；适度；稳健；(M~)牛津大学的（文学学士)学位初试

moderator★ [ˈmɒdəreɪtə(r)]
n. 会议主席；调停者；仲裁者

---

modernism★ [ˈmɒdənɪzəm]
n. 现代主义；现代思想
ⓝ modernity（现代性；现代事物） modernist（现代主义者） ⓐ modernistic（现代主义的）

modernize★★★ [ˈmɒdənaɪz]
v. 使现代化
ⓝ modernization（现代化）

modest☆☆☆ [ˈmɒdɪst]
a. 谦逊的；谨慎的；适度的，有节制的；(事物)朴素的；端庄的；稳重的；不太大的
ⓐⓓ modestly（谦慎地，审慎地；适度地） ⓔ modest little house（朴素的小房子） modest in speech , behavior and dress（言行、着装端庄的）

modesty★★★ [ˈmɒdəsti]
n. 谦逊，质朴；端庄；羞怯

modicum★ [ˈmɒdɪkəm]
n. 少量，一点点
ⓔ a modicum of sleep（小睡） a modicum of effort（微薄的努力） a modicum of wine（少量的葡萄酒）

---

modify★★★ [ˈmɒdɪfaɪ]
v. 修改，变更；缓和；【语】修饰
ⓝ modifier（【语】修饰语（如形容词、副词等））

modification★★★ [ˌmɒdɪfɪˈkeɪʃn]
n. 修改，变更；缓和；【语】修饰 *fic (= make)

modish★ [ˌməʊdɪʃ]
a. 流行的

module☆ [ˈmɒdjuːl]
n. 模数(建筑中使用的度量单位)；【计】模块；组件，模件；(宇宙飞船的)舱
ⓐ modular（组件的） ⓔ memory module（存储器模块） command module（(宇宙飞船的)指令舱） lunar module（(从宇宙飞船母体上分离出来的)登月舱）

modus operandi★ [ˌməʊdəs ˌɒpəˈrændiː]
n. 工作方法；一贯手法，惯技 *oper (= work)

---

modus vivendi★ [ˌməʊdəs vɪˈvendiː]
n. 生活方式；妥协，权宜之计 *viv (= life)

词根 QUI

来自拉丁语的 qui 意为 quiet, to rest。

acquit***
[ə'kwɪt]
[让某人心境平和 ac⟨ad (= to) + qui (= quiet)]
vt. sb + of + sth 宣判…无罪；使(自己)作出某种表现；使(自己)履行(或完成)
ⓝ acquittal 宣判无罪；履行 acquittance (债务的)清偿 ⓔ The jury acquitted the prisoner after a short deliberation.(陪审团稍作审议，决定宣判犯人无罪。)

acquiesce**
[ˌækwi'es]
[面对某事变得安静 ac⟨ad (= to, intensive) + qui (= quiet)]
vi. to + sth 默认；默从
ⓝ acquiescence 默认 ⓐ acquiescent 默认的 ⓔ I finally acquiesced to my parents' demands that I stop smoking. (最后我还是默从了我父母的要求，答应戒烟。)

disquieting**
[dɪs'kwaɪətɪŋ]
[不让心境平和、安宁的 dis (= not) + qui (= quiet, rest)]
a. 使不安的，令人担忧的
ⓥ disquiet 使不安 ⓝ disquietude 不安，担忧 ⓐⓓ disquietingly 不安地，担忧地 ⓔ The solider could not sleep due to the disquieting sounds of battle in the distance. (从远处传来的令人不安的战斗声使那个士兵无法入睡。)

tranquility***
[træŋ'kwɪləti]
[完全安静的、平稳的状态 tran⟨trans (= intensive) + qui (= quiet, rest)]
n. 平静；平稳
ⓐ tranquil 平静的；平稳的 ⓝ tranquilizer 镇静剂 ⓥ tranquilize 使安静；使镇定 ⓔ The tranquility here at Loon Lake is marvelous. (卢恩湖非常平静。)

quiescent*
[kwaɪ'esnt]
a. 静止的，不动的
ⓝ quiescence (静止，不活动；沉默)

inquietude*
[ɪn'kwaɪətjuːd]
n. 不安，担心 *in (= not)

quietism*
['kwaɪətɪzəm]
n.【宗】寂静主义 (天主教神修学派的主张)

quietude**
['kwaɪətjuːd]
n. 寂静；宁静

requiem**
['rekwiəm]
n. (天主教)安魂弥撒；安魂曲；挽歌 *re (= again, intensive)

词根 HER, HES

来自拉丁语的 her, hes 意为 to stick。同义词根有 clam, cleav, visc 等。

adhere***
[əd'hɪə(r)]
[紧贴在某物上 ad (= to) + her (= stick)]
vi. to + sth 黏附；坚持；追随
ⓝ adherence 附着；坚持；忠诚 adhesion 附着，黏着；坚持 ⓐ adherent 黏着的；(*n.*)追随者 adhesive 带黏性的；(*n.*)黏合剂 ⓔ Fried foods often adhere to the surface of a skillet. (油炸食品往往会粘在平底煎锅的表面上。)

coherent**
[kəʊ'hɪərənt]
[粘贴在一起的 co⟨com (= together) + her (= stick)]
a. 黏着的；协调一致的；条理清楚的

ⓥ cohere 黏着 ⓐ cohesive 有黏着力的 ⓝ coherence 黏着（性）；凝聚（性）；连贯性 cohesion 黏着；凝聚（力）；团结（力） ⓔ I felt drowsy after the operation, but mentally coherent.（手术之后我昏昏欲睡，不过意识是清醒的。）

---

hesitant* [ˈhezɪtənt]
a. 犹豫的，踌躇的，迟疑的
ⓐⓓ hesitantly（犹豫地） ⓝ hesitance / hesitancy（踌躇，犹豫）

hesitate*** [ˈhezɪteɪt]
v. 踌躇，犹豫

hesitation*** [ˌhezɪˈteɪʃn]
n. 踌躇，犹豫

incoherent** [ˌɪnkəʊˈhɪərənt]
a. 不连贯的；无条理的；语无伦次的 *in (= not), co〈com (= together)
ⓝ incoherence（前后不一致；无条理） ⓔ so drunk as to be quite incoherent（醉得语无伦次的）

inherent** [ɪnˈhɪərənt]
a. 与生俱来的，固有的；内在的 *in(= in)
ⓐⓓ inherently（固有地；天性地）

LECTURE 6

词根 FLU

来自拉丁语的 flu 意为 to flow。同义词根有来自希腊语的 rrh 和来自拉丁语的 lix, man 等。

---

affluence** [ˈæfluəns]
[继续、不断地流出 af〈ad (= to, intensive) + flu (= flow)]
n. 富饶，富有；丰富
ⓐ affluent 富饶的，富有的；丰富的 ⓔ Affluence is a way of life for most American physicians.（大多数美国医生都过着富有的生活。）

---

fluctuate** [ˈflʌktʃueɪt]
[流动 flu (= flow)]
vi.（物价、温度等）上下变动，波动；动摇
ⓝ fluctuation 上下变动，波动；动摇 ⓔ The exchange rate fluctuates wildly, sometimes as much as 10% in one day.（汇率变动幅度很大，有时候甚至一天之内变动达 10%。）

---

fluent** [ˈfluːənt]
[话从嘴中说出的 flu (= flow)]
a. 流畅的，流利的
ⓝ fluency 流畅，流利 ⓐⓓ fluently 流畅地，流利地 ⓔ He's fluent in both Chinese and Japanese.（他的汉语和日语讲得都很流利。）

---

confluence** [ˈkɒnfluəns]
n.（江河的）交汇（处） *con〈com (= together)
ⓐ confluent（汇合的）

effluent* [ˈefluənt]
n.（江河、湖泊、阴沟等流出的）水流；流出物 *ef〈ex (= out)

efflux* [ˈeflʌks]
n.（液体或气体的）流出；流出物 *ef〈ex (= out)

flue** [fluː]
n. 暖气管；烟道
ⓔ clean the flues of soot（把满是烟灰的烟道打扫干净）

fluid*** [ˈfluːɪd]
n. 流体（液体与气体的总称）；液
a.（像气体、液体一样）流动的；（思想等）不稳定的

ⓝ fluidity (流动性；易变性) ⓔ fluid opinions / plans (易变的意见 / 计划)

flume**
[fluːm]
n. (用来转动春米房的水碓或运送木材的)水槽，水道

flurry**
[ˈflʌri]
n. 阵风，阵雨，阵雪；慌张 *v.* 使(某人)慌张
ⓔ in a flurry of alarm (一阵慌张) Don't get flurried. (别慌。)

flush***
[flʌʃ]
v. (脸)发红；使得意；用水冲洗；(水)奔流
n. 红晕；激动，兴奋，茂盛；(草木等的)发芽
ⓔ The girl flushed when the boy spoke to her. (男孩跟女孩搭话时，女孩的脸红了。) flush the pan (冲洗平底锅) in the first flush of victory (沉浸在胜利带来的最初的喜悦中)

fluvial*
[ˈfluːviəl]
a. 河流的，生长在河流中的

flux**
[flʌks]
n. (水的)流动，流出；不断变动；焊剂；涨潮
ⓔ in a state of flux (不断变动的) the flux and reflux (涨潮落潮；〈喻〉不断消长)

词根 LEG, LECT [LIG, LEAG]

来自拉丁语的 leg，lect 有 law，to gather，to choose，to read，to send 等多种含义。其变形有 lig，leag 等。

allegiance***
[əˈliːdʒəns]
[朝向法的心 al〈ad (= to) + leg (= law)]
n. 忠诚；拥戴
ⓔ I don't feel much allegiance to my company. (我对我们公司没有多少效忠之心。)

negligible**
[ˈneglɪdʒəbl]
[不收集的 neg (= not, deny) + lig〈lect (= gather)]
a. 可以忽略的，无关紧要的，不重要的，微不足道的；不注意的，疏忽的，怠慢的
ⓔ A negligible amount of marijuana was discovered in his automobile. (在他的车内发现了极少量的大麻。)

diligent**
[ˈdɪlɪdʒənt]
[不同地、个别地选择的 di〈dis (= apart) + lig〈leg (= choose)]
a. 勤奋的；勤勉的
ⓝ diligence 勤勉 ⓐⓓ diligently 勤奋地 ⓔ She is a diligent worker though she lacks imagination. (她虽然缺乏想像力，但工作还是很勤奋的。)

eclectic*
[ɪˈklektɪk]
[从某些东西当中挑选的 ec〈ex (= out) + lect (= choose)]
a. 折中的；兼收并蓄的，(兴趣爱好等)不拘一格的
n. 折中主义者，折中学派
ⓝ eclecticism 折中主义；折中学派 ⓐⓓ eclectically 折中地 ⓔ She has eclectic taste, as you can tell by her living room. (从她的客厅可以看出她不拘一格的品味。)

predilection**
[ˌpriːdɪˈlekʃn]
[事先个别地挑出来 pre (= before) + di (= apart) + lect (= choose)]
n. 嗜好，偏爱
ⓔ I have a strong predilection for sweets. (我特别偏爱甜食。)

legible**
[ˈledʒəbl]
[能阅读的 leg (= read)]
a. (字迹等)易读的；易辨认的

ⓝ legibility 易读，易识别 ⓔ The postmark isn't legible. It might say "New York". (邮戳看不清，可能写的是"纽约"。)

illegible** [ɪˈledʒəbl]
[无法阅读的 il〈in (= not) + leg (= read)]
a. 难读的，难辨认的
ⓝ illegibility 不可辨认 ⓐⓓ illegibly 难辨认地 ⓔ The secretary couldn't type the letter. Her boss's handwriting is illegible. (秘书无法录入那封信，因为老板的字迹难以辨认。)

allege*** [əˈledʒ]
[用力向某人寄送 al〈ad (= to, intensive) + leg (= send)]
vt. (无充分证据地)主张，断言；辩解
ⓝ allegation (无充分证据的)主张 ⓐ alleged 被断定的 ⓔ He alleges that he was not speeding. (他辩解说自己没有超速行驶。)

relegate*** [ˈrelɪgeɪt]
[向后输送 re (= back) + leg (= send)]
vt. 使地位降低，使降职；移交；放逐；委托
ⓝ relegation 降职；移交；委托；放逐 ⓔ He relegated his stepson to the broken-down bedroom over the garage. (他把他的继子赶到车库上面那个破旧的卧室去了。)

intellectual*** [ˌɪntəˈlektʃuəl]
[在中间选择 intel〈inter (= between) + lect (= choose, gather)]
n. 有很高智力的人；知识分子
a. 智力的；智力超群的
ⓝ intellect 智力；思维能力；[总称]知识界
ⓔ While bright, I hardly think he qualifies as an intellectual. (他虽然很聪明，不过我并不认为他够格做一个知识分子。)

legendary** [ˈledʒəndri]
[被传读下来的 leg (= read)]
a. 传说的；〈口〉著名的
ⓝ legend 传说；传奇文学 ⓔ His appetite is legendary. He can actually eat 25 hot dogs at once! (他的胃口大是出了名的，他一次可以吃掉 25 个热狗！)

legitimate*** [lɪˈdʒɪtɪmət]
[合乎法律的 leg (= law))]
a. 合法的；合理的；正统的；嫡出的
ⓝ legitimacy 合法；正统(性)；嫡出 ⓥ legitimatize 使合法化；承认嫡出
ⓔ Is corporal punishment a legitimate teaching method? I think not. (体罚是一种合理的教育方式吗？我认为不是。)

legal*** [ˈliːgl]
a. 法律的；法定的；合法的 *leg (= law)
ⓝ legalism (守法主义) ⓐⓓ legally (法律上；合法地) ⓔ illegal (非法的，违法的，不合法的) legal adviser (法律顾问) take legal action (提起诉讼) legal holiday (法定假日) free legal aid (法律援助(指法庭指定辩护律师为没有能力聘请律师或进行诉讼的人提供的援助))

legality** [liːˈgæləti]
n. 合法(性) *leg (= law)
ⓔ legality of an act (行为的合法性)

legalize** [ˈliːgəlaɪz]
v. 使合法化 *leg (= law)
ⓔ legalize the sale of alcoholic drinks (使销售酒类合法化)

legislate** [ˈledʒɪsleɪt]
v. 制定法律 *leg (= law), lat (= carry, produce)
ⓝ legislation (立法，制定法律；法律) legislator (立法者；立法委员；国会议员)

legislature（立法机关；〈美〉州议会） ⓔ legislate against gambling（制定法律禁止赌博）

legislative***
[ˈledʒɪslətɪv]
a. 立法的；法律规定的 *leg（ = law），lat（ = carry, produce）
ⓔ legislative body（立法机关） legislative reforms（立法改革） legislative prerogative（立法特权）

---

privilege***
[ˈprɪvəlɪdʒ]
n. 特权；荣幸 *priv（ = single, peculiar），leg（ = law）

privileged***
[ˈprɪvəlɪdʒd]
a. 享有特权的 *priv（ = single, peculiar），leg（ = law）
ⓔ the privileged classes（特权阶层） underprivileged（没有享受适当权益的；贫困的）

analects*
[ˈænəlekts]
n. 论集，文选 *ana（ = again），lect（ = gather）
ⓔ *The Confucian Analects*（《论语》）

collect***
[kəˈlekt]
v. 收集；收取（税金、捐款等）；接走；使(情绪)镇定
a./ad. 电话、发报等由受话人(或收报人)付款的（地） *col〈com（ = together），lect（ = gather）
ⓐ collected（镇定的） ⓝ collection（收集，采集） collector（收集者；收藏家；采集者）
ⓔ collect call（对方付费电话）

collective**
[kəˈlektɪv]
a. 集体的，共同的 *col〈com（ = together），lect（ = gather）
ⓐⓓ collectively（全体地，共同地） ⓝ collectivism（集体主义） ⓥ collectivize（使集体化）
ⓔ collective farm（集体农场） collective leadership（集体领导制） collective security（集体安全） collective ownership（集体所有制） collective bargaining（（劳资双方的）集体谈判）

---

colleague***
[ˈkɒliːg]
n. 同事 *col〈com（ = together），leag〈leg（ = gather）

college***
[ˈkɒlɪdʒ]
n. 大学；学院；专科学校；团体，协会；群
*col〈com（ = together），leg（ = gather）
ⓔ college of music（音乐学院） college of surgeons（外科医生协会） college of cardinals（【天主教】红衣主教团(罗马教皇的枢密院)） college of bees（蜂群）

collegiate**
[kəˈliːdʒiət]
a. 大学（生）的；大学生用的 *col〈com（ = together），leg（ = gather）
ⓔ collegiate life（大学生活） collegiate dictionary（大学生词典）

legion***
[ˈliːdʒən]
n. 古罗马军团；众多 *leg（ = gather）
ⓐ legionary（军团的） ⓔ Their numbers are legion.（他们数量众多。）

neglect***
[nɪˈglekt]
v./n. 疏忽（义务等），忽视，忽略 *neg（ = not），lect（ = gather）
ⓐ neglectful（疏忽的，不注意的） ⓔ neglect one's family / appearance（忽视家庭 / 外表） neglect of duty（玩忽职守）

---

negligence**
[ˈneglɪdʒəns]
n. 过失（罪）；不注意，粗心；疏忽，玩忽；不修边幅
*neg（ = not），lig〈leg（ = gather）
ⓔ negligence of dress（不在意穿着）

negligent**
[ˈneglɪdʒənt]
a. 不注意的，粗心大意的 *neg（ = not），lig〈leg（ = gather）

dialect***
[ˈdaɪəlekt]
n. 方言，地方话；（某个阶层的）行话 *dia（ = through），lect（ = choose）
ⓐ dialectal（方言的）

dialectic**
[ˌdaɪəˈlektɪk]
a. 辩证的 *dia（ = through），lect（ = choose）
ⓝ dialectician（辩证学家）

dialectical*
[ˌdaɪəˈlektɪkl]
a. 方言的；辩证的 *dia（ = through），lect（ = choose）
ⓔ dialectical materialism（辩证唯物主义）

---

elect***
[ɪˈlekt]
v. 选举；选择，决定 *a.* 当选的；选中的；当选而尚未上任的；（the~）被选定的人
*e〈ex（ = out），lect（ = choose）
ⓔ governor-elect（下一任州长（当选后，就任前））

election***　*n.* 选举；当选　*e〈ex（= out），lect（= choose）
[ɪˈlekʃn]　ⓔ primary election（预选） general election（大选） election expenses（选举费用） election campaign（选举运动） by-election / special election（补缺选举 / 特别选举） off-year election（〈美〉非大选年的选举） election results（选举结果） election district（选区） Election Day（〈美〉选举日）

elective**　*a.* 选修的；可以选择的；有选举权的；由选举产生的
[ɪˈlektɪv]　*e〈ex（= out），lect（= choose）
ⓔ elective course（选修科目） elective office（由选举产生的官职）

elector***　*n.* 选举人　*e〈ex（= out），lect（= choose）
[ɪˈlektə(r)]　ⓝ electorate（选民）

electoral**　*a.* 选举（人）的；有关选举的　*e〈ex（= out），lect（= choose）
[ɪˈlektərəl]　ⓔ electoral roll / register（选民名册） electoral college（〈美〉总统选举团（负责选举总统和副总统））

---

elegant*　*a.* 优雅的；精致的　*e〈ex（= out），leg（= choose）
[ˈelɪgənt]　ⓝ elegance（优雅） ⓔ elegant manners（优雅的举止）

eligible**　*a.* 合格的，有资格被选中的；合适的　*e〈ex（= out），lig〈leg（= choose）
[ˈelɪdʒəbl]　ⓝ eligibility（合格；被选举资格） ⓔ eligible for membership in a society（有资格成为社团会员的） an eligible young man（合适的年轻人）

intelligence***　*n.* 智能，智力；智慧；信息；（尤指有关军事机密的）情报
[ɪnˈtelɪdʒəns]　*intel〈inter（= between），lig〈leg（= choose）
ⓔ a man of much intelligence（非常聪明的人） intelligence agent（情报人员，间谍） intelligence quotient（智商） intelligence officer（情报官）

intelligent***　*a.* 有才智的；聪明的　*intel〈inter（= between），lig〈leg（= choose）
[ɪnˈtelɪdʒənt]　ⓔ intelligent child（聪明的孩子） intelligent answers to questions（对问题的机智回答）

intelligentsia**　*n.* [总称]（the ~）知识分子　*intel〈inter（= between），lig〈leg（= choose）
[ɪnˌtelɪˈdʒentsiə]

---

intelligible**　*a.* 可理解的，（意思）明了的　*intel〈inter（= between），lig〈leg（= choose）
[ɪnˈtelɪdʒəbl]　ⓝ intelligibility（易理解，明了） ⓔ intelligible speech（易听懂的演讲） intelligible explanation（易理解的说明）

select***　*v.* 选择，选拔，挑选 *a.* 精选的，选拔出来的；选择成员时严格的
[sɪˈlekt]　*se（= apart, away），lect（= choose）
ⓝ selector（选择者，选拔者） ⓔ select committee（〈英〉（在下议院中受命作某项特别调查的）小型特别委员会） select by vote（投票选拔）

selection***　*n.* 选拔，选择，精选；精选品；选集　*se（= apart, away）
[sɪˈlekʃn]　ⓔ selection committee（选拔委员会） natural selection（【生】自然选择） selection from the works of Hemingway（海明威选集）

selective**　*a.* 选择性的；有选择能力的；淘汰的　*se（= apart, away），lect（= choose）
[sɪˈlektɪv]　ⓝ selectivity（选择性） ⓔ selective service（选拔性征兵制）

elegiac*　*a.*（韵律）挽歌体的；哀伤的，哀悼的　*e〈ex（= out），leg（= read）
[ˌelɪˈdʒaɪək]　ⓔ elegiac couplets（挽歌体对句）

---

elegy**　*n.*（为死者的）哀歌，挽歌　*e〈ex（= out），leg（= read）
[ˈelədʒi]

lectern* [ˈlektən]
n. (教堂的)讲经台　*leg (= read)

lecture*** [ˈlektʃə(r)]
n. 演讲；谴责，训话　*v.* 讲课；演讲；训诫，训斥　*lect (= read)
ⓝ lecturer ((特指大学的)讲师)　lectureship ((大学的)讲师的职位)

delegate*** [ˈdelɪgeɪt]
n. 代表 *vt.* 代表；指派…为代表；授(权)　*de (= away, off), leg (= send)
ⓝ delegacy (代表团；代表制度)

delegation*** [ˌdelɪˈgeɪʃn]
n. 代表团；授权，委托　*de (= away, off), leg (= send)

---

legacy** [ˈlegəsi]
n. 遗产，留给后人的东西；遗赠　*leg (= send)
ⓔ the legacy of the Korean War (朝鲜战争遗留下的东西) legacy of hatred (祖辈留下的积怨)

legate** [ˈlegət]
n. 教皇的使节　*leg (= send)

legatee* [ˌlegəˈtiː]
n. 遗产受赠人　*leg (= send)

legation** [lɪˈgeɪʃn]
n. 公使馆；公使馆全体人员　*leg (= send)

recollect*** [ˌrekəˈlekt]
v. 想起，回想　*re (= back), col〈com (= together, completely), lect (= send)
ⓔ recollect childhood(回想童年)

---

recollection*** [ˌrekəˈlekʃn]
n. 回想，回顾；记忆(力)；追忆的往事
*re (= back), col〈com (= together, completely), lect (= send)

sacrilege** [ˈsækrəlɪdʒ]
n. 亵渎神圣　*sacr (= holy), leg (= send)
ⓐ sacrilegious (犯渎圣罪的)

词根 PAR[PAIR, PER, PIR, PEER]

来自拉丁语的 par 意为 to arrange, to appear, to produce, equal。其变形有 pair, per, pir, peer 等。

---

apparel*** [əˈpærəl]
[靠近排列 ap〈ad (= to, near) + par (= arrange)]
n. 衣着；服饰
vt. 给…穿衣
ⓔ My teacher told me that shorts aren't appropriate apparel for class. (老师告诉我穿短裤来上课不合适。)

---

imperative*** [ɪmˈperətɪv]
[在里面排列、整理的 im〈in (= in, intensive) + per〈par (= arrange)]
a. 必需的；紧急的；必须服从的，强制的；命令式的
n. 命令
ⓔ It's imperative to remove your shoes once you enter the temple. (进入寺院时，你必须脱掉鞋子。)

---

imperious** [ɪmˈpɪəriəs]
[在里面排列或整理的 im〈in (= in, intensive) + per〈par (= arrange)]
a. 飞扬跋扈的，傲慢的，专横的；紧急的；迫切的
ⓔ She's an imperious little tot, always bossing around her young cousins. (她是一个专横的小女孩，经常对她的堂弟妹颐指气使。)

---

irreparable** [ɪˈrepərəbl]
[无法重新整顿或安排的 ir〈in (= not) + re (= again) + par (= arrange)]
a. 无法修补的；无法挽回的
ⓔ A broken teacup is irreparable, no matter what the glue package says. (无

论胶水的外包装上怎么写，摔碎的茶杯都是无法修补的。）

apparition★★ [ˌæpəˈrɪʃn]

[出现在附近 ap〈ad (= to, near) + par (= appear)]

n. 幽灵，鬼怪；幻影；特异景象

ⓔ She claims to see apparitions in the graveyard at night.（她坚持说晚上在墓地看到幽灵。）

transparent★★★ [trænsˈpærənt]

[通过某种东西出现、显示到另一边的trans (= through, across) + par (= appear)]

a. 透明的；清澈的；明了的，明白的

ⓝ transparency / transparence 透明（性）；幻灯片 ⓔ The transparent turquoise waters of the Caribbean are spectacular.（加勒比海透明的蓝绿色海水非常壮观。）

disparage★★ [dɪsˈpærɪdʒ]

[认为某人和自己不平等 dis (= not) + par (= equal)]

vt. 轻视，藐视；中伤，诽谤；贬低

ⓝ disparagement 轻视；诽谤 ⓐⓓ disparagingly 轻视地 ⓔ Insecure people often disparage the achievements of others.（不安的人总是会贬低别人的成绩。）

disparity★★ [dɪsˈpærəti]

[不同等 dis (= not) + par (= equal)]

n. 不同，不等

ⓔ The disparity between rich and poor in Venezuela is startling.（委内瑞拉的贫富差距令人吃惊。）

impair★★★ [ɪmˈpeə(r)]

[使与以前不一样 im〈in (= not) + pair〈par (= equal)]

vt. 损伤；削弱

ⓝ impairment 损害，损伤 ⓔ Alcohol had so impaired his faculties that he was unable to drive.（酒精极大地损伤了他的机能，以至于他开不了车了。）

apparatus★★★ [ˌæpəˈreɪtəs]

n.（一套）装置，设备；器械，器具；（身体的）器官；（政党或地下活动的）机构

*ap〈ad (= near), par (= arrange)

ⓔ heating apparatus（暖气） chemical apparatus（化学器械） electric apparatus（电器设备） digestive apparatus（消化器官） bureaucratic apparatus（官僚机构） espionage apparatus（间谍机构）

empire★★★ [ˈempaɪə(r)]

n. 帝国 *em〈en (= intensive), pir〈par (= arrange)

ⓝ emperor（皇帝） empress（皇后；女皇） ⓔ the Roman Empire（罗马帝国） the British Empire（大英帝国） Empire City（帝国城，纽约市的别名） Empire State（帝国州，纽约州的别名） Empire State Building（纽约帝国大厦（102层，381米，1931年竣工，1950年在大楼顶部修建高67.7米的电视塔））

imperial★★★ [ɪmˈpɪəriəl]

a. 帝国的；皇帝的；宏大的；专横的 *im〈in (= intensive), per〈par (= arrange)

ⓔ Imperial City（帝都，罗马的别名） His Imperial Majesty（陛下） imperial president（专横的总统）

imperialism★★ [ɪmˈpɪəriəlɪzəm]

n. 帝国主义；（领土）扩张主义 *im〈in (= intensive), per〈par (= arrange)

ⓝ imperialist（帝国主义者） ⓐ imperialistic（帝国主义的）

parade★★★ [pəˈreɪd]

n. 阅兵，阅兵式；行列；游行；炫耀

v.（列队）行进；炫耀，夸耀 *par (= arrange)

ⓔ hold a parade（举行阅兵式） march in parade（列队行进） political parade（政治性游行） be on parade（在游行） parade ground（阅兵场） make a parade of one's virtues（夸耀自己的优点） parade one's abilities（炫耀自己的能力）

pare**
[peə(r)]
v. 削(水果等的)皮；修剪(指甲等)；修掉(边、角等)；消减 ***par** (= arrange)
ⓝ parings(削下、剥下的东西) ⓔ pare one's nails(剪指甲) pare (= peel) an apple (削苹果皮) pare down(削减，减少)

prepare***
[prɪˈpeə(r)]
v. 准备 ***pre** (= before), **par** (= arrange)
ⓝ preparedness(准备) ⓔ be prepared to(准备好做…)

preparation***
[ˌprepəˈreɪʃn]
n. 准备，预备；(药品的)调制，配制；配制好的东西
***pre** (= before), **par** (= arrange)
ⓔ preparations for war (战备) make preparations for a voyage (准备航海) pharmaceutical preparation(药物制剂)

preparatory***
[prɪˈpærətri]
a. 准备的，预备的 ***pre** (= before), **par** (= arrange)
ⓔ preparatory school(预备学校，预科)

repair***
[rɪˈpeə(r)]
v. 修理；修补 *n.* 修补 ***re** (= again), **pair**〈**par** (= arrange)
ⓐ repairable(可修理的) ⓝ repairer(修理工)

---

reparable***
[ˈrepərəbl]
a. (损失等)可补偿的；可修缮的 ***re** (= again), **par** (= arrange)

reparation***
[ˌrepəˈreɪʃn]
n. 补偿；赔偿；(pl.)(战败国的)赔款 ***re** (= again), **par** (= arrange)

separate***
[ˈsepəreɪt]
v. 分离，分开；分散 *a.* 分离的，分开的；单独的 *n.* 不是成套的女装
***se** (= away), **par** (= arrange)
ⓐⓓ separately(个别地) ⓝ separator((牛奶的)脱脂器) separatist((政治上或宗教上的)分离主义者)

separation***
[ˌsepəˈreɪʃn]
n. 分离；脱离；【律】(夫妇)分居 ***se** (= apart, away), **par** (= arrange)
ⓔ separation of powers (分权) judicial separation ((法庭判决的)夫妇分居) after a separation of five years(分离五年后)

separable**
[ˈsepərəbl]
a. 可分离的 ***se** (= apart, away)

---

apparent***
[əˈpærənt]
a. 明显的；明白的；外观的，表面的
***ap**〈**ad** (= near), **par** (= appear)
ⓐⓓ apparently(明白地；外观上地，表面上地) ⓔ in spite of her apparent indifference (尽管她表面上冷淡)

appearance***
[əˈpɪərəns]
n. 出现；外观，外表，外貌 ***ap**〈**ad** (= near), **pear**〈**par** (= appear)
ⓥ appear(出现，(演员、歌手、讲演者等)露面) ⓔ make an appearance(演出，露面) to / by all appearance(s)(从外表看)

compare***
[kəmˈpeə(r)]
v. 比较，对照；比喻作；(可)与…相比；匹敌
***com** (= together), **par** (= equal)

comparison***
[kəmˈpærɪsn]
n. 比较，对照；匹敌；比喻 ***com** (= together), **par** (= equal)

comparable**
[ˈkɒmpərəbl]
a. 可匹敌的；可比较的 ***com** (= together), **par** (= equal)
ⓔ His achievements are comparable with the best. (他可以同成就最高的人相匹敌。)

---

comparative***
[kəmˈpærətɪv]
a. 比较的；【语】比较级的 ***com** (= together), **par** (= equal)
ⓐⓓ comparatively (比较地；有点) ⓔ comparative literature (比较文学) comparative religion(比较宗教) comparative politics(比较政治学)

compeer**
[kɒmˈpɪə(r)]
n. 地位相等的人；同伴 ***com** (= together), **peer**〈**par** (= equal)

disparate***
[ˈdɪspərət]
a. (质、量等)无法比较的，根本不同的 *n.* (pl.)无法比较的事物 *dis (= not)

pair***
[peə(r)]
n. 一对，一双，一副；一对(夫妻、情侣、舞伴等) *v.* 成双，成对 *pair〈par (= equal)
ⓔ the happy pair (幸福的一对) in pairs (成双地，成对地)

par***
[pɑː(r)]
n. 同等；平价；票面价值；平均，标准
ⓔ nominal par (票面价值) issue par (发行价格) above / below par (高于/低于票面价值) on a par with (和…不相上下) par of exchange (外汇平价)

---

parity*
[ˈpærəti]
n. 同等，平等，同位；平价 *par (= equal)
ⓔ parity of exchange (外汇平价)

peer***
[pɪə(r)]
n. 同辈；(社会地位或能力)同等的(或可以匹敌的)人；(英国的)贵族 *v.* 凝视，盯着看 *peer〈par (= equal)
ⓝ peeress (女贵族) peerage ([总称]贵族；贵族头衔；贵族名册) ⓔ be raised to the peerage (晋升为贵族)

peerless***
[ˈpɪələs]
a. 无可匹敌的 *peer〈par (= equal), less (= without)

umpire**
[ˈʌmpaɪə(r)]
n. 仲裁人；(比赛的)裁判员 *v.* 仲裁；裁判 *um〈un (= not), pir〈par (= equal)
ⓔ act as umpire (担任仲裁；担任裁判) umpire a cricket match (担任板球比赛的裁判)

vampire**
[ˈvæmpaɪə(r)]
n. 吸血鬼；吸血蝙蝠；高利贷者 *vamp (= temptress), pir〈par (= equal)

---

oviparous*
[əʊˈvɪpərəs]
a. (鸟、鱼、爬虫类)卵生的 *ovi (= egg), par (= produce)

parental**
[pəˈrentl]
a. 父母亲的 *par (= produce)
ⓝ parents (双亲，父母) parentage (父母的身份) ⓔ parental authority (亲权) parental anxieties (父母的担忧) parental care (父母的照顾)

parricide*
[ˈpærɪsaɪd]
n. 杀父母；杀父(或母)的人 *par (= produce), cid (= kill)

parturition*
[ˌpɑːtjʊəˈrɪʃn]
n. 分娩，生产 *par (= produce)

viviparous*
[vɪˈvɪpərəs]
a. 胎生的 *viv (= life), par (= produce)

词根 PEND, PENS [POND, PENC]

来自拉丁语的 pend, pens 意为 to hang, to weigh, to pay, to consider。其变形有 pond 和 penc。

---

append**
[əˈpend]
[悬挂在某物之上 ap〈ad (= to, add) + pend (= hang)]
vt. sth + to + sth 附加，添加；悬挂
ⓝ appendix 附录 appendage 附加物 appendicitis 阑尾炎 ⓔ She usually appends a postscript to her letters. (她通常在信上加一些附言。)

---

compendium*
[kəmˈpendiəm]
[从某物上分离出来悬挂 com (= with) + pend (= hang, weigh)]
n. 概论，概要；简编
ⓐ compendious 简洁的，简明的 ⓔ This guidebook contains a compendium of common French idioms and expressions. (这本指南手册包括法语中常见的习惯用语和表达法的简编。)

---

impending**
[ɪmˈpendɪŋ]
[悬挂在上面的 im〈in (= on) + pend (= hang, weigh)]
a. 迫近的；悬挂的，悬置的

ⓔ I'm dreading my impending tax audit with the Internal Revenue Service. (对国内收入署即将对我进行的税务审计，我感到很害怕。)

compensate***
[ˈkɒmpenseɪt]

[用某物来偿还 com (= with) + pens (= pay, hang)]

vt. sb + for + sth 补偿；赔偿 *vi.* for + sth 补偿；弥补

ⓝ compensation 赔偿，补偿；〈美〉报酬 ⓐ compensatory 补偿的；报酬的 ⓔ I gave the girl 100 dollars as compensation for her pain when my dog bit her. (我的狗咬了那个小女孩，作为对她所受痛苦的补偿，我给了她 100 美元。)

propensity **
[prəˈpensəti]

[预先挂好 pro (= forth) + pens (= hang, weigh)]

n. 倾向；习性

ⓔ I have a propensity to tap my fingers when I'm nervous. (我在紧张的时候会弹手指。)

indispensable***
[ˌɪndɪsˈpensəbl]

[不分开悬挂的 in (= not) + dis (= apart) + pens (= hang, weigh)]

a. 不可缺少的，必需的

ⓝ indispensability 不可缺 ⓔ A thesaurus is an indispensable writing tool for any university student. (词典是所有大学生不可或缺的写作工具。)

expend ***
[ɪkˈspend]

[支付以使某物完尽 ex (= out) + pend (= pay, weigh)]

vt. sth + on + sth 消费；耗尽，用光

ⓝ expenditure 支出，经费 expense 费用，支出；牺牲 ⓐ expensive 昂贵的 expendable 可花费的；可牺牲的 ⓔ About 28% of the library's annual budget is expended on new acquisitions. (那家图书馆约 28%的年预算用来购置新书。)

recompense***
[ˈrekəmpens]

[用某种东西偿还 re (= back) + com (= with) + pens (= pay)]

vt. 报答；赔偿；补偿

ⓔ The insurance company recompensed the people injured in the auto accident. (保险公司对在车祸中受伤的人给予了赔偿。)

depend***
[dɪˈpend]

v. 依靠，依赖；取决于；相信 *de (= down), pend (= hang)

ⓐ dependable (可信赖的，可靠的)

dependant***
[dɪˈpendənt]

n. 受抚养的家属 *de (= down), pend (= hang)

dependent***
[dɪˈpendənt]

a. 依赖的，依靠的；由…决定的，取决于…的 *n.* 受抚养的家属

*de (= down), pend (= hang)

ⓔ dependent on his wife's earnings (依靠妻子的收入的) dependent upon weather (取决于天气的)

dependence***
[dɪˈpendəns]

n. 依靠，依赖；信赖 *de (= down), pend (= hang)

ⓔ drug dependence (药物依赖)

dependency**
[dɪˈpendənsi]

n. 附属国，附属地 *de (= down), pend (= hang)

ⓔ The island is no longer a dependency of the USA. (那座小岛不再是美国的附属地了。)

independence***
[ˌɪndɪˈpendəns]

n. 独立，自立 *in (= not), de (= down), pend (= hang)

ⓔ Independence Day (美国独立纪念日 (7 月 4 日)) Independence Hall (独立纪念馆 (位于费城，内部保存有自由钟)) *The Declaration of Independence* ((美国的)《独立宣言》) Independence Movement (独立运动)

independent*** [ˌɪndɪˈpendənt]

a. 独立的，自主的 *n.* 无党派人士 *in(=not), de(=down), pend(=hang)

ⓐⓓ independently（独立地，自主地） ⓔ independent of（独立于） independent research（独立的研究） Vote for the independents at the next election.（在下一次选举中投票给无党派人士。）

penchant* [ˈpentʃənt]

n. 强烈的倾向；嗜好 *penc〈pens (= hang)

ⓔ have a penchant for（嗜好…）

pendant** [ˈpendənt]

n. 垂饰；吊灯 *pend (= hang)

pendent** [ˈpendənt]

a. 悬挂的，下垂的；向外伸出的；未决的，未定的 *pend (= hang)

ⓔ pendent rocks（向外突出的岩石）

---

pending** [ˈpendɪŋ]

a. 悬而未决的 *prep.* 在…过程中，在…期间；在…之前

*pend (= hang)

ⓔ a patent pending（待批专利） The lawsuit was then pending.（那次诉讼当时未作判决。） pending the negotiations（在谈判之前） pending her decision（她作决定之前）

pendulous* [ˈpendjələs]

a. 悬垂的；摇摆的 *pend (= hang)

ⓔ the pendulous nests of weaver-birds（织巢鸟悬垂着的巢）

pendulum** [ˈpendjələm]

n.（钟等的）摆；摇摆不定的人（或物） *pend (= hang)

ⓔ the swing of the pendulums（摇摆不定的舆论；（政党等的）的胜负交替）

perpendicular*** [ˌpɜːpənˈdɪkjələ(r)]

a. 成直角的，垂直的；直立的 *n.* 垂直面 *per(=completely), pend(=hang)

ⓔ out of (the) perpendicular（不垂直）

suspend*** [səˈspend]

v. 悬挂；使悬浮（于液体、空气中）；中止；暂缓作出（决定等）

*sus〈sub (= under), pend (= hang)

ⓔ lamps suspended from the ceiling（悬挂在顶棚上的灯） dust suspended in the air（飘浮在空中的灰尘） suspend payment（中止支付） suspend judgment（暂缓判决） suspend a football player（暂时中止某足球运动员参赛） suspended animation（假死状态） suspended sentence（缓刑）

---

suspense*** [səˈspens]

n. 担心，不安；紧张感；（小说、电影等的）悬念

*sus〈sub (= under), pens (= hang)

ⓔ in great suspense（极为不安） keep her in suspense for five days already（已经让她担心五天了）

suspension*** [səˈspenʃn]

n. 悬挂；悬浮（状态）；悬而未决；暂令停职；中止 *sus〈sub(=under), pens(=hang)

ⓔ suspension bridge（吊桥） suspension of a congressman（中止议员资格）

suspender** [səˈspendə(r)]

n. 〈美〉裤子背带；〈英〉吊袜带 *sus〈sub (= under), pend (= hang)

dispense*** [dɪˈspens]

v. 分配，分发；配药；(~ with)免除 *dis (= apart, away), pens (= weigh)

ⓝ dispenser（分配者；药剂师；分配器（可以不打开盖子而直接抽取物质的容器））

dispensation** [ˌdɪspenˈseɪʃn]

n. 分配，分发；【宗】天意，天道；教规；处方 *dis (= apart, away), pens (= weigh)

ⓔ dispensation of food（食物分配） dispensation of providence（天意，上天的安排） Mosaic dispensation（摩西律法）

---

dispensable* [dɪˈspensəbl]

a. 非必要的；可分配的 *dis (= apart, away), pens (= weigh)

dispensary** [dɪˈspensəri]

n.（医院等的）药房 *dis (= apart, away), pens (= weigh)

ponderable* a. 可称重的；可衡量的；可估量的 n.（pl.）可估量的事物
[ˈpɒndərəbl] *pond⟨pend（= weigh, consider）

ponderous*** a. 沉重的；笨重的；（文章、谈话等）沉闷的 *pond⟨pend（= weigh）
[ˈpɒndərəs] ⓔ ponderous movements（笨重的动作） ponderous building（庞大的建筑）

preponderance** n.（重量、力量方面的）优势，优越 *pre（= before），pond⟨pend（= weigh）
[prɪˈpɒndərəns] ⓔ preponderance theory（力量优势论）

---

preponderant* a.（在重量、数量、力量等方面）占优势的，压倒的
[prɪˈpɒndərənt] *pre（= before），pond⟨pend（= weigh）

preponderate* v.（重量、数量、力量等）占优势 *pre（= before），pond⟨pend（= weigh）
[prɪˈpɒndəreɪt] ⓔ reasons that preponderate over other considerations（优先考虑的理由）

inexpensive*** a. 便宜的，花费不多的 *in（= not），ex（= out），pens（= pay）
[ˌɪnɪkˈspensɪv]

pension*** n. 退休金；养老金 v. 发退休金 *pens（= pay）
[ˈpenʃn] ⓐ pensionable（（根据职位、年龄等）有资格领退休金的） ⓝ pensioner（领退休金者）
ⓔ old-age pension（养老金） draw one's pension（领取养老金） retire on a pension（拿着退休金退休）

stipend** n.（学生定期领取的）生活津贴；（牧师等的）薪金，薪俸
[ˈstaɪpend] *sti（= prick），pend（= pay）
ⓐ stipendiary（领薪金的，有薪水的）

---

pensive** a. 沉思的；忧心忡忡的 *pens（= consider）
[ˈpensɪv] ⓔ pensive looks（沉思的表情） look pensive（看起来陷入了沉思）

pensée* n. 思想；（pl.）冥想录，随想录 *pens（= consider）
[pɒŋˈseɪ] ⓔ Je pense, donc je suis.（我思故我在。）

ponder*** v. 深思，沉思 *pond⟨pend（= consider）
[ˈpɒndə(r)] ⓔ ponder on a difficulty（仔细思考困难）

prepense* a.［用于名词后］预谋的，故意的，蓄意的 *pre（= before），pens（= consider）
[prɪˈpens]

词根 SPECT, SPEC [SPIC, SPI, SPY]

来自拉丁语的 spect，spec 意为 to look，to see，其变形为 spic，spi，spy 等。同义词根有来自拉丁语的 vid / vis 及变形 vic，view，voy，vey / vei，vy / vi，ud，来自拉丁语的 the，tu，来自希腊语的 orama，scop，以及来自盎格鲁-撒克逊语的 see 等。

---

aspect*** ［看起来很近 a⟨ad（= to）+ spect（= look）］
[ˈæspekt] n. 方面；外观；观点
ⓔ I don't understand all aspects of the subject.（我并不能理解这个主题的所有方面。）

---

perspective** ［通过某物看 per（= through）+ spect（= look）］
[pəˈspektɪv] n. 展望；观点，看法；透视画法；透视图
ⓐⓓ perspectively 依透视画法 ⓔ It's difficult to get a good perspective on problems while they're occurring.（人们很难对正在发生的问题有正确的看法。）

---

specious** ［外表上看见的 spec（= look）］
[ˈspiːʃəs] a. 外表美观的，华而不实的；似是而非的，貌似有理的

ⓔ Al Gore was roundly criticized for his specious claim that he invented the Internet.（阿尔·戈尔貌似有理地宣称自己发明了互联网，遭到了严厉的指责。）

---

auspicious**
[ɔːˈspɪʃəs]

[看鸟的 au〈avi（=bird）+spic（=look）+ous（ = having the quality of）]

a. 吉利的，吉祥的；顺利的

ⓝ auspices 资助，赞助　ⓔ I plan to propose when an auspicious moment presents itself.（我打算在一个幸运的时刻来临之时求婚。）

---

conspicuous***
[kənˈspɪkjuəs]

[看起来非常好的 con〈com（ = intensive）+ spic（ = look）]

a. 显眼的；引人注目的；显著的

ⓐⓓ conspicuously 显著地　ⓔ A conspicuous mole disfigures the beauty of her face.（一颗很显眼的痣破坏了她脸部的美。）

---

despicable**
[dɪˈspɪkəbl]

[向下、向低处看的 de（ = down）+ spic（ = look）]

a. 卑鄙的，卑劣的

ⓐⓓ despicabl\ 卑劣地　ⓔ Apologize to your mother for your despicable language.（你要为你卑劣的言辞向你妈妈道歉。）

---

perspicacious*
[ˌpɜːspɪˈkeɪʃəs]

[通过某事来透视的 per（ = through）+ spic（ = look）]

a. 有洞察力的；聪明的，敏锐的

ⓝ perspicacity 敏锐，聪明　ⓔ The chairman told me I was the most perspicacious student in his seminar.（主席告诉我，在参加研讨会的学生中，我最聪明。）

---

respite**
[ˈrespaɪt]

[在后边看或者拉开距离看 re（ = back, away）+ spi（ = look）]

n. 休息；延期，延缓；缓期执行

ⓔ The shady pines offered respite from the burning sun.（松树的绿荫为我们提供了一个避开灼热阳光的休息场所。）

---

circumspect**
[ˈsɜːkəmspekt]

a. 慎重的，谨慎小心的　*circum（ = around）

ⓝ circumspection（慎重，谨慎小心）

conspectus*
[kənˈspektəs]

n.（问题、事件等的）概观；概要，摘要；一览表　*con〈com（ = together）

expect***
[ɪkˈspekt]

v. 期待；预计；认为；怀孕 *ex（ = out）, pect〈spect（ = look）

ⓔ expected reply（所期望的回答） expected objections（预想到的反对） as was expected（正如所预期的） I am expecting.（我怀孕了。）

expectation***
[ˌekspekˈteɪʃn]

n. 期待，预想；期待、预想的事物；前程；可望继承的遗产

*ex（ = out）, pect〈spect（ = look）

ⓔ beyond expectation（预料之外） contrary to expectation(s)（出乎预料） expectation of life（预期寿命） not come up to one's expectations（没有达到某人的预期）

expectancy**
[ɪkˈspektənsi]

n. 期待；预期　*ex（ = out）, pect〈spect（ = look）

ⓔ life expectancy（预期寿命） with a look of expectancy（带着期待的表情）

---

expectant***
[ɪkˈspektənt]

a. 预期的，期待的；待产的；（父或母）未来的　*ex（ = out）, pect〈spect（ = look）

ⓐⓓ expectantly（期待地，期望地） ⓔ expectant father（准爸爸） expectant mother（准妈妈，孕妇）

inspect***
[ɪn'spekt]
v. 检查；视察；检阅　*in (= into)
ⓔ inspect troops (检阅军队)

inspection***
[ɪn'spekʃn]
n. 检查；视察；检阅　*in (= into)
ⓔ medical inspection (检疫)　aerial inspection (空中视察)　close inspection (严密的检查)

inspector***
[ɪn'spektə(r)]
n. (工矿等的)督察员；检阅者；检查员(官)；(警察)巡官　*in (= into)
ⓝ inspectorate (视察团)　ⓔ inspector general (督察长)　Inspector of Taxes (税务稽查员)

introspect*
[ˌɪntrəʊ'spekt]
v. 内省，自省　*intro (= within)
ⓝ introspection (内省)　ⓐ introspective (内省的，自省的)

---

prospect***
['prɒspekt]
n. 预想；期待的事物；前景；有望成为主顾的人
v. 勘探(金矿、油矿等)，勘察　*pro (= forth)
ⓝ prospector (勘探者，勘察者)　ⓔ prospect for gold (勘探金矿)　good / bad prospect (好的 / 不好的前景)

prospective***
[prə'spektɪv]
a. 预期的；未来的　*pro (= forth)
ⓔ prospective advantage / wealth (预期的好处 / 财富)　prospective buyer (可能的买主)　my prospective bride (我未来的新娘)　prospective Republican candidate (未来的共和党候选人)

prospectus**
[prə'spektəs]
n. (新公司等的)创办计划书；(新出版书籍的)内容说明书
*pro (= forth)

respect ***
[rɪ'spekt]
n. 尊敬，尊重；重视；关系；方面；(pl.)问候
v. 尊敬，尊重；重视；关于，涉及　*re (= again)
ⓔ in all / some / any / every / this respect (s) (在所有 / 某些 / 任何 / 每个 / 这个方面)　with respect to (关于…)　pay respect to (尊敬…)

respectable***
[rɪ'spektəbl]
a. 值得尊敬的；体面的；相当的　*re (= again)
ⓝ respectability (可敬；体面；受尊敬者)　ⓐⓓ respectably (体面地；高尚地；相当地)
ⓔ respectable citizens (正派的市民)　respectable position (相当高的地位)

---

respectful***
[rɪ'spektfl]
a. 表示敬意的，恭敬的；有礼貌的　*re (= again)
ⓐⓓ respectfully (恭敬地，谦恭地)　ⓔ stand at a respectful distance from (恭敬地、保持距离地站着)

respective***
[rɪ'spektɪv]
a. [一般和复数名词一起使用]分别的，各自的，各个的　*re (= again)
ⓐⓓ respectively (各个，各自，分别地)　ⓔ have one's respective merits (各有优点)　according to one's respective abilities (根据各自的能力)

retrospect**
['retrəspekt]
n. 回顾，回想　*retro (= backward)
ⓝ retrospection (回顾，回想)　ⓔ in retrospect (回想起来，事后看来)

retrospective*
[ˌretrə'spektɪv]
a. 回顾的，回想的；(法律或决定)溯及既往的　*retro (= backward)
ⓔ retrospective exhibition of a painter's work (画家的作品回顾展)　retrospective legislation (有追溯效力的立法)　retrospective wage increase (有追溯效力的加薪)

spectacle***
['spektəkl]
n. 壮观的景象；公开展示；(pl.)眼镜
ⓐ spectacled (戴眼镜的)　ⓔ see everything through rose-colored spectacles (乐观地看待每一件事)

---

spectacular***
[spek'tækjələ(r)]
a. 引人注目的；壮观的；惊人的 *n.* 奇观；精彩的表演；惊人之举
ⓔ president Nixon's spectacular visit to Peking (尼克松总统访问北京的惊人之举)　spectacular display of fireworks (壮观的烟火表演)　Christmas T. V. spectacular (精彩的圣诞节的节目)

spectator***
[spek'teɪtə(r)]
n. (公开展示或比赛的)观众；旁观者
ⓔ spectator sports (吸引众多观众的体育运动，如足球)

specter** n. 幽灵，鬼怪；（萦绕在心头的）担忧
[ˈspektə(r)]

spectral** a. 幽灵的，鬼怪的；光谱的
[ˈspektrəl] ⓔ spectral apparatus（分光器） spectral colors（谱色）

spectroscope** n. 分光镜 *scop (= see)
[ˈspektrəskəʊp] ⓐ spectroscopic（分光镜的）

---

spectrum*** n. 光谱；〈喻〉（宽广的）范围；系列
[ˈspektrəm] ⓔ solar spectrum（太阳光谱） the whole spectrum of recent philosophical inquiry（近来哲学探索的总体范畴） a broad spectrum of（广泛的）

suspect*** v. 怀疑；疑有，察觉 n. 嫌疑人，嫌疑犯；可疑分子
[səˈspekt] a. 可疑的；不可信的 *sus〈sub (= under), pect〈spect (= to look)
ⓔ political suspect（政治嫌疑犯）

especial*** a. 特别的，特殊的 *e〈ex (= out)
[ɪˈspeʃl] ⓐⓓ especially（特别，尤其） ⓔ in especial（特别，格外）

spec* n. 投机（speculation 的缩略形式）
[spek] ⓔ on spec（碰运气）

special*** a. 特别的，特殊的；专用的；额外的 n. 临时巡警；专列；特刊，号外；特色菜
[ˈspeʃl] ⓐⓓ specially（特别地） ⓔ special effects（特殊效果） Special Forces（〈美〉【军】特种部队）

---

specialist*** n. 专家；专科医生
[ˈspeʃəlɪst] ⓔ eye specialist（眼科医生） specialist in plastic surgery（外科整形专家）

specialty*** n. 专业，专长；特制品；名产
[ˈspeʃəlti] ⓔ make a specialty of（以…为专业，专攻某学科） Embroidery is her specialty.（她的专长是刺绣。） Wood-carvings are a specialty of this village.（木刻是这个村庄的名产。）

specialize*** v. 专门从事，专攻；专业化；限定（意义、范围等） *ize (= make)
[ˈspeʃəlaɪz] ⓝ specialization（专业化；限定） ⓔ specialize in political science（专攻政治学） specialized knowledge（专业知识） specialized magazine（专业杂志）

species*** n.【生】种
[ˈspiːʃiːz] ⓝ speciation（物种形成） ⓔ a species of（一种） *The Origin of Species*（《物种起源》）

specific*** a.（叙述等）明确的，具体的；特有的；【医】有特效的；【生】种的 n. 特效药
[spəˈsɪfɪk] *fic (= make)
ⓐⓓ specifically（明确地；具体地） ⓔ specific orders（明确的命令） specific remedy（特效药） specific purpose（明确的目的）

---

specification** n. 详述；（产品的）说明书；（pl.）明细（单）；规格 *fic (= make)
[ˌspesɪfɪˈkeɪʃn] ⓔ technical specifications of a new car（新型汽车的技术规格）

specify** v. 明确说明，载明；详述；把…列入计划或说明书 *fy (= make)
[ˈspesɪfaɪ]

specimen*** n. 样本，标本；（化验用的）抽样；家伙，怪人
[ˈspesɪmən] ⓔ zoological specimens（动物标本） urine specimen（化验用尿样） What a queer specimen he is!（他真是个怪人！）

speculate** v. 思索；玄想；推测；投机，做投机买卖
[ˈspekjuleɪt] ⓔ speculate in oil shares（做石油股票投机买卖）

speculation*** n. 思索，沉思；推测；投机
[ˌspekjuˈleɪʃn] ⓔ speculation in rice（做大米投机买卖） on speculation（碰运气）

speculative**
['spekjələtɪv]

a. 思索的，冥想的；【哲】思辨的；推测的；投机的
ⓔ speculative philosophy（思辨哲学） speculative purchase of grain（投机购买谷物） speculative market（投机市场） speculative stock（投机股票） speculative buying（投机购买）

speculator**
['spekjuleɪtə(r)]

n. 沉思者；投机商；票贩子

perspicuous*
[pə'spɪkjuəs]

a. 明了的　*per(= completely, intensive)
ⓝperspicuity（明了） ⓐⓓperspicuously（明了地）

spice***
[spaɪs]

n. 调味品，香料；〈喻〉风味，情趣；香味 *v.* 加香料于；使增添趣味
ⓐspicy（香料的；香的；下流的；痛快的） ⓔ mixed spice(s)（混合香料） a spice of humor（幽默情趣）

suspicion***
[sə'spɪʃn]

n. 嫌疑；怀疑，猜疑；少量　*sus〈sub(= under), pic〈spic(= look)
ⓔabove suspicion（不容置疑） There was a suspicion of sadness in her voice.（她的声音里带着一丝伤感。）

---

suspicious***
[sə'spɪʃəs]

a. 可疑的；怀疑的；多疑的　*sus〈sub(= under), pic〈spic(= look)
ⓔ inspect all suspicious cars（检查所有可疑的车辆） suspicious nature（多疑的性格） suspicious look（怀疑的眼神）

despise***
[dɪ'spaɪz]

v. 蔑视，鄙视　*de(= down)

despite***
[dɪ'spaɪt]

n. 侮辱；损害；恶意 *prep.* 尽管　*de(= down)
ⓐdespiteful（有恶意的）

espionage**
['espiənɑːʒ]

n. 刺探；间谍活动　*e〈ex(= out)
ⓔ counterespionage（反间谍活动）

espy**
[e'spaɪ]

v. 发现；窥见　*e〈ex (= out)

---

frontispiece*
['frʌntɪspiːs]

n. (书的)卷首插画　*front(= forehead)

spy***
[spaɪ]

n. 间谍；密探 *v.* 暗中监视；发现
ⓔ police spies（警方的密探） industrial spies（工业间谍） spy on the enemy's movements(侦察敌人的动态） spy satellite（间谍卫星） spy ship（间谍船）

LECTURE 7

词根 SAL[SUL, SIL, SAIL, SAUL]

来自拉丁语的 sal 意为 to leap，其变形有 sul, sil, sail, saul 等。此外，sal 还有 salt 和 health 的意思。

---

assailant***
[ə'seɪlənt]

[向某人跳的人 as〈ad (= to) + sail〈sal (= leap)]
n. 攻击者
ⓥassail 攻击 ⓔ Three assailants robbed me of my purse.（三个袭击者抢走了我的钱包。）

---

salient**
['seɪliənt]

[跳上去的 sal (= leap, salt)]
a. 显著的，明显的，突出的；凸起的
n. 凸角；【军】(战线或筑城的)突出部

ⓔ In your composition, each paragraph should develop a single salient point.（写文章时，每一段落都应该有一个突出的论点。）

exult***
[ɪgˈzʌlt]
[用力跳跃 ex (= intensive) + ul〈sul〈sal (= leap)]
vi. at / in + sth　狂喜，欢欣鼓舞
ⓝ exultation 狂喜　ⓐ exultant 狂喜的　ⓐⓓ exultantly 狂喜地　ⓔ She exults in her good fortune to have triplets.（她非常高兴自己有幸生了三胞胎。）

resilient*
[rɪˈzɪliənt]
[回跳、跳上的 re (= back) + sil〈sal (= leap)]
a. 有弹力的；有复原能力的；富有活力的
ⓝ resilience / resiliency 弹性，弹力；恢复力　ⓔ Most children are quite resilient and quickly recover from bumps and scrapes.（大部分孩子的恢复力都很强，磕碰、擦伤的地方很快就会好。）

salutary**
[ˈsæljətri]
[健康的 sal (= health)]
a. (对身心)有益的
ⓔ The doctor gave you salutary advice. Now you need to follow it.（医生给了你有益健康的忠告，你要遵守。）

assault***
[əˈsɔːlt]
n. 突击；强攻 *v.* 强攻；偷袭(阵地等)
*as〈ad (= to), saul〈sal (= leap)
ⓔ assault and battery（暴力殴打）　assault craft（突击舟）

consult***
[kənˈsʌlt]
v. 参考；与…商议　*con〈com (= together), sul〈sal (= leap)

consultant**
[kənˈsʌltənt]
n. 咨询者；(公司等的)顾问；会诊医生
*con〈com (= together), sul〈sal (= leap)
ⓔ consultant surgeon（外科会诊医生）　firm of consultants（咨询公司）

consultation***
[ˌkɒnslˈteɪʃn]
n. 商议，磋商；咨询；磋商会议　*con〈com (= together), sul〈sal (= leap)

consultative*
[kənˈsʌltətɪv]
a. 咨询的；商议的，磋商的；顾问的　*con〈com (= together), sul〈sal (= leap)
ⓔ consultative committee（顾问委员会）

desultory**
[ˈdesəltri]
a. 散漫的；无条理的；不连贯的　*de (= off), sul〈sal (= leap)

exile***
[ˈeksaɪl]
n. 放逐；背井离乡，流亡；被放逐者；离乡者 *v.* 放逐；使背井离乡
*ex (= out), il〈sil〈sal (= leap)
ⓔ place of exile（流放地）　after an exile of ten years（流亡十年以后）　exiled for life（被终生流放的）

insult***
[ˈɪnsʌlt]
n. 侮辱，无礼 *v.* 侮辱，羞辱　*in (= on, against), sul〈sal (= leap)
ⓐ insulting（侮辱的，无礼的）

result***
[rɪˈzʌlt]
n. 结果 *v.* 发生；导致　*re (= back), sul〈sal (= leap)

resultant**
[rɪˈzʌltənt]
a. 作为结果的；合成的 *n.* 结果　*re (= back), sul〈sal (= leap)
ⓔ resultant force（合力）　resultant velocity（合速度）

salacious*
[səˈleɪʃəs]
a. (言语、书、画等)猥亵的，淫秽的，下流的　*sal (= leap)

sally***
[ˈsæli]
n. (被包围军队的)突围，出击；俏皮话 *v.* (情感)迸发 *sal (= leap)

salmon***
[ˈsæmən]
n. 鲑鱼；鲑鱼肉；橙红色　*sal (= leap)

sultry***
[ˈsʌltri]
a. (天气)闷热的，酷热的；(人)易动感情的，热烈的　*sul〈sal (= leap)

salad***
[ˈsæləd]
n. 色拉，凉拌菜　*sal (= salt)
ⓔ chicken salad (鸡肉沙拉)　fruit salad (水果色拉) salad days (少不更事的时期) salad-dressing (色拉调料(由油、醋、香料等混合在一起制成))　salad-oil (色拉油)

---

salary***
[ˈsæləri]
n. 薪金，薪水　*sal (= salt)
ⓔ salary of $30, 000 per annum (年薪 3 万美元)

salaried**
[ˈsælərɪd]
a. 有薪水的　*sal (= salt)
ⓔ salaried classes (工薪阶层)　salaried posts (带薪职位)

词根 VENG

来自拉丁语的 veng 意为 to punish。同义词根为 pun/pen。

---

avenge***
[əˈvendʒ]
[对某人惩戒 a〈ad (= to) + veng (= punish)]
vt. 复仇，报仇
ⓝ avenger 复仇者，报复者　ⓐ avenging 报复的　ⓔ I avenged my low grade by toilet papering my teacher's house. (我用手纸把我们老师家围了起来，作为对他给我低分的报复。)

---

revenge***
[rɪˈvendʒ]
n./v. 报仇，复仇　*re (= back)

revengeful**
[rɪˈvendʒfl]
a. 复仇的；报复的　*re (= back)

vengeance***
[ˈvendʒəns]
n. 报仇，报复
ⓔ take vengeance on an enemy (向敌人报仇)　with a vengeance (极度地；猛烈地)

vengeful**
[ˈvendʒfl]
a. 复仇的，报复的

词根 CEL, CELER

来自拉丁语的 cel, celer 意为 swift。其反义词根为 slo, tard，意为 slow。

---

accelerate***
[əkˈseləreɪt]
[使某物更快 ac〈ad (= to, add) + celer (= swift)]
vt. 使加速；促进
vi. 加快
ⓝ acceleration 加速；促进　accelerator 加速者，加速器　ⓔ Global warming continues to accelerate more each year. (全球变暖每年持续加速。)

---

celerity*
[sɪˈlerəti]
[快的状态 celer (= swift)]
n. 迅速，敏捷
ⓔ Our teenage son shows amazing celerity when we call him to dinner. (我们喊我那十几岁的儿子吃晚饭时，他的反应快得惊人。)

---

accelerando*
[ækˌseləˈrændəʊ]
a. / ad. 渐快的(地)　*ac〈ad (= to)

decelerate* [diːˈseləreɪt] *v.* 减速 *de (= down)

excel*** [ɪkˈsel] *v.* 胜过，优于 *ex (= out)

excellence*** [ˈeksələns] *n.* 卓越，优秀；优点，长处 *ex (= out)
ⓔ prize for excellence in furniture design (家具设计优秀奖) his excellence in all forms of sports (他在所有运动项目上的出色)

Excellency** [ˈeksələnsi] *n.* 阁下（对大使、总督等的尊称） *ex (= out)
ⓔ Your Excellency ((直接称呼)阁下) His / Her Excellency ((间接提到时的称呼)阁下)

词根 EQU[IQU]

来自拉丁语的 equ 意为 equal, same。其变形为 iqu。同义词根有来自拉丁语的 sembl, simil / simul, par, ident 等和来自希腊语的 tauto。

---

adequate*** [ˈædɪkwət]
[在相同的、同等的事物上添加的 ad (= to, add) + equ (= equal)]
a. 适当的；足够的
ⓝ adequacy 适当；足够 ⓐⓓ adequately 适当地；足够地 ⓔ My mother always reminds me of taking an adequate supply of socks to camp. (我妈妈常常提醒我：去野营时一定要带够袜子。)

---

equitable** [ˈekwɪtəbl]
[使能够同等的equ (= equal, same)]
a. 公正的，公平的；【律】衡平法的
ⓝ equity 公正，公平；衡平法；(pl.) 股息不定的普通股 ⓐⓓ equitably 公正地，公平地 ⓔ The divorcing couple negotiated an equitable property settlement. (那对离婚的夫妇就公平的财产分配达成了协议。)

---

equivocate* [ɪˈkwɪvəkeɪt]
[发出同样的声音 equ (= equal, same) + voc (= call, voice)]
vi. 支吾，含糊其辞
ⓐ equivocal 歧义的；暧昧的，模糊的 ⓝ equivocation 含糊其辞 ⓐⓓ equivocally 含糊地 ⓔ Stop equivocating and get to the point! (别兜圈子了，快说重点！)

---

inadequate*** [ɪnˈædɪkwət]
[不是往同样的东西上添加的 in (= not) + ad (= to, add) + equ (= equal)]
a. 不充分的；不适当的
ⓝ inadequacy 不充分；不适当 ⓐⓓ inadequately 不适当地；不充分地 ⓔ His academic performance has been inadequate for several semesters running. (他的学术研究成绩连续几个学期都不合格。)

---

iniquity** [ɪˈnɪkwəti]
[不相同或不正确 in (= not) + iqu〈equ (= equal, same)]
n. 不公正；邪恶；(pl.)不公正的行为；邪恶的行为
ⓐ iniquitous 不公正的；邪恶的 ⓔ God banished Satan to hell for his iniquity (上帝因撒旦的邪恶行径而将他放逐至地狱。)

---

equable** [ˈekwəbl] *a.* 变化小的，稳定的；平和的
ⓔ equable climate / disposition / temper (变化很小的气候 / 平和的性格 / 温和的脾气)

equal*** [ˈiːkwəl] *a.* 相同的，同等的；平等的；胜任的 *n.* 同等的人；可匹敌的事物 *v.* 跟…相同；比得上
ⓐⓓ equally (同样地，同等地；平等地) ⓔ equal opportunity (均等的机会) equal

opportunity employer（提供公平机会的雇主） She has no equal in cooking.（在烹饪方面没有谁能和她匹敌。） Equal Rights Amendment（(美国宪法的)平等权利修正案）

equalitarian* [iˌkwɒlɪˈteəriən]
a. 平等主义的 *n.* 平等主义者

equality*** [iˈkwɒləti]
n. 平等；同等；均等

equalize** [ˈiːkwəlaɪz]
v. 使相等；使平等 *ize（= make）
ⓝ equalization（平等化；均等化） ⓔ equalize tax burdens（均摊捐税负担） equalize income（使收入均等）

---

equate* [iˈkweɪt]
v. 等同；使相同 *ate（= make）
ⓔ equate the possession of wealth to happiness（认为拥有财富就等于幸福） equate two quantities（使两个数量相同）

equation** [ɪˈkweɪʒn]
n.【数】方程式；等式；相等

equator*** [ɪˈkweɪtə(r)]
n.（the ~）赤道

equatorial** [ˌekwəˈtɔːriəl]
a. 赤道的；赤道附近的
ⓔ equatorial Africa（位于赤道附近的非洲） equatorial orbit（赤道轨道） Equatorial Guinea（赤道几内亚）

equidistant* [ˌiːkwɪˈdɪstənt]
a. 等距的 *di〈dis（= away），st（= stand）
ⓔ equidistant diplomacy（等距离外交）

---

equilateral* [ˌiːkwɪˈlætərəl]
a. 等边的 *later（= side）
ⓔ equilateral triangle（等边三角形）

equilibrium** [ˌiːkwɪˈlɪbriəm]
n. 平衡状态；均衡；(心情的)平静 *libr（= balance）
ⓔ in a state of equilibrium（处于平衡状态的） scales in equilibrium（平衡的天平） maintain / lose equilibrium（保持 / 失去平衡）

equinox** [ˈiːkwɪnɒks]
n. 昼夜平分时，春分或秋分 *nox（= night）
ⓔ autumnal /spring equinox（秋/春分）

equinoctial* [ˌiːkwɪˈnɒkʃl]
a. 昼夜平分的，春分或秋分的 *noct（= night）
ⓔ equinoctial circle / line（天(球)赤道） equinoctial point（二分点） equinoctial gales / tides（二分点风暴 / 分点潮）

equipoise* [ˈekwɪpɔɪz]
n. 平衡，均衡；平衡物；秤锤 *pois〈pos（= put）

---

equivalent*** [ɪˈkwɪvələnt]
a. 同等的 *n.* 同等物；相当物；意义相同的词(或符号、表达法等) *val（= worth）
ⓔ equivalent to an insult（等于辱骂的） the Korean equivalent of "thank you"（和"thank you"相对应的韩语） noun equivalent（相当于名词的形式）

equivalence*/-ency* [ɪˈkwɪvələns/–i]
n. 等同；等价 *val（= worth）
ⓔ High School Equivalency Exam（中学同等学力考试）

inequality** [ˌɪnɪˈkwɒləti]
n. 不平等；不同；不均衡；不等式 *in（= not）
ⓔ the inequality between the rich and the poor（贫富间的不平等）

inequitable* [ɪnˈekwɪtəbl]
a. 不公平的，不公正的 *in（= not）
ⓔ inequitable division of the profits（不公平的收益分配）

inequity* [ɪnˈekwəti]
n. 不公平，不公正 *in（= not）

unequal*** [ʌnˈiːkwəl]
a. 不同的；不公平的　*un(= not)

unequalled** [ʌnˈiːkwəld]
a. 无与伦比的　*un(= not)

unequivocal** [ˌʌnɪˈkwɪvəkl]
a. 明确的，不含糊的　*un(=not), voc(=voice, call)

LECTURE 8

词根 FLICT

来自拉丁语的 flict 意为 to strike。同义词根有来自拉丁语的 bat, cuss, fend / fens [fenc, fest], lid / lis, plaud / plaus[plod, plos, plex]和来自盎格鲁–撒克逊语的 sla等。

affliction** [əˈflɪkʃn]
[向某人一击 af⟨ad (= to) + flict (= strike)]
n. 痛苦；苦事；痛苦的事由
ⓥ afflict 使痛苦　ⓔ She has some affliction that causes her to walk with a limp.（她感到有些疼痛，走路一瘸一拐的。）

inflict*** [ɪnˈflɪkt]
[瞄准打 in (= on, against) + flict (= strike)]
vt. sth + on + sth　给予打击；使痛苦；加以处罚等
ⓝ infliction 施加的事物（如痛苦、处罚等）　ⓔ The tornado inflicted severe damages on the small town.（龙卷风给这个小城镇造成了严重的破坏。）

conflict*** [ˈkɒnflɪkt]
n. 斗争，战斗；冲突 *v.* [kənˈflɪkt] 冲突；矛盾　*con⟨com (= together)
ⓔ a conflict of interest（利益冲突）　wordy conflict（舌战）　the conflict between duty and desire（义务和欲望的冲突）

conflicting*** [kənˈflɪktɪŋ]
a. 抵触的；冲突的　*con⟨com (= together)
ⓔ conflicting views（相互矛盾的观点）

词根 LIG [LI, LEAG, LY]

来自拉丁语的 lig 意为 to bind, to tie。变形有 li, leag, ly 等。同义词根有来自拉丁语的 cinct, nect / nex, strain / strict / string / stress 等和来自盎格鲁–撒克逊语的 bond。此外，意为 to join 的 junct / join / jug 也与此词根含义相似。

alliance*** [əˈlaɪəns]
[捆得很近 al⟨ad (= to, near) + li⟨lig (= bind)]
n. 同盟；联姻
ⓥ ally 结盟；联姻；联合；（*n.*）同盟国，联盟国；姻亲　ⓐ allied 结盟的　ⓔ In alliance with my mother, we convinced my father to buy us kids a car.（我们和妈妈联合起来说服爸爸给我们小孩子买了一辆汽车。）

obligate** [ˈɒblɪgeɪt]
[用力地捆 ob (= intensive) + lig (= bind)]
vt. sb + to do 使负有责任、义务
ⓝ obligation 义务，责任　ⓐ obligatory 有义务的；必须的　ⓔ A typical rental lease obligates the landlord to make any needed repairs.（典型的租赁合同上都规定房东有义务负责所有必要的维修。）

liaison** [liˈeɪzn]
[起到捆的作用 li⟨lig (= bind)]
n. 联络；私通

ⓥ liaise 取得联系；充当联络人员 ⓔ I work as a liaison between top management and the union leaders.（我负责最高管理层和工会领导人之间的联络工作。）

liability***
[ˌlaɪəˈbɪləti]
n. 责任，义务；倾向；(pl.)债务；负债；不利（的事情） *li〈lig (= bind)
ⓔ liability insurance（责任保险） liability for military service（兵役义务） liability to disease（易于患病的倾向）

liable***
[ˈlaɪəbl]
a. 有责任的，有义务的；可能遭受…的；易患…的 *li〈lig (= bind)

league***
[liːg]
n. 联盟，同盟；盟约；里格（长度单位，约为 3 英里、5 公里或 3 海里） *v.*（使）结盟，联盟，（使）订立盟约 *leag〈lig (= tie)

ligament**
[ˈlɪgəment]
n. 系带，纽带；韧带

ligature*
[ˈlɪgətʃə(r)]
n. 带子，绳索；绷带；结扎线

oblige***
[əˈblaɪdʒ]
v. 迫使；施恩于；答应…的请求 *ob (= to)

obliging**
[əˈblaɪdʒɪŋ]
a. 乐于助人的 *ob (= to)
ⓔ obliging neighbors（乐于助人的邻居）

rally***
[ˈræli]
n. 大会，集会；(重新)集合 *v.* 重新集合、聚集；召集
*r〈re (= again), al〈ad (= near), ly〈lig (= tie)
ⓔ political rally（政治集会） peace rally（和平集会）

reliable**
[rɪˈlaɪəbl]
a. 可靠的；可依赖的 *re (= again), li〈lig (= tie)
ⓝ reliability（可靠性，可信赖性） ⓔ reliable information（可靠的信息）

reliance***
[rɪˈlaɪəns]
n. 信任，信赖；可依赖的人（或物） *re (= again), li〈lig (= tie)
ⓐ reliant（信任的；依赖的）

rely***
[rɪˈlaɪ]
v. 依靠；信赖 *re (= again), li〈lig (= tie)

religion***
[rɪˈlɪdʒən]
n. 宗教；信仰；信条 *re (= again)
ⓔ great religions of the world（世界主要宗教 (Christianity, Judaism, Islam, Confucianism, Taoism, Buddhism, Hinduism, etc.)） freedom of religion（宗教信仰自由）

religious***
[rɪˈlɪdʒəs]
a. 宗教的，宗教上的；虔诚的；修道的；认真的 *n.* 修道士；修女；和尚；尼姑
*re(= again)
ⓔ religious rites（宗教仪式） religious life（修行生活） religious man（虔诚的人）

词根 VAL[VAIL]

来自拉丁语的 val 意为 worth，strong。变形为 vail。此外，来自拉丁语的 rob，fort/forc，firm，bil 等也有 strong 的意思。

available***
[əˈveɪləbl]
[对某人有价值的 a〈ad (= to) + vail〈val (= worth)]
a. 可利用的，可使用的；有用的；可入住的；有空的；可见面的；可获得的
ⓝ availability 有用（性） ⓥ avail 有助于 ⓔ Many kinds of organically grown vegetables are available at this store.（在这家商店可以买到很多种有机蔬菜。）

ambivalent*
[æmˈbɪvələnt]
[价值站在双方的 ambi (= both) + val (= worth)]
a.（两种态度、意义等）对立的，矛盾的

ⓝ ambivalence 矛盾情绪；摇摆 ⓔ I'm ambivalent about his films. They're brilliant—but they're too violent!（我对他的电影持矛盾的态度——电影很精彩但过于暴力！）

---

invalidate* [ɪnˈvælɪdeɪt]

[使没有价值 in (= not) + val (= strong, worth)]

vt. 使无效

ⓝ invalidation 使无效 invalidity 无效 invalidism 病弱，虚弱 ⓐ invalid 无效的；(*n.*)/(*a.*)[ˈɪnvəlɪd]病人；有病的 ⓔ Her research findings were invalidated by her strong personal bias.（她的研究成果因她顽固的个人偏见而变得毫无用处。）

---

prevail*** [prɪˈveɪl]

[力量领先 pre (= before) + vail〈val (= strength, worth)]

vi. 占优势，战胜；普及，盛行；奏效

ⓐ prevailing 占优势的；普及的，流行的；有效的 prevalent 普及的，流行的

ⓝ prevalence 普及，流行 ⓔ Although the team was down in the 3rd quarter, in the end they prevailed.（虽然那个队在第三局处于劣势，不过最终他们还是赢了。）

---

convalesce* [ˌkɒnvəˈles]

v. (生病后渐渐地)恢复健康 *con〈com (= with), esc (= becoming)

ⓔ convalesce after a long illness（久病之后逐渐康复）

convalescent** [ˌkɒnvəˈlesnt]

a. (病)渐愈的；恢复中的 *n.* 康复期病人

ⓝ convalescence（渐愈；恢复期） ⓔ convalescent hospital（（为康复期病人提供的）康复院，疗养院）

countervail* [ˈkaʊntəveɪl]

v. 与…势均力敌；抵消；补偿 *counter (= against), vail〈val (= strong, strength)

ⓔ countervailing duties（抵消关税）

devaluate* [diːˈvæljueɪt]

v. 降低…的价值，(使)贬值 *de (= down)

ⓥ devalue（（使）贬值） ⓔ devaluate the dollar（使美元贬值）

devaluation* [ˌdiːvæljuˈeɪʃn]

n. 贬值 *de (= down)

ⓔ devaluation policy（贬值政策）

---

equivalent*** [ɪˈkwɪvələnt]

a. 同等的 *n.* 同等物；相当物；意义相同的词(或符号、表达法等) *equ (= equal)

evaluate** [ɪˈvæljueɪt]

v. 评价；鉴定 *e〈ex (= out)

evaluation* [ɪˌvæljuˈeɪʃn]

n. 评价 *e〈ex (= out)

invalid*** [ɪnˈvælɪd]

a. 无效的 [ˈɪnvəlɪd] *n.* 患者，病人 *a.* 病弱的；(因病或伤导致的)残疾的；供病人用的 *v.* (因病或伤而)使退役 *in (= not)

ⓝ invalidity（无效） invalidism（长期的病弱状态） ⓔ invalid excuses（无效的辩解） invalid will（无效遗嘱） be invalided out of the army（因伤病而退伍）

invaluable** [ɪnˈvæljuəbl]

a. 无法估价的，非常贵重的 *in (= intensive, not)

---

revalue* [ˌriːˈvæljuː]

v. 对…再评价；对…再估价 *re (= again)

revaluation* [ˌriːvæljuˈeɪʃn]

n. 再评价；再估价；币值的重新调整 *re (= again)

ⓔ revaluation of the German mark（重新调整德国马克的币值）

unavailing** [ˌʌnəˈveɪlɪŋ] *a.* 无效的；无益的；无用的 *un(=not), a⟨ad(=to), vail⟨val(=worth)

undervalue* [ˌʌndəˈvæljuː] *v.* 低估
ⓔ overvalue（高估）

valence/valency**** [ˈveɪləns/-i] *n.* 原子价，化合价

---

valetudinarian* [ˌvælɪtjuːdɪˈneəriən] *a.* 体弱多病的；过分担心健康的
n. 体弱多病的人；过分担心健康的人

valiant*** [ˈvæliənt] *a.* 勇敢的，英勇的
ⓔ valiant soldier（勇敢的战士）

valid** [ˈvælɪd] *a.* 有效的；有根据的；正当的
ⓔ valid for six months（六个月内有效） raise valid objections（提出有根据的异议）

validity** [vəˈlɪdəti] *n.* 正当性；有效性；效力
ⓥ validate（使生效）

valour*** [ˈvælə(r)] *n.*（特指人在战场上的）勇气；勇猛
ⓐ valorous（勇敢的，勇猛的）

---

valuable*** [ˈvæljuəbl] *a.* 贵重的；有价值的；有用的 *n.*（pl.）贵重物品
ⓔ valuable friend（可贵的朋友） valuable discovery（有价值的发现）

valuation*** [ˌvæljuˈeɪʃn] *n.* 评价；估价；估定的价格

value*** [ˈvæljuː] *n.* 价值；价格；有用性 *v.* 评价；尊重；重视
ⓐ valueless（没有价值的） ⓝ valuer（（财产、土地等的）估价师；评价者）
ⓔ value-added tax（增值税）

词根 COR, CORD[COUR]

来自拉丁语的 cor, cord 意为 heart。变形为 cour。同义词根为来自希腊语的 card。

---

accord*** [əˈkɔːd] [心在近处 ac⟨ad(=to, near)+cord(=heart)]
vi. with+sb 一致，调和
n. 一致，调和；协议，协定
ⓝ accordance 一致，调和 ⓐ accordant 一致的，和谐的 ⓔ The union reached an accord with management at 4: 30 this afternoon.（工会于今天下午4点30分和管理层达成了协议。）

---

concord*** [ˈkɒnkɔːd] [心一致 con⟨com(=with)+cord(=heart)]
n. 一致；和谐
ⓝ concordance 一致；和谐；用语索引 concordat 协定，协约 ⓐ concordant 一致的；和谐的 ⓔ The marital rift was short lasting, ending in concord.（婚姻生活的不和谐持续了一小段时间，但最终还是归于和睦。）

---

cordial*** [ˈkɔːdiəl] [出自内心的 cord(=heart)]
a. 衷心的，诚恳的
n. 甘露酒
ⓝ cordiality 热诚，诚挚 ⓐⓓ cordially 热诚地，诚挚地 ⓔ We received a cordial welcome when we arrived at my uncle's home.（当我们到叔叔家时，受到了热烈的欢迎。）

discordant** [心分开的 dis (= apart) + cord (= heart)]
[dɪsˈkɔːdənt] *a.* 不和的；不一致的；(声音)不和谐的；刺耳的
ⓥ discord 不一致；不和；(*n.*) 不和；纷争 ⓝ discordance / discordancy 不调和；不一致 ⓔ A number of discordant views were vigorously expressed at the meeting.(会上人们踊跃地提出了很多不同的意见。)

---

core*** [kɔː(r)] *n.* 核心；重要部分，中心部分；果核，果心 *v.* 挖去…的果核
ⓔ Core English (核心英语) to the core (彻底) core an apple (挖出苹果的核)

courage*** [ˈkʌrɪdʒ] *n.* 勇气，胆量 *cour〈cor (= heart)
ⓔ Dutch courage (酒后之勇；一时的虚勇)

courageous*** [kəˈreɪdʒəs] *a.* 英勇的，勇敢的 *cour〈cor (= heart)

discourage*** [dɪsˈkʌrɪdʒ] *v.* 使丧失勇气，使沮丧；使打消念头；阻碍 *dis (= away)
ⓝ discouragement (阻碍；灰心)

encore** [ˈɒŋkɔː(r)] *n.* 请求再演 *v.* 要求再演 (法国喊"bis") *en (= intensive)
ⓔ get an encore (被要求再演) encore the pianist (要求那位钢琴演奏家再表演一曲) encore hours ((应观众要求的)重播时间)

---

encourage*** [ɪnˈkʌrɪdʒ] *v.* 激励，鼓舞；促进 *en (= make)
ⓝ encouragement (激励，鼓励；促进)

record*** [ˈrekɔːd] *n.* 记录；履历；唱片；(比赛等的)最高纪录 *v.* [rɪˈkɔːd] 记录；录音
*re (= again)
ⓔ off the record (非正式的；不得发表的) good record (好的记录) record-breaking (打破纪录的)

recorder** [rɪˈkɔːdə(r)] *n.* 记录员；记录器，录音机，录像机
ⓔ tape recorder (录音机) video tape recorder (磁带录像机)

recording* [rɪˈkɔːdɪŋ] *a.* 记录的 *n.* 录音，录像 *re(= again)

LECTURE 9

词根 APT[EPT, ATT]

来自拉丁语的 apt 意为 fit。变形为 ept 和 att。

---

adapt*** [使适合于某物 ad (= to) + apt (= fit)]
[əˈdæpt] *vt.* oneself + to + sth 使适应，使合适；改编；改造
vi. to + sth 适应
ⓝ adaptation 适应，顺应；改编 adaptability 适应性 ⓐ adaptable 可适应的；可改编的 adapted 合适的 adaptive 合适的，适应的 ⓔ They say it takes 6 weeks to adapt to a new town after you move.(人们说搬家之后需要6周的时间来适应新城市的生活。)

---

adept** [正好适合于某物的，合适的 ad (= to) + ept〈apt (= fit)]
ⓐ [əˈdept] *a.* 熟练的，娴熟的，精通的
ⓝ [ˈædept] *n.* 能手；内行

ⓔ He's quite adept at archery, nearly always hitting the target dead on. (他很擅长射箭，几乎每次都能射中靶心。)

inept**
[ɪˈnept]

[不适当的 in (= not) + ept〈apt (= fit)]
a. 不适当的；不熟练的；愚笨的；无能的
ⓝ ineptitude 不熟练，不适宜；不当的言行 ⓐⓓ ineptly 不适当地 ⓔ I apologize for my inept remark; I never meant to offend you. (我为自己不恰当的言语道歉，我绝不是有意冒犯您。)

apt***
[æpt]
a. 合适的，恰当的；聪明的；易于…的，有…倾向的
ⓐⓓ aptly (适当地；巧妙地) ⓝ aptness (适合性；倾向；才能)

aptitude**
[ˈæptɪtjuːd]
n. 恰当，适宜；天资；倾向
ⓔ aptitude test (能力倾向测验) Scholastic Aptitude Test(学习能力倾向测试，即 SAT，美国大学本科标准入学考试)

attitude***
[ˈætɪtjuːd]
n. 态度；姿势 *att〈apt (= fit)
ⓔ strike an attitude (装腔作势)

attitudinize*
[ˌætɪˈtjuːdɪnaɪz]
v. 装腔作势 *att〈apt (= fit)

contraption*
[kənˈtræpʃn]
n. 奇妙的装置；新发明物 *contr〈contra (= against)

periapt*
[ˈperiæpt]
n. 护身符 *peri (= around)

词根 LOT

来自盎格鲁-撒克逊语的 lot 意为 lot。同义词根有来自拉丁语的 sorc，sort 和来自希腊语的 cler。

allot***
[əˈlɒt]

[给某物分份 al〈ad (= to) + lot (= lot)]
vt. sth + to + sb 分摊，分配
ⓝ allotment 分摊，分配 ⓔ The tour guide only allotted us 20 minutes to see the pyramids. (导游只留给我们 20 分钟的时间去参观金字塔。)

lot***
[lɒt]
n. 抽签；份儿；运气，命运；(拍卖的)物品；某一类人；(特定用处的)一块土地；〈美〉电影摄制场；大量
ⓔ draw lots (抽签) cast in one's lot with (与…生死与共) Lot 46, six chairs (物品 46，6 把椅子) bad lot (坏蛋) parking lot (停车场) building lot (建筑用地)

lottery**
[ˈlɒtəri]
n. 抽签，彩票；运气
ⓔ lottery wheel (摇奖机) lottery ticket (彩票)

lotto*
[ˈlɒtəʊ]
n. 一种对号码的赌博游戏

词根 NE[NA, NO, N]

来自拉丁语的 ne 意为 not，表示否定。其变形有 na，no，n 等。

annul**
[əˈnʌl]

[使接近没有 an〈ad (= to, near) + n〈ne (= not) + ul (= any)]
vt. 宣布…无效；废止，取消
ⓝ annulment 取消，废止 ⓔ Failure to arrive to work on time will annul your employment contract. (如果你不能准时上班，将被解除聘用合同。)

nefarious** [nɪˈfeəriəs] *a.* 恶毒的，邪恶的 *fa (= say)

nescience* ['nesɪəns] *n.* 无知 *sci (= know)
ⓐ nescient (无知的)

neuter** [ˈnju:tə(r)] *a.* 中性的；(植物)无性的；生殖器发育不全的；不生育的
n.【语】中性名词；中性；生殖器发育不全的动物；阉割过的动物 *v.* 阉割
*uter (= whether of the two)
ⓔ neutered tomcat (阉割过的雄猫)

neutral*** [ˈnju:trəl] *a.* 中立的；中立国的；中性的；模糊的；略带灰色的；(齿轮)空档的
n. 中立者；中立国；(齿轮)空档 *utr⟨uter (= whether of the two)
ⓔ neutral nations (中立国) neutral tints (暗淡色；灰色)

neutrality** [nju:ˈtræləti] *n.* 中立状态 *utr⟨uter (= whether of the two)
ⓔ armed neutrality (武装中立) strict neutrality (严格的中立)

---

neutralize*** [ˈnju:trəlaɪz] *v.* 使中立；使无效；使中和 *utr⟨uter (= whether of the two)
ⓔ neutralize a poison (中和毒素)

neutron* [ˈnju:trɒn] *n.* 中子

naught*/ nought*** [nɔ:t] *n.* 零；无 *ught (= thing), na, no⟨ne (= not)
ⓔ come to nought / naught (归于失败) point nought / naught one (零点零一 (0.01))

词根 PAC, PEAS

来自拉丁语的 pac, peas 意为 peace。反义词根有意为 war 的来自拉丁语的 bell, mar 和来自法语的 guerr。

---

appease*** [əˈpi:z] [给某人以和平、平静、和解 ap⟨ad (= to) + peas (= peace)]
vt. 安慰，使镇定；满足；让步
ⓝ appeasement 安慰；姑息；让步 cf. unappeasable 难以满足的；无法平息的 ⓔ A cookie at 5: 00 will appease hungry children before dinnertime. (晚饭之前孩子们会很饿，5点钟的时候给他们一块饼干，可以哄住他们。)

---

pacify** [ˈpæsɪfaɪ] [使变得平和 pac (= peace)]
vt. 使平息；安抚；平定
ⓝ pacification 和解；平定 ⓔ The teacher pacified the frightened children with soothing words. (老师用抚慰的话语使受惊吓的孩子平静。)

---

pacific*** [pəˈsɪfɪk] *a.* 和平的；和解的；(大海等)平静的；温和的；太平的；太平洋的
*fic (= make)
ⓔ pacific era (和平年代) the Pacific Ocean (太平洋) the Pacific States ((美国)太平洋沿岸的州 (加利福尼亚州、俄勒冈州、华盛顿州等)) Pacific Standard Time (太平洋标准时间，比 East Standard Time (东部时间)晚3个小时)

pacification* [ˌpæsɪfɪˈkeɪʃn] *n.* 和解；平定 *fic (= make)

pacifism* [ˈpæsɪfɪzəm] *n.* 和平主义
ⓝ pacifist (和平主义者)

LECTURE 10

词根 SERT

来自拉丁语的 sert 意为 to put, to place。同义词根有来自拉丁语的 loc, pos / post / pon / pound, stal 等，还有来自希腊语的 thes / thet / them, top。

assert***
[ə'sɜːt]
[强烈地提出、表达自己的主张 as<ad (= to, intensive) + sert (= put)]
vt. 断言；主张
ⓝ assertion 断言；主张 assertiveness 自信 ⓐ assertive 断言的 ⓔ We assert proudly that the Chinese people have been most generous. (我们可以自豪地断言，中国人民是非常慷慨的。)

desert***
[dɪ'zɜːt]
v. 逃跑；抛弃 *n.* (pl.) 应得的赏罚；功过；['dezət] 沙漠；荒野 *a.* ['dezət] 不毛的；无人居住的 *de (= away)
ⓝ deserter (逃亡者；逃兵) ⓔ according to one's deserts (根据某人的表现) the Sahara Desert (撒哈拉沙漠)

desertion***
[dɪ'zɜːʃn]
n. 抛弃，遗弃；逃跑 *de (= away)

dissertation**
[ˌdɪsə'teɪʃn]
n. 论文 *dis (= apart, away)
ⓔ Ph. D. dissertation (博士论文)

exert***
[ɪg'zɜːt]
v. 发挥，运用；尽(力) *ex (= out), ert<sert (= put)

exertion***
[ɪg'zɜːʃn]
n. 努力；发挥 *ex (= out), ert<sert (= put)

insert***
[ɪn'sɜːt]
v. 插入，嵌入 *in (= into)

insertion**
[ɪn'sɜːʃn]
n. 插入，嵌入；插入物；(报纸等)插入的广告 *in (= into)

词根 CED, CESS [CEED, CEAS]

来自拉丁语的 ced, cess 意为 to go。其变形为 ceed, ceas。同义词根有来自拉丁语的 grad / gress / gred, it, vad / vas，还有来自希腊语的 bat [bet, bit] 和来自盎格鲁-撒克逊语的 fare。

access***
['ækses]
[走近 ac<ad (= to, near) + cess (= go)]
n. 进入，接近；病的发作
vt. 【计】存取；接近
ⓝ accessibility 可接近 ⓐ accessible 可接近的；易得到的 ⓔ You can only access the building by one entrance on weekends. (周末只能通过一个入口进入那座建筑。)

accede**
[ək'siːd]
[走近 ac<ad (= to, near) + ced (= go)]
vi. to + sth 同意；就任；继承；正式加入
ⓝ accession 继承；就任；接近；加盟 ⓔ The police negotiator acceded to the kidnappers' demands. (警方谈判人员同意了绑架者的要求。)

concede***
[kən'siːd]
[带着某物走 con<com (= with) + ced (= go)]
vt. 承认；让步；给予

ⓝ concession 让步，容忍；租地营业(权)；特许 ⓐ concessive 让步的，让与的 ⓔ As much as I hate losing an argument, I have to concede that you are correct.（我虽然很不喜欢在争论中输给别人，但我不得不承认你是对的。）

incessant**
[ɪnˈsesnt]
[不能走的 in (= not) + cess (= go)]
a. 无休止的，不停的
ⓐⓓ incessantly 不间断地 ⓔ My ex-wife was an incessant complainer; my present wife isn't.（我的前妻常无休止地抱怨，而我现在的妻子不这样。）

precedent***
[ˈpresɪdənt]
[向前走 pre (= before) + ced (= go)]
n. 前例，先例；判例
ⓥ precede 领先；先于… ⓝ precedence 领先，优先，居先 ⓐ preceding 在前的 precedented 有先例的 ⓔ Some say the government's decision to continue logging sets a dangerous precedent.（有人说政府决定继续伐木开了一个危险的先例。）

predecessor***
[ˈpriːdɪsesə(r)]
[领先往下走的人 pre (= before) + de (= down) + cess (= go)]
n. 前任；祖先；被代替的原有事物
ⓔ The new Miss America was crowned by her predecessor.（前任美国小姐给新当选的美国小姐戴上了王冠。）

recede**
[rɪˈsiːd]
[向后走 re (= back) + ced (= go)]
vi. 退，后退
ⓝ recession 退，后退 recess 假期；休会；休庭；幽深处 ⓐ recessive 后退的，逆行的 recessional 后退的；〈英〉议会休会的；(*n.*)退场时唱的赞美诗
ⓔ The flood waters are expected to recede within 36 hours.（预计暴涨的洪水将在36个小时内退去。）

intercede**
[ˌɪntəˈsiːd]
[走向其间 inter (= between) + ced (= go)]
vi. in + sth; with + sb + for + sb 调停；仲裁；请愿，求情
ⓝ intercession 仲裁；调停；请求，请愿 ⓔ We asked the consulate to intercede when our son was arrested in Panama.（儿子在巴拿马被捕时，我们请求领事馆予以调解。）

successive***
[səkˈsesɪv]
[连在底部、尾部走的 suc〈sub (= under) + cess (= go)]
a. 连续的；继承的
ⓝ succession 连续；继承(权) successor 继承人；后继人 ⓔ I was late to work on three successive days.（我连续三天上班迟到。）

abscess**
[ˈæbses]
n. 脓肿，脓疮 *abs〈ab (= away)
ⓔ abscesses on the gums（齿龈脓肿）

accessary*
[əkˈsesəri]
n. 帮凶，从犯 *ac〈ad (= near)
ⓔ accessary to a crime（某犯罪行为的从犯）

accessory***
[əkˈsesəri]
n. 附属物；服饰搭配物（如钱包、手绢、胸针等）；从犯，帮凶 *a.* 附属的；帮凶的
*ac〈ad (= near)
ⓔ accessories of a bicycle（自行车的附件） accessories of a woman's dress（女装的搭配物）

antecedent** *a.* 在先的，先前的 *n.* 前情；祖先；经历；先行词　*ante (= before)

[ˌæntɪˈsiːdnt] ⓝantecedence (先行)

cease*** *v.* 停止，终止　*ceas⟨cess (= go)

[siːs] ⓐceaseless (不断的) ⓔceasefire (停战) without cease (不停地)

---

cede** *v.* 转让(权力)，割让(土地)

[siːd]

cessation** *n.* 停止；中止

[seˈseɪʃn] ⓔcessation of hostilities (停战，停火)

cession** *n.* (权力的)转让，(土地的)割让，让与；转让的事物

[ˈseʃn]

decease*** *n./v.* 死亡，亡故　*de (= down)

[dɪˈsiːs]

deceased*** *a.* 已死的，已故的　*de (= down)

[dɪˈsiːst] ⓔ the deceased (死者) the deceased father (先父) family of the deceased (死者家属)

---

epicedium* *n.* 哀歌；挽歌　*epi (= upon)

[ˌepɪˈsiːdiəm]

exceed*** *v.* 超越，超过，胜过　*ex (= out)

[ɪkˈsiːd] ⓐexceeding (非常的，极度的) ⓐⓓexceedingly (非常地，极度地)

excess*** *n.* 过多，过剩；超过；过度，无节制；过分的行为；暴行 *a.* 过量的

[ɪkˈses] *ex (= out)

ⓔexcess of imports (入超) excess baggage / luggage (超重行李)

excessive*** *a.* 过度的；过多的　*ex (= out)

[ɪkˈsesɪv] ⓐⓓexcessively (过度地) ⓔexcessive charges (过高的收费)

inaccessible** *a.* 难以接近的　*in (= not), ac⟨ad (= near)

[ˌɪnækˈsesəbl] ⓝinaccessibility (不易接近，难达到)

---

necessarily*** *ad.* 必然地，必定地；必需地　*ne (= not)

[ˌnesəˈserəli]

necessary*** *a.* 必要的；必然的 *n.* 必需品

[ˈnesəsəri] ⓔnecessary evil (无法避免的坏事；不得已的事) necessary condition (必要条件)

necessitate*** *v.* 使成为必要；迫使　*ne (= not)

[nəˈsesɪteɪt]

necessitous* *a.* 穷困的；贫乏的　*ne (= not)

[nəˈsesɪtəs] ⓔ in necessitous circumstances (在贫困的环境里)

necessity*** *n.* 必要，必然性；必需品　*ne (= not)

[nəˈsesəti] ⓔ daily necessities (生活必需品) Necessity knows no law. (情出无奈，罪可赦免。(做事不择手段的辩解语))

---

procedure*** *n.* 程序，步骤，手续；(事态等的)进程　*pro (= forward)

[prəˈsiːdʒə(r)] ⓔ legal procedure (法律程序) parliamentary procedure (议会议事程序) the code of civil / criminal procedure (民事 / 刑事诉讼法)

proceed** *v.* 继续进行；出自，源于；起诉　*pro (= forward)

[prəˈsiːd] ⓔ diseases that proceed from dirt (因不干净而引发的疾病)

proceeding*** *n.* 进行；(pl.)行为；诉讼(程序)；会议录　*pro (= forward)

[prəˈsiːdɪŋ] ⓔ take / start legal proceedings against (对…起诉) the proceedings of the Kent Archaeological Society (肯特考古学会的会议录)

proceeds** [ˈprəusiːdz]
n. 收入，收益 *pro (= forward, forth)
ⓔ net proceeds (纯收入) proceeds of business (营业收入)

process*** [ˈprəuses]
v. (为保存原材料而进行)处理，加工(食品)；【摄】洗(胶卷)；【计】处理数据 *n.* 进程，过程；工序，步骤；制作方法；【印】照相制版术；【律】诉讼；传票，诉讼过程中的各种命令
ⓔ processed cheese / butter (加工过的奶酪/黄油) process film (冲洗胶片) new process of dyeing (新式染色法) three-color process (三色印刷法)

---

procession*** [prəˈseʃn]
n. (人、车等的)行列；行进 *pro (= forward)
ⓔ in procession (列队)

processional* [prəˈseʃənl]
a. 行列的；列队时用的 *pro (= forward)

secede** [sɪˈsiːd]
v. (从政党、教会组织等中)退出，脱离 *se (= away, apart)

secession** [sɪˈseʃn]
n. 退出，脱离(组织、政党等)；【美史】(引发南北战争的)南部十一州脱离联邦 *se (= away, apart)
ⓝ secessionist (分离论者；脱离派者；【美史】(S~)南北战争中主张脱离联邦者)

succeed*** [səkˈsiːd]
v. 成功；继承 *suc⟨sub (= under)
ⓔ succeed to an estate (继承财产)

---

success*** [səkˈses]
n. 成功；兴旺；成功的人(或事) *suc⟨sub (= under)
ⓔ success story (成功故事) Nothing succeeds like success. (一事成，事事成。)

successful*** [səkˈsesfl]
a. 成功的；一帆风顺的；有成就的 *suc⟨sub (= under)
ⓐⓓ successfully (成功地，圆满地) ⓔ successful bid (中标) successful candidate (当选者) successful business (兴隆的生意)

unprecedented** [ʌnˈpresɪdentɪd]
a. 无先例的 *un (= not), pre (= before)
ⓔ precedented (有先例的)

词根 PLIC, PLY, PLI, PLE, PLEX, PLO

来自拉丁语的 plic, ply, pli, ple, plex, plo 意为 to fold。意为 to fill, full 的词根 ple, plet, pli, ply, plen 等和这些词根形态相似，易于混淆，需要注意。

---

accomplice*** [əˈkʌmplɪs]
[一起折得很近 ac⟨ad (= near) + com (= together) + plic (= fold)]
n. 共犯，同谋者
ⓔ The jewel thief was arrested with two younger accomplices. (那个偷宝石的小偷和两个年龄更小的共犯一起被逮捕了。)

---

applicable** [əˈplɪkəbl]
[折得很近的 ap⟨ad (= to, near) + plic (= fold)]
a. 可应用的；适当的
ⓝ application 适用；应用；申请(书)；敷用药 applicability 适用性；应用性 applicant 申请者 ⓐ applied 适用的；应用的 ⓥ apply 适用；应用；申请 ⓔ It's necessary to obey all applicable construction laws when you build a house. (盖房子时需要遵守所有适用的建筑法。)

---

explicit** [ɪkˈsplɪsɪt]
[折叠后放在外边的 ex (= out) + plic (= fold)]
a. 清楚的，明白的，明确的；直率的
ⓥ explicate 阐明 ⓝ explication 阐明 ⓐ explicable 可说明的 ⓐⓓ explicitly 明白地 ⓔ Her boss gave her an explicit warning not to come late again upon

penalty of termination.（她的老板明确地警告她，如果再迟到，就要以解雇来惩罚她。）

---

implying***
[ɪm'plaɪ]

[折向里面 im(in（= in）+ ply（= fold）]

vt. 意味着；暗示；包含

ⓝ implication 牵连；暗示；蕴含 ⓐ implicit 暗示的；含蓄的 ⓐⓓ implicitly 含蓄地；暗示地 ⓥ implicate 牵连 ⓔ I didn't mean to imply that he's rude—just that he's often busy.（我的意思不是说他很无礼，只是说他总是很忙。）

---

replica**
['replɪkə]

[重新折到那个程度的东西 re（= again）+ plic（= fold）]

n.（尤指出于原作者之手的）复制品

ⓔ Our school team won the prize for the best replica of the Hoover Dam.（我们学校参赛组制作的胡佛水坝模型最好，所以拿了奖。）

---

supplicate**
['sʌplɪkeɪt]

[向下折叠 sup(sub（= under）+ plic（= fold）]

vt. 恳求，哀求

ⓝ supplication 恳求，哀求 supplicant 恳求者，哀求者 ⓔ The immigrant supplicated the border guard to please let him pass.（那个移民者恳求国境警卫让自己通过。）

---

pliable**
['plaɪəbl]

[易折的 pli（= fold）]

a. 易弯的；易受影响的；顺从的；易适应的

ⓝ pliability/pliancy 柔软性；适应性 cf. pliant（= pliable）ⓔ The wood is actually pliable because it's so thin.（这木头很薄，所以实际上很易于弯曲。）

---

complicate**
['kɒmplɪkeɪt]

v. 使变复杂，使难对付 *com（= together）

ⓔ This complicates matters.（这使事情变得复杂。）

complicated***
['kɒmplɪkeɪtɪd]

a. 复杂的 *com（= together）

ⓔ complicated machine（复杂的机器）

complication***
[ˌkɒmplɪ'keɪʃn]

n. 复杂；混乱；并发症 *com（= together）

ⓔ influenza with complications（带有并发症的流行性感冒）

complicity*
[kəm'plɪsəti]

n. 共谋，串通 *com（= together）

duplicate***
['djuːplɪkeɪt]

v. 复写；拷贝；复制；使加倍 *a.* 两重的；一对的；两倍的；完全相同的；复制的 *n.* 完全一样的东西；复制品；副本

ⓔ duplicate keys（复制的钥匙） duplicate copies（副本） duplicating paper（复写纸）

---

duplication*
[ˌdjuːplɪ'keɪʃn]

n. 复写；复制；复制品 *du（= two）

ⓝ duplicator（复印机）

duplicity**
[djuː'plɪsəti]

n.（有意的）欺骗，欺诈 *du（= two）

inexplicable**
[ˌɪnɪk'splɪkəbl]

a. 无法说明的；难以理解的 *in（= not），ex（= out）

multiply***
['mʌltɪplaɪ]

v. 增加；繁殖；乘 *multi（= many）

multiplication**
[ˌmʌltɪplɪ'keɪʃn]

v. 增加；繁殖；乘法（↔division 除法） *multi（= many）

ⓔ multiplication sign（乘号（×）） multiplication table（乘法表）

multiplicity☆☆☆ [ˌmʌltɪˈplɪsəti]
n. 多；多样（性） *multi（= many）
ⓔ the multiplicity of small city states（小城邦的多样性）

quadruplicate☆ [kwɒˈdruːplɪkeɪt]
v. 把…制成一式四份 *a.* 一式四份的 *n.* 一式四份中的一份
*quadru（= four）

reply☆☆☆ [rɪˈplaɪ]
v./n. 回答，回应 *re（= back, again）
ⓔ reply letter（回信）

replication☆ [ˌreplɪˈkeɪʃn]
n. 应答；复制 *re（= back, again）
ⓥ replicate（复制） ⓔ replication of DNA（DNA 复制）

simplicity★★ [sɪmˈplɪsəti]
n. 单纯；简朴；简单，简易 *sim（= one）
ⓔ simplicity of life（生活的简朴） simplicity of the problem（问题的简单）

---

triplicate★ [ˈtrɪplɪkət]
v. 把…制成一式三份 *a.* 一式三份的 *n.* 一式三份中的一份 *tri（= three）
ⓔ triplicate certificate（一式三份的证书） document drawn up in triplicate（制成一式三份的文件）

appliance★★★ [əˈplaɪəns]
n. 器具；装置 *ap〈ad（= to）
ⓔ household / home appliances（家用器具） office appliances（办公用品）

suppliant★★ [ˈsʌplaɪənt]
a. 恳求的，哀求的 *n.* 恳求者，哀求者 *sup〈sub（= under）
ⓔ in a suppliant attitude（以恳求的态度）

multiple★★ [ˈmʌltɪpl]
a. 复合的；多样的 *n.* 倍数 *multi（= many）
ⓔ multiple choice（多项选择） multiple cropping（【农】复种，多熟种植） multiple warheads（多弹头） least / lowest common multiple（缩写为 LCM，最小公倍数）

pleach★ [ˈpliːtʃ]
v. 编结（藤条或树枝）

---

pleat★★ [pliːt]
n. 褶皱 *v.* 打褶
ⓔ pleated skirt（百褶裙）

quadruple★★ [ˈkwɒdrʊpl]
a. 四部分组成的；四方的；四倍的 *n.* 四倍 *v.* [kwɒˈdruːpl]（使）成四倍
ⓔ quadruple alliance（四方同盟） quadruple his income（将他的收入增长到原来的四倍）

triple★★★ [ˈtrɪpl]
a. 三部分组成的；三方的；三倍的 *v.*（使）成三倍 *tri（= three）
ⓔ Triple Alliance（三国同盟） Triple Entente（三国协议） Triple Intervention（三国介入） triple time（三拍子）

complex★★★ [ˈkɒmpleks]
a. 复杂的；复合的 *n.* 综合体，（相关事物组成的）复合物；【心】情结
*com（= together）
ⓔ apartment complex（综合公寓区） Watergate Complex（水门综合大厦） inferiority / superiority complex（自卑情结 / 优越感）

complexion★★★ [kəmˈplekʃn]
n. 肤色，气色；情况 *com（= together）
ⓔ fair complexion（白皮肤） fair-complexion（皮肤白皙的） dark-complexion（皮肤黑的） the complexion of the war（战况）

---

complexity★★ [kəmˈpleksəti]
n. 复杂性；复杂的事物 *com（= together）

duplex★ [ˈdjuːpleks]
a. 双重的；双倍的 *du（= two）
ⓔ duplex apartment（复式公寓（有上下两层，楼层间由楼梯相连））

multiplex☆ [ˈmʌltɪpleks]
a. 许多的；多样的 *multi（= many）

perplex*** [pə'pleks]
v. 使困惑，使不知所措；使复杂化 *per (= thoroughly)
ⓐ perplexed (困惑的，不知所措的；复杂的)

perplexity*** [pə'pleksəti]
n. 困惑茫然；混乱的状态 *per (= thoroughly)

---

triplex* ['trɪpleks]
a. 三层的，三倍的，三重的 *tri (= three)
ⓔ triplex glass (三层玻璃)

deploy* [dɪ'plɔɪ]
v.【军】展开；部署 *de (= down)
ⓝ deployment (展开) ⓔ deploy argument (展开辩论)

diploma*** [dɪ'pləʊmə]
n. 毕业文凭；学位证书 *di (= double, two)
ⓔ diploma in political science (政治学学位证书)

diplomacy*** [dɪ'pləʊməsi]
n. 外交；外交手腕；交际手段 *di (= double, two)

diplomat*** ['dɪpləmæt]
n. 外交官；外交家 *di (= double, two)

---

diplomatic*** [ˌdɪplə'mætɪk]
a. 外交的；有外交手腕的；老练的 *di (= double, two)
ⓔ diplomatic break (外交关系中断) diplomatic corps / body (外交使团) diplomatic immunity (外交豁免) be diplomatic in dealing with people (在处理人际关系上很老练的)

exploit*** ['eksplɔɪt]
n. 英勇的行为；业绩，功勋 *v.* [ɪks'plɔɪt] 利用；开拓，开发；剥削 *ex (= out)
ⓝ exploitation (开发，开拓；剥削)

employ*** [ɪm'plɔɪ]
v. 雇用；使用，利用 *em〈en(= in)
ⓐ employable (可使用的) ⓝ employer (雇主) employee (雇员)

employment*** [ɪm'plɔɪmənt]
n. 使用；雇用；职业 *em〈en(= in)
ⓔ full employment (充分就业) employment agency (职业介绍所) seek employment (求职) in the employment of (受雇于) out of employment (失业)

unemployment*** [ˌʌnɪm'plɔɪmənt]
n. 失业；失业状态 *un(= not), em〈en(= in)
ⓔ unemployment benefit / pay (失业救济金) unemployment insurance (失业保险) unemployment rate (失业率)

LECTURE 11

词根 JOURN

词根 journ 来自于拉丁语，意为 day。同义词根为 hemer。

---

adjourn*** [ə'dʒɜːn]
[改到近日 ad (= to, near) + journ (= day)]
vt. 使(会议等)延期；休(会)；中止 *vi.* to + sth 换地方；休会
ⓝ adjournment 延期；休会 ⓔ The jury adjourned their deliberations for lunch at 12:30. (12 点 30 分陪审团暂时中止审议，去用午餐。)

---

journal*** ['dʒɜːnl]
n. 日报；杂志；期刊；日志；日记
ⓔ *Wall Street Journal* (《华尔街日报》) *Ladies' Home Journal* (《妇女家庭杂志》) *Economic Journal* (《经济学杂志》) *American Journal of Political Science* (《美国政治学期刊》) process journal (进度日志)

journalism*** ['dʒɜːnəlɪzəm]
n. 新闻业；新闻工作(包括写作、编辑、出版等)；[总称]报章杂志

journalist***
[ˈdʒɜːnəlɪst]
n. 新闻工作者；新闻记者，报纸撰稿人

journalistic**
[ˌdʒɜːnəˈlɪstɪk]
a. 新闻业的；报刊特有的；新闻工作(者)的

journey***
[ˈdʒɜːni]
n. 旅行（多指陆上的长途旅行）；旅程

journeyman**
[ˈdʒɜːnimən]
n.（旧时）学徒期满的工匠；熟练工；雇工

sojourn***
[ˈsɒdʒən]
n./v. 逗留；旅居　*so〈sub (= under)

词根 VEN, VENT

来自拉丁语的 ven, vent 意为 to come。

advent***
[ˈædvent]
[靠近 ad (= to, near) + vent (= come)]
n. 到来；出现；(A~)基督降临
ⓔ The politician promised that his inauguration was the advent of a new era.（那位政治家承诺，他的就任将是一个新时代的到来。）

adventitious**
[ˌædvenˈtɪʃəs]
[过来靠近的 ad (= to, near) + vent (= come)]
a. 偶然的；外来的
ⓔ It's difficult to know if certain personality traits are adventitious or genetically predetermined.（人们很难得知某种性格特征是偶然形成的还是遗传所决定的。）

convene**
[kənˈviːn]
[一起来 con〈com (= together) + ven (= come)]
vt. 召集；传唤 *vi.* 聚集，集会
ⓝ convention 会议，大会；惯例　ⓐ conventional 会议的；惯例的；传统的，因袭的；常见的　ⓔ The chairman convened a city council meeting to decide on the controversy.（为了对这一争论作出决断，议长召集了市议会。）

covenant***
[ˈkʌvənənt]
[一起来 co〈com (= together) + ven (= come)]
n.（有法律约束力的）契约；盟约
ⓔ On July 4th, 1776, fifty-six men meeting at Philadelphia made an historic covenant.（1776 年 7 月 4 日，56 人会集在费城，签订了历史性的盟约。）

intervene***
[ˌɪntəˈviːn]
[来到其间 inter (= between) + ven (= come)]
vi. in + sth 介入；干预，干涉；仲裁
ⓝ intervention 调停，仲裁；干涉，介入　ⓔ I try not to intervene in the disputes among my children.（我尽量不介入孩子之间的争吵。）

supervene*
[ˌsuːpəˈviːn]
[从上往下来 super (= over) + ven (= come)]
v. 意外发生；伴随发生
ⓔ Paul Enders was dying of AIDS, so his fatal automobile accident only supervened the virus' attenuations of his life.（因患有艾滋病，保罗·恩德斯已生命垂危，那场致命的车祸只不过是在艾滋病毒侵蚀他身体后接着发生而已。）

adventure***
[ədˈventʃə(r)]
n. 冒险（经历）；投机活动；女冒险者 *v.* 冒险　*ad (= to)
ⓝ adventurer（冒险家；投机者）　adventuress（女投机者（指用不正当手段谋求名利的女子））ⓔ story of adventure（冒险故事）

adventurous* ** [əd'ventʃərəs]
a. 冒险的；喜欢冒险的；大胆的；充满危险和刺激的　*ad (= to)
ⓔ adventurous voyage（惊险的航海）

avenue* ** ['ævənjuː]
n. 大街，大道（avenue 为南北走向，street 为东西走向）；〈喻〉途径
*a〈ad (= to)
ⓔ avenues to success（通往成功之路）

circumvent** [ˌsɜːkəm'vent]
v. 规避（法律、规则、困难等）；防止发生　*circum (= around)

convenient* ** [kən'viːniənt]
a. 便利的，方便的；适宜的　*con〈com (= together)
ⓐⓓ conveniently（便利地）

---

convenience* ** [ˌkən'viːniəns]
n. 便利，方便；方便的用具（或设备）；实利，好处　*con〈com (= together)
ⓔ as a matter of convenience（为方便起见）　at your earliest convenience（在你方便时尽早）　marriage of convenience（基于利害关系的婚姻，权宜婚姻）　all modern convenience（所有现代化设施）

convent* ** [ˌkɒnvənt]
n. 女修道会；女修道院；女隐修会　*con〈com (= together)
ⓔ convent school（女隐修会学校）　go into / enter a convent（当修女）

contravene* [ˌkɒntrə'viːn]
v. 违反（法律、习惯等）；反驳（陈述、主张等）；与…相抵触，不一致
*contra (= against, opposite)

contravention* [ˌkɒntrə'venʃn]
n.（法律等的）违反，违背　*contra (= against, opposite)

event* ** [ɪ'vent]
n.（重要）事件；后果，结果；情况；（体育运动的）比赛项目　*e〈ex (= out)
ⓔ Coming events cast their shadows before.（山雨欲来风满楼。）

---

eventual** [ɪ'ventʃuəl]
a. 最终的；结果的　*e〈ex (= out)
ⓐⓓ eventually（最后，终于）　ⓝ eventuality（可能发生的事；可能性）　ⓔ his foolish behavior and eventual failure（他愚蠢的行为及最终的失败）

eventful* [ɪ'ventfl]
a. 变故多的
ⓔ He has had an eventful life.（他的一生中有很多大事。）　The past year has been eventful.（去年是多事的一年。）

invent* ** [ɪn'vent]
v. 发明，创造；捏造（谎言等），虚构　*in (= on)
ⓝ inventor（发明者，发明家；创造者）　ⓔ invent an excuse for being late（编造迟到的借口）

invention* ** [ɪn'venʃn]
n. 发明；创造；发明物；编造的故事；虚构；捏造　*in (= on)
ⓔ numerous inventions of Edison（爱迪生的众多发明）newspapers that are full of inventions（充斥着虚假报道的报纸）

inventive** [ɪn'ventɪv]
a. 有发明才能的；善于创造的，有创造力的　*in (= on)
ⓔ inventive mind（富有创意的头脑）　inventive powers（发明创造的能力）

---

inventory** ['ɪnvəntri]
n. 详细目录；（财产）目录；存货（总价）；存货盘存（报表）*v.* 编制目录；盘存
*in (= on)

parvenu* ['pɑːvənjuː]
n. 新贵；暴发户　*par〈per (= completely)

prevent* ** [prɪ'vent]
v. 阻止，阻碍；预防　*pre (= before)
ⓐ preventable（可阻止的；可预防的）

prevention* ** [prɪ'venʃn]
n. 防止，阻碍；预防　*pre (= before)
ⓔ Prevention is better than cure.（预防胜于治疗。）　prevention of cruelty to animals（防止虐待动物）

preventive** [prɪˈventɪv]

a. 阻止的；预防的 *pre (= before)

ⓝ preventative（预防药） ⓔ preventive medicine / measures（预防药 / 预防措施） preventive detention / custody (【律】预防性拘留） preventive officer (〈英〉缉私官）

---

provenance* [ˈprɒvənəns]

n. 起源，出处；(艺术品、手稿等的)历史，由来和发展 *pro (= forth)

ⓔ antique furniture of doubtful provenance (来历可疑的古旧家具(如不知是不是古董))

revenue*** [ˈrevənjuː]

n. 收入；(国家的)岁入，税收；(pl.)总收入 *re (= again, back)

ⓔ revenue and expenditure（收支） defraud the revenue（逃税） Internal Revenue Service (美国国内收入署(简称：IRS)) revenue cutter ((海关的)缉私船) revenue officer（税收人员） revenue sharing (〈美〉(联邦政府分配给各州的）岁入分配） revenue stamp (印花税票)

souvenir** [ˌsuːvəˈniə(r)]

n. 纪念品 *sou〈sub (= in place of)

ⓔ souvenir sheet ((集邮用语)小型张)

venue** [ˈvenjuː]

n. (比赛、会议等的)地点；审判地(召集审判员进行审判的地点)

ⓔ Seoul was the venue of the 1988 Olympic Games. (首尔是 1988 年奥运会的主办地。) change the venue ((为保证审判的公平而)更换审判地)

venture*** [ˈventʃə(r)]

v. 冒险；斗胆提出(或说出) *n.* 投机；(冒险)事业

ⓐ venturesome ((人)爱冒险的，大胆的；(活动、行为)危险的） ⓔ Nothing venture, nothing have / gain / win. (不入虎穴，焉得虎子。) venture capital (冒险投入资本，风险资本)

---

ventilate** [ˈventɪleɪt]

v. (给房间等)通风，换气；引起讨论

ⓝ ventilator (换气 / 通风装置） ⓔ ventilate a room (给房间通风） The matter should be freely ventilated. (这个问题需要进行自由讨论。)

ventilation** [ˌventɪˈleɪʃn]

n. 通风，换气

ⓔ the ventilation shaft of a coalmine (煤矿的通风井)

词根 GRAV[GRIEV]

来自拉丁语的 grav 意为 heavy。其变形为 griev。

---

aggravate** [ˈæɡrəveɪt]

[使更沉重 ag〈ad (= to, add) + grav (= heavy)]

vt. 使恶化；使恼火

ⓝ aggravation 恶化；恼火 ⓐ aggravating 恶化的 ⓔ Cold weather always seems to aggravate my arthritis pain. (好像冷天总会使我的关节炎疼痛加重。)

---

aggrieve** [əˈɡriːv]

v. [常用被动语态]使委屈；使悲痛 *ag〈ad (= add), griev〈grav (= heavy)

grave*** [ɡreɪv]

n. 墓穴，坟墓

ⓝ gravedigger (掘墓人) gravestone (墓碑，墓石) graveyard (墓地) ⓔ have one foot in the grave (离死期不远)

gravitate* [ˈɡrævɪteɪt]

v. 受引力作用而运动；受吸引

gravitation*** [ˌɡrævɪˈteɪʃn]

n. 引力；重力

gravity*** [ˈɡrævəti]

n. 引力；重力；重量；严重性

grievance ***
[ˈgriːvəns]
n. 不满，不平；牢骚，抱怨　*griev〈grav (= heavy)

grieve ***
[griːv]
v. 使悲痛　*griev〈grav (= heavy)

grievous ***
[ˈgriːvəs]
a. (令人)悲痛的；严重的　*griev〈grav (= heavy)
ⓔ grievous railway accident (悲惨的铁路事故) grievous mistake (大错) grievous pain (极度的痛苦)

LECTURE 12

词根 NEX, NECT

来自拉丁语的 nex，nect 意为 to bind。同义词根有来自拉丁语的 cinct，lig，string / strict / strain / stress 等和来自希腊语的 bond，此外还有意为 to join 的 junct / jug / join，含义相似。

annexation **
[ˌænekˈseɪʃn]
[绑得很近 an〈ad (= to, near) + nex (= bind)]
n. 合并；被合并的领土；附加(物)
ⓥ annex 合并；附加；(*n.*) 附加物；增建的房屋 ⓔ The annexation of Rapa Nui Island by Chile occurred in 1888. (智利吞并复活节岛一事发生在 1888 年。)

connect ***
[kəˈnekt]
v. 连接；联想；联系；使联姻　*con〈com (= with)
ⓔ well-connected (与权贵有关系的)

connection ***
[kəˈnekʃn]
n. 连接；衔接；(人与人之间的)关系；客户
*con〈com (= with)
ⓔ form useful connections (形成有利的关系) have connections with (与…有关系)

connective **
[kəˈnektɪv]
a. 连接的 *n.* 【语】关联词　*con〈com (= with)

disconnect **
[ˌdɪskəˈnekt]
v. 使分离；断开　*dis (= away), con〈com (= with)
ⓐ disconnected ((语言、文字等)不连贯的)

nexus ***
[ˈneksəs]
n. 关联，关系；【语】动词谓语结构

词根 NIHIL

来自拉丁语的 nihil 意为 nothing。

annihilate *
[əˈnaɪəleɪt]
[使接近没有 an〈ad (= near) + nihil (= nothing)]
vt. 歼灭；彻底击溃；取消，废弃，使无效
ⓝ annihilation 歼灭 ⓔ The soldiers annihilated their enemy in the attack. (战士们在进攻中歼灭了敌人。)

nihilism *
[ˈnaɪɪlɪzəm]
n. 虚无主义；无政府状态；恐怖行为

nihilist *
[ˈnaɪɪlɪst]
n. 虚无主义者；恐怖主义者

nihilistic *
[ˌnaɪɪˈlɪstɪk]
a. 虚无主义的；恐怖主义的

词根 PORTION

来自拉丁语的 portion 意为 share。

apportion**
[ə'pɔːʃn]
[给某物分份 ap〈ad (= to) + portion (= share)]
vt. 分配；分摊
ⓝ apportionment 分配；分摊 ⓔ The judge apportioned the estate in equal shares to the survivors.（法官将财产分给了幸存者。）

disproportion**
[ˌdɪsprə'pɔːʃn]
n. 不均衡，不均等 *dis (= not), pro (= according to)
ⓔ disproportion in age（年龄的不均衡）

disproportionate**
[ˌdɪsprə'pɔːʃənət]
a. 不均衡的，不成比例的 *dis (= not), pro (= according to)
ⓔ pay that is disproportionate to the work done（与所做工作不成比例的薪水）

proportion***
[prə'pɔːʃn]
n. 比例，比率；协调，均衡；部分，份儿；(pl.)面积；容积 *v.* 使均衡；使协调；使成比例 *pro (= according to)
ⓔ proportion of the expenditure to the income（支出占收入的比例） room of good proportions（布置得很协调的房间） large proportion of the earth's surface（地球表面的一大部分） a ship of majestic proportions（大容积轮船） direct / inverse proportion（正 / 反比例）

proportional**
[prə'pɔːʃənl]
a. 成比例的；均衡的，协调的
ⓐ proportionate (= proportional) ⓔ proportional representation（比例代表制）

portion***
['pɔːʃn]
n. 一块；部分；份儿；(食物的)一人份；命运 *v.* 划分，分配，分份
ⓔ a portion of land（一块土地） a portion of roast duck（一人份的烤鸭）

词根 PRECI [PRAIS, PRIS, PRIC, PRIZ]

来自拉丁语的 preci 意为 price。其变形为 prais, pris, pric, priz。

appreciable**
[ə'priːʃəbl]
[可以给某物定价的 ap〈ad (= to) + preci (= price)]
a. 可感知的；可观的；可估计的
ⓥ appreciate 感谢；正确评价；欣赏；(充分)意识到 ⓝ appreciation 感谢；评价；欣赏；重视 ⓐ appreciative 欣赏的；感激的 ⓐⓓ appreciably 相当地；明显地；可察觉地 ⓔ My uncle earned an appreciable amount of money in the stock market.（我叔叔在股市赚了一大笔钱。）

depreciation*
[dɪˌpriːʃi'eɪʃn]
[价格向下、降低 de (= down) + preci (= price)]
n. 降价，贬值；轻视；折旧
ⓥ depreciate 降价；轻视，藐视 ⓐ depreciatory 降价的；轻视的 ⓔ Capital equipment taxes are calculated after factoring in depreciation.（资本设备税的计算要先考虑折旧因素。）

precious***
['preʃəs]
a. 贵重的，珍贵的；〈口〉十足的；可爱的 *ad.* 非常，很
ⓔ precious metal（贵金属） precious stone（宝石） precious fool（十足的傻瓜） precious cold（非常冷）

appraise**
[ə'preɪz]
v. 评价；估价 *ap〈ad (= to), prais〈preci (= price)

appraisal**
[ə'preɪzl]
n. 评价；估价 *ap〈ad (= to), prais〈preci (= price)
ⓔ interim appraisal（临时 / 中期评估）

praise***
[preɪz]
v./n. 称赞，赞美 *prais〈preci (= price)
ⓐ praiseworthy（值得称赞的，可嘉的） ⓔ win high praise（赢得高度赞扬） in praise of（赞美…）

price**

[praɪs]

v. 给…定价；问…的价格 *n.* 价格；代价；赏金

ⓐ pricy（昂贵的） ⓔ price cartel（价格协定） price index（物价指数） price tag（（贴在商品上的）价格标签） market price（市价） special price（特价） fixed /set price（固定价格） asking price（要价） at cost price（按成本价） put a price on one's head（悬赏捉拿或处死某人）

---

priceless***

[ˈpraɪsləs]

a. 贵重的，稀世珍宝的；〈口〉极荒唐的；极有趣的 *pric〈preci (= price)

ⓔ priceless paintings（非常贵重的画）

prize***

[praɪz]

n. 奖赏；奖品；赏金；捕获物，战利品；(竞争等的)目标 *v.* 评价；重视

a. 该得奖的；了不起的；得奖的；作为奖品的 *priz〈preci (= price)

ⓐ prizewinning（获奖的，得奖的） ⓔ prize for good conduct（善行奖） consolation prizes（安慰奖） prize scholarship（成绩优良奖学金） prize winner（获奖者） prize medal（奖章）

词根 SPIR

来自拉丁语的 spir 意为 to breathe。此外，它还有 a coil 的意思。

---

aspire***

[əˈspaɪə(r)]

[继续、不停地呼吸 a〈ad (=to, intensive) + spir (=breathe)]

vi. to + sth/do 向往；怀有大志

ⓝ aspiration 热望 aspirant 有志向的人 ⓐ aspiring 有志气的，有抱负的

ⓔ A century ago, few little girls aspired to be doctors.（一个世纪以前，几乎没有女孩想当医生。）

---

transpire**

[trænˈspaɪə(r)]

[通过某物呼吸或小声说话 tran〈trans (= through) + spir (= breathe)]

vi. (秘密等)被发现，被知道

vt. (使)散发(水分等)，使排出

ⓝ transpiration 散发，蒸发；泄露 ⓔ After an investigation, it transpired that her own son-in-law had taken the watch.（调查表明，是她的女婿拿走了手表。）

---

conspire***

[kənˈspaɪə(r)]

v. 共谋；协力，共同促成 *con〈com (= together)

conspirator***

[kənˈspɪrətə(r)]

n. 同谋者；阴谋家 *con〈com (= together)

ⓐ conspiratorial（同谋者的；阴谋的）

conspiracy***

[kənˈspɪrəsi]

n. 共谋；阴谋 *con〈com (= together)

ⓔ conspiracy to overthrow the government（颠覆政府的阴谋）

expire***

[ɪkˈspaɪə(r)]

v. 期满；呼气 *ex (= out), pir〈spir (= breathe)

expiration**

[ˌekspəˈreɪʃn]

n. 期满；呼气 *ex (= out), pir〈spir (= breathe)

ⓔ at the expiration of the lease（在租期期满时）

---

expiry*

[ɪkˈspaɪəri]

n. 终结，期满 *ex (= out), pir〈spir (= breathe)

ⓔ expiry of a driving license（驾驶执照到期）

inspire***

[ɪnˈspaɪə(r)]

v. 赋予…灵感；鼓舞；(文章、话等)给…以启示；授意发表(报道等) *in (= into)

ⓐ inspiring（鼓舞的，激励人心的） ⓔ inspired artists（富有灵感的诗人） inspired article（授意发表的文章）

inspiration***

[ˌɪnspəˈreɪʃn]

n. 给予灵感的人(或物)；鼓舞人心的人(或物)；(源自灵感的)好办法，好主意 *in(= into)

ⓔ draw inspiration from nature（从自然中获取灵感） have a sudden inspiration（突然想起一个好主意）

perspire**

[pəˈspaɪə(r)]

v. 流汗；〈喻〉(流汗)劳作 *per (= through)

ⓝ perspiration（汗水；出汗）

respire* [rɪˈspaɪə(r)]
v. 呼吸 *re (= again)

respiration** [ˌrespəˈreɪʃn]
n. 呼吸；一次呼吸 *re (= again)
ⓔ artificial respiration (人工呼吸)

respirator* [ˈrespəreɪtə(r)]
n. 口罩；人工呼吸机 *re (= again)

respiratory** [rəˈspɪrətri]
a. 呼吸的 *re (= again)
ⓔ respiratory organs / system (呼吸器官/系统) respiratory diseases (呼吸系统疾病) Respiratory Distress Syndrome ((新生儿的)肺透明膜病)

suspiration* [ˌsʌspəˈreɪʃn]
n. 叹气，叹息 *sus⟨sub (= under), pir⟨spir (= breathe)

spirit*** [ˈspɪrɪt]
n. 精神，心灵；灵魂；幽灵；(具有特定品质的)人物；勇气；活力；性格；情绪，心情；态度；时代精神，风气；酒精；(pl.)烈酒 *v.* 神秘地带走
ⓔ the abode of spirits (灵魂的安息处) the work of spirits (幽灵的所为) master spirit (大师) imperturbable spirit (不易激动的性格) say in a kind spirit (亲切地说) in high / low spirits (兴高采烈 / 情绪低落) the spirit of the times (时代精神) a glass of spirit and water (一杯掺了水的烈酒)

spirited** [ˈspɪrɪtɪd]
a. 活泼的，生机勃勃的；[构成复合词]有心情或情绪做的；猛烈的
ⓐ spiritless (无精打采的，垂头丧气的) ⓔ spirited attack / defense / reply (猛烈的攻击/勇敢的防御 / 热烈的回应) spirited conversation (热烈的对话) high-spirited / low-spirited (兴致勃勃的 / 没精打采的)

spiritual*** [ˈspɪrɪtʃuəl]
a. 精神上的，心灵的；宗教的 *n.* 〈美〉黑人灵歌
ⓐⓓ spiritually (精神上) ⓝ spirituality (灵性；神圣) spiritualism (招魂论，招魂术；唯心论) spiritualist (招魂论者) ⓥ spiritualize (使精神化；使内心纯净；使变高尚)

spirituous* [ˈspɪrɪtʃuəs]
a. (液体)含有酒精的
ⓔ spirituous liquors (烈酒(如威士忌))

sprightly** [ˈspraɪtli]
a. 活泼的，生机勃勃的 *spr⟨spir(= breathe)

spiral*** [ˈspaɪrəl]
a. 螺旋形的；螺线的 *n.* 螺旋；螺旋形的东西；螺旋弹簧；(物价等的)连续急剧上升或下降 *v.* 使成螺旋形；螺旋式移动；(物价等)不断急剧地上升或下降
*spir(= a coil)
ⓔ spiral staircase (螺旋形楼梯) spiral line (螺旋线) spiral down (螺旋式下降) inflationary spiral (螺旋形膨胀) Prices are still spiraling. (物价还在急剧上升。)

spire*** [ˈspaɪə(r)]
n. 尖塔；圆锥形建筑物 *spir(= a coil)

LECTURE 13

词根 SIMIL[SIMUL]

来自拉丁语的 simil 意为 same, equal，元音弱化后变成了 simul。同义词根有来自拉丁语的 equ, par, sembl, ident 等和来自希腊语的 tauto。

assimilate** [əˈsɪməleɪt]
[使几乎相同 as⟨ad (= to, near) + simil (= same)]
vt. 使同化；把…比作；消化；理解
ⓝ assimilation 同化；消化 ⓔ It's difficult to assimilate so much information in a

1-hour lecture.（用一个小时的课程来消化这么多的信息是有难度的。）

dissimulate* [dɪˈsɪmjuleɪt]

[使不相同 dis（= not）+ simul〈simil（= same）]

vt. 掩饰(情感、动机等)；装假

ⓝ dissimulation 掩饰；装假 ⓔ Susan's efforts to dissimulate her feelings of inadequacy are a sign of immaturity.（苏珊试图掩饰自己无法胜任的感觉，这说明她还不够成熟。）

simulate** [ˈsɪmjuleɪt]

[使相同 simul〈simil（= same）]

vt. 假装；模仿；模拟

ⓝ simulation 假装；模仿；模拟 simulator（为实验准备的）模拟装置 ⓔ I only simulate interest in her lectures because I think she's actually boring.（我只是假装对她的讲座很感兴趣，因为我觉得她实际上很无聊。）

facsimile* [fækˈsɪməli]

n.（笔迹、印刷品、画等的）摹本；【电信】电传真 *fac（= make）

similarity** [ˌsɪməˈlærəti]

n. 类似（点），相似(处）

similar*** [ˈsɪmələ(r)]

a. 类似的

ⓐⓓ similarly（类似地；一样地）

simile** [ˈsɪməli]

n. 明喻

similitude** [sɪˈmɪlɪtjuːd]

n. 类似，相似

simulacrum* [ˌsɪmjuˈleɪkrəm]

n. 幻影；假象 *acr（= sharp）

simultaneous** [ˌsɪmlˈteɪniəs]

a. 同步的，同时发生的

ⓐⓓ simultaneously（同时地） ⓝ simultaneity（同时发生；同时完成）

ⓔ simultaneous interpreter（同声传译员）

词根 SUR

来自拉丁语的 sur 意为 certain。

assurance*** [əˈʃʊərəns]

[对于某事很确信 as〈ad（= to）+ sur（= certain）]

n. 保证；表示保证的话；信心

ⓥ assure 使确信；使放心 ⓐ assured 确定的；有保证的；自信的 ⓐⓓ assuredly 确信地；自信地 ⓔ The doctor gave me every assurance that my cancer is curable.（医生使我确信我得的癌症是可以治愈的。）

ensure** [ɪnˈʃʊə(r)]

v. 使确信，保证；使安全 *en（= make）

insure*** [ɪnˈʃʊə(r)]

v. 确保，保证；投保 *in（= to）

ⓝ the insurer（保险业者，保险公司） insurant（被保险人；投保人） ⓔ the insured（被保险人）

insurance*** [ɪnˈʃʊərəns]

n. 保险（业）；赔偿费；保险金额；保险契约 *in（= to）

ⓔ insurance policy（保险契约，保险单） accident insurance（意外保险） automobile insurance（汽车保险） aviation insurance（航空保险） endowment insurance（养老保险） life insurance（人寿保险） marine insurance（海上保险） insurance premium（保险费）

reassure***
[ˌriːəˈʃʊə(r)]
v. 使放心；再保证 *re（= again），as〈ad（= to）
ⓝ reassurance（再保证）

reassuring*
[ˌriːəˈʃʊərɪŋ]
a. 鼓气的；安慰的 *re（= again），as〈ad（= to）
ⓔ reassuring word / pat（令人安心的话/安慰的轻拍）

词根 CLIM

来自拉丁语的 clim 意为 ladder，slope。

acclimate*
[ˈækləmeɪt]
[向某事物倾斜 ac〈ad（= to）+ clim（= ladder, slope）]
vt. oneself + to + sth 使适应，使顺应
vi. 习惯，适应
ⓝ acclimation / acclimatization 顺应 ⓔ It takes athletes several days to acclimate to high altitude venues.（运动员们需要几天的时间来适应高海拔的比赛地点。）

climax***
[ˈklaɪmæks]
n. 顶点，高潮；性高潮（=orgasm）*v.*（使）达到高潮

climacteric*
[klaɪˈmæktərɪk]
n. 更年期；绝经期

climactic*
[klaɪˈmæktɪk]
a. 顶点的，高潮的

climber**
[ˈklaɪmə(r)]
n. 攀登者；〈口〉(在社会地位等方面)拼命向上爬的人，野心家
ⓝ climbing（攀登） ⓔ climb-down（放弃原来坚持的论点（或立场）；让步）

anticlimax*
[ˌæntiˈklaɪmæks]
n.【语】突降法；虎头蛇尾 *anti（= against, opposite）

LECTURE 14

词根 ALI, ALTER[ULTER, ALTRU]

来自拉丁语的 ali，alter 意为 other。其变形有 ulter，altru 等。同义词根有来自希腊语的 all。

adulterate**
[əˈdʌltəreɪt]
[添加别的东西 ad（= to, add）+ ulter〈alter（= other）]
vt. 掺杂，掺假
ⓝ adulteration 混合，掺和；掺假 ⓔ Cocaine dealers often adulterate the drug with harmless powder.（可卡因贩卖商常常将无害的粉末掺在可卡因中。）

alienate**
[ˈeɪliəneɪt]
[使具备其他性质 ali（= other）]
vt. 使孤立，使疏远；【律】让渡
ⓝ alienation 孤立，疏远；让渡 ⓔ You're likely to alienate a lot of customers with this price increase.（这样提高价格很可能会使你和很多顾客疏远。）

altercation**
[ˌɔːltəˈkeɪʃn]
[彼此意见不同 alter（= other）]
n. 争论，激烈的争吵

ⓔ The officers responded to reports of an altercation in apartment 3D.（警察们在接到 3D 号公寓内有口角冲突的报告后立即出动。）

---

altruistic★★ [ˌæltruˈɪstɪk]
[向着其他人的 altru⟨alter (= other)]
a. 利他的
ⓔ He's very altruistic and devotes himself to good works.（他总是想着别人，常做好事。）

---

alien★★★ [ˈeɪliən]
a. 外国的；性质不同的；(想法等)不相容的 *n.* 外国人

inalienable★★ [ɪnˈeɪliənəbl]
a. 不能让与的 *in (= not)

alias★★ [ˈeɪliəs]
n. (为隐藏身份而使用的)化名，别名 *ad.* 化名为
ⓔ The criminal had several aliases.（罪犯曾有多个化名。）

alibi★★ [ˈæləbaɪ]
n. 不在犯罪现场的证明；辩解 *bi (= place)
ⓔ The accused man was able to prove / establish / set up an alibi.（被告可以证明自己不在犯罪现场。）

adultery★★ [əˈdʌltəri]
n. 通奸 *ad (= add), ulter⟨alter (= other)
ⓝ adulterer（奸夫） adulteress（奸妇）

---

adulterous★ [əˈdʌltərəs]
a. 通奸的 *ad (= add), ulter⟨alter (= other)
ⓔ adulterous woman（通奸的女人）

alter☆☆☆ [ˈɔːltə(r)]
v. 改变，变更；修改（成衣的）尺寸
ⓐ alterable（可改变的；可修改的）

alteration★★★ [ˌɔːltəˈreɪʃn]
n. 变更；修改（成衣的）尺寸

alter ego★ [ˌæltər ˈiːgəʊ]
n. 第二自我；至交 *ego (= self)

alternate★★★ [ɔːlˈtɜːnət]
a. 轮流的，交替的；间隔的；(叶子)互生的；供选择的
n. [ˈɔːltɜːrnət] 替补者；候补者；代理人 *v.* [ˈɔːltəneɪt] 交替；轮流
ⓐⓓ alternately（轮流地；交替地；间隔地） ⓔ on alternate days（隔一天） Day alternates with night.（日夜交替。）

---

alternative★★★ [ɔːlˈtɜːnətɪv]
n. 二择一；可选择的办法 *a.* 两者中择一的；供选择的
ⓐⓓ alternatively（两者中择一地） ⓔ alternative plan（供选择的计划）

词根 FIL

来自拉丁语的 fil 意为 son, thread, foul。

---

affiliate★★
[形成近乎和儿子一样的关系 af⟨ad (= to, near) + fil (= son)]
ⓥ [əˈfɪlieɪt]
vt. sb + with + sth 使形成紧密关系；使…加入，使隶属于…
vi. with + sth 发生联系，参加
ⓝ [əˈfɪliət]
n. 分会，分公司；成员
ⓝ affiliation 联系；从属关系 ⓔ The state democratic party affiliated four local party groups last year.(民主党去年吸纳了四个地方党组织。)

---

defile★★★ [dɪˈfaɪl]
[使变得非常脏 de (= intensive) + fil (= foul)]
vt. 弄脏；亵渎

ⓝ defilement 弄脏 ⓔ The mountain steam was defiled by the town's raw sewage.（该市未经处理的污水污染了山上流下来的溪水。）

---

filial** [ˈfɪliəl]
a. 子女的；子代的；孝顺的
ⓔ filial duty（作为子女的义务） filial piety to parents（对父母的孝道） the first / second filial generation（杂交第一 / 二代）

filicide* [ˈfɪlɪsaɪd]
n. 杀害子女（者） *cid（= kill）

filament*** [ˈfɪləmənt]
n. 细丝；单纤维；（雄蕊的）花丝；（电灯泡、电子管的）灯丝 *fil（= thread）
ⓐ filamentous（丝状的）

filature* [ˈfɪlətʃə(r)]
n. 缫丝；缫丝厂 *fil（= thread）

file*** [faɪl]
n. 文件夹；档案；（排队的人、物的）列 *v.* 锉；存档；排成纵列行进；提出（申请、抗议等）；提起（诉讼） *fil（= thread）
ⓔ file cabinet（文件柜） file number（文档编号） file punch（文件穿孔器） on file（存档） in single file（成一列纵队） the rank and file（普通士兵；庶民） file suit for a divorce（提起离婚诉讼）

---

filings** [ˈfaɪlɪŋz]
n. 锉屑 *fil（= thread）

fillet** [ˈfɪlɪt]
n.（用做装饰的）带子；（去掉骨头的）肉片，鱼片 *v.* 把（鱼、肉）切成片
*fil（= thread）
ⓔ filleted plaice（切成片的鲽鱼）

profile*** [ˈprəʊfaɪl]
n. 人物简介；侧影，侧面；轮廓 *v.* 画出…的轮廓；勾画侧面图；写人物简介
*pro（= before），fil（= thread）
ⓔ portrait drawn in profile（侧影肖像） line of hills profiled against the night sky（以夜空为背景的山的轮廓）

filth** [fɪlθ]
n. 污物，肮脏；淫猥 *fil（= foul）

filthy*** [ˈfɪlθi]
a. 肮脏的；淫猥的 *fil（= foul）
ⓔ filthy lucre（肮脏的钱财）

词根 LEV[LIEV]

来自拉丁语的 lev 意为 to raise，to lift，light，smooth 等。其变形为 liev。

---

alleviate** [əˈliːvieɪt]
[使变得更轻 al〈ad（= to, add）+ lev（= light, lift）]
vt. 减轻（痛苦等），缓解
ⓝ alleviation 减轻，缓解 ⓔ Aspirin usually alleviates moderate pain symptoms.（通常阿司匹林可以缓解轻度疼痛。）

---

irrelevant** [ɪˈreləvənt]
[不能再举起的 ir〈in（= not）+ re（= again）+ lev（= lift, light）]
a. 不恰当的，不切题的；无关系的
ⓝ irrelevance / irrelevancy 不恰当，不对题；无关系 ⓔ My professor said the third paragraph of my essay is irrelevant.（教授说我论文的第三段与论文整体没有关联。）

---

levity** [ˈlevəti]
[轻浮的行为 lev（= light, lift）]
n. 轻率；轻浮

ⓔ I enjoy our professor's levity. It makes the hour go faster.（我喜欢我们教授轻松的风格，因为这让时间过得很快。）

---

relevant* [ˈreləvənt]
[再次举起的 re（= again）+ lev（= lift, light）]
a. 有关系的，有关联的；恰当的
ⓝ relevance / relevancy 相关性；恰当 ⓐⓓ relevantly 恰当地 ⓔ The bibliography contains items relevant to the subject of cardiopulmonary health.（参考文献目录中包含与心肺健康这一主题相关的条目。）

---

elevate*** [ˈelɪveɪt]
v. 举起；提高 *e〈ex（= out）, lev（= lift）
ⓔ elevate the voice（提高嗓音） elevated railway / railroad（高架铁道）

elevation*** [ˌelɪˈveɪʃn]
n. 高度，海拔；提高；高尚；（炮的）仰角；（建筑物的）立视图
*e〈ex（= out）, lev（= lift）
ⓔ elevation of 3, 000 meters（海拔 3, 000 米） elevation of thought（思想的高尚）

elevator*** [ˈelɪveɪtə(r)]
n. 电梯；升降机 *e〈ex（= out）, lev（= lift）

lever** [ˈliːvə(r)]
n. 杠杆；控制杆；手段 *v.* 用杠杆移动 *lev（= lift）

leverage* [ˈliːvərɪdʒ]
n. 杠杆作用；杠杆装置；（为达到某一目的而使用的）手段 *lev（= lift）
ⓔ political leverage（政治手段）

---

levitate* [ˈlevɪteɪt]
v.（使）飘浮；（使）升空 *lev（= lift）
ⓝ levitation（（依靠超自然力量的）空中飘浮）

levy*** [ˈlevi]
v. 征收（税金等）；征集，召集；发动与…的战争（~on）；（依据法律）扣押
n. 课税，征税；征集；征兵 *lev（= light）
ⓔ levy a tax / a fine / a ransom on（向…征收税金 / 罚金 / 索取赎金） levy on a person's property / estate（扣押某人的财产/不动产） capital levy（资产税）

relieve*** [rɪˈliːv]
v. 减轻（痛苦、负担等）；救济；换班；使解除；使突出，使醒目
*re（= again）, liev〈lev（= lift）
ⓝ relief（减轻；宽慰；救济；救济品；换班） ⓔ relieve one's feelings（（哭喊或打闹以）发泄情绪） relieve oneself / nature / the bowels（排泄，方便）

词根 LUD, LUS

来自拉丁语的 lud, lus 意为 to laugh, to play。

---

allude*** [əˈluːd]
[对某事发笑 al〈ad（= to）+ lud（= laugh, play）]
vi. to + sth 暗指；间接提到
ⓝ allusion 暗指 ⓐ allusive 暗指的 ⓔ Her drooping eyes allude to her profound fatigue.（她双眼低垂，说明她非常疲倦。）

---

collusion** [kəˈluːʒn]
[一起笑 col〈com（= together）+ lus（= laugh, play）]
n. 同谋，勾结
ⓥ collude 同谋 ⓐ collusive 同谋的 ⓔ The airlines are sometimes thought to be guilty of collusion in ticket pricing.（有时航空公司会被指责相互串通垄断机票价格。）

---

delude** [dɪˈluːd]
[由于可笑而使某人脱离正常状态 de（= from）+ lud（= laugh, play）]
vt. 欺骗；哄骗；迷惑

ⓝ delusion 迷惑，欺瞒；错觉 ⓐ delusive 欺骗的；妄想的 ⓔ He deludes himself that he is handsome.（他自欺地认为自己长得很帅。）

elude**
[iˈluːd]
[笑着从危险状况中摆脱出来 e‹ex (= out) + lud (= laugh, play)]
vt. (巧妙地)逃脱，摆脱
ⓐ elusive 逃避的 ⓝ elusion 回避；逃跑 ⓔ The criminal eluded the cops by stealing a car and driving away.（犯人躲开警察偷了一辆车逃跑了。）

illusion***
[ɪˈluːʒn]
[头脑对某事物闹着玩 il‹in (= on) + lus (= laugh, play)]
n. 幻想；错觉；假象
ⓝ illusionist 魔术师；空想家 ⓐ illusive/illusory 幻影的；错觉的；迷惑人的
ⓔ Many old maids hold the illusion of perfect marriage well into their fifties.（许多老处女在五十岁以后仍然幻想着拥有完美的婚姻。）

ludicrous**
[ˈluːdɪkrəs]
a. 滑稽的，可笑的 *lud (= laugh)

prelude**
[ˈprelјuːd]
n. 前奏曲；序幕 *v.* 作为…的前奏(或序幕)
*pre (= before), lud (= play)

interlude**
[ˈɪntəluːd]
n. 间奏；(话剧或歌剧等的)幕间；穿插事件
* inter (= between), lud (= play)
ⓔ interludes of bright weather（坏天气中间或有的晴天）

postlude*
[ˈpəʊstluːd]
n. 后奏曲 *post (= after), lud (= play)

词根 PALL

来自拉丁语的 pall 意为 pale。

appall**
[əˈpɔːl]
[让某物变得苍白 ap‹ad (= to) + pall (= pale)]
vt. 使惊骇
ⓐ appalling 骇人听闻的 ⓐⓓ appallingly 令人毛骨悚然地 ⓔ The way he beats his dog appalls me.（他打狗的样子令我毛骨悚然。）

pallid**
[ˈpælɪd]
a. 无血色的，苍白的

pallor**
[ˈpælə(r)]
n. (脸的)苍白

LECTURE 15

词根 PREHEND, PREHENS [PREN, PREGN, PRIEV]

来自拉丁语的 prehend, prehens 意为 to take, to seize。其变形有 pren, pregn, priev 等。同义词根有来自拉丁语的 cap / capt / cept / ceiv [cip, cup, ceit], empt / em, rap / rav, sump / sumpt, lab / lep 等。

apprehensive**
[ˌæprɪˈhensɪv]
[抓得很近的 ap‹ad (= to, near) + prehens (= take)]
a. 忧虑的，担心的；理解快的

ⓝ apprehension 忧虑；逮捕；理解 ⓐ apprehensible 可理解的 ⓥ apprehend 逮捕；忧虑；理解 ⓔ Officials are apprehensive about possible terrorist attacks.（官员们担心可能发生的恐怖袭击。）

incomprehensible** [ɪnˌkɒmprɪˈhensəbl]
[根本无法抓住的 in（= not）+ com（= thoroughly）+ **prehens**（= take）]
a. 不能理解的
ⓝ incomprehension 不了解 ⓔ I've studied French for months, but I still find most conversations incomprehensible.（我已经学了好几个月法语了，但我发现对大部分对话仍无法理解。）

reprehensible** [ˌreprɪˈhensəbl]
[向后、逆着抓住的 re（= back, against）+ **prehens**（= take）]
a. 应受指责的
ⓥ reprehend 责备，责难 ⓝ reprehension 非难，指责 ⓔ You should be ashamed of your reprehensible behavior last night.（你应该为你昨晚应受指责的行为感到羞愧。）

misapprehension** [ˌmɪsæprɪˈhenʃn]
[接受错 mis（= bad）+ ap〈ad（= intensive）+ **prehens**（= take）]
n. 误解
ⓥ misapprehend 误解，误会 ⓔ I infer you're suffering from the misapprehension that I give a damn.（你好像误会我了，以为我是在谴责你。）

reprieve** [rɪˈpriːv]
[抓住放在背后 re（= back）+ **priev**〈**prehend**（= take）]
n. 缓刑(令)；暂时缓解
vt. 暂缓对…处刑；暂时缓解
ⓔ Every death row prisoner dreams of a reprieve before the awful day.（所有的死刑犯在那个可怕的日子来临之前都梦想着能获得缓刑。）

comprehend*** [ˌkɒmprɪˈhend]
v.（充分）理解 *com（= completely）

comprehensible*** [ˌkɒmprɪˈhensəbl]
a. 能（充分）理解的 *com（= completely）
ⓝ comprehensibility（能理解）

comprehension** [ˌkɒmprɪˈhenʃn]
n. 理解（力）；理解力测验 *com（= completely）

comprehensive*** [ˌkɒmprɪˈhensɪv]
a. 理解的；综合的 *com（= completely）
ⓔ comprehensive description（全面的说明） man with a comprehensive mind（有理解力的人） comprehensive examination（综合考试）

prehensile* [prɪˈhensaɪl]
a. 能抓住的
ⓔ the prehensile trunk of an elephant（能抓住东西的大象鼻子）

apprentice*** [əˈprentɪs]
n. 学徒；见习生；初学者 *v.* 当学徒
*ap〈ad（= near）, **prent**〈**prehend**（= take）
ⓝ apprenticeship（学徒的身份；学徒期）

entrepreneur** [ˌɒntrəprəˈnɜː(r)]
n. 企业家；创业者 *entr〈inter（= between）, **pren**〈**prehend**（= take）
ⓐ entrepreneurial（企业家的；创业者的）

impregnable** [ɪmˈpregnəbl]
a. 攻不破的 *im〈in（= not）, **pregn**〈**prehend**（= take）
ⓝ impregnability（攻不破） ⓔ impregnable defenses（坚不可摧的防御） impregnable argument（无懈可击的辩论）

词根 CERT

来自拉丁语的词根 cert 意为 sure。

ascertain*** [使自己确信 as〈ad (= to) + cert (= sure)]
[ˌæsəˈteɪn]
vt. 确认；查清
ⓐ ascertainable 可确定的 ⓝ ascertainment 确定 ⓔ It was not possible to ascertain her whereabouts.（根本不可能查出她的行踪。）

certain*** *a.* 确信的，确凿的；某个；一些
[ˈsɜːtn]

certainly*** *ad.* 无疑地；必定；（用于回答）当然
[ˈsɜːtnli]
ⓔ Certainly not!（当然不是！）

certainty*** *n.* 必定的事；确实性
[ˈsɜːtnti]

certify** *v.* 证明；保证
[ˈsɜːtɪfaɪ]

certified** *a.* 被证明的；有保证的
[ˈsɜːtɪfaɪd]
ⓔ certified check（保付支票） certified mail（挂号信） certified public accountant（执业会计师（缩写：C. P. A））

certifiable*** *a.* 可证明的；可保证的；可证明有精神病的 *fic (= make)
[ˈsɜːtɪfaɪəbl]
ⓔ certifiable lunatic（被证明为为精神错乱的）

certificate*** *n.* 证明书 *v.* 发证书给… *fic (= make)
[səˈtɪfɪkət]
ⓔ certificated teachers（正式教师） birth certificate（出生证明） marriage certificate（结婚证书） health certificate（健康证明） medical certificate（诊断书） certificate of attendance（在读证明）

certification* *n.* 证明；保证 *fic (= make)
[ˌsɜːtɪfɪˈkeɪʃn]

certitude* *n.* 确实（性）
[ˈsɜːtɪtjuːd]

词根 SENT, SENS

来自拉丁语的 sent，sens 意为 to feel。同义词根有来自希腊语的 path，(a)esthes / (a)esthet 和来自拉丁语的 pat / pass。

assent*** [想法就在眼前 as〈ad (= to, near) + sent (= feel)]
[əˈsent]
vi. to + sth 同意
n. 同意
ⓝ assentation 迎合，附和 ⓔ With your assent, I'd like to close the shop early today.（如果您同意的话，今天我想早点关店门。）

consensus** [想法一致 con〈com (= with) + sens (= feel)]
[kənˈsensəs]
n. 一致；舆论
ⓐ consensual 在双方同意下成立的 ⓔ The budget committee reached consensus about cutting costs by 10% next year.（预算委员会达成一致意见，将明年的开支减少 10%。）

dissent** [想法分别不同 dis (= apart) + sent (= feel)]
[dɪˈsent]
n. 不赞成，异议
vi. 持异议，不同意；不信奉英国国教
ⓝ dissension 意见分歧；纷争 dissenter 不赞成者，反对者；不信奉英国国教的人

ⓔ Voices of dissent are welcomed in a true democracy. (真正的民主欢迎反对的声音。)

presentiment** [priˈzentimənt]
[事先的感觉 pre (= before) + sens (= feel)]
n. 预感
ⓔ I've had a presentiment all day that something extraordinary is going to happen. (我一整天都感觉有什么特别的事要发生。)

resentment*** [riˈzentmənt]
[再一次痛彻心扉的感受 re (= again, back, against) + sens (= feel)]
n. 愤怒；怨恨
ⓥ resent 愤慨；怨恨 ⓐ resentful 愤慨的，怨恨的 ⓔ I felt a lot of resentment when I was passed over again for a promotion. (又一次没能晋升，我很愤怒。)

sententious** [senˈtenʃəs]
[使感受的 sens (= feel)]
a. 说教的；爱用警句的；简洁的
ⓝ sentence 句子；判决 ⓔ She gave the standard sententious commencement speech—nothing special. (她的毕业典礼致词是标准的说教性的，毫无特别之处。)

consent*** [kənˈsent]
v. 同意，准许 *n.* 同意，准许 *con〈com (= together)
ⓔ age of consent (承诺年龄(指法律上被认为可以进行性行为或结婚的年龄))

sense*** [sens]
n. 官能(指视觉、听觉、嗅觉、味觉、触觉)；辨别力；感觉；意识；意义，意思；(pl.)理智
v. 感觉到；察觉；意识到
ⓔ sense organ (感觉器官(如耳朵、眼睛等)) common sense (常识) a sense of humor (幽默感) a sense of locality/direction (位置感/方向感) make sense (讲得通) come to one's senses (恢复知觉)

senseless*** [ˈsensləs]
a. 愚蠢的；不省人事的，无意识的 *less (= without)
ⓔ senseless idea (愚蠢的想法) fall senseless to the ground (昏倒在地)

sensible*** [ˈsensəbl]
a. 明智的；适当的；实用的
ⓐⓓ sensibly (明智地) ⓔ sensible ideas (明智的想法) sensible woman (明智的女子)

sensitive*** [ˈsensətiv]
a. 敏感的；神经过敏的；易生气的；(仪表)灵敏度高的；(胶卷等)感光的
ⓝ sensitivity (敏感性；灵敏度) ⓥ sensitize (使变得敏感；使具有感光性) ⓔ sensitive to light (对光敏感的) sensitive skin (敏感性皮肤) sensitive nerve in a tooth (牙齿的敏感神经) sensitive to criticism (对批评敏感的) cf. oversensitive (过分敏感的)

sensory** [ˈsensəri]
a. 感觉的；传递感觉的
ⓔ sensory organs (感觉器官) sensory nerves (感觉神经)

sensual** [ˈsenʃuəl]
a. 肉体的；性感的；沉溺于感官享受的，耽于酒色的
ⓝ sensuality (好色；喜爱感官享受) sensualism (感觉论；肉欲主义) sensualist (好色之徒) ⓔ sensual enjoyment (肉体的欢愉) sensual life (耽于酒色的生活) sensual lips (性感的嘴唇)

sensuous** [ˈsenʃuəs]
a. 感观的；给感官以快乐的
ⓔ sensuous music (悦耳的音乐) sensuous paintings (悦目的绘画)

sensibility** [ˌsensəˈbiləti]
n. 感觉(力)；敏感
ⓔ sensibility of a poet (诗人的敏感)

sensation*** [senˈseiʃn]
n. 引起轰动的事件，轰动效应；感觉(力)
ⓔ create a great sensation (引起很大的轰动)

sensational**
[sen'seɪʃənl]
a. 引起轰动的；〈贬〉耸人听闻的；企图激起感情的
ⓝ sensationalism（追求轰动效应） ⓔ sensational murder（耸人听闻的谋杀事件） sensational writer（采用耸人听闻手法的作家） sensational newspaper（追求轰动效应的报纸）

sentient*
['sentiənt]
a. 有感觉力的，有知觉力的；感觉敏锐的

sentiment***
['sentɪmənt]
n. 感情，情绪，心情；伤感情绪；(pl.)意见，见解
ⓔ sentiment checked by reason（受理性压制的情感） sentiment of pity（怜悯之情） public sentiment（公众情绪）

词根 SAT[SET]

来自拉丁语的词根sat意为enough，元音弱化后变成set。

asset ***
['æset]
[在近处充分拥有 as〈ad (= to, near) + set〈sat (= enough)]
n. (pl.)资产，财产；宝贵的人(或物)
ⓔ Harold has been a real asset to his company.（哈罗德一直是他们公司的骨干。）

insatiable**
[ɪn'seɪʃəbl]
[不充分的 in (= not) + sat (= enough)]
a. 不知足的；贪得无厌的
ⓔ The addictive personality invariably has insatiable appetites.（上瘾的人都有贪得无厌的欲望。）

satiate**
['seɪʃieɪt]
[使充分 sat (= enough)]
vt. 使饱足；(因为太多而)使厌腻
ⓐ satiable 可满足的 ⓔ Just a salad and crackers tend to satiate me. I'm a light eater.（我要一份沙拉和饼干就够了，我的胃口不大。）

insatiate*
[ɪn'seɪʃɪət]
a. 不知足的 *in (= not)

satisfaction***
[ˌsætɪs'fækʃn]
n. 满足；乐事；赔偿 *fact (= make)

satisfactory***
[ˌsætɪs'fæktəri]
a. 令人满意的 *fact (= make)
ⓐⓓ satisfactorily（令人满意地）

satisfy***
['sætɪsfaɪ]
v. 使满意，使满足；使确信
ⓐ satisfying（令人满意的）

saturate**
['sætʃəreɪt]
v. 浸透；(被湿气或潮湿的东西)浸湿；使饱享；充满；饱和
ⓔ saturated with sunshine（尽情享受阳光的） saturated with learning（专心于学问的） saturated solution of salt（饱和盐溶液）

saturation**
[ˌsætʃə'reɪʃn]
n. 浸透；饱和(状态)
ⓔ saturation bombing（【军】饱和轰炸） saturation point（饱和点）

LECTURE 16

词根 SED, SESS[sid]

来自拉丁语的词根 sed, sess 意为 to sit，元音弱化后变成 sid。反义词根有来自拉丁语的 st, stat, stit, sist 等。

assiduous**
[əˈsɪdjuəs]

[一直坐着的 as〈ad (= to, intensive) + sid (= sit)]

a. 勤奋的；周到的，竭诚的；一丝不苟的

ⓝ assiduity 勤奋，刻苦 ⓐⓓ assiduously 勤奋地，刻苦地 ⓔ Her assiduous attention to detail makes her a good editor.（她对细节一丝不苟的关注使她成为一名优秀的编辑。）

dissident*
[ˈdɪsɪdənt]

[分开坐 dis (= apart) + sid (= sit)]

n. 持不同政见者；不赞成者

a. 持不同政见的；不赞成的

ⓝ dissidence 异议 ⓔ He isn't shy about expressing his habitually dissident views.（他从不怯于发表自己常持有的不同见解。）

insidious**
[ɪnˈsɪdiəs]

[坐在里面的 in (= in) + sid (= sit)]

a. 阴险的；狡猾的；(疾病等)不知不觉间加剧的；潜伏的

ⓔ Ugly rumors are insidious and tend to acquire a life of their own.（可恶的谣言不知不觉间愈演愈烈，而且有愈演愈真的倾向。）

residue**
[ˈrezɪdjuː]

[重新、继续坐着 re (= again) + sid (= sit)]

n. 剩余，残余；残余物；【律】剩余财产

ⓐ residual 剩余的，残余的 residuary 残余的；剩余财产的 ⓔ The insecticide leaves a residue that keeps on killing 2 weeks.（杀虫剂的残余物在两周内将继续起到杀虫作用。）

subsidiary**
[səbˈsɪdiəri]

[坐在下面 sub (= under) + sid (= sit)]

a. 辅助的；附属的；津贴的

n. 子公司

ⓥ subsidize 给…补贴 ⓝ subsidy 补贴；补助金 ⓔ Multinational companies have a host of well-known subsidiaries.（跨国公司有许多著名的子公司。）

supersede**
[ˌsuːpəˈsiːd]

[从上往下坐下 super (= over) + sed (= sit)]

vt. 代替；取代

ⓝ supersession 取代 ⓔ Model AE-400X supersedes Model AE-200.（模型AE-400X 取代AE-200。）

sedentary**
[ˈsedntri]

[与坐着的状态相关联的 sed (= sit) + tary (= relating to)]

a. (工作等需要)坐着的；久坐的

ⓔ People with a sedentary lifestyle tend to suffer from obesity.（有久坐习惯的人容易肥胖。）

assess**
[əˈses]

[靠近坐 as〈ad (= to, near) + sess (= sit)]

vt. sb/sth + at + sth 评估(财产)的价值；征(税)；处(罚金)

ⓝ assessment 评估 assessor 评估员；陪审法官 ⓔ I assess the worth of this pearl necklace at $8, 000.（这条珍珠项链我估价为 8000 美元。）

obsession** [妨碍地坐着 ob (= in the way) + sess (= sit)]
[əbˈseʃn] *n.* 着魔；迷住
ⓥ obsess (妄想、固有观念等)萦绕心头，不停地困扰 ⓐ obsessive 使人着迷的 ⓔ Eating is my hobby. Shopping is my obsession! (吃东西是我的兴趣，购物让我着迷！)

---

preside*** *v.* 担任会议主席，主持；掌管，统辖 *pre (= before)
[prɪˈzaɪd] ⓝ presider (主持者；主宰者) ⓔ presiding officer (主持会议的官员) presiding judge (庭长，首席法官)

presidential*** *a.* 总统的；支配的，管辖的 *pre (= before)
[ˌprezɪˈdenʃl] ⓝ president ((P~)总统；总裁；董事长) president-elect ((尚未宣誓就职的)当选总统) ⓔ presidential election (总统选举) presidential year ((美国的)总统选举年) presidential government (总统制政体) presidential primary ((美国各政党的)总统预选)

presidency*** *n.* 总统职位、职权、任期；统辖 *pre (= before)
[ˈprezɪdənsi] ⓔ during the presidency of Lincoln (林肯总统在任期间)

presidium* *n.* (组织、团体的)主席团；常务委员会 *pre (= before)
[prɪˈsɪdiəm]

reside*** *v.* 居住；(权力等)属于；存在于 *re (= again)
[rɪˈzaɪd] ⓔ The supreme authority resides in the president. (最高权力属于总统。)

---

residence*** *n.* 住所，住宅；官邸；居住；驻在 *re (= again)
[ˈrezɪdəns] ⓝ residency (外交官等的官邸；住院医师的实习期) ⓔ this desirable family residence for sale (令人满意的待售的住宅) official residence (官邸)

resident*** *n.* 居民；侨民；驻外官员
[ˈrezɪdənt] *a.* 居住的 *re (= again)
ⓔ South Korean residents in the United States (在美韩国人) Resident Assistant ((美国大学宿舍的)常驻助理 (缩写：RA))

residential** *a.* 住所的，居住的，住宅的 *re (= again)
[ˌrezɪˈdenʃl] ⓔ residential quarter (住宅地) residential qualifications ((投票时必须具备的)居住资格)

subside*** *v.* 下沉；(洪水、浮肿等)消退；(建筑向地下)沉降；(风或担忧等)平息，平静下来
[səbˈsaɪd] *sub (= under)
ⓝ subsidence (下沉，下陷)

sedan** *n.* 箱式小客车 (可容纳 4 人以上)；(17~18 世纪的)轿子
[sɪˈdæn] ⓔ sedan chair (轿子)

---

sedate** *a.* 沉着的；安静的
[sɪˈdeɪt]

sedation* *n.* 镇静作用；镇静状态
[sɪˈdeɪʃn] ⓔ The patient is under sedation. (病人处于镇静状态。)

sedative** *n.* 镇静剂 *a.* 使镇静的，使安静的
[ˈsedətɪv] ⓔ take a sedative (服用镇静剂) sedative effect (镇静效果)

sediment** *n.* 沉淀；沉渣，沉淀物 (如沉在江河底部的沙子、泥土、石子等；河水泛滥后留下的淤泥等)
[ˈsedɪmənt] ⓝ sedimentation (沉淀 (作用))

sedimentary**　a. 沉渣的，沉淀物的；由沉淀物生成的
[ˌsedɪˈmentri]　ⓔ sedimentary rocks（沉积岩（如粘板岩、石灰岩等））

---

sedulous**　a. 坚忍不拔的；勤勉的，刻苦的；小心周到的
[ˈsedjuləs]　ⓔ pay him sedulous attention（密切地关注他）

saddle***　n.（马、自行车等的）鞍、车座；鞍状物 v. 给（马等）装鞍；赋予某人以重任
[ˈsædl]　*sad〈sed（= sit）
ⓝ saddler（制造马具的人） saddlery（马具；马具库）

possess***　v. 持有，拥有；控制；（恶魔、邪念等）缠住，迷住（某人）
[pəˈzes]　*pos（= powerful, able）
ⓔ possess a large fortune（拥有大量财产） be possessed with / by devils（着魔的） be possessed with the idea that someone is persecuting him （着魔地认为有人在迫害他） be possessed by envy（内心充满嫉妒）

possession***　n. 所有；（pl.）所有物；财产　*pos（= powerful, able）
[pəˈzeʃn]　ⓔ illegal possession of arms（非法持有武器） a man of great possessions（富翁）

possessive**　a. 所有的；所有权的；【语】所有格的；占有欲强的
[pəˈzesɪv]　ⓔ possessive manner（极具占有欲的态度） possessive adjective / case / pronoun（所有格形容词/所有格/所有格代词）

---

session***　n. 开会；（法庭的）开庭；会期；学期；授课时间
[ˈseʃn]　ⓐ sessional（开会的；开庭的；会期的） ⓔ the 30th session of the National Assembly（第 30 届国会） summer session（暑期学习班） at the next session of this class（在这门课的下节课上） in session（会议中；开庭中）

词根 BAS

来自拉丁语的词根 bas 意为 lower，bottom。

---

abase**　[降低到 a〈ad（= to）+ bas（= lower）]
[əˈbeɪs]　vt. 降低…的地位、身份、品格、名誉等
ⓝ abasement 屈尊 ⓔ Don't abase yourself by begging to get your job back.（不要为了要回工作而卑躬屈膝。）

---

debase**　[使完全走向底部 de（= down, intensive）+ bas（= bottom, lower）]
[dɪˈbeɪs]　vt. 降低、贬低（价值、品质、人格等）
ⓝ debasement（品格、品质的）降低 ⓔ Many people feel that terrorists debase the Islamic faith.（许多人认为恐怖分子有损伊斯兰教信仰。）

---

base***　n. 基部；基础；基地；底边，底面；（棒球）垒 v. 以…为基础；把…建立在某种基础上
[beɪs]　a. 不值钱的；卑劣的；不纯的
ⓔ air/naval base（空军 / 海军基地） base of operations（作战基地） base camp（探险队等的营地） get to first base （取得初步成功） base motives（卑劣的动机） base metals（贱金属） base coin（掺有贱金属的硬币）

baseless**　a. 没有理由的，没有根据的　*less（= without）
[ˈbeɪsləs]　ⓔ baseless fears（莫名其妙的恐惧）

basement***　n. 地下室
[ˈbeɪsmənt]

basic***　a. 基础的；基本的
[ˈbeɪsɪk]　ⓐⓓ basically（基本地；根本地） ⓔ basic principles（基本原则） Basic English（基础英语）

basis***
[ˈbeɪsɪs]
n. 基础，根基，基部；基本；主要成分；最重要的部分
ⓔ on a solid basis（在稳固的基础上） on an equal basis（在平等的基础之上） on the basis of（以…为基础）

basin**
[ˈbeɪsn]
n. 水罐；盆；（喷泉等的）水池；（被陆地包围的）内湾，内港；船坞；盆地；流域
ⓔ a basin of water（一盆水） yacht basin（游艇停泊处） the Thames basin（泰晤士河流域）

bastard***
[ˈbɑːstəd]
n. 庶子；私生子；家伙，坏蛋 *a.* 假冒的
*ard（= person who）
ⓝ bastardy（私生） ⓥ bastardize（证明为私生子，判定为私生子；伪造，捏造）
ⓔ bastard child / son / daughter（私生子 / 私生女） You heartless bastard!（你这个无情的家伙！） bastard charity（伪善）

词根 CENT, CANT [CHANT, CHANS]

来自拉丁语的词根 cent, cant 意为 to sing, song，元音弱化后变成 chant, chans。

accentuate**
[əkˈsentʃueɪt]
[用非常大的声音歌唱 ac〈ad（= to, intensive）+ cent（= sing）]
vt. 重读；强调；使突出
ⓝ accent 重音；（*v.*）[ækˈsent] 加重音符号 accentuation 重读；强调 ⓔ Your earrings accentuate the deep blue of your eyes.（你的耳环更加突出了你深蓝色的眼睛。）

enchant ***
[ɪnˈtʃɑːnt]
[在里边歌唱 en（= in）+ chant〈cant（= sing）]
vt. 使陶醉；使恍惚；对…施魔法
ⓝ enchantment 着迷；着魔 enchanter 魔法师；使人着迷的人 enchantress 女巫；迷人的女人 ⓐ enchanting 令人着迷的 enchanted 入迷的，着魔的 ⓐⓓ enchantingly 入迷地 ⓔ Fairy tales with trolls always enchant my children.（出现侏儒或巨人的童话总是能让我的孩子们很着迷。）

incentive**
[ɪnˈsentɪv]
[在里面唱歌 in（= in, on）+ cent（= sing）]
n. 刺激；鼓励；动机
ⓔ Salespeople usually receive commissions as an incentive to sell more.（销售人员常常收取回扣，这能刺激他们卖得更多。）

recant**
[rɪˈkænt]
[向后、使消失地唱歌 re（= back, away）+ cant（= sing）]
v. 撤回；放弃
ⓝ recantation 撤回；放弃 ⓔ After sessions with a deprogrammer, Iris recanted her allegiance to the cult.（和说服她放弃被灌输的思想的人见了几次面之后，艾里斯放弃了对异教的效忠。）

chanson*
[ʃɒŋˈsɒŋ]
n. 〈法〉歌曲 *chans〈cant（= sing）

chant***
[tʃɑːnt]
n. 歌曲；颂歌；吟唱 *v.* 唱（歌曲、颂歌）；吟唱 *chant〈cant（= sing）

descant**
[ˈdeskænt]
n. 高音部（歌唱或演奏中高于主旋律的装饰性曲调或对位音）；详述
v. 详谈，详述 *des〈dis（= away, apart）

incantation**
[ˌɪnkæn'teɪʃn]
n. 咒语；魔法　*in (= in)

precentor*
[prɪ'sentə(r)]
n. (教堂圣歌的)领唱人　*pre (= before)

词根 CRE[CRU]

来自拉丁语的 cre 具有 to grow, to increase 等含义，元音弱化后变成 cru。此外，意为 to separate, to observe 的 cret / creet / cre / cern 和此词根形态相似，需加以注意。

---

accrue**
[ə'kruː]
[更加增多 ac〈ad (= to, add) + cru〈cre (= grow, increase)]
vi. to + sb (通过自然增长、积累)产生；(利息等)自然积累而成
ⓝ accretion 增大，添加　ⓔ Interest accrues, but just 4% annually. (虽然也生息，但每年只有 4%。)

---

decrease***
ⓥ [dɪ'kriːs]
ⓝ ['diːkriːs]
[对"增大、变大"的轻微否定 de (= reverse) + cre (= grow)]
v. 减少；降低
n. 减少；降低
ⓐⓓ decreasingly 逐渐减少地　ⓔ The senate voted to decrease property tax rates yesterday. (参议院昨天投票决定降低财产税率。)

---

increment **
['ɪŋkrəmənt]
[在里面增长 in (= in, on) + cre (= grow)]
n. 增加；增额
ⓔ The street protest grew by increments until a mob had formed. (街上抗议的队伍不断扩大，最终演变成一场暴动。)

---

concrete***
['kɒŋkriːt]
a. 具体的；实在的；有形的 *n.* 混凝土 *v.* 凝结；使凝固；用混凝土浇筑
*con〈com (= together)
ⓝ concretion (凝固，凝结；凝固物)　ⓔ concrete proposals / evidence (具体的提案 / 确凿的证据)　concrete jungle (水泥丛林(指竞争激烈，弱肉强食的城市))

crescent***
['kresnt]
n. 新月　*sc〈esc (= becoming)

decrement*
['dekrɪmənt]
n. 减少(量)　*de (= down)

increase***
['ɪŋkriːs]
n. 增加 *v.* [ɪn'kriːs] 增加，增大，增长　*in (= in)
ⓐⓓ increasingly (渐增地，愈加)

recruit***
[rɪ'kruːt]
v. 征募新兵；招收新会员或新职员；补充；恢复(体力等)
n. 征募新兵；招收，招生；补充；恢复体力　*re(= again)

---

recruitment*
[rɪ'kruːtmənt]
n. 征募新兵；招收，招聘；补充　*re(= again)
ⓔ recruitment advertising(招聘广告)　recruitment training center(新兵训练所)

LECTURE 17

词根 FA, FAM, FESS

来自拉丁语的 fa, fam, fess 意为 to say, to talk。同义词根有来自拉丁语的 dic / dict, locut / loqu, nounc / nunci, parl 等和来自希腊语的 phras, pha / phe / phu。

affable**
[ˈæfəbl]
[靠近说话的 af〈ad (= to, near) + fa (= say)]
a. 和蔼的，易于接近的，亲切的
ⓝ affability 易于接近，亲切 ⓔ My grandfather is a very affable gentleman. (我爷爷是个非常和蔼可亲的人。)

ineffable**
[ɪnˈefəbl]
[不能向外说的 in (= not) + ef〈ex (= out) + fa (= say)]
a. 说不出的；难以形容的
ⓔ Nothing compares to the ineffable joy of listening to a Mozart symphony. (听莫扎特交响乐给人带来的愉悦不可言传，无与伦比。)

prefatory*
[ˈprefətəri]
[先说的 pre (= before) + fa (= say)]
a. 序言的，前言的；位于前面的
ⓝ preface 序言，前言 ⓔ Before giving my speech, I'd like to make a few prefatory remarks. (在开始演讲之前，我想先说几句开场白。)

defamation*
[ˌdefəˈmeɪʃn]
[贬低地说某人 de (= down) + fam (= say)]
n. 诽谤，中伤
ⓥ defame 诽谤 ⓐ defamatory 中伤的 ⓔ Movie stars are often the victims of defamation in the tabloid press. (电影明星往往成为小报新闻中诽谤的对象。)

infamous**
[ˈɪnfəməs]
[无法言说的 in (= not) + fa (= say)]
a. 声名狼藉的，臭名昭著的，口碑不好的；邪恶的；无耻的
ⓝ infamy 声名狼藉；丑行，恶行 ⓔ America will probably never forget Japan's infamous surprised attack on Pearl Harbor. (也许美国永远不会忘记臭名昭著的日本突袭珍珠港事件。)

profess***
[prəˈfes]
[在众人面前吐露 pro (= forth) + fess (= say)]
vt. 公开宣称，自称，冒充；把…作为职业
ⓝ profession 职业；宣布 professionalism 专家气质；内行气派 professor 教授 ⓐ professional 职业的；专家的；职业选手；专家；以特定职业谋生的人(如职业歌手、舞蹈家等) professed 公然的；冒充的 ⓓ professionally 职业地，专业地 professedly 公然地；冒充地 ⓔ The president professes confidence in the nation's economic recovery. (总统公开表示了对国家经济复苏的信心。)

confabulate*
[kənˈfæbjuleɪt]
v. 谈论 *con〈com (= together, with)
ⓝ confabulation (谈论)

fable***
[ˈfeɪbl]
n. 寓言；传说；神话
ⓔ *Aesop's Fables* (《伊索寓言》)

fabulous***
[ˈfæbjələs]
a. 传说中的；难以置信的；惊人的
ⓔ fabulous heroes (传说中的英雄) fabulous wealth (巨额财富)

infancy *** [ˈɪnfənsi]
n. 婴儿期；(发展、成长的)初期 *in (= not)
ⓔ infancy of a nation（国家发展初期）

infant *** [ˈɪnfənt]
n. 婴儿 *in (= not)
ⓔ infant voices（婴儿的嗓音） infant food（婴儿食品） infant industries（新兴 / 初创行业）

---

infantile ** [ˈɪnfəntaɪl]
a. 婴儿的；幼稚的 *in (= not)
ⓔ infantile pastimes（婴儿游戏）

infantry *** [ˈɪnfəntri]
n. [总称，用做单数] 步兵 *in (= not)
ⓔ two regiments of infantry（两个步兵团）

nefarious ** [nɪˈfeəriəs]
a. 恶毒的，邪恶的 *ne (= not)
ⓔ nefarious activities（恶毒的行为）

fame *** [feɪm]
n. 名誉，名声

confess *** [kənˈfes]
v. 坦白，供认，承认；表明信仰 *con〈com (= together, with)

---

confession *** [kənˈfeʃn]
n. 从实招认，供认；(信仰等的)告白 *con〈com (= together)
ⓔ confession of faith（信仰告白）

词根 GRAND

来自拉丁语的 grand 意为 great，large。同义词根有来自希腊语的 coloss，magn，maha，mega / megalo，metro 和来自拉丁语的 maj，max 等。

---

aggrandize * [əˈgrændaɪz]
[使更大 ag〈ad (= to, add) + grand (= great)]
vt. 增加，扩大，强化(权力、财产、地位等)；夸张
ⓝ aggrandizement 扩大；提高；强化；夸张 ⓔ He seeks to aggrandize himself before his superiors to advance his career.（他为了晋升而在上司面前过分地夸大自己。）

---

grand *** [grænd]
a. 雄伟的，壮丽的；高贵的；愉快的；总的，完全的；崇高的
ⓐⓓ grandly（宏伟地；崇高地） ⓔ grand jury（大陪审团） Grand Canyon（大峡谷（美国亚利桑那州科罗拉多河的大峡谷）） Grand Old Party（老大党，指美国共和党，缩写：GOP）

grandeur *** [ˈgrændʒə(r)]
n. 伟大，庄严；壮丽，壮观
ⓔ the grandeur of Napoleon Bonaparte（拿破仑·波拿巴的伟大） the grandeur of the Swiss Alps（瑞士阿尔卑斯山的壮观） the grandeur of his nature（他高贵的气质）

grandiloquent * [grænˈdɪləkwənt]
a. 夸张的，夸大的；大言不惭的 *loqu (= say)
ⓝ grandiloquence（夸张之言；大言不惭） ⓔ grandiloquent speaker（夸夸其谈的人） written in a grandiloquent style（以夸张的风格写作）

grandiose ** [ˈgrændiəʊs]
a. 宏伟的；浮夸的

词根 PROB, PROV

来自拉丁语的 prob，prov 意为 to test，to try，to examine，good，proper。

---

approbation ** [ˌæprəˈbeɪʃn]
[让某人尝试 ap〈ad (= to) + prob (= try, test, good)]
n. 许可；认可；承认；赞赏
ⓥ approbate 认可；承认；赞赏 ⓔ Most children behave well after receiving

approbation.（大多数孩子都会在受到表扬后变得很乖。）

probity* [ˈprəubəti] [经历考验的或优秀的性质 prob (= test, good, proper)]
n. 清廉，高洁；诚实
ⓔ My father is a man of unquestioned probity.（毫无疑问，我父亲是个诚实的人。）

reprove** [rɪˈpruːv] [重新进行试验 re (= again) + prov (= test)]
vt. 责备，指责
ⓝ reproof 非难，指责，责备 ⓔ The judge reproved Microsoft for its obviously monopolistic business practices.（法官指责微软有明显的行业垄断行为。）

reprobate** [ˈreprəbeɪt] v. 责备，非难 n. 恶棍，无赖 *re (= back, again, against)
ⓝ reprobation（责备，非难）

probe** [prəub] v. 探测；(用探针) 探查；彻底调查 (原因等) n. 探针 (医生为查明伤处等而使用的工具)；调查

probable*** [ˈprɒbəbl] a. 可能会发生的 n. 很可能会被选中的人，可能获胜的人
ⓐⓓ probably（也许） ⓔ probable winner（可能获胜的人） probable result（可能出现的结果）

probability*** [ˌprɒbəˈbɪləti] n. 可能性，或然性；可能出现的结果

improbable** [ɪmˈprɒbəbl] a. 不可能的，不可能有 (或发生) 的 *im〈in (= not)
ⓝ improbability（不可能有 (或发生)，不可能发生的事）

probate* [ˈprəubeɪt] n. 遗嘱的验证；经验证的遗嘱
v. 验证 (遗嘱)

probation** [prəˈbeɪʃn] n. 试用，见习；见习期；试用期；鉴定；缓刑
ⓐ probationary（试用的；见习的；缓刑的） ⓔ officer on probation（见习期公务员） three year's probation under suspended sentence of one year's imprisonment（一年徒刑，缓刑三年） probation system（缓刑制） probation officer（缓刑监护官）

probationer* [prəˈbeɪʃnə(r)] n. 见习生；试用人员；缓刑犯

approve*** [əˈpruːv] v. 认可，赞成，同意；批准；满意 *ap〈ad (= to)

approval*** [əˈpruːvl] n. 认可，赞成；同意；满意 *ap〈ad (= to)
ⓔ goods on approval（供试用的货物(不满意可以退货)）

disprove** [dɪsˈpruːv] v. 证明…不正确；反驳 *dis (= away, apart)

disproof* [ˈdɪspruːf] n. 反证；反驳 *dis (= away, apart), proof〈prov (= test, try, examine)

improve*** [ɪmˈpruːv] v. 改善，改良；增进；利用 *im〈in (= into)

improvement*** [ɪmˈpruːvmənt] n. 改良，改善；增进；改善的事物；利用 *im〈in (= into)

词根 SCRIB, SCRIPT

来自拉丁语的 scrib, script 意为 to write。同义词根有来自希腊语的 graph, gram。

ascribe***
[əˈskraɪb]
[将某事写下来向某人告知 a<ad (= to) + scrib (= write)]
vt. sth + to + sb/sth 将…归因(于)
ⓝ ascription 归因，归属 ⓐ ascribable 可归因于…的 ⓔ I ascribe no malefic motive to his behavior.（我从他的行为里找不出任何恶意的动机。）

prescribe***
[prɪˈskraɪb]
[事先写 pre (= before) + scrib (= write)]
vt. 规定，命令；开处方
ⓝ prescription 处方；命令，指示；规定，法规 prescript 命令；规定，法令 ⓐ prescriptive 规定的，规范的；【律】依据时效的 ⓔ The doctor prescribed some tranquilizers and a few days of rest.（医生开了一些镇静药，要求休息几天。）

proscribe**
[prəˈskraɪb]
[事先写 pro (= before) + scrib (= write)]
vt. 禁止；剥夺公权；排斥；流放
ⓝ proscription 剥夺公权；流放；禁止 ⓔ The state senate proscribed an expiration date on welfare benefits.（州议院禁止对福利救济金设置截止期限。）

transcribe**
[trænˈskraɪb]
[写得使人明白，达到期望状态 tran<trans (= across) + scrib (= write)]
v. 抄写；(播放)录音，(播放)录像；编曲
ⓝ transcript（学校的）成绩单；副本，誊本 transcription 抄写；复本，誊本；播放录音或录像 ⓔ I record my professor's lectures and transcribe them at home.（教授讲课时我录下来，然后回家再听。）

circumscribe**
[ˈsɜːkəmskraɪb]
v. 在…周围画线；限定，限制 *circum (= around)
ⓝ circumscription（限定，限制；（硬币等边上的）回读铭文） ⓔ circumscribe one's interests（限制某人的爱好）

conscript**
[kənˈskrɪpt]
v. 征集，征召 *n.* [ˈkɒnskrɪpt] 应征入伍者 *a.* [ˈkɒnskrɪpt] 被征召的
*con<com (= together)
ⓔ conscript solider（应征入伍的士兵）

conscription**
[kənˈskrɪpʃn]
n. 征兵；征用(制度) *con<com (= together)
ⓔ conscription age（兵役年龄） conscription system（征兵制度） conscription of wealth（财产的征收；（战时向免服兵役者征收的）兵役税）

describe***
[dɪˈskraɪb]
v. 描述，描写；把…说成 *de (= down, intensive)

description***
[dɪˈskrɪpʃn]
n. 描述；描写；种类 *de (= down, intensive)
ⓔ description of the thief（对小偷的描述） vessels of every description（各种船舶）

descriptive**
[dɪˈskrɪptɪv]
a. 叙述的；描写的 *de (= down, intensive)

inscribe***
[ɪnˈskraɪb]
v. 题写；雕刻；题赠 *in (= in, into)
ⓝ inscription（(纪念碑、货币等的)铭文） ⓔ inscribed stock（记名股票） inscribe a tomb with a name（在墓碑上刻名字）

manuscript***
[ˈmænjuskrɪpt]
n.（书等的）原稿 *manu (= hand)
ⓔ poems still in manuscript（还没有付印的诗） send a manuscript to the printers（把原稿发送给印刷工）

nondescript** [ˈnɒndɪskrɪpt]
a./n. 难以归类的（人或物），无明显特征的（人或物）；无趣的 *non（= not），de（= down）

postscript** [ˈpəʊsɪskrɪpt]
n.（信件的）附言（缩写：P.S.） *post（= after）

---

rescript* [ˈriːskrɪpt]
n. 公告；（政府的）布告，敕令，法令；（罗马教皇的）解答敕令 *re（= again, back）

subscribe*** [səbˈskraɪb]
v. 捐款；（在文件下面）署名；同意，赞成；订阅 *sub（= under）
ⓝ subscriber（捐款者；订阅者） ⓔ subscribe one's name to a petition（在请愿书上签名）

subscription*** [səbˈskrɪpʃn]
n. 捐款，认捐；订阅；签名；捐助金；订购款；会费 *sub（= under）
ⓔ public subscription（公众捐款） subscription concert（联票音乐会（指预售联票本的系列音乐会中的一场））

superscription* [ˌsuːpəˈskrɪpʃn]
n. 刻字，题字 *super（= above, over）

scribe** [skraɪb]
n.（文牍、经文）抄写员 *e（= person who）

---

scribble** [ˈskrɪbl]
v. 潦草地写，乱涂，乱画 *le（= small, little）
ⓔ scribbling block（拍纸簿，便条簿）

scribbler* [ˈskrɪblə(r)]
n. 写字潦草的人；无足轻重的作家

script*** [skrɪpt]
n. 手迹，笔迹；手写体；脚本，底稿
ⓐ scripted（照稿念的） ⓔ scriptwriter（脚本作家，编剧）

scripture*** [ˈskrɪptʃə(r)]
n.（*The*（*Holy*）*Scriptures*）基督教《圣经》；（基督教以外的其他宗教的）圣典，经典；（*a.*）引自圣经的，与圣经有关的
ⓔ scripture lesson（圣经课）

LECTURE 18

词根 SPERS[SPARS]

来自拉丁语的词根 spers 意为 to sprinkle, to strew。spars 是其变形。

---

aspersion** [əˈspɜːʃn]
[向某人散播 a〈ad（= to）+ spers（= strew）]
n. 洒圣水；诽谤，中伤
ⓥ asperse 洒圣水；诽谤，中伤 ⓔ The movie star's autobiography cast aspersions on every director she'd worked with.（那个电影演员在自传里诽谤了所有与她合作过的导演。）

---

disperse*** [dɪˈspɜːs]
[分别散播 di〈dis（= away, apart）+ spers（= strew）]
vt. 驱散，使散开
ⓝ dispersal 散布，分散；解散 dispersion 散布；分散 ⓔ The crowd of protesters dispersed when the police arrived.（警察一到，示威者们就散开了。）

---

sparse** [spɑːs]
a. 稀少的，稀疏的 *spars〈spers（= strew）
ⓔ sparse population（稀少的人口） sparse beard（稀疏的胡须）

词根 TRIBUT 来自拉丁语的词根 tribut 意为 to give, to pay。

attribute***
ⓥ [ə'trɪbjuːt]
ⓝ ['ætrɪbjuːt]

[给某人某物 at〈ad (= to) + tribut (= give)]
vt. sth + to + sth/sb 归因于…；认为…属于…
n. 属性，特征；象征
ⓐ attributable 可归因于…的 attributive 属性的；【语】用做定语的 ⓝ attribution 归因，归属；属性 ⓔ To what do you attribute her extreme anger?（你认为是什么让她这么生气？）

retribution**
[ˌretrɪ'bjuːʃn]

[还、作为答谢还给 re (= again, back) + tribut (= give, pay)]
n. 报答；报应
ⓐ retributive 报答的；报应的 ⓔ Retribution will quickly follow.（报应将很快随之降临。）

contribute***
[kən'trɪbjuːt]
v. 贡献，捐献；提供；投稿 *con〈com (= with)
ⓝ contributor（贡献者，捐献者；投稿者）

contribution***
[ˌkɒntrɪ'bjuːʃn]
n. 贡献，捐献；提供；投稿；捐助金；捐献的物品
*con〈com (= with)
ⓔ contributions to the relief fund（给救济基金的捐款） contributions for the July issue（给七月刊的投稿）

contributory*
[kən'trɪbjətəri]
a. 贡献的；有助于…的；捐献的，义捐的；分担的 *con〈com (= with)
ⓔ contributory negligence（【律】与有过失，共同过失）

distribute***
[dɪ'strɪbjuːt]
v. 分配，分发；散布，分布；区分，分类 *dis (= apart, away)
ⓝ distributor（分配者，配给者；批发商；配电盘）

distribution***
[ˌdɪstrɪ'bjuːʃn]
n. 分配，分发；分布 *dis (= apart, away)
ⓝ distribution of the profits（利益分配） distribution of wealth（财富的分配）

distributive*
[dɪ'strɪbjətɪv]
a. 分配的；分布的 *dis (= apart, away)
ⓔ distributive trades（分配行业）

tribute***
['trɪbjuːt]
n. 定期的贡物；（表达尊敬、称赞的）行动、言语、礼物
ⓔ pay tribute to（向…进贡） floral tributes（献花）

tributary***
['trɪbjətri]
a. 进贡的；（河等）支流的
n. 进贡国，附庸国；支流

词根 VER 来自拉丁语的词根 ver 意为 true。此外 ver 还有 to feel awe 和 to fear 的意思。

aver***
[ə'vɜː(r)]

[告诉某人是事实，没错 a〈ad (= to) + ver (= true)]
vt. 断言；证明…属实
ⓔ The prosecuting attorney avers that the defendant murdered his mother.（检察官断言被告谋杀了自己的母亲。）

verify***
['verɪfaɪ]

[使成为真实 ver (= true)]
vt. 核实(真实性或正确性)；证实，证明
ⓝ verification 证实，证明 ⓐ verifiable 能证实的 ⓔ I can verify that Susan arrived late because her car had a flat tire.（我可以证明苏珊是因为车胎漏气才来晚的。）

veritable** [ˈverɪtəbl]
[使能够成为事实的 ver (= true)]
a. 真正的，名副其实的
ⓝ verity 真正，真实；确实存在的事物；真理 ⓐⓓ verily 真实地；真正地 ⓔ She's earned a veritable fortune selling her cakes and cookies. (她靠卖糕点成了真正的富翁。)

verily*** [ˈverɪli]
ad. 真实地；真正地

verisimilitude* [ˌverɪsɪˈmɪlɪtjuːd]
n. 貌似真实；逼真(的事物) *simil (= same)

verity** [ˈverəti]
n. (言语等的)真实性；真理

LECTURE 19

词根 FAC, FACT, FEC, FECT, FIC, FICT[FEAS, FEIT, FEAT, FIT]

来自拉丁语的 fac, fact, fec / fect, fic / fict 意为 to make, to do。feas, feit, feat, fit 等是其变形。

affectation** [ˌæfekˈteɪʃn]
[使靠近 af⟨ad (= to, near) + fect (= do, make)]
n. 装模作样；假装
ⓥ affect 假装；影响 ⓐ affected 假装的；受影响的 cf. affection 影响；爱情；感情 ⓐⓓ affectionately 充满深情地 ⓔ His cigarette holder is merely an affectation. (他的烟斗只不过是装样子罢了。)

defect*** [dɪˈfekt]
[做某物时漏掉一定要放入的材料 de (= from) + fect (= do, make)]
n. 缺点，缺陷，不足之处
vi. from + sth 脱离，逃跑
ⓝ defection 脱离，脱党；叛教，变节 defector 叛离者，变节者 ⓐ defective 不完美的，有缺陷的 ⓔ Almost everyone has at least one major character defect. (几乎所有的人都至少有一个较大的性格缺陷。)

malefactor** [ˈmælɪfæktə(r)]
[做坏事的人 male⟨mal (= bad) + fact (= do, make)]
n. 罪人；恶人
ⓝ malefaction 罪行，坏事 ⓐ maleficent 有害的，作恶的 ⓔ My father always jokingly asks what kind of malefactor I'm dating now. (我父亲总是开玩笑地问我，最近在和一个什么样的坏小子约会。)

factual* [ˈfæktʃuəl]
[实际所做或所制作的 fact (= do, make)]
a. 事实上的；实际的
ⓔ TV docudramas are a blend of both the factual and the fictional. (纪实电视剧是事实与虚构的结合体。)

facile** [ˈfæsaɪl]
[易于做或制作的 fac (= do, make)]
a. 容易的，易得到的；做事不花力气的；熟练的；流畅的

ⓔ Class, don't give me facile responses. Really think about your answers.（同学们，不要给我那种很容易就能想到的答案，一定要好好思考一下再回答。）

beneficent**
[bɪˈnefɪsnt]

[做善事、亲切之事的 bene (= good) + fic (= do, make)]

a. 做善事的，仁慈的；有益的

ⓝ beneficence 善行，慈善 benefaction 善行，施舍 benefactor 捐助人，捐赠者；恩人 ⓔ I generally find in life that beneficent acts are answered in kind.（我发现生活中总是善有善报。）

beneficial***
[ˌbenɪˈfɪʃl]

[使有利的 bene (= good) + fic (= make, do)]

a. 有益的，有帮助的

ⓔ Taking a B-complex vitamin is proven to be beneficial for cardiac health.（已证实摄入复合维生素 B 有益心脏健康。）

efficacious**
[ˌefɪˈkeɪʃəs]

[做、制作得好的 ef〈ex (= intensive) + fic (= do, make)]

a. 灵验的；有效的

ⓝ efficacy 效力，功效 ⓐⓓ efficaciously 有效地 ⓔ A high fiber diet is efficacious in preventing certain kinds of cancer.（高纤维饮食可以有效预防某些癌症。）

munificent**
[mjuːˈnɪfɪsnt]

[使成为礼物的 mun (= gift, service) + fic (= make, do)]

a. 慷慨的，大方的；丰厚的

ⓝ munificence 慷慨；丰厚 ⓔ The company made me a munificent offer, but I declined it.（那家公司的出价很慷慨，但我还是拒绝了。）

officiate**
[əˈfɪʃieɪt]

[好好做事 of〈ob (= intensive) + fic (= do, make)]

vi. at + sth 行使职权；主持

ⓝ office 事务所；办公室 officer 军官 officiator 主婚人 ⓐ official 正式的；公务的；(*n.*) 公务员，官员 ⓔ A Unitarian minister officiated at his funeral.（一名一位论教派的牧师主持了他的葬礼。）

officious**
[əˈfɪʃəs]

[使妨碍的 of〈ob (= in the way) + fic (= do, make)]

a. 好出主意的，多管闲事的

ⓔ The government required us to use their somewhat officious translator.（政府要求我们用那个有点爱多管闲事的翻译官。）

proficient**
[prəˈfɪʃnt]

[首先做、制作 pro (= before) + fic (= make, do)]

a. 精通的，熟练的

n. 能手；专家

ⓝ proficiency 精通，熟练 ⓔ I wouldn't say I'm a great saxophone player—I'm just barely proficient.（我没有说我是萨克斯演奏家，只是比较精通而已。）

superficial***
[ˌsuːpəˈfɪʃl]

[使登到上边 super (= above, over) + fic (= make, do)]

a. 表面的，外表的；肤浅的，没有深度的，浅薄的

ⓝ superficiality 表面性；肤浅，浅薄 ⓔ I got a C-minus. The teacher said my essay was superficial.（我得了 C⁻，老师说我的论文太肤浅。）

surfeit**
[ˈsɜːfɪt]
[使过度 sur (= over, excessive) + feit〈fact (= do, make)]
n. 过量；饮食过度；腻烦
v. (使) 饮食过度；(使) 腻烦
ⓔ There's a surfeit of great recipes on the Internet. (网上的精美食谱多得让人烦。)

---

malfeasance*
[mælˈfiːzəns]
[做坏事 mal (= bad) + feas〈fac (= do, make)]
n. 违法行为；(特指公务员的)不正当行为，渎职
ⓔ The mayor's well-publicized malfeasance cost him the election. (市长的渎职行为已公之于众，他为此付出了代价，在选举中失利。)

---

discomfit**
[dɪsˈkʌmfɪt]
[使完全做不了 dis (= not) + com (= thoroughly) + fit〈fact (= make, do)]
vt. 挫败；扰乱
ⓝ discomfiture 挫败；狼狈 ⓔ I'm discomfited by the criminal record of my daughter's fiancé. (得知女儿未婚夫的前科后，我感到很惊慌。)

---

confection**
[kənˈfekʃn]
n. 糖果，点心；混合，合成，调制；(一般指女士服装)成衣
*con〈com (= together)
ⓝ confectioner (糖果商)

confectionery**
[kənˈfekʃənəri]
n. 糖果类；糖果制造(业)；糖果店 *con〈com (= together)
ⓔ Lotte Confectionery (乐天糖果)

effect***
[ɪˈfekt]
n. 结果；效果，效能，效力；影响；印象；(pl.) 财产
v. 招致；达到(目的)；实现 *ef〈ex (= out, intensive)
ⓔ effect of heat upon metals (热对金属的影响) take effect (见效，生效，起作用) sound effects (音响效果) personal effects (个人财产) no effects (无存款 (银行在空头支票上的批语，常写做 N/E)) effect a cure (治愈) effect an insurance policy (投保)

effective***
[ɪˈfektɪv]
a. 有效的；给人深刻印象的；实际的，事实上的 *ef〈ex (= out, intensive)
ⓔ effective measures (有效的手段)

effectual**
[ɪˈfektʃuəl]
a. 奏效的，有效的 *ef〈ex (= out, intensive)
ⓔ effectual remedy (有效的治疗)

---

infect***
[ɪnˈfekt]
v.【医】感染，传染；使受影响 *in (= into)
ⓔ infected with cholera (染上霍乱)

infection***
[ɪnˈfekʃn]
n. (通过空气、水传播病菌的)感染；传染(病)；影响 *in (= into)

infectious**
[ɪnˈfekʃəs]
a. 传染的；(病)有传染性的；有感染力的；易传播的 *in (= into)

perfect***
[ˈpɜːfɪkt]
a. 完美的；娴熟的，熟练的 *v.* 使完美；完成 *per (= completely)
ⓐⓓ perfectly (圆满地，完美地) ⓐ perfectible (可完善的；可完成的)

perfection***
[pəˈfekʃn]
n. 完成；完美 *per (= completely)

---

perfectionist*
[pəˈfekʃənɪst]
n. 完美主义者，追求完美的人 *per (= completely)

prefect***
[ˈpriːfekt]
n. 地方行政长官；(法国等的)省长；(日本的)县长；(巴黎的)警察局局长
*pre (= before)
ⓔ prefect of police (巴黎警察局局长)

prefecture* n.（法国、日本等的）省长（或县长等的）职位（或辖区、管辖区、任期、官邸）；县；专区；府 *pre (= before)
[ˈpriːfektʃə(r)] ⓐprefectural（县的；长官（巴黎警察局局长）的）

refection* n.（靠食物）恢复体力；便餐，小吃 *re (= back)
[rɪˈfekʃn]

refectory* n.（修道院、大学等的）食堂 *re (= back), ory (= place where)
[rɪˈfektri]

---

unaffected** a. 不矫揉造作的，自然的；未受影响的 *un (= not), af‹ad (= near)
[ˌʌnəˈfektɪd]

artifact/artefact**** n. 人造物品，人工制品 *art (= art, skill, craft)
[ˈɑːtɪfækt]

manufacture*** v. 制作，生产；捏造，虚构（证据、借口等）
[ˌmænjuˈfæktʃə(r)] n. 制造，制作，生产；(pl.) 制品，产品 *manu (= hand)
ⓝmanufacturer（生产者，制造者）

faction*** n.（政党的）派别，党派；派系斗争，内讧
[ˈfækʃn] ⓝfactionalism（党派之争）

factious* a. 好搞党派活动的；源于派别的
[ˈfækʃəs] ⓔfactious spirit（派性）

---

factitious* a. 人为的；不自然的；虚假的
[fækˈtɪʃəs] ⓔfactitious enthusiasm（虚假的热情） factitious demand for goods（商品的虚假需求）

factor*** n.【数】因子；因素；要因；代理人
[ˈfæktə(r)] ⓥfactorize（将…分解为因子）

factory*** n. 工厂，制造厂 *ory (= place where)
[ˈfæktri]

factotum* n. 勤杂工人
[fækˈtəʊtəm]

facilitate*** v. 使容易；促进，帮助
[fəˈsɪlɪteɪt]

---

facility*** n. 能力，才能；(pl.) 设施，设备；（供特别用途的）场所
[fəˈsɪləti] ⓔgreat facility in learning English（学好英语的能力） facilities for study（研究室，学习室） sports facilities（运动设施）

facsimile* n. 摹写，复制；复制品 *simil (= same)
[fækˈsɪməli]

faculty*** n. 才能，本领；（大学的）系；院；（大学的）全体教职员
[ˈfæklti] ⓔthe faculty of making friends easily（容易结交朋友的能力） the Faculty of Science（理学院） faculty meeting（全体教职员会议）

fiction*** n. 虚构，想像的事；[总称] 小说
[ˈfɪkʃn]

fictitious** a. 虚构的，假的
[fɪkˈtɪʃəs]

---

beneficiary** n.（遗嘱、保险等的）受益人 *bene (= good), ary (= person who)
[ˌbenɪˈfɪʃəri]

deficiency** n. 缺乏，不足；不足的数量、数额；缺点，不足之处 *de (= away)
[dɪˈfɪʃnsi] ⓔdeficiency diseases（【医】营养缺乏症） a deficiency of $100（缺 100 美元）

deficient** a. 缺乏的，不足的 *de (= away)
[dɪˈfɪʃnt] ⓔdeficient in courage（勇气不足的） a mentally deficient person（有智力缺陷的人）

deficit** [ˈdefɪsɪt]
n. 不足的数额，赤字 *de (= away)
ⓔ budget deficit（预算赤字）

difficulty*** [ˈdɪfɪkəlti]
n. 困难，艰难；难事；难题 *dif〈dis (= away)
ⓐ difficult（困难的，艰难的）

---

edifice*** [ˈedɪfɪs]
n.（宏伟的）建筑物；〈喻〉精神建设 *edi (= build)

efficient*** [ɪˈfɪʃnt]
a. 效率高的；有能力的，能胜任的；有效的 *ef〈ex (= intensive, out)
ⓐⓓ efficiently（效率高地；有效地） ⓔ efficient methods of teaching（有效的教学法） efficient secretary（能干的秘书）

efficiency*** [ɪˈfɪʃnsi]
n. 效率；效力，效能 *ef〈ex (= intensive, out)

magnificent*** [mægˈnɪfɪsnt]
a. 极美的；壮丽的，宏伟的，宏大的；豪华的 *magn (= great)
ⓔ magnificent house（豪华住宅）

suffice*** [səˈfaɪs]
v. 充足，足够；使满足 *suf〈sub (= under)
ⓔ Your word will suffice.（你来说就行了。）

---

sufficient*** [səˈfɪʃnt]
a. 充分的 *suf〈sub (= under)
ⓐⓓ sufficiently（充分地） ⓝ sufficiency（充分，足量） ⓔ sufficient condition（充分条件）

feasible** [ˈfiːzəbl]
a. 可实行的；可能的；适用的 *feas〈fac (= do)
ⓝ feasibility（可行性）

counterfeit*** [ˈkaʊntəfɪt]
v. 伪造 *n.* 赝品，伪造品 *a.* 伪造的，仿造的 *counter (= against), feit〈fact (= make, do)
ⓝ counterfeiter（伪造者）

forfeit*** [ˈfɔːfɪt]
v.（因犯罪、过失等）丧失（地位、财产、权力等）
n. 丧失的东西；没收物；罚款，罚金；罚物游戏的抵押物
*for (= out of doors), feit〈fact (= make, do)
ⓝ forfeiture（丧失；没收） ⓔ forfeit the good opinion of one's friends（丧失了朋友们的好感） forfeit one's property（没收某人的财产）

feat*** [fiːt]
n. 业绩，功绩；英勇事迹；技艺；武艺 *feat〈fact (= do, make)
ⓔ brilliant feats of engineering（工程学领域的辉煌业绩） feats of valor（英勇的壮举）

---

feature*** [ˈfiːtʃə(r)]
n. 特征；特色；(pl.) 面貌，容貌；（报纸的）特写，特别报道；电影正片
v. 以…为特色 *feat〈fact (= do, make)
ⓐ featureless（平淡无奇的，无特色的） ⓔ unusual features in a political program（政治纲领与众不同的特点） a man of handsome features（美男子） newspaper that makes a feature of sport（以体育报道为特色的报纸） double features（【电影】两片连映）

defeat*** [dɪˈfiːt]
v. 使失败，击败，使受挫；【律】使无效
n. 失败 *de (= down), feat〈fact (= do, make)
ⓝ defeatism（失败主义） defeatist（失败主义者） ⓔ four victories and two defeats（四胜两败）

benefit*** [ˈbenɪfɪt]
n. 益处；帮助；义演；义卖；补助费，救济金；（根据保险规定所得的）保险金
v. 有益于；得益 *bene (= good), fit〈fact (= do, make)
ⓔ the benefits of a good education（优质教育的益处） benefit performance / concert（义演 / 义演音乐会） medical / unemployment benefit（医疗津贴 / 失业救济金）

profit*** [ˈprɒfɪt]
n. 利益；收益；利润 *v.* 得益；有益于 *pro (= before), fit〈fact (= do, make)
ⓔ profit margin（利润率） profit sharing（分红制）

profitable***
[ˈprɒfɪtəbl]

a. 有益的；有赢利的，有利的　*pro (= before), fit〈fact (= do, make)
ⓐⓓ profitably（有益地，有利地） ⓔ profitable investment（有利润的投资） profitable instruction（有益的教导）

profiteer**
[ˌprɒfɪˈtɪə(r)]

v. 牟取暴利 *n.* 奸商；牟取暴利者
*pro (= before), fit〈fact (= do, make)

词根 FRONT

来自拉丁语的 front 意为 forehead，face。

affront**
[əˈfrʌnt]

[向某人凑过脸 af〈ad (= to) + front (= face, forehead)]
vt. 公然侮辱；勇敢地面对
n. 公然侮辱
ⓐ affrontive 侮辱性的　ⓔ Priests who marry are an affront to the church.（结婚的牧师对教会来说是一种侮辱。）

confront***
[kənˈfrʌnt]

[一起对顶额头 con〈com (= together) + front (= forehead, face)]
vt. 面临；勇敢地面对；对抗
ⓝ confrontation 对抗　ⓔ It's important to confront your fears rather than run from them.（重要的是，你应该勇敢地去面对你内心的恐惧，而不是逃避。）

effrontery**
[ɪˈfrʌntəri]

[将额头向外探 ef〈ex (= out) + front (= forehead)]
n. 厚颜无耻（的行为）
ⓔ The doorman had the effrontery to deny me entrance to the hotel.（门卫厚颜无耻地阻止我进饭店。）

frontage**
[ˈfrʌntɪdʒ]

n.（建筑物等的）正面；临街地
ⓔ frontage road（沿街道路（与高速公路平行的辅助道路））

frontal**
[ˈfrʌntl]

a. 正面的 *n.* 额骨
ⓔ frontal attack / assault（正面攻击） full frontal nudity（全正面裸体）

frontier***
[ˈfrʌntɪə(r)]

n. 边境，国境；（探索活动的）新领域
ⓔ town on the frontier（国境线上的城市） frontier disputes（边境纷争） frontier incidents（边境（冲突）事件） frontier spirit（开拓者精神）

frontiersman**
[ˈfrʌntɪəzmən]

n. 边远地区的居民

frontispiece*
[ˈfrʌntɪspiːs]

n.（书的）卷首插画

frontlet*
[ˈfrʌntlɪt]

n.（丝带等）额饰　*let (= small)

forefront**
[ˈfɔːfrʌnt]

n. 最前面，最前方；最重要的位置　*fore (= before)
ⓔ in the forefront of the battle（在战斗的最前线） in the forefront of my mind（在我心中最重要）

词根 SEVER

来自拉丁语的 sever 意为 serious，earnest，to cut。

asseverate* [ə'sevəreɪt]

[使变得非常深刻和严肃 as⟨ad (= to, intensive) + sever (= serious)]

vt. 断言

ⓝ asseveration 断言 ⓔ The professor asseverated that more than half the students had cheated.（教授断言一半以上的学生都作弊了。）

persevere** [ˌpɜːsɪ'vɪə(r)]

[从头到尾始终非常严肃 per (= through, throughout) + sever (= serious)]

vi. in + sth 坚持不懈；(辩论中)固执己见

ⓝ perseverance 忍耐，坚持 ⓐ persevering 有毅力的，锲而不舍的；固执的

ⓔ It's important to persevere, especially when you feel like quitting.（坚持不懈很重要，尤其是当你想放弃的时候。）

severe*** [sɪ'vɪə(r)]

a. 严重的；剧烈的；严格的，苛刻的 *sever (= serious)

dissever* [dɪ'sevə(r)]

v. (使)分离；(使)分裂 *dis(= away), sever(= cut)

sever*** ['sevə(r)]

v. 切断，割断；中断；断绝；(使)分隔，(使)分离 *sever(= cut)

severance** ['sevərəns]

n. 割断，断绝；分离，隔离 *sever(= cut)

ⓔ severance payment（解雇金，离职金） severance of diplomatic relations / of communications（断绝外交关系 / 通信中断）

LECTURE 20

词根 TENU

来自拉丁语的 tenu 意为 thin。同义词根为 mac。

attenuate* [ə'tenjueɪt]

[使变得非常细 at⟨ad (= to, intensive) + tenu (= thin)]

vt. 使减弱；使减少

ⓝ attenuation 减弱；减少 ⓔ Aspirin normally attenuates the severity of a fever.（通常阿司匹林可以退高烧。）

extenuate** [ɪk'stenjueɪt]

[脱离于罪，使罪变轻 ex (= out) + tenu (= thin)]

vt. 企图减轻(罪行等)

ⓝ extenuation（罪行等的）减轻 ⓔ Her youth extenuates her error of judgment.（因为她年纪小，所以对她的判断失误减轻了处罚。）

tenuous* ['tenjuəs]

a. 稀薄的；纤细的；(区别)细微的，微妙的

ⓝ tenuity（细；薄；稀薄；微弱） ⓔ the tenuous web of a spider（蜘蛛的细丝网）

词根 COL[CUL]

来自拉丁语的 col 意为 neck。另外，col 还有 to filter，large intestine，to till，glue 等含义。cul 是它的变形。

accolade** ['ækəleɪd]

[挂在脖子附近 ac⟨ad (= to, near) + col (= neck)]

n. 称赞；赞赏；(the~)骑士爵位的授予典礼

ⓔ The poet received a prestigious accolade from the Literary Society. (那位诗人获得了文学协会的极高赞誉。)

---

collar***
[ˈkɒlə(r)]
n. 领子；(狗、马等的)项圈；(连接两个管子、连杆、车轴等的)箍
*col (= neck)
ⓔ blue/white collar workers (蓝领/白领工作者) collar stud (领扣) collar bone (锁骨)

decollation*
[ˌdiːkəˈleɪʃn]
n. 断头 *de (= down), col (= neck)

décolleté*
[deɪˈkɒlteɪ]
a. 〈法〉(衣服)低颈露肩的 *de (= down, away), col (= neck)

percolate**
[ˈpɜːkəleɪt]
v. 过滤；(使)渗出；(使)浸透 *per (= through), col (= filter)
ⓝ percolator ((带有过滤器的)过滤式咖啡壶) ⓔ Water percolates through sand. (水从沙子里渗出来。) I make coffee by percolating boiling water through ground coffee. (我用沸水滤过咖啡粉的方法煮咖啡。)

colander*
[ˈkʌləndə(r)]
n. 过滤器，(厨房用)滤水器(碗状，有孔，用来过滤或淘洗食物) *col (= filter)
ⓝ cullender (= colander)

---

culvert*
[ˈkʌlvət]
n. 阴沟；地下电缆管道 *cul〈col (= filter)

colon**
[ˈkəʊlən]
n. 结肠 *col (= large intestine)
ⓔ colon cleanse (肠清洗剂)

colic*
[ˈkɒlɪk]
n. (无腹泻的剧烈的)腹痛 *col (= large intestine)

colitis*
[kəʊˈlaɪtɪs]
n. 大肠炎 *col (= large intestine), itis (= inflammation)

colony***
[ˈkɒləni]
n. 殖民地；侨民；群体；【生】群落 *col (= till)
ⓝ colonist (殖民地开拓者) ⓔ the South Korean colony in New York (纽约的韩国侨民) a colony of artists (一群美术家) a colony of ants (一群蚂蚁)

---

colonial***
[kəˈləʊniəl]
a. 殖民地的 *n.* 殖民地居民(尤指开拓者的子孙)
*col (= till)
ⓝ colonialism (殖民政策；殖民主义) colonialist (殖民政策的支持者，殖民主义者)

colonize**
[ˈkɒlənaɪz]
v. 开拓殖民地 *col (= till)
ⓝ colonization (殖民) colonizer (殖民地开拓者)

neocolonialism*
[ˌniːəʊkəˈləʊniəlɪzəm]
n. 新殖民主义 *neo (= new), col (= till)

cultivate***
[ˈkʌltɪveɪt]
v. 耕种(土地)，耕作；栽培；培养 *cul〈col (= till)
ⓐ cultivated (有教养的)

cultivation***
[ˌkʌltɪˈveɪʃn]
n. 耕作；栽培；培养；修养 *cul〈col (= till)
ⓝ cultivator (耕作者，耕耘者，栽培者) ⓔ cultivation of the soil (耕种土地)

---

culture***
[ˈkʌltʃə(r)]
n. 文化；教养；修养；栽培；(医学、科学研究用微生物的)培养
v. 培养(细菌等)；栽培，耕作 *cul〈col (= till)
ⓐ cultured ((人)有教养的，有修养的；(兴趣、爱好等)高雅的) cultural (文化的；教养的)
ⓔ a man of culture (有修养的人) culture of the mind (心性修养) culture of cotton (棉花栽培) silk culture (养蚕) culture of cholera germs (霍乱菌的培养) cultured pearl (养殖珍珠)

collage*
[ˈkɒlɑːʒ]
n. 拼贴画(用纸、布、照片、金属等的小片粘贴拼合而成) *col (= glue)

protocol**
[ˈprəʊtəkɒl]

n. (条约等的)草案；议定书；(外交)礼节　*proto (= first), col (= glue)

词根 COST　来自拉丁语的 cost 意为 rib, side。

accost**
[əˈkɒst]

[走到某人身边 ac〈ad (= to) + cost (= rib, side)]

vt. 走近与…搭话

ⓔ My ex-wife accosted me in the driveway demanding an increase in alimony. (我的前妻从车道上过来跟我搭话，要求我提高赡养费。)

costalgia*
[kɒsˈtældʒiə]

n. 肋骨痛

词根 JUD　来自拉丁语的 jud 意为 to judge。

adjudicate*
[əˈdʒuːdɪkeɪt]

[对某物进行判断 ad (= to) + jud (= judge)]

v. 判决；宣告

ⓔ My mother always adjudicates the fights I have with my sister. (每当我和我妹妹打架时，总是由妈妈来裁决。)

judicious**
[dʒuˈdɪʃəs]

[具有判断力的 jud (= judge)]

a. 有判断力的；明智的

ⓔ The judicious use of antibiotics can prevent severe staphylococcus infections. (明智地使用抗生素可以预防葡萄糖球菌的严重感染。)

judge***
[dʒʌdʒ]

n. 裁判员；鉴定人，鉴赏家 *v.* 判决，裁判；判断

ⓔ judge advocate (军法官；军事检察官)

judgment***
[ˈdʒʌdʒmənt]

n. 裁判；审判；辨别力，判断力；意见

ⓔ the Day of Judgment ((上帝的)最后审判日)　error of judgment (判断错误)　a man of judgment (有判断力的人，有辨别力的人)　in my judgment (以我之见)　judgment seat (法官席；法庭)

judicature*
[ˈdʒuːdɪkətʃə(r)]

n. 司法；[总称]法官

ⓔ the Supreme Court of Judicature (〈英〉最高法院)

judicial***
[dʒuˈdɪʃl]

a. 司法的；法庭的；法官的；审判的

ⓔ the judicial bench (法官们)　judicial separation (法定分居)　judicial murder (合法但不公正的死刑判决)　judicial power (s) (司法权)　judicial precedent (司法判例)　judicial review (〈美〉司法审查(权))

judiciary**
[dʒuˈdɪʃəri]

n. 司法部；(国家的)司法系统；[总称]法官

ⓔ the judiciary (司法部)　cf. the executive (行政部门)　the legislature (立法机关)

extrajudicial*
[ˌekstrədʒuˈdɪʃl]

a. 司法程序以外的；(正常)法律以外的　*extra (= outside)

injudicious*
[ˌɪndʒuˈdɪʃəs]

a. 缺乏判断力的，不明智的　*in (= not)

ⓔ injudicious remarks (不明智的话)

prejudge*
[ˌpriːˈdʒʌdʒ]

v. 过早判断，预先判断；【律】不审而判　*pre (= before)

ⓝ prejudgment (不审而判)

prejudice***
['predʒudɪs]

n. 偏见；【律】侵害，损害

v. 使抱偏见；使怀成见；损害 *pre (= before)

ⓐprejudiced (抱有成见的，有偏见的) prejudicial (引起偏见的；有害的，不利的) ⓔracial prejudice (种族偏见) without prejudice (对合法权利无损害) prejudiced opinion (偏见)

unprejudiced*
[ʌn'predʒudɪst]

a. 无偏见的；公平的 *un (= not), pre (= before)

词根 JUNCT, JOIN[JUG]

来自拉丁语的 junct, join 意为 to join, to bind。jug 是它们的变形。此外，还有意为 to bind, to tie 的来自拉丁语的 lig [li, leag, ly], cinct, nect / nex, strict / string / stress 和来自盎格鲁-撒克逊语的 bond，含义相似。

adjunct**
['ædʒʌŋkt]

[另外再捆绑 ad (= to, add) + junct (= join, bind)]

n. 附属物；助手，副手

a. 附加的，辅助的

ⓔ A direct mail promotion will be an adjunct to our print advertising campaign. (以印刷广告活动为主，直接邮寄产品促销是辅助手段。)

enjoin**
[ɪn'dʒɔɪn]

[用力捆绑 en (= intensive) + join (= join, bind)]

vt. 命令；吩咐；禁止

ⓔ The store was enjoined from selling the inflammable children's clothing. (那家商店被禁止出售易燃性儿童服装。)

subjugate**
['sʌbdʒugeɪt]

[在下面捆 sub (= under) + jug (= bind, join)]

vt. 使服从，征服；使从属；使屈从

ⓝsubjugation 征服；从属 ⓔRapists subjugate women not only physically but also emotionally. (强奸犯不仅从身体上而且从精神上使女性屈从。)

conjunction***
[kən'dʒʌŋkʃn]

n. 结合，连接；【语】连接词 *con‹com (= together)

ⓔ in conjunction with (与…协力) a coordinate / subordinate conjunction (并列连词 / 从属连词) an unusual conjunction of circumstances (各种情况的奇特巧合)

conjunctive*
[kən'dʒʌŋktɪv]

a. 结合的；连接的；【语】连接词的 *con‹com (= together)

ⓝ conjunctiva (结膜) conjunctivitis (结膜炎) ⓔ conjunctive word (连接词)

conjuncture*
[kən'dʒʌŋktʃə(r)]

n. (事件的)共同发生；紧要关头 *con‹com (= together)

disjunctive*
[dɪs'dʒʌŋktɪv]

a. 【语】转折的 *n.* 【语】转折连词 *dis (= away, apart)

junction***
['dʒʌŋkʃn]

n. 连接，接合，汇合；(道路、铁道等的)会合处，交叉点；(铁路的)联轨站；(电路的)接点，中继

ⓔ effect a junction with the allies (与联合军汇合) effect a junction with the Kyung-Bu Railway Line (与京釜线汇合) junction circuit (中继电路)

juncture**
['dʒʌŋktʃə(r)]

n. 形势，情况，事态；危急关头；联合，接合；汇合

ⓔ at this juncture (在这个当口，在这个节骨眼上)

junta*
['dʒʌntə]

n. (西班牙、意大利等的)政务(审议)会；(通过军事政变掌握政权的)军人集团

*junt‹junct (= join)

junto*
['dʒʌntəʊ]

n. 秘密政治集团；派系 *junt‹junct (= join)

subjunctive**
[səbˈdʒʌŋktɪv]
a.【语】虚拟的 *n.*【语】虚拟语气，虚拟式 *sub (= under)
ⓔ subjunctive mood (虚拟语气)

adjoin**
[əˈdʒɔɪn]
v. 贴近，毗邻 *ad (= near)
ⓐ adjoining (贴近的，毗邻的)

---

conjoin*
[kənˈdʒɔɪn]
v. 结合；联合 *con〈com (= together)

conjoint*
[kənˈdʒɔɪnt]
a. 共同的；联合的 *con〈com (= together)

disjoint*
[dɪsˈdʒɔɪnt]
v. (使)脱节，(使)脱臼；拆开；解体 *dis (= away, apart)

disjointed**
[dɪsˈdʒɔɪntɪd]
a. 脱臼的；(谈话、文章等)无条理的 *dis (= away, apart)

joint***
[dʒɔɪnt]
n. 接点，接线，接合处，接缝；关节；(下等的)小酒馆；大块肉；含有大麻的香烟 *a.* 共同的，共有的；合作的 *v.* (用接缝方式)连接；从关节处切开
ⓐⓓ jointly (联合地，共同地) ⓔ finger joints (手指关节) out of joint (脱臼) joint efforts (共同努力) joint communique (联合公报) joint statement (共同声明) joint account (联合存款账户) joint authors (合著者) Joint Chiefs of Staff (〈美〉参谋长联席会议(JCS)) joint resolution (〈美〉(国会两院的)共同决议) joint session ((议会、国会两院的)联席会议) joint venture (合作投资) clip joint (索价特别高昂的商店(或夜总会、酒吧等))

---

jointure**
[ˈdʒɔɪntʃə(r)]
n. (结婚时指定的)寡妇授予产

subjoin*
[ˌsəbˈdʒɔɪn]
v. 附加 *sub (= under)
ⓔ subjoin a postscript to a letter (在信件上加附言)

conjugal**
[ˈkɒndʒəgl]
a. 结婚的 *con〈com (= together)
ⓐⓓ conjugally (结婚地) ⓝ conjugality (婚姻；夫妇生活) ⓔ conjugal happiness (婚姻生活的幸福) conjugal affection (夫妻之间的恩爱)

conjugate**
[ˈkɒndʒəgeɪt]
v.【语】列举动词的词形变化；使结合 *con〈com(= together)
ⓝ conjugation (词形变化；结合)

LECTURE 21

词根 UMBR

来自拉丁语的 umbr 意为 shade，to shadow。

---

adumbrate*
[ˈædʌmbreɪt]
[使看起来非常模糊 ad (= to, intensive) + umbr (= shadow)]
vt. 勾画轮廓；预示
ⓝ adumbration 轮廓；预示 ⓔ The reduced quarterly earnings adumbrate layoffs down the road. (季度收益削减预示着将要裁员。)

---

umbrage*
[ˈʌmbrɪdʒ]
n. 不快，恼火；树荫
ⓔ give / take umbrage at (因…使感到不愉快)

umbrella***
[ʌmˈbrelə]
n. 雨伞；〈喻〉(政治、经济界等的)保护伞
ⓔ under the Conservative umbrella (在保守党的保护下) umbrella stand (伞架)

词根 FIN

来自拉丁语的 fin 意为 end，limit。同义词根有来自拉丁语的 termin，ultim 和来自希腊语的 bys。

affinity**
[əˈfɪnəti]
[末端在近处 af〈ad (= to, near) + fin (= end)]
n. 亲密关系；相似；(异性间的)亲密感，吸引力；喜好，迷恋；【化】亲合性
ⓔ I feel a greater affinity for dogs than for cats. (相比猫，我更喜欢狗。)

definitive**
[dɪˈfɪnətɪv]
[完全见尾 de (= intensive) + fin (= end)]
a. 最终的；决定性的；限定性的
n.【语】限定词
ⓔ The appeals court offered the definitive ruling in the case. (上诉法庭对那一事件作出了最终判决。)

infinite***
[ˈɪnfɪnət]
[没有结尾 in (= not) + fin (= end)]
a. 无穷的，无限的，无数的；极大的
n. (the ~) 上帝
ⓐⓓ infinitely 无限地，无穷地 ⓐ infinitesimal【数】无穷小的；极小的 ⓔ Some mystics who experience God say they feel infinite love and peace. (一些感受到过上帝的神秘主义者说他们体会到无穷的爱和安宁。)

confine***
[kənˈfaɪn]
v. 限制，限定；禁闭，监禁 *n.* (pl.) 范围，界限，边界 *con〈com (= together)
ⓐ confined (受限制的；狭窄的) ⓔ beyond the confines of human knowledge (超出人类的知识范围) within the confines of this valley (在这个山谷的范围之内)

confinement**
[kənˈfaɪnmənt]
n. 限制，局限；幽禁，监禁；分娩 *con〈com (= together)
ⓔ be placed in confinement (被监禁) six months solitary confinement (六个月的单独监禁)

define***
[dɪˈfaɪn]
v. 给…下定义；阐明 *de (= down)
ⓐ definable (可定义的)

definite***
[ˈdefɪnət]
a. 清楚的；明确的 *de (= down)
ⓐⓓ definitely (明确地，确切地；(用于回答)肯定地，无疑地) ⓔ definite time and place (明确的时间和地点) definite article (定冠词)

definition***
[ˌdefɪˈnɪʃn]
n. 定义；限定；(轮廓的)清晰；(镜头的)分辨率 *de (= down)

infinitive**
[ɪnˈfɪnətɪv]
n.【语】不定式 *a.*【语】不定式的 *in (= not)

infinitude*
[ɪnˈfɪnətjuːd]
n. 无限，无穷 *in (= not)
ⓔ infinitude of small particles (无数小微粒)

infinity**
[ɪnˈfɪnəti]
n. 无限，无穷 *in (= not)

refine***
[rɪˈfaɪn]
v. 精制；精炼；使文雅；推敲 *re (= again)

refined***
[rɪˈfaɪnd]
a. 精炼的；文雅的；精制的 *re (= again)
ⓔ refined manners / language (文雅的态度/言语)

refinement ***
[rɪˈfaɪnmənt]
n. 精炼，精制；文雅；精巧，精细 *re (= again)
ⓔ a lady of refinement (文雅的女子)

refiner*
[rɪˈfaɪnə(r)]
n. 精制者，精炼者；精制机，精炼机 *re (= again)
ⓔ sugar refiners (制糖厂厂主)

refinery**
[rɪˈfaɪnəri]
n. 精炼厂 *re (= again), ery (= place where)
ⓔ sugar refinery (制糖厂) oil refinery (炼油厂)

indefinite***
[ɪnˈdefɪnət]
a. 含糊的，模糊的；不明确的 *in (= not), de (= down)
ⓔ indefinite answer (含糊的回答)

indefinable*
[ˌɪndɪˈfaɪnəbl]
a. 不确定的，难以说明的 *in (= not), de (= down)

---

final***
[ˈfaɪnl]
a. 最后的，最终的
n. (pl.) 决赛；期末考试；(当天报纸的) 末版
ⓝ finalist (决赛参赛选手) ⓐⓓ finally (最后，最终) ⓔ tennis finals (网球决赛) take his finals (参加期末考试)

finale**
[fɪˈnɑːli]
n. 结尾；(戏剧的) 终场；(交响乐等的) 末乐章，终曲

finality**
[faɪˈnæləti]
n. 结局；决定性
ⓔ speak with an air of finality (断言)

finalize*
[ˈfaɪnəlaɪz]
v. 完成；结束

finance***
[faɪˈnæns]
n. 财政 (学)；(pl.) (政府或公司的) 财源
v. (为计划等) 筹措、供给资金

---

financial***
[faɪˈnænʃl]
a. 财政的；财务的；金融上的
ⓐⓓ financially (财政地) ⓔ financial year (财政年度) financial center (金融中心) financial condition (财政状况) financial crisis (金融危机) financial difficulties (财政困难) financial resources (财源)

financier***
[faɪˈnænsiə(r)]
n. 财政家；金融家

词根 POS, POST, PON, POUND

来自拉丁语的 pos, post, pon, pound 意为 to put, to place。同义词根有来自拉丁语的loc, sert, stal 和来自希腊语的 thes / thet / them, top 等。

---

apposite*
[ˈæpəzɪt]
[放在近处的 ap⟨ad (= to, near) + pos (= put)]
a. 适当的，合适的
ⓝ appositeness 适当，合适 ⓐⓓ appositely 适当地，合适地 ⓔ Her jokes and smiles were not apposite behavior for her father's funeral. (她在她爸爸的葬礼上开玩笑和微笑不合适。)

---

depose**
[dɪˈpəʊz]
[将某人分开放 de (= from, away) + pos (= put)]
vt. 罢免，废黜；【律】宣誓作证
ⓝ deposition 废黜；宣誓作证 ⓔ A popular liberation force deposed the monarch and took power. (一支民众解放势力罢黜国王夺取了政权。)

---

exposition***
[ˌekspəˈzɪʃn]
[展开放在外边 ex (= out) + pos (= put)]
n. 博览会，展览会；阐述；(剧本等的) 提示部分
ⓔ Novice screenwriters often deploy a film's exposition clumsily. (新编剧往往对电影提示部分的设置很生疏。)

---

repose***
[rɪˈpəʊz]
[放在背后 re (= back) + pos (= put)]
n. 休息，睡眠；平静

vi. 休息，歇息；长眠；放置；基于

ⓐ reposeful 平稳的，安详的 ⓔ Is there anything so beautiful as a young child in repose?（还有什么比安然熟睡的婴儿更美丽的吗？）

proponent* [prəˈpəʊnənt]

[向前放、提出 pro (= forward, forth) + pon (= put)]

n. 提议者，发起者

ⓔ I've always been a proponent of gun control.（我一直都提倡管制枪支。）

imposter*** [ɪmˈpɒstə(r)]

[放在某物上面 im〈in (= on) + post (= put)]

n. 冒名顶替者；骗子

ⓔ I've read of several cases where respected physicians turned out to be impostors.（我阅读过几宗关于受尊敬的内科医生最终被查明是骗子的案例。）

expound** [ɪkˈspaʊnd]

[放在外边，彻底说明 ex (= out, intensive) + pound (= put)]

vt. 详细说明 *vi.* on + sth 详细说明

ⓔ He loves to expound on any topic; he's such a blowhard.（他对每个话题都爱长篇大论，他真是个吹牛专家。）

indisposed** [ˌɪndɪˈspəʊzd]

[不想分开放的 in (= not) + dis (= apart) + pos (= put)]

a. 身体不舒服的；厌恶的，不情愿的

ⓝ indisposition 不愿意，不舒服 ⓔ Mrs. Barnes can't attend the luncheon because she is indisposed.（巴恩斯夫人因身体不适而不能参加午宴。）

supposition** [ˌsʌpəˈzɪʃn]

[放在下面 sup〈sub (= under) + pos (= put)]

n. 想像；假定

ⓥ suppose 假定，推测 ⓐ supposed 假定的；想像的 ⓐⓓ supposedly 根据想像，根据推测 ⓒ supposing 如果 ⓔ My supposition is that next year's Cadillac model will look basically like this year's.（我推测明年卡拉迪克的样式基本上会和今年一样。）

apposition* [ˌæpəˈzɪʃn]

n. 并置；【语】同位 *ap〈ad(= near)

compose*** [kəmˈpəʊz]

v. 构成；写作，作曲；排字，排版；使平静，使镇静

*com (= together, completely)

ⓔ be composed of（由…组成）

composed*** [kəmˈpəʊzd]

a. 镇静的，沉着的 *com (= together, completely)

ⓐⓓ composedly（镇定地，沉着地）ⓝ composure（沉着，泰然自若）

composer*** [kəmˈpəʊzə(r)]

n. 作曲家 *com (= completely)

composite** [ˈkɒmpəzɪt]

a. 混成的，合成的；综合的 *com (= together)

ⓔ composite illustration（综合图解）

composition*** [ˌkɒmpəˈzɪʃn]

n. 排版，排字；构成，成分；写作；作曲；作品；合成物 *com (= together)

compositor* [kəmˈpɒzɪtə(r)]

n. 排字工人 *com (= together)

compos mentis*
[ˌkɒmpɒsˈmentɪs]
a. 心智健全的 *com (= together), ment (= mind)

deposit***
[dɪˈpɒzɪt]
v. 储蓄；寄存；预付订金；使沉淀，使沉积；放下；放置
n. 押金；存款保证金；沉淀物；矿床；寄存物；仓库，储藏所
*de (= down)
ⓔ deposit account (〈英〉定期存款) safe-deposit ((银行的)贵重物品保管库) deposit slip (存款单) money on deposit (存款) valuable new deposits of tin (新的有价值的锡矿床)

depositor**
[dɪˈpɒzɪtə(r)]
n. 存款人 *de (= down)

---

depository*
[dɪˈpɒzɪtri]
n. 存放处，仓库 *de (= down)
ⓔ depository of learning (知识宝库)

dispose***
[dɪˈspəʊz]
v. 处理，处置；布置，排列；使愿意 *dis (= away)
ⓔ dispose of rubbish (处理垃圾) Man proposes, God disposes. (谋事在人，成事在天。)

disposed***
[dɪˈspəʊzd]
a. 愿意的；有倾向的 *dis (= away)
ⓔ well- / ill-disposed (友好的 / 心存恶意的) indisposed (不舒服的，不愿意的)

disposable***
[dɪˈspəʊzəbl]
a. (使用后)可随便处理的 *n.* 一次性物品(如纸杯等) *dis (= away)
ⓔ disposable chopsticks / diapers / syringes / panties (一次性筷子 / 一次性尿布 / 一次性注射器 / 一次性内裤) disposable income ((工资的)可支配收入，可支配所得)

disposal***
[dɪˈspəʊzl]
n. 处理，处置；布置，排列；控制；出售 *dis (= away)
ⓔ disposal bag ((飞机、饭店准备的)呕吐袋，废物袋) disposal sale (变卖处理) at one's disposal (由某人随意支配)

---

disposition***
[ˌdɪspəˈzɪʃn]
n. 性情，脾气；倾向，意向；排列，布置；处置；支配(权)；天命，(神的)安排 *dis (= away)
ⓔ disposition of Providence (上帝的安排) God has the supreme disposition of all things. (上帝拥有支配万物的最高权力。) a man of a cheerful disposition (性格开朗的人) disposition of furniture in a room (房间里家具的布置)

expose***
[ɪkˈspəʊz]
v. 使暴露；展示，陈列；揭露，揭发；使曝光 *ex (= out)
ⓔ exposed goods (陈列的商品)

exposé***
[ekˈspəʊzeɪ]
n. (丑闻等的)揭露，揭发 *ex (= out)

exposed***
[ɪkˈspəʊzd]
a. 暴露的；易受攻击的 *ex (= out)
ⓔ be exposed to the wind and rain (暴露在风雨之中) be exposed to ridicule (遭受奚落)

exposure***
[ɪkˈspəʊʒə(r)]
n. 暴露；陈列；揭露，揭发；(房间等的)方位，朝向 *ex (= out)
ⓔ exposure meter (曝光计) exposure index (曝光指数) exposure to the rain (受雨淋) house with a southern exposure (朝南的房子)

---

impose***
[ɪmˈpəʊz]
v. 征收；把…强加于；(用欺骗手段)把…硬塞给 *im〈in (= on)

imposing***
[ɪmˈpəʊzɪŋ]
a. (因规模、外观、特征而)给人深刻印象的；雄伟的，庄严的 *im〈in (= on)
ⓔ imposing old lady (威严的老妇人) imposing air (威严的气势)

imposition**
[ˌɪmpəˈzɪʃn]
n. (征收的)税 *im〈in (= on)
ⓔ imposition of new taxes (新设税项的征收)

interpose***
[ˌɪntəˈpəʊz]
v. 提出(异议)；干涉，插入，介入 *inter (= between)
ⓝ interposition (提出(异议)；干涉；插入(物))

juxtapose* [ˌdʒʌkstə'pəʊz] *v.* 并置，并列 *juxta (= side by side)
ⓝ juxtaposition (并置，并列)

---

oppose*** [ə'pəʊz] *v.* 反对，反抗，对抗；使相对 *op〈ob (= against)

opposed*** [ə'pəʊzd] *a.* 反对的，敌对的 *op〈ob(= against)
ⓔ be opposed to (反对…) as opposed to ((表示对比)而，相对于…)

opposable* [ə'pəʊzəbl] *a.* 可反对的；可与…相对的 *op〈ob(= against)
ⓔ opposable thumb (可以与其他手指相对的拇指)

opposite*** ['ɒpəzɪt] *a.* 对面的，正相反的；对立的 *n.* 反义词；对立物 *op〈ob (= against)
ⓔ one's opposite number (另一个单位内)与自己职位相等的人) on the opposite side of the road (在路的对面) in the opposite direction (在相反方向)

opposition*** [ˌɒpə'zɪʃn] *n.* 反对；(the O~) 反对党 *op〈ob (= against)
ⓔ opposition party (反对党) leader of the Opposition (反对党的领导人) Opposition benches (反对党(议员)席) in opposition ((政党)在野的) in opposition to (反对…)

---

pose*** [pəʊz] *n.* (为画像或拍照片等而摆的)姿势，姿态；造作之态，装腔作势；佯装
v. (使)摆姿势；提出；引起，造成；佯装
ⓝ poser (摆姿势的人；装腔作势的人；难以处理的问题，难题) poseur (装模作样的人，装腔作势的人) ⓔ pose many problems (提出很多问题)

posit* ['pɒzɪt] *v.* 假设；安置

position*** [pə'zɪʃn] *n.* 职位；地位，身份；位置；态度；条件，情况 *v.* 把…摆正位置
ⓔ high position in society (高的社会地位)

positive*** ['pɒzətɪv] *a.* 确定的，确实的；肯定的，断定的，确信的；积极的；建设性的；〈口〉完全的；阳性的；正号的
ⓔ positive knowledge (确切无误的知识) positive suggestion (建设性的提议) positive answer (肯定的回答)

positively** ['pɒzətɪvli] *ad.* 明确地；坚决地；确实；肯定地

---

positivism* ['pɒzətɪvɪzəm] *n.* 【哲】实证主义，实证论
ⓔ logical positivism (逻辑实证主义)

preposition** [ˌprepə'zɪʃn] *n.* 【语】前置词，介词 *pre (= before)
ⓐ prepositional (前置词的，介词的) ⓔ prepositional phrase (介词短语) prepositional adverb (介词性副词)

propose*** [prə'pəʊz] *v.* 提议，建议；求婚；推荐，提名 *pro (= forth)

proposal*** [prə'pəʊzl] *n.* 提案，提议；建议；求婚 *pro (= forth)
ⓝ proposer (提议者) ⓔ proposal for peace (和平提议) girl who had five proposals in one week (一周内有五个人向她求婚的女孩)

proposition*** [ˌprɒpə'zɪʃn] *n.* 提案，建议；陈述，主张；命题；〈口〉要处理的事 *v.* 〈口〉(向某人)提出(非法的、不道德的)提议 *pro (= forth)
ⓔ tough proposition (棘手的人(或事))

purpose***
[ˈpɜːpəs]
n. 目的，意志；用途；（讨论中的）议题 *v.* 打算 *pur⟨pro (= forth)
ⓔ purpose-built（为特定目的建造的） of set purpose（故意地，有目的地） on purpose（故意地，有意地） to the purpose（适当的(地)；与本题有关的(地)）

purposeful*
[ˈpɜːpəsfl]
a. 意味深长的；有目的的 *pur⟨pro (= forth)
ⓔ purposeless（无意义的；漫无目的的）

purposive*
[ˈpɜːpəsɪv]
a. 有目的的 *pur⟨pro (= forth)
ⓔ purposive movements（有目的的动作）

repository**
[rɪˈpɒzətri]
n. 容器；贮藏室，仓库；（知识等的）宝库 *re (= back)
ⓔ *Korean Repository*（《韩国的宝库》(杂志名)）

transpose**
[trænˈspəʊz]
v. 转换 *trans (= change)
ⓝ transposition（转换）

---

component**
[kəmˈpəʊnənt]
a. 组成的，构成（成品）的 *n.* 成分，构成要素 *com (= together)
ⓔ component parts（组成部分，零件） the components of a camera lens（照相机镜头的各个组成部分）

deponent*
[dɪˈpəʊnənt]
n.【律】证人 *de (= down)

exponent**
[ɪkˈspəʊnənt]
n. 说明者，解释者；（思想等的）拥护者；代表者；【数】指数 *ex (= out)
ⓔ exponent of Darwin's theory of evolution（达尔文进化论的解说者（指赫克斯利））

opponent***
[əˈpəʊnənt]
n.（比赛、争论等的）对手，对方；对抗者，反对者 *op⟨ob (= against)

postpone***
[pəˈspəʊn]
v. 延期，推迟 *post (= after)
ⓝ postponement（延期）

---

compost*
[ˈkɒmpɒst]
n. 混合肥料，堆肥 *v.* 将…做成堆肥 *com (= together)

expostulate**
[ɪkˈspɒstʃuleɪt]
v. 告诫，劝告 *ex (= out)
ⓝ expostulation（告诫，劝告）

outpost**
[ˈaʊtpəʊst]
n. 前哨基地；边远居民点；边境
ⓔ outpost of the Roman Empire（罗马帝国的边境）

postulate**
[ˈpɒstjʊlət]
n. 假设；基本原理；【数】【逻】公设 *v.* [ˈpɒstjuleɪt] 假定…存在；视…为当然
ⓔ the postulates of Euclidean geometry（欧几里得几何公设）

posture***
[ˈpɒstʃə(r)]
n.（身体的）姿势，状态；心境，态度 *v.* 使摆姿势；装模作样，故作姿态
ⓔ reclining posture（斜靠着的姿势） in the present posture of public affairs（在公共事务目前的这种情况下） posture a model（让模特摆姿势）

---

compound*
[kəmˈpaʊnd]
v. 合成，混合；妥协；加重；【经】以复利计算(利息) *a.* [ˈkɒmpaʊnd] 复合的，混合的，合成的 *n.* [ˈkɒmpaʊnd] 混合物，合成物 *com (= together)
ⓔ compound sentence（复合句） compound interest（复利） compound fracture（有创骨折）

impound*
[ɪmˈpaʊnd]
v. 扣押（证物等），没收；将（牲畜等）关在圈中 *im⟨in (= into)
ⓝ impoundment（扣押；没收）

propound**
[prəˈpaʊnd]
v. 提议 *pro (= forth)

词根 TRI, TRIT

来自拉丁语的 tri, trit 意为 to rub。同义词根为 fric。

attrition* [əˈtrɪʃn]
[用力擦 at〈ad (= to, intensive) + trit (= rub)]
n. 消耗，磨损；(由于死亡、退休等造成的)人员自然缩减
ⓥ attrit 消耗；削弱 ⓐ attrited 磨损的 ⓔ The company is downsizing its staff by attrition rather than layoffs. (公司减员是通过人员自然缩减实现的，而非通过裁员。)

contrite** [ˈkɒntraɪt]
[用力擦的 con〈com (= intensive, together) + trit (= rub)]
a. 悔罪的，深感懊悔的
ⓝ contrition 懊悔，忏悔 ⓔ My nephew seemed genuinely contrite about having taken money from my purse. (我侄子看起来是在真心懊悔从我钱包里拿钱的事。)

detriment** [ˈdetrɪmənt]
n. 损害，损伤 *de (= away, intensive)
ⓔ to the detriment of his health (对他的健康有害)

detrimental** [ˌdetrɪˈmentl]
a. 有害的 *de (= away, intensive)
ⓔ detrimental to our interests (有损我们利益的)

detritus* [dɪˈtraɪtəs]
n.【地】岩屑(岩石因风化作用掉下来的石粒或碎屑)，碎石
*de (= away, intensive)

trite** [traɪt]
a. (话、想法、意见等)陈腐的；无新意的

LECTURE 22

词根 DOT, DON [DOW, DOS], DAT [DIT]

来自拉丁语的 dot, don 意为 to give。dow, dos 是其变形。此外，与此相似的还有 dat 及其变形 dit 。

anecdote*** [ˈænɪkdəʊt]
[不向外给予 an (= not) + ec〈ex (= out) + dot (= give)]
n. 轶事，奇闻；(pl.) 秘史
ⓔ Many public speakers begin their address with an amusing anecdote. (许多演说家都是以趣闻轶事开始演说的。)

condone** [kənˈdəʊn]
[完全给予 con〈com (= intensive, completely) + don (= give)]
vt. 原谅，宽恕；不咎(过错)
ⓝ condonation 宽恕；不咎(过错) ⓔ In some countries, spousal physical abuse is condoned. (有些国家容许对配偶身体的虐待行为。)

endow*** [ɪnˈdaʊ]
[向里边给予 en (= in) + dow〈don (= give)]
vt. sb + with + sth (向医院、学校等)捐赠；(天生)赋有(某种资质)
ⓝ endowment 捐赠，捐助(款)；(pl.) 天赋，天资 ⓔ The business tycoon endowed a professorship in the university's business school. (那位商业大亨向该大学商学院捐赠了教授基金。)

render* [还给 ren〈re (= back) + der〈dit (= give)]
['rendə(r)] *vt.* 使…成为；以…回报；提出，提供，交付；演出，演奏；翻译；表达，描写
ⓝ rendition 翻译；演出，演奏 rendering 翻译；演出，演奏 ⓔ A tranquilizer dart rendered the lion harmless.（狮子中了麻醉针剂后就不会伤人了。）

---

antidote** *n.* 解毒剂；矫正方法 *anti (= against)
['æntidəut]

donate** *v.* 捐赠
[dəu'neɪt]

donation** *n.* 捐献，捐赠，赠与；捐款；捐赠品
[dəu'neɪʃn] ⓔ donations to the Red Cross（给红十字会的捐款）

donor** *n.* 捐赠者
['dəunə(r)] ⓔ blood donor（献血者）

pardon*** *v./n.* 原谅，宽恕；赦免 *par〈per (= completely)
['pɑːdn]

---

dowager** *n.* 受有亡夫爵位（或遗产）的寡妇；老年贵妇人
['dauədʒə(r)] ⓔ dowager duchess（公爵遗孀） queen dowager（国王遗孀） Empress Dowager Shih（（中国清朝的）西太后）

dower** *n.*（寡妇应分得的）亡夫遗产；嫁妆；天赋，天资
['dauə(r)] *v.* 给…亡夫遗产；赋予（才能等）

dowry** *n.* 嫁妆
['dauri]

dose*** *n.*（药物等的）（一次）剂量一服；〈口〉（尤指苦事的）一次，一番；〈俚〉花柳病 *v.*（按剂量）给…服药
[dəus] ⓔ six doses（服用六次的药量） give him a dose（给他服一剂药）

dosage** *n.*（药的）剂量；（按剂量的）给药
['dəusɪdʒ]

---

antedate** *v.* 倒填（在信件、文件等的）日期；（时间上）先发生 *ante (= before)
[ˌænti'deɪt]

postdate* *v.*（在信件、文件等上）写上比实际日期晚的日期；（时间上）后于 *post (= after)
[ˌpəust'deɪt]

predate* *v.* (= antedate) *pre (= before)
[priː'deɪt]

data*** *n.* 资料，材料；数据
['deɪtə] ⓔ data bank（数据库） data processing（数据处理）

date*** *n.* 日期；（尤指与异性的）约会；时代，年代；约会对象；海枣；枣椰树
[deɪt] *v.* 在…上注明日期；源自；(~from / back to) 追溯至…；与…约会
ⓐ dated（过时的） datable（可确定年代的） dateless（无期限的；古老得无法确定日期的） ⓔ date line（国际日期变更线） blind date（不相识的男女初次会面） The castle dates back to the 14th century.（那座城堡早在 14 世纪就建成了。）

---

dative* *a.*【语】与格的 *n.* 与格
['deɪtɪv]

edit*** *v.* 编辑 *e〈ex (= out)
['edɪt]

edition*** n. 版本 *e⟨ex (= out)
[ɪˈdɪʃn] ⓔ cheap edition (廉价版) pocket edition (袖珍本) first edition (初版) revised edition (修订版) popular edition (普及版) deluxe edition (精装版)

editor*** n. (书、报纸、期刊、广播节目等的)编辑;(报刊的)主编;(报纸专栏)主笔
[ˈedɪtə(r)] *e⟨ex (= out)
ⓔ chief editor / editor-in-chief (总编辑,主编) city editor (本地新闻主编) financial editor (财经编辑) managing editor (总编辑)

词根 ONYM[ONOM]

来自希腊语的 onym 意为 name, word。onom 是其变形。

anonymous** [没有姓名的 an (= not, without) + onym (= name, word)]
[əˈnɒnɪməs] a. 作者未详的;匿名的,不具名的
ⓝ anonymity 匿名;作者不详 ⓔ The funds for the new library were given by an anonymous donor. (新图书馆的建设资金是一位匿名捐助者赞助的。)

pseudonym* n. 假名;(著者的)雅号,笔名 *pseud⟨pseudo (= false), onym (= name)
[ˈsuːdənɪm]

antonym* n. 反义词 *ant⟨anti (= against, opposite), onym (= word)
[ˈæntənɪm]

synonym** n. 同义词 *syn (= alike, together), onym (= word)
[ˈsɪnənɪm]

synonymous** a. 同义词的,同义的 *syn (= alike, together), onym (= word)
[sɪˈnɒnɪməs]

homonym* n. 同音异义词 *hom⟨homo (= same), onym (= word)
[ˈhɒmənɪm]

heteronym* n. 同形异音异义词 *heter⟨hetero (= other), onym (= word)
[ˈhetərənɪm]

metonymy* n.【语】转喻(如用 crown 代替 king) *met⟨meta (= change), onym (= word)
[məˈtɒnəmi]

acronym* n. 首字母缩略词 *acr⟨acro (= high), onym (= word)
[ˈækrənɪm]

onomatopoeia* n.【语】拟声词 *onom⟨onym (= word), poeia (= make)
[ˌɒnəˌmætəˈpiːə]

词根 BYS

来自希腊语的 bys 意为 end, bottom。同义词根有来自拉丁语的 fin, termin, ultim 等。

abyss** [没有尽头 a⟨an (= not, without) + bys (= bottom, end)]
[əˈbɪs] n. 深渊;地狱
ⓔ The abyss of space is infinite so far as we know. (就我们所知,宇宙是无限深邃的深渊。)

abysmal* a. 深渊的,深不可测的 *a⟨an (= not, without)
[əˈbɪzməl] ⓔ abysmal ignorance (极度的无知) abysmal night (深夜)

词根 ARCH

来自希腊语的 arch 意为 government, to rule。arch 还有 chief, first, old 的含义。同义词根有来自希腊语的 cracy / crat 和来自拉丁语的 reg。

---

anarchy**
[ˈænəki]

[无政府状态 an (= not, without) + arch (= government)]
n. 无政府状态；混乱，无秩序
ⓝ anarchism 无政府主义 anarchist 无政府主义者 ⓔ Without a federal government a nation devolves into anarchy. (若没有联邦政府，国家就会陷入无政府状态。)

---

autarchy*
[ˈɔːtɑːki]
n. 独裁，专制 *aut〈auto (= self), arch (= rule)

autarky*
[ˈɔːtɑːki]
n. 国家经济的自给自足 *aut〈auto (= self), ark〈arch (= rule)

diarchy*
[ˈdaɪɑːki]
n. 两头政治 *di (= two), arch (= rule)

matriarch*
[ˈmeɪtriɑːk]
n. 女家长，女族长；女统治者；女负责人 *matri (= mother), arch (= rule)
ⓝ matriarchy (母系氏族制) ⓐ matriarchal (母系氏族制的)

monarchy***
[ˈmɒnəki]
n. 君主政治，君主制；君主国 *mon〈mono (= one), arch (= rule)
ⓝ monarchism (君主制，君主主义) monarchist (君主主义者) ⓔ absolute / despotic monarchy (专制君主制) constitutional / limited monarchy (君主立宪制(政体))

---

monarch***
[ˈmɒnək]
n. 君主 *mon〈mono (= one), arch (= rule)
ⓐ monarchic (君主的，君主政体的)

oligarchy**
[ˈɒlɪgɑːki]
n. 寡头政治 (↔polyarchy 多头政治)；寡头统治的国家
*olig (= few), arch (= rule)
ⓝ oligarch (寡头统治集团成员)

patriarch*
[ˈpeɪtriɑːk]
n. 家长，族长；元老，长老；最年长者 *patri (= father), arch (= rule)
ⓝ patriarchy (父权制) ⓐ patriarchal (家长的，族长的；德高望重的)

archangel**
[ˈɑːkeɪndʒl]
n. 大天使 *arch (= chief)

archbishop**
[ˌɑːtʃˈbɪʃəp]
n. 大主教，主教长 *arch (= chief)
ⓝ archbishopric (大主教的职务、辖区、管辖权)

---

archdeacon*
[ˌɑːtʃˈdiːkən]
n. 英国国教的会吏总 *arch (= chief)
ⓝ archdeaconry (会吏总的职位、住宅)

archdiocese*
[ˌɑːtʃˈdaɪəsɪs]
n. 大主教(管辖)区 *arch (= chief), di〈dia (= through), oce〈eco (= house)

archenemy*
[ˌɑːtʃˈenəmi]
n. 不共戴天的敌人，主要敌人 *arch (= chief)

archetype*
[ˈɑːkitaɪp]
n. 原型 *arch (= chief)
ⓝ archetypal (原型)

archipelago**
[ˌɑːkɪˈpeləgəʊ]
n. 群岛；有很多岛屿的海；(the A~) 爱琴海
*arch (= chief), pelago (= sea)

---

architect***
[ˈɑːkɪtekt]
n. 设计师；建筑师；〈喻〉缔造者 *arch (= chief), tect (= build, carpenter)
ⓔ naval architect (造船工程师) the (Great) Architect (造物主) the architect of one's own fortunes (自我命运的创造者)

architecture*** n. 建筑术；建筑学；建筑风格；结构，构造
[ˈɑːkɪtektʃə(r)] *arch (= chief), tect (= build, carpenter)
ⓔ Romanesque architecture（罗马式的建筑风格） architecture of a novel（小说的结构）

architectural** a. 建筑学的；建筑术的；建筑的
[ˌɑːkɪˈtektʃərəl] *arch (= chief), tect (= build, carpenter)
ⓔ the architectural beauties of a city（城市的建筑美） architectural engineer（建筑工程师）

archaeology* n. 考古学 *arch (= old), ology (= science)
[ˌɑːkiˈɒlədʒi] ⓐ archaeological（考古学的）

archaeologist* n. 考古学者 *arch (= old)
[ˌɑːkiˈɒlədʒɪst]

---

archaic** a. 古老的；古式的；古体的 *arch (= old)
[ɑːˈkeɪɪk] ⓝ archaism（古语，古体；古风）

archives** n.（pl.）档案室，案卷保管处；档案 *arch (= old)
[ˈɑːkaɪvz] ⓝ archivist（档案保管员）

词根 PATH, PAT, PASS

来自希腊语的 path 意为 to feel, to suffer。来自拉丁语的 pat, pass 与其形态相似，含义相同。同义词根有来自拉丁语的 sent / sens 和来自希腊语的 (a) esthes / (a) esthet。

---

apathy** [没有感觉 a〈an (= not, without) + path (= feel, suffer)]
[ˈæpəθi] n. 冷淡；漠不关心
ⓐ apathetic 冷淡的，漠不关心的 ⓔ Many teachers complain of the apathy their students exhibit.（许多教师都对学生们表现出的冷漠表示不满。）

---

antipathy** [反对的感情 anti (= against, opposite) + path (= feel)]
[ænˈtɪpəθi] n.（强烈的）反感；引起反感的事物
ⓐ antipathetic 生来厌恶的；本性不相容的 ⓔ The Vietnamese immigrants were victims of racial antipathy.（越南移民是种族反感的牺牲品。）

---

empathy* [向里边吹入情感 em〈en (= in) + path (= feel, suffer)]
[ˈempəθi] n. 共鸣；移情；同情
ⓔ I feel a lot of empathy for her plight as a poor single mother.（我非常同情她这样一个贫穷的单身母亲遭遇的困境。）

---

compassion*** [一起感受痛苦 com (= together) + pass (= feel, suffer)]
[kəmˈpæʃn] n. 怜悯，同情
ⓐ compassionate 慈悲的；有同情心的 ⓔ It's impossible to see images of starving children on television without compassion.（看到电视上那些饥饿的孩子，你不可能不产生同情心。）

---

compatible* [一起想的 com (= together) + pat (= feel, suffer)]
[kəmˈpætəbl] a. 一致的；可并立的；适合的
ⓝ compatibility 一致；适合性 ⓐⓓ compatibly 协调地；适合地 ⓔ My wife and I don't have compatible tastes in food.（我妻子和我的饮食口味不一致。）

dispassionate★★ [dɪsˈpæʃənət]
[不偏重感情的 dis (= not) + pass (= feel, suffer)]
a. 冷静的；不偏袒的，公平的
ⓝ dispassion 冷静；公平 ⓐⓓ dispassionately 冷静地；公平地 ⓔ Ideally, a judge will be dispassionate in his rulings.（理想地来说，法官在作出判决时应冷静客观。）

---

impassive★★ [ɪmˈpæsɪv]
[无感情的 im〈in (= not) + pass (= feel, suffer)]
a. 无感情的；无感觉的
ⓝ impassivity 冷淡；无知觉 ⓐⓓ impassively 无感情地 ⓔ The policeman remained impassive as I tried to talk myself out of the ticket.（我试图说服警察不给我开罚单，但他一点儿也不为我所动。）

---

sympathy★★★ [ˈsɪmpəθi]
n. 同情，怜悯；赞同；支持 *sym〈syn (= together)
ⓔ a man of wide sympathies（富有同情心的人）

sympathetic★★★ [ˌsɪmpəˈθetɪk]
a. 同情的，有同情心的；赞同的；支持的 *sym〈syn (= together)
ⓔ sympathetic words（同情的话语） sympathetic mind（同情心） sympathetic strike（(声援其他罢工的)同情罢工） sympathetic audience（表示支持的听众）

sympathize★★★ [ˈsɪmpəθaɪz]
v. 同情；支持 *sym〈syn (= together)
ⓝ sympathizer（同情者，(某种主义、政党等的)支持者）

telepathy★ [təˈlepəθi]
n. 心灵感应；传心术 *tele (= far)
ⓐ telepathic（心灵感应的；传心术的） ⓝ telepathist（传心术学者）

homeopathy★ [ˌhəʊmiˈɒpəθi]
n. 顺势疗法（一种疾病治疗体系，以小剂量运用一种药物为基础，这种药物的大量服用可在健康人体内产生一种类似于疾病的症状） *homeo〈homo (= same)
ⓝ homeopath（顺势疗法医师）

---

psychopath★ [ˈsaɪkəpæθ]
n. 精神病患者 *psycho (= mind)
ⓐ psychopathic（精神病的，患有精神病的）

pathetic★★ [pəˈθetɪk]
a. 可怜的；情感的
ⓔ pathetic fallacy（感情误置（通过想像赋予无生命物以生命或人的情感）） pathetic story（悲伤的故事） pathetic scene（哀伤的场面） pathetic ignorance（可怜的无知）

pathos★★ [ˈpeɪθɒs]
n.（言语、作品中）引起怜悯的因素；怜悯

pathology★★ [pəˈθɒlədʒi]
n. 病理学 *ology (= science)
ⓝ pathologist（病理学者） ⓐ pathological（病理学的；病态的）

incompatible★★ [ˌɪnkəmˈpætəbl]
a. 不能同时成立的，不相容的，矛盾的 *in (= not), com (= together)
ⓝ incompatibility（不相容） ⓔ sexually incompatible（性生活不和谐的）

---

impassioned★★ [ɪmˈpæʃnd]
a. 充满激情的；激烈的 *im〈in (= into)
ⓔ impassioned speech（慷慨激昂的演讲）

impatient★★★ [ɪmˈpeɪʃnt]
a. 没有耐心的，焦急的，性急的 *im〈in (= not)
ⓐⓓ impatiently（性急地，焦急地，焦躁地）

impatience★★★ [ɪmˈpeɪʃns]
n. 急躁，无耐心；焦急，焦躁 *im〈in (= not)

passion★★★ [ˈpæʃn]
n. 热情；（爱情、憎恶、愤怒等）强烈情感；激情；情欲；(the P~)耶稣的受难记
ⓐ passionless（缺乏热情的；冷静的）

passionate***　a. 热情的；热烈的
[ˈpæʃənət]　ⓐⓓ passionately（热情地） ⓔ passionate nature（热情的天性） passionate advocate of democracy（民主主义的强烈拥护者）

---

passive***　a. 被动的，消极的；顺从的
[ˈpæsɪv]　ⓝ passivity（被动，消极（性）；不抵抗） ⓔ passive obedience（无条件服从） passive resistance（消极的抵抗） passive resister（消极的抵抗者）

patience***　n. 耐心；忍耐（力）
[ˈpeɪʃns]

patient***　a. 有耐心的；有忍耐力的
[ˈpeɪʃnt]　ⓐⓓ patiently（有耐心地，有毅力地）

LECTURE 23

词根 MNE, MNES, MEM(OR)

来自希腊语的 mne, mnes 意为 to remember。此外，来自拉丁语的 mem (or) 也有相似的含义。

---

amnesty**　[不记得犯过什么罪 a(an (= not, without) + mne (= remember)]
[ˈæmnəsti]　n. 特赦，大赦
ⓔ Vietnam War draft dodgers were granted an amnesty by President Carter.（卡特总统赦免了越南战争期间逃避兵役的人。）

---

amnesia*　n. 遗忘（症），记忆缺失　*a(an (= without, not)
[æmˈniːziə]

mnemonic*　a. 有助于记忆的
[nɪˈmɒnɪk]

mnemonics*　n. 记忆术
[nɪˈmɒnɪks]

commemorate**　v. 纪念（人、事件）；（物品等）成为…的纪念　*com (= with, together)
[kəˈmeməreɪt]　ⓔ monument to commemorate the victory（纪念胜利的纪念碑）

commemoration**　n. 纪念；纪念仪式　*com (= with, together)
[kəˌmeməˈreɪʃn]　ⓔ in commemoration of（纪念…）

---

commemorative*　a. 纪念的　*com (= with, together)
[kəˈmemərətɪv]　ⓔ commemorative stamps / medals（纪念邮票 / 纪念奖章）

memento**　n. 纪念物，引起回忆的东西
[məˈmentəʊ]

memo**　n.（memorandum 的简略形式）备忘录，便笺
[ˈmeməʊ]　v. 记录，向…提交备忘录

memoir**　n. 传记，传略；(pl.) 自传，回忆录
[ˈmemwɑː(r)]　ⓔ war memoirs（战争回忆录）

memorable***　a. 值得怀念的
[ˈmemərəbl]

---

memorandum**　n. 备忘录，便笺；外交备忘录；【商】代销委托书；【律】交易备忘录
[ˌmeməˈrændəm]

memorial***　n. 纪念碑；记念馆；纪念物；(pl.)（历史的）记录；编年史 a. 纪念的；追悼的
[məˈmɔːriəl]　ⓥ memorialize（纪念；向…请愿） ⓔ Lincoln Memorial（林肯纪念馆） memorial to the

dead (纪念死者的纪念碑) war memorial (战争纪念碑) Memorial Day (〈韩〉显忠日；〈美〉阵亡将士纪念日) memorial park (陵园) memorial tablet ((为追悼死者而挂在教会墙上的)纪念匾) memorial service (追悼仪式)

memorize** [ˈmeməraɪz] *v.* 背诵，记忆

memory*** [ˈmeməri] *n.* 记忆，记忆力；回忆，回想

ⓔ have a good / bad (poor) memory (记忆力好/坏) memories of childhood (童年的回忆) memory bank (存储体，数据总库)

词根 MORPH

来自希腊语的 morph 意为 form。同义词根为 form。

amorphous** [əˈmɔːfəs] [没有形状的 a〈an (= not, without) + morph (= form)]

a. 无定形的；无一定方向(或目的)的；无组织的

ⓔ A nebula (exploding star) often leaves an amorphous cloud of dust and gas. (星云(爆炸的恒星)往往留下由灰尘和气体组成的不定形云体。)

anthropomorphism* [ˌænθrəpəˈmɔːfɪzəm] *n.* 拟人论，拟人观 *anthrop (= man)

metamorphose** [ˌmetəˈmɔːfəuz] *v.* (使)变形；【地】(使)变质 *meta (= change)

metamorphosis** [ˌmetəˈmɔːfəsɪs] *n.* 变形；质变；【生】变态(外貌、性格或环境等的)彻底(或显著)的变化 *meta (= change)

ⓔ the metamorphosis in the life of an insect (昆虫的变态) the social metamorphosis that has occurred in South Korea (在韩国发生的显著的社会变化)

morpheme* [ˈmɔːfiːm] *n.*【语】语素，词素

morphology* [mɔːˈfɒlədʒi] *n.*【生】形态学；【语】形态学；形态

词根 TROPH

来自拉丁语的 troph 意为 to nourish。同义词根有来自拉丁语的 nutri, al。

atrophy** [ˈætrəfi] [没有营养 a〈an (= not, without) + troph (= nourishment)]

n. 萎缩；衰退

v. (使)萎缩

ⓔ Quadriplegics often experience muscular atrophy after their paralysis. (四肢瘫痪者在瘫痪以后肌肉往往也会萎缩。)

dystrophy* [ˈdɪstrəfi] *n.* 营养失调 *dys (= bad, badly)

hypertrophy* [haɪˈpɜːtrəʊfi] *n.* (因营养过剩等而引起的)【生】肥大 *hyper (= excessive)

词根 GNO[GN, N]

来自拉丁语的 gno 意为 to know。其变形为 gn, n。同义词根有来自拉丁语的 not, sci。

agnostic* [ægˈnɒstɪk] [认为无法了解神是否存在的人 a〈an (= not) + gno (= know)]

n. 不可知论者

a. 不可知论的

ⓝ agnosticism 不可知论 ⓔ Many currently religious people were once agnostics.（现在有宗教信仰的人中有很多曾经是不可知论者。）

---

ignoble** [ɪɡˈnəʊbl]

[无法了解的 i〈in（= not）+ gno（= know）]

a. 卑劣的，不光彩的；（出身或身份）卑微的

ⓐⓓ ignobly 卑贱地；卑鄙地 ⓔ The Taliban in Afghanistan met an ignoble end at the hands of the USA.（阿富汗塔利班组织在美国手里落了个不光彩的下场。）

---

ignominious** [ˌɪɡnəˈmɪniəs]

[无法了解的 i〈in（= not）+ gno（= know）]

a. 可耻的；不光彩的

ⓝ ignominy 耻辱 ⓔ I grew up in an ignominious hovel in Haiti. （我在海地的一间简陋的小屋里长大。）

---

cognizant* [ˈkɒɡnɪzənt]

[完全知道的 co〈com（= thoroughly）+ gn〈gno（= know）]

a. 认识到的

ⓝ cognizance 察觉；认识 ⓔ The mayor was cognizant of police corruption, but did nothing.（市长明知警察腐败，却没有采取任何措施。）

---

incognito* [ˌɪnkɒɡˈniːtəʊ]

[使完全不知道 in（= not）+ co〈com（= thoroughly）+ gn〈gno（= know）]

a. 隐姓埋名的，化名的；秘密的

ad. 隐姓埋名地；化名地

ⓔ Famous movie stars often travel incognito on their vacations.（电影明星们在休假时常常化名旅行。）

---

connoisseur** [ˌkɒnəˈsɜː(r)]

[完全知道的人 con〈com（= thoroughly）+ n〈gn〈gno（= know）]

n. 鉴定人，鉴赏家；专家

ⓝ connoisseurship 鉴赏力；鉴赏家（身份） ⓔ As a certified chocoholic, I consider myself a connoisseur of chocolate.（大家都知道我酷爱巧克力，我认为自己是个巧克力专家。）

---

reconnaissance** [rɪˈkɒnɪsns]

[再一次完整地知道 re（= again）+ con〈com（= thoroughly）+ n〈gn〈gno（= know）]

n. 侦查；勘察，事先考察

ⓥ reconnoiter 侦查；勘察 ⓔ I served with a reconnaissance squadron in the Vietnam War.（越战期间我在侦查队服役。）

---

prognosticate* [prɒɡˈnɒstɪkeɪt]

[事先、提前知道 pro（= before）+ gno（= know）]

vt. 预言，预知，预测

ⓝ prognosis 预知；【医】预后（对疾病发展状况的预见） prognostication 预测，预言，预知；前兆，征候 prognosticator 预言家，预报者，占卜师 ⓐ prognostic 预后的；表现出征兆的；（*n.*）前兆；预测；预后 ⓔ The meteorologists are prognosticating the hurricane's arrival for tomorrow morning. （气象学家预测明天早晨台风会到达。）

---

diagnose** [ˈdaɪəɡnəʊz]

v. 诊断疾病 *dia（= through）

diagnosis** [ˌdaɪəɡˈnəʊsɪs]

n. 诊断；诊断的结果，诊断书 *dia（= through）

diagnostic* [ˌdaɪəɡˈnɒstɪk]

a. 诊断的 *dia（= through）

ⓔ diagnostic test（诊断测试） symptoms that were of little diagnostic value（对诊断没什么帮助的症状）

physiognomy** [ˌfɪzi'ɒnəmi] *n.* 观相术；面相；外貌，地貌 *physi (= nature)

ignorance*** ['ɪgnərəns] *n.* 无知，不学无术 *i‹in (= not)
ⓔ Ignorance is bliss. (无知便是福。)

---

ignorant*** ['ɪgnərənt] *a.* 无知的，不学无术的；不知道的 *i‹in (= not)
ⓐⓓ ignorantly (无知地；不知道地)

ignore*** [ɪg'nɔː(r)] *v.* (有意地)忽视，不理会；【律】(因证据不足而)驳回诉讼 *i‹in (= not)

cognition* [kɒg'nɪʃn] *n.* 认识，认知；知识 *co‹com (= together), gn‹gno (= know)
ⓐ cognitive (认识的，认知的)

cognomen* [kɒg'nəʊmen] *n.* 姓；绰号 *co‹com (= together)

precognition* [ˌpriːkɒg'nɪʃn] *n.* 预知，先知 *pre (= before), co‹com (= together), gn‹gno (= know)

---

recognize*** ['rekəgnaɪz] *v.* 认出，看出；认可，承认 *re (= again), co‹com (= together), gn‹gno (= know)
ⓐ recognizable (可认可的，可承认的；可辨认出的)

recognition*** [ˌrekəg'nɪʃn] *n.* 认可，承认；认识；报偿
*re (= again), co‹com (= together), gn‹gno(= know)
ⓔ receive recognition (得到(世人)认可) in recognition of his services (给他的服务以报酬) recognition of the new state (承认这个新国家)

recognizance* [rɪ'kɒgnɪzəns] *n.*【律】具结；保证金 *re (= again), co‹com (= together), gn‹gno (= know)
ⓔ enter into recognizances (具结)

词根 (A)ESTHET, (A)ESTHES

来自希腊语的 (a) esthet, (a) esthes 意为 to feel。同义词根有来自拉丁语的 sent / sens, pat / pass 和来自希腊语的 path。

---

anesthesiologist* [ˌænəsˌθiːzi'ɒlədʒɪst] [使变得没有感觉的人 an (= not, without) + esthes (= feel)]
n. 麻醉师
ⓥ anesthetize 使麻醉 ⓝ anesthesia 麻醉 anesthetist 麻醉师 anesthesiology 麻醉学 ⓐ anesthetic 麻醉的；(*n.*) 麻醉剂 ⓔ Anesthesiologists prevent surgical patients from feeling discomfort. (麻醉科医生使手术患者避免感到疼痛。)

(a)esthete* ['iːsθiːt] *n.* 唯美主义者，审美家

(a)esthetic** [iːs'θetɪk] *a.* 审美的；(人)有审美感的
ⓔ (a)esthetical (=(a)esthetic) aesthetic person (有审美眼光的人) aesthetic standards (审美标准)

(a)esthetics* [iːs'θetɪks] *n.* 美学
ⓝ (a)estheticism (唯美主义)

LECTURE 24

词根 MENT

来自拉丁语的 ment 意为 mind。

commentary** [ˈkɒməntri]
[带有意见 com (= with) + ment (= mind)]
n. 评论，批评；意见，见解；注释
ⓝ comment 注释，给…做注解；评论，提出意见 commentator 注释者；时事评论者；实况播音员 ⓔ After reading the book, please give your commentary to the class. (读完这本书之后，跟同学们谈谈你的见解。)

demented** [dɪˈmentɪd]
a. 疯狂的，狂乱的 *de (= away)
ⓔ poor, demented creature (可怜又疯狂的人)

mental*** [ˈmentl]
a. 内心的，精神的；精神病的
ⓔ mental age (智力年龄) mental arithmetic (心算) mental deficiency (智力缺陷)

mentally*** [ˈmentəli]
ad. 精神地，内心地
ⓔ mentally deficient / defective (智力缺陷的) mentally deranged (疯狂的)

mentality** [menˈtæləti]
n. 智力；精神；心理
ⓔ persons of average mentality (智力一般的人) war mentality (战争心理) good-guy-bad-guy mentality (认为世上只存在善恶之分而不存在半善半恶的思考方式)

mentor** [ˈmentɔː(r)]
n. 私人教师；良师益友；(M~) 奥德修斯 (Odysseus) 儿子的良师

词根 PACT

来自拉丁语的 pact 意为 to fasten, to agree。同义词根有来自拉丁语的 fix。

compact***
ⓐ [kəmˈpækt]
ⓥ [kəmˈpækt]
ⓝ [ˈkɒmpækt]
[用力捆绑、勒紧 com (= intensive) + pact (= fasten, agree)]
a. (汽车) 小型的；(房子) 小的；紧凑的；简洁的
vt. 压紧；塞满
n. 契约；小粉盒
ⓔ It's a compact but comfortable studio apartment. (这是一处小而舒适的一室公寓。)

impact**
ⓝ [ˈɪmpækt]
ⓥ [ɪmˈpækt]
[使劲儿系紧、捆紧 im<in (= intensive) + pact (= fasten, agree)]
n. 影响；冲突，冲击
vt. 填满；冲击
ⓔ The appeal had such an impact on me that I contributed 100 dollars. (该呼吁给我以强烈的冲击，我捐献了 100 美元。)

pact** [pækt]
n. 契约，协定，条约
ⓔ nonaggression pact (不侵犯条约) the Pact of Locarno (洛迦诺公约)

词根 PLE, PLET, PLI, PLY, PLEN

来自拉丁语的 ple, plet, pli, ply, plen 意为 to fill, full。此外，意为 to fold 的 plic, ply, pli, plex, plo 等与这些词根形态相似，注意不要混淆。

compliant*
[kəmˈplaɪənt]

[完全满足对方的心情的 com (= thoroughly) + pli (= fill)]

a. 服从的，顺从的

ⓝ compliance/compliancy 顺从 ⓥ comply 依从，顺从 ⓔ She has quite a compliant personality. (她的个性很温顺。)

complement**
ⓝ [ˈkɒmplɪmənt]
ⓥ [ˈkɒmplɪment]

[完全添满 com (= intensive) + ple (= fill)]

n. 补充（物）；【语】补语

vt. 补充，补足

ⓐ complementary 补充的 ⓔ The belief that white wine invariably complements seafood is outdated. (认为吃海鲜总是要配上白葡萄酒的想法已经过时了。)

implement***
ⓝ [ˈɪmplɪmənt]
ⓥ [ˈɪmplɪment]

[把…里面填满 im〈in (= in) + ple (= fill)]

n. 工具；手段

vt. 履行(协定、约定等)；实行

ⓝ implementation 履行；实行 ⓔ The plan will be implemented in stages, starting next week. (此计划下周开始分阶段实行。)

supplement***
ⓥ [ˈsʌplɪment]
ⓝ [ˈsʌplɪmənt]

[在下面填满 sup〈sub (= under) + ple (= fill)]

vt. sth + with + sth 补充

n. 补充，增补；补充物；附录；增刊

ⓐ supplementary 补充的，追加的 ⓔ Most breakfast cereals contain a host of vitamin and mineral supplements. (大部分的早餐谷物食品中都含有大量的维生素和矿物质添加剂。)

deplete**
[dɪˈpliːt]

[对"装满"的轻微否定 de (= reverse) + plet (= fill)]

vt. 用尽；使枯竭

ⓝ depletion 消耗；枯竭 ⓔ Some cancer medications severely deplete calcium in bones. (一些治疗癌症的药物会使骨骼中钙的含量迅速减少。)

replete**
[rɪˈpliːt]

[完全填满的 re (= intensive) + plet (= fill)]

a. 充满的；充实的；饱食的

ⓝ repletion 充满；饱食 ⓔ The shelter gave the men a Christmas dinner replete with all the trimmings. (那个避难所用各种食物拼配而成的丰盛的圣诞晚餐招待了那些人。)

replenish**
[rɪˈplenɪʃ]

[重新填满 re (= again) + plen (= fill)]

vt. 再装满；重新补充

ⓔ It's your responsibility to inventory and replenish supplies. (你的责任是盘点和补充库存。)

plenary*
[ˈpliːnəri]

[与填充的事物相关的 plen (= fill)]

a. 完全的，充分的；绝对的；(会议)全体出席的

ⓐⓓ plenarily 完全地 ⓔ A vote was held at the plenary session of the city council. (在市议会的全体会议上进行了投票。)

compliment***
['kɒmplɪmənt]

n. 称赞，赞扬；敬意；表示敬意；(pl.) 祝词
v. ['kɒmplɪment] 恭维，称赞；向…赠送(某物)以表示敬意 *com (= with, together)
ⓔ pay a compliment (称赞) give / present / send my compliments to your father (向你父亲致意) With the compliments of the season (祝贺佳节(圣诞节、新年等节日时的问候语)) With the author's compliments ((著者)谨赠，惠存(在赠送本上书写的字句)) compliment her on her new snowboard (称赞她的新滑雪板) compliment her with *Vocabulary Workshop* (向她赠送 *Vocabulary Workshop* 一书)

complimentary**
[ˌkɒmplɪ'mentri]

a. 称赞的，赞美的；表示敬意的；免费赠送的
*com (= with, together)
ⓔ complimentary address (祝词) complimentary copy / ticket / dinner (赠送本/优待券、招待券/(飞机上为顾客提供的)免费餐)

supply***
[sə'plaɪ]

v. 供给(所需或所要求的物品)，提供；满足(需求) *n.* 供给，供应；供应品；军粮补给品；储备物资；(个人的)生活费；代课教师 *sup⟨sub (= under)
ⓝ supplier ((物资等的)供应者) ⓔ supply and demand (供求) supplies in our reservoir (我们水库里的储备水) medical supplies (医药用品) supply teacher (代课教师)

complete***
[kəm'pliːt]

a. 完全的，全部的，完整的；彻底的 *v.* 结束，完成；使完整 *com (= together)
ⓐⓓ completely (完全地，彻底地) ⓔ complete failure (彻底失败) complete stranger (完全不认识的人) complete works of Shakespeare (莎士比亚全集) complete the puzzle (做填字游戏)

completion***
[kəm'pliːʃn]

n. 完成，结束；(目的的)达成；【经】(销售契约手续的)正式完成 *com (= together)
ⓔ on completion of contract (完成合同手续后) sentence completion (完成句子)

---

expletive*
[ɪk'spliːtɪv]

a. 附加的，填补的 *ex (= out)

plethora*
['pleθərə]

n. 过多，过剩；【医】多血症

plenipotentiary**
[ˌplenɪpə'tenʃəri]

n. 全权大使 *a.* 有全权的 *pot (= capable of, powerful)
ⓔ ambassador extraordinary and plenipotentiary (特命全权大使) minister plenipotentiary (全权公使)

plenitude*
['plenɪtjuːd]

n. 充分；丰富
ⓔ in the plenitude of his powers (在他权力鼎盛之时)

词根 PRESS

来自拉丁语的 press 意为 to press。

compress**
ⓥ [kəm'pres]
ⓝ ['kɒmpres]

[一起按 com (= together) + press (= press)]
vt. 压缩；压紧；概括
n. 湿敷布，压布
ⓝ compression 压缩 compressor 压缩机 ⓐ compressed 压缩的 compressible 可压缩的 ⓔ You can compress a flower between the pages of a book. (可以把花夹压在书页中间。)

---

expressly**
[ɪk'spresli]

[挤压出外边 ex (= out) + press (= press)]
ad. 明白地，清楚地；特别地，特意地
ⓥ express 表达，表示；快递；(*a.*) 明白的，明示的；快递的；快速的；(*n.*) 快

车；快运；快递公司 ⓝ expression 表达，措辞；表情 expressionism 表现主义 ⓐ expressive 表现的 expressionless 无表情的 ⓔ The web site was expressly created to support recently widowed women.（那个网站是为支持那些刚刚失去丈夫的女性们特别制作的。）

---

oppress***
[əˈpres]

[逆着某物压 op⟨ob (= against, intensive) + press (= press)]

vt. 压迫，压制；使(心情)沉重

ⓝ oppression 压制，压抑 oppressor 压制者 ⓐ oppressive 压制的，压迫的；烦闷的 ⓔ Organized religion is often used to oppress people, in my view.（依我看，组织性的宗教往往被用来压制人民。）

---

repress**
[rɪˈpres]

[向后按压 re (= back) + press (= press)]

vt. 压抑，抑制；镇压

ⓝ repression 压抑；镇压 ⓐ repressive 压抑的 repressed 被压抑的 ⓔ I've tried to repress my memories of being raped, but without success.（我努力压抑着那段被强奸的记忆，不过却没什么用。）

---

suppress***
[səˈpres]

[向下压 sup⟨sub (= under) + press (= press)]

vt. 镇压，压制；隐蔽，隐藏；抑制

ⓝ suppression 镇压，压制；隐蔽；抑制 suppressor 压制者，镇压者 ⓐ suppressive 压制的，镇压的 ⓔ She was struggling to suppress her sobs.（她拼命不让自己哭出声。）

---

depress**
[dɪˈpres]

v. 压下；使沮丧，使忧郁；使萧条 *de (= down)

ⓔ depressed classes（印度的最下层人民） depressed area（不景气地区）

depression***
[dɪˈpreʃn]

n. 意志消沉，忧郁；坑，洼地；萧条，不景气；低气压 *de (= down)

ⓔ Great Depression（大萧条） in a slight depression（在较浅的低洼处） depression over Iceland（冰岛上空的低气压）

depressive*
[dɪˈpresɪv]

a. 压下的；抑郁的，忧郁的 *n.* 经常忧郁、沮丧、消沉的人 *de (= down)

ⓔ depressive financial measures（为抑制贸易活动而采取的财政措施） depressive fit（忧郁症）

impress***
[ɪmˈpres]

v. 盖印；使感动，留下印象 *n.* 印记 *im⟨in (= on)

impression***
[ɪmˈpreʃn]

n. 压痕；印刷；印次；印数；印象；(模糊的)观念 *im⟨in (= on)

ⓝ impressionism（印象主义） impressionist（印象主义者） ⓐ impressionistic（印象主义的） ⓔ impression of a seal on wax（蜡上面的章印） first impression of 5, 000 copies（第一次印刷 5000 册）

---

impressionable*
[ɪmˈpreʃənəbl]

a. 敏感的，易受影响的 *im⟨in (= on)

ⓔ children who are at the impressionable age（处于敏感年龄的孩子们） impressionable young lady（很容易受感动的年轻女子）

impressive***
[ɪmˈpresɪv]

a. 给人深刻印象的 *im⟨in (= on)

ⓔ impressive ceremony（给人深刻印象的仪式）

pressing**
[ˈpresɪŋ]

a. 紧急的，迫切的，需立即处理的；恳切的，再三要求的 *n.*（同一批压制的）唱片

ⓔ pressing invitation（恳切的邀请） 100 pressings of a symphony（100 张交响乐唱片） pressing business（紧急事务）

pressure***
[ˈpreʃə(r)]
n. 压；压力；压迫；困扰；艰难；紧迫
ⓔ atmospheric / blood pressure（气压 / 血压） pressure cooker（高压锅） pressure gauge（压力计） pressure of work（工作压力） under strong pressure（承受巨大压力的） pressure group（(为影响政策或舆论而组织的)压力集团）

pressurized*
[ˈpreʃəraɪzd]
a.（飞机、潜水艇等）增压的

词根 CEPT, CAP, CAPT, CEIV [CEIT, CIP, CUP]

来自拉丁语的 cept, cap, capt, ceiv 意为 to take, to seize。变形为 ceit, cip, cup。同义词根有来自拉丁语的 prehend / prehens, pris, empt / em, rap / rav, sum / sumpt, lab / lep 等。其中 cap [cip] 还有 head 的含义。

concept**
[ˈkɒnsept]
[con⟨com (= together) + **cept** (= take) 一起抓、取]
n. 概念
ⓔ Dr. Jameson's theory about personality is not a new concept.（詹姆森博士有关人格的理论不是一种新概念。）

inception**
[ɪnˈsepʃn]
[带到里面去 in (= in, on) + **cept** (= take)]
n. 开始，起初，发端
ⓔ At its inception, our company had just 2 employees.（在创立初期，我们公司只有两名员工。）

intercept***
[ˌɪntəˈsept]
[在中间抓住、夺取 inter (= between) + **cept** (= take)]
vt. 拦截
ⓝ interception 拦截 interceptor 拦截者；拦截机 ⓔ Could you please intercept Ms. Barnes on her way out and give her this message?（你能去拦住巴恩斯女士告诉她这个消息吗？）

perceive***
[pəˈsiːv]
[通过某种事情抓住或理解 per (= through) + **ceiv** (= take)]
vt. 察觉，感知；认识到；理解
ⓝ perception 察觉，感知 ⓐ perceptible 可感觉到的 perceptive 感知的；敏锐的 ⓐⓓ perceptibly 可察觉地，可感觉地 cf. imperceptibly 察觉不到地，细微地 ⓔ Studies show that two witnesses can perceive the same event quite differently.（研究表明，两名证人对同一事件的理解可能有很大的不同。）

precept***
[ˈpriːsept]
[事先抓住 pre (= before) + **cept** (= take)]
n. 训诫；戒律
ⓝ preceptor 教师，训诫者 ⓔ One of the main precepts of the Boy Scouts is to be "morally straight and clean".（童子军的主要训诫之一是"品德端正纯洁"。）

susceptible**
[səˈseptəbl]
[容易被捕捉的 sus⟨sub (= under, intensive) + **cept** (= take)]
a. 易受影响的，易动感情的；敏感的；允许的；可以…的
ⓝ susceptibility 多情，善感；敏感 ⓔ Don't bother flirting with me. I'm not susceptible to your dubious charms.（不要向我卖弄风情，我对你的风情不感冒。）

capacious**
[kəˈpeɪʃəs]
[收容很多人的 cap(= take)]
a. 容积大的,宽敞的,广阔的
ⓝ capacity 接受能力;容积;能力;资格 ⓔ I love flying first class for the capacious seats.(我喜欢坐头等舱是因为头等舱坐椅宽敞。)

caption**
[ˈkæpʃn]
[抓住或采用 capt(= take)]
n.(杂志等报道的)标题,题目;附在照片、插图上的说明文字;(电影的)字幕
vt. 为…添加标题
ⓔ The caption under the picture was wrong. The editor made a mistake.(那张图下面的说明文字不对,编辑弄错了。)

captious*
[ˈkæpʃəs]
[抓住的 capt(= take)]
a. 吹毛求疵的;强词夺理的
ⓔ He's a captious sort—impossible to please.(他是那种爱挑剔的人,很难让他满意。)

recipient**
[rɪˈsɪpiənt]
[作为酬答收下 re(= back)+ cip〈cap(= take)]
n. 接受者,受领者
a. 接受的,受领的
ⓔ The award recipient was so nervous he tripped and fell off the stage!(那个获奖者太紧张了,以至于绊倒摔下了舞台!)

receptive**
[rɪˈseptɪv]
[很好地接受、理解的 re(= intensive)+ cept(= take)]
a. 易于接受的;接受的
ⓥ receive 接受;接待 ⓝ reception 接受;接待;欢迎会 receptionist 招待员 receipt 收条,收据 receiver 收取人;接收器 ⓐ receivable 可以接受的 received 被认可的,被认为标准的 ⓔ The mechanics union officials seem to be receptive to the new offer.(技工工会的干部似乎接受了新提议。)

accept***
[əkˈsept]
v. 接受;答应;认可;【商】承兑(汇票) *ac〈ad(= near)
ⓔ accept an invitation(接受邀请)

acceptable**
[əkˈseptəbl]
a. 可接受的;令人满意的 *ac〈ad(= near)
ⓝ acceptability(可接受) ⓔ acceptable present(令人满意的礼物)

acceptance***
[əkˈseptəns]
n. 接受;承认;承兑,认付;承兑汇票 *ac〈ad(= near)
ⓔ acceptance speech(〈美〉总统候选人接受提名时所作的演讲) acceptance payable(应付承兑汇票) acceptance receivable(应收承兑汇票)

accepted***
[əkˈseptɪd]
a. 公认的 *ac〈ad(= near)

conceive***
[kənˈsiːv]
v. 抱有(想法等);构想,构思,想像;认为;怀孕 *con〈com(= with, together)

conceivable***
[kənˈsiːvəbl]
a. 可想到的,可想像的 *con〈com(= with, together)
ⓐⓓ conceivably(想得到地)

conception***
[kənˈsepʃn]
n. 想法,构想;概念;怀孕 *con〈com(= with, together)
ⓐ conceptual(概念上的) ⓔ conception control(避孕)

conceit***
[kənˈsiːt]
n. 自满,自负;奇想,幻想 *con〈com(= intensive, together)

conceited** a. 骄傲自满的，自以为是的 *con⟨com (= intensive, together)
[kən'si:tɪd]

contraception* n. 避孕（法） *contra (= against)
[ˌkɒntrə'sepʃn]

---

contraceptive* n. 避孕工具，避孕药 a. 避孕（用）的 *contra (= against)
[ˌkɒntrə'septɪv] ⓔ contraceptive pills / devices（避孕药 / 避孕用具）

deceive*** v. 欺骗，行骗 *de (= away)
[dɪ'si:v] ⓝ deceiver（骗子） ⓐⓓ deceivingly（欺骗地）

deception** n. 欺骗，行骗；受骗；诈术，诡计 *de (= away)
[dɪ'sepʃn] ⓔ gross deception（大骗局）

deceptive** a. 欺骗的；虚伪的；迷惑（人）的 *de (= away)
[dɪ'septɪv]

deceit*** n. 欺骗，欺诈；谎言，欺诈手段 *de (= away)
[dɪ'si:t]

---

deceitful** a. 骗人的，欺诈的 *de (= away)
[dɪ'si:tfl] ⓐⓓ deceitfully（欺骗地，骗人地） ⓔ deceitful behavior（欺诈的行为）

except*** v. 把…除外 prep. 除…之外 *ex (= out)
[ɪk'sept] ⓟ excepting（除…之外） ⓔ present company excepted（不计这里的几个人）

exception*** n. 除外；例外；例外的人（或事物）；异议 *ex (= out)
[ɪk'sepʃn]

exceptional*** a. 例外的；特别的，特殊的 *ex (= out)
[ɪk'sepʃənl] ⓐⓓ exceptionally（例外地；特别地） ⓐ exceptionable（可反对的，可提出异议的）
ⓔ exceptional child（特殊 / 异常儿童（因智力低下、身心障碍等需要接受特殊教育的儿童））

receptacle** n. 容器 *re (= again)
[rɪ'septəkl]

---

capable*** a. 有能力的，有才能的，（人）有能力做…的
['keɪpəbl]

capability** n. 能力；(pl.) 潜能
[ˌkeɪpə'bɪləti] ⓔ nuclear capability（核能力）

captivate** v. （使）迷惑
['kæptɪveɪt]

captive*** a. （人、兽）被俘的；受监禁的
['kæptɪv] ⓔ captive audience（受制听众（指心理上被动接受广告等宣传的人））

captivity*** n. 被俘；囚禁
[kæp'tɪvəti] ⓔ in captivity（被俘；被囚禁）

---

captor** n. 捕捉者，捕获者
['kæptə(r)]

capture*** v. 捕获，俘虏；夺取；获得（奖项），赢得 n. 捕获，俘虏；捕获物
['kæptʃə(r)] ⓔ capture of a thief（捕获小偷）

incapacitate** v. 使无能力，使不能 *in (= not)
[ˌɪnkə'pæsɪteɪt]

incapable*** a. 不能的；无能的；不能正常行动的 *in (= not)
[ɪn'keɪpəbl] ⓝ incapability（无能） ⓔ drunk and incapable（醉得不能动的）

recapture** v. 夺回 *re (= back)
[ˌriːˈkæptʃə(r)]

---

anticipate*** v. 预期，期待 *ant〈ante (= before)
[ænˈtɪsɪpeɪt] ⓐ anticipatory (预期的，预先的)

anticipation*** n. 预期，预料；预料的事物 *ant〈ante (= before)
[ænˌtɪsɪˈpeɪʃn]

incipient** a. 起初的，初期的 *in (= into)
[ɪnˈsɪpiənt] ⓔ incipient decay of the teeth (早期龋齿)

participate*** v. 参加，参与 *part (= part)
[pɑːˈtɪsɪpeɪt] ⓝ participation (参加，参与) participant (参加者，参与者) ⓐ participatory (参与的) participatory democracy (分享民主制)

participle** n.【语】分词 *part (= part)
[ˈpɑːtɪsɪpl] ⓐ participial (分词的)

---

principal*** a. 主要的，首要的，最重要的 n. 校长，(组织的)负责人；(经济人或代理人所代表的)
[ˈprɪnsəpl] 委托人，本人；主要屋架；本金，资本；主犯 *prin (= first)
ⓐⓓ principally (主要地) ⓔ principal and accessory (主犯与从犯)

principle*** n. 原理，原则；信条，主义 *prin (= first)
[ˈprɪnsəpl] ⓔ moral principles (道义) low / high principled woman (品格低下的 / 高尚的女人)

prince*** n. (小国的)君主，诸侯；王子；…公；巨头；名家
[prɪns] *prin (= first), ce〈cip (= take)
ⓔ princedom (小国君主的地位或领地) princess (王妃；公主) *ON PRINCE* ((马基雅维利的)《君主论》) the Crown Prince / the Prince Imperial (王储 / 太子) the Prince of Wales (威尔士王储)

princely*** a. 王子般的；高贵的；慷慨的；豪华的；庄严的 *prin (= first), ce〈cip (= take)
[ˈprɪnsli] ⓔ princely gift (丰厚的礼物) princely mansion (豪华住宅)

principality** n. 公国；侯国；封邑；(the P~) 威尔士的别称
[ˌprɪnsɪˈpæləti]

---

recipe*** n. 烹饪法；(药剂等的)处方(符号 R)；诀窍 *re(= again, intensive)
[ˈresəpi]

occupy*** v. 居住；占用(时间、场所)；占领，占据；使(某人)从事；担任(职务)
[ˈɒkjupaɪ] *oc〈ob (= near, against, intensive)
ⓔ "Occupied" (使用中(挂在厕所、浴室等门上加以提示))

occupation*** n. 职业；居住；占有，占领 *oc〈ob (= near, against, intensive)
[ˌɒkjuˈpeɪʃn] ⓔ army of occupation (占领军)

occupational* a. 职业的 *oc〈ob (= near, intensive)
[ˌɒkjuˈpeɪʃənl] ⓔ occupational experience (工作经验，工作经历)

occupant*** n. (职位的)占有者，(房屋等的)现居住者 *oc〈ob (= near, intensive)
[ˈɒkjəpənt] ⓝ occupancy ((房屋、土地等的)占有；占用期)

---

occupier* n. 占有者；(土地或房屋的临时的)占有者
[ˈɒkjupaɪə(r)] *oc〈ob (= near, intensive)

preoccupy** v. 使(某人)全神贯注；抢先占有，抢先占据
[priˈɒkjupaɪ] *pre (= before), oc〈ob (= near, intensive)

preoccupied** a. 全神贯注的；热衷的；抢先占有的 *pre (= before), oc〈ob (= near, intensive)
[priˈɒkjupaɪd] ⓔ preoccupied by family troubles(一心只挂念家中麻烦的) preoccupied with thoughts

of the coming holidays (一心只想着即将到来的假期的)

preoccupation** n. 全神贯注，专注；偏见；关注的事物；抢先占有
[pri͵ɒkju'peɪʃn] *pre (= before), oc⟨ob (= near, intensive)
ⓔ her greatest preoccupation(她最关注的事)

recuperate** v. 恢复(健康)；挽回(损失等) *re (= back)
[rɪ'ku:pəreɪt] ⓝ recuperation (恢复；挽回) ⓐ recuperative (恢复的；有恢复力的)

LECTURE 25

词根 FER

来自拉丁语的 fer 意为 to carry, to bear。词根 lat 与 fer 都来自拉丁语的 ferre, lat 来自该词的不规则过去分词，两个词根可以一起学习。同义词根有来自拉丁语的 ger / gest, port, veh / vect 等和来自希腊语的 phor / pher 等。

confer*** [带着某物搬运或一起搬运 con⟨com (= with, together) + fer (= carry)]
[kən'fɜ:(r)]
vt. sth + on + sb 授予，赠与
vi. with + sb; about + sth 协商；比较，参看(缩写：cf.)
ⓝ conference 协商，商谈 conferment 授予 ⓔ Please confer with your academic advisor before enrolling in the course. (在选修这门课之前，请先向你们的导师咨询一下。)

deference** [向下搬运 de (= down) + fer (= carry)]
['defərəns]
n. 顺从，服从；尊敬，敬意
ⓥ defer 顺从，服从；表示敬意；延期 ⓐ deferential 恭敬的 ⓐⓓ deferentially 恭敬地 ⓝ deferment 延期 ⓔ The judge gets cranky if the attorneys don't show her proper deference. (如果律师没有表现出诚挚的敬意，法官就会变得很苛刻。)

infer*** [在里面搬运 in (= in) + fer (= carry)]
[ɪn'fɜ:(r)]
vt. (根据事实)推理，推断，推定；暗示；意味着
ⓝ inference 推论；推断 ⓐ inferential 推论的，推理的 ⓔ I infer from your dour expression that you're angry with me. (你脸色阴沉，可以推断你生我的气了。)

opprobrium* [和某人敌对，向前搬运 op⟨ob (= against) + pro (= forth) + br⟨fer (= carry)]
[ə'prəʊbriəm]
n. 耻辱，不名誉；蔑视；责难
ⓐ opprobrious 侮辱的，辱骂的；丢脸的，羞耻的 ⓔ Many Republicans said that Clinton brought unprecedented opprobrium to his office. (很多共和党人说，克林顿给他的职位带来了前所未有的耻辱。)

preferment** [向前搬运 pre (= before) + fer (= carry)]
[prɪ'fɜ:mənt]
n. 晋升，升级；(尤指教会中的)美差，高位
ⓔ He is a gentleman who never sought preferment at the cost of personal integrity. (他是一位绝不会牺牲自己的正直而谋求晋升的绅士。)

proffer*** [朝着某个东西向前输送 pr⟨pro (= forward) + of⟨ob (= toward) + fer (= carry)]
['prɒfə(r)]
vt. 提供；提出

n. 提供；提议

ⓔ We proffered our services as house painters to all our neighbors that summer.（那年夏天我们帮所有的邻居粉刷了房子。）

vociferous**
[vəˈsɪfərəs]

[出声的 voc (= call, voice) + fer (= carry)]

a. 嘈杂的，大声叫喊的

ⓥ vociferate 叫喊 ⓝ vociferation 吵闹，高喊 ⓔ The protestors made a vociferous but unsuccessful demonstration in the street.（抗议者们在街上大喊着抗议示威，但却没有取得成功。）

fertile***
[ˈfɜːtaɪl]

[可以搬运的，可带来的 fer (= carry)]

a. (土地等) 肥沃的，(植物、动物) 多产的；想像力丰富的，创造力丰富的

ⓥ fertilize 使肥沃；使受精 ⓝ fertility 肥沃，多产性；生殖力；丰富 fertilizer（化学）肥料 fertilization 施肥；肥沃 ⓔ Some people seem to have been born with a fertile imagination.（有些人似乎天生就具有丰富的想像力。）

indifference***
[ɪnˈdɪfrəns]

[搬运时注意使不脱离 in (= not) + dif〈dis (= away) + fer (= carry)]

n. 不关心，冷淡；不重要

ⓐ indifferent 不关心的；无关紧要的；平凡的 ⓔ It's hard to be in love with you when you show me only indifference.（你对我如此冷淡，我很难爱上你。）

afferent*
[ˈæfərənt]

a.【解】传入的 *af〈ad (= to, toward)

ⓔ efferent（传出的）

circumference***
[səˈkʌmfərəns]

n. 周围，周边；圆周；周长 *circum (= around)

ⓐ the circumference of the earth（地球的周长）

differ***
[ˈdɪfə(r)]

v. 不同，区别；意见不同 *dif〈dis (= away, apart)

difference***
[ˈdɪfrəns]

n. 差异，相异，不同，(量、程度、方式等的) 差别；(意见的)分歧，不和

*dif〈dis (= away, apart)

ⓔ make a difference（区别对待；起重要作用）make no difference（没有差异；无关紧要）That makes all the difference.（那使情况截然不同。）

different***
[ˈdɪfrənt]

a. 不同的，相异的；各种的；个别的；与众不同的，独特的

*dif〈dis (= away, apart)

ⓐⓓ differently（不同地） ⓔ at different times（在不同的时期） Different nations have different customs.（不同的民族有不同的风俗。） It's a different matter.（那是另一码事。） tobacco that is different（特别的烟草）

differentiate**
[ˌdɪfəˈrenʃieɪt]

v. 区别，区分 *dif〈dis (= away, apart)

ⓝ differentiation（区别） ⓔ differentiate varieties of plants（区分各种植物） differentiate between pupils（对学生区别对待）

differential**
[ˌdɪfəˈrenʃl]

a. 区别的，差别的 *n.* (在相同行业里依据熟练程度而产生的) 工资级差

*dif〈dis (= away, apart)

ⓔ differential tariffs（差别关税） differential diagnosis（【医】鉴别诊断） differential gear（差动齿轮） differential calculus（【数】微分学）(integral calculus（积分学）) differential coefficient（导数） differential equation（微分方程） wage differential（工资差异）

interfere***
[ˌɪntəˈfɪə(r)]

v. 干涉，干预；(工作、事情等) 相冲突；打扰，妨碍 *inter (= between)

ⓔ interfering old lady（爱管闲事的老太婆）

interference***　*n.* 干涉；妨碍　*inter (= between)
[ˌɪntəˈfɪərəns]　ⓔ interference in internal affairs (干涉内政)

offer***　*v.* 提供，提出；提议；备有…出售；出价，报价；施加；贡献，奉献
[ˈɒfə(r)]　*n.* 提议；提供；开价；报价；奉献　*of⟨ob (= to, toward)
ⓔ offer an opinion (提出意见)　offer $500,000 for a house (房子要价 50 万美元)　You offer. (你出个价吧。)　accept / decline an offer (接受 / 拒绝一项提议)　special offer (特价优惠)

---

offering***　*n.* 提议；提供；(向神) 贡奉；祭品，供品；捐款　*of⟨ob (= to, toward)
[ˈɒfərɪŋ]　ⓔ offering of bribes (行贿)　offering plate ((教会的) 捐款盘)

offertory*　*n.* (礼拜时的) 献金　*of⟨ob (= to, toward)
[ˈɒfətri]

prefer***　*v.* 宁愿 (选择)，更喜欢；提出(控告等)；〈古〉提升，提拔　*pre (= before)
[prɪˈfɜː(r)]　ⓔ prefer a charge against a motorist (控告汽车驾驶人)

preferable**　*a.* 更好的，更可取的　*pre (= before)
[ˈprefrəbl]　ⓐⓓ preferably (宁愿，宁可)　ⓔ Poverty is preferable to ill health. (贫穷总比得病强。)

preference***　*n.* 更喜爱，偏爱；偏爱的事物，优选物；优先(权)；(关税的) 特惠
[ˈprefrəns]　*pre (= before)
ⓔ have a preference for French novels (更喜欢法国小说)　What are your preferences? (你更喜欢什么?)

---

preferential*　*a.* 优先的，优先提供 (或接受) 的；(关税等) 特惠的　*pre (= before)
[ˌprefəˈrenʃl]　ⓔ get preferential treatment (获得优待)　preferential voting (选择选举制)

refer***　*v.* 谈及；查询；参考；把…归因于　*re (= again)
[rɪˈfɜː(r)]　ⓐ referable (可归因于…的)

reference***　*n.* 查阅；参照，参考；谈及；委托；推荐信；参考文献，参考资料　*re (= again)
[ˈrefrəns]　ⓐ referential (参照的，参考用的；与…有关的)　ⓔ reference book (参考书 (如词典、百科全书等))　excellent references from former employers (前雇主的特别推荐)

referendum**　*n.* 公民投票　*re (= again)
[ˌrefəˈrendəm]

referee**　*n.* (比赛的) 裁判员　*v.* 裁判　*re (= again)
[ˌrefəˈriː]　ⓔ referee a football match (担任足球赛的裁判)

---

suffer***　*v.* 承受 (痛苦、损害等)，经受，经历 (不快的事)，遭受；忍受　*suf⟨sub (= under)
[ˈsʌfə(r)]　ⓝ sufferer (承受痛苦的人；患者；受难者)　ⓐ sufferable (可忍受的，可容忍的)　ⓔ suffer from headaches (头疼)

suffering***　*n.* (身心的)痛苦；(pl.) 苦难；令人痛苦的事　*suf⟨sub (= under)
[ˈsʌfərɪŋ]　ⓔ the sufferings of the Jews (犹太民族的苦难)

sufferance**　*n.* 忍受，忍耐　*suf⟨sub (= under)
[ˈsʌfərəns]　ⓔ on sufferance (勉强的)

transfer***　*v.* 搬运，使转移；改变，转换；调动；转让，让与 (财产、权利、头衔等)；转乘
[trænsˈfɜː(r)]　*n.* 迁移，转移；移交，转让；转账；转运；(职务等的) 调动，调任；传递 (或转换等) 的方法；运送工具，调动手段；汇兑，汇划 (尤指电汇)；转车 (或船、飞机) 票，转车 (或船、飞机) 处，(汽车或火车的) 摆渡处，(汽车或火车的) 渡轮；转让证书；转学证书；转队证书；调职者，调任者；转学生；调换部队者；(股票等的) 过户；过户凭单
*trans (= over, through)

ⓝ transference（转移，传递，传输；（职务等的）调动，调任；（财产等的）转让，让与；【心】移情） ⓔ transfer fee（搬运费） transfer ticket（渡轮票）

transferable**
[træns'fɜːrəbl]
a. 可转移的；可流通的；可转让的，可转换的 *trans (= over, through)
ⓔ transferable accounts（可转拨账户） Railway tickets are not transferable.（火车票是不可转让的。）

infertile*
[ɪn'fɜːtaɪl]
a. 不肥沃的，贫瘠的，不毛的；不结果实的，不生育的 *in (= not)
ⓔ infertile eggs（未受精卵）

词根 FISC

来自拉丁语的 fisc 意为 chest, money basket。

confiscate**
['kɒnfɪskeɪt]
[使和金库分开con〈com (= with) + fisc (= chest)]
vt. 没收，充公
ⓝ confiscation 没收，充公 ⓔ The dorm director will confiscate any illegal drugs.（宿舍管理员将没收所有非法药品。）

fiscal**
['fɪskl]
a. 国库的；财政的；会计的
ⓔ fiscal year（财政年度（美国的财政年度于9月30日结束）） fiscal stamp（印花税票）

词根 SEQU, SECUT [SU]

来自拉丁语的 sequ, secut 意为 to follow，su 为其变形。

consequence***
['kɒnsɪkwəns]
[一起跟来 con〈com (= with) + sequ (= follow)]
n. 结果；重要性
ⓐ consequent 作为结果发生的 consequential 作为结果发生的；重大的
ⓐⓓ consequently 所以，结果 ⓔ Fifty-three people lost their homes as a consequence of the tornado.（那次龙卷风使53人失去了家园。）

inconsequential*
[ɪnˌkɒnsɪ'kwenʃl]
[不一起跟随的 in (= not) + con〈com (= with) + sequ (= follow)]
a. 不合逻辑的，不合伦理的；不重要的，细小的
ⓔ An inconsequential number of people actually read my book.（只有极少数人认真地阅读了我的书。）

obsequious**
[əb'siːkwiəs]
[追随得让人感到碍手碍脚的 ob (= in the way) + sequ (= follow)]
a. 奉承的；拍马屁的
ⓔ It's difficult for me to trust obsequious people.（我很难信任阿谀奉承的人。）

subsequent***
['sʌbsɪkwənt]
[在下面或尾部接着发生的 sub (= under) + sequ (= follow)]
a. 后续的；以后的
ⓐⓓ subsequently 此后，其后，随后 ⓝ subsequence 后继 ⓔ Subsequent tests revealed that she was suffering from pleurisy.（随后的检查结果表明她患上了肋膜炎。）

persecute***
['pɜːsɪkjuːt]
[坏事一直跟着 per (= through, throughout) + secut (= follow)]
vt. 迫害；纠缠；为难
ⓝ persecution 迫害；纠缠 persecutor 迫害者 ⓔ I was persecuted for months

by an IRS representative who said I owed more taxes.（几个月以来，我一直被一位美国国内收入署职员所纠缠，他说我欠缴更多税金。）

prosecute***
[ˈprɒsɪkjuːt]
［事先追踪行迹 pro（= before）+ secut（= follow）］
vt. 起诉，告发；从事，经营
ⓝ prosecution 起诉，告发；从事，经营；控方，原告；检察当局 prosecutor 检察官；起诉人 ⓔ The DA decided not to prosecute the young man, as it was his first offense.（鉴于那个年轻人是初犯，地方检察官决定不起诉他了。）

ensue***
[ɪnˈsjuː]
［紧接在某事物的后边发生 en（= intensive）+ su〈sequ（= follow）］
vi. 随后发生；接着发生；因而发生
ⓐ ensuing 接下来的，接着发生的 ⓔ Widespread looting ensued after the race riot.（种族暴乱之后紧接着发生了大规模的掠夺。）

inconsequent*
[ɪnˈkɒnsɪkwənt]
a. 不一致的；不切题的 *in（= not），con〈com（= with）
ⓔ inconsequent remark（不切题的话）

sequel**
[ˈsiːkwəl]
n.（前面发生的事的）继续，后续；结果，结局；（故事、电影等的）续集，续篇
ⓔ sequel to the novel（小说的续篇） in the sequel（后来）

sequence***
[ˈsiːkwəns]
n. 接连，连续；（事件等的）顺序，序列；结果
ⓐ sequent（连续的；继起的；作为结果而产生的） sequential（连续的，相继的，随之而来的；作为结果发生的） ⓔ in regular sequence（按次序地，有条不紊地） in historical sequence（按照历史顺序） a sequence of bad harvests（连续歉收） in alphabetical sequence（按照字母顺序）

consecutive**
[kənˈsekjətɪv]
a. 连续的 *con〈com（= together）
ⓔ consecutive holidays（连休） on five consecutive days（连续五天）

execute***
[ˈeksɪkjuːt]
v. 实行（要求、命令等），履行，实施，执行；处死；演奏；（按计划）制成
*ex（= intensive），ecut〈secut（= follow）
ⓝ executant（实行者，执行者；演奏者） ⓔ execute a plan（执行计划） execute a will（执行遗嘱） execute a murderer（处死杀人犯）

execution***
[ˌeksɪˈkjuːʃn]
n.（计划等的）实行，执行，履行；（作品等的）制作，完成；（音乐等的）演奏；技巧；（武器的）杀伤力，破坏效果；执行死刑，处决
*ex（= intensive），ecut〈secut（= follow）
ⓝ executioner（死刑执行人） executor（遗嘱执行人） ⓔ execution by hanging（处以绞刑） a writ of execution（执行令）

executive***
[ɪgˈzekjətɪv]
a. 执行的；实行的；有执行权的；行政（上）的，行政性的 *n.*（the ~）（政府的）行政部门；执行官，（企业的）经理；主管领导
*ex（= intensive），ecut〈secut（= follow）
ⓔ executive committee（执行委员会） executive director（执行董事） Chief Executive（最高行政长官；〈美〉总统；州长） County Executive（县长） executive agreement（（和他国政府间的）行政协定） executive officer（行政长官）executive order（〈美〉总统的行政命令（一般写成 E.O.）） executive privilege （（为保护机密而享有的）行政特权，总统特权） executive secretary（行政秘书，执行秘书）

pursue***
[pəˈsjuː]
v. 追赶，追踪，追击；纠缠；进行，执行；以…为目标，追求 *pur〈pro（= forth, before）
ⓝ pursuer（追赶者；追求者） ⓔ pursue a robber（追赶强盗） pursue pleasure（追求快乐）pursued by misfortune（被厄运纠缠）

pursuit*** [pəˈsjuːt] *n.* 追赶，追击；追求；职业；消遣 *pur〈pro (= forth, before)

ⓔ a fox with the hounds in hot pursuit（被猎狗猛追的狐狸）

pursuant* [pəˈsjuːənt] *a.* 遵循的 *ad.* 相符地，一致地 *pur〈pro (= forth, before)

ⓝ pursuance（追赶，追求；进行；遵循） ⓔ pursuant to your instructions（依照您的指示） pursuant to Article 12（依据第12条）

---

sue*** [suː] *v.* 控告，对…提出诉讼；恳请，请求

ⓔ sue for a divorce / peace（提出离婚诉讼 / 请求和解）

suit*** [suːt] *n.* 控告，诉讼；恳求；一套外衣 *v.* 适合；适当；合…的心意；相配

ⓝ suiting（西装料） ⓐ suitable（合适的，适当的） ⓔ bring a suit against somebody（对某人提出诉讼） criminal / civil suit（刑事诉讼 / 民事诉讼）

suitor** [ˈsuːtə(r)] *n.* 起诉者，原告；（男性）求婚者

suite*** [swiːt] *n.*（重要人物的）随员；（由几部分组成的）一套家具；套房（如宾馆里除卧室以外还带有客厅、会客室的房间）；（物品的）一套；系列

ⓔ dinning-room suite（一套餐厅家具） lounge / bedroom suite（一套休息室 / 卧室家具） computer suite（计算机套装软件）

词根 SERV

来自拉丁语的 serv 意为 to serve, to keep。

---

conserve***
ⓥ [kənˈsɜːv]
ⓝ [ˈkɒnsɜːv]

[用某物来维持 con〈com (= with) + **serv** (= serve, keep)]

vt. 保存，维护

n. (pl.) 水果蜜饯；果酱

ⓝ conservation 保护，保存；管理 conservancy（河道；港口的）管理局；保护 conservatism 保守主义 ⓐ conservatory 保守性的；(*n.*)温室；音乐（或美术、话剧）学校 conservative 保守的；(*n.*)保守主义者，保守党人 ⓔ The primary goal of historical societies is to conserve landmarks.（历史学会的首要目标是保存文化古迹。）

---

subservient** [səbˈsɜːviənt]

[在下面侍奉、有帮助的 sub (= under) + **serv** (= serve)]

a. 有益的；屈从的；从属的

ⓥ subserve 有利于；促进，推动 ⓝ subservience 屈从；有益 ⓔ Australia's subservient relationship with England gave way to an equal relationship.（澳大利亚和英国恢复了平等，取代了澳大利亚从属于英国的关系。）

---

servile** [ˈsɜːvaɪl]

[侍奉的 **serv** (= serve)]

a. 奴隶的，奴隶般的；不独立的；阿谀的，屈从的

ⓝ servility 奴性；卑屈，屈从 ⓔ I think his promotion owes more to his servile manner than to talent.（我认为他之所以能够升迁，更多是因为他善于奉迎而非有才能。）

---

conservatory** [kənˈsɜːvətri] *n.* 温室；音乐学校 *con〈com (= with, together)

deserve*** [dɪˈzɜːv] *v.* 应受；值得 *de (= down)

deserved*** [dɪˈzɜːvd] *a.* 当然的，应得的 *de (= down)

ⓐⓓ deservedly（理所应当地，应得地） ⓔ deserved reward / praise / punishment（应得的补偿 / 称赞 / 惩罚）

deserving** [dɪˈzɜːvɪŋ]
a. 应得的，值得的；值得帮助的 *de (= down)
ⓔ deserving cause（值得赞助的事业） deserving of sympathy（应该受到同情的） deserving of praise（值得获得称赞的）

observe*** [əbˈzɜːv]
v. 奉行（规则等），遵守；庆祝（节日、纪念日、生日等）；察觉；观察；监视；发表意见
*ob (= to, intensive)
ⓐ observing（观察力敏锐的，注意观察的；从事观察的） observable（看得见的，可观察到的，值得注意的） ⓔ observe Christmas（庆祝圣诞节） He observed that the plan would work well.（他说那个计划会顺利进行。）

---

observation*** [ˌɒbzəˈveɪʃn]
n. 观察，注意，监视；观察力；(pl.) 观察资料；观察数据
*ob (= to, intensive)
ⓔ observation car（瞭望车） a man of little observation（观察力极差的人）

observatory** [əbˈzɜːvətri]
n. 瞭望台；天文台；气象台；观测所
*ob (= to, intensive), ory (= place where)

observer*** [əbˈzɜːvə(r)]
n. 观察员（列席会议但没有投票权）；观察者，观测者，监视者；遵守者
*ob (= to, intensive)

observance*** [əbˈzɜːvəns]
n.（法律、规则、习惯等的）遵守，奉行；仪式 *ob (= to, intensive)
ⓔ the observance of the Sabbath（守安息日） the observance of the Queen's birthday（庆祝女王诞辰）

observant** [əbˈzɜːvənt]
a. 观察力敏锐的，遵守（法律、习惯等）的 *ob (= to, intensive)
ⓔ observant boy（观察力敏锐的孩子） observant of the rules（遵守规则的）

---

preserve*** [prɪˈzɜːv]
v. 保护，保存；防腐，保藏；保持，维持；禁止他人捕猎 *n.* (pl.) 果酱，蜜饯；禁猎地
*pre (= before)
ⓐ preservable（可保存的；可保护的） ⓝ preserver（保存者，保护者；起保护作用的东西） ⓔ God preserve us!（上帝保佑我们！）

preservation*** [ˌprezəˈveɪʃn]
n. 保存，保藏；保护 *pre (= before)
ⓔ in good preservation（保存得好的）

preservative** [prɪˈzɜːvətɪv]
a. 有保存能力的；有利于保藏的 *n.* 防腐剂 *pre (= before)
ⓔ fresh cream free from preservatives（没有添加防腐剂的新鲜奶油）

reserve*** [rɪˈzɜːv]
v.（为未来或者某种目的而）保留，储备；（为某个特定的人）准备，预备；预约，保留（权利）；预订 *n.* 储备（物），备用（物）；预备队；保留地；严肃；节制；谨慎
*re (= again)
ⓝ reservist（预备役军人）

reserved** [rɪˈzɜːvd]
a. 保留的，留作专用的；预约的，预备的；有节制的；内向的，沉默寡言的
*re (= again)
ⓐⓓ reservedly（拘谨地；有节制地） ⓔ reserved for special guests（留给贵宾的） All seats reserved.（所有席位都已预订。） reserved seat（预约席，指定席，包席） All rights reserved.（版权所有。）

---

reservation*** [ˌrezəˈveɪʃn]
n. 预约，保留；专用地；（印第安人的）居留区 *re (= again)
ⓔ make reservations（预约） without reservation（无条件地；无保留地）

reservoir*** [ˈrezəvwɑː(r)]
n. 蓄水池；储藏所；（知识等的）储备 *re (= again)
ⓔ reservoir of a fountain pen / an oil lamp（钢笔里的墨水囊 / 油灯里的油盒）

serve*** [sɜːv]
v. 服务；供职，任职；（商店）接待（客人）；端上，提出（食物）；有助于…，对…有用；使满足；对待；服役；送达（令状等）；发球；（在弥撒中）充当助祭 *n.*（网球等的）发球

ⓔ Dinner is served.（晚饭都摆好了。） It serves him right.（他活该。） serve ten years of sentence（服刑十年） serve a summons / writ / warrant on somebody（向某人送达传票/令状 / 逮捕（或搜查）令） serve a ball（发球） First come, first served.（先到先接待。）

servant*** [ˈsɜːvənt]
n. 仆人，佣人；雇工；事务员
ⓔ public servant（公务员，公仆） civil servant（文职人员）

server** [ˈsɜːvə(r)]
n. 服务者，侍者；餐具
ⓔ salad-servers（色拉盘）

---

serving* [ˈsɜːvɪŋ]
n.（食物等的）一份
ⓔ four servings（四人份）

service*** [ˈsɜːvɪs]
n. 贡献；（为客人提供的）服务；（交通机关的）公共设施；（政府的）部门；宗教仪式，礼拜式；（商品售出后提供的）维修服务；（需要专业知识的）服务 *v.*（车、机器等售出后）维修，保养
ⓔ serviceman（军人） service charge（服务费） have the car serviced regularly（定期维修汽车）

serviceable** [ˈsɜːvɪsəbl]
a. 适于日常穿戴的；耐用的；有用的
ⓔ serviceable clothes for school children（适于学生穿的衣服）

servitude** [ˈsɜːvɪtjuːd]
n. 奴役(状态)；苦役
ⓝ servitor（侍从，仆人；（牛津大学的）工读生）

LECTURE 26

词根 STRAIN, STRICT, STRING, STRESS[STRANG]

来自拉丁语的 strain, strict, string, stress 意为 to bind, to tie, to draw tight。strang 是它们的变形。同义词根有来自拉丁语的 lig [li, leag, ly], cinct, nect/next 等和来自盎格鲁-撒克逊语的 bond。此外，意为 to join 的 junct/join/jug 也与这些词根相似。

---

constrain*** [kənˈstreɪn]
[全部都绑上 con⟨com (= together) + strain (= tie, draw tight)]
vt. 迫使，强制，强迫；压制，抑制；束缚，拘束
ⓝ constraint 强制，强迫 ⓐ constrained 被迫的 ⓔ I feel constrained by my religious beliefs to object to capital punishment.（我的宗教信仰迫使我反对死刑制度。）

---

constrict* [kənˈstrɪkt]
[用力捆绑con⟨com (= together, intensive) + strict (= tie)]
vt. 勒紧，压缩；（血管、肌肉）收缩；限制行动
ⓝ constriction 压缩；收缩 constrictor 压缩机；大蟒 ⓐ constricted 压缩的
ⓔ I hate clothing that constricts my movement.（我讨厌限制活动的衣服。）

---

restrict*** [rɪˈstrɪkt]
[压着捆 re (= back, intensive) + strict (= tie, draw tight)]
vt. 限制，限定；约束，束缚
ⓔ We had to restrict Donna's privileges because she wouldn't study enough.（我们不得不限制唐娜的一些特权，不然她不好好学习。）

stringent** [扎起来的 string (= tie)]

[ˈstrɪndʒənt] *a.* 规则严格的；严厉的，不能违背的；银根紧的，资金短缺的

ⓝ stringency 严厉 ⓔ The captain is very stringent about enforcing the curfew rules.(警察局副巡官在执行夜间宵禁令方面非常严格。)

---

distrain* *v.* (为获取租费而) 扣押 *di<dis (= away)

[dɪˈstreɪn] ⓝ distraint (扣押) distrainer (扣押人) distrainee (财务被扣押者) ⓔ distrain upon one's furniture for rent (扣押某人的家具作为房租)

restrain*** *v.* 抑制；束缚 *re (= back)

[rɪˈstreɪn] ⓐ restrained (严谨的；抑制的；克制的)

restraint*** *n.* 抑制，束缚 *re (= back)

[rɪˈstreɪnt] ⓔ without restraint (无拘无束地，自由地) the restraints of poverty (贫困的束缚)

strain*** *v.* 拉紧；歪曲；滥用；紧抱；(用布、筛子) 过滤 (液体)

[streɪn] *n.* (人的) 血缘，世系；种，族；(动植物的) 种，品种；气质，(性格上的) 倾向；曲子，旋律，歌；诗节，歌节；口吻，语气；笔调；情调

ⓝ strainer (过滤器，筛子) ⓔ strain a rope to breaking-point ((如同要拉断一样) 拉紧绳子) strain every nerve (竭尽全力) nervous strain (神经质) speak in a lofty strain (傲慢地说话) a strain of insanity (疯狂) spaniel of good strain (优良品种的西班牙猎狗)

strained* *n.* (行动) 勉强的；不自然的；牵强附会的；紧张的

[streɪnd] ⓔ strained relations (紧张的 (一触即发的) 关系) strained cordiality (不自然的热情) strained laugh (强笑)

---

unrestrained** *a.* 无限制的，无拘束的 *un (= not), re (= back)

[ˌʌnrɪˈstreɪnd]

district*** *n.* 地域，地区；选区 *di<dis (= away)

[ˈdɪstrɪkt] ⓔ district attorney ((美) 地方检察官) District Council ((英) 区自治会) district court ((美) 地方法院) district leader ((美) 州议会议员选区的政党领导人) district office (区政府) the District of Columbia (哥伦比亚特区 (即美国首都华盛顿)) single-member district system (单名选区制) multi-member district system (复数选区制)

strict*** *a.* 严格的，严厉的；完全的

[strɪkt] ⓐⓓ strictly (严格地，严厉地) ⓔ strict father (严厉的父亲) strict discipline (严格的训练) strict truth (完全属实) strict order (严令)

stricture* *n.* 苛评，责难；【医】(人体导管病变性的) 狭窄

[ˈstrɪktʃə(r)]

strait*** *n.* [和专有名词一起使用] 海峡；(pl.) 危难 *a.* 狭窄的；苦恼的

[streɪt] *strait<strict (= bind)

ⓥ straiten (使窘困，使困苦) ⓔ the Straits of Gibraltar (直布罗陀海峡) the Strait of Dover (多佛尔海峡) in financial straits (经济拮据的) in great straits (陷入严重困境的) straitgate (窄门)

---

astringent** *a.* 收敛性的；严厉的，严格的 *n.* 收敛剂 *a<ad (= to)

[əˈstrɪndʒənt] ⓝ astringency (收敛性；严格)

strangle** *v.* 扼死，使窒息 *strang<string (= bind)

[ˈstræŋgl] ⓝ strangulation (扼死，窒息) ⓔ stranglehold (压制；束缚)

string*** *n.* 绳 (比 cord 细，比 tread 粗)，线，细绳；一串东西，一连串；(乐器或弓等的) 弦；

[strɪŋ] (the strings) 弦乐器；木偶牵线 *v.* 给 (弓、小提琴等) 上弦，调弦；用线串起 (珍珠等)；用绳缚，系；排成一排前进

ⓔ a piece of string (一根线) a string of beads / pearl (一串珠子 / 珍珠) a string of abuses / curses (一连串的辱骂 / 诅咒) a string of horses (一群马) a string of cars waiting at a red light (一连串等红灯的车) have two strings to one's bow (脚踏两只船，有两手准备) pull (the) strings (在幕后操纵) string-puller (幕后操纵者) no strings (attached) / without strings ((国家间的资金援助)无附带条件的 / 无条件的)

stringy** [ˈstrɪŋi]
a. 线状的，绳状的；多纤维的；有筋的；黏稠的；瘦而结实的
ⓔ stringy meat (有筋的肉)

词根 TEMPOR

来自拉丁语的 tempor 意为 time, age, season。同义词根有来自拉丁语的 ev 和来自希腊语的 chron。

contemporary*** [kənˈtemprəri]
[和时间、时代、现代同时 con〈com (= together) + tempor (= time)]
a. 现代的，当代的；同时代的
n. (pl.) 同时代的人；当代人；同龄人
ⓐ contemporaneous 同时发生的，同时代的 ⓔ Many contemporary poets can't make enough money to sustain them by writing poetry. (许多现代诗人都无法靠写诗来赚钱维持生计。)

extemporary* [ekˈstemprəri]
a. 即席的，即兴的 *ex (= out)

extempore* [ekˈstempəri]
ad./a. 即席地(的)，即兴地(的)，无准备地(的) *ex (= out)
ⓔ speak extempore (即兴发言)

extemporaneous* [ekˌstempəˈreɪniəs]
a. 即席的，即兴的，无准备的；临时的；权宜之计的 *ex (= out)
ⓔ extemporaneous speech (即席讲话) extemporaneous death (当场死亡) extemporaneous shelter against a storm (为躲避暴风雨而临时搭建的避难所)

temporary*** [ˈtemprəri]
a. 临时的，暂时的，一时的
ⓐⓓ temporarily (暂时地，临时地) ⓔ temporary employment (临时雇用) temporary job (临时工作) temporary measures (权宜之计)

temporal** [ˈtempərəl]
a. 时间的；世俗的，现世的；暂时的 *n.* 颞部
ⓔ temporal power of the Pope (教皇处理世俗事务的俗权) temporal affairs (世俗之事) temporal prosperity (一时的繁荣)

temporality* [ˌtempəˈræləti]
n. 暂时性；(pl.) 宗教团体的不动产
ⓝ temporalty (〈古〉[总称]俗人) ⓔ temporalities of the Church (教会的不动产)

temporize** [ˈtempəraɪz]
v. 拖延(决定、答复等)；(为争取时间而)敷衍；迎合潮流

temporizing* [ˈtempəraɪzɪŋ]
a. (为争取时间而)敷衍的；顺应时势的，迎合潮流的
ⓔ temporizing politicians / answer (敷衍的政客 / 回答) temporizing measures (权宜之计)

tempest*** [ˈtempɪst]
n. 暴风雨；骚乱，动乱 *temp〈tempor (= time)
ⓔ tempest-swept / tempest-tossed (受暴风雨横扫的 / 被暴风雨摆弄，颠簸飘摇的)

tempestuous** [temˈpestʃuəs]
a. 暴风雨的；暴风雨般的；剧烈的；骚动的
ⓔ in a tempestuous mood (心情激动的) tempestuous political meeting (喧闹的政治集会)

词根 CID, CAD, CAS

来自拉丁语的 cid, cad, cas 意为 to fall。同义词根有来自拉丁语的 laps 和来自希腊语的 pto。

---

coincide** [ˌkəʊɪnˈsaɪd]
[同时落到某物上 co〈com (= together) + in (= upon) + cid (= fall)]
vi. with + sth 同时发生; (想法等)一致; 重合
ⓝ coincidence 同时发生; 恰巧一致 ⓐ coincident 一致的; 同时发生的 coincidental 恰巧一致的; 同时发生的 ⓔ Your arrival coincides with our dinner hour, so why don't you eat with us? (你到时恰巧是我们吃晚饭的时间, 那你就和我们一起吃饭吧。)

---

decadence** [ˈdekədəns]
[掉到下边 de (= down) + cad (= fall)]
n. (道德等的)堕落, 颓废, 衰退
ⓥ decay 腐烂, 衰退; (*n.*)腐败, 衰落 ⓐ decadent 堕落的, 颓废的 ⓔ Conservative religions often preach against worldly decadence. (保守的宗教常常宣扬要抵制世俗的堕落。)

---

accident*** [ˈæksɪdənt]
n. (突发)事故; 灾害, 灾难; 偶然(性) *ac〈ad (= to, near)
ⓔ accident insurance (伤害/灾害保险) have an accident (遭遇事故) Accidents will happen. (出事是难免的。)

accidental*** [ˌæksɪˈdentl]
a. 偶然的, 意外的 *ac〈ad (= to, near)
ⓐⓓ accidentally (偶然地, 意外地) ⓔ accidental death (意外死亡) accidental homicide (意外杀人)

deciduous** [dɪˈsɪdʒuəs]
a. (树木)落叶性的; (牙、角等)定期脱落的 *de (= down)
ⓔ deciduous tree (落叶树) deciduous teeth (乳齿, 乳牙)

incident*** [ˈɪnsɪdənt]
n. 事情; (政治中的)事件, 变故, 事变 *a.* 容易发生的; 伴随的 *in (= into)
ⓔ Political Incident of the Year of Kapshin (甲申政变) risks incident to the life of a test pilot (试飞员免不了要冒的生命危险)

incidental** [ˌɪnsɪˈdentl]
a. 伴随的, 附带的; 次要的; 易发生的 *in (= into)
ⓐⓓ incidentally (附带地; 偶然地) ⓔ incidental expenses (额外开支, 杂费) discomforts incidental to exploration in a wild country (在未开拓地区的探险过程中易碰到的不便之处)

---

incidence** [ˈɪnsɪdəns]
n. 发生率; (事件的)影响 *in (= into)
ⓔ incidence of a disease (某种疾病的发病率)

occident** [ˈɒksɪdənt]
n. (the O~) 西方, 欧美 (↔ the Orient 东方) *oc〈ob (= to, toward)

occidental** [ˌɒksɪˈdentl]
a. (O~) 西方的, 欧美的 *oc〈ob (= to, toward)
ⓔ Occidental civilization (西方文明)

recidivist* [rɪˈsɪdɪvɪst]
n. 【律】再犯; 累犯 *re (= again)
ⓝ recidivism (再犯; 累犯)

parachute*** [ˈpærəʃuːt]
n. 降落伞 *v.* 用降落伞投下、下降 *para (= ward off), chut〈cad (= fall)
ⓝ parachutist (伞兵, 跳伞者) ⓔ parachute troops / flares (伞兵部队 / 伞投照明弹) men parachuted behind the enemy lines (在敌人后方跳伞降落的人)

---

cadaver* [kəˈdævə(r)]
n. 尸体, 尸首
ⓐ cadaverous (死尸样的; 灰白的)

caddish* [ˈkædɪʃ]
a. 粗俗的, 下贱的
ⓔ caddish behavior (粗俗的行为) caddish trick (下流的诡计)

cadence** n. 节奏，韵律；【音】终止式
[ˈkeɪdns]

cascade** n. 瀑布；瀑布状的东西 v. 像瀑布似的落下 *cad (= fall)
[kæˈskeɪd]

occasion*** n.（特别的事情发生的）时候，场合；机会；理由；起因；需要；动机；盛典
[əˈkeɪʒn] v. 引起 *oc〈ob (= to, near)
ⓔ on several occasions（屡次，好几次） on this occasion（借此机会） have no occasion to do（没有…理由（或必要）做…） on great occasions（在大庆 / 盛典时期） occasion a riot（引起骚动）

---

occasional*** a. 偶尔的，有时的，偶然的；临时的 *oc〈ob (= to, near)
[əˈkeɪʒənl] ⓐⓓ occasionally（偶然，有时） ⓔ fine except for occasional rain（晴，间或有小雨）

case*** n. 事例；情况，情形；事件，问题；患者，症状；诉讼(案件)，判例；箱子，容器，盒子
[keɪs] v. 装箱
ⓝ casebook（个案记录簿（法律、医学等的具体事例集），判例集） ⓔ in any case（无论如何） in nine cases out of ten（十之八九） a case of now or never（千载难逢的好时机） a hard case（棘手的问题；顽固的人） a case of influenza / smallpox（流行性感冒患者 / 天花患者） leading case（例案） case law（判例法） case study（事例研究）

casual*** a. 偶然的，意外的；不经心的；非正式的；不定期的，临时的
[ˈkæʒuəl] ⓐⓓ casually（偶然地，无意地） ⓔ casual wear（便装） casual remark（随口说出的话）

casualty** n. 不幸事故；(pl.) 伤亡人员
[ˈkæʒuəlti] ⓔ casualty insurance（灾害保险） heavy casualties（众多死伤者） total casualties（伤亡总数）

词根 SOLID[SOLD]

来自拉丁语的 solid 意为 firm, whole。注意勿与意为 comfort, alone, sun, whole / entire 的 sol 相混淆。

---

consolidate*** [使非常结实 con〈com (= together) + solid (= firm)]
[kənˈsɒlɪdeɪt] vt. 合并，统一；变坚固，强化
ⓝ consolidation 强化；合并，统一 ⓔ The companies consolidated several divisions after their merger.（那几家公司联合之后合并了几个部门。）

---

solid*** a. 固体的；(材料、结构) 结实的，坚固的；可靠的，坚实的；全体一致的；团结的；连续的，不间断的 n. 立方体；固体
[ˈsɒlɪd]
ⓝ solidity（固体；坚硬；坚固） ⓔ solid fuels（固体燃料） Solid South (the ~)（〈美〉(传统上一贯支持民主党的）南方诸州）

solidarity** n.（源自于共同的利益关系或感情的）一致，团结
[ˌsɒlɪˈdærəti] ⓔ national solidarity in the face of danger（面对危难全国人民团结一致）

solidify** v.（使）坚固；（使）凝固；使一致，使团结
[səˈlɪdɪfaɪ] ⓔ solidifying point（凝结点）

solder** n. 焊锡 v. 焊接 *sold〈solid (= firm, whole)
[ˈsəʊldə(r)] ⓔ soldering iron（烙铁）

soldier*** n.（陆军的）军人，士兵 v. 当兵 *sold〈solid (= firm, whole)
[ˈsəʊldʒə(r)] ⓐ soldierly / soldierlike（军人般的；英勇的） ⓔ soldier of fortune（(国家或个人的）雇佣兵） private soldier（普通兵） Soldier's Medal（军人奖章（用于表彰除战斗以外的英勇行为））

soldiery** [ˈsəʊldʒəri]

n. [总称]军人 *sold〈solid (= firm, whole)

ⓔ undisciplined soldiery (不遵守纪律的军人)

LECTURE 27

词根 VICT, VINC

来自拉丁语的 vict, vinc 意为 to conquer, to show。

conviction*** [kənˈvɪkʃn]

[完全征服 con〈com (= intensive) + vict (= conquer)]

n. 定罪，宣告有罪；确信，信念

ⓥ convict 宣告有罪，使认罪；(*n.*) 已决犯 ⓔ It's my conviction that the defendant indeed committed the murder. (我确信被告确实杀了人。)

evince** [ɪˈvɪns]

[向外展示或完全征服 e〈ex (= out, intensive) + vinc (= show, conquer)]

vt. 表明；显示出

ⓐ evincible 可表明的 evincive 显示的 ⓔ The young boy evinced no shame for the items he had stolen. (那个小男孩对偷盗物品没有表示出羞愧之意。)

invincible* [ɪnˈvɪnsəbl]

[无法征服的 in (= not) + vinc (= conquer)]

a. 不能征服的；无敌的

ⓝ invincibility 无敌，不可战胜 ⓐⓓ invincibly 无敌地 ⓔ The North Vietnamese proved to be invincible, despite America's military might. (尽管美国军事力量强大，越南人民仍然证明了自己是不可战胜的。)

evict* [ɪˈvɪkt]

v. 逐出 *e〈ex (= out)

ⓝ eviction (逐出，驱逐) ⓔ He was evicted for not paying the rent. (他因为没交房租而被赶走了。)

victim*** [ˈvɪktɪm]

n. 牺牲者，受害者，遇难者；(祭祀用的)牺牲

ⓔ easy victim (容易受害的人) victim of circumstance (环境的牺牲者(如受所处环境影响而犯罪的人)) the victims of war (战争的牺牲者) the victims of the earthquake (震区灾民)

victimize* [ˈvɪktɪmaɪz]

v. 使牺牲

ⓝ victimization (牺牲) ⓔ Trade union leaders were victimized. (工会的领导们牺牲了。)

victor*** [ˈvɪktə(r)]

n. 胜利者，征服者 *a.* 胜利(者)的

ⓔ victor nation (战胜国)

Victoria*** [vɪkˈtɔːriə]

n. 英国维多利亚女王(1819~1901)；维多利亚(女子名)；维多利亚城

ⓔ Victoria Cross (维多利亚十字勋章(由维多利亚女王设立，授予有杰出功勋的军人，缩写：V. C.)) Victoria Falls (维多利亚瀑布)

Victorian*** [vɪkˈtɔːriən]

a. 维多利亚女王(时代)的；固执的，守旧的

ⓔ the (Royal) Victorian Order (维多利亚勋章(由维多利亚女王设立，授予为国王立下杰出功勋之人，缩写：V. O.)) the Victorian age (维多利亚时代) Victorian dress / manners / authors (维多利亚女王时代的服装 / 风俗 / 作者)

victory*** [ˈvɪktəri]

n. 胜利，战胜

ⓔ gain / get / win a victory over the enemy (战胜敌人) victory over difficulty (战胜困难)

victorious***　[vɪkˈtɔːriəs]

a. 获胜的，战胜的

ⓔ victorious army（胜利军）

victual***　[ˈvɪtl]

n.（pl.）食物，粮食 *v.* 提供食物，储备食物

ⓝ victualer（（专为船或部队）供应食物者） ⓔ victual a ship（给船上提供粮食） The ship victualed at Pusan.（那艘船在釜山储备粮食。）

convince***　[kənˈvɪns]

v. 使确信，使信服　*con〈com（= thoroughly）

ⓔ I am convinced of his honesty. / ~ that he is honest.（我相信他很正直。）

---

convincing***　[kənˈvɪnsɪŋ]

a. 令人信服的，有说服力的

ⓐⓓ convincingly（令人信服地，有说服力地） ⓔ convincing speaker / argument（令人信服的演说家 / 论据）

vincible**　[ˈvɪnsəbl]

a. 可征服的，可战胜的

vanquish***　[ˈvæŋkwɪʃ]

v. 征服，击败；克服　*vanq〈vanc〈vinc（= conquer）

词根 LABOR

来自拉丁语的 labor 意为 to work。同义词根有来自拉丁语的 op。

---

collaborate**　[kəˈlæbəreɪt]

[一起工作 col〈com（= with）+ labor（= work）]

vi. with + sb; on + sth 合作；协作

ⓝ collaboration 协作，合作 collaborator 通敌者；合作者；共同研究者 ⓔ The conductor collaborated brilliantly with the members of the orchestra.（那位指挥和交响乐团的成员们合作得非常出色。）

---

laborious**　[ləˈbɔːriəs]

[做很多事情的 labor（= work）]

a. 努力的，辛苦的；费力的；生硬的；不流畅的

ⓔ Restoring the ancient murals to their former splendor is a laborious task.（将古代壁画恢复到曾经的光彩是一项很费力气的工作。）

---

elaborate***　[ɪˈlæbəreɪt]

v. 精心制作；详尽阐述 *a.* [ɪˈlæbərət] 精心制作的；煞费苦心的；精巧的；复杂的

*e〈ex（= out）

ⓝ elaboration（精心制作；精心之作；详尽的细节） ⓔ Please elaborate your proposals a little.（请详细说明一下你的提案。） elaborate design（精心的设计） elaborate plan（详细的计划） elaborate dinner（精心准备的晚餐）

belabor*　[bɪˈleɪbə(r)]

v. 毒打；痛骂　*be（= make）

labor***　[ˈleɪbə(r)]

n. 劳动；[总称] 劳工，工人；工作；努力；阵痛，分娩；（L~）（英国或英联邦国家的）工党 *v.* 劳动；工作；努力；费力地前进；苦恼；详细解释，详细论述；经受阵痛

ⓔ hard labor（苦役；苦工） manual labor（体力劳动） division of labor（劳动分工） cheap labor（廉价劳动力） labor and capital（劳资） labor and management（劳动者和管理者） be in labor（分娩中） a woman in labor（正在分娩的女子）

labored*　[ˈleɪbəd]

a. 吃力的；（言谈等）不自然的

ⓔ labored breathing（费力的呼吸）

laborer***　[ˈleɪbərə(r)]

n. 体力劳动者

ⓔ Laborite（工党党员，工党支持者） agricultural laborer（农业劳动者）

laboratory***　n. 实验室，研究室；实验课　*ory (= place where)
[ləˈbɒrətri]　ⓔ chemical laboratory (化学实验室) course with two lectures and one laboratory (讲两次课做一次实验的科目)

词根 MOT, MOV, MOB

来自拉丁语的 mot, mov, mob 意为 to move。同义词根有来自拉丁语的 migr 和来自希腊语的 kine / cinema。

commotion***　[一起动 com (= together) + mot (= move)]
[kəˈməʊʃn]　n. 骚动；动乱；暴乱
ⓔ There was a huge commotion in the hall when Aunt Betty dropped a tray of drinks. (贝蒂姑妈弄掉一个饮料盘，大厅里一阵混乱。)

motivate*　[使感动，使心动 mot (= move)]
[ˈməʊtɪveɪt]　vt. 给予…动机；刺激；激发
ⓝ motivation 刺激；推动　motive 动机；(文艺作品的)主题　ⓐ motiveless 毫无动机的　ⓔ The picture of the fat lady on my refrigerator motivates me not to eat. (贴在电冰箱上的胖女人图片促使我节食。)

immobile*　[不能移动的 im〈in (= not) + mob (= move)]
[ɪˈməʊbaɪl]　a. 不能移动的，不动的；固定的
ⓥ immobilize 使不能移动　ⓝ immobility 不动，静止；固定　ⓔ A plaster cast holds a broken bone immobile, allowing it to heal. (石膏绷带固定住骨折的地方，以使其恢复。)

demote*　v. 使降级　*de (= down)
[ˌdiːˈməʊt]　ⓐ demoted (降级的)

emotion***　n. 感情，情绪；激动　*e〈ex (= out)
[ɪˈməʊʃn]　ⓔ betray one's emotion (流露感情)

emotional***　a. 感情的，情绪的；易动情的；激起感情的　*e〈ex (= out)
[ɪˈməʊʃənl]　ⓐⓓ emotionally (情绪上，感情上)　ⓐ emotive (感情的；情绪的)　emotionless (没有感情的，冷漠的)　ⓔ emotional appeal (情感诉求)　emotional woman (易动情的女子)

locomotion**　n. 运动，移动　*loc (= to place)
[ˌləʊkəˈməʊʃn]

locomotive***　n. 机车 a. 移动的，有移动力的　*loc (= to place)
[ˌləʊkəˈməʊtɪv]　ⓔ steam / diesel / electric locomotives (蒸汽 / 柴油 / 电力机车) locomotive engineer (火车司机)

promote***　v. 使晋升，使晋级；推进，促进；发起　*pro (= forward, forth)
[prəˈməʊt]　ⓔ He was promoted lieutenant colonel / to lieutenant colonel / to the rank of lieutenant colonel. (他晋升为陆军中校。) promote good feelings (增进好感) promote a new business company (成立新公司)

promoter***　n. 促进者，助长者；提倡者，(企业的)发起人；(营业性体育比赛的)承办人
[prəˈməʊtə(r)]　*pro (= forward, forth)

promotion***　n. 晋级，晋升；发起；助长，推进；(通过宣传、广告等的)宣传；推销
[prəˈməʊʃn]　*pro (= forward, forth)

ⓔ win / gain promotion（晋级，晋升） promotion of a new commercial product / a new book（新商品 / 新书的推销、宣传） sales promotion（促销）

remote*** [rɪˈməʊt]
a.（时空上）遥远的；关系疏远的；冷淡的；绝少的；遥控 *re（= back）
ⓐⓓ remotely（遥远地；关系疏远地） ⓔ remote control（遥控） remote sensing（遥感） remote from the subject we are discussing（和我们所议论的主题关系甚远）

motif** [məʊˈtiːf]
n.（美术、音乐的）主题

---

motion*** [ˈməʊʃn]
n. 运动，移动；动作，姿势（如手势、点头等）；动议，提议
v. 向…示意，向…打手势
ⓐ motionless（不动的，静止的） ⓔ motion sickness（晕船（或车）） graceful motions（优雅的举止） on the motion of Mr. King（在金先生的动议下） The motion was adopted / carried / rejected by a majority of six.（那项动议以六票的多数选票被采纳 / 通过 / 否决。） He motioned me out.（他示意我出去。） He motioned to me to come nearer.（他示意我走近一点。）

motor*** [ˈməʊtə(r)]
n. 发动机，马达；电动机；内燃机 *a.* 机动的；引起运动的；汽车（用）的 *v.* 乘汽车，驾驶汽车
ⓥ motorize（使（军队等）机动化） ⓔ electric motors（电动机） motor vehicle（机动车（轿车、公共汽车、卡车等的总称））

motorist*** [ˈməʊtərɪst]
n. 汽车驾车者

motto*** [ˈmɒtəʊ]
n. 座右铭，箴言，格言，警句；（写在盾牌、纹章等上的）铭词；（书籍扉页上或章节前引用的）题词

mob*** [mɒb]
n. 乌合之众，暴徒；〈贬〉(the~) 大众，民众；（犯罪者的）一伙，一群
v.（人）蜂拥而入；（成群）袭击，围攻
ⓝ mobster（暴徒，匪帮或流氓集团的一分子）

---

mobile** [ˈməʊbaɪl]
a. 移动的，可动的；易变的，善变的
n. 活动装置（可随气流活动）
ⓝ mobility（移动性）

mobilize*** [ˈməʊbəlaɪz]
v.（特指战时）动员；使流通；使松动
ⓝ mobilization（动员；流通） ⓔ mobilization orders（动员令） national mobilization（全国总动员）

automobile*** [ˈɔːtəməbiːl]
n. 汽车 *auto（= self）

demobilize* [dɪˈməʊbəlaɪz]
v. 使退伍，使复员；遣散军队 *de（= reverse the action of）
ⓥ demob（〈口〉=demobilize） When do you get demobbed?（你什么时候退伍？）
ⓝ demobilization（复员，遣散军队）

move*** [muːv]
v.（使）移动；搬家；使感动；提议；进展，进行；行动，采取措施；使排泄，通便
n.（位置的）移动，行动，措施；（国际象棋等的）棋子的走法
ⓔ We are moving (house) next month.（我们下个月搬家。） move out / in（搬出去 / 搬进来） We were all moved by her entreaties.（我们都被她的恳求感动了。） It was a moving sight.（这是令人感动的一幕。） be moved to tears（感动得流下了眼泪） Mr. Chairman, I move that the money be used for library books.（主席先生，我提议用这笔钱来为图书馆购买一些书籍。）Large enemy forces are on the move.（敌人的大军正在转移。） move towards settling the strike（制止罢工的措施） It's your move.（该你走棋了。）

movable* [ˈmuːvəbl]
a. 活动的，可动的；(财产)动产的；(节日)每年日期变化的
n. (pl.)动产；可移动的东西
ⓔ movable feast (日期变化的宗教节日(如复活节等)) movable property (动产)

movement* [ˈmuːvmənt]
n. 移动，运动，活动；(军队的)移动；机械装置；(政治、社会或思想)运动；(股票、市场等的)动向，变动；(pl.)行动，动静；(音乐)乐章；通便
ⓔ movement of heavenly bodies (天体的运行) without movement (一动不动) Labor Movement (工人运动)

mover** [ˈmuːvə(r)]
n. 提议者，提案者
ⓔ the prime / first mover (倡导者，发起人)

movie*** [ˈmuːvi]
n. 电影；(the movies)电影的放映；电影业
ⓔ movie fan / theater (影迷 / 电影院) go to the movies (去看电影)

moving*** [ˈmuːvɪŋ]
a. 移动的；(使)感动的
ⓔ moving picture (电影) moving sidewalk (活动式人行道)

remove* [rɪˈmuːv]
v. (使)移动；除去，撤走，脱掉；使离开；使退学；使免职
n. 移动；除去 *re (= back, away)
ⓐ removable (可免职的；可移动的；可去掉的) ⓝ remover (搬运工；去除剂)
ⓔ remove fears (赶走恐惧) be removed from his post for accepting bribes (他因受贿而被免职) superfluous hair remover (脱毛剂)

removal*** [rɪˈmuːvl]
n. 移动；除去 *re (= back)
ⓔ removal of furniture (搬运家具) removal of dissatisfaction (消除不满)

词根 GER, GEST [GIST]

来自拉丁语的 ger, gest 意为 to carry, to bear。其变形为 gist。同义词根有来自拉丁语的 fer, lat, port, veh / vect 和来自希腊语的 phor / pher。

congest** [kənˈdʒest]
[一起搬运 con〈com (= together) + gest (= carry, bear)]
vt. 使拥挤；使充满；使充血
ⓝ congestion 拥挤；充血 ⓐ congested 拥挤的；充血的 ⓔ A number of large vehicles congested the bridge. (众多大型车辆使大桥拥堵。)

belligerent** [bəˈlɪdʒərənt]
[带来战争的 bell (= war) + ger (= carry)]
a. 战争的，交战中的，好战的 *n.* 交战国；参加斗殴的人(或组织)
ⓝ belligerency 交战状态，好战性 cf. bellicose 好战的 ⓔ Son, I can't tolerate much more of your belligerent attitude. (孩子，我实在不能忍受你好斗的态度了。)

digest* [daɪˈdʒest]
v. 消化；领悟；做…的摘要 *n.* [ˈdaɪdʒest]概要，摘要，纲要
ⓐ digestible (可消化的)

digestion*** [daɪˈdʒestʃən]
n. 消化，消化力 *di〈dis (= away, apart)
ⓔ food hard / easy of digestion (难 / 易于消化的食物) have a good / poor digestion (消化力强 / 弱)

digestive*** [daɪˈdʒestɪv]
a. 消化的 *di〈dis (= away, apart)
ⓔ digestive system (消化系统) suffer from digestive trouble (消化不良)

exaggerate*** [ɪɡˈzædʒəreɪt]
v. 夸张，夸大 *ex (= out), ag〈ad (= intensive)

exaggerated** [ɪɡˈzædʒəreɪtɪd]
a. 夸张的，夸大的 *ex (= out), ag〈ad (= intensive)
ⓔ He has an exaggerated sense of his own importance.（他过于看重自己。）

---

exaggeration** [ɪɡˌzædʒəˈreɪʃn]
n. 夸张，夸大；夸张的言语 *ex (= out), ag〈ad (= intensive)
ⓔ story full of exaggerations（充满夸张的故事） It is no exaggeration to say that~（说…一点也不夸张）

gerund* [ˈdʒerənd]
n.【语】动名词

gestation* [dʒeˈsteɪʃn]
n. 怀孕（期）

gesticulate** [dʒeˈstɪkjuleɪt]
v. 用手势交谈，做姿势表达
ⓝ gesticulation（手势，示意动作；做示意动作、手势）

gesture*** [ˈdʒestʃə(r)]
n. 手势，示意动作 *v.* 用手势、动作示意
ⓔ gesture of refusal（表示拒绝的手势）

---

ingest* [ɪnˈdʒest]
v. 摄取（食物等） *in (= into)

nonbelligerent* [ˌnɒnbəˈlɪdʒərənt]
n. 非交战国 *a.* 非交战国的 *non (= not), bell (= war)

suggest*** [səˈdʒest]
v. 提议，建议；暗示；使想起，使联想到 *sug〈sub (= under)
ⓐ suggestible（易受影响的；可建议的）

suggestion*** [səˈdʒestʃən]
n. 提议，建议；暗示，启发；示意；联想；细微的迹象 *sug〈sub (= under)
ⓔ suggestion(s)-box（建议箱） hypnotic suggestion（催眠暗示作用） not even a suggestion of fatigue（没有一点疲劳的迹象） suggestion of blue in the gray（蓝灰色（灰色中带有一丝微蓝））

suggestive*** [səˈdʒestɪv]
a. 暗示的；启发的，示意的；引起联想的，使想起…的；挑动色情的
*sug〈sub (= under)
ⓔ suggestive remarks（暗示的话） suggestive jokes（挑动色情的笑话）

---

register*** [ˈredʒɪstə(r)]
n.（出生、船籍等的）登记簿；记录，登记，注册；（速度、现金出纳等的）自动登录机，收银机；通风调节设备 *v.* 记录，注册，登记；用挂号方式邮寄；流露（感情等）；（温度计等）显示，（机器）标示，记录
*re (= back), gist〈gest (= carry, bear)
ⓔ register of voters（选举人名簿） cash register（收银机） register one's car / the birth of a child / a new trademark（给车登记 / 给孩子办理出生登记 / 注册新商标）

registered*** [ˈredʒɪstəd]
a. 注册的，已登记的 *re (= back), gist〈gest (= carry, bear)
ⓔ registered design / trademark / letter / mail（注册图案 / 注册商标（符号：®）/ 挂号信 / 挂号邮件） registered nurse（注册护士（有证书的护士）（缩写：RN））

registrar* [ˌredʒɪˈstrɑː(r)]
n.（美国大学里从事学生注册、核发成绩证明书、学籍管理等工作的）注册主任；户籍员 *re (= back), gist〈gest (= carry, bear)
ⓔ Registrar's Office（（美国大学的）学籍科）

registration*** [ˌredʒɪˈstreɪʃn]
n. 登记，注册；登记项目，记录事项 *re (= back), gist〈gest (= carry, bear)
ⓔ registration number（（汽车）牌照号码） registration fee（注册费，登记费）

registry** [ˈredʒɪstri]
n. 登记处，注册处；登记簿；登记，注册 *re (= back), gist〈gest (= carry, bear)
ⓔ marriage at a registry (office)（（不举行婚礼的）登记结婚）

LECTURE 28

词根 VIA[vi], VEY, VOY

来自拉丁语的 via 意为 way, road。via 里的"a"脱落后变成 vi。词根 vey, voy 意为 to carry, way。需要注意的是，purvey / survey, clairvoyant / voyeur 等单词里的vey/voy 意为to look。同义词根有来自希腊语的od/hod。

convey*** [kən'veɪ]

[带着某物搬运、转达 con⟨com (= with) + vey (= carry, way)]

vt. sth + to + sb 搬运；运输；传达(意思或信息)，传导；转让

ⓝ conveyance 运输；传达；转让 conveyer / conveyor 运输装置；运输者 conveyancer(办理财产转让事务的)律师 ⓔ Her expression conveyed anger, though her words were restrained.(虽然她言语克制，但她的表情表明她很生气。)

envoy** ['envɔɪ]

[向里边搬运 en (= in) + voy (= carry, way)]

n. 外交使节，特使，公使

ⓔ The U.S. appointed a special envoy to communicate with Afghan opposition troops.(美国指派了一名特使同阿富汗反对派军队谈判。)

deviate** ['diːvieɪt]

[偏离道路 de (= from) + vi⟨via (= road, way)]

v. from + sth 偏离，背离

ⓝ deviation 偏离，背离 deviationist (政党内)路线偏差(指"左"倾或右倾)分子 deviationism 偏向，偏离 ⓔ The Corps of Engineers deviated the river's course to prevent flooding.(为了预防洪水，工程师们调整了河流的水道。)

impervious** [ɪm'pɜːviəs]

[不能通过某物走出路的 im⟨in (= not) + per (= through) + vi⟨via (= road, way)]

a. (水等)不能渗透的；不受影响的，不为所动的

ⓔ He seems to be impervious to fatigue, briskly running mile after mile.(他好像不知疲倦，精神抖擞地跑了一英里又一英里。)

obviate** ['ɒbvieɪt]

[把某物搬得远远地，使消失 ob (= away) + vi⟨via (= carry, way)]

vt. 排除(危险、困难等)，清除；使…成为不必要；避免

ⓔ Satellite TV obviates the need for an outside TV antenna.(有了卫星电视，就用不着室外电视天线了。)

trivial*** ['trɪviəl]

[三岔路的 tri (= three) + vi (a) (= road, way)]

a. 无价值的，琐碎的；平凡的，普通的；轻薄的，浅薄的

ⓥ trivialize 使无价值 ⓝ triviality 无价值；普通 ⓔ I only earned a trivial amount of money in tips.(我只赚到了很少的一点小费。)

convoy** ['kɒnvɔɪ]

v. (军舰)护航，护卫 *n.* 护送，护卫；护航舰队(部队)，受护送的船只(船队)

*con⟨com (= together)

ⓔ The supply ship sailed under convoy.(供给船被一路护送着航行。) The convoy was attacked by submarines.(护航船队遭到了潜水艇的攻击。)

voyage*** ['vɔɪɪdʒ]

n. (长时间的)航海，航行；(pl.)游记；航海日记 *v.* 航海，航行

ⓝ voyager ((探察未知海洋的)航海者，航行者) ⓔ *The Voyages of Marco Polo*(《马可·波罗游记》)

devious** ['diːviəs]

a. 曲折的，迂回的；离开正道的 *de (= away, from), vi⟨via (= way, road)

ⓔ take a devious route to avoid busy streets (为避开繁忙路段而选择迂回的路线) get rich by devious ways (利用不正当的手段致富)

obvious*** [ˈɒbviəs]
a. 明显的，显而易见的 *ob (= in the way), vi〈via (= way, road)
ⓐⓓ obviously (明显地)

previous*** [ˈpriːviəs]
a. 前的，以前的；过早的，过急的 *pre (= before), vi〈via (= way, road)
ⓐⓓ previously (以前地，先前地) ⓔ previous conviction (前科) without previous notice (不预先通知)

---

via*** [ˈvaɪə]
prep. 经由，经过；凭借
ⓔ via the Panama Canal (经过巴拿马运河) via air mail (通过航空邮寄)

viable* [ˈvaɪəbl]
a. (计划等)可实行的；(国家等)可生存的，可独立发展的
*vi〈via (= way, road)
ⓝ viability (生存能力；可行性) ⓔ Is South Korea viable? (韩国可以独立发展吗?) viable policy (可行的政策)

viaduct** [ˈvaɪədʌkt]
n. 天桥，高架桥，高架道路，高架铁路 *duct (= lead)

via media* [ˈvaɪəˈmiːdiə]
n. 中庸之道，中间道路 *medi (= middle)

词根 BAT

来自拉丁语的 bat 意为 to strike, to beat。同义词根有来自拉丁语的 flict, cuss, fend/fens [fenc, fest], lid / lis, plaud / plaus[plod, plos, plex] 等和来自盎格鲁-撒克逊语的 sla。此外，bat 还有 to go 的含义。

---

combatant** [ˈkɒmbətənt]
[互相打 com (= together) + bat (= strike)]
n. 参加战斗者
a. 作战的，战斗的
ⓥ combat 战斗；和…作战 ⓐ combative 好斗的 ⓔ Several combatants were seen on the city's streets. (人们在街上看见了几名战士。)

---

abate*** [əˈbeɪt]
v. (风、洪水、痛苦等)减轻，减少；废除 *a (= off)
ⓔ abatement (减少，减弱)

bat*** [bæt]
n. (棒球、乒乓球等的)球拍，球棒；击球
v. 用球拍打

baton** [ˈbætɒn]
n. 警棍，指挥棒；权杖，官杖
ⓔ Field-Marshal's baton (陆军元帅的权杖)

battalion*** [bəˈtæliən]
n. 【军】大队，营
ⓔ squad (班) platoon (排) company (连) regiment (团) brigade (旅) division (师) corps (军)

batter*** [ˈbætə(r)]
v. 接续重击，砸烂 *n.* 击球手
ⓔ battered old heap (老破车) battering ram (攻城槌 (捣破城墙时使用的古老武器))

---

battery*** [ˈbætri]
n. 炮台；炮兵连；电池，蓄电池，一套(器具、装置)；殴打
ⓔ masked battery (隐蔽的炮台) car battery (车用蓄电池) battery of ovens (一套烤箱)

batting* [ˈbætɪŋ]
n. 击球
ⓔ batting average (击球率) batting order (击球次序)

battle*** [ˈbætl]
n. 战斗；战役；(the~)胜利，成功 *v.* 作战；斗争
ⓝ battlefield (战场) ⓔ sham battle (模拟战) battle of life (生存竞争) die in battle (战死)

The battle is to the strong.（胜利属于强者。） battle formation（战斗阵形）

battlement** [ˈbætlmənt]
n.（pl.）（塔、城堡等）设有枪炮眼的城垛

batty* [ˈbæti]
a. 神经错乱的，疯狂的

---

debate*** [dɪˈbeɪt]
n. 讨论；争论 *v.* 讨论；争论；辩论 *de（= down）
ⓝ debater（讨论者；辩论者） debating society（辩论社团）

debatable** [dɪˈbeɪtəbl]
a. 可争议的；成问题的；有争议的，未决的 *de（= down）
ⓔ debatable ground（（国境等）存在争议的土地）

LECTURE 29

词根 CIS [CAS, CHIS]

来自拉丁语的 cis 意为 to cut。其变形为 cas 和 chis。同义词根有来自拉丁语的 tom [tem], scind / scis, sect, sever, tail, tons, trench, cop / coup 等。

---

concise** [kənˈsaɪs]
[好好地切的 con〈com（= intensive）+ cis（= cut）]
a. 简洁的；简明的
ⓝ conciseness 简洁 ⓐⓓ concisely 简洁地 ⓔ Class, please write concise answers to the essay questions.（同学们，请简要写出这篇文章问题的答案。）

---

excise**
ⓥ [ɪkˈsaɪz]
ⓝ [ˈeksaɪz]
[切掉 ex（= out）+ cis（= cut）]
vt. 切除；删除
n. 国内消费税，货物税
ⓝ excision 切除；删除 ⓔ He insisted that the violent scenes be excised from the film.（他坚持应删除电影中的暴力场面。）

---

incisive* [ɪnˈsaɪsɪv]
[砍向里面或内部的 in（= in, into）+ cis（= cut）]
a. 锐利的，尖锐的；激烈的；敏感的；果断的
ⓝ incision 切割，切开；切口 incisor 门牙 ⓥ incise 切割；雕刻，铭刻
ⓔ She's an incisive editor and cuts right to the bone.（她是一个果断的编辑，修改删节大刀阔斧。）

---

circumcision* [ˌsɜːkəmˈsɪʒn]
n.（尤指犹太教等为男婴施行的）割礼；割包皮 *circum（= around）
ⓥ circumcise（为…割包皮；为…行割礼） ⓔ He was never circumcised, and I feel his uncircumcised penis is a turn off to women.（他没有做过包皮切除手术，我想女人们因此而离开他。）

decisive*** [dɪˈsaɪsɪv]
a. 决定性的，决定的；坚决的；确定的 *de（= down）
ⓐⓓ decisively（决定性地） ⓔ decisive battle（决战） decisive evidence（确证） decisive ballots（决选投票）

précis* [ˈpreɪsiː]
n.〈法〉（演讲、文章的）大意，摘要 *v.* 概括…的大意，为…写摘要
*pre（= before, intensive）

precise*** [prɪˈsaɪs]
a. 精确的；确切的；细致的，严格；刻板的 *pre（= before, intensive）
ⓔ precise measurements（精确的测量） a very precise man（非常刻板的人）

precisely*** [prɪˈsaɪsli]
ad. 精确地；一丝不苟地；（用于肯定回答）对，确实如此
*pre（= before, intensive）

chisel ***
[ˈtʃɪzl]
n. 凿子，凿刀 *v.* 用凿子凿、刻、雕　*chis〈cis (= cut)

castration *
[kæˈstreɪʃn]
n. 阉割；删改　*cas〈cis (= cut)
ⓥ castrate（阉割；删改）

词根 GEN[GN]

来自希腊语的 gen 意为 birth，creation，race，kind。gn 是它的变形。

congenial ***
[kənˈdʒiːniəl]
[带着某物一同出生的　*con〈com (= with) + gen (= birth)]
a. 性格相同的，情投意合的；惬意的
ⓝ congeniality 情投意合　ⓐⓓ congenially 情投意合地　ⓔ I like working here because of the congenial atmosphere.（我喜欢在这里工作，因为这里的环境很舒适。）

cognate *
[ˈkɒgneɪt]
[一起、一同出生 co〈com (= together) + gn〈gen (= birth)]
a. 同源的；同族的；【语】同源词的；同语系的
n. 同源词
ⓝ cognation 亲族；同语系　ⓔ German and English are cognate languages.（德语和英语属同一语系。）

disingenuous *
[ˌdɪsɪnˈdʒenjuəs]
[非出生状态的 dis (= not) + in (= in) + gen (= birth)]
a. 不诚实的；不正直的，阴险的
ⓐⓓ disingenuously 不诚实地　ⓝ disingenuousness 不诚实　ⓔ Her disingenuous flattery sets my teeth on edge.（她那毫无诚意的恭维让我很不舒服。）

engender **
[ɪnˈdʒendə(r)]
[使诞生 en (= make) + gen (= birth, creation)]
vt. 使发生，引起，诱发，造成
ⓔ Unkind words, often repeated, may ultimately engender considerable conflict.（刻薄的话如果频繁重复，终究会引起大矛盾。）

generate ***
[ˈdʒenəreɪt]
[使诞生，使出生 gen (= birth, creation)]
vt. 生育；产生；发出（光、热、电等）；引起，导致
ⓝ generation 产出，发生；世代　generator 发电机，发生器　ⓐ generative 有生产力的；生成的　ⓔ How do earthquakes generate such destructive results?（地震是怎样造成如此破坏性的后果的？）

genial ***
[ˈdʒiːniəl]
[出生、诞生的 gen (= birth) + i + al (= nature of)]
a. （天气等）适宜生长的，温和的，温暖的；亲切的，和蔼的
ⓝ geniality 温和，亲切；和蔼的行为　ⓔ A genial home atmosphere is the most important ingredient to a child's development.（温暖的家庭氛围是孩子成长过程中最重要的因素。）

ingenuity ***
[ˌɪndʒəˈnjuːəti]
[诞生的状态 in (= in) + gen (= birth)]
n. 机灵；才干，才能；；创造力，独创性
ⓐ ingenious 机灵的；具有创造力的；巧妙的　cf. ingenuous 纯真的　ⓔ His ingenuity kept the company running even during the cash shortfall.（他的才能使公司在资金短缺的状况下也能正常运转。）

ingenuous** [ɪn'dʒenjuəs]
[诞生的状态的 in (= in) + gen (= birth, creation)]
a. 坦白的，直率的；天真的，纯真的；自然的
ⓔ She was an ingenuous country girl when she first arrived in the city.（初到城里之时，她还是一个天真无邪的乡村姑娘。）

indigenous** [ɪn'dɪdʒənəs]
[在里边、内部出生的 indi (= within) + gen (= birth)]
a. 本土的；固有的
ⓔ As a general rule, indigenous people make decisions communally.（一般情况下，土著居民会共同作出决定。）

malignant** [mə'lɪgnənt]
[使产生坏状态的、恶性的 mali〈mal (= bad) + gn〈gen (= birth)]
a. 怀有恶意的，恶毒的；(疾病)恶性的，致命的；极有害的
ⓝ malignity 恶意；恶性 malignancy 恶性 ⓐ malign 极有害的，恶性的；(*v.*)中伤，诽谤 ⓔ Unfortunately, laboratory tests showed the mass to be malignant.（不幸的是，化验显示肿块为恶性。）

congenital* [kən'dʒenɪtl]
a. (疾病)先天的 *con〈com (= with)
ⓔ congenital idiocy / deformity（先天弱智 / 残疾）

degenerate*** [dɪ'dʒenəreɪt]
v. 变质，堕落；退步；退化 *a.* 堕落的；退化的 * de (= down)
ⓝ degeneration（退步，退化；堕落） degeneracy（退步，退化；堕落） ⓔ The South Korean people of today are degenerating.（当今韩国人正在逐步堕落。）

eugenics* [juː'dʒenɪks]
n. 优生学 *eu (= good)

homogeneous** [ˌhɒmə'dʒiːniəs]
a. 同种的，同质的 *homo (= same)
ⓝ homogeneity（同种，同质） ⓔ homogeneous population of South Korea（由单一民族构成的韩国人口）

homogenize* [hə'mɒdʒənaɪz]
v. 使均匀，使均质（尤指使牛奶中的油脂颗粒均匀分布） *homo (= same)
ⓔ homogenized milk（均脂牛奶）

heterogeneous* [ˌhetərə'dʒiːniəs]
a. 异种的，异质的 *hetero (= other)
ⓔ the heterogeneous population of the United States（由不同民族构成的美国人口）

pregnant*** ['pregnənt]
a. 怀孕的；(言语、行动)意味深长的，含蓄的；富有的；充满的
*pre (= before), gn〈gen (= birth)
ⓔ I am pregnant / expecting.（我怀孕了。） political events pregnant with consequences（具有重要意义的政治事件）

pregnancy** ['pregnənsi]
n. 怀孕；丰富；深奥，意味深长 *pre (= before), gn〈gen (= birth)
ⓔ She's had eight pregnancies in six years.（她六年中怀孕八次。）

progenitor** [prəʊ'dʒenɪtə(r)]
n. (人、动植物的)祖先；前辈 *pro (= before)
ⓔ the great progenitor（伟大的祖先）

progeny** ['prɒdʒəni]
n. 子孙，后裔；结果，产物 *pro (= forth)

primogeniture* [ˌpraɪməʊ'dʒenɪtʃə(r)]
n. 长子(的身份)；长子继承(权) *prim (= first)
ⓔ ultimogeniture（幼子继承(权)）

regenerate** [rɪ'dʒenəreɪt]
v. 洗心革面；刷新；再生 *a.* [rɪ'dʒenərət] 新生的 *re (= again)
ⓔ regeneration（新生，刷新，再生）

gender** ['dʒendə(r)]
n.【语】性

gene* [dʒiːn]
n. 基因
ⓔ gene bank（基因文库） gene pool（基因库）

genealogy* [ˌdʒiːniˈælədʒi]
n. 家系，血统；系统，系谱；系谱学
ⓝ genealogist（系谱学者）

---

genealogical* [ˌdʒiːniəˈlɒdʒɪkl]
a. 系谱的，家系的；表示系统的
ⓔ genealogical tree（家系图；系统树） genealogical table（族谱）

general*** [ˈdʒenrəl]
a. 一般的，普通的；大体的；概括的，综合的，全体的，总体的；(用于职位后)总…，长… *n.* 陆军上将，将军；战略家，战术家
ⓔ General Accounting Office（审计院；总审计局） general affairs（总务） General Assembly（联合国大会） general attack（总攻） general anesthesia（全身麻醉） general hospital （综合医院） general manager（总经理） general orders（【军】一般命令） general practitioner（全科医生，普通医生） general strike（总罢工） general war（全面战争）↔ local war（局部战争） attorney general（〈美〉司法部长；〈英〉检察总长） surgeon general（〈美〉卫生局局长） postmaster general（邮政部长） inspector general（检察长）

generality** [ˌdʒenəˈræləti]
n. 一般性，普遍性；(the ~ (of)) 多数，大部分
ⓔ from generalities to particularities（从一般到个别） The generality of Swedes are blonde.（大多数瑞典人都是金发。）

generalize** [ˈdʒenrəlaɪz]
v. 使一般化，推广；概括(事实等)，归纳；普及
ⓔ generalize the use of a new invention（推广新发明的使用）

generalization* [ˌdʒenrəlaɪˈzeɪʃn]
n. 一般化，概括，归纳；〈贬〉判断
ⓔ hasty generalization（仓促的判断）

---

generally*** [ˈdʒenrəli]
ad. 一般地，通常地；广泛地

generalissimo* [ˌdʒenrəˈlɪsɪməʊ]
n. 大元帅，全军总司令

generic* [dʒəˈnerɪk]
a.【生】属的；【语】总称的；全称的
ⓐⓓ generically（属类地；总称地） ⓔ generic name（属名）

generosity*** [ˌdʒenəˈrɒsəti]
n. 宽宏大量，雅量，宽大；(pl.) 宽大的行为
ⓔ show generosity in dealing with a defeated enemy（对战败的敌人宽宏大量）

generous* [ˈdʒenərəs]
a. 丰厚的；宽大的；丰富的，丰盛的
ⓐⓓ generously（丰厚地；宽大地；丰盛地） ⓔ He is generous with his money.（他花钱很大方。） What a generous gift!（多么丰厚的礼物啊！）

---

genesis** [ˈdʒenəsɪs]
n. 开始，发生，起源；(G~) 创世纪（《圣经》中《旧约全书》中的第一篇）
ⓔ genesis of civilization（文明的起源）

genetic* [dʒəˈnetɪk]
a. 遗传因子的，遗传学的
ⓝ genetics（遗传学） geneticist（遗传学者） ⓔ genetic code（遗传密码（信息）） genetic engineering（遗传工程）

genital* [ˈdʒenɪtl]
a. 生殖的，生殖(器官)的 *n.* (pl.) 生殖器；外阴部

genitive* [ˈdʒenətɪv]
n./a.【语】所有格(的)，属格(的)
ⓔ genitive case（所有格，属格）

genius*** [ˈdʒiːniəs]
n. 天才，天赋；创造力，独创性；(时代、社会、国民等的)特质，精神；倾向，思潮；风气；(人种、语言、制度等的)特点，特征；守护神

ⓔ have a genius for music / acting / making friends （在音乐 / 表演 / 社交方面有天赋）
She is a genius in English.（她在英语方面是个天才。）

---

genocide* [ˈdʒenəsaɪd]
n. 集体屠杀，种族灭绝　*cid（= kill）

genotype* [ˈdʒenəʊtaɪp]
n. 基因型，遗传型
ⓔ phenotype（表现型）

genre** [ˈʒɑːnrə]
n.（文艺作品的）类型；【画】风俗画

genteel** [dʒenˈtiːl]
a.（过去用做褒义，而现在则多用做讽刺义）有礼貌的，有教养的；冒充上流社会的；假斯文的，装绅士派头的
ⓔ living in genteel poverty（装阔气的） do the genteel（装气派，装体面）

gentility** [dʒenˈtɪləti]
n. 出身高贵；优雅
ⓔ living in shabby gentility（穷摆阔气地）

---

gentle*** [ˈdʒentl]
a. 温和的；温驯的；轻柔的；出身名门的，出身高贵的
ⓝ gentleness（温顺，和善；高贵） ⓔ gentle heart / look / voice / touch / nature（善良的心 / 亲切的样子 / 柔和的声音 / 轻柔的触碰 / 温顺的秉性）

gentleman*** [ˈdʒentlmən]
n. 绅士；（贵族的）侍从；（pl.）（尊称）阁下，先生
ⓝ gentlemanship（绅士身份，绅士品格） gentlewoman（贵妇人，淑女） ⓔ gentleman's agreement（君子协定） Ladies and Gentlemen! （（对听众的称呼）女士们，先生们！）

gentlemanly* [ˈdʒentlmənli]
a. 绅士风度的
ⓔ gentlemanly apology（有绅士风度的道歉）

gently*** [ˈdʒentli]
ad. 温和地；缓和地
ⓔ Speak gently to the child.（对孩子们说话要温和。）The road slopes gently to the sea.（道路的缓坡一直伸向大海。）

gentry** [ˈdʒentri]
n.〈英〉中上阶层（地位、身份低于贵族）

---

genuine*** [ˈdʒenjuɪn]
a. 真实的；真诚的
ⓐⓓ genuinely（真诚地） ⓔ genuine picture by Rubens（鲁宾斯的真画） genuine pearl（真珍珠） genuine sorrow（由衷的悲伤） genuine signature（亲笔签名）

genus*** [ˈdʒiːnəs]
n.（动、植物的）属，种类
ⓔ the genus Home（人类）

hydrogen*** [ˈhaɪdrədʒen]
n. 氢　*hydro（= water）
ⓔ hydrogen bomb（氢弹）

nitrogen*** [ˈnaɪtrədʒən]
n. 氮　*nitro（= niter）
ⓔ nitrogen dioxide（二氧化氮）

oxygen*** [ˈɒksɪdʒən]
n. 氧　*oxy（= acid, sharp）
ⓔ oxygen breathing apparatus（氧气呼吸器） oxygen mask（氧气面罩）

词根 SOL

来自拉丁语的 sol 意为来自 alone / single，whole / entire，sun，comfort。此外，注意不要将其与意为 firm / whole 的来自拉丁语的 solid 相混淆。

---

console*** ⓥ [kənˈsəʊl] ⓝ [ˈkɒnsəʊl]
[拥有可以用来安慰的东西 con〈com（= with）+ sol（= comfort）]
vt. 安慰
n. 控制台，操纵台，仪表板；落地式电视机柜；落地式收音机

ⓝ consolation 安慰 ⓐ consolatory 慰藉的，慰问的 consolable 可安慰的，可慰藉的 ⓔ Nothing could console her after her daughter's death.（她女儿死之后，没有什么能够抚慰她。）

---

disconsolate** [dɪsˈkɒnsələt]
[没有安慰的 dis (= not) + con〈com (= with) + sol (= comfort)]
a. 因失去…而郁闷的；拒绝接受安慰的，伤心的，忧愁的
ⓐⓓ disconsolately 拒绝接受安慰地，忧愁地 ⓔ The woman was disconsolate after her miscarriage.（那个女子在流产之后一直郁郁寡欢。）

---

solicitous** [səˈlɪsɪtəs]
[全身心地大喊的 sol (= entire, alone) + cit (= call)]
a. 担心的，惦念的
ⓝ solicitude 焦虑，焦急；挂念，担心 ⓔ The nurses have been very solicitous, and I really appreciate it.（护士们一直很挂念我，这让我很感激。）

---

inconsolable* [ˌɪnkənˈsəʊləbl]
a. 无法慰藉的，极度伤心的 *in (= not), con〈com (= with), sol (= comfort)
ⓔ inconsolable grief（无法慰藉的悲伤）

solace** [ˈsɒləs]
n. 安慰（物） *v.* 给…以安慰 *sol (= comfort)
ⓔ find solace in music（在音乐中寻找慰藉） solace myself with Carlsberg（用嘉士伯酒慰藉自己）

solatium* [səʊˈleɪʃiəm]
n. 慰问金 *sol (= comfort)

desolate*** [ˈdesələt]
a. 荒废的；无人烟的，荒芜的，荒凉的，不毛的；孤寂的，凄凉的
v. [ˈdesəleɪt] 使荒废；使凄凉 *de (= away), sol (= alone)
ⓔ desolate, wind-swept moorland area（荒凉的、大风肆虐的荒野） desolate-looking girl（看起来楚楚可怜的女孩） desolate life（孤独的生活）

desolation** [ˌdesəˈleɪʃn]
n. 荒废；荒凉，凄凉；虚墟 *de (= away), sol (= alone)
ⓔ desolation caused by war（战争留下的废墟）

---

sole*** [səʊl]
a. 唯一的，独一无二的，单独的；独占的 *n.*（袜子、鞋等的）底，底面 *v.* 给（鞋等）装底
*sol (= alone)
ⓐⓓ solely（单独地，只是） ⓔ sole cause of the accident（引发事故的唯一原因） have the sole right of selling the article（拥有该产品的独家销售权） solely responsible（独自负责的） rubber-soled boots（橡胶底的靴子） thin-soled shoes（薄底的鞋）

soliloquy** [səˈlɪləkwi]
n. 自言自语；（歌剧中的）独白 *sol (= alone), loqu (= say)
ⓥ soliloquize（自言自语；独白）

solitary*** [ˈsɒlətri]
a. 孤独的；独居的；唯一的；人迹罕至的 *sol (= alone)
ⓐⓓ solitarily（独自一人地；寂寞地） ⓔ solitary traveler（孤独的旅行者） solitary life（独居生活） solitary confinement（单独监禁）

solitude*** [ˈsɒlɪtjuːd]
n. 孤独，寂寞，独居；荒凉之地 *sol (= alone)
ⓔ live in solitude（独自生活） not fond of solitude（不喜欢孤独的）

solo** [ˈsəʊləʊ]
n. 独唱（曲），独奏（曲）；单飞；独角戏 *a.* 单独的 *ad.* 单独地 *sol (= alone)
ⓝ soloist（独唱者，独奏者） ⓔ violin / piano solo（小提琴 / 钢琴独奏曲） fly solo（单飞） his first solo flight（他的首次单飞）

---

solemn*** [ˈsɒləm]
a. 严肃的；庄严的，庄重的；宗教上的；正式的
*sol (= whole, entire, sun), emn〈enn〈ann (= year)
ⓐⓓ solemnly（严肃地，庄严地） ⓥ solemnize（举行（宗教仪式，特别是婚礼）；使严肃）
ⓔ solemn silence / look / sight（肃静 / 严肃的表情 / 隆重的场面）

solemnity** [sə'lemnəti]

n. 严肃；庄严；隆重的仪式 *sol (= whole, entire, sun), emn〈enn〈ann (= year)

ⓔ The Queen was crowned with all the proper solemnities.（经过一系列的庄严仪式后，女王登上了王位。）

solicit*** [sə'lɪsɪt]

v. 向…恳求，寻求（某物），央求；（尤指妓女在公共场合）拉客

*sol (= whole, entire), cit (= call)

ⓝ solicitation（恳求；拉客）

solicitor*** [sə'lɪsɪtə(r)]

n. 掮客；〈英〉初级律师（负责法庭律师和诉讼人之间事务联系的律师）；〈美〉（政府部门或某一城市负责法律事务的）法务官

*sol (= whole, entire), cit (= call)

ⓔ Solicitor General（〈英〉副检察长）

solar*** ['səʊlə(r)]

a. 太阳的，利用太阳光的 *sol (= sun)

ⓔ solar eclipse（日食） solar energy（太阳能） solar house（太阳能住宅） solar power（太阳能） solar system（太阳系）

---

solarium* [sə'leəriəm]

n. （用玻璃围起来的医疗用的）日光浴室 *sol (= sun), arium (= place where)

solstice* ['sɒlstɪs]

n. 至，至点 *sol (= sun), stic (= stand, stop)

ⓔ summer / winter solstice（夏至 / 冬至）

LECTURE 30

词根 TEND, TENS, TENT

来自拉丁语的 tend，tens，tent 意为 to stretch。

---

contend*** [kən'tend]

[相互拉扯 con〈com (= together) + tend (= stretch)]

vi. for / with + sth 争辩；争论；竞争

vt. 主张

ⓝ contention 争辩，争论 ⓐ contentious 有争议的 ⓔ Despite what the officer said, the driver contended she was only driving at 30 mph.（不管警察说什么，那个司机都争辩说自己的驾车时速只有 30 英里。）

---

extensive*** [ɪk'stensɪv]

[向外伸展的 ex (= out) + tens (= stretch)]

a. 广大的；广泛的

ⓥ extend 扩展，扩大；伸（手、脚等） ⓝ extension 延长，扩大 extent 宽度，程度，范围；【律】〈英〉扣押令 ⓐⓓ extensively 广大地，广泛地 ⓔ An extensive system of underground aquifers provides water in the Midwest.（大范围的地下蓄水层为中西部地区提供用水。）

---

intensive** [ɪn'tensɪv]

[在…里拉长的 in (= in) + tens (= stretch)]

a. 强烈的；集中的；精深的；透彻的；加强语气的，强调的

ⓥ intensify 加强 ⓝ intensification 激化，强化 intensity 强烈；极度 intension 强度 ⓐ intense 强烈的，激烈的；热情的 ⓔ I took a 2-day intensive course on how to use my new computer.（为学会使用我的新计算机，我参加了一个为期两

天的强化培训课程。)

ostensible** [ɒ'stensəbl]
[向上拉长的 os⟨ob (= over, against) + tens (= stretch)]
a. 表面上的，外表上的；面子上的
ⓐⓓ ostensibly 表面上 ⓔ The ostensible reason for their divorce was "irreconcilable differences". (他们离婚的表面理由是"性格不和"。)

ostentatious** [ˌɒsten'teɪʃəs]
[向某物的反方向拉长的 os⟨ob (= against, over) + tent (= stretch)]
a. 卖弄的，夸耀的；豪华的，铺张的
ⓝ ostentation 夸耀，卖弄；虚饰 ⓐⓓ ostentatiously 卖弄地 ⓔ We want an elegant but not ostentatious wedding. (我们希望办一场高雅而不铺张的婚礼。)

pretentious** [prɪ'tenʃəs]
[向前伸展的 pre (= before) + tent (= stretch)]
a. 炫耀的，做作的；狂妄的
ⓥ pretend 做作，自负 ⓝ pretense 虚假；做作 pretension 自命，自称；做作；假装；借口；托词 pretender 妄提要求者；伪装者 ⓔ The people at the country club aren't pretentious at all. They're very nice! (那个乡村俱乐部的人一点都不狂妄，他们很亲切！)

attend*** [ə'tend]
v. 出席，参加；(~to)致力于；护理；陪同，伴随；侍奉 *at⟨ad (= to)
ⓔ The lectures were well attended. (听演讲的人很多。) attend to what others are saying (注意听别人说的话) have the honor of attending upon the Prince (很荣幸侍奉王子) My good luck attends you! (祝你好运！)

attendance*** [ə'tendəns]
n. 出席，出勤；出席人数；侍奉，照料 *at⟨ad (= to)
ⓔ certificate of attendance (在学证明书) prize for regular attendance (全勤奖) attendance book (出勤簿) large / small attendance (出席人数多 / 少) in attendance upon the Queen (陪同女王)

attention*** [ə'tenʃn]
n. 注意，注意力；(pl.)殷勤；照料；立正姿势；治疗 *at⟨ad (= to)
ⓔ Attention, Mr. Roberts ((用在商务文书、公文中)罗伯茨先生亲启) Attention, please! (各位请注意！) attract / draw attention (引起注意) listen with attention (倾听) pay one's attentions to a lady (讨一位小姐的欢心) Attention! ((口令)立正！缩略语：Shun!) receive immediate attention (得到紧急救治)

attendant*** [ə'tendənt]
n. 侍从；出席者；(pl.)随行人员 *a.* 伴随的；侍候的，护理的 *at⟨ad (= to)
ⓝ attendee (出席者) ⓔ the Prince and his attendants (王子及其侍从) famine and its attendant diseases (饥荒和紧随其至的疾病) old age and its attendant evils (老龄及紧随其至的麻烦)

attentive*** [ə'tentɪv]
a. 注意的；留意的；专心的；体贴的 *at⟨ad (= to)
ⓐⓓ attentively (注意地；周到地) ⓔ attentive to one's studies (专心致志学习的) attentive to her young brother (关心她弟弟的) attentive audience (倾听的观众)

detente* [ˌdeɪ'tɑːnt]
n. 〈法〉紧张关系的缓和 *de (= down)

distend** [dɪ'stend]
v. 扩张，扩大；使膨胀，膨胀 *dis (= away)
ⓝ distension / distention (膨胀)

hypertension* [ˌhaɪpə'tenʃn]
n. 高血压 *hyper (= over, above, excessive)

hypotension* [ˌhaɪpəʊ'tenʃn]
n. 低血压 *hypo (= under, less)

intend***
[ɪn'tend]
v. 想要；计划，打算；意指 *in (= into)
ⓐ intended（预谋的，故意的；（*n.*）已订婚者） ⓔ Let me introduce you to my intended（我向你介绍我的未婚妻。）

---

intent***
[ɪn'tent]
n. 目标；意图；意味，意思 *a.*（表情）热切的；（~ on）专心致志的
*in (= into, intensive)
ⓐⓓ intently（专心地，专注地；热切地） ⓔ shoot with intent to kill（故意开枪杀人） with good / evil (malicious) intent（善意地 / 恶意地） to all intents and purposes（事实上） intent on his work（埋头于他的工作的） intent on beautiful scenery（陶醉于美景的）

intention***
[ɪn'tenʃn]
n. 意向，意图，目标，目的 *in (= into, intensive)
ⓔ with good intentions（善意地） without intention（无意中） with the intention of ~ing（打算做…） well-intentioned / ill-intentioned（善意的 / 恶意的）

intentional**
[ɪn'tenʃənl]
a. 故意的，蓄谋的 *in (= into, intensive)

portend**
[pɔː'tend]
v. 预示（未来）；预先警告 *por〈per (= through)
ⓔ Black clouds portend a storm.（乌云预示着暴风雨即将来临。）

portent**
['pɔːtent]
n.（不祥的、大事件的）征兆，预兆；迹象；异常的人（或事物） *por〈per (= through)
ⓐ portentous（不祥的，凶兆的；令人惊讶的；自命不凡的）

---

superintend**
[ˌsuːpərɪn'tend]
v. 主管；监督；指挥 *super (= over), in (= into)
ⓔ superintendence（主管；监督）

superintendent***
[ˌsuːpərɪn'tendənt]
n. 监督者，管理者；（企业、机关等的）负责人 *super (= over), in (= into)
ⓔ superintendent of schools（教育局局长） superintendent of a revenue office（税务局局长）

tend***
[tend]
v. 看管，照料；倾向，趋向

tendency***
['tendənsi]
n. 倾向，趋势
ⓔ strong upward tendency in oil shares（石油类股票的强劲上涨趋势）

tendentious*
[ten'denʃəs]
a. 倾向性的，有偏见的；宣传性的
ⓔ tendentious / tendencious reports（宣传性报道）

---

tender***
['tendə(r)]
a.（色彩、光线等）柔和的；柔弱的；年幼的，未成熟的；敏感的，容易受到伤害的，一触就痛的；棘手的；（肉）易咀嚼的，嫩的；亲切的，温柔的，体贴的 *ad.* 温柔地，亲切地 *n.* 看护人员；补给船；投标；法定货币；提出，提供 *v.* 提出，提供；投标
ⓔ tender green（嫩绿） tender skin（娇嫩的皮肤） tender subject（棘手的问题，微妙的问题） tender loin（（牛或猪）腰部的嫩肉） tender looks / care（和蔼的表情 / 温柔的照料） tender parents（体贴的父母） tender hearted（心肠软的，富于恻隐之心的） Love me tender.（温柔地爱我。） tender his resignation to the president（向总统递交辞呈） tender for the construction of a new highway（投标承建新的高速公路）

tendon**
['tendən]
n. 筋，腱

tense***
[tens]
a. 拉紧的；紧张的 *v.* 使拉紧，使绷紧；使紧张 *n.*【语】时态
ⓔ faces tensed with anxiety（焦虑、紧张的面孔） tense atmosphere（紧张的气氛） He tensed his muscles for the effort.（他将自己的肌肉绷起来发力。） He's always tensed up before an exam.（他在考试前总是紧张。）

tensile*
[ˈtensaɪl]

a. 张力的，紧张的；可伸长的，可拉长的
ⓔ measure the tensile strength of wire（测定金属丝的张力）

tension***
[ˈtenʃn]

n. 紧张状态、程度，紧绷；张力；紧张；（人、团体、国家等之间的）紧张关系

词根 AG, ACT, IG

来自拉丁语的 ag, act, ig 意为 to drive, to do。当 ag 之前为元音时，ag 中的"a"脱落变成"g"。这几个词根用做 to drive 之意时，其同义词根有来自拉丁语的 flig, pel / puls [peal]。此外，来自拉丁语的词根 duct / duc [du], men [mean]及来自希腊语的 agog 意为 to lead，含义相似。

---

cogent**
[ˈkəʊdʒənt]

[共同驱动的 co〈com (= together) + g〈ag (= drive, do)]
a. 有说服力的
ⓝ cogency 说服力 ⓔ Our physics professor presented a very cogent lecture on quarks.（我们的物理学教授关于夸克理论的讲座十分有说服力。）

---

agitation***
[ˌædʒɪˈteɪʃn]

[开走 ag (= do, drive)]
n. 动摇，不安；激烈的辩论；煽动；（社会的）混乱
ⓥ agitate 使动摇，煽动 ⓝ agitator 煽动者，鼓动者 ⓐ agitated 激动的；焦虑的 agitating 使不安的，使焦虑的 ⓔ The agitation she feels is due to a run-in she had with a teacher today.（她情绪激动是因为今天与老师进行了一场争论。）

---

ambiguous**
[æmˈbɪgjuəs]

[转圈开的 amb〈ambi (= around, both) + ig (= drive)]
a. 引起歧义的；暧昧的，模糊的，意图不明确的
ⓝ ambiguity 暧昧，模糊，含糊不清；可作两种(或多种)解释 ⓔ The instructions are somewhat ambiguous and contain many grammatical mistakes.（使用说明书有些意思模糊，而且其中语法错误百出。）

---

exigency**
[ˈeksɪdʒənsi]

[赶到外边 ex (= out) + ig (= drive)]
n. 危急，紧急状态，当务之急
ⓐ exigent 紧急的，迫切的 ⓔ He put his house up for sale for reasons of financial exigency.（他因经济紧张而拍卖了房子。）

---

intransigent**
[ɪnˈtrænsɪdʒənt]

[不能交叉成十字形拉走 in (= not) + trans (= across) + ig (= drive)]
a. （尤指政治上）不妥协的
n. 不妥协的人
ⓝ intransigence 不妥协的态度 ⓔ My parents are intransigent about not letting me drive until I'm 18.（我父母坚决不让我在我 18 岁之前开车。）

---

prodigal***
[ˈprɒdɪgl]

[向前赶的 prod〈pro (= forth) + ig (= drive)]
a. 浪费的，挥霍的；放荡的；慷慨的；丰富的
ⓝ prodigality 挥霍，浪费 ⓐⓓ prodigally 浪费地，挥霍地 ⓔ My father's prodigal spending left him bankrupt after a few years.（我父亲的挥霍无度让他在几年后破产了。）

---

agency***
[ˈeɪdʒənsi]

n. 代理，代理处，中介机构；(the ~ of) …的作用；政府的专门机构 *ag (= do)
ⓔ the agency of water（水的作用）

agenda*
[ə'dʒendə]
n. 待议诸事项；议程；日常工作事项 *ag (= do)
ⓔ item No. 5 on the agenda（议程第五项）

agent***
['eɪdʒənt]
n. 代理人，代理商；特工；原因，动因；【化】剂 *ag (= do)
ⓔ FBI agent（美国联邦调查局特工） chemical agents（化学药剂）

agile**
['ædʒaɪl]
a. 敏捷的，轻快的，灵活的 *ag (= drive)

stratagem**
['strætədʒəm]
n. 战略，对策 *strat (= army), ag (= drive)

---

litigate*
['lɪtɪgeɪt]
v. 诉讼 *lit (= dispute), ig (= drive)

litigation**
[ˌlɪtɪ'geɪʃn]
n. 诉讼 *lit (= dispute), ig (= drive)
ⓝ litigant（诉讼当事人）

navigable***
['nævɪgəbl]
a. (河、海等) 可航行的，适于航行的；可操纵的 *nav (= ship, sail)
ⓔ not in a navigable condition（不具备航海条件的）

navigate**
['nævɪgeɪt]
v. 航海，航空；操纵 *nav (= ship, sail), ig (= drive)

navigation***
[ˌnævɪ'geɪʃn]
n. 航海，航空；航行 *nav (= ship, sail), ig (= drive)
ⓔ Navigation Acts（航海条例）

---

navigator***
['nævɪgeɪtə(r)]
n. 航海者，航海家；飞行员 *nav (= ship, sail), ig (= drive)

counteract**
[ˌkaʊntər'ækt]
v. 和…相抵消，对…起反作用；中和 *counter (= against), act (= do)
ⓝ counteraction（中和（作用）；反作用） ⓔ counteract his bad influence（消除他的不良影响）

enact***
[ɪ'nækt]
v. 制定（法律），颁布（法案）；上演，演出 *en(=make), act(=do)
ⓝ enactment（(法的) 制定，立法；法规，法令） ⓔ as by law enacted（按照法律规定）

exact***
[ɪg'zækt]
a. 正确的；准确的；精密的 *v.* 索取；强求；要求
*ex (= out, intensive), act (= do)
ⓝ exactitude（正确；精密，确切） exaction（强征（之物）；勒索（之物）） ⓔ the exact meaning of the word（这个词的准确意思）

exactly**
[ɪg'zæktli]
ad. 准确地，确切地；(肯定的回答) 一点不错，正是
*ex (= out, intensive), act (= do)
ⓔ That's exactly what I said.（这正是我所说的。） Exactly!（一点不错！） not exactly（并不一定那样）

---

exacting**
[ɪg'zæktɪŋ]
a. 苛求的，苛刻的，严格的；吃力的 *ex (= out, intensive), act (= do)
ⓔ exacting job（吃力的工作）

inaction*
[ɪn'ækʃn]
n. 不活动，无行动；懒惰 *in (= not), act (= do)

inactive**
[ɪn'æktɪv]
a. 不活动的，无行动的 *in (= not), act (= do)

inactivate*
[ɪn'æktɪveɪt]
v. 使无法活动 *in (= not), act (= do)
ⓔ inactivate a virus（阻止病毒活动（繁殖））

interact*
[ˌɪntər'ækt]
v. 相互作用，相互影响 *inter (= between), act (= do)

interaction** [ˌɪntər'ækʃn] *n.* 相互作用，相互影响 *inter (= between), act (= do)
ⓐ interactive (相互作用 / 影响的)

overact* [ˌəʊvər'ækt] *v.* 行为过火；夸张地表演 *over (= excessive), act (= do)

radioactive* [ˌreɪdiəʊ'æktɪv] *a.* 放射性的 *radio (= ray), act (= do)
ⓥ radioactivate (使带放射性) ⓝ radioactivity (放射能，放射现象) ⓔ radioactive substance (放射性物质)

react*** [ri'ækt] *v.* (~ to) 反应，起反应；(~ against) 反抗；(~ on) 起反作用；起(化学)反应
*re (= back, again, against), act (= do)

reaction*** [ri'ækʃn] *n.* 反应；反作用；倒退，复古；反动
*re (= back, again, against), act (= do)
ⓔ action and reaction (作用和反作用)

---

reactionary** [ri'ækʃənri] *n.* 反动势力 *a.* 反动的；复古的
*re (= back, again, against), act (= do), ary (= person who, pertaining to)

reactor* [ri'æktə(r)] *n.* 起反应的人(或物) *re (= back, again, against)
ⓔ nuclear reactor (核反应堆)

retroactive** [ˌretrəʊ'æktɪv] *a.* (法律、工资支付等)具有追溯效力的 *retro (= backward), act (= do)
ⓐⓓ retroactively (有追溯效力地) ⓔ retroactive to July 11 (追溯至 7 月 11 日)

transact** [træn'zækt] *v.* 处理(事务)，执行；交易 *trans (= through, change), act (= do)

transaction*** [træn'zækʃn] *n.* 办理，处理；交易；业务；(pl.)(学会等的)议事录；会报
*trans (= through, change), act (= do)
ⓔ the transaction of business (事务处理) cash transactions (现金交易)

---

underact* [ˌʌndər'ækt] *v.* 不卖力地表演，不充分地表演 *under (= under, inferior), act (= do)

act*** [ækt] *n.* 行为，行动；法令，条例；(戏剧的)幕，(马戏、杂耍表演中)连续的很短暂的一段；假装 *v.* 行动，做；(~ upon)(药)对…起作用；(~ as)扮演…的角色；(~ for)代理；(~ up)捣乱，胡闹；起作用，尽职责
ⓔ heroic act (英勇的行为) Acts of Congress (国会法案) Don't act the fool / ass / idiot. (别做傻事。)

action*** ['ækʃn] *n.* 行动，行为；动作，姿态；作用，机能；诉讼；战斗；(钢琴、枪等的)机械装置
*act (= do)
ⓐ actionable (可以提起诉讼的) ⓔ Actions speak louder than words. (行动比语言更有说服力。) take action (采取行动) chemical action (化学作用) civil / criminal action (民事 / 刑事诉讼) Clear for action! (准备作战!)

acting*** ['æktɪŋ] *a.* 代理的，临时的；表演的，表演用的 *n.* 演技；装腔作势 *act (= do)
ⓔ The Acting President of Harvard University (哈佛大学代理校长)

active*** ['æktɪv] *a.* 活动的；有活力的；现行的；在活动中的；主动的 *act (= do)
ⓐⓓ actively (活泼地；活动地) ⓔ active volcano (活火山) active market (生机勃勃的市场) on active service (现役) active resistance (积极防御)

---

activity*** [æk'tɪvəti] *n.* 活动；活跃；(pl.)(某一团体的)活动；活动能力；活力 *act (= do)
ⓔ school / classroom / outdoor activities (校内活动 / 教室内活动 / 室外活动)

activist* ['æktɪvɪst] *n.* (政治运动中的)行动主义者；(政党等的)激进分子 *act (= do)
ⓔ Republican / Democratic party activist (〈美〉共和党 / 民主党激进分子(尤其是指积极参与地方政党活动，在地区管理及活动中表现活跃的分子)

activate* [ˈæktɪveɪt]
v. 使活动；使活化 *act (= do)

actual*** [ˈæktʃuəl]
a. 实际的，事实上的；现实的 *act (= do)
ⓝ actuality（现实性；(pl.) 现状） ⓔ actual condition（实际状况） the actual state of Iraq（伊拉克的实际情况）

actually*** [ˈæktʃuəli]
ad. 实际上，事实上；(表现强调或惊讶) 竟然，居然，令人意外地；如今 *act (= do)
ⓔ the political party actually in power（执政党）

actuary* [ˈæktʃuəri]
n. 保险精算师 *act (= do)
ⓐ actuarial（(保险统计)精算的）

actuate** [ˈæktʃueɪt]
v. 激励；开动 *act (= do)
ⓔ A great statesman is actuated by love of his country, not by love of power.（一个伟大的政治家应该在爱国心而非权力欲望的驱使下行动。）

LECTURE 31

词根 PRIS

来自拉丁语的 pris 意为 to take, to seize。同义词根有来自拉丁语的 cap / capt / cept / ceiv [cip, cup, ceit], empt / em, rap / rav, sum / sumpt, lab / lep 等。

comprise*** [kəmˈpraɪz]
[一起抓 com (= together) + pris (= take)]
vt. 由…组成；包含，包括
ⓔ The American Union comprises fifty states.（美联邦由 50 个州组成。）

apprise** [əˈpraɪz]
[把某物带给某人 ap⟨ad (= to) + pris (= take)]
vt. sb + of + sth 告知
ⓔ The army apprised the woman of her husband's death in military action.（部队告知那个女子她的丈夫在战斗中牺牲了。）

enterprising** [ˈentəpraɪzɪŋ]
[在其间夺取，占据的 enter⟨inter (= between) + pris (= take)]
a. 有事业心的；进取的；有冒险精神的
ⓝ enterprise 事业；企业；进取精神，冒险精神 ⓔ Her enterprising nature gives her a high probability for success as a CEO.（她积极进取的性格使她很有可能成为一名成功的首席执行官。）

reprisal** [rɪˈpraɪzl]
[因报答、回报而抓住 re (= back) + pris (= take)]
n. 报仇，报复
ⓔ She didn't report her husband's abuse for fear of reprisals.（她因为害怕遭到报复而没有揭发丈夫的虐待行为。）

imprison*** [ɪmˈprɪzn]
v. 囚禁，关押 *im⟨in (= into)

imprisonment*** [ɪmˈprɪznmənt]
n. 关押，囚禁
ⓔ one year's imprisonment（一年监禁）

prison*** [ˈprɪzn]
n. 监狱，牢狱；拘留所；监禁，囚禁，关押
ⓔ prison breaking（越狱） be released from prison（被从监狱释放）

prisoner*** [ˈprɪznə(r)]
n. 囚犯，犯人；俘虏
ⓔ prisoner of conscience（政治犯；宗教犯） prisoner of war（战俘（缩写：P.O.W.））

surprise*** [səˈpraɪz]
n. 惊奇；惊人之事，意外之事；突袭，奇袭 *v.* 使惊奇；突袭
a. 令人惊讶的，感到意外的 *sur (= above, over)
ⓔ surprise party（惊喜聚会（秘密策划的庆祝活动）） be taken by surprise（遭到突袭） surprise attack / visit（突然袭击 / 突访）

---

surprising*** [səˈpraɪzɪŋ]
a. 令人惊讶的，意外的 *sur (= above, over)
ⓐⓓ surprisingly（惊讶地，意外地）

词根 PUNCT, PUNG[PUNC, POUNC, POIGN, PON, POINT]

来自拉丁语的 punct，pung 意为 to prick。punc，pounc，poign，pon，point 等是它们的变形。同义词根有来自拉丁语的 stinct / sting / stig / sti。

---

compunction** [kəmˈpʌŋkʃn]
[用力地、狠狠地扎 com (= intensive) + punct (= prick)]
n. 良心的谴责；悔恨
ⓐ compunctious 内疚的，后悔的 ⓐⓓ compunctiously 后悔地 ⓔ Some parents feel no compunction at beating their disobedient children.（有些父母因为孩子不听话而打孩子时，从不感到内疚。）

---

punctilio* [pʌŋkˈtɪliəʊ]
n. （仪式等的）细枝；拘泥细节
ⓔ stand upon punctilios（过分拘泥于细节）

punctilious** [pʌŋkˈtɪliəs]
a. 谨小慎微的；拘泥于细节的
ⓐⓓ punctiliously（谨小慎微地；拘泥于细节地）

punctual*** [ˈpʌŋktʃuəl]
a. 严守时间的，准时的
ⓐⓓ punctually（严守时间地）ⓔ (as) punctual as the clock（（像钟表般）准时的） punctual to the minute（分秒不差，准时） be punctual for the lecture / in payment of one's rent（准时上课 / 按时交纳房租）

punctuality* [ˌpʌŋktʃuˈæləti]
n. 严守时间

punctuate** [ˈpʌŋktʃueɪt]
v. 在…间加标点；不时打断
ⓔ speech punctuated with cheers（不时被叫喝彩声打断的演说） punctuate one's remarks with thumps on the table（时不时敲击桌子打断某人的话）

---

punctuation* [ˌpʌŋktʃuˈeɪʃn]
n. 标点
ⓔ punctuation mark（标点）

puncture** [ˈpʌŋktʃə(r)]
v. 穿孔，扎，刺
n. （用尖的东西扎出的）小孔
ⓔ puncture an abscess / her husband's ego（刺破脓肿 / 刺伤她丈夫的自尊心） Two of my tires punctured while I was on that stony road.（经过满是石子的马路时，我的两个车胎被扎破了。）

expunge* [ɪkˈspʌndʒ]
v. 擦去，抹去；删除 *ex (= out)

pungent** [ˈpʌndʒənt]
a. （气味、味道）辛辣的；刺激性的；（言语等）尖锐的，辛辣的，尖刻的
ⓐⓓ pungently（辛辣地；刺激地） ⓝ pungency（辛辣；尖锐；刺激性）
ⓔ pungent sauce（辛辣的酱汁） pungent criticism / remarks / satire（尖刻的批评 / 话 / 讽刺）

pounce*** [paʊns]
v. 猛扑；突袭 *pounc〈pung (= prick)
ⓔ The tiger pounced savagely on a mouse.（那只老虎猛地扑向一只老鼠。）

punch***
[pʌntʃ]

n. 打孔；打孔机，穿孔机，冲压机；猛击，用拳头击打；力量；活力；潘趣酒（酒、果汁、香料等混合而成的饮料）*v.*（用打孔机）打孔、冲孔；用拳头猛击

*punc〈pung (= prick)

ⓔ give him a punch on the nose（对他的鼻子猛地一击） punched cards（打孔卡） punch him on the chin（对他的下巴猛地一击） face I'd like to punch（欠揍的脸） Punch-and-Judy show（英国滑稽木偶剧（主人公潘趣杀死了孩子和妻子朱迪，最终被判处绞刑）（as）pleased / proud as Punch（非常开心 / 骄傲的）

poignant**
['pɔɪnjənt]

a. 痛切的；伤心的；辛酸的 *poign〈pung (= prick)

ⓐⓓ poignantly（惨痛地；伤心地；辛酸地） ⓝ poignancy（辛酸；惨痛；伤心） ⓔ poignant sorrow / regret / memories（彻骨的伤痛 / 深深的懊悔 / 痛苦的回忆）

poniard**
['pɒnjəd]

n. 短剑，匕首 *v.* 以匕首刺 *pounc〈pung (= prick)

point***
[pɔɪnt]

v.（~ to）指；显示，表示，表明；（~ at）向…瞄准；指向…；（~ out）指出；削尖（铅笔等）；强调 *n.* 要点，要义，论点；项目，细目；特点；瞬间，刹那；（钉子、铅笔、刀的）尖头，尖端；岬；（作为符号的）点；（空间、时间上的或想法的）点；（温度计、指南针等的）度；得分，评分；学分 *point〈pung (= prick)

ⓔ The clock points to twelve.（时钟指向 12 点。） Don't point a finger at a lady.（不要用手指指着女士。） point a pencil（把铅笔削尖） miss the point（没抓住要点） What's the point?（重点是什么？） good / bad points（优点 / 缺点） turning point（转折点） at the point of the sword / bayonet（剑拔弩张） decimal point（小数点） the boiling / freezing / melting point（沸点 / 冰点 / 熔点） vantage point（优势地点） trading point（交易地点） to a certain point（到某种程度） score twenty points（得 20 分） Grade Point Average（平均成绩点数（缩写：GPA）） point system（驾驶违规的记分制度）

pointed***
['pɔɪntɪd]

a. 有针对性的（明确指向某人或行为）；尖锐的 *point〈pung (= prick)

ⓔ pointed reproof（尖锐的指责） show pointed attentions to the glamorous movie star（十分关注那位迷人的电影明星）

---

point-blank**
[ˌpɔɪnt 'blæŋk]

a.（射击）近距离平射的；直截了当的

ad. 近距离平射地；直截了当地 *blank (= white), point〈pung (= prick)

ⓔ fire at point-blank range（近距离射击） point-blank refusal（直截了当的拒绝）

pointer**
['pɔɪntə(r)]

n. 指针；短毛大猎狗 *point〈pung (= prick)

pointless*
['pɔɪntləs]

a. 无意义的；没有目标的，无目的的；未得分的

*point〈pung (= prick), less (= without)

ⓔ pointless draw（零比零）

appoint***
[ə'pɔɪnt]

v. 任命，委任；指定（时间、地点等）；约定；给…提供装备

*ap〈ad (= to), point〈pung (= prick)

ⓝ appointee（被任命者）

appointed*
[ə'pɔɪntɪd]

a. 指定的，指派的；约定的；设备好的 *ap〈ad (= to), point〈pung (= prick)

ⓔ at the appointed time（在约定的时间） his appointed task（指派给他的任务） well-appointed / badly-appointed library（设备好的 / 简陋的图书馆）

---

appointment***
[ə'pɔɪntmənt]

n. 指定；任命，任用；约会；职位，职务；（pl.）设备，陈设

*ap〈ad (= to), point〈pung (= prick)

ⓔ make / keep / break an appointment with him（约好和他见面 / 遵守约定与他见面 / 失约没去和他见面） get a good appointment in a business firm（在公司里谋求到一个好职位）

disappoint***
[ˌdɪsəˈpɔɪnt]
v. 使失望；挫败（计划等）；使（希望等）破灭
*dis (= away, apart), ap⟨ad (= to), point⟨pung (= prick)
ⓐ disappointed（失望的） disappointing（令人失望的，辜负期望的） ⓐⓓ disappointedly（失望地，灰心地）

disappointment***
[ˌdɪsəˈpɔɪntmənt]
n. 失望；令人失望的人（或事物）
*dis (= away, apart), ap⟨ad (= to), point⟨pung (= prick)
ⓔ to my great disappointment（令我极其失望的是） suffer many disappointments in love（经历多次失恋）

词根 CLUD, CLUS [CLOS, CLOIS, CLAUS, CLOT]

来自拉丁语的 clud, clus 意为 to shut。clos, clois, claus, clot 是它们的变形。

conclusive***
[kənˈkluːsɪv]
[一起关闭的 con⟨com (= together) + clus (= shut)]
a. 决定性的；确凿的；最终的
ⓥ conclude 下结论 ⓝ conclusion 结论 ⓐⓓ conclusively 决定性地，最终地 ⓔ The investigator presented conclusive evidence that the criminal was guilty.（那位调查员出示了确凿的证据，证明那个犯人有罪。）

preclude**
[prɪˈkluːd]
[事先关上、关押起来 pre (= before) + clud (= shut)]
vt. 阻止，妨碍；排除；防止
ⓝ preclusion 排除；妨碍；防止 ⓐ preclusive 排除的；妨碍的；防止的
ⓔ Some medical conditions preclude getting facial cosmetic surgery.（某些医疗条件妨碍脸部整形手术的进行。）

recluse**
[rɪˈkluːs]
[不露面，躲在里面过着封闭的生活 re (= back) + clus (= shut)]
n. 脱离世俗的人；隐遁者
a. 脱离世俗的，隐遁的
ⓔ My aunt is agoraphobic and something of a recluse.（我姑姑有广场恐惧症，活得像个隐士。）

seclusion**
[sɪˈkluːʒn]
[脱离，过着封闭的生活 se (= away) + clus (= shut)]
n. 隔绝；隐退，隐遁
ⓥ seclude 隔绝；使隐退 ⓐ secluded 隔绝的；隐退的；偏僻的
ⓔ She went into seclusion after the traffic death of her toddler.（自从她那蹒跚学步的孩子死于车祸后，她便过起了隐居的生活。）

exclude***
[ɪkˈskluːd]
v. 拒绝（接纳）；排斥；排除（可能性） *ex (= out)
ⓝ exclusion（拒绝；排除） ⓔ exclude all possibility of doubt（排除一切怀疑的可能性）

exclusive***
[ɪkˈskluːsɪv]
a. 排除的，除外的；孤傲的；（集团、团体）排他的；（商品）独家经营的；独占的，唯一的 *ex (= out)
ⓐⓓ exclusively（专有地；排他地；独占地） ⓔ exclusive economic zone（专属经济区（缩写：EEZ）） exclusive right（专有权）

include*** [ɪnˈkluːd]
v. 包含，算入 *in (= in)
ⓝ inclusion（包含，算入） ⓔ This atlas contains fifty maps, including six of North America.（这本地图册共由 50 幅地图组成，其中包括 6 张北美地图。） postage included（包含邮资）

including*** [ɪnˈkluːdɪŋ]
prep. 包含，包括 *in (= in)
ⓔ There are seven of us including myself.（把我算在内共 7 个人。）

inclusive** [ɪnˈkluːsɪv]
a. (~ of) 包括的，包含的 *in (= in)
ⓐⓓ inclusively（包括地，在内地） ⓔ five inclusive of the driver（包括司机共 5 个人）

---

disclose*** [dɪsˈkləʊz]
v. 揭露，暴露，揭开，透露；公开 *dis (= not)
ⓔ refuse to disclose one's name and address（拒绝透露姓名和地址）

disclosure** [dɪsˈkləʊʒə(r)]
n. 暴露，透露；公开；被揭发的事 *dis (= not)

enclose*** [ɪnˈkləʊz]
v. 围绕，（用围墙或栅栏等）围起来；封（信）；放入（纸袋、包裹），封入 *en (= in)
ⓔ A check for 50 dollars is enclosed.（附上了一张 50 美元的支票。） Enclosed please find a check for 50 dollars.（请收下附上的 50 美元支票。）

enclosure*** [ɪnˈkləʊʒə(r)]
n. 围栏；围绕；（特指随信一起）封入；封入之物
ⓔ enclosure of common land（用围栏圈起一块公有土地）

close*** [kləʊz]
v. 闭（眼）；关（门、窗等）；收起（伞）；合上（书）；封闭（通道、入口、小孔）；关闭（店铺等）；结束，终止；商定（交易）；靠拢，密集 *n.*（期限的）结束，（活动等的）终止；（四周围住的）场地；院子；死胡同 *a.* [kləʊs]（空间、时间上）接近的；（关系）密切的，亲密的；（在比赛中）势均力敌的，差异微小的；密集的；缜密的，周密的；齐啬的；（天气）闷热的；（房间等）通风不畅的，（空气）污浊的；隐藏的，非公开的 *ad.* [kləʊs] 接近地；紧密地；紧紧地
ⓔ close a deal（成交） close call / thing / shave（侥幸脱险） close cut（捷径） close friend（密友） close relatives（近亲） close election / contest / match / finish（势均力敌的选举 / 竞争 / 比赛 / 结局） You are very close.（你已经很接近正确答案了。） in close order（以密集队形）

---

closed*** [kləʊzd]
a. 关闭的，密闭的，密封的；非公开的；排他性的
ⓔ Closed today.（今日停业。） closed-door（秘密的，非公开的）↔open-door（公开的） closed primary（仅由一个政党的成员参加的预选）

closing*** [ˈkləʊzɪŋ]
a. 结尾的，结束的；闭会的 *n.* 密封，封闭；终结，结束；结算
ⓔ closing date（截止时间） closing address（闭幕词）

closely*** [ˈkləʊsli]
ad. 密集地，紧紧地；接近地；精密地；严密地
ⓔ listen closely（倾听） closely contested election（势均力敌的选举）

closeness** [ˈkləʊsnəs]
n. 接近；密集；亲密
ⓔ the closeness of a resemblance（非常相像）

closure* [ˈkləʊʒə(r)]
n. 结束；终止；封闭，关闭
ⓔ pit closures（闭坑）

---

closet*** [ˈklɒzɪt]
n. 壁橱；（旧用法）私室；书斋；厕所 *a.* 私人的；空谈的；关起门来的；秘密的
v. 把…引进私室密谈 *et (= small)
ⓔ closet thinker / strategist（纸上谈兵的空想家 / 战略家） closet theory（空谈理论） He was closeted with his advisor for two hours.（他和他的导师密谈了两小时。）

cloture* [ˈkləʊtʃə(r)]
n. 结束；截止 *v.* 结束辩论 *clot⟨clos (= shut)

cloister*** [ˈklɔɪstə(r)]
n. 修道院；（修道院、大教堂等的后院围成四角形的）有房顶的回廊；(the ~) 隐居生活

v. 使居于修道院中 *clois〈clos (= shut)
ⓔ live a cloistered life (过修道院的隐居生活)

clause***
[klɔːz]
n. (合约、法律文书等的)条目, 条款;【语】从句
ⓔ penal clause (处罚条款) clause by clause (逐条地) subordinate clause (从句)

claustrophobia*
[ˌklɔːstrəˈfəʊbiə]
n. 幽闭恐怖(症) *phob (= fear)

---

mare clausum*
[ˈmɑːreɪ ˈklaʊsʊm]
n. 领海 (↔mare liberum 公海) *mar (= sea)

LECTURE 32

词根 DOL

来自拉丁语的 dol 意为 to grieve, 同义词根为来自拉丁语的 mourn。

---

condolence**
[kənˈdəʊləns]
[带走伤心的话 con〈com (= with) + dol (= grieve)]
n. (pl.) 吊唁, 慰问
ⓥ condole 吊唁, 慰问 ⓐ condolatory 吊唁的, 哀悼的 ⓔ We sent flowers and a note of condolence to the widow. (我们给那位遗孀寄去了花和吊唁信。)

---

indolent**
[ˈɪndələnt]
a. 倦怠的, 懒惰的; 无行动的 *in (= not)
ⓝ indolence (倦怠, 懒惰)

dole***
[dəʊl]
v. (~ out) 发放赈济物
n. 施舍品, 义捐品; 施舍; (the ~)〈英〉失业救济金;〈古诗〉悲哀, 悲叹
ⓔ The small meal was doled out to the hungry crew. (饥饿的人们分到了少量的食物。)

doleful***
[ˈdəʊlfl]
a. 沉浸于悲痛中的

dolor*
[ˈdɒlə(r)]
n.〈诗〉伤心, 悲哀

dolorous**
[ˈdɒlərəs]
a. 忧伤的, 悲痛的

词根 FLAGR, FLAM

来自拉丁语的 flagr, flam 意为 to burn。同义词根有来自拉丁语的arid, caust / caut, torr, 来自希腊语的 ether, 以及来自盎格鲁-撒克逊语的 burn / bran。

---

conflagration**
[ˌkɒnfləˈɡreɪʃn]
[彻底地燃烧 con〈com (= thoroughly, intensive) + flagr (= burn)]
n. 火灾
ⓔ A devastating conflagration destroyed thousands of acres of forest. (一场毁灭性的火灾烧毁了数千英亩森林。)

---

inflammable**
[ɪnˈflæməbl]
[在某物上面燃烧的 in (= on) + flam (= burn)]
a. 易燃的; 易激动的, 易怒的
ⓥ inflame 点火; 激怒; 使发炎 ⓝ inflammation 发炎; 点火 ⓐ inflammatory 激动的; 发炎的 ⓔ Inflammable children's clothes have been outlawed for sale in America. (在美国, 出售易燃性儿童服装是违法的。)

---

flagrant**
[ˈfleɪɡrənt]
a. (罪行、罪犯等)穷凶极恶的, 明目张胆的; 凶恶的, 恶名昭著的
ⓔ flagrant offenses / sinners (凶恶的罪行/罪犯)

flambeau* [ˈflæmbəʊ]
n. 火把，装饰用的大烛台　*beau (= pretty)

flamboyant* [flæmˈbɔɪənt]
a. 绚烂的，华丽的，艳丽的；炫耀的　*boy (= float)
ⓝ flamboyance (绚烂，艳丽)

flamingo** [fləˈmɪŋgəʊ]
n. 火烈鸟，红鹤

flame*** [fleɪm]
n. (pl.) 火舌，火焰；耀眼的光辉，光芒；热情；〈谑〉情人
v. 燃烧；勃然大怒；使成火红色
ⓔ in flames (燃烧着) flame projector / thrower (火焰喷射器) the flames of sunset (落日的余晖) flame of anger / indignation / enthusiasm (怒火 / 愤怒 / 如火的热情) old flame (旧情人) The hill flames with azaleas. (杜鹃花映红了山。) hillsides flaming with the colors of fall (被秋色染红的山坡) His anger flamed out. (他怒火冲天。)

---

flaming*** [ˈfleɪmɪŋ]
a. 着火的，燃烧的；灼热的；极端的，惊人的
ⓔ flaming sun (灼人的太阳) You flaming idiot! (你这个大笨蛋!)

词根 SECR, SACR, SANCT [SACER, SAINT]

来自拉丁语的 secr, sacr, sanct 意为 holy, sacer, saint 是它们的变形。同义词根有来自拉丁语的 pi 以及来自希腊语的 hagi。

---

consecrate*** [ˈkɒnsɪkreɪt]
[使和神圣在一起 con〈com (= together) + secr (= holy)]
vt. 使神圣；献给，奉献
ⓝ consecration 神圣化；奉献；（圣职）授任仪式　ⓔ A priest consecrates matzo and wine prior to a communion ceremony. (牧师在圣餐仪式之前将无酵饼和葡萄酒作为祭品。)

---

desecrate* [ˈdesɪkreɪt]
[贬低神圣 de (= down) + secr (= holy)]
vt. sth + to + sth 亵渎神圣，玷污神圣
ⓝ desecration 亵渎神圣　ⓔ The Satanists desecrated the church sanctuary with animal blood. (那些崇拜撒旦的人用动物的鲜血来玷污教会圣所的神圣。)

---

execrable* [ˈeksɪkrəbl]
[脱离神圣的 ex (= down) + ecr〈secr (= holy)]
a. 极坏的；恶劣的
ⓥ execrate 诅咒；憎恶　ⓝ execration 诅咒；憎恶　ⓔ How execrable, that a man guilty of murder should go free. (杀人犯居然逍遥法外，真是太可恶了。)

---

sanctimonious* [ˌsæŋktɪˈməʊniəs]
[如圣者般行事的 sanct (= holy)]
a. 伪装虔诚的，假装神圣的
ⓔ The sanctimonious religious right would outlaw everything fun if they could. (伪装虔诚的宗教保守主义势力总是尽他们所能禁止一切娱乐活动。)

---

sacred*** [ˈseɪkrɪd]
a. 神圣的；神的；与宗教相关的；庄严的；不可侵犯的
ⓔ sacred cow ((印度的) 圣牛；〈谑〉神圣不容侵犯的事物) sacred writings (宗教经典 (《古兰经》、《圣经》等)) sacred music (宗教音乐) sacred promise (郑重的诺言) Sacre Coeur ((法国巴黎的) 圣心大教堂)

sacrifice*** [ˈsækrɪfaɪs]
n. 牺牲，(供奉的) 祭品；牺牲行为；牺牲品
v. (向神) 献祭；牺牲　*fic (= make)

ⓐ sacrificial（牺牲的）

sacrilege** [ˈsækrəlɪdʒ]
n. 亵渎神圣　*leg（= send）
ⓐ sacrilegious（亵渎神圣的）

sacristan* [ˈsækrɪstən]
n.〈古〉（天主教）教堂看守人，圣器保管人

sacristy* [ˈsækrɪsti]
n.（天主教教堂的）圣器收藏室

---

sacrosanct* [ˈsækrəʊsæŋkt]
a. 神圣不容侵犯的　*sanct（= holy）
ⓔ He regards his privileges as sacrosanct.（他认为自己的特权是不容侵犯的。）

sacrament* [ˈsækrəmənt]
n. 圣事，圣礼（包括洗礼、坚信礼、圣体、告解、终傅、神品、婚配）
ⓔ the Blessed / Holy Sacrament（圣餐礼）

sacramental* [ˌsækrəˈmentl]
a. 圣事的，圣餐（礼）的
ⓔ sacramental wine（圣餐用葡萄酒）

sacerdotal* [ˌsæsəˈdəʊtl]
a. 圣职的，祭司的　*sacer〈sacr（= holy），dot（= give）
ⓝ sacerdotalism（祭司制度）

sanctify** [ˈsæŋktɪfaɪ]
v. 使神圣　*ify（= make）
ⓝ sanctification（神圣化）

---

sanction*** [ˈsæŋkʃn]
n. 批准，认可，承认，同意；（一般指数个国家共同对违反国际法的国家所实施的）国际制裁 *v.* 批准，认可，承认，同意
ⓔ a book that was translated without the sanction of the author and publisher（未经作者和出版人同意而翻译的书） apply economic / arms sanctions against an aggressor country（对侵略国实施经济 / 军事制裁） punitive / vindicatory sanction（刑罚 / 惩罚） Would you sanction flogging as a punishment for crimes of violence?（你同意将鞭笞作为对暴力罪行的惩罚吗？）

sanctity** [ˈsæŋktəti]
n. 圣洁；神圣；（pl.）神圣的事物（如义务、感情等）
ⓔ violate the sanctity of an oath（亵渎誓言的神圣） the sanctities of the home（家庭的神圣义务）

sanctuary*** [ˈsæŋktʃuəri]
n. 圣所，教堂，寺庙；内殿；祭坛；避难所，庇护所；（鸟兽等的）禁猎区
*ary（= place where）
ⓔ seek / take sanctuary（寻找避难所 / 逃往圣所） sanctuary of political refugees（政治流亡人士的避难所） sanctuary privilege（庇护权） bird sanctuary（鸟类禁猎区）

sanctum** [ˈsæŋktəm]
n. 圣所；密室　*um（= place where）

saint*** [seɪnt]
n. 圣人；（死后）进入天国的人；天使；道德崇高的人，似圣徒般的人；（S~）圣（在人名、教堂名、职位名等之前多写做 St.）　*saint〈sanct（= holy）
ⓐ sainted（神圣的；追封为圣徒的） ⓝ sainthood（圣徒身份；［总称］诸圣） ⓔ I'm no saint.（我不是圣人） the（blessed）Saints（上天的各位圣人） St. Luke（圣人卢克）

---

saintly** [ˈseɪntli]
a. 神圣的；圣人般的　*saint〈sanct（= holy），ly（=pertaining to）
ⓝ saintliness（神圣，圣洁） ⓐ saintlike（神圣的，圣人般的） ⓔ saintly expression on his face（他脸上圣人般的表情）

词根 ROD, ROS

来自拉丁语的 rod, ros 意为 to gnaw。

corrosive**
[kəˈrəʊsɪv]
[用力抓挠，腐蚀 cor〈com (= intensive) + ros (= gnaw)]
a. 腐蚀的；腐蚀性的
n. 腐蚀物，腐蚀剂
ⓥ corrode 使腐蚀 ⓝ corrosion 腐蚀 ⓔ Salt air is somewhat corrosive and damages the paint on automobiles over time.（含有盐分的空气多少具有一些腐蚀性，时间久了会损坏汽车的喷漆。）

erode**
[ɪˈrəʊd]
[咬断 e〈ex (= out, off) + rod (= gnaw)]
vt. 腐蚀，侵蚀
ⓝ erosion 腐蚀，侵蚀 ⓔ Over centuries, sharp rocks erode and become very smooth.（经过几个世纪的侵蚀后，尖锐的石头变得非常平滑。）

rodent**
[ˈrəʊdnt]
n. 啮齿动物（如老鼠、兔子、松鼠、海狸等）

rodenticide*
[rəʊˈdentɪsaɪd]
n. 老鼠药 *cid (= kill)

LECTURE 33

词根 ALESC[ESC, ALIT, OLESC]

来自拉丁语的 alesc 意为 becoming, growing esc, alit, olesc 是它的变形。

coalition**
[ˌkəʊəˈlɪʃn]
[变成一起 co〈com (= together) + alit〈alesc (= becoming)]
n. 联合；(政党间的)联盟
ⓝ coalesce 联合 ⓔ A coalition of nations attacked Iraq in 1991.（多国联军于1991年攻击了伊拉克。）

adolescence**
[ˌædəˈlesns]
n. 青春期 *ad (= to, toward), olesc〈alesc (= becoming)
ⓔ The period of adolescence has fascinated people of all ages.（青春期阶段总是使各个年龄的人都着迷。）

adolescent**
[ˌædəˈlesnt]
a. 青春期的 *n.* 青少年 *ad (= to, toward), olesc〈alesc (= becoming)
ⓔ Aristotle characterized the adolescent as being "high-minded", but somewhat put this down to lack of experience.（亚里士多德认为青少年的特点是"高洁的"，但也认为这在某种程度上源于缺乏经验。）

florescence*
[flɔːˈresns]
n. 开花，盛开；花期，全盛期 *flor (= flower), esc〈alesc (= becoming)
ⓐ florescent（开花的，花盛开的）

fluorescent*
[ˌflɔːˈresnt]
a. 发荧光的，荧光性的 *fluor (= bloom), esc〈alesc (= becoming)
ⓝ fluorescence（荧光性） ⓔ fluorescent lamps / lighting（荧光灯 / 荧光照明）

phosphorescence*
[ˌfɒsfəˈresns]
n. 发磷光；磷光 *phos (= light), phor (= carry, produce), esc〈alesc (= becoming)
ⓐ phosphorescent（发磷光的，磷光性的）

词根 LAT

来自拉丁语的 lat 意为 to carry, to bear, 与 fer 来源相同。同义词根有来自拉丁语的 ger / gest, port, veh / vect 和来自希腊语的 phor / pher。

collate* [kə'leɪt]

[一起搬运 col〈com (= together) + lat (= carry)]

vt. 对照

ⓝ collation 对照 ⓔ After collating the data sets, the scientist realized the experimental medicine was ineffective.（对照了数据之后，科学家得知那种实验药物不起作用。）

dilate** [daɪ'leɪt]

[分别、远远地搬运 di〈dis (= apart, away) + lat (= carry)]

vt. 使膨胀，使扩大 *vi.* 使扩大，膨胀；详述，细说

ⓝ dilation 膨胀，扩大；详述 ⓔ The ophthalmologist dilated my pupils for the eye exam.（为了检查视力，眼科医生为我做了散瞳。）

elated** [i'leɪtɪd]

[向外、向上搬运的 e〈ex (= out, up) + lat (= carry)]

a. 喜气洋洋的，兴高采烈的

ⓝ elation 喜气洋洋 ⓥ elate 使兴奋，使兴高采烈 ⓔ I was elated to learn I'd been accepted at the university of my choice.（得知我被报考的大学录取之后，我十分高兴。）

latent** ['leɪtnt]

[抱着的 lat (= carry, bear)]

a. 隐藏的，隐匿的；潜在的，潜伏的

ⓝ latency 潜在，潜伏 ⓔ Freud said infants may harbor latent hostility for their mothers when they stop nursing.（弗罗伊德曾说过，幼儿断奶后会对他们的母亲怀有一种潜在的敌意。）

dilatory* ['dɪlətəri]

a. 缓慢的；拖延的 *di (= apart, away)

ⓔ The filibuster is an effective tool in dilatory campaigns.（以冗长的演说（在议会中）阻碍议事是一种有效的拖延手段。）

oblate* ['ɒbleɪt]

a. 扁圆的 *ob (= to, toward)

ⓔ The earth is an oblate sphere.（地球是一个扁圆形的球体。）

oblation* [əʊ'bleɪʃn]

n. 向神供奉；奉献物 *ob (= to, toward)

prelate** ['prelət]

n. 高级教士（如 archbishop, bishop, metropolitan, patriarch） *pre (= before)

relate*** [rɪ'leɪt]

v. 叙述，讲；使联系；有关 *re (= again)

ⓔ I am not related to him in any way.（我和他没有任何关系。）

relation*** [rɪ'leɪʃn]

n. 陈述，叙述；关系，关联；(pl.)（人、团体、国家等的）关系；联系；交往 *re (= again)

ⓔ diplomatic relations（外交关系） public relations（公共关系） public relations officer（公共关系人员（缩写：PRO））

relationship*** [rɪ'leɪʃnʃɪp]

n. 关系；血缘关系；感情关系 *re (= again)

ⓔ His affair with Susan has developed into a lasting relationship.（他和苏珊的恋情已经发展为持久的感情关系。） degree of relationship（亲等）

relative*** ['relətɪv]

a. 比较的，相对的；(~ to) 和…有关系的 *n.*【语】关系词；亲戚 *re (= again)

ⓐⓓ relatively（比较地，相对地） ⓝ relativity（（爱因斯坦的）相对论） ⓔ in relative comfort（相对舒适地） papers relative to the case（和案件相关的文件）

correlate ** [ˈkɒrəleɪt] *v.* 关联；使相互关联 *cor〈com (= together), re (= again)
ⓔ Her research correlates with his. (她的研究和他的有一定关联。) correlate psychology with political science (把心理学和政治学联系起来)

correlation * [ˌkɒrəˈleɪʃn] *n.* 相互关系；相关性 *cor〈com (= together), re (= again)
ⓔcorrelation between climate and vegetation (气候和植被间的相互关系)

---

correlative * [kəˈrelətɪv] *a.* 相互关联的，相关的 *n.*【语】关联词 *cor〈com (= together), re (= again)
ⓔcorrelative words (关联词) correlative conjunction (关联连词)

interrelate * [ˌɪntərɪˈleɪt] *v.* (使)相互联系 *inter (= between), re (= again)
ⓔinterrrelated studies (相关的学科(如政治学、哲学、经济学等))

interrelation * [ˌɪntərɪˈleɪʃn] *n.* 相互关系 *inter (= between), re (= again)
ⓝinterrelationship (相互关系)

superlative ** [suˈpɜːlətɪv] *a.* 最高的，最好的，最佳的；【语】最高级的
n. 最好的人(或物)；顶峰；【语】最高级 *super (= above)
ⓔsuperlative degree (最高级) speak in superlatives (说话夸张) The subject of all these superlatives was plain old Miller. (受到最高赞誉的人是平凡的老米勒。)

translate *** [ˈtrænsleɪt] *v.* 翻译；解释；调动；(圣经中)肉体不死而升天
*trans (= change, through)
ⓐtranslatable (可译的) ⓝtranslator (翻译者)

---

translation *** [trænsˈleɪʃn] *n.* 翻译；解释 *trans (= change, through)
ⓔ errors in translation (翻译错误) literal / close translation (直译) read Milton in translation (阅读米尔顿作品的译本)

legislate ** [ˈledʒɪsleɪt] *v.* 制定法律 *leg (= law)
ⓝlegislation (立法，法律的制定；法律) legislator (立法者，国会议员) legislature (立法机关；〈美〉州议会) ⓔlegislate against gambling (制定禁赌法案)

latitude *** [ˈlætɪtjuːd] *n.* 纬度 (↔longitude 经度)；(pl.)地区，地带；(活动、见解、思想等的)范围，自由；(胶片)曝光宽容度，曝光时限 *lat (= carry, wide)
ⓐlatitudinal (纬度的) ⓔ north / south latitude (北纬 / 南纬) high / low latitudes (高 / 低纬度地区) cold / warm latitude (寒带 / 温带地区) Does the South Korean government allow much latitude in political belief? (韩国政府在政治信仰方面给予国民很大的自由度吗?)

latitudinarian * [ˌlætɪˌtjuːdɪˈneəriən] *a. / n.* (特指在宗教信仰、教理方面)不拘泥于教条的(人)，宽容的(人)
*lat (= carry, wide)

词根 MISER

来自拉丁语的 miser 意为 to pity, wretched。

---

commiserate * [kəˈmɪzəreɪt] [带有同情之情 com (= with, intensive) + miser (= pity)]
vi. with + sb 怜悯；同情
ⓝcommiseration 怜悯，同情 ⓔThe patrolman commiserated with the parents whose child died in the accident. (巡警很同情在事故中失去孩子的父母。)

---

miser ** [ˈmaɪzə(r)] *n.* 守财奴，吝啬鬼
ⓐmiserly (守财奴似的，吝啬的)

miserable *** [ˈmɪzrəbl] *a.* 可怜的，悲惨的，不幸的；使人难受的；糟糕的
ⓔmiserable slums (条件极差的贫民窟) What a miserable meal! (这饭菜太糟糕了!)

miserably *** [ˈmɪzrəbli] *ad.* 悲惨地
ⓔmiserably poor / underpaid (穷得可怜的 / 薪水少得可怜的) die miserably (悲惨地死去)

misery*** [ˈmɪzəri]
n. 悲惨；贫困；(精神、肉体上的)痛苦；〈口〉爱发牢骚的人
ⓔ living in misery and need（生活穷困潦倒） Misery loves company.（同病相怜。） the miseries of mankind（人类的不幸）

词根 COC, COCT

来自拉丁语的 coc, coct 意为 to cook, to mature。

concoct** [kənˈkɒkt]
[放在一起做饭、烹饪 con〈com (= together) + **coct** (= cook)]
vt. 调制；调和；编造；图谋
ⓝ concoction 混合(物)，调和(物)；编造 ⓔ Policemen say that speeders often concoct hilarious excuses for speeding.（警察说超速驾驶的人往往会编造出一些可笑的借口。）

precocious** [prɪˈkəʊʃəs]
[早一点成熟的 pre (= before) + **coc** (= mature, cook)]
a. 早熟的
ⓝ precocity 早熟 ⓔ She's a precocious tot. She could already read at 3.（她是个早慧的孩子，三岁的时候就会识字读书了。）

decoct* [dɪˈkɒkt]
v. 煎，熬 *de (= intensive, down)
ⓝ decoction（熬；煎制的药剂）

LECTURE 34

词根 STERN[STREN]

来自拉丁语的 stern 意为 rigid，它的变形为 stren。stern 也有 chest, breast 的意思，但此种用法不多见。

consternation** [ˌkɒnstəˈneɪʃn]
[身体完全变硬 con〈com (= intensive) + **stern** (= rigid)]
n. 吃惊，惊愕；惊慌失措
ⓔ Imagine my consternation at seeing three hoods with guns approaching me.（想像一下，当看到三个强盗持枪向我走来时我是多么惊慌失措。）

stern*** [stɜːn]
a. 严格的；苛刻的，严厉的；坚定的 *n.* 船尾
ⓐⓓ sternly（严格地） ⓝ sternness（严格） ⓔ stern treatment / rebukes（严厉的对待 / 严厉的指责） stern taskmaster / face（严厉的工头 / 板着的面孔） stern looks（严厉的表情）

sternum* [ˈstɜːnəm]
n. 胸骨 *stern (= breast, chest)

strenuous*** [ˈstrenjuəs]
a. 奋发的；艰苦的 *stren〈stern (= rigid)
ⓔ make strenuous efforts（竭尽全力） strenuous work（艰苦的工作） strenuous workers（勤奋的工人） lead a strenuous life（生活艰苦）

词根 TANG, TACT, TING[TIG, TAG]

来自拉丁语的 tang, tact, ting 以及它们的变形 tig, tag 意为 to touch。同义词根有来自拉丁语的 palp 和 tegr。

contiguous* [kənˈtɪgjuəs]
[和某种事物相接触的 con〈com (= with) + **tig**〈ting (= touch)]
a. 接触的；毗邻的；近处的
ⓝ contiguity 接触；临近 ⓔ TV weather broadcasters usually only offer forecasts for the 48 contiguous United States.（电视天气预报通常只预报美国本土的 48 个州的天气情况。）

disentangle** [ˌdɪsɪnˈtæŋgl]

[对"使被纠缠"的轻微否定 dis (= reverse) + en (= make) + tang (= touch)]

vt. 解开；解决纠纷 *vi.* 解开；松开

ⓝ disentanglement 解开 ⓔ The detective managed to disentangle the 4 witnesses conflicting stories.（那位侦探从四位证人相互矛盾的叙述中了解了事实真相。）

---

intangible** [ɪnˈtændʒəbl]

[无法接触或抚摸的 in (= not) + tang (= touch)]

a. 不能抚摸的；无形的；难以掌握的

ⓝ intangibility 不可触知性 ⓔ Some of the most important gifts we receive from parents are intangible.（我们从父母那里得到的一些最重要的礼物是无形的财富。）

---

tangible** [ˈtændʒəbl]

[可触摸的 tang (= touch)]

a. 通过触摸可以感知的；有形的；实际的；确凿的

ⓝ tangibility 可触知；确实性 ⓐⓓ tangibly 可触知地；确实地 ⓔ We can only go to court with tangible evidence.（我们只有掌握了确凿的证据才可以起诉。）

---

contingent** [kənˈtɪndʒənt]

a. 可能（但不确定）的，偶然的；（~ to）附带的；（~ upon）以…为条件的

n. 分遣队；代表团 *con〈com (= with), ting (= touch)

ⓔ contingent advantage（可能的优势） Such risks are contingent to the trade.（贸易中伴随着这样的风险。） fee contingent on success（成功后才能得到的报酬）

contingency** [kənˈtɪndʒənsi]

n.（事件的）偶然性，可能性；偶然事件；（紧随某一事件之后的）附带事件

*con〈com (= with), ting (= touch)

ⓔ prepared for all contingencies（准备应付所有偶然事件） result that depends upon contingencies（事件偶然性所带来的结果） contingency arrangements / plans（应对偶然事件的安排 / 计划） contingency clause（（交易合约的）意外条款） contingency fund（应急专款）

contagion** [kənˈteɪdʒən]

n.（由接触引发的疾病）感染，传染；传染病；（思想、情绪、传闻等的）感染

*con〈com (= with), tag〈ting (= touch)

ⓔ A contagion of fear swept through the crowd.（恐惧在人群中蔓延开来。）

contagious** [kənˈteɪdʒəs]

a.（疾病）接触传染性的；（人）携带传染病原的；易传染的，易感染的

*con〈com (= with), tag〈ting (= touch)

ⓐⓓ contagiously（传染地） ⓔ contagious laughter / enthusiasm（感染旁人的笑容 / 热情） Yawning is contagious.（打哈欠是会传染的。）

entangle*** [ɪnˈtæŋgl]

v. 缠住；使卷入；连累 *en (= make)

ⓔ My fishing line got entangled in weeds.（我的钓鱼线被杂草缠住了。）

---

entanglement** [ɪnˈtæŋglmənt]

n. 纠缠；(pl.)（阻止敌人前进的）铁丝网 *en (= make)

ⓔ entanglements with rogues（和无赖纠缠） emotional entanglements（感情的纠缠）

tangle*** [ˈtæŋgl]

n.（线、毛等）纠结，纠缠，混乱状态

v. 使缠结，纠缠；使混乱；（~ with）和某人争论，吵架

ⓔ make a tangle of my ball of wool（使我的毛线团缠在一起） tangled hair（乱糟糟的头发）

tangent** [ˈtændʒənt]

n.【数】切线，正切

ⓔ go / fly off at a tangent（突然离开原来的思路；突然离题）

tact*** [tækt]

n. 机智，机敏；老练

ⓐ tactless（不机智的；不老练的；笨拙的） ⓔ have great tact in dealing with people（在和人打交道方面很有一套）

tactful**
[ˈtæktfl]
a. 有才智的，机智的，机敏的；老练的
ⓐⓓ tactfully（机智地）

tactics***
[ˈtæktɪks]
n.（sing.）战术，兵法；（pl.）策略，手法
ⓔ air tactics（空中战术） grand / minor tactics（高级 / 初级战术） win by surprise tactics（出奇制胜）

tactical*
[ˈtæktɪkl]
a. 战术的；作战的；善于用策略的
ⓐⓓ tactically（战术性地） ⓝ tactician（战术家，兵法家；谋士） ⓔ the Tactical Air Command（战略空军司令部（缩写：TAC）） tactical unit（作战部队） tactical nuclear force / command ship（战术核力量 / 战术指挥舰） tactical target / weapon（战略目标 / 战略武器） tactical error（战略错误）

tactile*
[ˈtæktaɪl]
a. 触觉的；可触知的
ⓔ tactile organ / reflex（触觉器官 / 反射）

contact***
[ˈkɒntækt]
n. 接触，联系，联络；熟人
v.（和某人）接触，联系 *con〈com（= with）

intact*
[ɪnˈtækt]
a. 原封不动的，未受损伤的，完整无缺的 *in（= not）
ⓔ He lived on the interest and kept his capital intact.（他不动本金，只靠利息维持生计。）

词根 ROB

来自拉丁语的 rob 意为 strong, strength。同义词根有来自拉丁语的 fort / forc, firm, bil 等，以及来自拉丁语的意为 strong, worth 的val。

corroborate**
[kəˈrɒbəreɪt]
[使非常有力 cor〈com（= intensive）+ robor（= strength）]
vt. 确证
ⓝ corroboration 确证 ⓐ corroborative 确证的 corroborant 滋补的；确证的；（*n.*）强壮剂 ⓔ The bartender corroborated the suspect's alibi for his whereabouts on the night of the murder.（酒吧男招待证实了谋杀发生当晚嫌疑人不在犯罪现场。）

robot***
[ˈrəʊbɒt]
n. 机器人；机械呆板的人

robust**
[rəʊˈbʌst]
a. 强健的；健全的；结实的
ⓔ robust young man / appetite（健壮的年轻人 / 旺盛的食欲）

LECTURE 35

词根 PLAC[PLAIS]

来自拉丁语的 plac 意为 to please, to soothe, peace，它的变形为 plais。

complaisant*
[kəmˈpleɪzənt]
[使完全快乐的 com（= intensive）+ plais〈plac（= please）]
a. 讨好的；彬彬有礼的；顺从的
ⓝ complaisance 彬彬有礼；讨好 ⓔ The very rich often receive exceptionally complaisant service from their factotums.（勤杂工对富人的服务往往格外殷勤。）

implacable**
[ɪmˈplækəbl]
[无法安抚的 im〈in（= not）+ plac（= soothe, peace, please）]
a. 不能安抚的，难以平息的；毫不宽容的

ⓔ She could never quiet the implacable jealousy of her husband.(她无法平息丈夫的妒忌之心。)

---

placate** [plə'keɪt]

[使变得和平 plac(= peace)]

vt. 安抚,平息

ⓔ It's not easy to placate an enraged customer.(平息一位顾客的怒火并不是件容易的事。)

---

complacent** [kəm'pleɪsnt]

a. 自我满足的 *com(= intensive, completely)

ⓔ with a complacent smile / air(面带着满意的微笑 / 满意的态度)

complacence* [kəm'pleɪsns]

n. 自我满足,沾沾自喜 *com(= intensive, completely)

ⓝ complacency(= complacence)

placid*** ['plæsɪd]

a. 宁静的;温和的;沉着的 *id(= having the quality of)

ⓝ placidity(温和;沉着;宁静) ⓔ placid lake(宁静的湖水)

placebo* [plə'siːbəʊ]

n. 安慰剂(不含药性,仅为加强病人康复的希望)

词根 DIGN[DAIN, DEIGN]

来自拉丁语的 dign 意为 worthy,它的变形为 dain, deign。

---

condign* [kən'daɪn]

[足以受罚的 con〈com(= intensive)+ dign(= worthy)]

a. (尤指惩罚)应得的;适当的

ⓔ For many conservatives, capital punishment for capital crimes is merely condign.(对许多保守主义者来说,犯死罪的人被判死刑不过是罪有应得。)

---

disdain*** [dɪs'deɪn]

[不是有价值的行为 dis(= not)+ dain〈dign(= worthy)]

vt. to do / ~ing 蔑视;不屑

n. 轻蔑,蔑视

ⓐ disdainful 轻蔑的;傲慢的 ⓐⓓ disdainfully 轻蔑地;傲慢地 ⓔ The CEO disdains riding in coach and insists on first class.(那位首席执行官不屑于坐经济舱,坚持要坐头等舱。)

---

indignant*** [ɪn'dɪgnənt]

a. 愤慨的,愤怒的 *in(= not)

ⓔ indignant at a false accusation(对不当的指责感到愤慨的) indignant with a cruel man(对残暴的人感到义愤填膺的)

indignation*** [ˌɪndɪg'neɪʃn]

n. 愤慨,愤怒,义愤 *in(= not)

ⓔ arouse the indignation of people(引起人们的愤慨) feel strong indignation "against" congressmen(对国会议员感到强烈的愤慨)

indignity** [ɪn'dɪgnəti]

n. 侮辱,轻蔑;无礼;(pl.)侮辱性的言行 *in(= not)

ⓔ The hijackers subjected to us all sorts of indignities.(劫机犯们对我们进行了各种侮辱。)

dignify*** ['dɪgnɪfaɪ]

v. 使有尊严;抬高…的身价 *ify(= make)

ⓐ dignified(有尊严的;高贵的) dignified old lady(高贵的老妇人)

dignity*** ['dɪgnəti]

n. 尊严;尊贵,高贵;高位

ⓝ dignitary(显贵,要人) ⓔ stand upon one's dignity(保持尊严)

---

dainty*** ['deɪnti]

a. (人)秀美的,优美的,优雅的;(东西)精美的,精致的;易损坏的;(对衣食)过分讲究的;(食物)美味的 *n.* (pl.)美味的食物,珍馔佳肴

*dain〈dign (= worthy)

ⓐⓓ daintily (优雅地, 雅致地) daintily dressed young lady (衣着高雅的年轻女士)

ⓔ dainty little lady (秀美的少女)

deign** [deɪn]

v. (~to do) 降低身份；屈尊俯就；施恩惠于 *deign〈dign (= worthy)

ⓔ He would not deign to listen to you. (他是不会放下架子听你的话的。)

LECTURE 36

词根 SIGN

来自拉丁语的 sign 意为 mark, sign。同义词根有来自拉丁语的 marc / mark, 来自希腊语的 sem, 以及来自盎格鲁-撒克逊语的 beck / beac。

consign** [kən'saɪn]

[和标志一起发送 con〈com (= with, together) + sign (= sign, mark)]

vt. sb / sth + to + sb / sth 托运, 寄送; 托付, 委托

ⓝ consignment 委托; 托运 consigner / consignor 委托人; 发货人 consignee 受托人; 收货人 ⓔ Dropping the shrouded body into the sea, the sailors consigned their comrade to the deep. (船员们将身穿寿衣的尸体扔到海中, 将这名同伴托付给了大海。)

designate*** ['dezɪgneɪt]

[表示从某物掉出去 de (= from) + sign (= mark)]

vt. 标明, 指出; 命名; 指派, 任命

a. 指派的

ⓝ designation 指出; 指派, 任命 ⓔ Green triangles on the map designate campgrounds. (地图上标出的绿色三角形表示野营地。)

signify*** ['sɪgnɪfaɪ]

[使表示出 sign (= mark, sign)]

vt. 表明, 表示; 意味着; 有重要性

ⓝ signification 意味, 意义; 表示 ⓔ Moving the head up and down signifies yes. (点头表示赞同。)

assign*** [ə'saɪn]

v. 分配, 分派, 指派(任务等); 指定(时间、地点); 把…归于; 任命, 委任; 转让(财产、权力等), 让渡 *as〈ad (= to)

ⓐ assignable (可归因于…的; 可分配的; 可指定的) ⓔ Those rooms have been assigned to us. (那些房间分配给我们了。)

assignment** [ə'saɪnmənt]

n. 分配; 指派, (分配的) 任务; 作业 *as〈ad (= to)

cosigner* [ˌkəʊ'saɪnə(r)]

n. 连署者 *co〈com (= together)

ⓥ cosign (连署) ⓝ cosignatory (连署人; (*a.*) 连署的)

countersign* ['kaʊntəsaɪn]

n. 【军】(通过岗哨时必须给出的) 暗号, 口令, 答令; 副署

v. 副署, 连署 *counter (= against)

ⓝ countersignature (副署, 连署) ⓔ "Advance and give the countersign." ("出列并说出口令。")

ensign*** ['ensən]

n. (海军的) 舰旗; 〈美〉海军少尉 *en (= on, in)

ⓔ white / red / blue ensign ((英国皇家海军使用的) 白旗 / (英国商船使用的) 红旗 / (海军预备舰队使用的) 蓝旗)

insignia ** [ɪnˈsɪɡniə]
n. (表示级别或成员的)佩章、衣饰等 *in (= on)
ⓔinsignia of mourning(丧章)

insignificant *** [ˌɪnsɪɡˈnɪfɪkənt]
a. 无意义的, 无关紧要的, 不值一提的, 微小的 *in (= not), fic (= make)
ⓔinsignificant talk(不重要的谈话) insignificant-looking little man(看起来微不足道的小人物)

resign *** [rɪˈzaɪn]
v. 辞职; 放弃; 听从 *re (= back)
ⓔre-sign(再签署)

resigned *** [rɪˈzaɪnd]
a. 顺从的, 听天由命的, 甘愿的; 辞职的, 退休的 *re (= back)
ⓐⓓresignedly(听从地, 顺从地) ⓔ with a resigned look(带着听天由命的表情) resigned post(空缺) be resigned to one's fate(听天由命)

resignation *** [ˌrezɪɡˈneɪʃn]
n. 辞职, 辞任; 辞呈; 听从, 甘愿 *re (= back)
ⓔ offer / give in / tender / send in / hand in one's resignation(递交辞呈)

---

undersign * [ˌʌndəˈsaɪn]
v. 在…下面签名, 在末尾签名
ⓐundersigned(在下面签名的; (*n.*)(文书的)署名者) ⓔ I, the undersigned(我, 签署人) We, the undersigned(我们, 签署人)

significant *** [sɪɡˈnɪfɪkənt]
a. 有意义的, 意味深长的; 重大的, 重要的 *fic (= make)
ⓐⓓsignificantly(意味深长地) ⓔsignificant speech(有意义的演讲)

significance *** [sɪɡˈnɪfɪkəns]
n. 意义; 重大; 重要(性), 意味深长 *fic (= make)
ⓔ of little / no significance(无足轻重的 / 无关紧要的) with a look / word of great significance(以极为意味深长的表情 / 话语)

sign *** [saɪn]
n. 记号, 符号; 信号; 标志, 标记, 标牌; 征兆, 迹象; 体征; (代替语言的)手势, 示意动作 *v.* 签名于, 署名于; (用手势或示意动作)打信号; 通知
ⓔ traffic signs(交通标志(标明限速、转弯等)) sign a letter(在信上签名) Please sign on the dotted line.(请在点线上面签名。)

signal *** [ˈsɪɡnəl]
n. 信号; 信号器 *v.* 用信号发出(或通知)
a. 显著的; 非凡的
ⓝsignaler(信号员; (特指陆军的)通讯兵) ⓥsignalize(使突出) ⓐⓓsignally(显著地, 显眼地) ⓔtraffic signals(交通信号)

---

signatory * [ˈsɪɡnətri]
n. 签署人; 签约国 *a.* 签署的, 签约的 *ory (= person who, pertaining to)
ⓔ the signatories to the Treaty / the signatory powers(条约的签署人 / 签约国)

signature *** [ˈsɪɡnətʃə(r)]
n. 签名; 符号(如调号、拍号等)
ⓔsignature tune((广播节目的)信号曲) key signature(【音】调号)

signet ** [ˈsɪɡnət]
n. 图章, 印章
ⓔsignet ring(图章戒指)

词根 SUMM

来自拉丁语的 summ 意为 highest, total, sum。

consummate **
ⓥ [ˈkɒnsəmeɪt]
ⓐ [kənˈsʌmət]
[拥有高潮 con〈com (= with) + summ (= sum, highest point)]
vt. 实现; 完成
a. 完美的; 精通的
ⓝ consummation 完成; 实现; 最终目的 ⓔ My mercenary dreams were consummated the day I opened my own business.(我的发财梦在我的小店开张那天实现了。)

sum*

[sʌm]

n. 合计，总数，总额；金额，数额；算术题；概要

v. 合计；概括

ⓔ a sum of 100 dollars（一笔数额为 100 美元的钱） do sums（做算术） in sum（总之，简言之） to sum up（总而言之）

summing-up*

[ˈsʌmɪŋˈʌp]

n.（法官对证据、辩论等的）总结

summarize**

[ˈsʌməraɪz]

v. 总结，概述

summary***

[ˈsʌməri]

n. 摘要，概论，概要 *a.* 简洁的，概括的；即刻的，即决的；简单化的

ⓔ summary account（汇总账户） summary court / procedure (proceeding) / justice / punishment（简易审判庭 / 简易手续 / 即决审判 / 即刻处罚）

summation*

[sʌˈmeɪʃn]

n. 加法，求和；总结

summit***

[ˈsʌmɪt]

n. 顶点，顶尖；顶峰；最高阶层；最高层会议

ⓔ reach the summit（到达顶峰） summit of his ambition / power（他的野心 / 权力的顶峰） summit talks（首脑会谈） summit diplomacy（高层外交）

summa cum laude**

[ˌsʊmə ˌkʊm ˈlɔːdi]

ad. 最优等地，以最优异的学业成绩（指在美国大学以第一名成绩毕业）

*cum (= with), laude (= praise)

ⓔ John graduated summa cum laude from the State University of New York at Stony Brook.（约翰以最优异的成绩从位于石溪的纽约州立大学毕业。） magna cum laude（以优异成绩（指在美国大学以第二名成绩毕业）） cum laude（以优等成绩（指在美国大学以优等成绩毕业））

LECTURE 37

词根 VIV, VIT

来自拉丁语的 viv, vit 意为 to live, life。同义词根有来自拉丁语的 vig / veg, anim 以及来自希腊语的 bio。

convivial**

[kənˈvɪviəl]

[一起有意思地度过的 con〈com (= together) + viv (= live)]

a. 快乐而随和的；爱交际的；宴会的

ⓝ conviviality 酒宴；欢乐，愉快 ⓔ The restaurant hostess is quite convivial, offering a warm smile to all customers.（那家餐厅的女主人十分开朗，对所有的顾客都笑脸相迎。）

vivacious**

[vɪˈveɪʃəs]

[活着的 viv (= live, life)]

a. 活泼的，快活的；有生气的

ⓝ vivacity 快活，活泼；生机勃勃，有生气 ⓔ She's an attractive, bright, vivacious young woman.（她是一个有魅力的、聪明、活泼的姑娘。）

devitalize*

[ˌdiːˈvaɪtəlaɪz]

[使失去生命力 de (= away) + vit (= live)]

vt. 夺走生命；使衰弱

ⓝ devitalization 衰弱 ⓔ The September 11 World Trade Center tragedy devitalized the world economy.（9 月 11 日世界贸易中心的悲剧使世界经济丧失了活力。）

vital☆☆☆ [ˈvaɪtl]

[如同存活的东西一般的 vit (= live, life)]

a. 至关重要的，必需的；生命的；维持生命所必需的；致命的

n. (pl.) 维持生命所必需的器官；要害，核心

ⓥ vitalize 注入活力，赋予生命 ⓝ vitality 生命力，活力；生气 vitalism 生机论；活力论 vitalist 活力论者 ⓔ I lost all my vital records in the tornado, including my passport. (在那场龙卷风中我丢失了我的全部重要档案，包括护照。)

---

revive☆☆☆ [rɪˈvaɪv]

[再次活 re (= again) + viv (= live, life)]

v. (使)苏醒，(使)复兴，(使)复活

ⓝ revival 苏醒，复活；恢复；【宗】信仰复兴 revivalist【宗】信仰复兴运动者 ⓔ We revived mother with a cool cloth after she fainted in church. (妈妈在教堂里晕倒了，我们用凉的布为她冷敷使她苏醒。)

---

revivify* [riːˈvɪvɪfaɪ]

v. 使苏醒；使振奋精神 *re (= again)

survive*** [səˈvaɪv]

v. 存活；幸免于；比…活得长 *sur (= over)

survival** [səˈvaɪvl]

n. 存在，残存；残存物，幸存者 *sur (= over)

ⓔ survival after death (死里逃生) the survival of the fittest (适者生存) survival kit (救生包(装有紧急情况所需的必备品)，救生背包)

survivor** [səˈvaɪvə(r)]

n. 幸存者，生还者，残存物 *sur (= over)

ⓔ survivors of the earthquake (地震的幸存者) survivor guilt (生存者的自责(罪恶感)) survivor syndrome (幸存者综合征(战争、灾害的幸存者所表现出的内疚、紧张、精神崩溃等精神状况))

viva* [ˈviːvə]

n. 万岁

---

viva voce☆ [ˈvaɪvə ˈvəʊtʃi]

ad. 用口头 *a.* 口头的 *n.* 口试 *voc (= voice, call)

ⓔ viva (= viva voce) viva voce examination (口试)

vivid*** [ˈvɪvɪd]

a. 活泼的；生气勃勃的；(光、颜色等)鲜明的，明亮的；强烈的，(记忆、印象、描述等)生动的，清晰的；逼真的，栩栩如生的 *id (= having the quality of)

ⓐⓓ vividly (生动地；活泼地，朝气蓬勃地) ⓝ vividness (活泼；鲜明) ⓔ vivid imagination (栩栩如生的想像) vivid in my memory (我记忆清晰的)

viviparous* [vɪˈvɪpərəs]

a. 胎生的；母体发芽的 *par (= produce)

ⓔ viviparous seeds (胎萌种子)

vivisect* [ˌvɪvɪˈsekt]

v. 活体解剖 *sect (= cut)

vivisection☆ [ˌvɪvɪˈsekʃn]

n. 活体解剖 *sect (= cut)

ⓝ vivisectionist (活体解剖(论)者)

---

vitamin** [ˈvɪtəmɪn]

n. 维生素 (生物进行正常生理活动时所必需的有机化合物)

ⓔ multivitamin (多种维生素) vitamin A (维生素 A) illnesses caused by vitamin deficiency (因缺乏维生素而引起的疾病) vitamin tablets (维生素片)

词根 MENS

来自拉丁语的 mens 意为 to measure，同义词根有来自拉丁语的 meter，metr。

commensurate** [kəˈmenʃərət]
[大小、尺寸相互一致的 com (= with) + mens (= measure)]
a. 成比例的；均衡的，相应的；同量的
ⓐ commensurable 可用同一单位度量的 ⓔ Salary for the position will be commensurate with prior experience and ability. (这个职位的薪水将与以往的工作经验和能力成比例。)

immense*** [ɪˈmens]
[无法测量的 im〈in (= not) + mens (= measure)]
a. 广大的，巨大的；无限的；极妙的，优秀的
ⓝ immensity 无限；广大；巨大 ⓐⓓ immensely 无限地；非常 ⓔ There is an immense gulf of enmity between my brother and me. (我哥哥和我之间矛盾很深。)

commensurable* [kəˈmenʃərəbl]
a. 可度量的 *com (= with)
ⓔ Their achievements are not commensurable. (他们的成就不可相提并论。)

dimension*** [daɪˈmenʃn]
n. (长、宽、厚、高等的)尺寸；(pl.)大小，规模；范围；重要性；〈口〉(女性的)胸围，腰围，臀围；【数】维 *di〈dis (= away, apart)
ⓔ What are the dimensions of the room? (这个房间有多大?) building of great dimensions (庞大的建筑物) dimensions of the problem (问题的重要性) of one dimension (一维的，线性的) of two dimensions (二维的，平面的) of three dimensions (三维的，立体的)

dimensional** [daɪˈmenʃənl]
a. …维的；尺寸的 *di〈dis (= away, apart)
ⓔ 3D (three-dimensional) figures (三维图形) two-dimensional space (二维空间) three-dimensional films / picture (立体电影 / 三维图像)

LECTURE 38

词根 TUM

来自拉丁语的 tum 意为 to swell，同义词根有来自希腊语的 bry，以及来自盎格鲁-撒克逊语的 bel，bla 等。

contumacious* [ˌkɒntjuːˈmeɪʃəs]
[肿、激动得非常厉害的 con〈com (= intensive) + tum (= swell)]
a. 反抗的，桀骜不驯的；固执的
ⓝ contumacy 顽抗；蓄意藐视法庭 ⓔ The student is exceptionally contumacious. (那个学生太不服管教了。)

contumelious* [ˌkɒntjuːˈmiːljəs]
a. 傲慢的，无礼的 *con〈com (= intensive)

contumely** [ˈkɒntjuːmɪli]
n. 傲慢，无礼；侮辱性的言行 *con〈com (= intensive)

tumescent* [tjuːˈmesnt]
a. 肿胀的 *esc (= becoming)
ⓝ tumescence (肿胀)

tumid* [ˈtjuːmɪd]
a. (身体的一部分)肿胀的；(文体等)夸张的
ⓝ tumidity (肿胀；夸张)

tummy* [ˈtʌmi]
n. 肚子
ⓔ tummy button (肚脐)

tumour**
[ˈtjuːmə(r)]
n. 肿瘤，肿块
ⓔ benign / malignant tumor（良性 / 恶性肿瘤）

tumult***
[ˈtjuːmʌlt]
n. 喧嚣，骚动，骚乱
ⓔ the tumult of battle（战争的混乱） in a tumult（心烦意乱地；激动地）

tumultuous**
[tjuːˈmʌltʃʊəs]
a. 吵闹的，喧嚣的；骚乱的，无序的
ⓐⓓ tumultuously（喧闹地，骚乱地） ⓔ tumultuous welcome（热烈的欢迎）

tumulus*
[ˈtjuːmjələs]
n.（古墓的）坟头

词根 VOLV, VOLU

来自拉丁语的 volv，volu 意为 to roll，to turn。

convolution**
[ˌkɒnvəˈluːʃn]
[一起滚 con⟨com (= together) + **volu** (= roll, turn)]
n. 回旋，卷绕
ⓥ convolve 卷，缠绕 convolute 卷绕 ⓐ convoluted 缠绕的，回旋的，卷绕的；错综复杂的 convoluting 卷绕的，回旋的 ⓔ The convolutions of the small intestines are remarkable.（小肠缠绕在一起的样子十分惊人。）

evolve**
[iˈvɒlv]
[滚出外边 e⟨ex (= out) + **volv** (= roll)]
vi. into + sth 慢慢地发展，逐渐地变化；进化
vt. 使发展，使展开；进化形成
ⓝ evolution 展开，进展；进化 evolutionism 进化论 evolutionist 进化论者 ⓐ evolutionary / evolutional 展开的；进化的；发展的 ⓔ Many theologians believe the human race is evolving spiritually.（许多神学者都相信人类在精神上是不断进化的。）

voluble**
[ˈvɒljʊbl]
[卷舌的 **volu** (= roll)]
a. 爱说话的，喋喋不休的，健谈的；流利的
ⓝ volubility 健谈，喋喋不休 ⓐⓓ volubly 流利地；爱说话地；喋喋不休地 ⓔ Our voluble tour guide gave us lots of information that, frankly, was boring.（我们健谈的导游为我们提供了不少信息，但说实话也挺让人烦的。）

voluminous**
[vəˈluːmɪnəs]
[滚动很多的 **volu** (= roll)]
a.（书）卷数多的；（作家）多产的；容积大的，体积大的；长篇大论的，冗长的
ⓝ volume 卷；体积；量；音量；大量 ⓔ Shockingly, the FBI kept voluminous files on Rev. Martin Luther King, Jr.（令人震惊的是，美国联邦调查局居然保存着有关马丁·路德·金牧师的大量资料。）

devolve**
[dɪˈvɒlv]
v. 把（任务、职责）移交给…，委托 ***de** (= down)
ⓔ When the president is ill, his duties devolve upon the vice-president.（总统生病期间，他的职责移交给副总统。） The work devolved upon him.（这项工作委托给他了。）

devolution***
[ˌdiːvəˈluːʃn]
n.（权力的）转移，委任；权力下放 ***de** (= down)

involute*
[ˈɪnvəluːt]
a. 错综复杂的，纠缠不清的；【植】内卷的 ***in** (= into)
ⓝ involution（错综复杂；纠缠；卷入）

involve***
[ɪnˈvɒlv]
v. 牵连，连累；使陷入(困难等)；使成为必要条件或结果；包含
*in (= into)
ⓝ involvement(牵连，连累，卷入；包含)

involved***
[ɪnˈvɒlvd]
a. 不易懂的；复杂的　*in (= into)
ⓔ an involved plot(复杂的情节)　involved sentence(复杂的句子)

---

revolve***
[rɪˈvɒlv]
v. 旋转；细想，反复思考　*re (= again)
ⓔ The earth revolves on its axis.(地球以地轴为中心自转。)　revolve a problem in one's mind(反复思考一个问题)

revolving**
[rɪˈvɒlvɪŋ]
a. (周期性)循环的；旋转式的　*re (= again)
ⓔ revolving bookstand / chair(旋转书架 / 转椅)　revolving fund / stage(周转资金 / 旋转舞台)　revolving seasons(循环往复的季节)

revolver***
[rɪˈvɒlvə(r)]
n. 连发左轮手枪；转炉　*re (= again)
ⓔ reach for one's revolver(伸手掏左轮手枪)

revolution***
[ˌrevəˈluːʃn]
n. 革命，大变革；旋转；【天】公转　*re (= again)
ⓔ the English Revolution(英国(光荣)革命，1688)　the American Revolution(美国独立战争)　the French Revolution(法国大革命)　the Chinese Revolution(中国辛亥革命)　the Russian (October) Revolution(俄国十月革命)

revolutionary***
[ˌrevəˈluːʃənəri]
a. 革命的，革命性的；引起大变革的 *n.* 革命者　*re (= against)
ⓔ revolutionary ideas(革命思想)　revolutionary army(革命军)　Bolshevik revolutionary(布尔什维克革命者)

---

revolutionize**
[ˌrevəˈluːʃənaɪz]
v. 使革命化；彻底地改革　*re (= again)
ⓔ The use of atomic energy will revolutionize the lives of coming generations.(原子能的使用将引起未来人们生活方式上的巨大变革。)

counterrevolution**
[ˌkauntəˌrevəˈluːʃn]
n. 反革命　*counter (= against), re (= against)
ⓝ counterrevolutionary(反革命分子)

revolt***
[rɪˈvəʊlt]
v. 叛乱；(使)不快，(使)厌恶
n. 叛乱，反抗　*re (= against), volt〈volu (= roll)
ⓔ revolt against their oppressors(反抗压迫者)　scenes that revolted all who saw them(让所有见到的人都不快的场景)　stir the people to revolt(鼓动人民反抗)　a period of revolt(反抗期)　revolts against oppressions(对压迫的反抗)

revolting**
[rɪˈvəʊltɪŋ]
a. 令人厌恶的，令人恶心的；反叛的　*re (= against), volt〈volu (= roll)
ⓐⓓ revoltingly(讨厌地)　ⓔ revolting behavior(令人厌恶的行为)　revolting to our ideas of morality(违背我们的道德观念的)　revoltingly dirty room(脏得让人恶心的屋子)

volute*
[vəˈljuːt]
n. (特指爱奥尼亚、科林斯柱顶的)涡形花样，涡形饰

---

voluted*
[vəˈljuːtɪd]
a. 有涡形装饰的，涡形的
ⓔ voluted sea shell(涡形的贝壳)

LECTURE 39

词根 PICT[PIG]

来自拉丁语的 pict 意为 to paint，它的变形为 pig。

depict*** [dɪˈpɪkt]

[非常生动地画、描写 de (= intensive) + pict (= paint)]

vt. 描画；描写；描述

ⓝ depiction 描画；描写，描述 ⓔ The portrait depicts a placid woman, secure in the bosom of her family.（这幅肖像画里画的是一个安详的女人，她被家人紧紧搂着。）

pictograph* [ˈpɪktəgrɑːf]

n. 古代石壁画；象形文字；统计图表 *graph (= write)

pictorial** [pɪkˈtɔːriəl]

a. 画的；有插图的；图示的 *n.* 有插图的杂志、报纸、画报

ⓔ pictorial record of the wedding（记录婚礼的图片） pictorial magazine（画报） pictorial puzzle（画谜）

picture*** [ˈpɪktʃə(r)]

n. 图画，绘画，照片；景色；美丽如画的物（或人）；相似的形象；（生动的）描述；状况；图像，画面；(the pictures) 电影 *v.* 描述；想像

ⓔ picture frame / mounting（画框 / 装裱） draw a picture（画画） May I take your picture?（可以为你照张相吗？） Do you get the picture?（你了解情况吗？）

picturedom* [ˈpɪktʃədəm]

n. 电影界 *dom (= house)

picturesque*** [ˌpɪktʃəˈresk]

a. 如画的，美丽的；别具一格的；生动的，栩栩如生的 *esque (= like)

ⓔ picturesque village（美丽的乡村） picturesque language（生动的语言） picturesque Indian（奇特的印度人）

pigment** [ˈpɪgmənt]

n. 绘画颜料，涂料；色素

ⓔ pigment cell（色素细胞）

pigmentation* [ˌpɪgmenˈteɪʃn]

n. 染色，着色；色素沉着

LECTURE 40

词根 TERR

来自拉丁语的 terr 意为 to frighten, earth。

deter** [dɪˈtɜː(r)]

[使吃惊而把手从某物上拿开 de (= from) + ter〈terr (= frighten)]

vt. sb + from + ~ing 制止，阻止，抑制；使不敢

ⓝ deterrence 威慑；制止 ⓐ deterrent 制止的 ⓔ The police say speed traps deter speeding significantly.（警方称汽车超速监视区有效地防止了超速驾驶。）

terrible*** [ˈterəbl]

a. 骇人的，可怕的；极度的；极坏的，糟透的 *terr (= frighten)

ⓔ terrible crime / sight（骇人的罪行 / 令人毛骨悚然的景象） terrible winter（严冬） terrible food（极糟糕的食物） His performance is terrible.（他的演技很糟糕。） terrible man to drink（酒鬼） terrible in anger（发起火来很吓人的）

terribly***
[ˈterəbli]
*ad.*非常，十分，极其；可怕地 *terr (= frighten)
ⓔ It's terribly cold.（非常冷。） How terribly boring he is!（他实在太无聊了！）

terrific***
[təˈrɪfɪk]
a. 可怕的，吓人的，恐怖的；惊人的，极度的，极大的，极端的；〈美俚〉非常好的，很棒的，了不起的 *terr (= frighten), fic (= make)
ⓐⓓ terrifically（极其，非常；极端地） ⓔ at a terrific pace（以惊人的速度） terrific vacation（很棒的假期） terrific party（极好的晚会）

terrify***
[ˈterɪfaɪ]
v. 使害怕 *terr (= frighten), ify (= make)
ⓔ You terrify me!（你吓死我了！） What a terrifying experience!（真是一段恐怖的经历！）

terror***
[ˈterə(r)]
n. 恐怖，令人恐怖的人（或事）；〈口〉极讨厌的人 *terr (= frighten)
ⓝ terrorism（恐怖主义，恐怖行为） terrorist（恐怖分子，恐怖主义者） ⓥ terrorize（威胁，恐吓；使恐怖） ⓔ the Reign of Terror（（法国大革命中的）恐怖政治） terror-struck / terror-stricken（吓坏的，吓得心惊胆战的） This child is a perfect terror.（这个孩子真令人讨厌。）

---

deteriorate**
[dɪˈtɪəriəreɪt]
v.（使）恶化；（使）退化；变质，变坏 *de (= down), ter〈terr (= earth)
ⓝ deterioration（恶化，（质量）下降，堕落） ⓔ Leather quickly deteriorates in a hot, damp climate.（皮革在闷热、潮湿的环境中很快就会变质。）

esoteric*
[ˌesəˈterɪk]
a. 秘传的，秘密的；难解的，深奥的 *eso (= within), ter〈terr (= earth)

extraterrestrial*
[ˌekstrətəˈrestriəl]
n. 外星人，天外来客 *a.* 地球外的 *extra (= outside), ter〈terr (= earth)

extraterritorial*
[ˈekstrəˌterɪˈtɔːriəl]
a. 治外法权的 *extra (= outside), ter〈terr (= earth)
ⓝ extraterritoriality（治外法权）

interment*
[ɪnˈtɜːmənt]
n. 埋葬，土葬 *in (= in), ter〈terr (= earth)

Mediterranean***
[ˌmedɪtəˈreɪniən]
a. 地中海的；（小写）被陆地包围的 *n.*（the ~）地中海
*medi (= middle), ter〈terr(= earth)

subterranean**
[ˌsʌbtəˈreɪniən]
a. 地下的 *n.* 地下洞穴 *sub (= under), ter〈terr (= earth)
ⓔ subterranean passage / railway (railroad)（地下通道 / 地铁） subterranean water（地下水） subterranean maneuver（地下活动）

terrace***
[ˈterəs]
n. 梯田；倾斜的平地，台地；斜坡上房屋前的街巷；（道路中央的）狭长形小园地区
v. 使成梯形地，使成为台地
*ter〈terr (= earth)
ⓔ terraced fields（梯田） terraced lawn（梯形草坪） terraced houses（排房（有时也带有通向后院的小路））

terra firma*
[ˌterə ˈfɜːmə]
n. 陆地，大地（有别于海洋、河流） *ter〈terr (= earth), firm (= strong)
ⓔ glad to be on terra firma again（很高兴能重返陆地）

terra incognita*
[ˌterə ɪŋˈkɒgnɪtə]
n. 未探明地区，未知领域
*ter〈terr (= earth), in (= not), co〈com (= thoroughly), gn〈gno (= know)

---

terrain*
[təˈreɪn]
n. 地形，地势；地带，地域；领域，范围 *terr (= earth)
ⓔ difficult terrain for heavy armored vehicles（重装甲车难以行进的地形）

terrestrial**
[təˈrestriəl]
a. 地球的，地上的；人间的；陆地的；陆栖的 *n.* 地球上的居民；陆生生物 *ter〈terr (= earth)
ⓔ terrestrial globe（地球仪） terrestrial heat（地热） terrestrial parts of the world（地球的陆地部分）

terrier**
['teriə(r)]
n. 一种猎狗（小而活泼，会为寻找食物而挖洞）

territorial**
[ˌterə'tɔːriəl]
a. 领土的；(T~)美国准州的，美国领土的 *ter〈terr (= earth)
ⓔ territorial waters / air / seas（领水 / 领空 / 领海） territorial issue / expansion（领土问题 / 领土扩张） territorial integrity / sovereignty（领土完整 / 领土主权） territorial possessions（土地财产） Territorial laws（美国领地的法律）

territory***
['terətri]
n. 领土；地域，地区；(动物的)领地，活动范围；(科学等的)领域，范围；美国的准州(未正式成为州的地区) *ter〈terr (= earth)
ⓔ South Korean territory（韩国领土） leased territory（租借地） Much territory in Africa is desert.（非洲的大片地区是沙漠。） territory of biochemistry（生物化学领域） Until 1959 Hawaii was a Territory, not a State.（直到 1959 年，夏威夷还只是一个准州，而不是州。）

词根 TRA, TRACT[TREAT] 来自拉丁语的 tra, tract 意为 to draw，变形为 treat。

detract**
[dɪ'trækt]
[向下拉 de (= down) + tract (= draw)]
v. from + sth; sth + from + sth 降低，贬低(名声、价值等)
ⓝ detraction 诽谤，责难；减损 detractor 责难者，诽谤者 ⓐ detractive 诽谤的，责难的 ⓔ Her excess of makeup detracts from her natural beauty.（她的浓妆有损她的自然美。）

intractable*
[ɪn'træktəbl]
[无法拉拽的 in (= not) + tract (= draw)]
a. 不听话的，倔强的；难以控制的，难以驾驭的
ⓝ intractability 难以控制 ⓔ He died at 39, a victim of an intractable cancer.（他因癌症不治而死去，终年 39 岁。）

retractable*
[rɪ'træktəbl]
[可以向后拉的 re (= back) + tract (= draw)]
a. 可以取消的，可以撤回的；伸缩自如的，可以蜷缩的，可以塞进里面的
ⓥ retract 撤回，取消；使一下子进去 ⓝ retraction 回收，撤回；蜷缩
ⓐ retractile 可以收缩的 ⓔ I bought a set of retractable awnings for all my home's windows.（我为我们家所有窗户买了一套伸缩遮阳篷。）

entreat***
[ɪn'triːt]
[在里边拉、拽 en (= in) + treat〈tract (= draw)]
vt. 恳请；乞求
ⓝ entreaty 恳求，哀求 ⓐ entreating 恳求的，乞求的 ⓐⓓ entreatingly 哀求地
ⓔ The policeman entreated the suspect to surrender without violence.（警察恳请嫌疑人自首投降，不要暴力反抗。）

maltreat*
[ˌmæl'triːt]
[不好地拉 mal (= bad) + treat〈tract (= draw)]
vt. 虐待，粗暴地对待；滥用
ⓝ maltreatment 虐待；滥用 ⓔ Occasionally, day care workers maltreat the children entrusted to their care.（托儿所的员工有时会粗暴地对待入托的孩子。）

abstract***
['æbstrækt]
n. 摘要，摘录；抽象概念 *a.* 抽象的 *v.* [æb'strækt]抽出，提取；偷 *abs〈ab (= away)
ⓐ abstracted（心不在焉的，发呆的） ⓐⓓ abstractedly（心不在焉地，走神地） ⓔ abstract

of a sermon（布道摘选） abstract metal from ore（从矿石中提炼金属） abstract a wallet from his pocket（从他的口袋里偷走钱包）

abstraction**
[æb'strækʃn]
n. 抽象；抽象概念；心不在焉 *abs⟨ab (= away)
ⓔ with an air of abstraction（一副心不在焉的样子） in a moment of abstraction（出神的瞬间）

attract***
[ə'trækt]
v. 吸引，引起（注意、兴趣）；引诱 *at⟨ad (= near)
ⓔ attract attention（引起注意） Do you feel attracted to her?（你对她有好感吗?）

attraction***
[ə'trækʃn]
n. 吸引力；引力；吸引人的东西 *at⟨ad (= near)
ⓔ attraction of a pretty girl（美女的魅力） attractions of a big city（大都市的各种诱惑）

attractive***
[ə'træktɪv]
a. 吸引人的，有魅力的 *at⟨ad (= near)
ⓔ attractive personality（有魅力的个性） a most attractive girl（非常吸引人的女孩） attractive price（吸引人的价格）

---

contract***
[kən'trækt]
v. （使）（肌肉等）收缩；缩小，缩减；患（病）；负（债）；沾染上（不好的习惯等）；约定，订合同
n. ['kɒntrækt]契约，合同；承包合同 *con⟨com (= together)
ⓐ contractual（合同（上）的） contractible / contractile（减少的，收缩性的） ⓔ contract a muscle（使肌肉收缩） Metals contract as they become cool.（金属冷却时会收缩。） I have contracted a bad cold.（我得了重感冒。） contract with a firm for 1,000 tons of cement（与一家公司签订1,000吨水泥的销售合同） exchange contracts（交换合同） sign a contract（在合同上签字） social / verbal / written contract（社会契约 / 口头 / 书面合同） conditions of contract（合同条件） contract price（约定价格） breach of contract（违反合同） contract marriage（协议试婚） work on contract（按合约行事）

contraction***
[kən'trækʃn]
n. 收缩，缩短，缩小；收缩的东西；缩略形式 *con⟨com (= together)
ⓔ the contraction of a muscle（肌肉收缩）

contractor***
[kən'træktə(r)]
n. 立契约者；承包人 *con⟨com (= together)
ⓔ general contractor（总承包人） engineering contractor（工程承包人） army contractor（军需承包商）

extract***
[ɪk'strækt]
v. （通常指用力）拔出；榨取（果汁等）；提取；设法得到（信息等）；（从书籍、演讲中）摘录，选用 *n.* ['ekstrækt]提炼物，浓缩物，浓缩汁，精；摘录，选萃 *ex (= out)
ⓔ extract a tooth / a cork from the bottle / a bullet from a wound（拔牙 / 从瓶中拔出软木塞 / 从伤口处取出子弹） extract money / information from him（设法从他那儿弄到钱 / 情报） oil extracted from olives（从橄榄中提炼出的油） vanilla / beef extract（香草精 / 浓缩牛肉汁） extract of malt（麦芽油） extracts from a long poem（一首长诗的摘录部分）

extraction**
[ɪk'strækʃn]
n. 拔出，抽出；血统，出身 *ex (= out)
ⓔ extraction of a tooth（拔牙） an American of South Korean extraction（韩裔美国人）

---

protract**
[prə'trækt]
v. 延长，拖延（时间） *pro (= forward)
ⓝ protraction（拖延，延长） ⓔ protracted visit / argument（持久的访问 / 争论） protracted meeting（(在某一时间内持续的)信仰复兴布道会）

protractor*
[prə'træktə(r)]
n. 量角器，分度规 *pro (= forward)

subtract**
[səb'trækt]
v. 减去，扣除 *sub (= under)
ⓔ 6 subtracted from 9 gives 3.（9减6等于3。）

subtraction**
[səb'tækʃn]
n. 减去，减法 *sub (= under)
ⓔ Two from five is a simple subtraction.（5减2是很简单的减法。）

tract***
[trækt]
n. （山林、农田等）广阔土地；【解】管；（特指涉及宗教、政治等的）小册子，短文
ⓔ wide tracts of desert in North Africa（北非广阔的沙漠地带） digestive / respiratory tract（消化道 / 呼吸道）

tractable** [ˈtræktəbl]
a. 易驾驭的；易处理的

traction** [ˈtrækʃn]
n. 拖拉，牵引；牵引力
ⓔ electric / steam traction（电力 / 蒸汽牵引（力）） traction engine（牵引机车）

tractor*** [ˈtræktə(r)]
n. 拖拉机，牵引车（牵引农业机械或其他载重装备）

distrait* [dɪˈstreɪ]
a. 心不在焉的，精神恍惚的 *dis（= away）

distraught** [dɪˈstrɔːt]
a. 心烦意乱的；几乎发狂的 *dis（= away）
ⓔ distraught with grief（悲痛欲狂）

---

entrails** [ˈentreɪlz]
n. 内脏；肠；（物体的）内部 *en（= into）

entrain* [ɪnˈtreɪn]
v. 使（军队）上火车 *en（= into）

portray** [pɔːˈtreɪ]
v. 画，为…画像；（用语言）描写；（在戏剧中）饰演…角色
*por〈pro（= forth, forward）
ⓝ portrayal（描画；描写）

portrait*** [ˈpɔːtreɪt]
n. 肖像（画），画像，相片；（用语言进行的）描写 *por〈pro（= forth, forward）
ⓝ portraitist（肖像画家） portraiture（肖像画；描写）

trace*** [treɪs]
n. 足迹，痕迹，行踪，踪迹；微量，极少量；（马车的）缰绳，挽绳 *v.* 查出…的踪迹，跟踪；探出；画轮廓；描绘；（用绘图工具）刻印；复写；（费力、细心地）写(字)；追溯，探索来由
ⓐ traceable（可描画的，可描摹的；可追溯的；可追踪的） ⓝ tracing（描摹；追踪）
ⓔ traces of an ancient civilization（古代文明的踪迹） mere trace of a smile（淡淡的微笑） trace of fear（一丝恐惧） trace element（微量元素） Archaeologists have traced many Roman roads in Britain.（考古学家们在英国发掘出很多古罗马人留下的道路。）
His fear of dogs traces back to a childhood experience.（他对狗的恐惧源于他童年的经历。）

---

tracer* [ˈtreɪsə(r)]
n. 映描员，描图者；追踪者
ⓔ tracer bullet / shell（曳光弹） tracer element（示踪元素）

track*** [træk]
n. 踪迹；小路，小径；历程；常规；轨道
ⓐ tracked（限制在轨道上的） trackless（无足迹的） ⓝ tracker（追捕者） ⓔ tracks of a rabbit（兔子的足迹） track through the forest（穿越森林的小径） the beaten track（常规，惯例） track of a comet（彗星的轨道） off the track（离题，误入歧途） single / double track（单轨 / 双轨（铁道）） running track（跑道） track meet（田径运动会） track system（〈美〉分轨制（按照成绩编班））

tracking* [ˈtrækɪŋ]
n. 移动或跟踪摄影；（利用雷达对火箭、导弹的）追踪；按学生能力、成绩分组
ⓔ tracking shot（（电影、电视的）移动镜头） tracking station（（对人造卫星、宇宙飞船等的）跟踪站，观测站）

trail*** [treɪl]
n. 踪迹，痕迹；拖曳物；（彗星等的）尾巴；（云或烟雾的）一缕；裙裾；（打猎中）猎物的足迹，气味；（荒野或荒地的）小径；持枪姿势 *v.* 拖曳；（人）拖沓而行；（使烟、云等）飘出；（发丝）垂下；追随，追踪；（藤）蔓延，（草等）蔓生；立正持枪
ⓔ vapor trails（（高空中飞行的飞机留下的）雾化尾迹） Smoke trailed from the chimney.（烟雾从烟囱里袅袅飘出。） trail a wild animal / criminal（追踪野兽 / 罪犯） roses trailing over the walls（蔓过围墙的蔷薇（藤）） Trail arms!（（军令）立正持枪！）

trailer***
[ˈtreɪlə(r)]
n.（运输用）拖车；（用汽车拖着的旅行用的）活动房屋；（电影、电视的）预告片

train***
[treɪn]
v. 教导，培训，锻炼；使对准，瞄准 *n.* 列车，火车；列，队列；（一）连串，（一）系列；长袍（或长裙）拖地的部分，裙裾；随之而来的情况
ⓝ trainer（（特指运动选手、赛马、马戏团动物等的）训练员，教练，教练员；驯兽员，教练机） trainbearer（（仪式等中）拉衣裙者） trainee（实习生；新兵） ⓔ a train of camels（一队骆驼） What an unlucky train of events!（这一连串的事真不幸！） in train（准备就绪）

training***
[ˈtreɪnɪŋ]
n. 训练
ⓔ training college（职业学院；（旧时的）师范学院） training ship（教练舰） go into training（投入训练）

trait***
[treɪt]
n. 特征，特性；少许，微量
ⓔ national traits（国民性） culture traits（文化特性） a trait of humor（一点幽默）

retreat***
[rɪˈtriːt]
v.（特指军队）后退，撤退；凹陷 *n.* 后退，撤退；撤退信号；休养所；藏身处，避难处，隐退处 *re (= back)
ⓔ retreat from the front（从前线撤退） retreating forehead（凹陷的额头） beat a retreat（撤退） The army was in full retreat.（军队全部撤退了。） quiet country retreat（安静的乡村休养所） mountain retreat（山庄） summer retreat（避暑地）

treat***
[triːt]
v. 处理，对待；论述；治疗；宴请；请客 *n.* 款待，请客；难得的乐事，愉快的事
ⓔ treat a case of rheumatism（医治风湿病患者） treat her friends to oysters and champagne（用牡蛎和香槟招待她的朋友们） It is your treat today.（今天该你请客了。） This is to be my treat.（这次我请客。） It is a treat to see you.（很高兴见到你。）

treatment***
[ˈtriːtmənt]
n. 待遇，对待；处理（方法），处置；治疗（法）
ⓔ treatment of political prisoners（政治犯的待遇） new treatment for cancer（新的癌症治疗方法） She is still under treatment in hospital.（她还在医院接受治疗。）

treaty***
[ˈtriːti]
n. 条约，协定；约定，协商
ⓔ peace / commercial treaty（和平 / 通商条约） nuclear non-proliferation treaty（防止核扩散条约）

treatise***
[ˈtriːtɪs]
n.（学术）论文，专著
ⓔ treatise on racial prejudice（有关种族偏见的论文） *Two Treatises on the Civil Government*（（洛克的）《政府论（两篇）》）

词根 VAC[VAS]

来自拉丁语的 vac 意为 empty，它的变形为 vas。同义词根有来自拉丁语的 van，void 以及来自盎格鲁–撒克逊语的 wan。

devastate**
[ˈdevəsteɪt]
[使完全变空 de (= intensive) + vas〈vac (= empty)]
vt. 蹂躏；使荒芜
ⓝ devastation 破坏，荒芜；蹂躏 ⓔ The tornado devastated a 4-block area of the small town.（那场龙卷风使小村庄的四个街区遭到了破坏。）

vacate**
[vəˈkeɪt]
[使清空 vac (= empty)]
vt. 腾出屋子，搬出；退位；退出，让出
ⓝ vacancy 空房，空地，空白；空虚 ⓐ vacant 空的；空虚的 ⓔ The school was vacated for 2 hours while the police searched for a bomb.（在警方搜寻炸弹期间，学校清场两小时。）

vacillate** [ˈvæsəleɪt]
[使成空的状态 vac (= empty)]
vi. 犹豫不决，摇摆，踌躇
ⓝ vacillation 踌躇，犹豫 ⓔ During my teenage years my singing voice vacillated between baritone and tenor. (在我十几岁的时候，我的嗓音总是在男中音和男高音之间变换不定。)

evacuate** [ɪˈvækjueɪt]
v. (特指军人) 从…撤退；使疏散，使避难；排空 (胃或肠) *e⟨ex (= out)
ⓝ evacuation (撤离，撤退；疏散；排泄(物)) evacuee (避难民，被疏散者)
ⓔ evacuate a fort (撤离要塞) The children were evacuated to the country. (孩子们被送到乡下避难。)

vacancy*** [ˈveɪkənsi]
n. 空；空间；空虚；空白；空房，空地；心不在焉 (的状态)；空职，空缺；空额
ⓔ look into vacancy (失神地望着) good vacancies for typists and clerks (优厚的打字员和办事员的空缺) fill (up) a vacancy (填补空缺) three vacancies in the apartment (公寓里的三间空房) I'd like to make a reservation for tonight. Do you have any vacancies? (我想今晚订一间房，请问还有空房吗?)

vacant*** [ˈveɪkənt]
a. 空白的，空的，空着的；(时间) 空闲的，清闲的；(心灵) 空虚的；(眼神) 茫然的
ⓔ vacant space (未使用的空间) vacant room (空房间) vacant position (空职位) vacant possession (空屋 (或空地) 的合法占有) vacant expression / stare (茫然的表情 / 茫然的凝视)

vacation*** [vəˈkeɪʃn]
n. (大学的) 假期；(法庭的) 休庭期；休假日，休假；(特指避暑、避寒等的)休假旅行；(房屋等的) 空出；辞职 *v.* 度假
ⓝ vacationist (休假者) ⓔ on vacation (休假中) His vacation of a good position in the Civil Service was unwise. (他辞去不错的公务员工作非明智之举。)

vacuous* [ˈvækjuəs]
a. 发呆的；愚蠢的；茫然的；没有意义的；漫无目的的
ⓐⓓ vacuously (直愣愣地；愚蠢地) ⓝ vacuity (心不在焉；空虚；愚蠢；空洞无聊的话 (或行为))

vacuum** [ˈvækjuəm]
n. 真空
ⓔ vacuum cleaner (真空吸尘器) vacuum flask / bottle (保温瓶，热水瓶) vacuum pump (真空泵，真空抽气机) vacuum tube / valve (真空管)

词根 SPOND, SPONS [SPOUS]

来自拉丁语的 spond, spons 意为 to promise, to answer，它的变形为 spous。

despondent** [dɪˈspɒndənt]
[从约定、期待、希望中脱离出来的 de (= from) + spond (= promise)]
a. 失望的，沮丧的
ⓝ despondency/despondence 失望，沮丧，意志消沉 ⓐⓓ despondently 意志消沉地 ⓔ Despondent after a long illness, he took his own life last Tuesday. (长期患病使他意志消沉，上星期二他自杀了。)

responsive** [rɪˈspɒnsɪv]
[作为酬答回应的 re (= back) + spons (= answer, promise, pledge)]
a. 回答的，回应的；易于感动的
ⓥ respond 应答；回应 ⓝ response 应答；回应 respondent 被告；应答人
ⓔ The student was especially responsive in class that day. (这个学生在那天的课堂上表现得特别活跃。)

correspond***
[ˌkɒrə'spɒnd]
v. (~ to) 与…对等(同等), (地位等)与…相当; 与…一致, 符合; 通信
*cor<com (= together), re (= again)
ⓔ The U.S. Congress corresponds to the British Parliament. (美国的国会相当于英国的议会。) His actions do not correspond with his words. (他的言行不一致。)

corresponding***
[ˌkɒrə'spɒndɪŋ]
a. 对应的, 相当的; 符合的, 一致的; 通信的
*cor<com (= together), re (= again)
ⓐⓓ correspondingly (相应地, 相当地; 符合地; 一致地) ⓔ corresponding period of last year (去年这个时候) corresponding member ((学会等的)通信会员)

correspondence***
[ˌkɒrə'spɒndəns]
n. 一致, 相似, 对应; 通信联系; 信件 *cor<com (= together), re (= again)
ⓔ correspondence course / school (函授课程 / 函授学校) commercial correspondence (商业信函) correspondence column ((报纸上的)读者来信专栏) get into correspondence with (开始与…通信联系)

correspondent***
[ˌkɒrə'spɒndənt]
n. 通信者; (报社的)特派员, (特指远地区的)通讯记者(定期向报社投稿, 提供地方新闻或特别报道); 客户 *cor<com (= together), re (= again)
ⓔ good / bad (negligent) correspondent (勤于写信的人 / 不勤于写信的人) our Moscow correspondent (本社莫斯科通讯记者) foreign / war correspondent (海外特派员 / 战地记者)

respond***
[rɪ'spɒnd]
v. 应答, 回答; 反应; (礼拜时会众的)例行应答 *re (= again)

---

response***
[rɪ'spɒns]
n. 应答, 回答; 反应; (礼拜时会众的)应答(或唱和)短诗 *re (= again)
ⓔ in response to (对…反应, 响应…)

respondent**
[rɪ'spɒndənt]
n. 回答者; (离婚、上诉等案件中的)被告 *re (= again)

responsible***
[rɪ'spɒnsəbl]
a. 有责任的, 应负责任的; 责任重大的; 可信赖的; (be responsible for) 作为…原因的, 对…负责的 *re (= again)
ⓔ responsible government (负责任的政府) Bad workmanship was responsible for the collapse of the block of flats. (施工质量差导致了公寓楼的坍塌。)

responsibility***
[rɪˌspɒnsə'bɪləti]
n. 责任, 任务, 义务 *re (= again)

irresponsible**
[ˌɪrɪ'spɒnsəbl]
a. 不承担责任的; 不负责任的, 无责任感的, 不可靠的; 无责任能力的
*ir<in (= not), re (= again)
ⓔ irresponsible child (无责任能力的孩子) irresponsible teenagers (无责任感的十几岁的孩子) irresponsible behavior (不负责任的行为)

---

sponsor**
['spɒnsə(r)]
n. (贷款等的)保证人; 赞助人; 发起人; (选举候选人的)后援组织; (商业性节目的)赞助者
v. 赞助, 发起, 资助; 成为(商业节目的)赞助商

spouse***
[spaʊs]
n. 配偶

espouse**
[ɪ'spaʊz]
v. 支持, 信奉(主义、学说等)

espousal*
[ɪ'spaʊzl]
n. 支持, 信奉 *e<ex (= out)

LECTURE 41

词根 TEST

来自拉丁语的 test 意为 witness。

detest***
[dɪˈtest]
[在眼前看到脱离正常的事物 de (= from) + test (= witness)]
vt. 厌恶，憎恶
ⓝ detestation 厌恶，憎恶 ⓐ detestable 令人厌恶的 ⓔ Many children detest the taste of Brussels sprouts.（许多小孩子都讨厌芽甘蓝的味道。）

attest**
[əˈtest]
v. 证明，证实，是…的证据；（使）发誓 *at〈ad (= to)
ⓔ attest a signature（证明签名是真的） feats which attest to his strength of will（可证明他坚强意志的功绩）

contest***
[ˈkɒntest]
n. 竞争，竞赛；争论，论战，争辩 *v.* [kənˈtest] 竞赛，争夺，竞争；争论，争辩
*con〈com (= together)
ⓝ contestant（竞争对手，竞争者） ⓔ beauty / musical / speech contest（选美比赛 / 音乐比赛 / 演讲比赛） three-round featherweight contest （（拳击）三轮的次轻量级选手比赛）

intestate*
[ɪnˈtesteɪt]
a. 未留遗嘱的 *in (= not)
ⓔ die intestate（死时未留遗嘱）

pretest**
[ˈpriːtest]
n. 预备考试 *pre (= before)

protest***
[prəˈtest]
v. 抗议，提出异议；断言，主张 *n.* [ˈprəʊtest] 抗议，异议；主张
*pro (= forth, forward)
ⓔ protest movement（抗议运动） protest march（抗议游行）

protestation**
[ˌprɒtəˈsteɪʃn]
n. 断言，声明，主张 *pro (= forth, forward)
ⓔ protestations of innocence / friendship（声明无罪 / 友好宣言）

protestant***
[ˈprɒtɪstənt]
a. 新教的，新教徒的 *n.* 新教徒 *pro (= forth, forward)
ⓝ protestantism（新教，新教教义） ⓔ Protestant Reformation（新教改革）

testament***
[ˈtestəmənt]
n. 遗嘱；(T~)（基督教的）圣约书 (Old / New Testament)
ⓐ testamentary（遗嘱的，据遗嘱的）

testamur*
[teˈsteɪmə(r)]
n.（英国大学）考试及格证书

testate*
[ˈtesteɪt]
a. / n. 留有遗嘱的（人）
ⓝ testator（立遗嘱者） testatrix（女遗嘱人）

testicle*
[ˈtestɪkl]
n. (pl.) 睾丸 *cle (= small)

testify***
[ˈtestɪfaɪ]
v. 作证，证实，是…的证据，证明 *ify (= make)

testimonial**
[ˌtestɪˈməʊniəl]
n.（能力、资格等的）证明书，推荐信；感谢信，表扬信；奖状，纪念品

testimony***
[ˈtestɪməni]
n.【律】证词；（信仰等的）声明
ⓔ give false testimony（作伪证） His poverty is a testimony to his innocence.（他的穷困证明他是清白的。）

词根 GRAD, GRESS[GRED]

来自拉丁语的grad，gress 意为to go，它们的变形为gred。同义词根有来自拉丁语的ced / cess [ceed，ceas]，it，vad / vas 和来自希腊语的bat [bet，bit] 以及来自盎格鲁-撒克逊语的fare。

degrade***
[dɪ'greɪd]

[使向下走 de (= down) + grad (= go)]

vt. 使降级，降低…的地位；使堕落，降低…的品格

ⓝ degradation 降级；堕落 ⓔ The financial scandal degraded the bank officers involved.（卷入此次金融丑闻的银行官员们都被降了级。）

ingredient***
[ɪn'griːdiənt]

[进入某物内部 in (= in, into) + gred〈grad (= go, step)]

n.（混合物的）成分，材料；要素，要因

ⓔ Delicious homemade ice cream can be made with a few simple ingredients.（用几样简单的材料就能做出美味的家庭自制冰淇淋。）

digress*
[daɪ'gres]

[分开走 di〈dis (= apart) + gress (= go, step)]

vi. from + sth（话、文章等）离题；走向岔道

ⓝ digression 离题，脱轨 ⓔ Tell me what happened, and don't digress the way you usually do.（告诉我发生什么事了，别像你平时那样说跑题了。）

transgress**
[trænz'gres]

[越过去 trans (= over, across) + gress (= go)]

vt. 超过（限制、范围）；违反（法律、条约、合同）

ⓝ transgression 违反，违法，（宗教、道德上的）罪 transgressor 违反者，罪人 ⓔ It's not my habit to transgress the law, but I do smoke marijuana now and then.（我不是违法成性，不过我确实偶尔会吸大麻。）

centigrade**
['sentɪgreɪd]

a.（温度计上）百分度的；摄氏的 *cent (= hundred)

ⓔ centigrade thermometer（摄氏温度计） thirty degrees centigrade（30 摄氏度） cf. Fahrenheit（华氏（温度计））

gradation**
[grə'deɪʃn]

n. 阶段性变化，逐渐的变化；（发展的）阶段；层次；程度

ⓔ gradation of color in the rainbow（彩虹色彩的逐渐变化）

grade***
[greɪd]

n. 等级；程度；（中、小学的）年级；成绩，分数；倾斜（度） *v.* 分等级；给（答案等）评分；把（路面等）筑平

ⓝ grademark（货品质量等级标记） grader（…年级学生） a seventh grader（七年级学生） ⓔ Grade A（最高级的，一流的） grade school（小学） grade teacher（小学教师） tenth grade（十年级） Grade Point Average（（缩写：GPA）年级平均成绩，平均积分点） graded by size（根据大小分等级）

gradient*
['greɪdiənt]

n. 倾斜度；坡度；斜坡

ⓔ steep gradient（陡坡）

gradual***
['grædʒuəl]

a. 逐渐的，阶段性的，循序渐进的；（坡度）平缓的

ⓐⓓ gradually（渐渐地，逐渐地） ⓝ gradualism（渐进主义）

graduate***
['grædʒuət]

n. 毕业生；学位获得者 *a.* 有学位的；毕业的；研究生的

v. ['grædʒueɪt] 毕业；（在…上）标刻度；分等级；（蒸发）浓缩

ⓝ graduation（毕业，授予学位；毕业典礼） ⓔ high school graduates（高中毕业生） graduate school（研究生院） Graduate Record Examination（（缩写：GRE）美国研究生入学资格考试） graduate student（研究生） graduated ruler（标有刻度的尺子） graduated deterrence（（使用战略核武器的）渐进威慑） graduated taxation（累进税）

postgraduate* [ˌpəʊst ˈɡrædʒuət] *a.* 大学毕业后的；研究生的 *n.* 研究生　*post (= after)
ⓔ postgraduate school (〈英〉研究生院) postgraduate student (〈英〉研究生)

undergraduate** [ˌʌndə ˈɡrædʒuət] *n.* 大学生（还未毕业的在校生）*a.* 大学生的
ⓔ undergraduate work / studies (大学生的学业) in my undergraduate days (我上大学的时候)

retrograde** [ˈretrəɡreɪd] *a.* 后退的，退步的；恶化的，退化的；逆行的 *v.* 倒退；退步，恶化
*retro (= backward)
ⓔ retrograde motion (逆行) retrograde policy (倒退的政策) retrograde cancer (退行性癌症) in a retrograde order (倒序)

upgrade*** [ˌʌp ˈɡreɪd] *v.* 使升级，提升；提高（产品）质量 *n.* [ˈʌpɡreɪd] 增加，提高，上升；上坡
ⓔ on the upgrade (改善的，上升的)

---

aggression** [əˈɡreʃn] *n.* 侵略　*ag〈ad (= to, toward)
ⓔ war of aggression (侵略战争)

aggressive*** [əˈɡresɪv] *a.* 侵略性的；挑衅的，有进取心的　*ag〈ad (= to, toward)
ⓝ aggressor (侵略者，侵略国) ⓐⓓ aggressively (侵略地，挑衅地) ⓔ aggressive man (积极进取的人) aggressive weapons (进攻性武器) a man with an aggressive disposition (一个好斗的人)

congress*** [ˈkɒŋɡres] *n.* 代表大会；(C~)〈美〉国会（由 the House of Representatives（众议院）和 the Senate（参议院）构成）　*con〈com (= together)
ⓝ Congressman (〈美〉国会议员（尤指众议员）) Congresswoman (〈美〉国会女议员)
ⓔ the Library of Congress (〈美〉国会图书馆) the Congress of Industrial Organizations (产业工会联合会（缩写：CIO，1955 年与 AFL (the American Federation of Labor 美国劳工联合会) 合并后改称为 AFL-CIO，即美国劳联—产联)

congressional*** [kənˈɡreʃənl] *a.* 议会的；(C~)美国国会的　*con〈com (= together)
ⓔ congressional debates (国会辩论记录文件) Congressional district (〈美〉国会选区) Congressional Record (〈美〉国会议事录)

egress** [ˈiːɡres] *n.* 外出；出路　*e〈ex (= out)

---

ingress** [ˈɪngres] *n.* 进入；入口；准许进入；入境　*in (= into)
ⓔ means of ingress (入口)

progress*** [ˈprəʊɡres] *n.* 前进，进步；进展，发展；（帝王等的）巡行，巡游　*pro (= forward)
ⓔ *The Pilgrim's Progress* (《天路历程》(1678 年英国作家 John Bunyan（约翰·班扬）的作品) in progress (进行中) make progress (前进；进步)

progression** [prəˈɡreʃn] *n.* 进步，发展；前进，进行；【数】级数　*pro (= forward)
ⓔ in geometrical progression (以几何级数)

progressive*** [prəˈɡresɪv] *a.* （不断地）前进的，进步的；渐进的，累进的；【美史】(P~) 进步党的 *n.* 进步政策支持者；(P~) 进步党党员　*pro (= forward)
ⓝ progressivism (进步主义，革新论) ⓐⓓ progressively (进步地) ⓔ make a progressive advance (进步) progressive taxation (累进税制)

regress* [rɪˈɡres] *v.* 回归；逆行；退回　*re (= back)
ⓝ regression (回归；逆行；退回)

regressive* [rɪˈgresɪv] *a.* 后退的，退化的；回归的 *re (= back)

retrogress* [ˌretrəˈgres] *v.* 后退，退化 *retro (= backward)

retrogression* [ˌretrəˈgreʃn] *n.* 后退，退化 *retro (= backward)
ⓐ retrogressive (后退的，退化的)

词根 PLOR

来自拉丁语的 plor 意为 to weep。

deplore*** [dɪˈplɔː(r)]
[非常伤心地哭 de (= intensive) + plor (= weep)]
vt. 悲叹，哀叹；深感遗憾；谴责，强烈反对
ⓐ deplorable 可叹的，可怜的 ⓐⓓ deplorably 可叹地 ⓔ The neighborhood residents deplore the recent crime wave. (该地区的居民哀叹近来犯罪事件剧增。)

implore*** [ɪmˈplɔː(r)]
[哗哗地流泪 im〈in (= intensive) + plor (= weep)]
vt. 恳求，哀求
ⓝ imploration 恳求，哀求 ⓐ imploring 哀求的 ⓐⓓ imploringly 哀求地 ⓔ The woman implored the doctors to locate a liver donor for her dying son. (那个女人哀求医生为她垂死的儿子寻找一个肝脏捐赠者。)

explore*** [ɪkˈsplɔː(r)] *v.* 探险；勘探，考察；仔细研究 *ex (= out)
ⓝ explorer (探险家；勘探者，探索者) ⓐ exploratory (探险的；(实地)考察的) ⓔ explore the Arctic regions (考察北极地区) explore possibilities / problems (研究可能性 / 问题)

exploration*** [ˌekspləˈreɪʃn] *n.* 探险；勘查；探究 *ex (= out)
ⓔ exploration of the ocean depths (勘探海洋深度)

LECTURE 42

词根 VID, VIS
[VIC, VIEW, VOY, VEY, VEI, VY, VI, UD]

来自拉丁语的 vid，vis 意为 to look，to see，它们的变形为 vic，view，voy，vey/vei，vy/vi，ud 等。同义词根有来自拉丁语的 spect / spec[spic，spi，spy]，the，tu 和来自希腊语的 orama，scop 以及来自盎格鲁-撒克逊语的 see 等。此外，还有来自拉丁语的意为 eye 的 ocul，来自希腊语的 op(t)，ophthalm 等，含义相似。

devise*** [dɪˈvaɪz]
[向下看 de (= down) + vis (= look)]
vt. 设计；计划；遗赠(财产)
ⓝ device 设计；装置，设备，仪器 ⓔ I'm sure we can devise a solution if we just put our minds to it. (我相信如果我们努力去想，就一定能想出解决办法。)

envisage* [ɪnˈvɪzɪdʒ]
[在内部看 en (= in) + vis (= look)]
vt. 设想，想像
ⓔ I envisaged living in a beautiful home like this for many years. (很多年来我一直想像着住在这样漂亮的房子里。)

improvident** [ɪmˈprɒvɪdənt]
[无法向前看的 im〈in (= not) + pro (= before, forth) + vid (= look)]
a. 无远见的；浪费的

ⓝ improvidence 无远见；浪费 ⓐⓓ improvidently 无远见地 ⓔ Some people criticize the IMF for funding improvident nations.（一些人批评国际货币基金组织给那些浪费资金的国家提供资金。）

---

improvise**
[ˈɪmprəvaɪz]

[事先不看就做出某事物 im〈in (= not) + pro (= before) + **vis** (= look)]

v. 即兴创作（诗歌、乐曲）；临时准备

ⓝ improvisation 即席之作 improviser 即兴诗人，即兴演奏家 ⓔ Keith Jarrett, the famous pianist, improvises entire public performances.（著名钢琴家基思·贾勒特的所有公演都是即兴表演。）

---

invidious*
[ɪnˈvɪdiəs]

[朝内看的 in (= in, on, against) + **vid** (= look)]

a.（因不公平而）招致不满的，引起反感的

ⓔ Her invidious comments destroyed any chance for the negotiation to succeed.（她那令人不快的言论使谈判完全失去了成功的可能性。）

---

visionary**
[ˈvɪʒənri]

[和看到的事物相关联的 **vis** (= look)]

a. 幻想的，空想的；不切实际的；富于想像力的

n. 空想家，幻想家

ⓔ Jules Verne has often been hailed as a remarkably visionary author.（朱尔斯·维恩常常被人们赞许为拥有惊人想像力的作家。）

---

preview**
[ˈpriːvjuː]

[事先看 pre (= before) + **view** (= look)]

n. 电影等的试映，预演

vt. 试映，预演

ⓔ I first saw *Raiders of the Lost Ark* at a sneak preview—and love it!（我第一次看《夺宝奇兵》是在电影试映会上，那部电影真是太棒了！）

---

purview*
[ˈpɜːvjuː]

[向前看 pur〈pro (= forth) + **view** (= look)]

n. 范围；视野，眼界；要项，条款

ⓔ The program's purview extends to all persons who reside in on-campus housing.（该项目条款涉及居住在校园内的所有人。）

---

clairvoyant*
[kleəˈvɔɪənt]

[看起来很清楚或很透明 clair〈clar (= clear) + **voy** (= look)]

a. 有超人视力的；有洞察力的

n. 千里眼；有洞察力的人

ⓝ clairvoyance 超人的视力；洞察力 ⓔ She bills herself as a clairvoyant counselor.（她在海报上宣传自己是一个有洞察力的顾问。）

---

surveillance**
[sɜːˈveɪləns]

[从上往下看 sur (= over) + **vei** (= look)]

n.（对嫌疑者等的）监视；监督；检查

ⓥ survey 俯瞰；测量；调查；(*n.*) [ˈsɜːveɪ]概观；俯瞰；测量；调查 ⓝ surveying 测量 surveyor 测量员；鉴定人 ⓔ A team of 6 agents kept the suspect under constant surveillance.（六名特工成立了一个小组，对嫌疑人进行连续的监视。）

---

prudent***
[ˈpruːdnt]

[事先看的 pr〈pro (= before) + **ud**〈**vid** (= look)]

a. 谨慎的，小心的；明智的，有判断力的

ⓝ prudence 谨慎 ⓐ prudential 谨慎的，小心的 ⓔ It would be prudent to wait until you've saved more money to buy the car.（等你多攒一点钱再买车，那样比较明智。）

advise*** [ədˈvaɪz]
v. 忠告，建议 *ad (= to)
ⓐ advised（仔细考虑过的，细想过的） ⓐⓓ advisedly（深思熟虑地） ⓔ ill-advised（愚蠢的；欠考虑的，轻率的） well-advised（谨慎的，稳妥的）

advice*** [ədˈvaɪs]
n. 忠告，建议，劝告；【商】通知 *ad (= to), vic〈vis (= look)
ⓔ take one's advice（接受某人的建议） letter of advice（（送货、业务等方面的）正式通知；汇票通知书；发货通知单）

advisable*** [ədˈvaɪzəbl]
a. 可取的，明智的，合理的 *ad (= to)
ⓔ It would be advisable to do so.（这么做要明智一些。）

advisory** [ədˈvaɪzəri]
a. 劝告的；咨询的，顾问的 *ad (= to)
ⓔ advisory committee (council) / panel（咨询委员会 / 顾问团，顾问小组） advisory group（顾问团，顾问小组） advisory letter（建议信）

adviser*** [ədˈvaɪzə(r)]
n.（学生的）指导老师；顾问；提供建议者 *ad (= to)
ⓔ adviser to the government（政府顾问） legal adviser to a firm（公司的法律顾问）

divide*** [dɪˈvaɪd]
n. 划分；（特指）分水岭 v. 分，划分 *di〈dis (= away, apart)
ⓔ the Great Divide（大分水岭（落基山脉）） dividing bars（窗棂） dividing ridge（分水岭）

dividend*** [ˈdɪvɪdend]
n.（常指定期的）红利；（给破产企业等的债权人的）破产补偿金；股份红利，股息；被除数 *di〈dis (= away, apart)
ⓔ dividend warrant（股利单，股息单）

dividers** [dɪˈvaɪdəz]
n. 两脚规 *di〈dis (= away, apart)

divisible** [dɪˈvɪzəbl]
a. 可分的；可除尽的 *di〈dis (= away, apart)
ⓔ 8 is divisible by 2.（8 能被 2 除尽。）

division*** [dɪˈvɪʒn]
n. 分割，分配，划分；（意见等的）分歧；【军】师；（议会中赞成者与反对者分别进行的）分组表决；分界线；除法；部门 *di〈dis (= away, apart)
ⓔ the division of labor（分工） nation in division（分裂的国家） division bell（分组表决铃）

divisor* [dɪˈvaɪzə(r)]
n. 除数，约数 *di〈dis (= away, apart)
ⓔ common divisor（公约数）

evidence*** [ˈevɪdəns]
n. 证据，证物；（pl.）迹象，征兆，痕迹 v. 证明，证实 *e〈ex (= out)
ⓔ in evidence（明显的；作为证据） evidence of glacial action（冰川作用的痕迹）

evident*** [ˈevɪdənt]
a. 明显的，明白的，显然的 *e〈ex (= out)

individual*** [ˌɪndɪˈvɪdʒuəl]
a. 个人的，个别的；个性的，独特的 n. 个人，个体 *in (= not), di〈dis (= away, apart)
ⓐⓓ individually（个别地；逐个地） ⓔ individual difference（个体差异） individual style of dressing（个人的穿着风格；独特的穿着风格）

individualism** [ˌɪndɪˈvɪdʒuəlɪzəm]
n. 个人主义，利己主义 *in (= not), di〈dis (= away, apart), ism (= belief)
ⓝ individualist（个人主义者，利己主义者） ⓐ individualistic（个人主义者的，利己的）

individuality*** [ˌɪndɪˌvɪdʒuˈæləti]
n. 个性；个体；（pl.）个人的嗜好 *in (= not), di〈dis (= away, apart)
ⓔ a man of marked individuality（个性鲜明的人）

individualize* [ˌɪndɪˈvɪdʒuəlaɪz]
v. 赋予个性，使具有特色；个别处理
*in (= not), di〈dis (= away, apart), ize (= make)
ⓝ individualization（个性化；个别化）

indivisible** [ˌɪndɪˈvɪzəbl] *a.* 不能分割的；除不尽的；不可分的 *in (= not), di〈dis(= away, apart), ible (= capable of)

invisible*** [ɪnˈvɪzəbl] *a.* 看不见的 *in (= not)
ⓔ invisible hand（看不见的手） invisible trade（无形贸易）

prevision* [priːˈvɪʒn] *n.* 先见，预知 *pre (= before)
ⓔ have a prevision of danger（预知危险）

---

provide*** [prəˈvaɪd] *v.* 准备；提供，供给；规定 *pro (= before)
ⓝ provider（准备者；供给者，供养者） ⓒ provided / providing（在…条件下）

providence*** [ˈprɒvɪdəns] *n.* 先见，深谋远虑；节俭；(P~) 上帝；天意 *pro (= before, forth)
ⓔ by divine Providence（以上帝的意旨）

provident** [ˈprɒvɪdənt] *a.* 有先见之明的，深谋远虑的；节俭的 *pro (= before, forth)
ⓔ provident fund（备用基金）

providential** [ˌprɒvɪˈdenʃl] *a.* 上帝的；天意的；天佑的；幸运的 *pro (= before, forth)
ⓔ providential escape（幸运的逃脱）

provision*** [prəˈvɪʒn] *n.* 预备；供应；供应品，储备物（尤指食物及其他必需品）；规定；条款 *v.* 供应粮食和食品 *pro (= before, forth)
ⓔ make provision for one's old age（为老年做准备） Provisions are plentiful.（食物很充足。） provisions in a will（遗嘱上的条款）

---

provisional** [prəˈvɪʒənl] *a.* 临时的；暂定的 *pro (= before, forth)
ⓔ provisional government（临时政府） provisional contract（临时合同）

proviso** [prəˈvaɪzəʊ] *n.* 附文，附带条件；(特指法律文书中的) 限制性条款 *pro (= before, forth)
ⓐ provisory（有附文的，有附带条件的） ⓔ with (a) proviso（有附加条件地）

revise*** [rɪˈvaɪz] *v.* 修订，校订；修正，修改（意见等） *re (= again)
ⓝ reviser（修订者，校订者） ⓔ Revised Version（基督教《圣经》钦定本的修订本） revised edition（修订版） revised and enlarged edition（修订增补版）

revision** [rɪˈvɪʒn] *n.* 修订，校订；修订本 *re (= again)

revisionist* [rɪˈvɪʒənɪst] *n.* 修正主义者 *re (= again)
ⓝ revisionism（修正主义）

---

subdivide** [ˈsʌbdɪvaɪd] *v.* 细分，再分 *sub (= under, precisely), di〈dis (= away, apart)
ⓝ subdivision（细分，再分）

supervise** [ˈsuːpəvaɪz] *v.* 管理；监督；指挥 *super (= over, above)
ⓝ supervision（管理，监督；指挥）

supervisor** [ˈsuːpəvaɪzə(r)] *n.* 管理人；监督人；指挥者 *super (= over, above)

supervisory* [ˌsuːpəˈvaɪzəri] *a.* 管理（员）的，监督（人）的 *super (= over, above)
ⓔ supervisory duties（监督职责）

televise* [ˈtelɪvaɪz] *v.* 用电视播送 *tele (= far)
ⓝ television ((TV) 电视，电视机)

---

vide* [ˈvaɪdiː] *v.* 参见，参阅（缩写：v.或 vid.）
ⓔ vide ante（见前） vide infra（见下页）

videlicet*
[vɪˈdiːlɪset]
ad. 即，换言之（缩写为 viz.，但读 namely） *lic (= permit)

video***
[ˈvɪdiəʊ]
a. 电视的；视频的；录像的 *n.* 视频；录像；电视；录像机
ⓝ vidiot（电视迷：不管什么电视都看的人） ⓔ video art（视频艺术） videocassette recorder（盒式磁带录像机（缩写：VCR）） videotape recorder（磁带录像机（缩写：VTR））

visa*
[ˈviːzə]
n. 签证 *v.* 在…上背签
ⓔ entry visa（入境签证） exit visa（出境签证）

visage***
[ˈvɪzɪdʒ]
n.（人的）脸
ⓔ gloomy-visaged（脸色阴沉的）

---

vis-à-vis**
[ˌviːz ɑː ˈviː]
ad. / prep. 和…面对面，和…相对；关于…；同…相比
ⓔ sit vis-à-vis in a train（在火车里面对面地坐着）

visible***
[ˈvɪzəbl]
a. 看得见的；明白的
ⓐⓓ visibly（看得见地；明显地） ⓝ visibility（可见物；可见度，视程）

vision***
[ˈvɪʒn]
n. 视力，视觉；洞察力；幻影，幻想；憧憬
ⓔ the range of vision（视野） a poet of great vision（具有伟大想像力的诗人） the vision of a prophet （预言家的远见） a man of vision （有远见的人） the romantic vision of youth（年轻人的浪漫幻想）

visit***
[ˈvɪzɪt]
v. 访问；视察，巡视；（~ with）谈话；【宗】追究
n. 访问；参观；闲谈
ⓝ visiting（访问）

visitor***
[ˈvɪzɪtə(r)]
n. 访问者，来宾；游客
ⓔ summer visitors（夏天避暑的游客） the visitor's book（来客登记簿，来客留言簿）

---

visitant**
[ˈvɪzɪtənt]
n. 参观者，游览者；朝圣者；候鸟
ⓔ a rare visitant to these shores（这片海岸上极少见的候鸟）

visitation**
[ˌvɪzɪˈteɪʃn]
n. 访问；（特指正式的或神职人员的）视察，巡视；（作为上天惩罚的）苦难，灾祸
ⓔ the visitation of the sick（牧师探访患病的信徒）

vista**
[ˈvɪstə]
n.（从特定角度或从两排树木或房屋间的通道看出去的）狭长的景色；远景；回想，追忆，展望
ⓔ a vista of the church spire at the end of an avenue of trees（林荫道尽头教堂尖顶的远景） vistas of bygone times（对过去岁月的追忆）

visual**
[ˈvɪʒuəl]
a. 视觉的，看的；光学的
ⓐⓓ visually（视觉地，看得见地） ⓔ visual aids（视觉教具） visual arts（视觉艺术）

visualize**
[ˈvɪʒuəlaɪz]
v. 使形象化；想像；使可见
ⓝ visualization（形象化；想像）

---

interview***
[ˈɪntəvjuː]
n.（雇主和求职者之间的）面谈，面试；采访 *v.* 会见
*inter (= between), view〈vid (= look)

review***
[rɪˈvjuː]
n. 重新探讨；再检查；复习；阅兵，检阅；批评，评论 *v.* 重新探讨，再检查；复习；（在报纸和杂志上）写评论；阅兵 *re (= back), view〈vid (= look)

viewpoint***
[ˈvjuːpɔɪnt]
n. 看法，观点 *view〈vid (= look)

voyeur*
[vwaɪˈɜː(r)]
n. 窥淫癖者（从观看别人的裸体或性行为中得到性满足的人）
*voy〈vid (= look), eur (= person who)

purvey**
[pəˈveɪ]
v. 供应（食品） *pur〈pro (= before), vey〈vid (= look)
ⓝ purveyor（（食品的）供应者，提供者） purveyance（（食品的）供应，供给） ⓔ firm that purveys for the Navy（给海军提供伙食的公司）

envy* | *n.* 羡慕；嫉妒；羡慕的对象；羡慕的东西 *v.* 羡慕；嫉妒 *en (= into), vy⟨vid (= look)
[ˈenvi]

enviable** | *a.* 令人羡慕的，引起嫉妒的 *en (= into), vi⟨vid (= look)
[ˈenviəbl] | ⓔ enviable record ((令人嫉妒的)好成绩) enviable woman (令人羡慕的女人)

envious*** | *a.* 嫉妒的；羡慕的 *en (= into), vi⟨vid (= look)
[ˈenviəs] | ⓔ envious of one's success (羡慕某人的成功) envious look (羡慕的表情) with envious eyes (用羡慕的眼神)

imprudent** | *a.* 轻率的，鲁莽的 *im⟨in (= not), pr⟨pro (= before, forth), ud⟨vid (= look)
[ɪmˈpruːdnt]

imprudence** | *n.* 轻率，鲁莽 *im⟨in (= not), pr⟨pro (= before, forth), ud⟨vid (= look)
[ɪmˈpruːdns]

词根 VOID

来自拉丁语的 void 意为 empty，同义词根有来自拉丁语的 vac, van 以及来自盎格鲁-撒克逊语的 wan 等。

devoid** | [完全空着的 de (= intensive) + void (= empty)]
[dɪˈvɔɪd] | *a.* 没有…的；缺乏的
ⓔ The lunar landscape is devoid of color. (月球上的风景是没有颜色的。)

avoid* | *v.* 避免，逃避 *a (= off)
[əˈvɔɪd] | ⓐ avoidable (可以避免的)

avoidance** | *n.* 回避 *a (= off)
[əˈvɔɪdəns] | ⓔ the avoidance of bad companions (回避不好的朋友) avoidance of taxation (避税)

void*** | *a.* 空的；空闲的；(~of) 没有的，缺乏的；【律】无效的 *n.* 空间；空虚感；空地 *v.* 使无效
[vɔɪd] | ⓔ void hours (空闲时间) subject void of interest (乏味的主题) null and void (无效的)

LECTURE 43

词根 CREP

来自拉丁语的 crep 意为 to rattle。

decrepit** | [出声变小的 de (= down) + crep (= rattle)]
[dɪˈkrepɪt] | *a.* 老弱的；衰老的，衰朽的
ⓝ decrepitude 衰老，衰朽 ⓔ Believe it or not, the decrepit old woman across the street baked this bread! (信不信由你，这个面包是街对面的那个老奶奶烤的！)

discrepancy** | [分别出声 dis (= apart) + crep (= rattle)]
[dɪsˈkrepənsi] | *n.* (陈述、言语的)不相符，不一致；矛盾
ⓐ discrepant 相差的，有差异的，矛盾的 ⓔ There is an obvious discrepancy between his kind words and cruel deeds. (他亲切的话语和他残忍的行为显然是自相矛盾的。)

crepitate* | *v.* 发出爆裂声
[ˈkrepɪteɪt] | ⓝ crepitation (爆裂声)

词根 MOL, MOLL

来自拉丁语的 mol 意为 to grind, grain, burden, heap, moll 意为 soft。

demolition** [ˌdeməˈlɪʃn]

[完全弄成粉末 de (= down, intensive) + mol (= grind, heap, burden)]

n. (对老建筑或旧制度等的)拆毁；破坏，爆破；推翻

ⓥ demolish 拆毁；破坏；推翻 ⓔ The demolition of the hotel is scheduled for next Thursday. (那家宾馆的爆破工作定于下星期四进行。)

emolument** [ɪˈmɒljumənt]

[磨出来 e〈ex (= out) + mol (= grind, grain)]

n. 薪金，报酬，工资

ⓔ CEOs of many major companies enjoy extravagantly generous emoluments (许多大企业的首席执行官们都享有极其丰厚的薪金。)

immolate* [ˈɪməleɪt]

[在某物上面使成为谷粒、谷物 im〈in (= on) + mol (= grain, heap, grind)]

vt. sth + to + sth / do 杀死…作为祭物，献祭

ⓝ immolation 供奉祭品；祭物，牺牲 ⓔ Ancient Mayas are known to have immolated human victims to appease their gods. (据说古玛雅人以人为祭物来平息他们所信的神的愤怒。)

molecule** [ˈmɒlɪkjuːl]

n. 分子 *mol (= heap, grind, grain), cule (= small)

molecular* [məˈlekjələ(r)]

a. 分子的，由分子组成的 *mol (= grind, grain), cul〈cule (= small)

ⓔ molecular structure (分子结构) molecular attraction / model / weight (分子引力 / 分子模型 / 分子量)

molest** [məˈlest]

v. 骚扰；干扰；(对女性)调戏 *mol (= burden, grind, grain)

ⓝ molestation (妨碍；干扰)

molar** [ˈməʊlə(r)]

n. 臼齿 *a.* 臼齿的；磨碎的 *mol (= grind, grain)

premolar* [priːˈməʊlə(r)]

n. 前臼齿 *a.* 前臼齿的 *pre (= before), moll (= grind, grain)

ⓝ incisor (门牙) canine (犬齿)

emollient* [iˈmɒliənt]

a. 使柔软的 *n.* (皮肤)润肤剂，软化剂 *e〈ex (= out), moll (= soft)

mollify** [ˈmɒlɪfaɪ]

v. 平息，缓和，减轻；使安静，使平静 *moll (= soft), ify (= make)

ⓝ mollification (缓和，减轻) ⓔ mollifying remarks (抚慰的话) mollify her anger (平息她的怒火)

mollusk** [ˈmɒləsk]

n. 软体动物 *moll (= soft)

LECTURE 44

词根 RID, RIS

来自拉丁语的 rid, ris 意为 to laugh。

deride** [dɪˈraɪd]

[向下笑 de (= down) + rid (= laugh)]

vt. 嘲笑，嘲弄

ⓝ derision 嘲笑，嘲弄；笑柄 ⓐ derisive / derisory 嘲笑的 ⓔ Her friends

derided her for wearing such old-fashioned clothes.（她的朋友嘲笑她穿了一件如此过时的衣服。）

ridicule***
[ˈrɪdɪkjuːl]
n. 戏弄，取笑，嘲笑 *v.* 戏弄，嘲笑
ⓔ pour ridicule on a scheme（嘲笑一个计划） object of ridicule（嘲弄的对象）

ridiculous***
[rɪˈdɪkjələs]
a. 可笑的；荒谬的
ⓔ You look ridiculous in those tight jeans.（你穿那样的紧身牛仔服的样子很可笑。） What a ridiculous idea!（这想法真够荒唐的！）

risible*
[ˈrɪzəbl]
a. 笑的；爱大笑的；可笑的
ⓝ risibility（笑）

词根 ST, STAT, STIT, SIST

来自拉丁语的 st, stat, stit, sist 意为 to stand。反义词根有来自拉丁语的 sed, sid, sess 等。

destitute***
[ˈdestɪtjuːt]
[站在、位于下面的 de (= down, away) + stit (= stand)]
a. 贫困的，赤贫的；缺乏的
ⓝ destitution 贫困；缺乏 ⓔ Though not destitute, my father was certainly very poor when growing up.（我父亲小时候尽管不是赤贫，但的确也是很穷的。）

extant**
[ekˈstænt]
[站到最终、最后的 ex (= out) + t〈st (= stand)]
a.（文件、记录等）现存的；尚存的
ⓔ Matchmaking is extant in many parts of Asia.（亚洲许多地方仍存在做媒现象。）

institute***
[ˈɪnstɪtjuːt]
[站在某物之上 in (= on, in) + stit (= stand)]
n. 研究所；训练班；成人业余学校；学院；协会，学会
vt. 制定（规则等）；成立（政府等）
ⓥ institutionalize 制度化 ⓝ institution 公共机构，公共机构的建筑物；制定；制度；习俗 ⓐ institutional 制度上的；惯例的；学会的；慈善团体的 ⓔ I learned how to repair computers at a technical institute.（我在技术学校学习了电脑维修。）

restitution**
[ˌrestɪˈtjuːʃn]
[使站成原来的状态，站回原位置 re (= back, again) + stit (= stand)]
n. 归还；赔偿
ⓔ Some states require thieves to make restitution to their victims.（有些州规定小偷要对受害者进行赔偿。）

instantaneous**
[ˌɪnstənˈteɪniəs]
[站在某物上的 in (= on) + st (= stand)]
a. 瞬间的，即刻的
ⓐⓓ instantaneously 即刻地，瞬间地 ⓔ Wire transfers are instantaneous. The money arrives in milliseconds.（电汇瞬间就可完成，钱即刻到账。）

substantial***
[səbˈstænʃl]
[站在下面的 sub (= under) + st (= stand)]
a. 真实的，实在的；结实的，健壮的；大量的；丰富的
ⓥ substantiate 证实；使具体化 ⓝ substance 物质；实质，本质；要旨；坚固；财产 ⓐ substantive 独立的；实际的 ⓐⓓ substantially 实际上；本质上；相当多地

ⓔ He promised me a substantial raise around the first of the year.（他答应我在年初给我大幅度加薪。）

desist**　[dɪˈzɪst]
[从某物分离出来站着de（= from）+ sist（= stand）]
vi. from + ~ing　停止，终止；打消念头
ⓔ Please desist from ridiculing me. It hurts my feelings.（拜托不要再嘲笑我了，我会觉得受伤害。）

persist***　[pəˈsɪst]
[从头到尾一直站着、持续 per（= through, throughout）+ sist（= stand）]
vi. 固执，坚持；持续，存续
ⓝ persistence 持久；固执，坚持　ⓐ persistent 固执的，坚持的；持续的
ⓔ It's difficult to persist with daily life tasks when suffering severe depression.（在情绪严重抑郁时很难坚持日常工作。）

subsist**　[səbˈsɪst]
[站在下面 sub（= under）+ sist（= stand）]
vi. on + sth　存在，存续；活下去，维持生活
ⓝ subsistence 存在；生存；生计　ⓔ In the first winter of our marriage we subsisted largely on beans and Wonder bread.（我们婚后的第一个冬天主要靠豆子和奇迹牌面包维持生活。）

constitute***　[ˈkɒnstɪtjuːt]
v. 构成（整体），组成；制定（法令等）；设立（机构等）；指派，任命
*con〈com（= together）
ⓔ Twelve months constitute a year.（一年有12个月。）Murder constitutes a criminal offense.（谋杀构成刑事犯罪。（谋杀属于刑事犯罪。））He is strongly constituted.（他的身体很健壮。）

constitution***　[ˌkɒnstɪˈtjuːʃn]
n. 宪法；政体；章程；构成，构造；制定；任命；设立；体质；体格
*con〈com（= together）
ⓔ Great Britain has an unwritten constitution; the United States has a written constitution.（英国的宪法是不成文宪法，而美国的宪法是成文宪法。）the constitution of the solar spectrum（光谱的构成）people with strong / weak constitutions（体格强壮的 / 虚弱的人）suit one's constitution（适合某人的体质）nervous constitution（神经质）

constitutional***　[ˌkɒnstɪˈtjuːʃənl]
a. 宪法（上）的，立宪的；构造上的；体质的；生来的　*con〈com（= together）
ⓐ constitutive（构成的；本质的）ⓝ constitutionalism（立宪主义；立宪政体；拥护立宪）constitutionalist（立宪主义者）ⓥ constitutionalize（使宪法化）ⓔ constitutional law（宪法）

constituent***　[kənˈstɪtjuənt]
n. 选举人，选民；（组成的）成分，要素 *a.* 有宪法制定（或修改）权限的；构成（全体）的
*con〈com（= together）
ⓝ constituency（选区；选区的全体选民）ⓔ potential constituent（潜在的选举人）constituents of happiness（幸福的要素）

prostitute**　[ˈprɒstɪtjuːt]
n. 妓女；娼妓；男妓；出卖节操的人 *v.* [~ oneself] 使沦为娼妓；滥用（能力、才能等）；（为了利益而）出卖（名誉等）　*pro（= forth, forward）
ⓔ prostitute one's energies / abilities（滥用精力 / 才能）prostitute one's honor（出卖名誉）

prostitution*　[ˌprɒstɪˈtjuːʃn]
n. 卖淫，出卖节操；（才能等的）滥用　*pro（= forth, forward）
ⓔ illicit prostitution（私娼，暗娼）licensed / public prostitution（公娼（制度））

substitute***　[ˈsʌbstɪtjuːt]
n. 代替人；替代物，替代品 *a.* 代用的，代替的 *v.* 代用，代替 *sub（= in place of）
ⓝ substitution（代用，代替）ⓔ substitutes for rubber（橡胶的替代品）substitute food / fuel（替代食品 / 替代燃料）

superstition*** n. 迷信；迷信行为 *super (= above)
[ˌsuːpəˈstɪʃn] ⓔ do away with a superstition (破除迷信)

superstitious*** a. 迷信的；受迷信思想支配的 *super (= above)
[ˌsuːpəˈstɪʃəs] ⓔ superstitious beliefs / ideas (迷信 / 迷信的想法) superstitious people (迷信的人)

apostasy* n. 叛教，变节 *apo (= away)
[əˈpɒstəsi] ⓐ apostate (放弃信仰的，变节的)

---

circumstance*** n. (pl.) 情况，环境，情形；境遇，经济状况；事实；详情，细节 *circum (= around)
[ˈsɜːkəmstəns] ⓔ Circumstances alter cases. (〈谚〉环境改变，具体情况也改变。) under no circumstances (决不)

circumstantial** a. (描述) 详尽的；(证据) 依照情况的，与情况有关的 *circum (= around)
[ˌsɜːkəmˈstænʃl] ⓔ circumstantial evidence (间接证据；情况证据)

constable** n. 治安官，〈英〉警察；(中世纪皇家或贵族的) 总管；(皇家城堡的) 主管
[ˈkʌnstəbl] *con〈com (= together, intensive)
ⓔ chief constable (〈英〉警察局局长 (在美国被称为 police chief)) special constable ((紧急情况时的) 临时 (特种) 巡警)

constabulary* n. [总称] 警察 *con〈com (= together, intensive)
[kənˈstæbjələri]

constant*** a. 不停的；坚固的；忠实的 n. 常数 *con〈com (= together, intensive)
[ˈkɒnstənt] ⓐⓓ constantly (经常地，不断地) ⓔ constant complaints (不停的抱怨) constant friend / wife (忠实的朋友 / 坚贞不渝的妻子)

---

constancy*** n. 始终如一，持久不变；坚定；坚决；忠诚 *con〈com (= together, intensive)
[ˈkɒnstənsi] ⓔ constancy of purpose (意志的坚定)

contrast*** n. 对照，对比，比较；(对照之下形成的) 差异；大不相同的人 (或物) v. [kənˈtrɑːst]
[ˈkɒntrɑːst] 对照，比较，形成对照 *contra (= against, opposite)
ⓔ She is a great contrast to her sister. (她和她妹妹有很大不同。) in contrast to / with (和…形成对比、对照)

destination*** n. 目的地 *de (= down)
[ˌdestɪˈneɪʃn]

destine*** v. [常用被动语态] 注定 *de (= down)
[ˈdestɪn] ⓔ They were destined never to meet again. (他们注定不能再见。)

destiny*** n. 命运，宿命 *de (= down)
[ˈdestəni] ⓔ the man of destiny (主宰命运的人)

---

distance*** n. 距离；路程；时间的间隔 v. 使远离；使疏远 *di〈dis (= away)
[ˈdɪstəns] ⓔ in the distance (在远处) keep her at a distance (和她保持一定的距离) long-distance runners / call (长跑者 / 长途电话)

distant*** a. 远的，远离的；(亲戚) 关系远的；(相似程度) 小的；疏远的，不亲近的，冷淡的
[ˈdɪstənt] *di〈dis (= away)
ⓐⓓ distantly (远远地；冷淡地) ⓔ distant cousin of mine (我的远房表兄)

ecstasy*** n. 入迷，出神 *ec〈ex (= away)
[ˈekstəsi] ⓐ ecstatic (入迷的，入神的) ⓔ in an ecstasy of delight (欣喜若狂) be in / go (get) into / be thrown into ecstasies over (对…着迷)

establish*** v. 建立，设立，创立，确立；安置；安顿；使立足；使被接受；定…为国教
[ɪˈstæblɪʃ] *e〈ex (= out)

establishment***　[eˈstæblɪʃmənt]
n. 设立，创立；（秩序等的）确立，建立；建立的机构；编制；（the Establishment）权威人士；权力集团　*e⟨ex (= out)

---

established***　[ɪˈstæblɪʃt]
a. 已确立的；确实的，已证实的；既定的；已建立的　*e⟨ex (= out)
ⓔ established customs（形成的风俗）　person of established reputation（已确立声望的人）

estate***　[ɪˈsteɪt]
n. 地产；庄园；财产；遗产；社会阶级；（人生）阶段，时期
*e⟨ex (= out, intensive)
ⓔ real estate agent（房地产中介）　real estate（不动产）　personal estate（动产）　leave an estate of（留下（…金额的）遗产）

instant***　[ˈɪnstənt]
a. 立即的，即时的；紧急的；（食品）速食的，速溶的　*n.* 刹那，瞬间　*in (= on)
ⓐⓓ instantly（立即，即刻；（*conj.*）一…就）　ⓝ instance（事例，例子，实例）　ⓔ in instant need of help（迫切需要帮助）　instant coffee（速溶咖啡）　instant camera（（拍照后立即成像的）一次成像相机）　instant photography（（拍照后立即成像的）"一分钟"照相）　instant replay（（用慢镜头回放比赛场面等的）即时重放）　the instant (that) he saw her（他看见她的一瞬间）

obstacle***　[ˈɒbstəkl]
n. 障碍（物），妨碍（物）　*ob (= in the way), cle (= small)
ⓔ obstacle race（障碍赛跑）

obstetric**　[əbˈstetrɪk]
a. 产科的　*ob (= to, toward)
ⓝ obstetrician（产科医生）　obstetrics（产科学）　ⓔ obstetric nurse（产科护士）

---

obstinate***　[ˈɒbstɪnət]
a. 顽固的，固执的；顽强的　*ob (= in the way)
ⓐⓓ obstinately（顽固地；顽强地）　ⓝ obstinacy（顽固，固执；顽强）

system***　[ˈsɪstəm]
n. 系统；身体系统；（思想、理论、原则等的）体系；制度；组织；方式；秩序，顺序；（the ~）（尤指不公正的统治或管理）制度；复合的机械装置；设备
*sy⟨syn (= together)
ⓔ all systems go（一切正常，一切就绪）　solar system（太阳系）

systematic**　[ˌsɪstəˈmætɪk]
a. 有体系的，有组织的，系统化的，成系统的；有条理的；有计划有步骤的；故意的；【生】分类（学）的　*sy⟨syn (= together)
ⓐⓓ systematically（有组织地，有体系地）　ⓥ systematize（使组织化，使成体系）
ⓔ systematic attempt（有意尝试）　in a systematic way（井然有序地）

stable***　[ˈsteɪbl]
a. 稳定的，不动摇的，固定的　*n.* 马厩，马房；（属同一主人的）一群赛马　*v.* 置于厩中，在厩里圈养
ⓔ stable foundations（坚固的基础）　stable government / job（稳固的政府 / 稳定的工作）　stable boy（马夫，马童）

stability***　[stəˈbɪləti]
n. 稳定，稳定性；固定，不变（性）
ⓔ economic stability（经济稳定）　emotional stability（感情稳定）

---

stabilize**　[ˈsteɪbəlaɪz]
v. 使稳定，使稳固　*ize (= make)
ⓝ stabilization（稳定；稳定性）　stabilizer（有安定作用的人（或物）；（船舶的）减摇装置；（飞机的）安定翼）　ⓔ stabilize prices and wages（稳定物价和工资）　stabilizing apparatus（稳定设备）　stabilized world（（没有战争的）安定世界）

stabling*　[ˈsteɪblɪŋ]
n. ［总称］马厩；（马的）入厩
ⓔ The house has stabling for 20 horses.（这间房子可以养 20 匹马。）

instability**　[ˌɪnstəˈbɪləti]
n. 不稳定　*in (= not)

unstable** [ˌʌnˈsteɪbl]

a. 不稳定的，动摇的　*un (= not)

ⓔ unstable equilibrium (【物】不稳定平衡)

stack*** [stæk]

n. 整齐的一叠；(干草、稻草、麦秆等的)堆；三角枪架；一堆；大量 (of)；(pl.) (图书馆、书店的) 书架，书库；定高分层盘旋的机群 *v.* 堆成堆，堆放；架 (枪)；(洗牌时) 作弊

ⓔ have stacks of work waiting to be done (有一堆事要去做)　book stacks (书架)　stack room ((图书馆的) 书库)　Stack arms! ((军令)架枪！)　stack the cards (deck) ((纸牌游戏) 洗牌作弊)

---

stadium** [ˈsteɪdiəm]

n. (常指有观众席的) 体育场，运动场

staff*** [stɑːf]

n. 棍棒，拐杖；职杖，权杖；支柱，支撑；[总称] 全体职员，全体工作人员；(军队的) 幕僚，参谋 *v.* 给…配置职员

ⓔ be on the staff (在职，在编)　the editorial staff (编辑部的全体人员，编辑人员)　the teaching staff (全体教员)　the headmaster and his staff (校长和教职员工)　staff officer (参谋)　staff a new school (给一所新学校配置教员)　a well-staffed hotel (人员齐备的宾馆)

stage*** [steɪdʒ]

n. 舞台；讲台；(the ~) 戏剧，演员职业；(事件的) 现场；(发展等的) 阶段，时期；(驿站间的) 行程，距离；驿站；站；架，脚手架；层架 *v.* 上演；筹划 (罢工、政治运动、军事作战等)；发动，举行

ⓔ revolving stage (旋转舞台)　stage box (舞台旁边的包厢)　stage *Hamlet* (上演《哈姆雷特》)　stage a come-back ((隐退后) 再度出山，(失败后) 东山再起，重返)　stage a riot / military coup (筹划暴动 / 发动军事政变)

staging*** [ˈsteɪdʒɪŋ]

n. (建筑工程的) 脚手架；(戏剧的) 上演

stake*** [steɪk]

n. 桩，柱；(the~) 火刑；火刑柱；赌注；利害关系；股份；(pl.) (特指赛马的) 奖金；有奖比赛 *v.* 以桩支撑；(在土地上) 立桩为界；以…赌，拿…冒险

ⓔ pull up stakes (搬家，迁址，离开)　at stake (危若累卵，危险)　His reputation was at stake. (他的名声受到威胁。)　have a stake in (与…有利害关系)　stake newly planted trees (加固新栽的树苗)　stake 20 dollars on the favorite (为认为最有希望获胜的选手押 20 美元)

---

stale*** [steɪl]

a. (指不新鲜食品) 干燥走味的；腐坏的；无新意的，陈旧的，陈腐的 *v.* 使不新鲜

ⓔ stale bread (不新鲜的面包)　stale news / jokes (陈旧的新闻 / 无新意的笑话)　pleasure that never stales (永不厌倦的娱乐)

stalk*** [stɔːk]

n. 茎，柄 *v.* 昂首阔步地走；悄悄地靠近 (敌人、猎物)

ⓝ stalker (偷偷靠近 (动物) 的人)　ⓔ stalk along (the road) ((沿着道路) 昂首阔步而行)　stalk the deer (靠近小鹿)　stalking-horse ((猎人接近猎物时用做掩护的) 掩护马；借口，托词；伪装；掩护性候选人)

stamina** [ˈstæmɪnə]

n. 精力，体力；持久力，忍耐力，毅力

stance** [stæns]

n. (人的) 立场，态度；(高尔夫球、板球) 准备击球姿势

stanchion** [ˈstæntʃən]

n. (马厩里拴牲畜的) 直立的支柱

staple***
[ˈsteɪpl]
n. 主要产品，主要商品；主要成分；（纤维制品的）原料 *a.* 主要的，大宗生产的；常用的 *n.*（U形的）钉，（订书机的）订书钉 *v.* 用钉子钉，固定
ⓝ stapler（订书机） ⓔ stapling machine（订书机） staple food（主食）

starch**
[stɑːtʃ]
n. 淀粉；（浆衣服、床单等用的）淀粉浆；刻板 *v.* 浆洗（衣物等）
ⓐ starchy（淀粉的，含有淀粉的，似淀粉的） starched manner（刻板的态度） starchy foods（淀粉类食物）

staunch**
[stɔːntʃ]
a.（人或信仰等）坚定的，忠诚的，可靠的
ⓔ staunch Democrat（坚定的民主党党员）

state***
[steɪt]
n. 状态，情形，情况，形势；地位，身份；政府；国家，领土；（组成联邦共和国的）州；(the States) 美国；威严；隆重，豪华 *a.* 礼仪用的；正式的；国家的，国事的；州的 *v.* 陈述，主张，说明；指定，确定（时间、地点等）
ⓐ statewide（全州范围的） ⓔ state-of-the-art（最先进的） the Secretary of State / the State Secretary（国务卿） the State of the Union Address (Message)（国情咨文） a visit of state（国事访问） state trooper（〈美〉州警察） state university（州立大学） as stated above（如上述所言） at stated times / intervals（在一定的时间，以一定的间隔）

statement***
[ˈsteɪtmənt]
n. 声明；报告；表达，叙述
ⓔ issue statement（发出声明） bank statement（银行结单（银行发送给顾客，以告知每月银行账目状况））

---

stately***
[ˈsteɪtli]
a. 堂皇的，宏伟的；有威严的，高贵的，庄严的 *ly (= pertaining to)
ⓔ stately dowager（威仪的贵妇） stately homes（富丽堂皇的房子）

statesman***
[ˈsteɪtsmən]
n. 政治家
ⓔ statesmanlike（有政治家风度的） statesmanship（政治家的风度（或才能））

static**
[ˈstætɪk]
a. 静止的，静态的
ⓝ statics（静力学） ⓔ static electricity / pressure（静电 / 静压力）

station***
[ˈsteɪʃn]
n. 车站；（提供服务或指挥运作的）场所；署，所，局；驻地，根据地，基地；位置；职位；身份，地位 *v.* 部署，驻扎；安置
ⓔ station-to-station call（叫号长途电话） cf. person-to-person call（叫人电话（和想通话的人直接通话，通话费用高））

statistics***
[stəˈtɪstɪks]
n. 统计（表）；统计学
ⓔ cite / collect statistics（引用统计 / 进行统计） statistics of population（人口统计） vital statistics（人口动态统计；〈口〉〈谑〉女性三围）

---

statistical**
[stəˈtɪstɪkl]
a. 统计（上）的；统计学的
ⓐⓓ statistically（统计上地） ⓝ statistician（统计专家，统计学者） ⓔ statistical mechanics / inference / probability（统计力学 / 统计推论 / 统计概率） statistical tables（统计表）

stationary***
[ˈsteɪʃənri]
a. 固定的，不动的；定居的；常备的
ⓔ Remain stationary!（不许动！） stationary bicycle（（进行腰、腿部锻炼时使用的）固定自行车） stationary troops（驻军） collide with a stationary van（和停着的大货车相撞） stationary orbit（静止轨道（旋转周期和地球自转速度一致的轨道））

stationery**
[ˈsteɪʃənri]
n. 文具；配套的信纸、信封
ⓔ the Stationery Office（〈英〉国家文书出版署（出版、普及政府刊物的机构）） stationery and envelopes（信纸和信封）

stationer**
[ˈsteɪʃənə(r)]
n. 文具店

statuary**
[ˈstætʃuəri]
n. 雕像；塑像 *a.* 雕塑的；雕塑用的
ⓔ statuary marble（雕塑用大理石）

statue***
['stætʃuː]

n. 雕像

ⓝ statuette（小雕像） ⓐ statuesque（雕像般的，像雕像一样不动的；高大匀称的；体态优美的） ⓔ the Statue of Liberty（自由女神像）

stature***
['stætʃə(r)]

n. 身高；（精神、道德的）高度境界；高度水平

ⓔ short of stature（个子矮的） moral stature（道德水平） educator of great stature（伟大的教育家）

statute***
['stætʃuːt]

n. 法令；成文法；法规；条例；规章

ⓔ statute law（成文法） statute book（法令全书） general / public statute（一般法 / 公法） statutes at large（国会法案及议案）

statutory**
['stætʃətri]

a. 法令的，法定的；依法惩处的

ⓔ statutory control of prices and incomes（对物价和收入的法律管制） statutory tariff / ownership（法定税率 / 法定所有权） statutory rape（法定强奸罪（与未成年者发生性关系））

status***
['steɪtəs]

n. 地位，身份；状态

ⓔ status symbol（身份的象征） status offender（（轻微违法未构成犯罪的）少年犯） status of forces agreement（驻军地位协定） social status（社会地位） the present status of affairs（现在的状况）

---

status quo*
[ˌsteɪtəs 'kwəʊ]

n. 现状（= status in quo）

ⓔ conservatives who defend the status quo（维护现状的保守主义者） maintain the status quo（维持现状） status quo ante（过去状况）

thermostatic*
[ˌθɜːmə'stætɪk]

a. 温度自动调节装置的　*thermo（= heat）

ⓝ thermostat（温度自动调节装置） ⓔ thermostatic control（温度调节器的控制）

standing*
['stændɪŋ]

n. 持续（时间）；地位，名望，身份 *a.* 站立的；固定的；长期的；常备的；常设的

ⓔ standing army（常备军） standing committee（常务委员会） standing joke（常令人发笑的笑料） standing ovation（起立鼓掌） standing room（（剧院、电车等内的）站立空间） standing room only（只有站票（缩写：SRO））

standard***
['stændəd]

n. 标准，规范；本位；法定纯度（纯金、纯银的比率）；旗帜

a. 标准的；（作家等）有权威的，一流的，优秀的；有直立柱的；有支座的

ⓔ below standard（低于标准） standard time（标准时间） standard deviation（标准偏差） gold standard（金本位制） monetary standard（金（银）货币的纯度标准） standard-bearer（旗手；（政党等的）主张者，倡导者，领袖） standard weights and measures（标准度量衡） standard authors（一流作家，权威作家）

standardize**
['stændədaɪz]

v. 使合乎、符合标准（或规格）；使标准化、规格化

ⓝ standardization（标准 / 规格化） ⓔ standardized products（标准化 / 规格化产品）

---

standpoint*
['stænd*p*ɔɪnt]

n. 立场；观点

ⓔ from the standpoint of（从…的立场、观点上来看）

standstill**
['stæn*d*stɪl]

n. 停止，停滞，停顿

ⓔ come to a standstill（停止，停滞）

outstanding***
[aʊt'stændɪŋ]

a. 杰出的，突出的，显著的；未偿付的

ⓔ outstanding figure（杰出人物） outstanding debt（未偿付的债务）

understanding***
[ˌʌndə'stændɪŋ]

n. 理解，认识，领会；（个人的）看法，见解；理解力

ⓐ understandable（能够理解的） ⓔ human understanding（人的悟性） It is my understanding that~（我个人认为…）

withstand***
[wɪð'stænd]

v. 抵挡，禁得住（压力、攻击等）　*with（= against）

ⓔ withstand a siege（抵抗围攻）

steadfast***
[ˈstedfɑːst]
a. 坚定不移的，不变的，不动摇的
ⓔ steadfast gaze（凝视） steadfast in adversity（在逆境中坚定不移的） be steadfast to one's principles（坚守信念）

steady***
[ˈstedi]
a. 稳固的，坚定的；平稳的，不动摇的；(移动、速度、方向等)稳定的；镇定的；从容的；可靠的；无变化的 *n.*（关系确定的）情侣 *v.*（使）坚定，（使）固定、稳定
ⓐⓓ steadily（坚定不移地） ⓔ steady ladder（稳固的梯子） steady job（稳定的工作） steady pace（坚定的步伐） steady faith（坚定不移的信仰） go steady（成为关系确定的情侣）

armistice***
[ˈɑːmɪstɪs]
n. 休战，停战 *arm（= weapons）
ⓔ Armistice Day（（第一次世界大战的）休战纪念日）

interstice**
[ɪnˈtɜːstɪs]
n. 间隙，空隙；裂缝 *inter（= between）
ⓔ interstices between stones in a heap（石头堆间的空隙）

solstice*
[ˈsɒlstɪs]
n. 至（太阳到达远离赤道的最南、最北处时形成的夏至和冬至）
ⓔ summer / winter solstice（夏至 / 冬至）

---

assist***
[əˈsɪst]
v. 帮助，协助 *as〈ad（= near）
ⓝ assistance（帮助，援助，协助） economic assistance to underdeveloped countries（对不发达国家的经济援助）

assistant***
[əˈsɪstənt]
n. 助手，助理；助教（由研究生担当，有薪水）*a.*辅助的；助理的 *as〈ad（= near）
ⓔ Special Assistant to the National Security Affairs（〈美〉国家安全事务特别助理） Teaching Assistant（教学助理（缩写：T.A.）） Research Assistant（研究助理（缩写：R.A.）） Graduate Assistant（研究生助教（缩写：G.A.）） assistant professor（助理教授） assistant clerk（书记员） assistant manager（副经理，协理）

consist***
[kənˈsɪst]
v.（~of）由…组成，构成；（~in）在于 *con〈com（= together）

consistency***
[kənˈsɪstənsi]
n.（思维、行动等的）一贯性；（液体等的）浓度，稠度；坚硬度
*con〈com（= together）
ⓝ consistence（= consistency） ⓔ His actions lack consistency.（他的行动缺乏一贯性。（变化多端）） mixtures of various consistencies（浓度不同的各种混合物）

consistent***
[kənˈsɪstənt]
a. 始终如一的，稳定的，一贯的；（~with）与…符合的，一致的
*con〈com（= together）
ⓐⓓ consistently（始终如一地） ⓔ consistent friend（忠实的朋友） What you say now is not consistent with what you said last week.（你现在说的和你上星期说的不一致。）

---

exist***
[ɪgˈzɪst]
v. 存在；生存 *ex（= out），ist〈sist（= stand）
ⓐ existent（存在的）

existence***
[ɪgˈzɪstəns]
n. 存在；生存 *ex（= out），ist〈sist（= stand）
ⓔ struggle for existence（生存斗争） ruins in existence（现存的遗迹）

existentialism*
[ˌegzɪˈstenʃəlɪzəm]
n. 存在主义 *ex（= out），ist〈sist（= stand）
ⓝ existentialist（存在主义者）

coexistence*
[ˌkəʊɪgˈzɪstəns]
n. 共存，并立 *co〈com（= together），ex（= out），ist〈sist（= stand）
ⓥ coexist（共存） ⓔ peaceful coexistence（和平共处）

insist***
[ɪnˈsɪst]
v.（~on）/（~that）主张，坚持，执意；强调 *in（= into, in）

---

insistence**
[ɪnˈsɪstəns]
n. 主张，竭力主张；坚决要求 *in（= into, in）
ⓔ officer's insistence on strict obedience（军官要求严格服从）

insistent** [ɪnˈsɪstənt]

a. 坚持的，执意的　*in (= into, in)

ⓔ the insistent demands of the Commander-in-Chief for more troops (总司令坚持要求增派部队)

resist*** [rɪˈzɪst]

v. 抵抗，反抗；抵御；按捺，忍住　*re (= against)

ⓝ resister (抵抗者，反抗者) resistor ((电路中的)电阻器) ⓐ resistless (无法抵抗的，无抵抗力的) ⓔ resist authority (反抗威权) resist heat (耐热) resist temptation (抵挡住诱惑) She can't resist chocolates. (她抵挡不住巧克力的诱惑。)

resistance*** [rɪˈzɪstəns]

n. 抵抗，反抗；(the R~)(特指第二次世界大战期中法西斯占领区内的)抵抗运动

*re (= against)

ⓔ passive resistance (消极抵抗) resistance movement ((敌军占领地的)抵抗运动) sales / consumer resistance (销售 / 消费者抵抗)

resistant** [rɪˈzɪstənt]

a. 抵抗的，有抵抗能力的　*re (= against)

ⓔ corrosion-resistant materials (防腐物质) resistant strains of mosquitoes (有抵抗力的蚊子种群)

---

transistor* [trænˈzɪstə(r)]

n. 晶体管　*tran〈trans (= across)

ⓐ transistorized (用晶体管装配成的) transistorized computer (晶体管电脑)

ⓔ portable transistor (便携式晶体管) transistor set / radio (晶体管机 / 晶体管收音机)

LECTURE 45

词根 FAC

来自拉丁语的 fac 意为 face。注意不要将其与意为 to do, to make 的 fac 相混淆。

---

deface** [dɪˈfeɪs]

[使从原先的脸上分离出来 de (= away) + fac (= face)]

vt. 损坏外观，弄脏表面；涂污(墓碑铭文等使难辨认)

ⓝ defacement 损坏；乱涂　ⓔ You can be expelled for defacing school property with graffiti. (在学校的财产上涂抹乱写是会被开除的。)

---

efface** [ɪˈfeɪs]

[使脱离本来的面部长相 ef〈ex (= out) + fac (= face)]

vt. 擦掉；消除，抹去(记忆等)；使(自己)不受注意

ⓝ effacement 擦掉；抹去　ⓔ The effects of time had effaced the inscription on the ancient coin. (随着时间的流逝，那枚古钱上刻的文字已经被擦掉了。)

---

outface* [ˌaʊtˈfeɪs]

v. 无畏地面对；吓退

reface* [ˌriːˈfeɪs]

v. 重修…的表面　*re (= again)

surface*** [ˈsɜːfɪs]

n. (物体等的)表面，外表；地面；(液体的)表层，水面

a. 表面的 *v.* 在…上加表面；升到地面；对…进行表面处理　*sur (= above, over)

ⓔ rise to the surface (浮出水面) surface-to-air missile (地对空导弹) surface-to-surface missile (地对地导弹) surface impressions (表面印象) surface a road with gravel / tarmac (用沙砾 / 柏油碎石铺马路路面)

facade** [fəˈsɑːd]

n. (建筑物的)正面；外表，外观

ⓔ facade of indifference (外表冷漠)

face*** [feɪs]

n. 脸，面容；表情；面，表面；铅字面 *v.* 面对(某个方向)，朝，向；应付，正视(…的存在)

ⓔ face lifting ((消除皱纹的)脸部整形) keep a straight face (不苟言笑,正色) lose face (丢脸) face the enemy (直面敌人) face altered circumstances (正视改变了的环境) problem that faces us (我们所面临的问题)

faceless* [ˈfeɪsləs]
a. 匿名的;没有个性的,无特性的 *less (= without)
ⓔ faceless kidnapper (匿名绑架者)

facetious** [fəˈsiːʃəs]
a. 滑稽的;好开玩笑的
ⓔ facetious remark / young man (滑稽的话 / 幽默的年轻人)

facial** [ˈfeɪʃl]
a. 脸的,面部的;面部用的 *n.* 面部按摩;美容
ⓔ facial expression (面部表情) facial massage (面部按摩) facial tissue (面巾纸)

facing** [ˈfeɪsɪŋ]
n. (衣服的)镶边,贴边;(制服等衣物上领子及袖口的)异色镶边

词根 MEN[MEAN]

来自拉丁语的 men 意为 to lead,它的变形为 mean。同义词根有来自拉丁语的 duct /duc [du] 以及来自希腊语的 agog。此外,意为 to drive 的来自拉丁语的 ag / ig / act 以及 pel / puls [peal] 等也具有近似的含义。

demeanor*** [dɪˈmiːnə(r)]
[很好地引导自己 de (= intensive) + mean〈men (= lead)]
n. 举动,行为
ⓥ demean 使表现;贬低…的身份 ⓔ Her professional demeanor is reserved and cultured. (她工作时言语矜持,举止文雅。)

misdemeanor** [ˌmɪsdɪˈmiːnə(r)]
n. 轻罪 *mis (= bad), de (= down), mean〈men (= lead)

amenable** [əˈmiːnəbl]
a. 顺从的;对…负有义务(或责任)的;经得起检验的 *a〈ad (= to)
ⓔ amenable to kindness / advice / reason / flattery (易受好意感动的 / 能听从劝告的 / 通情达理的 / 易为吹捧所动的) amenable to the law (服从法律的)

commence*** [kəˈmens]
v. 开始,着手 *com (= together, with)
ⓔ commence studying political science (开始学习政治学) The performance will commence soon. (演出马上就要开始了。)

commencement** [kəˈmensmənt]
n. 开始,开端;(大学等的)毕业典礼;学位授予仪式 *com (= together, with)
ⓔ The commencement ceremony was held on May 20, 1990. (毕业典礼于 1990 年 5 月 20 日举行。) Thirtieth Commencement (第 30 届毕业典礼)

promenade*** [ˌprɒməˈnɑːd]
n. 散布,漫步;骑马;散步场所,海滨人行道;(大学、高中等的)舞会(也作 prom)
v. 散步;带(某人)散步 *pro (= forward, forth)
ⓔ promenade concert ((听众站立或走动着听的)散步音乐会) promenade deck (散步甲板(供一等舱乘客使用)) Senior Prom (毕业班舞会) promenade his wife along the sea-front (带着他的妻子在滨海区散步)

LECTURE 46

词根 LEC[LET, LIC, LIG]

来自拉丁语的 lec 意为 to entice,它的变形为 let, lic, lig 等。

delectable** [dɪˈlektəbl]
[引诱、唆使使分离出来的 de (= away, from) + lec (= entice)]
a. 令人愉快的,使人高兴的,宜人的;好吃的

ⓝ delectation 愉快 ⓔ The smoked salmon was absolutely delectable.（熏鲑鱼真是美味可口。）

---

dilettante* [ˌdɪləˈtænti]
n.（艺术等的）一知半解者，业余艺术爱好者
*di〈dis (= away, from), let〈lec (= entice)

delicate*** [ˈdelɪkət]
a. 微妙的，需要小心处理的；柔软的；纤弱的；精致的，精巧的；易损坏的；（光线）柔和的；（感觉）敏锐的，敏感的；（仪器）精密的；（食物）清淡的；鲜美的
*de (= intensive), lic〈lec (= entice)
ⓔ delicate situation / question（微妙的事态 / 棘手的问题） delicate skin of a young girl（小女孩柔嫩的肌肤） delicate workmanship（精巧的工艺） delicate china （易碎的瓷器） delicate child （娇弱的孩子） delicate shade of pink （浅粉色） delicate sense of smell / touch（敏感的嗅觉 / 触觉） delicate instruments needed by scientists（科学家们所需的精密仪器） delicate food（美味的食物）

delicacy*** [ˈdelɪkəsi]
n. 精致，精美；优雅；敏感；微妙；棘手；柔软；（身体）纤弱；美味，佳肴
*de (= intensive), lic〈lec (= entice)
ⓔ the delicacy of her features（她容貌的优雅） The political situation is one of great delicacy.（政局是最微妙的情形之一。） of extreme delicacy（非常棘手的） all the delicacies of the season（该季节的所有美味） table delicacies（各种美味，珍馐佳肴）

delicatessen** [ˌdelɪkəˈtesn]
n.（出售已做好的肉、沙拉、熏鱼、香肠、罐头等的）熟食店（在美国多被称做 deli）
*de (= intensive), lic〈lec (= entice)

delicious*** [dɪˈlɪʃəs]
a. 美味的，香喷喷的；妙的，有趣的 *de (= intensive), lic〈lec (= entice)
ⓔ delicious cake（美味的蛋糕） Sounds delicious.（听起来不错。） delicious moment（愉快的瞬间） What a delicious joke!（多么有趣的笑话！）

---

delight*** [dɪˈlaɪt]
n. 快乐，高兴；乐事，乐趣 *v.* 使人高兴 *de (= intensive), lig〈lec (= entice)

delighted*** [dɪˈlaɪtɪd]
a. 高兴的 *de (= intensive), lig〈lec (= entice)
ⓔ I'm delighted to see you.（很高兴见到您。）

delightful*** [dɪˈlaɪtfl]
a. 快乐的；高兴的 *de (= intensive), lig〈lec (= entice)
ⓔ delightful holiday（愉快的假期）

词根 LIN, LIGN

来自拉丁语的 lin, lign 意为 line。

---

delineate* [dɪˈlɪnieɪt]
[好好地描写 de (= intensive) + lin (= line)]
vt. 画…的轮廓；描述
ⓝ delineation 画轮廓；描述 ⓔ The CEO delineated the company's 5-year growth plan at the shareholders' meeting.（首席执行官在股东大会上描绘了公司的五年发展计划。）

---

line*** [laɪn]
n. 线，绳，索；电话线；（人或物体的）行，列；（脸上的）皱纹；（手掌的）手纹；运输线；运输公司，航空公司；路线；方针；（行动、处理的）方式，方法；家系，家世；（书写或印刷的字符的）行；（用堡垒、战壕等连接的）战线，防线；营地；【军】（二列）横队；行业；（商品的）种类 *v.* 在…上画线；使起皱纹；使排成行，沿…排列；装衬里；中饱私囊
ⓔ draw a line（画线） fishing lines（钓鱼线） Line busy.（（电话）通话中。） hot line（热

线（指两政府首脑之间随时联系的电话线或电报线路）） a line of trees（一排树） form a line（排成一队） deep lines on her face（她脸上深深的皱纹） Korean Air Lines（大韩航空） communication lines（交通线路；通信线路） follow the party line（服从党的路线） descendant of King David in a direct line（大卫王的直系后裔） the last of his line （他最后的血脉） Page 5, Line 10（第 5 页第 10 行） read between the lines（体会言外之意） Hard lines!（倒霉！） lined face（布满皱纹的脸） road lined with police（排满警察的路） fur-lined gloves（用毛皮作衬里的手套） He has lined his purse well.（他中饱私囊，赚了不少钱。）

linage** [ˈlaɪnɪdʒ]
n. 行数；按行数的稿费计算法；（报刊等处）按行数计算的广告费
ⓔ advertizing linage（按行数计算的广告费）

lineage** [ˈlɪniɪdʒ]
n. 血统，家系

lineal** [ˈlɪniəl]
a. 直系的
ⓔ lineal descendant / heir（直系后裔 / 继承者）

LECTURE 47

词根 LINQU[LIC, LICT]

来自拉丁语的 linqu 意为 to leave，它的变形为 lic，lict。同义词根有来自拉丁语的 lip。

delinquent** [dɪˈlɪŋkwənt]
[从某物上分离出去 de (= away) + linqu (= leave)]
a. 失职的；怠慢的；违法的；有过失的，有罪的；拖欠的
n. 违法者；罪犯（尤指少年犯）
ⓝ delinquency 懈怠；过失；少年犯罪；违法 ⓔ The power got shut off because I've been delinquent in paying the electric bill.（我拖欠了电费，所以断电了。）

derelict** [ˈderəlɪkt]
[完全置后 de (= intensive) + re (= back) + lict〈linqu (= leave)]
a. 被抛弃的，被遗弃的；荒废的；破败的；玩忽职守的
n. 被社会遗弃的人，流浪汉；玩忽职守者；遗弃物；在海上被遗弃的船只
ⓝ dereliction 遗弃；玩忽职守 ⓔ The family farm where I grew up is now a derelict ruin.（我在家里的农场上长大，如今那里已成为一片被遗弃的废墟。）

relinquish** [rɪˈlɪŋkwɪʃ]
v. 放弃，抛弃；让与 *re (= back)
ⓔ relinquish a hope / shares to a partner（放弃希望 / 把股份让给合作伙伴）

relic*** [ˈrelɪk]
n. 圣骨，圣徒遗物；（风俗、信仰等的）残余；遗物；遗迹
*re (= back), lic〈linqu (= leave)
ⓔ relics of antiquity（古代的遗风） relics of superstition（迷信的残余） cultural relics（文化遗迹）

relict* [ˈrelɪkt]
n. 遗孀，寡妇 *re (= back), lict〈linqu (= leave)
ⓔ Alice, relict of Arthur Williams（阿瑟·威廉斯的遗孀艾丽斯）

词根 PREC

来自拉丁语的 prec 意为 to pray。

deprecate** [ˈdeprəkeɪt]
[祈祷以使终止、停止 de (= off, from) + prec (= pray)]
vt. 反对（战争等），声明不赞成

ⓝ deprecation 不赞成 ⓐ deprecatory 不赞成的 ⓔ Never deprecate your spouse publicly if you want to save your marriage.(如果你想维持婚姻，就不要当着众人指责你的配偶。)

imprecate* [ˈɪmprɪkeɪt]
v. 祈求(灾难、不幸降临在某人身上)，诅咒 *im〈in (= on)
ⓝ imprecation(诅咒) ⓔ imprecate evil upon him(祈祷降祸于他)

precarious* [prɪˈkeəriəs]
a. 不确定的；不稳的；危险的；碰机会的
ⓔ make a precarious living as an author(作为一名作家，过着不稳定的生活)

词根 PRED

来自拉丁语的 pred 意为 to plunder。

depredation** [ˌdeprəˈdeɪʃn]
[完全掠夺 de (= intensive) + pred (= plunder)]
n. 破坏；掠夺
ⓥ depredate 蹂躏；掠夺 ⓔ The hurricane left a path of depredation over hundreds of miles.(台风留下了数百英里的破坏痕迹。)

predatory** [ˈpredətri]
a. 掠夺的；掠夺成性的；(动物)以捕食其他动物为生的，食肉的
ⓔ predatory tribesmen(掠夺成性的部落成员) predatory incursions(掠夺性入侵) predatory birds(食肉鸟)

predator** [ˈpredətə(r)]
n. 掠夺者；食肉动物

LECTURE 48

词根 CRED[CREED, CRE]

来自拉丁语的 cred 意为 to believe, to trust，它的变形为 creed 和 cre。同义词根有来自拉丁语的 fid[fi, fy, feder, feal] 以及来自盎格鲁-撒克逊语的 tru [tro] 等。

discredit** [dɪsˈkredɪt]
[不相信 dis (= not) + cred (= believe)]
vt. 使不足信；使丢脸
n. 信用的丧失；名声的败坏
ⓐ discreditable 有损信用的；丢脸的 ⓐⓓ discreditably 丢脸地 ⓔ Press leaks designed to discredit the senator appeared in morning newspapers.(为破坏那个参议员的声誉而由报界泄露的秘密被登在了早报上。)

credibility* [ˌkredəˈbɪləti]
[可以信赖 cred (= trust)]
n. 可信性
ⓐ credible 可信的 ⓐⓓ credibly 可信地 ⓔ The credibility of a witness who testifies at trial is key.(出庭作证的证人的可信度很重要。)

credulous** [ˈkredjələs]
[信赖的 cred (= trust)]
a. 轻信的；易受骗的
ⓝ credulity 轻信，易受骗 ⓔ My mother's so credulous that she believes the car dealer is on her side.(我妈妈是如此轻信别人，以至于相信汽车销售员是站在她这一边的。)

accredit∗∗ [ə'kredɪt]
v. 任命，派出（使节）；（政府等）认可，承认（资格等）；鉴定…为合格　*ac〈ad (= to)
ⓔ accredited school（经鉴定合格的学校）　accredited law schools（经鉴定合格的法学院）

credence∗∗ ['kriːdns]
n. 相信；凭证
ⓔ give / attach credence to（相信（传闻或别人的话等））　a letter of credence（证明信）

credential∗∗ [krə'denʃl]
n.（pl.）证明书，证件；文凭；（大使递交的）国书
ⓔ His credentials were so satisfactory that he was given the post of manager.（他的文凭很令人满意，这使他获得了经理的职位。）　present one's credentials（（大使等）递交国书）　credentials committee（资格审查委员会）

incredible∗∗∗ [ɪn'kredəbl]
a. 难以置信的，惊人的，不可思议的　*in (= not)
ⓐⓓ incredibly（难以置信地）　ⓔ incredible cost（惊人的费用）

credit∗∗∗ ['kredɪt]
n.（赊账或交易的）信用；名誉，信誉；（银行等的）贷款（金）；贷方（↔ debit 借方）；（某科目的）（所修）学分；荣誉；赞扬 *v.* 信赖；把（金额）记入贷方；给（学生）记学分
ⓔ credit standing（债务偿付能力，信誉）　credit rating（信誉评价，信用等级）　letter of credit（信用证（缩写：L/C））　credit inquiry（信用调查）　a man of the highest credit（名望最高的人）

---

creditable∗∗ ['kredɪtəbl]
a. 可信的，名誉好的；值得赞许的
ⓐⓓ creditably（值得称赞地，有好名声地）　ⓔ creditable attempt（值得赞许的尝试）

creditor∗∗∗ ['kredɪtə(r)]
n. 贷方，债权人（↔debtor 借方，债务人）
ⓔ run away from one's creditors（为躲避债权人而逃跑）

credo∗ ['kriːdəʊ]
n. 信条；（the Credo）信经

incredulous∗∗ [ɪn'kredjələs]
a. 不相信的，怀疑的　*in (= not)
ⓔ incredulous smiles / looks（怀疑的微笑 / 怀疑的表情）

creed∗∗∗ [kriːd]
n. 宗教信条；教义　*creed〈cred (= believe)
ⓔ the (Apostles') Creed（（使徒）信经）

---

miscreant∗∗ ['mɪskriənt]
n. 恶棍，歹徒　*mis (= bad), cre〈cred (= believe)

recreant∗∗ ['rekriənt]
a. 怯懦的；不忠的，背叛的 *n.* 懦夫；背叛者　*re (= back), cre〈cred (= believe)
ⓔ recreant lover（不忠的恋人）

词根 CRET, CERN [CREET, CRE]

来自拉丁语的 cret, cern 意为 to observe, to separate，变形为 creet, cre。此外，意为 to grow, to increase 的 cre, cru 与这两词根的形态相似，注意不要混淆。

discretion∗∗∗ [dɪ'skreʃn]
[分别观察 dis (= apart) + cret (= observe, separate)]
n. 慎重；判断力；决定或行动的自由
ⓐ discretionary 任意的，自由决定的　ⓔ It's important to use discretion when disciplining an underperforming employee.（在处罚工作表现不佳的职员时慎重考虑是非常重要的。）

discern∗∗∗ [dɪ'sɜːn]
[分别切开使分开 dis (= apart) + cern (= separate)]
vt. 分辨，识别；察觉出
ⓝ discernment 洞察；识别　ⓐ discerning 有辨别力的 discernible 可辨别的

ⓔ You can barely discern the white fences in the snow banks.（在雪堆中很难看出哪里是白栅栏。）

---

discreet★★ [dɪˈskriːt]
a. 谨慎的，慎重的，深思熟虑的 *dis（= apart），creet〈cret（= separate, observe）
ⓔ maintain a discreet silence（谨慎地保持沉默）

discrete★ [dɪˈskriːt]
a. 分离的；不连续的 *dis（= away）

decree★★★ [dɪˈkriː]
n. 法令；命令；判决；天命 *v.* 颁布；注定
*de（= apart, away），cre〈cret（= observe）
ⓔ issue a decree（颁布一项法令）

excrete★ [ɪkˈskriːt]
v.（动物、植物）排泄；分泌 *ex（= apart, away）
ⓝ excretion（（分泌）排泄物；排泄作用）

excrement★★ [ˈekskrɪmənt]
n. 排泄物；(pl.) 粪便，肥料 *ex（= out），cre〈cret（= separate）

---

excreta★ [ɪkˈskriːtə]
n. 排泄物；分泌物；（特指）粪便 *ex（= out）

secret★★★ [ˈsiːkrət]
n. 秘密；机密（top secret（绝密，高密），secret（一级机密，机密），confidential（二级机密，秘密），restricted（三级机密，受限）；秘方；秘诀；奥妙，神秘 *a.* 秘密的，不为人所知的；（地点）偏僻的，隐蔽的 *se（= away, apart）
ⓔ secret police（秘密警察）

secrecy★★ [ˈsiːkrəsi]
n. 秘密（性）；保密，守口如瓶 *se（= away, apart），cre〈cret（= observe, separate）
ⓔ promise secrecy（承诺保密）

secrete★★ [sɪˈkriːt]
v. 分泌；躲藏，隐藏，隐匿 *se（= away, apart）
ⓔ secrete cell（分泌细胞）

secretion★★ [sɪˈkriːʃn]
n. 分泌（作用）；分泌物（如唾液、胆汁等）；藏匿，隐藏
*se（= away, apart）
ⓔ secretion of stolen goods（藏匿偷来的赃物）

---

secretive★ [ˈsiːkrətɪv]
a. 隐藏的；（对自己的想法、感情、意图等）遮遮掩掩的 *se（= away, apart）

secretary★★★ [ˈsekrətri]
n. 秘书；书记；干事；〈美〉部长 *se（= away, apart）
ⓔ Secretary General（（联合国等大型机构的）秘书长） Secretary of State（〈英〉国务大臣；〈美〉国务卿）

secretarial★ [ˌsekrəˈteəriəl]
a. 秘书的，书记的；秘书（或书记）工作的 *se（= away, apart）
ⓔ secretarial duties / colleges（秘书的职责 / 文秘学校）

secretariat★ [ˌsekrəˈteəriət]
n. 秘书处，书记处 *se（= away, apart）
ⓔ get a position on the secretariat of UNO in New York（在纽约联合国秘书处谋求一个位置）

concern★★★ [kənˈsɜːn]
v. 涉及；关心；（使某人）担忧，担心 *n.* 关系；重要的事；商行，企业；利害关系；担心，忧虑 *con〈com（= together, intensive）
ⓔ so / as far as I am concerned（关于我，至于我，就我而言） To whom it may concern（（用做正式信件的开头）敬启者）

---

concerned★★★ [kənˈsɜːnd]
a. 担心的，忧虑的；有关的，相关的 *con〈com（= together, intensive）
ⓔ with a concerned look（一副担忧的表情） the authorities concerned（有关当局） the parties concerned（有关方）

concerning★★★ [kənˈsɜːnɪŋ]
prep. 关于… *con〈com（= together, intensive）
ⓔ concerning the matter（关于那件事）

词根 EST, ESS, ENT　来自拉丁语的 est, ess, ent 意为 to be。

disinterested** [dɪsˈɪntrəstɪd]
[两人之间不存在什么的 dis (= not) + inter (= between) + **est** (= to be)]
a. 无私的；公正的；不关心的
ⓔ A trial judge is, ideally, a disinterested party—an advocate of neither side. (理想状态下，审判官应当是无私的，不支持双方中任何一方。)

nonentity* [nɒˈnentəti]
[不存在 non (= not) + **ent** (= to be)]
n. 不存在的东西；无足轻重的人
ⓔ He's nonentity in the Democratic Party. (他在民主党内无足轻重。)

uninterested** [ʌnˈɪntrəstɪd]
a. 没有兴趣的；不关心的　*un (= not), inter (= between)

uninteresting** [ʌnˈɪntrəstɪŋ]
a. 无趣的；引不起兴趣的　*un (= not), inter (= between)

interest*** [ˈɪntrəst]
n. 关心；兴趣，趣味；权益；利息；(pl.) 利益 *v.* 引起…的兴趣；引起…的注意
*inter (= between)
ⓔ French interests in Algeria (法国在阿尔及利亚的权益) interest rate (利率) pay 6% interest on a loan (付 6% 的贷款利息) annual interest (年利息) simple / compound interest (单利 / 复利) high / low interest (高利 / 低利)

interested*** [ˈɪntrəstɪd]
a. 感兴趣的；有利害关系的；有私心的，有偏见的　*inter (= between)
ⓔ interested look (感兴趣的表情) interested spectators (感兴趣的观众们) interested marriage (利益婚姻) interested motives (私心)

interesting*** [ˈɪntrəstɪŋ]
a. 有趣的；引起兴趣的　*inter (= between)
ⓔ interesting men / books / conversation (有趣的人 / 书 / 谈话)

intestine*** [ɪnˈtestɪn]
n. (pl.) 肠　*int (= within)
ⓔ small / large intestine (小肠 / 大肠)

intestinal** [ɪnˈtestɪnl]
a. 肠的；肠内的　*int (= within)
ⓔ intestinal disorders (肠疾) intestinal canal (肠道) intestinal worm (肠内寄生虫) intestinal fortitude (勇气，毅力)

essence*** [ˈesns]
n. 本质，要素；精髓，(从某种物质中提取出来的) 精华；香料
ⓔ essence of democracy (民主主义的本质) in essence (本质上) meat essences (肉精) essence of peppermint (薄荷精)

essential*** [ɪˈsenʃl]
a. 必要的，不可缺少的；最重要的；本质的，实质的；基本的；精华的
n. (pl.) 本质；要素
ⓐⓓ essentially (实质上，本来) ⓔ "Wanted, a good secretary: experience essential" ("招聘秘书：要求有经验")

quintessence* [kwɪnˈtesns]
n. 精髓，精华；典型　*quint (= five)
ⓔ quintessence of virtue / politeness (美德的典范 / 讲礼貌的典范)

entity** [ˈentəti]
n. 实体 (与性质等相对)，存在

LECTURE 49

词根 SECT

来自拉丁语的sect意为to cut，同义词根有来自希腊语的tom / tem和来自拉丁语的cis，cop/coup，scind / scis，sever，tons，trench以及来自盎格鲁-撒克逊语的tail。

dissect** [dɪˈsekt]
[分开切 dis (= apart) + sect (= cut)]
vt. 解剖；分析；仔细研究
ⓝ dissection 解剖；仔细研究 ⓔ I still remember with horror having to dissect a frog in 9th grade biology.（我至今还记着我中学三年级的生物课上必须解剖青蛙时的恐惧。）

intersect** [ˌɪntəˈsekt]
[在其间切开 inter (= between) + sect (= cut)]
v. 横断；交叉
ⓝ intersection 横断；交叉（点） ⓔ Take a left where this street intersects a dirt road in about a mile.（大约走一英里，在这条路和一条土路相交叉的地方左转。）

bisect** [baɪˈsekt]
v. 分为二等分，平分 *bi (= two)
ⓝ bisection（一分为二）

cross section* [ˈkrɒs sekʃn]
n. 横截面；（代表全体的）典型，代表；横截面图
ⓔ cross-section of the electors / the middle classes（选民代表 / 中产阶级的代表）

insect*** [ˈɪnsekt]
n. 昆虫 *in (= into)
ⓝ insecticide（杀虫剂） ⓐ insectivorous（食虫的）

sect*** [sekt]
n.（持不同信仰、意见的）派系，宗派

sectarian* [sekˈteəriən]
a. 派系的，宗派的 *n.* 派系分子
ⓝ sectarianism（宗派主义，派系主义，教派意识） ⓔ sectarian politics（派系政治） sectarian jealousies（派系（宗派）间的忌妒）

section*** [ˈsekʃn]
n. 切断；切下的部分，断片，断面；区分，区划；区域，地区；路段；部门；（团体的）派；（组织，机构等的）部，科，处；（书等的）节，项；（报纸的）版面
ⓔ section of an orange（橙子切片） residential / business section（住宅区 / 商业区）

sectional** [ˈsekʃənl]
a. 组合的；地方性的，区域性的；部分的；章节的
ⓝ sectionalism （地方（偏重）主义；本位主义） ⓔ sectional fishing-rod（分节钓鱼竿） sectional furniture（组合家具）

sector** [ˈsektə(r)]
n. 部分，部门；扇形；【军】防御地段
ⓔ public and private sectors of industry（产业的公、私部门）

vivisect* [ˌvɪvɪˈsekt]
v. 活体解剖 *viv (= life)
ⓝ vivisection（活体解剖） vivisectionist（活体解剖者）

词根 LAPID

来自拉丁语的 lapid 意为 stone，同义词根有来自希腊语的 lith，petr。

dilapidated** [dɪˈlæpɪdeɪtɪd]
[石头分别破成碎片的 di(dis (= apart) + lapid (= stone)]
a. (建筑物、家具、汽车等)破损的；荒废的
ⓝ dilapidation 荒废 ⓔ My brother's first car was really dilapidated, but he loved it anyway.（我弟弟的第一辆车实在是破旧不堪，不过他还是很喜爱它。）

lapidary* [ˈlæpɪdəri]
a. 铭刻在石头上的；优雅简洁的 *n.* 宝石匠
*ary (= pertaining to, person who)
ⓔ lapidary inscription / speech（碑铭 / 简洁而精确的演讲）

词根 MIN[MEN]

来自拉丁语的 min 意为 to project, to hang，它的变形为 men。此外，来自拉丁语 minutus 的 min 也有 small 之意，注意不要混淆。

diminish*** [dɪˈmɪnɪʃ]
[使分离后变小 di〈dis (= apart) + min (= small)]
v. 缩小；(使)减少
ⓝ diminution 减小，缩小 ⓐ diminutive 微小的；(*n.*) 表示"小"的词尾 ⓔ After an initial burst of fame, public interest normally diminishes in teen pop idols.（十几岁的偶像歌手们在初期红极一时之后，大众对他们的关注一般都会减少。）

eminent*** [ˈemɪnənt]
[向外突出的 e〈ex (= out) + min (= project, hang)]
a. 著名的；出众的；明显的；高耸的
ⓝ eminence 著名，卓越 ⓐⓓ eminently 出众地；明显地 ⓔ My grandfather was an eminent physician in this community.（我爷爷是这个社区有名的内科医生。）

preeminent** [ˌpriːˈemɪnənt]
[之前向外突出的 pre (= before) + e〈ex (= out) + min (= project)]
a. 优秀的，出类拔萃的，卓越的
ⓝ preeminence 杰出，卓越，超群 ⓔ Ms. Barns is the preeminent attorney in this city.（巴恩斯夫人是本市的优秀律师。）

imminent*** [ˈɪmɪnənt]
[悬挂在某物上的 im〈in (= on) + min (= hang, project)]
a. 紧急的；迫切的
ⓝ imminence 紧迫，迫近 ⓐⓓ imminently 迫切地，迫近地 ⓔ I'll wait and buy it later because their clearance sale is imminent.（因为他们马上就要清仓甩卖，所以我决定晚些时候再买那个东西。）

prominent*** [ˈprɒmɪnənt]
[向前突出的 pro (= forth) + min (= project)]
a. 显眼的，显著的；卓越的，著名的；突出的，突起的
ⓝ prominence 突出；显著；卓越，著名 ⓔ My uncle is a prominent member of the city council.（我的叔叔是著名的市议会议员。）

menace*** [ˈmenəs]
n. 威胁，恐吓；极端讨厌的人或物 *v.* 威胁 *men〈min (= project)
ⓔ menace to world peace（对世界和平的威胁） That woman is a menace!（那个女人真讨厌！） countries menaced by war（受到战争威胁的国家）

diminuendo* [dɪˌmɪnjuˈendəʊ]
n.【音】渐弱 *di〈dis (= apart), min (= small)
ⓔ sudden diminuendo（突然渐弱）

administer*** [ədˈmɪnɪstə(r)]
v. 管理；执行(法令、仪式)；提供；执行管理 / 处理(遗产)职责
*ad (= to), min (= small)
ⓔ administer the affairs of state（管理国家事务） administer the law（执法） administer medicine to him（给他服药）

administration*** [ədˌmɪnɪˈstreɪʃn]
n. 管理，经营；行政；行政机关，政府；管理部门，行政部门；(法律的)执行；用药；(多写做 A~)行政机关，政府 *ad (= to), min (= small)
ⓔ University Administration（大学行政部门） Master of Business Administration（工商管理硕士） Bush Administration（布什政府） civil / military administration（民政 / 军政）

administrative ★★★ [ədˈmɪnɪstrətɪv] *a.* 管理的；行政（上）的 *ad (= to), min (= small)
ⓔ administrative law（行政法）

---

administrator ★★ [ədˈmɪnɪstreɪtə(r)] *n.* 管理者；（有能力的）行政人员；财产管理人 *ad (= to), min (= small)

miniature ★★★ [ˈmɪnətʃə(r)] *n.* 缩图，缩样，模型；（特指在象牙、高级皮革上绘制的）微型人像画；微型绘画术
a. 小型的；微型的 *min (= small)
ⓝ miniaturist（微型图画绘制者，微图画家）ⓔ in miniature（小规模地）miniature camera（（使用 35 毫米以下胶卷的）小型照相机）miniature railway（（游乐场的）迷你铁道）

minimal ★ [ˈmɪnɪməl] *a.* 最小的；最小限度的 *min (= small)
ⓔ minimal art（微型艺术（用最小限度的造型手段制作的绘画或雕塑））

minimize ★★ [ˈmɪnɪmaɪz] *v.* 减到最少；低估，轻视 *ize (= make), min (= small)
ⓔ minimize an accident（轻视事故）

minimum ★★★ [ˈmɪnɪməm] *n.* 最小；最小量；最低限度 *a.* 最小量的；最低限度的 *min (= small)
ⓔ minimum temperature（最低温度）minimum wage（最低工资）

---

minion ★★ [ˈmɪniən] *n.* 走狗，奴才 *min (= small)
ⓔ minions of the law（法律的忠仆（狱卒、警察等））minion of fortune（幸运儿）Japanese minion（日本的走狗）

minister ★★★ [ˈmɪnɪstə(r)] *n.* 部长（在美语中用 secretary）；大臣；公使；（特指长老教、非国教派的）神职人员，牧师 *v.* 帮助；照料 *ster (= person who), min (= small)
ⓔ the Prime Minister（首相）minister plenipotentiary（全权公使）minister to the wants of a sick man（照顾病人）

ministerial ★★ [ˌmɪnɪˈstɪəriəl] *a.* 部长的，内阁的 *min (= small), ster (= person who)
ⓔ ministerial duties（部长的职责）ministerial benches（执政党阁员的席位）the Ministerial Council of NATO（北约部长理事会）

ministrant ★ [ˈmɪnɪstrənt] *a.* 协助的；服务的 *n.* 服侍者；协助者 *min (= small)

ministration ★★ [ˌmɪnɪˈstreɪʃn] *n.* 举行宗教仪式；服务，帮助 *min (= small)

---

ministry ★★ [ˈmɪnɪstri] *n.*（政府的）部（在美语中用 department）；(the ~)［总称］神职人员（牧师等）；神职人员的职务、任期 *min (= small)
ⓔ Ministry of Finance（财政部）enter the ministry（当神职人员（牧师等））

minnow ★★ [ˈmɪnəʊ] *n.* 米诺鱼，鲤科淡水小鱼 *min (= small)
ⓔ a Triton among the minnows（鹤立鸡群）throw out a minnow to catch a whale（舍小鱼钓大鱼）

minor ★★★ [ˈmaɪnə(r)] *a.* 较小的；次要的；【音】小音阶的，小调的；（大学的）辅修的
n. 未成年人；（大学的）辅修科目 *v.* 辅修 *min (= small)
ⓔ minor official（小公务员）minor injuries / faults（轻伤 / 轻微过失）minor offense（轻罪）minor planets（小行星）

minority ★★★ [maɪˈnɒrəti] *n.* 少数；少数派；少数党；少数民族；未成年 *min (= small)
ⓔ minority group（（人种、国籍、宗教中的）少数派）minority leader / whip（少数党领袖 / 少数党督导）minority problem（少数民族问题）minority party（少数党）

minus ★★ [ˈmaɪnəs] *prep.* 减去；失去，没有 *a.* 负的；阴极的；没有的，欠缺的，不足的 *n.* 负号；负数
*min (= small)

ⓔ 7 minus 3 is 4.（7 减 3 等于 4。） come back from the battle minus a leg（从战场上回来少了一条腿） a book minus its cover（一本没了封皮的书）

minuscule* [ˈmɪnəskjuːl]
a. 非常小的 *min (= small), cule (= small)

minute*** [maɪˈnjuːt]
a. 微小的；详细的；精密的；快熟的 n. [ˈmɪnɪt]（时间的）分；（角度的）分；备忘录；(pl.) 会议记录 v. [ˈmɪnɪt] 将…记入议事录；将…记入备忘录 *min (= small)
ⓐⓓ minutely（微小地；详细地；精密地） ⓔ minute particles of gold dust（金粉的微粒子） minute difference（微小的差异） minute description（详细的描述） minute observer（细心的观察者） minute hand（钟表的分针） Just a minute.（等一下。） 37 degrees 30 minutes（37 度 30 分） minute book（会议记录） minute pudding（快熟布丁）

minutiae* [maɪˈnjuːʃiiː]
n. 细节；琐事 *min (= small)

mince*** [mɪns]
v. 剁（肉等），切碎；矫揉造作地说 n. 碎肉，肉末 *min (= small)
ⓝ mincer（碎肉机） ⓔ minced meat（碎肉） mince pie（肉馅饼）

mincing* [ˈmɪnsɪŋ]
a. 装腔作势的，矫揉造作的 *min (= small)
ⓔ affected, mincing young girl（装腔作势的小女孩） take mincing steps（迈着做作的步子）

LECTURE 50

词根 PEL, PULS[PEAL]

来自拉丁语的 pel, puls 意为 to drive，它们的变形为 peal。同义词根有来自拉丁语的 ig / ag / act 和 flig。此外，来自拉丁语的意为 to lead 的 duc / duct[du]，men[mean] 以及来自希腊语的 agog 也有近似的含义。

dispel** [dɪˈspel]
[远远地驱逐或者分别撵 dis(=away) + pel (= drive)]
vt. 驱走；驱散
ⓔ My father always told me that a glass of cold water dispels nightmares.（我爸爸经常跟我说一杯凉水可以赶走噩梦。）

impel*** [ɪmˈpel]
[在里面驱赶 im〈in (= in) + pel (= drive)]
vt. sb + to do 驱使；迫使；催促；推进
ⓝ impulse 推动（力）；（内心的）冲动 impulsion 冲动；推进 impeller 叶轮 ⓐ impulsive 冲动的；由冲动造成的 ⓔ He has billions, but fear impels him to earn more money.（他虽已有数十亿的财产，但恐惧驱使他去赚取更多的钱。）

expulsion** [ɪkˈspʌlʃn]
[向外撵、驱赶 ex (= out) + puls (= drive)]
n. 驱逐，逐出；排除；除名，开除
ⓥ expel 赶出，驱逐 ⓔ Disobedience of the rules will result in immediate expulsion from school.（违反校规的结果就是立即被学校开除。）

repellent* [rɪˈpelənt]
[向后驱赶 re (= back) + pel (= drive)]
a. 击退的；令人不愉快的，令人厌恶的
n. 驱虫剂
ⓥ repel 驱赶；使不愉快 repulse 反击，击退；拒绝，回绝；(n.) 击退；拒绝

ⓐ repulsive 令人厌恶的，令人不愉快的；击退的 ⓝ repulsion 击退；厌恶，反感 ⓔ That woman has a repellant personality. I abhor her.（那个女人的性格令人反感，我很讨厌她。）

appeal*** [ə'piːl]
v. 上诉；恳求；有吸引力 *ap〈ad（= toward, to）, peal〈pel（= drive）

appellate* [ə'pelət]
a. 上诉的；受理上诉的 *ap〈ad（= to, toward）
ⓔ appellate court（受理上诉的法院）

compel*** [kəm'pel]
v. 迫使，强迫 *com（= with, together）

compulsion** [kəm'pʌlʃn]
n. 强迫，强制 *com（= with, together）

compulsive* [kəm'pʌlsɪv]
a. 强制性的，强迫的 *com（= with, together）
ⓔ compulsive eater（吃起来停不住的人） compulsive TV viewer（不由自主看电视的人）

compulsory*** [kəm'pʌlsəri]
a. 义务性的；强制的；必修的 *com（= with, together）
ⓔ compulsory education（义务教育） compulsory service（义务兵役） compulsory execution（强制执行） compulsory purchase（强制性购买）

propel** [prə'pel]
v. 推进 *pro（= forward）

propellant** [prə'pelənt]
a. 推进的 n. 推动者（物）；（枪炮的）发射火药；（火箭等的）推进燃料 *pro（= forward）

propeller*** [prə'pelə(r)]
n. 推进器；螺旋桨 *pro（= forward）

pulse*** [pʌls]
n. 脉搏；有节奏的跳动 v. 搏动；起伏

pulsate* [pʌl'seɪt]
v. 跳动；搏动

pulsation* [pʌl'seɪʃn]
n. 搏动，跳动

repeal*** [rɪ'piːl]
v. 废除（法律等），废止；撤销 *re（= back）

词根 SUAD, SUAS[SUAV]

来自拉丁语的 suad，suas 意为 to persuade，to advise，它的变形为 suav。

dissuade** [dɪ'sweɪd]
[说服以使脱离 dis（= away, from）+ suad（= persuade, advise）]
vt. sb + from + sth / ~ing 劝阻
ⓝ dissuasion 劝阻；规劝 ⓐ dissuasive 劝阻的 ⓔ I tried to dissuade my son from learning to parachute, but in vain.（我曾试图劝说我儿子不要去学跳伞，但是没有用。）

persuade*** [pə'sweɪd]
v. 说服，使相信，劝服（某人做某事） *per（= through）
ⓐ persuadable（可以说服的）

persuasion*** [pə'sweɪʒn]
n. 说服力；说服，劝说；信念；教派 *per（= through）
ⓔ It is my persuasion that~（…是我的信念。） men of various persuasions（各种教派的人）

persuasive** [pə'sweɪsɪv] *a.* 有说服力的 *per (= through)
ⓔ She has a persuasive manner. (她的态度很有说服力。)

suasion* ['sweɪʒn] *n.* 说服；劝告
ⓔ moral suasion ((非强制性的)道德劝说)

suave** [swɑːv] *a.* 精明练达的；圆滑的 *suav⟨suad (= persuade)
ⓝ suavity (和蔼，柔和，温和；悦耳；适口；(pl.)文雅的举止)

词根 ARM

来自拉丁语的 arm 意为 weapon。

disarming*** [dɪs'ɑːmɪŋ] [将武器扔远的 dis (= away) + arm (= weapon)]
a. 使消除疑惑、害怕、敌意的；使人消气的
ⓥ disarm 解除武装；裁军 ⓝ disarmament 解除武装；裁军 ⓔ The little boy gave me a disarming smile. (那个小男孩冲我微笑了一下，解除了我的疑虑。)

alarm*** [ə'lɑːm] *n.* 警报；警报器(装置)；惊慌，恐慌；担忧 *v.* 向…发出警报；使惊慌 *al⟨alt (= high)
ⓐ alarming (惊人的；令人担忧的) ⓝ alarmist (危言耸听的人) ⓔ fire / thief alarm (火灾报警(器) / 防盗报警(器)) alarm bell (警钟) alarm clock (闹钟) set the alarm clock for six o'clock (把闹钟定在 6 点)

forearm** [ˌfɔːr'ɑːm] *v.* 预先武装；使预作准备 *n.* ['fɔːrɑːm] 前臂 *fore (= before)

rearm* [ri'ɑːm] *v.* (使)重新武装；重整军备 *re (= again)

rearmament* [ri'ɑːməmənt] *n.* 再武装；重整军备 *re (= again)

underarmed* [ˌʌndə'ɑːmd] *a.* 武装不足的

arm*** [ɑːm] *v.* 用武器装备，武装 *n.* 臂；衣袖；力量；(政府、法律等的)权力；兵种
ⓝ armpit (腋下) armful (一抱，双手合抱量) ⓔ warship armed with nuclear weapons (用核武器武装的军舰) armed with a big stick (带着一根大棍子) the (long) arm of the law (法律的威力) infantry / air arm (步兵 / 空军)

armed*** [ɑːmd] *a.* 武装的
ⓔ armed forces (陆海空三军；武装部队) armed bands (武装匪帮) armed neutrality (武装中立) armed ship (武装船) armed peace (武装和平)

arms*** [ɑːmz] *n.* 武器，兵器，军备；(贵族、城镇、大学等的)盾形章
ⓔ arms control / reduction / race (军备的限制 / 裁减军备 / 军备竞赛) a man at arms (士兵，战士) Order / Pile / Present / Shoulder arms! (立正持枪/ 架枪 / 举枪致敬 / 枪上肩！) To arms! (准备作战！) coat of arms (盾形纹章)

armada** [ɑː'mɑːdə] *n.* 舰队
ⓔ the Armada / the Invincible Armada (无敌舰队)

armament*** ['ɑːməmənt] *n.* (包括军队、军舰、飞机等在内的)装备；(pl.)军事力量；军备
ⓔ planes with the newest armament (配有最新装备的飞机) nuclear armament (核军备) armaments industry (军火工业) limitation / reduction of armaments (军备的限制 / 裁减军备)

armistice*** ['ɑːmɪstɪs] *n.* 休战，暂时停战 *stic (= stand, stop)
ⓔ separate armistice (单独停战)

armor*** [ˈɑːmə(r)]

n. 盔甲；（军舰、坦克、汽车等的）装甲；[总称] 装甲兵；装甲部队；（保护电缆的）铠装，色层；动植物的防护层（如鱼的鳞片等）；防护服；纹章；保障

ⓝ armorer（兵器制造者；军械士；军械保管人） ⓐ armorial（纹章的）/ armorial bearings（纹章） ⓔ clad in armor（身穿盔甲的） armor plate（装甲用钢板）

armored** [ˈɑːməd]

a. 披甲的，装甲的；在混凝土中加入钢筋的；配备有装甲车辆的

ⓔ armored car/ cruiser（装甲车 / 装甲巡洋舰） armored column / division / forces（装甲队伍 / 装甲师 / 装甲部队） armored cable / concrete（铠装电缆 / 钢筋混凝土）

armory** [ˈɑːməri]

n. 军械库；兵工厂 *ory (= place where)

army*** [ˈɑːmi]

n. 军队；（与海军、空军相对的）陆军；大群；（常作 A~）团体

ⓔ standing / reserve army（常备军 / 后备军） an army of occupation（占领军） join / leave the army（参军 / 退役） serve in the army（服役） the Salvation Army（救世军）

LECTURE 51

词根 VERG

来自拉丁语的 verg 意为 to turn, to bend。同义词根有来自拉丁语的 vert / vers, rot 和来自希腊语的 stroph，以及来自盎格鲁-撒克逊语的 tour 等。

divergent** [daɪˈvɜːdʒənt]

[分别转换方向的 di‹dis (= apart) + verg (= turn, bend)]

a.（线、路等）分叉的；意见等有分歧的；不同的

ⓥ diverge 分叉；分歧 ⓝ divergence/divergency 分歧；偏离；相异，差异 ⓔ My sister and I have divergent opinions on almost every topic imaginable.（我妹妹和我几乎在所有可以想像到的话题上意见都不一致。）

converge** [kənˈvɜːdʒ]

[一起、同时朝向中心地点 con‹com (= together) + verg (= turn, bend)]

vt. 集中于一点；人、车等聚集；（意见、行为等）趋于一致；收敛

ⓝ convergence 会合 ⓐ convergent 会集于一点的 ⓔ The coyotes converged on the fallen caribou and devoured it.（郊狼聚集到倒下的驯鹿旁将它吞食掉了。）

verge** [vɜːdʒ]

n. 边缘，界限，边际 *v.* 接近，濒临

LECTURE 52

词根 VULG [MULG]

来自拉丁语的 vulg 意为 people，它的变形为 mulg。同义词根有来自拉丁语的 popul[publ], pleb 和来自希腊语的 demo，以及来自盎格鲁-撒克逊语的 la 等。此外，意为 man（人类、人）的 anthrop / man，意为 hom, man（男人）的 andr / mascul / vir，以及意为 woman（女人）的 femin / gyn / virg 等词根也与其意思相近。

divulge** [daɪˈvʌldʒ]

[从秘密状态中脱离告知人们 di‹dis (= apart, away) + vulg (= people)]

vt. 泄露，透露

ⓝ divulgence 泄露 ⓔ The journalist divulged the troops' location, infuriating the general.（记者泄露了军队的位置，使将军勃然大怒。）

promulgate** [ˈprɒmlgeɪt]
[使站到众人面前 pro (= forth) + mulg⟨vulg (= people)]
vt. 发布（命令、新法等），公布；散布（信仰、知识、舆论、秘密等），传播
ⓝ promulgation 颁布，公布；普及，宣传 ⓔ The water commission promulgated several new regulations to reduce pollution.（水资源委员会颁布了几项减少污染的新条例。）

vulgar*** [ˈvʌlgə(r)]
a. 粗俗的，缺乏教养的，下流的；庸俗的；通俗的；大众的
ⓝ vulgarism（粗话，下流话；下流的行为；下流） vulgarity（粗俗行为；下流行为） ⓥ vulgarize（使粗俗；使通俗化） ⓔ vulgar language / behavior / ideas（下流话 / 下流的行为 / 庸俗的想法） vulgar mind（(有)粗俗想法(的人)） vulgar display of wealth（俗不可耐的对财富的炫耀）

vulgarian** [vʌlˈgeəriən]
n. 俗物；俗人，俗不可耐的暴发户 *arian (= person who)

词根 FID[FI, FY, FEDER, FEAL]
来自拉丁语的 fid 意为 to trust，它的变形为 fi，fy，feder，feal 等。同义词根有来自拉丁语的 cred 和来自盎格鲁-撒克逊语的 tru[tro]。

diffident** [ˈdɪfɪdənt]
[不相信的 dif⟨dis (= not) + fid (= trust)]
a. 不相信自己能力的；缺乏自信的；羞怯的
ⓝ diffidence 缺乏自信；羞怯 ⓐⓓ diffidently 缺乏自信地；羞怯地 ⓔ The young boy's diffident manner made me want to mother him.（看到那个男孩羞怯的样子，我很想像妈妈一样照顾他。）

fidelity*** [fɪˈdeləti]
[令人信赖 fid (= trust)]
n. 忠实，忠诚；准确，精密
ⓔ I have seven dogs, and they show me more fidelity than any human ever did.（我养了七条狗，它们对我比任何人都忠诚。）

perfidious** [pəˈfɪdiəs]
[利用信任来欺骗的或者假装信任的 per (= through, falsely) + fid (= trust)]
a. 背信弃义的；不诚实的
ⓝ perfidy 不义，不忠，背叛 ⓔ The perfidious fiend gained my confidence and then stole my wallet!（那个背信弃义的恶魔般的人在获取了我的信任后偷走了我的钱包！）

confide*** [kənˈfaɪd]
v. 吐露（秘密等）；托付，委托（事情、责任）；信赖
*con⟨com (= completely)
ⓐ confiding（易于信任别人的）

confidence*** [ˈkɒnfɪdəns]
n.（对他人的）信任，信赖；自信，确信；私房话，秘密 *con⟨com (= completely)
ⓔ vote of (no) confidence（(不)信任票） with confidence（充满自信地） in strict confidence（绝对保密地，绝密地） confidence man（骗子）

confident*** [ˈkɒnfɪdənt]
a. 确信的；有信心的；自负的 *con⟨com (= completely)
ⓐⓓ confidently（自信地） ⓔ confident smile（充满自信的微笑）

confidential** [ˌkɒnfɪˈdenʃl]
a. 机密的，秘密的；可信的；（人）表示信任的；易于信任他人的
*con⟨com (= completely)
ⓔ confidential documents（机密文件） strictly confidential（绝密） confidential inquiry（秘密调查）

confidant** [ˈkɒnfɪdænt]
n.（能够敞开胸襟吐露秘密，尤其是爱情问题的）知己 *con⟨com (= completely)
ⓝ confidante（confidant 的阴性词）

infidel** [ˈɪnfɪdəl]
n. 无宗教信仰的人；异教徒 *a.* 无宗教信仰的；异教徒的 *in (= not)
ⓔ infidel contempt for sacred places (异教徒对圣域的蔑视)

infidelity** [ˌɪnfɪˈdeləti]
n. 背信弃义；不忠；无宗教信仰 *in (= not)
ⓔ conjugal infidelity (通奸)

affidavit** [ˌæfəˈdeɪvɪt]
n. (可采作证据的)宣誓书 *af⟨ad (= to)
ⓔ affidavit of support (资助宣誓书) swear / make / take an affidavit (立下宣誓书)

bona fide* [ˌbəunə ˈfaɪdi]
a./ad. 真实的(地)；真诚的(地)；守信的(地) *bon (= good)
ⓝ bona fides (善意；真实) ⓔ bona fide buyer (有诚意的买家) bona fide student (真诚的学生)

defy*** [dɪˈfaɪ]
v. 挑战，挑衅，公然反抗(权威等)；藐视(竞争、攻击等)；使不能
*de (= away), fy⟨fid (= trust)
ⓔ I defy you to do so. (我倒要看看你能不能这么做。) defy competition (藐视竞争)

---

defiance*** [dɪˈfaɪəns]
n. 挑战；抵抗，反抗；藐视 *de (= away), fi⟨fid (= trust)
ⓔ act in defiance of orders (无视命令而行动) set the public opinion at defiance (蔑视舆论)

defiant*** [dɪˈfaɪənt]
a. 挑战的；反叛的 *de (= away), fi⟨fid (= trust)

affiance* [əˈfaɪəns]
v. [常用被动语态]使订婚 *af⟨ad (= to, near), fi⟨fid (= trust)

fiancé** [fiˈɒnseɪ]
n. 未婚夫 *fi⟨fid (= trust)
ⓝ fiancée (未婚妻)

confederate*** [kənˈfedərət]
a. 结为同盟的，联合的；(C~)(美国南北战争时)南部联邦的 *n.* 同盟者，同盟国；同谋
v. [kənˈfedəreɪt] 和…结成同盟；使联合 *con⟨com (= together)
ⓔ Confederate States of America (美国南部邦联(美国南北战争时期从合众国中分离出来的南部 11 个州))

---

confederacy*** [kənˈfedərəsi]
n. (国家、政党、人的)联合，同盟；同盟国，联邦 *con⟨com (= together)
ⓔ Southern Confederacy (南部邦联)

confederation*** [kənˌfedəˈreɪʃn]
n. 同盟，联合；同盟国，联盟国；联邦；美利坚殖民地同盟(1781-1789 年的美国 13 州邦盟) *con⟨com (= together)

federal*** [ˈfedərəl]
a. 联邦(制)的；联邦政府的；支持联邦政府的
ⓝ federalism (联邦主义(制度)；(F~)联邦党的主义(主张)) federalist (联邦主义者；(F~)联邦党党员) ⓔ Federal Bureau of Investigation (联邦调查局(缩写：FBI)) Federal Government (联邦(中央)政府) Federal Reserve Bank ((美国)联邦储备银行)

federation*** [ˌfedəˈreɪʃn]
n. (协会、工会等的)联合，联盟，同盟；联邦制；联邦政府

federate* [ˈfedəreɪt]
v. (国家、社会、团体)结成联邦，结成同盟

---

fealty** [ˈfiːəlti]
n. (对领主的)忠诚

LECTURE 53

词根 CLIN[CLI]

来自拉丁语的 clin意为 to bend，它的变形为 cli。同义词根有来自拉丁语的 cliv, flect / flex, cumb / cub和来自盎格鲁-撒克逊语的 croach[croch, crouch, crotch, crutch, crook]。

disinclined** [ˌdɪsɪnˈklaɪnd] [对某事不屈身的 dis (= not) + in (= on) + clin (= bend)]
a. 不愿意做…的
ⓥ disincline 不想做… ⓝ disinclination 不情愿 ⓔ Despite natural musical gifts, our son is disinclined to practice the piano. (我儿子虽然有音乐天赋，但是却很不愿意练钢琴。)

inclined*** [ɪnˈklaɪnd] *a.* 想要做…的，有…倾向的；倾斜的 *in (= on)

incline*** [ɪnˈklaɪn] *v.* (使) 倾向于，(使) 倾斜；俯首，低头，屈身；使愿意，使想要；有…倾向；(~to, towards) 易于 *n.* [ˈɪnklaɪn] 倾斜；斜面 *in (= in)
ⓔ incline of 1 in 5 (1 / 5 的倾斜(度))

inclination*** [ˌɪnklɪˈneɪʃn] *n.* 倾斜；弯曲；点头；趋向，意向；倾向；爱好 *in (= on)
ⓔ inclination of the head (点头(打招呼))

decline*** [dɪˈklaɪn] *v.* 婉拒，谢绝；减少，衰退，下跌；倾斜，(太阳) 下沉 *n.* 衰退，衰弱；晚期；倾斜 *de (= down)
ⓔ decline an offer / an invitation to dinner (婉拒提议 / 谢绝晚餐邀请) The sun declines towards the west. (太阳西沉。) the decline of the Roman Empire (罗马帝国的没落)

declining*** [dɪˈklaɪnɪŋ] *a.* 倾斜的；衰退中的 *de (= down)
ⓔ declining birthrate / fortune / sales (下降的出生率 / 衰运 / 减少的销售额) spend his declining years in Geoje island (在巨济岛上度过他的晚年)

declination** [ˌdeklɪˈneɪʃn] *n.* (指南针的) 偏差；下倾 *de (= down)

recline*** [rɪˈklaɪn] *v.* (使) 斜倚；靠着躺，(~on) 倚靠 *re (= back)
ⓔ reclining chair (活动靠背扶手椅，躺椅) recline on a couch (斜靠在长椅上) recline his head on a pillow (将头斜靠在枕头上)

clinch** [klɪntʃ] *v.* 敲弯 (钉尖)；结束 (合约、讨论)，了结；(拳击中) 扭住对手；用臂互抱，(热烈地) 拥抱 *n.* 敲弯；用臂互抱，热烈拥抱
ⓝ clincher (敲弯钉尖的工具；紧钳，夹子；决定性的观点)

clinic*** [ˈklɪnɪk] *n.* (上临床课的) 医院，(上临床课的) 讲习所 (培训班)；诊所，诊室；临床课；会诊
ⓔ Dr. King's eye clinic (金大夫眼科门诊) free / birth-control / ante-natal / abortion clinic (免费诊所 / 节育诊所 / 产前诊所 / 堕胎诊所)

clinical** [ˈklɪnɪkl] *a.* 临床的；临床课的；病房的；诊所的；客观的
ⓔ clinical pathology / psychology / diary (临床病理学 / 临床心理学 / 病房日志) clinical thermometer (体温计) clinical judgment (客观的判断)

client*** [ˈklaɪənt] *n.* 诉讼 (辩护) 委托人；(商店的) 顾客，常客；受保护者
*cli〈clin (= bend), ent (= person who)
ⓔ a successful lawyer with hundreds of clients (拥有数百名委托人的成功律师) client state (附属国)

clientele** [ˌkliːənˈtel] *n.* [总称] 委托人；(饭店、酒吧、剧院等的) 主顾，常客；受保护者；扈从
*cli〈clin (= bend)

词根 PUT

来自拉丁语的 put 意为 to think。

disreputable**
[dɪsˈrepjətəbl]
[不再想的 dis (= not) + re (= again) + put (= think)]
a. 声名狼藉的，丢脸的，不名誉的
ⓝ disrepute 坏名声，不名誉 ⓐⓓ disreputably 声誉不好地 ⓔ The priest was reprimanded for his disreputable behavior.（那个牧师因不名誉的行为而受到指责。）

indisputable**
[ˌɪndɪˈspjuːtəbl]
[不必分开考虑的 in (= not) + dis (= apart) + put (= think)]
a. 无争论之余地的；明白的
ⓔ It's an indisputable fact that I earn more in sales commissions than she does.（我的销售佣金要比她的多，这是无可争辩的事实。）

reputable**
[ˈrepjətəbl]
[再一次思考的 re (= again) + put (= think)]
a. 声誉好的；值得尊敬的
ⓥ repute 把…称为，认为；(*n.*) 名誉，名声 ⓝ reputation 名誉，名声 ⓐ reputed 名誉好的，有名的 ⓔ I hope to join a reputable law firm upon graduating from law school.（我希望从法学院毕业后能够进入一家有名望的律师事务所工作。）

compute**
[kəmˈpjuːt]
v. 计算；估算，估计 *com (= together)

computation**
[ˌkɒmpjuˈteɪʃn]
n. 计算；计算结果；数值 *com (= together)
ⓔ Addition and division are forms of computation.（加法和除法都是计算方法。）

computer***
[kəmˈpjuːtə(r)]
n. 电子计算机，电脑 *com (= together)
ⓥ computerize（(将信息)输入、存储进计算机进行处理；使计算机化）ⓔ computer dating（计算机约会安排(婚介)，电脑择友）computer language（计算机语言）computerman（电脑专家）computer science（计算机科学）computer typesetting（计算机排字）

depute**
[dɪˈpjuːt]
v. 委任（事情、权限）；指定某人为代理（人）*de (= down, away)
ⓔ I deputed him to look after Keoro Publishing Company during my absence.（在我不在期间，我委托他负责管理巨路出版社的业务。）

deputation**
[ˌdepjuˈteɪʃn]
n. 代表；代理任命 *de (= down, away)

deputy***
[ˈdepjuti]
n. 代理人，代表；副手；（法国、意大利等的）议员 *a.* 代理的；副的
*de (= down, away)
ⓥ deputize（代理）ⓔ by deputy（请人代表做，通过代理人做）deputy chairman / mayor（副议长 / 副市长）Deputy Assistant Secretary（助理部长帮办）

dispute***
[dɪˈspjuːt]
n. 讨论；争论，争执；争吵 *v.* 讨论；争吵 *dis (= apart, away)
ⓔ beyond (out of, past, without) dispute（无争论余地）

disputable*
[dɪˈspjuːtəbl]
a. 有讨论余地的；真假可疑的 *dis (= apart, away)

disputatious*
[ˌdɪspjuˈteɪʃəs]
a. 引起争论的；好争辩的 *dis (= apart, away)

disputation**
[ˌdɪspjuˈteɪʃn]
n. 争论；讨论 *dis (= apart, away)

disputant* [dɪsˈpjuːtənt] *n.* 争论者，辩论者 *dis (= apart)

impute** [ɪmˈpjuːt] *v.* 归咎于；归因于 *im〈in (= to)

imputation** [ˌɪmpjuˈteɪʃn] *n.* 归罪，(将责任等)归咎；非难 *im〈in (= into)
ⓔ imputations on a person's character (诬蔑某人的人格)

putative* [ˈpjuːtətɪv] *a.* 推定的，猜测的；传说的
ⓔ his putative father (推定是他父亲的那个人) putative marriage (公认婚姻，善意婚姻(指善意缔结的婚姻，但一方或双方却未意识到其为非法婚姻))

词根 UT, US

来自拉丁语的 ut, us 意为 to use。

disabuse* [ˌdɪsəˈbjuːz] [使不错用 dis (= not) + ab (= away) + us (= use)]
vt. sb + of + sth 使(对错误的想法或犯的错)省悟
ⓔ Professor King disabused the student of the idea that he can pass this course without hard regular work. (金教授使那个学生认识到，不努力地、长期地学习是不可能通过这门课的。)

peruse** [pəˈruːz] [很好地使用书 per (= intensive) + us (= use)]
vt. 细读，精读
ⓝ perusal 细读，精读 ⓔ I perused the manual for hours, but couldn't figure out how the program works. (我花几个小时仔细阅读了使用手册，但还是没弄清楚程序是怎么运行的。)

abuse*** [əˈbjuːs] *n.* 滥用，乱用，误用；虐待；辱骂，谩骂；(pl.)弊端；恶习 *v.* [əˈbjuːz] 滥用，误用，乱用；虐待；辱骂 *ab (= away)
ⓔ abuse of power (滥用权力) child abuse (虐待儿童)

abusive** [əˈbjuːsɪv] *a.* 辱骂的，诽谤的，谩骂的；滥用的 *ab (= away)
ⓔ use abusive language (破口大骂)

usage*** [ˈjuːsɪdʒ] *n.* 使用(法)；对待；(语言的)惯用法；语法；习惯，惯例
ⓔ annual usage (年使用量) *Fowler's Dictionary of Modern English Usage* (《福勒现代英语用法词典》)

useful*** [ˈjuːsfl] *a.* 有用的，有帮助的
ⓝ usefulness (有用；有效性) ⓔ useless (无用的；无益的；无效的)

usual*** [ˈjuːʒuəl] *a.* 平常的；通常的，惯例的
ⓐⓓ usually (通常地，惯常地) ⓔ as usual (像往常一样，照常) as is usual with picnickers (对郊游者而言很平常地)

usurp*** [juːˈzɜːp] *v.* 篡夺(权力、地位等)，篡位；侵占
ⓝ usurper (篡夺者，篡位者；侵占者) usurpation (篡权，篡位；侵占) ⓔ usurp the throne (篡夺王位)

usury** [ˈjuːʒəri] *n.* 高利贷；高利
ⓔ with usury (本上加利地)

usurious* [juːˈzjʊərɪəs] *a.* 高利贷的；放高利贷的
ⓔ usurious transaction (高利贷交易) usurious rate of interest (高利贷利率)

usurer* [ˈjuːʒərə(r)] *n.* 高利贷者 *er (= person who)

utensil*** [juːˈtensl]

n. (尤指家用的)器皿，用具

ⓔ household / kitchen / farming utensils （家用物品 / 厨房用具 / 农具） writing utensils （文具） utensils of war (武器)

---

utilitarian** [ˌjuːtɪlɪˈteəriən]

a. 功利的，实利的；(U~) 功利主义(者)的 *n.* (U~) 功利主义者

utilitarianism* [ˌjuːtɪlɪˈteəriənɪzəm]

n. (信奉最大多数人的最大幸福的)功利主义；实利主义

utility*** [juːˈtɪləti]

n. 有用，有益；效用；(pl.)(水、电、气等的)公用事业 *a.* 实用的；(家具、衣服等)多用途的；(肉等)下等的

ⓔ public utility （公共事业） marginal utility （边际效用） utility van / truck （多用途货车 / 卡车）

utilize*** [ˈjuːtəlaɪz]

v. 利用　*ize (= make)

ⓐ utilizable （可利用的） ⓝ utilization （利用）

LECTURE 54

词根 CUR, CURS [COR, COUR, COURS, COARS]

来自拉丁语的 cur，curs 意为 to run，它们的变形为 cor，cour，cours，coars。同义词根有来自拉丁语的 lop，来自希腊语的 drom，以及来自盎格鲁-撒克逊语的 run。此外，还有意为 vehicle 的 car / char 等。

---

discursive** [dɪsˈkɜːsɪv]

[分开跑的 dis (= apart) + curs (= run)]

a. (人)言行散漫的，不得要领的；离题的；推论的

ⓝ discursiveness 散漫，不得要领 ⓐⓓ discursively 散漫地 ⓔ He gave a discursive speech, difficult to follow. (他说的话东拉西扯，让人难以理解。)

---

concur* [kənˈkɜː(r)]

[一起跑 con〈com (= together) + cur (= run)]

vi. with + sb; in + sth 同意，一致；同时发生；合作

ⓝ concurrence 同意，一致；合作；同时发生 ⓐ concurrent 同时发生的；合作的；一致的 ⓐⓓ concurrently 同时地 ⓔ I concur with my parents that illegal drugs carry many risks. (我同意我父母关于非法药品带有很大风险的意见。)

---

precursor** [priːˈkɜːsə(r)]

[事先、首先跑 pre (= before) + curs (= run)]

n. 预告，预兆；先驱者，先觉者；前任

ⓐ precursory 先驱的；先兆的；预备的 ⓔ It has been said the Poe's novels were precursors to the modern detective novel. (坡的小说被认为是现代侦探小说的先驱。)

---

cursory** [ˈkɜːsəri]

[仿佛跑似的 curs (= run)]

a. (做事、阅读等)草率的，匆匆忙忙的，粗略的

ⓔ The customs agent gave only a cursory glance at our luggage. (海关人员只是草草地看了一眼我们的行李。)

---

recourse** [rɪˈkɔːs]

[向后跑 re (= back) + cours〈curs (= run)]

n. 依靠，依赖；求助对象

ⓔ The condemned man had no legal recourse left to him and was executed.

（那个死刑囚犯没有任何法律求助途径，最终被处死。）

---

extracurricular* [ˌekstrəkəˈrɪkjələ(r)]
a. 课外的 *extra（= outside）
ⓔ extracurricular activities（课外活动）

incur*** [ɪnˈkɜː(r)]
v. 招致，带来；背负（债务），蒙受（损失），遭受 *in（= into）
ⓔ incur debts / hatred / great expense / danger / displeasure（负债 / 招致仇恨 / 花费大量经费 / 招致危险 / 触犯，得罪）

occur*** [əˈkɜː(r)]
v. 出现，发生；（在心中）浮现；存在；被发现 *oc〈ob（= to）
ⓔ An idea has occurred to me.（我有了一个主意。） It occurred to me that~（我想到…）

occurrence** [əˈkɜːrəns]
n. 发生的事情、事件；出现，发生 *oc〈ob（= to）
ⓔ happy occurrence（喜事）

recur*** [rɪˈkɜː(r)]
v. 再发生，复发；回归，重新浮上心头，重新忆起 *re（= again）
ⓔ problem which recurs periodically（定期反复出现的问题）

---

recurrence** [rɪˈkʌrəns]
n. 重新想起；复发，反复 *re（= again）
ⓔ frequent recurrence of these headaches（这样的头疼的频繁复发）

recurrent** [rɪˈkʌrənt]
a. 定期（频繁）重复的；复发的，周期性的 *re（= again）
ⓔ recurrent expenses（定期开支） recurrent fever（回归热）

undercurrent** [ˈʌndəkʌrənt]
n. 底流，潜流；（不浮于表面的思想、感情等的）暗流 *under（= under）
ⓔ undercurrent of opposition / melancholy（潜在的敌对 / 潜在的忧郁）

curriculum** [kəˈrɪkjələm]
n.（学校、大学等的）课程
ⓔ curriculum vitae（履历）

currish* [ˈkɜːrɪʃ]
a. 下贱的

---

current*** [ˈkʌrənt]
a. 通用的，现行的；现在的，正在进行的；流通的 *n.*（电、水、气等的）流；（时间、舆论、思想等的）潮流，倾向，趋势
ⓐⓓ currently（通常地，普遍地；现在，目前） ⓔ current money（通用货币） current news（时事新闻） go（swim）with（against）the current（of the times）（随波逐流（反潮流）） the current of time（the times）（潮流，时代潮流） air currents（气流）

currency*** [ˈkʌrənsi]
n. 通货，货币；流通，通用；流行，普及
ⓔ gold / paper currency（金币 / 纸币） foreign currencies（外币） currency circulation（货币流通） Many slang words have short currency.（很多俚语的流行时间都非常短。）

courier** [ˈkʊriə(r)]
n. 送快信、外交信件的信使；（旅行社的）导游，向导
*cour〈cur（= run），ier（= person who）
ⓔ act as a diplomatic courier bringing an important message from the president for the new premier（以外交信使的身份向新任首相传达总统的重要信息）

succour*** [ˈsʌkə(r)]
n.（困难时的）援助，救助 *v.* 帮助（困难的人），援助
*suc〈sub（= under），cor〈cur（= run）

corridor*** [ˈkɒrɪdɔː(r)]
n. 走廊，回廊 *cor〈cur（= run）
ⓔ corridors of power（权力走廊：暗中左右决策的权力中心） Polish Corridor（波兰走廊）

---

excursion*** [ɪkˈskɜːʃn]
n. 远足，短程旅行 *ex（= out）
ⓝ excursionist（远足者；短程旅行者） ⓔ make an excursion to the mountain（去大山中远足）

incursion**
[ɪnˈkɜːʃn]
n. (多指非永久占领的)袭击，侵犯，入侵 *in (= into)
ⓔ the Danish incursions on our coasts in early times (早期丹麦人对我们(英国)海岸的入侵)

cursive*
[ˈkɜːsɪv]
a. (笔迹)草书的，草书体的

curse***
[kɜːs]
v. 诅咒，咒骂；(be cursed with)使因…而遭难
n. 诅咒，咒骂；祸因，祸根；被诅咒的东西；(the ~)月经
ⓐ cursed (被诅咒的；可恶的，可憎的) ⓔ curse at a fate (诅咒命运)

course***
[kɔːs]
n. 进程；道路；(赛跑、比赛的)跑道；进展，趋势；(行动的)方针，(行动的)方向；(连续的)课，(学校的)课程，(大学的)科目；单位；讲座；(吃饭时按顺序端上来的一道道的)菜 *v.* 以犬(灰狗)狩猎(特别是野兔)；(快速移动地)穿过；(液体的)流动 *cours〈curs (= run)
ⓝ coursing (带着猎犬打猎(野兔)) courser (猎狗；骏马) ⓔ in due course (在今后适当的时候) a matter of course (理所当然之事，必然的结果) stay the course (坚持到底，不放弃) graduate course (研究生课程) a dinner of six courses (六道菜品(一般包括汤、鱼、肉、糖果、奶酪、甜点)) main course (主菜) Tears coursed down her cheeks. (泪水滑过她的脸颊。)

---

concourse**
[ˈkɒŋkɔːs]
n. (物品或人等的)集合；合流；集合场所；(站、机场、会馆等的)中央大厅，中央广场 *con〈com (= together), cours〈curs (= run)
ⓔ unforeseen concourse of circumstances (未能预料到的各种情况的同时发生)

intercourse***
[ˈɪntəkɔːs]
n. (个人间的)交往；(人、国家间的)往来；(意见等的)交换；性交
*inter (= between), cours〈curs (= run)
ⓔ social / sexual intercourse (社交 / 性交) our commercial intercourse with the Soviet Union (我国与前苏联的贸易往来)

coarse***
[kɔːs]
a. 粗劣的；(布、网等)质地粗糙的；粗俗的，下流的 *coars〈curs (= run)
ⓔ coarse food (粗粮) coarse joke (低俗的笑话)

LECTURE 55

词根 SEMIN[SEMEN]

来自拉丁语的 semin 意为 seed，它的变形为 semen。同义词根有来自希腊语的 spor。

---

disseminate**
[dɪˈsemɪneɪt]
[使分离从而分开播种 dis (= apart) + semin (= seed)]
vt. 散布(思想、主义等)，普及，传播
ⓝ dissemination 散布 ⓔ The Internet is an amazing medium for disseminating information globally. (网络是一个将信息传播到全世界的惊人媒体。)

---

inseminate*
[ɪnˈsemɪneɪt]
v. 播种；灌输；使…受精 *in (= into)

insemination*
[ɪnˌsemɪˈneɪʃn]
n. 播种；受孕；授精 *in (= into)
ⓔ artificial insemination (人工授精)

seminary**
[ˈsemɪnəri]
n. 神学院；(罪恶等的)温床 *ary (= place where)
ⓝ seminarist (神学院学生) ⓔ Union Seminary (协和神学院) seminary of vice (罪恶的温床)

seminar***
[ˈsemɪnɑː(r)]
n. (大学的)研讨会(学生和讲师或教授为对某些问题进行研究而开设的研讨班或讨论会)；研究会；专家讨论会

semen*
[ˈsiːmen]

n. 精液　*semen〈semin (= seed)

词根 TORT[TOR]

来自拉丁语的 tort 意为 to twist，它的变形为 tor。

distortion**
[dɪˈstɔːʃn]

[用力拧 dis (= intensive) + tort (= twist)]

n. 曲解，歪曲；变形，扭曲

ⓥ distort 歪曲，使变形　ⓐ distorted 歪曲的　ⓔ What he says is a distortion of the truth. (他的话是对事实的歪曲。)

extort**
[ɪkˈstɔːt]

[扭曲使出来 ex (= out) + tort (= twist)]

vt. sth + from + sb 敲诈，强求，逼取；强夺，强取

ⓝ extortion 强求，强夺；勒索钱财　ⓐ extortionate 勒索的；强求的　ⓔ The Mafioso extorted money from an old widow to pay her husband's debt. (黑手党成员向一个老寡妇勒索钱财以偿还她丈夫的债务。)

tortuous**
[ˈtɔːtʃuəs]

[扭曲的 tort (= twist)]

a. 弯曲的，曲折的；不正直的，不坦率的；绕圈子的

ⓔ My arms are tired from steering along this tortuous mountain road. (沿着这条曲折的山路开车，我的胳膊很累。)

contort*
[kənˈtɔːt]

v. 扭曲，歪曲(意义)　*con〈com (= together)

ⓔ face contorted with pain (因疼痛而扭曲的脸)　contort a word out of its ordinary meaning (曲解词义)

contortion**
[kənˈtɔːʃn]

n. (特指脸、身体的)扭曲，歪曲；扭曲状态　*con〈com (= together)

ⓝ contortionist ((身体可以自由弯曲的)柔体杂技演员)　ⓔ contortions of an acrobat (杂技演员的软功)

retort***
[rɪˈtɔːt]

v. (特指对指责、挑战等)回嘴；反击，报复 *n.* 回嘴，反驳；蒸馏器；曲颈瓶；(提纯水银等使用的)干馏釜　*re (= back)

ⓔ retort insult for insult (以牙还牙)　retort an argument (反驳论点)　make an insolent retort (傲慢地回嘴)

tort*
[tɔːt]

n. 侵权行为

tortoise***
[ˈtɔːtəs]

n. 陆龟，乌龟

ⓔ Hare and Tortoise (龟兔赛跑)　tortoiseshell (龟甲，鳖甲)

torture***
[ˈtɔːtʃə(r)]

n. 拷问；折磨，痛苦 *v.* 拷问；折磨；歪曲

ⓝ torturer (拷打者)　ⓔ torture politics (酷刑政治)　instruments of torture (刑具，刑架，拷问工具)　tortured with anxiety (因焦虑而备受折磨)

torch***
[tɔːtʃ]

n. 火把，火炬；照明物；(焊接用)喷灯，喷枪

ⓝ torchlight (火炬之光)　torchlight procession (火炬游行)　ⓔ torch race ((古希腊的)火炬接力赛跑)　torch of Hymen (爱情)

torment***
[ˈtɔːment]

n. (身体、精神上的)剧痛；苦恼 *v.* 使痛苦，折磨；烦扰

ⓔ torments of jealousy (因嫉妒而痛苦)　tormented with neuralgia / hunger / mosquitoes (受神经痛的折磨 / 受饥饿的折磨 / 受蚊子的烦扰)

tornado**
[tɔːˈneɪdəʊ]

n. 龙卷风；旋风；飓风

torpedo*** [tɔːˈpiːdəʊ]

n. 鱼雷，水雷 *v.* 用鱼雷攻击（破坏）；使彻底完蛋，破坏（政策、制度等）

ⓔ torpedo boat（鱼雷艇） torpedo tube（鱼雷发射管） Who torpedoed the Disarmament Conference?（谁破坏了裁军会议？）

词根 SEMBL

来自拉丁语的sembl 意为 same, equal。同义词根有来自拉丁语的 equ, simil / simul, par, ident 以及来自希腊语的 tauto。

dissemble** [dɪˈsembl]

［使不一样 dis（= not）+ **sembl**（= same）］

vt. 隐藏，伪装

ⓝ dissembler 伪善者，伪君子 ⓔ He dissembled when he claimed to be sick.（他说身体不适，其实是装的。）

assemble*** [əˈsembl]

v. 聚集，召集；装配（机器） *as〈ad（= near）

assemblage** [əˈsemblɪdʒ]

n. 集合，集会；组装；集合物；群众，会众 *as〈ad（= near）

assembly*** [əˈsembli]

n. 集会，会合；会议；（韩国、法国等的）国会；（汽车等零件的）组装；（军队的）集合号 *as〈ad（= near）

ⓔ National Assembly（国会） unlawful assembly（非法集会） assembly hall（会场；装配厂） assembly line（（工厂产品的）流水线） assembly plant（装配厂）

ensemble*** [ɒnˈsɒmbl]

n. 整体；总效果；合唱曲；合奏团；（女性）套装 *en（= into）

resemble*** [rɪˈzembl]

v. 和…相似 *re（= again）

resemblance*** [rɪˈzembləns]

n. 相似，相像，相似点 *re（= again）

semblance* [ˈsembləns]

n. 相似

LECTURE 56

词根 QUISIT, QUEST, QUIR, QUER[QUIST]

来自拉丁语的 quisit, quest, quir, quer 意为 to ask, to seek，变形为 quist。同义词根为来自拉丁语的 rog。

disquisition* [ˌdɪskwɪˈzɪʃn]

［分别地、个别地询问 dis（= apart）+ **quisit**（= ask）］

n. 论文；研究

ⓔ I authored a disquisition on the evolution of the common law.（我写了一篇关于习惯法发展的论文。）

acquisitive* [əˈkwɪzətɪv]

［补充要求的 ac〈ad（= to, add）+ **quisit**（= ask）］

a. 想获得(知识、财富、势力等)的，贪婪的，欲望多的；可获得的

ⓝ acquisitiveness 贪婪 acquisition 取得，获得；习得 ⓥ acquire 获得

ⓔ She's a great student, with a wonderfully acquisitive mind.（她是一名优秀的学生，有着强烈的求知欲。）

inquiry☆☆☆ [ɪnˈkwaɪəri]

[in (= into) + quir (= ask) 追问到里面]

n. 询问，质询；研究，探求；调查，审查

ⓥ inquire 询问，打听 ⓝ inquirer 审查者，调查者 ⓐ inquiring 咨询的；爱追根究底的 ⓔ Some Democrats joined their call for the inquiry into the financial dealings of the Clintons.（一些民主党议员联合要求对克林顿夫妇的金融交易进行调查。）

inquisitive★★ [ɪnˈkwɪzətɪv]

[追问到里面的 in (= in, into) + quisit (= ask, seek)]

a. 好奇的；爱打听别人的事的

ⓝ inquisition 调查；审讯；对异端者的镇压；(the Inquisition) 宗教法庭 inquisitor 调查者；宗教法庭审判官 ⓐ inquisitorial 审讯者的；宗教法庭审判官的 ⓔ An inquisitive man claiming to be an insurance claims adjuster came to the door today.（今天来了一个特别爱追根问底的人，他自称是保险索赔调停员。）

requisite★★★ [ˈrekwɪzɪt]

[一定要求 re (= intensive, again) + quisit (= ask)]

n. 必要条件；必需品

a. 必要的，必需的

ⓝ requirement 要求；必需品；必要条件 requisition 要求，请求（书）；征用令；(*v.*) 要求；征用 ⓔ If you have accumulated the requisite number of credits, you'll graduate.（如果你修满了所必需的学分，就可以毕业了。）

conquistador★ [kɒnˈkwɪstədɔː(r)]

n.（新大陆）征服者（16 世纪征服墨西哥、秘鲁的西班牙人）

*con〈com (= completely, together), quist〈quisit (= ask, seek)

exquisite★★★ [ɪkˈskwɪzɪt]

a. 美妙的，精致的；（痛苦、快乐等）剧烈的；（感知能力）敏锐的 *ex (= out)

ⓔ exquisite workmanship（精致的工艺） exquisite lace（精美的花边）

prerequisite★★ [ˌpriːˈrekwəzɪt]

a. 事先需要的，必须预先具备的 *n.* 先行（必要）条件

*pre (= before), re (= again, back, intensive)

bequest★★ [bɪˈkwest]

n. 遗赠（品）；遗产 *be (= make, by)

inquest★★ [ˈɪŋkwest]

n. 调查；（特指）验尸 *in (= into)

quest☆☆☆ [kwest]

n. 探索，探求

ⓔ in quest of（寻找）

questionable★★★ [ˈkwestʃənəbl]

a. 可疑的，有疑问的，有问题的

questionnaire★★★ [ˌkwestʃəˈneə(r)]

n. 问卷，调查表

request☆☆☆ [rɪˈkwest]

n. 要求 *re (= again, intensive)

sequester★★ [sɪˈkwestə(r)]

n. 将（某人）隔离开来，使隔绝；使隐退；暂时扣押；没收 *se (= apart, away)

ⓐ sequestered（幽静的，隐蔽的，偏僻的）

sequestrate★ [ˈsiːkwəstreɪt]

v. 临时扣押（债务者的财产），暂时查封（没收） *se (= apart, away)

ⓝ sequestration（隔离；隐退；临时的强制管理；扣押，没收） sequestrator（扣押令执行者）

acquire☆☆☆ [əˈkwaɪər(r)]

v. 得到，获得，取得 *ac〈ad (= add, near, to)

ⓝ acquirement（取得，获得；学识）

acquired☆☆☆ [əˈkwaɪəd]
a. 取得的，获得的；后天（养成）的　*ac〈ad (= add, near)
ⓔ acquired rights（既得权利） acquired taste（爱好，嗜好） acquired character（获得性特征，获得性状） acquired immunity（后天免疫性）

require☆☆☆ [rɪˈkwaɪə(r)]
v. 要求，需要　*re (= intensive, again)

requirement☆☆☆ [rɪˈkwaɪəmənt]
n. 要求，需求；必需品，要求的东西；必要条件　*re (= again, intensive)
ⓔ requirements of the law（法律规定）

---

conquer☆☆☆ [ˈkɒŋkə(r)]
v. 征服　*con〈com (= completely, together)
ⓝ conquest（征服；掠夺物，缴获品，战利品） conqueror（征服者）

querulous★★ [ˈkwerələs]
a. 易怒的；爱发牢骚的
ⓔ in a querulous tone（以不满的口吻）

query★★★ [ˈkwɪəri]
n. 质问，疑问；疑问号 *v.* 质问，询问；表示怀疑；画疑问号

LECTURE 57

词根 POT[POW, POSS]

来自拉丁语的 pot 意为 powerful, capable of，它的变形有 pow, poss 等。

---

empower★★ [ɪmˈpaʊə(r)]
[使强有力 em〈en (= make) + pow〈pot (= powerful)]
vt. 授权
ⓝ empowerment 授权　ⓔ The feminist movement empowered millions of women in America.（美国的女权运动赋予数百万女性以权力。）

---

omnipotent★★ [ɒmˈnɪpətənt]
[能够做所有的事的 omni (= all) + pot (= capable of, powerful)]
a. 全能的
ⓝ omnipotence 全能　ⓔ In the face of evil, many wonder if God is omnipotent（在面对罪恶时，很多人怀疑上帝是否是无所不能的。）

---

potent★★★ [ˈpəʊtnt]
[拥有力量的 pot (= powerful)]
a. 有力的；有权势的；有效力的，药物有效能的；有性交能力的
ⓝ potency 力量；势力，权势；效能，效力；性交能力　potentate 当权者，有权势的人；君主　ⓔ A manta ray's tail contains a potent poison that causes a painful sting.（蝠鲼尾部含有一种能够引起剧烈疼痛的剧毒。）

---

despot★★ [ˈdespɒt]
n. 专制君主；独裁者；暴君　*des (= ligament)
ⓐ despotic（专制的；独裁的；暴虐的） ⓝ despotism（独裁；专制（政治）；专制国家）

impotent★★ [ˈɪmpətənt]
a. 无能为力的；无力的，无力量的；（男性）阳痿的　*im〈in (= not)

impotence★★ [ˈɪmpətəns]
n. 无能为力；无力，虚弱；阳痿　*im〈in (= not)
ⓔ reduce the enemy to impotence（大大削弱敌人的力量）

potentate★★ [ˈpəʊtnteɪt]
n. 有权势者，当权者；君主，统治者　*ate (= person who)

potential★★★ [pəˈtenʃl]
a. 潜在的，可能的 *n.* 潜在事物；潜力；可能性
ⓐⓓ potentially（潜在地） potentially rich country（有潜力的富庶国） ⓔ potential wealth/resources（潜在财富 / 潜在资源） potential customer（有可能成为主顾的人，潜在顾客）

potential adversary (潜在的对手，假想敌)

potentiality** [pəˌtenʃiˈæləti] *n.* 潜力；可能性
ⓔ country with great potentialities (具有巨大发展潜力的国家)

possibility*** [ˌpɒsəˈbɪləti] *n.* 可能(性)；可能发生的事 *poss〈pot (= capable of)

词根 PASS

来自拉丁语的 pass 意为 to stride, to step。此外，pass 也有 to feel 的意思，注意区分。

encompass** [ɪnˈkʌmpəs] [使一起大步走 en (= make) + com (= together) + **pass** (= stride, step)]
vt. 包含；围绕，包围
ⓝ encompassment 围绕，包围；包括 ⓔ My CD collection encompasses a wide range of musical genres. (我收集的 CD 里音乐的类型很广泛。)

impassable** [ɪmˈpɑːsəbl] [不能大步走过或跨过的 im〈in (= not) + **pass** (= stride, step)]
a. 不能通行(通过)的；不可逾越的
ⓝ impassability 不能通行 ⓔ Many of the highest mountain passes are impassable in winter. (在冬天高山上的很多通路无法通行。)

impasse* [ˈæmpɑːs] [不能跨过或越过的状态 im〈in (= not) + **pass** (= stride, step)]
n. 死胡同；绝境；僵局，困境
ⓔ Professional mediators can help negotiators resolve an impasse. (专业仲裁人员能够帮助谈判者打破僵局。)

trespass*** [ˈtrespəs] [越过去大步走 tres〈trans (= over, across) + **pass** (= stride, step)]
vi. 侵入(他人的土地等)；侵害(他人的权利等)；冒犯；侵犯
n. 侵入，侵害；打扰，妨碍；宗教、道德上的罪过
ⓝ trespasser 侵害者；侵入者 ⓔ Your cattle keep trespassing onto my land, and I'm tired of it. (你的牛总是不断地侵入我的土地，我真是烦透了。)

compass*** [ˈkʌmpəs] *n.* 指南针；界限，范围；(pl.) (一般制图用的) 圆规 *com (= together)
ⓔ beyond the compass of the human mind (超出人类的智力范围)

surpass*** [səˈpɑːs] *v.* 优于，胜过 *sur (= over)
ⓐ surpassing (无与伦比的，超群的) of surpassing beauty (出众地美丽的)
ⓐⓓ surpassingly (超群地) surpassingly ugly (极其丑陋)

passable* [ˈpɑːsəbl] *a.* 可通行的；尚可的
ⓔ passable knowledge of German (尚可的德语知识)

passage*** [ˈpæsɪdʒ] *n.* 通过，通行；通道，走廊，过道；航海；旅行；(议案的) 通过；(从演讲或文章中节选的很短的) 一段；(pl.) (双方的) 交换的言辞；争论；打斗
ⓝ passageway (通道) ⓔ passage of time (时间的流逝) passage of a bill (议案的通过) some passages from Shakespeare (莎士比亚作品某些选段) have angry passages with an opponent during a debate (在辩论中与对手恶言相向)

passenger*** [ˈpæsɪndʒə(r)] *n.* 乘客；旅客；(球队中或乘务员中) 不积极的人

passing* [ˈpɑːsɪŋ] *a.* 经过的，路过的；短暂的，一时的 *n.* 通过；经过
ⓔ passing years (流年岁月) passing of the old year (陈年流逝)

passé** [ˈpæseɪ] *a.* 已过全盛期的；过时的，陈旧的

passer-by** n. 过路人，路人
[ˈpɑːsəˈbaɪ]

pastime*** n. 娱乐，游戏，消遣
[ˈpɑːstaɪm] ⓔ her favorite pastime（她最喜欢的游戏）

词根 BOL, BL, BAL

来自拉丁语的 bol，bl，bal 意为 to throw，同义词根有来自拉丁语的 ject [jec，jac]，lanc [launc]，sip 等。

---

emblem* [向内扔 em〈en (= in) + bl〈bol (= throw)]
[ˈembləm] n. 象征，标志；徽章
ⓐ emblematic 象征性的 ⓔ In most cultures, the dove is seen as an emblem of peace.（在大部分文化中鸽子都被看做是和平的象征。）

---

parable** [向旁边扔 para (= beside) + bl〈bol (= throw)]
[ˈpærəbl] n. 寓言；隐晦的比较
ⓐ parabolical 用寓言形式来表达的 ⓔ According to the *Bible*, Jesus taught his followers with parables.（据《圣经》记载，耶稣曾用寓言来教导他的信徒。）

---

problematic*** a. 成问题的；（结果）有疑问的；未决的，不确定的 *pro (= forth, forward)
[ˌprɒbləˈmætɪk] ⓝ problem（问题）

anabolism* n. 合成代谢 *ana (= up, again)
[əˈnæbəʊlɪzəm]

catabolism* n. 异化作用 *cata (= down)
[kəˈtæbəlɪzəm]

embolism* n. 闰 *em〈en (= into)
[ˈembəlɪzəm]

hyperbola* n. 双曲线 *hyper (= over)
[haɪˈpɜːbələ]

---

hyperbole* n. 夸张法；夸张的语句 *hyper (= over)
[haɪˈpɜːbəli]

metabolism** n. 新陈代谢 *meta (= change)
[məˈtæbəlɪzəm] ⓐ metabolic（新陈代谢的）

balance*** n. 均衡，平衡；天平，秤；收支差额；结余，余额；（收支等的）平衡；（the~）剩余部分，剩余物 v. 使平衡，权衡（问题等）；犹豫不决；结算
[ˈbæləns] ⓔ balance of power（国家间的均势） checks and balances（政府机关彼此之间的相互制衡） balance at a bank（银行结余） balance sheet（资产负债表）

balanced*** a. 平衡的
[ˈbælənst] ⓔ balanced diet（均衡饮食） balanced budget（平衡预算）

imbalance* n. 不均衡 *im〈in (= not)
[ɪmˈbæləns] ⓔ South Korea's imbalance in world payments（韩国在国际收支中的不平衡）

LECTURE 58

词根 BAR

来自拉丁语的 bar 意为 bar。

embargo**
[ɪmˈbɑːgəʊ]
[在某物内放入障碍物、棒子 em〈en (= in) + bar (= bar)]
n. 禁止通商；禁港令；禁止
vt. 禁止船只出入港口；禁止通商
ⓔ The U. S. has long enforced a trade embargo against Cuba.（美国对古巴实施了很长时间的贸易禁运政策。）

barrage**
[ˈbærɑːʒ]
[像棒子一样长或连续 bar (r) (= bar)]
n. 弹幕；一连串；[ˈbɑːrɪdʒ] 渠，堰
ⓔ The soldiers sprinted through a barrage of gunfire, miraculously unharmed.（战士们穿过密集的火力进攻，竟然奇迹般地毫发未伤。）

debar*
[dɪˈbɑː(r)]
v. 排除，阻止　*de (= down)

embarrass***
[ɪmˈbærəs]
v. 使窘迫，使局促不安　*em〈en (= in)
ⓔ embarrassing questions（使人为难的问题）　embarrassed by lack of money（因缺钱而窘迫）

embarrassment***
[ɪmˈbærəsmənt]
n. 为难，困窘；使人为难的事　*em〈en (= in)
ⓔ financial embarrassments（财政困难）　embarrassment of riches（钱多得不知如何花）

barbecue**
[ˈbɑːbɪkjuː]
n. 烧烤用架；(牛、猪等的) 烤全牲；吃烧烤食品的野餐会 *v.* 烤全牲
ⓔ barbecue sauce（烤肉汁，由醋和调味料制成）

barrack**
[ˈbærək]
n. (pl.) 兵营，军营；(临时性的) 木板房；简陋的房屋
ⓔ break barracks（逃离军营）

barrel***
[ˈbærəl]
n. (木头、塑料制的) 桶；一桶的量；枪管；钢笔的墨水管 *v.* 装入 (装满) 桶内
ⓔ barrel-roofed vault（筒形穹顶）　barrel organ（手摇风琴）

barricade**
[ˌbærɪˈkeɪd]
n. 栅栏；路障 *v.* 设栅栏、路障
ⓔ The radicals barricaded the road with desks and chairs.（激进分子用桌椅封锁了道路。）

barrier***
[ˈbæriə(r)]
n. 栅栏；屏障；阻碍，障碍 (物)
ⓔ language barrier（语言障碍）　barrier to progress（进步的障碍）

barrister**
[ˈbærɪstə(r)]
n. 出庭律师
cf. solicitor（〈英〉初级律师）　attorney-at-law（〈美〉律师）

词根 BODY

来自盎格鲁-撒克逊语的 body 意为 body。同义词根有来自拉丁语的 corp 和来自希腊语的 som, somat。词根 buddy 是它的变形。

embody***
[ɪmˈbɒdi]
[给身体 em〈en (= give) + body (= body)]
vt. 使(思想、情感等具体)体现；包含；赋予…以形体
ⓝ embodiment 具体化；体现　ⓔ Children embody a kind of innocent joy that adults can rarely experience.（孩子们会表现出一种成年人很难体会到的纯真的快乐。）

antibody* [ˈæntibɒdi] *n.* 抗体 *anti (= against)

bodily*** [ˈbɒdɪli] *a.* 身体的，肉体的 *ad.* 整个地，全体地

buddy** [ˈbʌdi] *n.* (用做亲密的称呼)老兄，老弟；伙伴，朋友 *buddy〈body (= body)

词根 CROCH[CROACH, CROUCH, CROTCH, CRUTCH, CROOK]

来自盎格鲁-撒克逊语的 croch 意为 hook, to bend。其变形为 croach, crouch, crotch, crutch, crook。同义词根有来自拉丁语的 clin / cli, cliv, flect / flex, cumb / cub 等。

encroach** [ɪnˈkrəʊtʃ] [像钩子一样蜷缩在里边 en (= in) + croach〈croch (= hook, bend)]
vi. on + sth 侵入；侵蚀；侵害(权利等)
ⓝ encroachment 侵入；侵害；侵蚀 ⓔ Suburban creep is encroaching on the family farm where I grew up. (我在我家的农场长大，现在它正受到郊区那些小偷的侵害。)

crochet** [ˈkrəʊʃeɪ] *n.* 钩针编织(品) *v.* 用钩针编织
ⓔ crochet hook (钩针)

crouch*** [ˈkraʊtʃ] *v.* (因害怕或要躲藏而)蹲伏；(动物准备跳跃前)蜷缩(身体) *n.* 下蹲(姿势)，蜷缩(姿势) *crouch〈croch (= bend)

crotchety* [ˈkrɒtʃəti] *a.* 反复无常的；有奇想的 *crotch〈croch (= bend)
ⓝ crotchet (怪想，奇想；反复无常；四分音符)

crotch** [krɒtʃ] *n.* (树木的)枝丫；胯部，裤裆 *crotch〈croch (= bend)
ⓔ sit in a crotch of a tree (坐在树枝上)

crutch** [krʌtʃ] *n.* 拐杖；(样子、用途像拐杖的)支撑物；精神支柱 *crotch〈croch (= bend)
ⓔ go about on crutches (拄着拐杖走)

crook*** [krʊk] *n.* 钩状物；(牧童的)曲柄杖；(道路或河流的)拐弯处，弯曲处；骗子，小偷
v. (使)弯曲；诈骗，欺骗 *crook〈croch (= bend)
ⓝ crookback (驼背) ⓔ on the crook (诈骗地，以不正当手段地) crook one's finger / arm (弯曲手指 / 胳膊) crook a friend (欺骗朋友)

crooked*** [ˈkrʊkɪd] *a.* 弯曲的；歪的；(人、行动等)不正当的，不老实的，不正派的 *crook〈croch (= bend)
ⓔ crooked lane (弯曲的小路) crooked stick (懒汉；不诚实的人)

LECTURE 59

词根 GROSS[GROC]

盎格鲁-撒克逊语的 gross 意为 large, thick，它的变形为 groc。

engross** [ɪnˈgrəʊs] [使变厚 en (= make) + gross (= thick, large)]
vt. sb + in + sth 占用(时间)，吸引(注意力)，使全神贯注；用大字体清晰或端正地书写(或誊写)
ⓝ engrossment 全神贯注，专注；(誊写成的)文件 ⓐ engrossing 使人全神贯注的；非常有趣的 ⓔ Detective fiction invariably engrosses me. (侦探小说总是很吸引我。)

gross* [grəʊs]
a. 总的，总体的，全部的；臃肿的（以至看起来令人生厌）；（错误、不正当行为等）严重的；不雅的，粗俗的；（食物）粗劣的；（植物）茂盛的，茂密的 *v.* 总共收入…
ⓐⓓ grossly（非常，很） ⓔ gross national product（国民生产总值（缩写：GNP）） gross domestic product（国内生产总值（缩写：GDP）） his gross income（他的总收入） the gross vegetation of the tropical rain-forest（热带雨林的茂密植被）

grocer*** [ˈgrəʊsə(r)]
n. 食品商，杂货商

grocery*** [ˈgrəʊsəri]
n. 食品店；（pl.）食品，杂货；食品杂货业

词根 AM[EM, IM, M]

来自拉丁语的 am 意为 to love, friendly，它的变形为 em, im, m 等。同义词根有来自希腊语的 phil 和 ero。

enmity*** [ˈenməti]
［不爱 en (= not) + m〈em〈am (= love)］
n. 不和；敌意，仇恨，憎恨
ⓔ Longstanding enmity between Muslims and Jews has caused much loss of life.（穆斯林和犹太人之间长久的不和导致很多人丧生。）

inimical** [ɪˈnɪmɪkl]
［没有爱的 in (= not) + im〈am (= love)］
a. 敌意的；有害的
ⓔ Obesity is inimical to good health and longevity.（肥胖不利于健康和长寿。）

amenity** [əˈmiːnəti]
［使喜欢上 am (= love)］
n. 使生活便利舒适的设施；舒适，愉快，宜人；（交际上的）礼仪
ⓔ I always stay in Marriott hotels because of all the amenities.（万豪国际酒店的设施便利舒适，所以我总是住在那里。）

amiable*** [ˈeɪmiəbl]
［很容易喜欢上的 am (= love, friendly) + i+ able (= capable of)］
a. 友善的；和蔼可亲的
ⓝ amiability 可爱；和蔼可亲 ⓐⓓ amiably 和蔼可亲地 ⓔ *Travel Magazine* rates the people there as the most amiable anywhere in South East Asia.（《旅游杂志》将那里的人评选为东南亚地区最友善的人。）

amicable** [ˈæmɪkəbl]
［能够喜欢的 am (= love) + ic (= nature of) + able (= capable of)］
a. 友好的，友善的
ⓝ amicability 友好，友善；亲善 ⓐⓓ amicably 友好地 ⓔ While they aren't close friends, both men were amicable throughout.（尽管两人不是亲密的朋友，但彼此一直很友好。）

enamor** [ɪˈnæmə(r)]
v. ［常用被动语态］使倾心；使迷恋 *en〈in (= in)
ⓔ I was enamored of her.（我被她迷住了。）

paramour** [ˈpærəmʊə(r)]
n. 情妇（夫）；〈古〉情人 *par〈per (= by)

amity** [ˈæməti]
n.（个人、国家间的）友好关系
ⓔ treaty of amity（友好条约）

amorous** [ˈæmərəs]
a. 多情的；爱情的；（特指）色情的
ⓔ amorous looks（好色的表情） amorous poetry（情诗）

词根 TAIL

来自盎格鲁–撒克逊语的 tail 意为 to cut。同义词根有来自希腊语的 tom[tem]和来自拉丁语的 cis, cop / coup, scind / scis, sect, sever, tons, trench 等。

entail** [ɪnˈteɪl]
[用力切 en (= intensive) + tail (= cut)]
vt. 使必需；使承担；限定不动产的继承人
n. 限定继承
ⓝ entailment 继承人之限定 ⓔ Applying for college entails a great deal of paperwork. (申请入大学需要做大量的书面工作。)

curtail** [kɜːˈteɪl]
v. 缩减，缩短 *cur (= care)
ⓝ curtailment (缩减，缩短) ⓔ curtail a speech / one's holiday (缩短讲话 / 假期)

detail*** [ˈdiːteɪl]
n. 细节，细目；详情；详述；(美术中) 细部 (描绘) *v.* 详述；(为特殊任务) 派遣 *de (= down, intensive)
ⓔ detailed report (详细报道) go / enter into details (详述，逐一细说) in detail (详细地，仔细地) Five soldiers were detailed to guard the bridge. (五名士兵被派去守卫大桥。)

retail*** [ˈriːteɪl]
v. 零售；详述；传播 (消息) *n.* 零售 *a. /ad.* 零售的，以零售方式 *re (= again, back)
ⓝ retailer (零售商) ⓔ retail dealer (零售商) retail price (零售价格) retail shop (零售店) retail sales (零售) at retail (以零售方式) sell retail (零售) retail a slander (传播诽谤之言)

tailor*** [ˈteɪlə(r)]
n. (尤指做男装的) 裁缝 *v.* 缝制 (衣服)；使适合
ⓔ tailor-made (裁缝制的；量身做的，合适的) well-tailored suit (做工精良的西服) tailored for a special purpose / to a particular audience (适合特殊目的 / 适合特殊的观众要求的)

词根 LIGHT

来自盎格鲁–撒克逊语的 light 意为 light。同义词根有来自拉丁语的 lumin [lun], luc / lux / lust 和来自希腊语的 photo。

enlightened** [ɪnˈlaɪtnd]
[给光的en (= give) + light (= light)]
a. 开通的；有知识的；摆脱偏见(或迷信)的；文明的
ⓥ enlighten 启蒙，使摆脱偏见(或迷信) ⓝ enlightenment 启蒙，教化 ⓔ My parents are fairly enlightened for country people. (作为下乡人，我父母算是相当开通了。)

searchlight** [ˈsɜːtʃlaɪt]
n. 探照灯；探照灯光束

spotlight** [ˈspɒtlaɪt]
n. 聚光灯；(the ~) 公众的关注 *v.* 聚光照明；使突出醒目
ⓔ come into the spotlight (吸引众人的关注)

light*** [laɪt]
n. 光；发光体 (如蜡烛、灯等)；交通信号；照明；火柴、香烟等点火物；脸上的光彩，眼神；名人，权威的人 *a.* (地点) 有光的，明亮的；(颜色) 淡的，浅的；轻微的；轻快的；行李 (或负担) 轻的；(吃饭) 量少的；(食物) 易消化的；(酒类) 低度的；易醒的，睡得不沉的；轻率的，轻浮的，行为轻佻的；(女子) 水性杨花的 *ad.* 轻地；轻装地 *v.* 点火，点燃；使光明，照亮；(~up) 点 (电灯或煤气灯)；(~upon) 偶然发现；下 (马等)；(鸟) 停落
ⓔ light bulb (电灯泡) All the lights went out—there was a power failure. (所有的灯都灭了——停电了。) Can you give me a light, please? (能借个火吗?) strike a light (开灯) Light come, light go. (来得容易去得快。)

lighten*** v.(使)发亮，照亮，变亮；使(负担等)减轻
[ˈlaɪtn] ⓔ lighten the darkness of the cellar(照亮黑暗的地下室) lighten a ship's cargo / taxes(减轻船上的货物 / 降低税收)

lightning*** n. 闪电，电光 a. 闪电的；极快的；闪电似的
[ˈlaɪtnɪŋ] ⓔ like lightning(闪电般地) lightning strike / operation(闪电式的罢工 / 作战) lightning beetle(bug)(萤火虫) lightning war(闪电战)

---

lighter** n. 打火机；点火器；点火者；驳船 v. 用驳船运送(货物)
[ˈlaɪtə(r)] ⓔ snap on a lighter(点着打火机) lighterage(驳运费) tug with a string of lighters behind it(后面拖着一长串驳船)

lighthouse*** n. 灯塔
[ˈlaɪthaʊs] ⓔ lighthouse keeper(灯塔看守人)

lightly*** ad. 轻轻地；轻微地，稍微地；轻蔑地
[ˈlaɪtli] ⓔ push lightly(轻轻地推) lightly fried fish(稍微用油炸过的鱼)

lights* n.(羊、猪、牛等的)肺脏
[laɪts]

lightsome* a. 轻松愉快的；无忧无虑的；发亮的，光亮的，明亮的
[ˈlaɪtsəm]

LECTURE 60

词根 CUMB, CUB

来自拉丁语的 cumb, cub 意为 to lean, to lie。同义词根有来自盎格鲁-撒克逊语的 croch[croach, crouch, crotch, crutch, crook] 和来自拉丁语的 clin / cli, cliv, flect / flex 等。

---

encumber** [靠在里面 en(= in) + cumb(= lean, lie)]
[ɪnˈkʌmbə(r)] vt. sth/sb + with + sth 妨碍；使负担(债务、义务等)；因…而负重担；阻塞(某个场所)

ⓝ encumbrance 妨碍，障碍；令人头疼的事 ⓔ His heirs discovered his estate was encumbered with substantial debt.(他的继承人发现他的遗产负有相当多的债务。)

---

incumbent** [躺在某物上面 in(= on) + cumb(= lie)]
[ɪnˈkʌmbənt] n. 在职者，现任者

a. 有义务的；倚靠的

ⓝ incumbency 职责，义务；任职 ⓔ The incumbent usually has an advantage in any election campaign.(在任何选举活动中，在职者通常都占有优势。)

---

recumbent** [躺在后面的 re(= back) + cumb(= lie)]
[rɪˈkʌmbənt] a.(特指人)躺着的，靠着的；休息的

ⓔ I was recumbent in a hammock when the earthquake struck.(地震发生的时候，我正躺在吊床上。)

---

succumb** [躺在下方 suc〈sub(= under) + cumb(= lean, lie)]
[səˈkʌm] vi. to + sth 屈服，屈从；死

ⓔ He succumbed to malaria after several long nights of chills and fevers.(经受了几夜的风寒和高烧，他最终死于疟疾。)

incubus* [躺在某物内in (= in, on) + cub (= lie)]
[ˈɪŋkjʊbəs]
n. 噩梦；梦魇；如梦魇般折磨人的人（或物），心理负担（如债务、临近的考试等）
ⓔ The woman claimed to have been violated by an incubus, but was probably insane.（那个女人说自己一直受噩梦的折磨，但很可能她有些精神错乱。）

---

cumber**
[ˈkʌmbə(r)]
v. 妨碍；拖累
ⓔ cumber oneself with an overcoat on a warm day（暖和天穿大衣，让自己受罪） cumbered with parcels（肩负包裹）

cumbersome**
[ˈkʌmbəsəm]
a. 麻烦的，累赘的；笨重的
ⓔ cumbersome armor（笨重的盔甲）

concubine*
[ˈkɒŋkjubaɪn]
n. 妾；姘夫 *con⟨com (= together)
ⓔ take six women as his concubines（他娶了六个小妾）

incubate*
[ˈɪŋkjubeɪt]
v. 孵化；培育（细菌）；酝酿（计划等），筹措；将（早产儿等）放入保育器里抚养、培养
*in (= in)

incubation*
[ˌɪŋkjuˈbeɪʃn]
n. 孵卵；（疾病的）潜伏 *in (= in)
ⓔ artificial incubation（人工孵化）

---

incubator*
[ˈɪŋkjubeɪtə(r)]
n. 孵化器；细菌培育器；早产儿保育器；酝酿计划的人 *in (= in)

succubus☆
[ˈsʌkjʊbəs]
n. 女妖（据说在男人睡觉时降临并与其性交） *suc⟨sub (= under)

cube***
[kjuːb]
a. 立方体，正六面体；立方，三次幂；（电冰箱制成的）方块冰 *v.* 求（数的）立方；使成立方体
ⓔ cube root（立方根，三次方根） cube sugar（方糖）

cubic***
[ˈkjuːbɪk]
a. 立方体的，正六面体的；立方的，三次方的，三次的
ⓔ one cubic meter（1立方米） cubic foot（立方英尺）

cubicle*
[ˈkjuːbɪkl]
n. （大房间隔成的）小隔间（小卧室；游泳场的更衣室或研究生的研究室）
*cle (= small)

词根 BELL

来自拉丁语的 bell 意为 beautiful，war，在盎格鲁-撒克逊语里意为 bag，to swell。当 bell 用做 beautiful 这一含义时，其同义词根有来自拉丁语的 pulchr 和来自希腊语的 calli，cosmet。

---

embellish** [使变美丽 em⟨en (= make) + bell (= beautiful)]
[ɪmˈbelɪʃ]
vt. sth + with + sth 美化；装饰；使(故事等)更有趣；润色
ⓝ embellishment 装饰（物）；润色 ⓔ She embellished the cake with real cut flowers.（她用折来的鲜花装饰蛋糕。）

---

belle***
[bel]
n. 美女 *bell (= beautiful), e (= person who)
ⓔ the belle of the ball / society（舞会花魁 / 交际花）

belles-lettres*
[ˌbelˈletrə]
n. 〈法〉纯文学（与商业、技术、科学等文献相对） *bell (= beautiful)

belladonna*
[ˌbeləˈdɒnə]
n. （植物）颠茄；颠茄制剂 *bell (= beautiful), don (= give)

bellicose*
[ˈbelɪkəʊs]
a. 好战的，好斗的 *bell (= war)

Bellona☆
[bəˈləʊnə]
n. 司战女神 *bell (= war)
ⓔ Mars（战神）

rebel***
[ˈrebl]
n. 造反者；叛逆者；反抗者 *a.* 造反的，叛逆的 *v.* [rɪˈbel] 造反；反叛；反抗
*re (= against), bell (= war)
ⓔ rebel forces (叛军)

rebellion***
[rɪˈbeljən]
n. 造反，叛乱 *re (= against), bell (= war)
ⓔ rebellion against the dictator (针对独裁者的叛乱)

rebellious***
[rɪˈbeljəs]
a. 造反的，反叛的；难控制的 *re (= against), bell (= war)
ⓔ rebellious behavior (造反行为)

antebellum
[ˌæntɪˈbeləm]
a. 战争前的；(特指)美国南北战争前夕的 (↔postbellum 战后的)
*ante (= before), bell (= war)

belly***
[ˈbeli]
n. 肚子，腹部；胃；鼓起(或凹进去的)部分(小提琴等的腰部) *v.* 涨满，鼓胀
*bell (= bag, swell)
ⓔ belly button (肚脐) The sails bellied in the wind. (帆在风中鼓起。)

Belgium***
[ˈbeldʒəm]
n. 比利时

bellied*
[ˈbelɪd]
a. (构成合成词)有腹的；腹…的 *bell (= bag, swell)
ⓔ big-bellied (大腹便便的) empty-bellied children (饥肠辘辘的孩子们)

bellyful*
[ˈbelifʊl]
n. 过量(of)；满腹 *bell (= bag, swell)
ⓔ a bellyful of advice (过多的劝告)

bellow***
[ˈbeləʊ]
n. (像牛一样)吼叫，怒吼，咆哮；大声发出 *bell (= bag, swell)
ⓔ bellow out a drinking song (放声高唱祝酒歌)

bellows**
[ˈbeləʊz]
n. (用以送风助火的或风琴的)风箱；肺 *bell (= bag, swell)

词根 COM

来自拉丁语的 com 意为 revel, hair, sleep。

encomium*
[enˈkəʊmɪəm]
[在里边设宴 en (= in) + com (= revel, hair, sleep)]
n. 赞词；称赞
ⓝ encomiast 赞美者 ⓐ encomiastic 赞颂的 ⓔ I am filled with pride to have received such a stirring encomium. (受到如此鼓舞人心的称赞，我的心中充满自豪。)

---

comedy***
[ˈkɒmədi]
n. 喜剧 (↔tragedy 悲剧)；喜剧性；喜剧成分；(实际生活中的)喜剧性行为(事件)
ⓔ musical comedy (歌舞喜剧) Dante's *Divine Comedy* (但丁的《神曲》)

comedian**
[kəˈmiːdiən]
n. 喜剧演员；丑角式人物

comet***
[ˈkɒmɪt]
n. 彗星
ⓔ comet seeker / finder (观察彗星用的望远镜，寻彗镜) comet year (彗星年(出现大彗星的年份))

LECTURE 61

词根 PER[PIR, PAR]

来自拉丁语的 per 意为 to try out, to risk，它的变形为 pir 和 par。

empirical*
[ɪmˈpɪrɪkl]
[在内部严密地实验的 em〈en (= in) + pir〈per (= try out)]
a. 依赖观察和经验的；经验的，经验上的

ⓝ empiricism 经验论；经验主义 empiricist 经验主义者 ⓐ empiric 经验上的；(n.) 经验主义者 ⓐⓓ empirically 凭经验地 ⓔ Science requires empirical proof to support hypotheses.（科学需要实验的证据去支持假设。）

peril***
[ˈperəl]
n. 危险；危险物品 v. [多用于书面语、诗中] 冒险；使临险境
ⓐ perilous（危险的） ⓔ in peril of one's life（冒着生命危险） perils of the ocean（海上的风险）

imperil**
[ɪmˈperəl]
v. 危及（生命、财产等）；使陷于危险 *im〈in (= in)

pirate***
[ˈpaɪrət]
n. 海盗（船）；剽窃者；盗版者，侵犯版权者，非法播放者 v. 剽窃（书等），非法翻印 *pir〈per (= try out, risk)
ⓝ piracy（海盗行为；（书等的）剽窃） ⓐ piratical（海盗的；剽窃的） ⓔ pirate edition / publisher（盗版 / 盗版出版者） pirate radio / tape（非法广播（特指在公海领域的广播）/ 盗版磁带） pirate listener（广播盗听者）

parlous*
[ˈpɑːləs]
a. 危险的；不易对付的，狡猾的；惊人的 *par〈per (= try out, risk)

experience***
[ɪkˈspɪəriəns]
n. 经验，体验；(pl.) 经历，阅历 v. 经验；体验，经历 *ex (= out)
ⓔ teaching experience（教学经验） religious experiences（宗教体验） Experience keeps a dear school.（吃亏学乖代价高。） experience nausea / religion（感到恶心 / 宗教体验）

experienced***
[ɪkˈspɪəriənst]
a. 富有经验的；熟练的；老练的 *ex (= out)
ⓔ experienced nurse / lover（有经验的护士 / 老练的情人）

experiment***
[ɪkˈsperɪmənt]
n. 实验；试验；尝试 v. 进行实验 *ex (= out)
ⓝ experimentation（实验；试验） ⓔ carry out an experiment in chemistry（做化学实验） experiment upon dogs（拿狗做实验）

experimental***
[ɪkˌsperɪˈmentl]
a. 实验的，实验用的；根据实验的；经验的，试验性的 *ex (= out)
ⓝ experimentalist（实验家；经验论者） experimentalism（实验主义；经验主义） ⓔ experimental methods（实验方式（方法）） experimental farm（试验农场） experimental knowledge（经验知识）

expert***
[ˈekspɜːt]
n. 能手，专家；熟练手，行家；特等射手 a. 熟练的，有经验的；老练的；行家的，专家的，内行的 *ex (= out)
ⓔ economics / agricultural expert（经济 / 农业专家） linguistic / mining expert（语言学 / 矿业专家） expert carpenter（熟练的木匠） expert advice / opinions（专家建议 / 意见）

expertise*
[ˌekspɜːˈtiːz]
n. 专门知识（技术）；专家鉴定 *ex (= out)

词根 CLAV

来自拉丁语的 clav 意为 key。

enclave*
[ˈenkleɪv]
[在钥匙内 en (= in) + clav (= key)]
n. (被他国属地包围的) 地域、领土，飞地
ⓔ Large cities like New York contain numerous ethnic enclaves.（像纽约这样的大城市里有许多不同民族的圈子。）

conclave**
[ˈkɒŋkleɪv]
n. (红衣主教们聚在一起选举教皇的) 秘密会议 *con〈com (= together)
ⓔ sit in conclave（召开秘密会议）

clavichord*
[ˈklævɪkɔːd]
n. 古钢琴（早期的键盘乐器，钢琴的前身） *chord (= a string)

clavicle*
[ˈklævɪkl]
n. 锁骨 *cle (= small)

LECTURE 62

词根 NUMER

来自拉丁语的 numer 意为 number, to count。同义词根有 arithm。

enumerate**
[ɪˈnjuːməreɪt]
[彻底地数、列举 e(ex (= out) + numer (= number, count)]
vt. 逐一清点，列举
ⓝ enumeration 逐一清点，列举；细目 ⓔ The teacher enumerated the pupil's mistakes before punishing him.（老师在惩罚那个学生之前先逐一列举了他所犯的错。）

innumerable***
[ɪˈnjuːmərəbl]
[不可以数的 in (= not) + numer (= number, count)]
a. 无数的，数不清的，不计其数的
ⓔ I've run into innumerable former students around town over the years.（这几年我在小镇周围碰到无数我以前教过的学生。）

supernumerary*
[ˌsuːpəˈnjuːmərəri]
a. 定额以外的；额外的，多余的 *n.* 额外人员；临时雇员；多余的人（或物）；小配角；临时演员 *super (= over, above)

numerable**
[ˈnjuːmərəbl]
a. 可数的；可以计算的 *able (= capable of)

numeral**
[ˈnjuːmərəl]
a. 数字的；（词、符号）表示数字的 *n.* 数字
ⓔ Arabic / Roman numerals（阿拉伯数字 / 罗马数字）

numerate*
[ˈnjuːməreɪt]
v. 数，计算；读数 *a.* [ˈnjuːmərət]（人在数学方面）有基本功的；会计算的

numeration*
[ˌnjuːməˈreɪʃn]
n. 计算（法）；读数法
ⓔ decimal numeration（十进位法） the numeration table（数字表）

numerator*
[ˈnjuːməreɪtə(r)]
n.（分数的）分子（↔denominator 分母）；计算者；计数器

numerical**
[njuːˈmerɪkl]
a. 数字的；表示数字的
ⓐⓓ numerically（用数字，在数字上） ⓔ numerically superior（在数字上占优势的） numerical symbols（数字符号） numerical order（流水号） numerical strength（人数） numerical control（数字控制）

numerous***
[ˈnjuːmərəs]
a. 许多的，众多的；无数的
ⓔ her numerous friends（她的众多朋友们）

词根 ALT [HAUT]

来自拉丁语的 alt 意为 high，它的变形有来自法语的 haut。同义词根有来自希腊语的 acro。

exalt***
[ɪgˈzɔːlt]
[使上得非常高 ex (= out, intensive) + alt (= high)]
vt. 提高或提升(地位、权力、品位、名誉、财富等)；赞扬；使喜悦，使得意
ⓝ exaltation 提高，晋升；赞扬，得意洋洋 ⓐ exalted 高贵的 ⓔ Vice Presidents are sometimes suddenly exalted to the Presidency by assassinations.（有时副总统会因暗杀事件而突然晋升为总统。）

altar***
[ˈɔːltə(r)]
n. 祭坛，（基督教教堂内的）圣坛
ⓔ lead a woman to the altar（和一个女子结婚） altar bread（圣餐面包） altar cloth（祭坛罩） altarpiece（祭坛后面、上面的装饰（如绘画、雕刻、屏风等））

altimeter* [ˈæltɪmiːtə(r)]
n. 飞机等的高度计，测高仪 *meter (= measure)

altitude*** [ˈæltɪtjuːd]
n. 高度，(特指)海拔；(pl.)高处(海拔甚高的地方)；地平纬度(地平线以上天体的角度距离)
ⓔ altitude flight / record (高空飞行 / 登高记录) mountain altitudes (高山地带) altitude sickness (高空病) grabbing for altitude (抢占高度)

alto** [ˈæltəʊ]
n. 女低音，男声最高音；女低音歌手；中音乐器
ⓔ alto saxophone (中音萨克斯风) altocumulus (高积云)

hauteur** [əʊˈtɜː(r)]
n. 傲慢，自大 *haut〈alt (= high)

---

haughty*** [ˈhɔːti]
a. 傲慢的，高傲的，自大的 *haught〈haut〈alt (= high)
ⓐⓓ haughtily (傲慢地，高傲地) ⓔ treat the common people with haughty contempt (以不屑一顾的傲慢态度对待老百姓)

LECTURE 63

词根 STINCT, STING, STIG, STI

来自拉丁语的 stinct, sting, stig, sti 意为 to prick, to bind。同义词根有来自拉丁语的 pung / punct。

---

extinct*** [ɪkˈstɪŋkt]
[用针刺使没有的 ex (= out) + tinct〈stinct (= prick)]
a. 不再存在的；消亡了的，绝种的，灭绝的；(火)熄灭的；废除了的
ⓝ extinction 消灭，绝种；(火)熄灭；废止 extinguisher 灭火器 ⓥ extinguish 熄灭(火)；使消灭 ⓔ Hundreds of insect species become extinct each year. (每年都有数百种昆虫灭绝。)

---

instigate** [ˈɪnstɪgeɪt]
[在里面刺 in (= in) + stig (= prick)]
vt. 煽动；怂恿
ⓝ instigation 煽动；教唆，怂恿 instigator 煽动者；教唆者 ⓔ The union head instigated the unrest among the workers. (工会的领导者煽动工人动乱。)

---

prestigious** [preˈstɪdʒəs]
[事先刺、捆的 pre (= before) + stig (= prick, bind)]
a. 有名望的
ⓝ prestige 声望，威信 ⓔ He was hired directly out of law school by a very prestigious law firm. (他一从法学院毕业就被一家知名律师事务所聘用了。)

---

extinguish*** [ɪkˈstɪŋgwɪʃ]
v. (光、火等)熄灭；使(希望、爱情、热情等)破灭；偿清(债务)
*ex (= out), ting〈sting (= prick)

extinguisher* [ɪkˈstɪŋgwɪʃə(r)]
n. 灭火器 *ex (= out), ting〈sting (= prick)

distinct*** [dɪˈstɪŋkt]
a. 清楚的，明白的，清晰的；(~from)分别的，不同的 *di〈dis (= away)
ⓐⓓ distinctly (清楚地，清晰地) speak distinctly (清楚地说) ⓔ distinct pronunciation (清晰的发音) Keep the two ideas distinct. (将这两个概念区分开来。)

distinctive*** [dɪˈstɪŋktɪv]
a. 独特的，与众不同的；区别性的，有差异的 *di〈dis (= away)
ⓐⓓ distinctively (独特地) ⓔ distinctive uniform (独特的制服)

distinction*** [dɪˈstɪŋkʃn]
n. 差别；区分；不同点；优越，卓越；荣誉，勋章 *di〈dis (= away)

ⓔ distinction without a difference（名义上的区分，人为的区分（指实际上没有什么区别）） distinction between poetry and prose（诗和散文的不同） writer of distinction（知名作家） academic distinction（学术上的荣誉）

---

distinguish***
[dɪˈstɪŋgwɪʃ]
v. 区别；识别，辨别，辨认；使显出特色，使区别于；[~ oneself] 使杰出，使著名
*di〈dis（= away）
ⓔ distinguish between good and evil（区分善与恶）

distinguished***
[dɪˈstɪŋgwɪʃt]
a. 著名的；卓著的，杰出的；高贵的 *di〈dis（= away）
ⓔ distinguished career（辉煌的事业） distinguished family（名门望族） distinguished visitors（贵宾） distinguished services（殊勋）

distinguishable**
[dɪˈstɪŋgwɪʃəbl]
a. 可以区分的 *di〈dis（= away）
ⓔ hardly distinguishable（难以区分的）

instinct***
[ˈɪnstɪŋkt]
n. 本能，直觉；天性；天资 *a.* [ɪnˈstɪŋkt] 充满的 *in（= in）
ⓔ instinct of self-preservation（自我保护的本能） act on instinct（凭直觉行动） picture instinct with life and beauty（充满活力与美的图画） poem instinct with passion（充满激情的诗篇）

instinctive**
[ɪnˈstɪŋktɪv]
a. 本能的 *in（= in）
ⓐⓓ instinctively（本能地） ⓔ have an instinctive dread of fire（天生怕火）

---

sting***
[stɪŋ]
n.（蜜蜂、黄蜂等昆虫的）刺，毒针；（特指荨麻的）刺毛（手指等一碰就会痛）；（被昆虫的针、荨麻等刺伤后的）刺痛；（被叮伤、刺伤的）伤痕；（身心的）刺痛 *v.*（用针等）刺；螫；刺痛，使疼痛；（身体局部）刺痛；激怒；漫天要价，敲诈
ⓝ stinger（痛击；刺人的动物（或植物）；爱挖苦的人，讽刺者；螯针，刺） ⓐ stingless（没有毒（针）的，无刺的） stingray（刺魟）） ⓔ sting of a scorpion（蝎子的毒刺） sting operation（（美国联邦调查局等的）针刺行动）

stingy**
[ˈstɪndʒi]
a. 吝啬的
ⓔ Don't be so stingy with the sugar!（别因为那点糖显得那么吝啬！） stingy person（吝啬鬼）

stigma**
[ˈstɪgmə]
n. 污名，耻辱；烙印；（病的）特征；(pl.)（植物）柱头；（动物）气门
ⓔ stigma of illegitimacy（私生子的耻辱）

stigmatize**
[ˈstɪgmətaɪz]
v. 诬蔑；指责
ⓔ be stigmatized as a coward and a liar（被污蔑是懦夫和说谎的人）

astigmatism*
[əˈstɪgmətɪzəm]
n. 散光，乱视；（镜头的）象散 *a〈an（= without, not）

---

stipend**
[ˈstaɪpend]
n.（学生、研究员定期领取的）生活津贴；（特指牧师的）薪水，薪金 *pend（= pay）
ⓐ stipendiary（领薪金的，有俸给的）

stimulate***
[ˈstɪmjuleɪt]
v. 刺激；促使；激励
ⓐ stimulating（刺激的；激励的） ⓝ stimulation（刺激；激励，鼓舞）

stimulus***
[ˈstɪmjələs]
n. 刺激（物）；刺激因素；刺毛，针
ⓔ stimulus to further exertions（激励人更加努力的因素）

stimulant**
[ˈstɪmjələnt]
n. 兴奋剂；兴奋饮料（如咖啡、白兰地等）；刺激（激励）物 *a.* 使兴奋的；刺激性的

词根 LONG

来自拉丁语的 long 意为 long。

---

elongate**
[ˈiːlɒŋgeɪt]
[使伸展得长长地 e〈ex（= out）+ long（= long）]
v. 使伸长，拉长；延长

ⓝ elongation 伸长，延长 ⓔ Pull on solt water taffy to elongate it as it cools.（当盐水太妃糖冷却的时候用力拉使它变长。）

prolong***
[prəˈlɒŋ]
[使向前拉长 pro (= forth) + long (= long)]
vt. 延长，拉长；拖长(元音等的)发音
ⓝ prolongation 延长；延期 ⓐ prolonged 长期持续的 ⓔ We didn't want to prolong our dog's suffering, so we put him to sleep.（我们不想延长我们狗的痛苦，所以让他永眠了。）

oblong**
[ˈɒblɒŋ]
n./a. 椭圆形(的)，长方形(的) *ob (= to, toward)

longitude**
[ˈlɒndʒɪtjuːd]
n. 经度，经线(↔latitude 纬度)
ⓔ ten degrees fifteen minutes of east longitude（东经 10 度 15 分）

longitudinal**
[ˌlɒndʒɪˈtjuːdɪnl]
a. 经度的，经线的；长度的；纵向的
ⓔ longitudinal survey（纵向调查） longitudinal stripes（纵向的条纹）

longeron*
[ˈlɒndʒərən]
n. (pl.)(飞机机体的)纵梁

long-bill*
[ˈlɒŋ bɪl]
n. 长嘴的鸟

long-distance*
[ˈlɒŋ ˈdɪstəns]
a. 长距离的，长途(电话)的
ⓔ long-distance call（长途电话） long-distance flight（长途飞行）

Long March*
[ˈlɒŋ ˈmɑːtʃ]
n. 长征(1934 年中国共产党行至延安的大行军)

long-playing*
[ˈlɒŋ ˈpleɪɪŋ]
a. 长时间的；慢转密纹的
ⓔ long-playing record（长时间唱片（又称 LP 唱片），慢转密纹唱片）

long-range*
[ˈlɒŋ ˈreɪndʒ]
a. 远程的；长期的
ⓔ long-range gun（远射程大炮） long-range plan（长期规划）

long-run*
[ˈlɒŋ ˈrʌn]
a. 长期的

longways*
[ˈlɒŋweɪz]
ad. 纵长地

longwinded*
[ˈlɒŋ ˈwɪndɪd]
a. (话语)冗长的，唠叨的

LECTURE 64

词根 RADIC[RADIS]

来自拉丁语的 radic 意为 root，它的变形为 radis。

eradicate**
[ɪˈrædɪkeɪt]
[使连根拔出 e⟨ex (= out) + radic (= root)]
vt. 根除，根绝；清除；消灭
ⓝ eradication 根除；消灭 eradicator 除草机；去污剂；墨水擦 ⓔ Polio has been eradicated in North America, but not in Africa.（小儿麻痹在北美已被消灭，但在非洲还没有。）

radical***
[ˈrædɪkl]
a. 根本的，基本的；（意见、政策等）激进的，过激的；【数】根的
n. 激进分子，激进党派成员；根号；根数
ⓐⓓ radically（根本地；激进地，过激地） ⓔ radical change / reform（彻底的变化 / 彻底的改革） radical program（激进的方案） the radical sign（根号√‾） radical left / right（极左 / 极右）

radicalize*
[ˈrædɪklaɪz]
v. 使激进，使过激
ⓝ radicalism（激进主义）

radicle*
[ˈrædɪkl]
n. 胚根 *le（= small）

radish**
[ˈrædɪʃ]
n.（做沙拉时使用的白色或红色的）萝卜 *radis〈radic（= root）

词根 LIP

来自拉丁语的 lip 意为 to leave。同义词根有来自拉丁语的 linqu / lic / lict。

eclipse***
[ɪˈklɪps]
[因离开而没有了、火熄灭了 ec〈ex（= out）+ lip（= leave）]
n.（太阳、月亮的）食；（势力、名誉等）黯然失色
vt. 遮光；使失色
ⓐ ecliptic 食的；黄道的；（*n.*）黄道 ⓔ His accomplishments were eclipsed by those of his famous father.（他的成就与他出名的父亲的业绩相比黯然失色。）

ecliptic*
[ɪˈklɪptɪk]
n. 黄道 *ec〈ex（= out）

LECTURE 65

词根 MANU[MAN]

来自拉丁语的 manu 意为 hand，它的变形为 man。同义词根有来自希腊语的 chiro。

emancipate**
[ɪˈmænsɪpeɪt]
[将抓着的手递到外边 e〈ex（= out）+ man〈manu（= hand）+ cip〈cap（= take）]
vt. sb/sth + from + sth 解放（奴隶等）；给予自由
ⓝ emancipation（奴隶等）解放 ⓔ The army arrived and emancipated the prisoners of war.（军队到了之后释放了战俘。）

manipulate**
[məˈnɪpjuleɪt]
[用手拉走 man〈manu（= hand）+ pul（= drive）]
vt.（熟练地）操作，使用；巧妙地处理
ⓝ manipulation 巧妙处理；操作 manipulator 操作者 ⓔ The larynx is the structure that manipulates the vocal cords to produce speech.（喉咙是控制声带使之发声的器官。）

manacle*
[ˈmænəkl]
n.（pl.）手铐；脚镣 *v.* 戴上手铐；束缚 *man〈manu（= hand），cle（= small）

management***
[ˈmænɪdʒmənt]
n. 经营，运营；管理；处理；（the~）[总称] 经营层；管理层 *man〈manu（= hand）
ⓥ manage（（用手）操作；管理） ⓐ manageable（易处理的；可操纵的） managerial（管理人的；管理的；经理的） ⓝ manager（经营者；管理者；负责人；主任；（演艺人员的）经理人） manageability（易管理；易处理） ⓔ joint consulation between workers

and management（劳资双方的联席会议）

manoeuver** [məˈnuːvə(r)]
n.（军队等的）机动；(pl.）机动演习，军事演习；花招，伎俩；策略 *v.* 机动；机动演习
*man〈manu（= hand）
ⓐ maneuverable（有机动性的，可调动的） ⓝ maneuverability（机动性） ⓔ army/fleet maneuvers（陆军/舰队的机动演习） troops on maneuvers（机动训练中的部队） despicable maneuvers of some politicians（一些政治家的卑劣伎俩） The fleet is maneuvering off the east coast.（舰队正在东海岸进行机动演习。）

manicure** [ˈmænɪkjʊə(r)]
n. 修指甲 *v.* 修指甲；修剪 *man〈manu（= hand），cur（= take care）
ⓝ manicurist（指甲修饰师，美甲师） ⓔ have a manicure once a week（一星期修剪一次指甲）

manifest*** [ˈmænɪfest]
a. 明白的，显然的，清楚的 *v.* 表明，显示，表露；（幽灵等）出现；（在集会等）发表意见 *n.*（向海关提交的船运的）载货清单，舱单
*man〈manu（= hand），fest（= strike）
ⓔ manifest truth（显然的事实） She doesn't manifest much desire to marry him.（她没表示很想和他结婚。）

---

manifestation** [ˌmænɪfeˈsteɪʃn]
n. 表现，表明，表示；显示；显示（表现）的言行
*man〈manu（= hand），fest（= strike）

manifesto** [ˌmænɪˈfestəʊ]
n.（统治者、政党等的）声明，宣言；（有关个人或团体特点、资格的）告示
*man〈manu（= hand），fest（= strike）
ⓔ *Communist Manifesto*（《共产党宣言》（由马克思和恩格斯执笔，1848 年出版））

manual*** [ˈmænjuəl]
a. 手的；手动的，手工的；体力的 *n.* 手册，简介，指南，便览；（风琴等的）键盘
ⓔ manual labor（体力劳动） manual training（（学校等的）手工课，如木工或、金属工艺活） manual alphabet（（聋哑人使用的）手语字母） manual exercises（步枪操作练习） shorthand manual（速记手册）

manufacture*** [ˌmænjuˈfæktʃə(r)]
v.（特指大规模地）制造；捏造（故事、借口等），虚构 *n.* 制造，制作，生产；制品，产品 *fact（= make）

manufacturer*** [ˌmænjuˈfæktʃərə(r)]
n. 制作者，制造（业）者，生产者 *fact（= make）

---

mannerism** [ˈmænərɪzəm]
n.（态度、说话等的）特殊习惯，怪癖；个人惯用的格调（特指文学、艺术的表现手法方面固守独特的格调或形式） *man〈manu（= hand）

manumit** [ˌmænjuˈmɪt]
v. 释放（农奴、奴隶） *mit（= send）
ⓝ manumission（（农奴、奴隶的）解放）

manure*** [məˈnjʊə(r)]
n. 粪肥；肥料 *v.* 给（土地）施肥，施肥于…
ⓔ artificial / chemical / nitrogenous manure（人工/化学/含氮肥料） barnyard (farmyard) manure（厩肥）

manuscript*** [ˈmænjuskrɪpt]
n. 原稿，手稿（手写或打字机打出来的文稿） *script（= write）
ⓔ poems still in manuscript（尚未付印的诗作）

词根 HOD[OD]

来自拉丁语的 hod 意为 way, road，其变形为 od。

---

exodus** [ˈeksədəs]
[走上外出的道路 ex（= out）+ od〈hod（= way）]
n.（大批）的出走，迁出；(the E~) 古代以色列人出埃及；(E~) 基督教《圣经》中的《出埃及记》
ⓔ After the earthquake, an exodus of peasants from the decimated city clogged the highways.（地震后，大批从遭到破坏的城市中逃离的农民堵塞了公路。）

methodical** [端正地走路的 met〈meta (= intensive, change, beyond) + hod (= way)]
[məˈθɒdɪkl]
a. 有秩序的，井然的；(指人)做事有条理的
ⓝ method 条理，秩序；方法 methodology 方法论，方法学 ⓔ Science can be defined as a methodical approach to knowledge acquisition. (科学可以被定义为一种系统获取知识的方法。)

---

anode* *n.* (电子管的、电解槽等的) 阳极，(干电池、蓄电池等的) 正极
[ˈænəʊd] *an〈ana (= up), od〈hod (= way, road)

cathode* *n.* (电池的) 阴极，负极 *cat〈cata (= down)
[ˈkæθəʊd] ⓔ cathode ray ((雷达、电视等使用的) 阴极射线)

odometer* *n.* (汽车等的) 里程表 *od〈hod (= way, road), meter (= measure)
[əʊˈdɒmɪtə(r)]

period*** *n.* 期间；周期；时代，时期；(学校的) 学时，一节 (课)；句号；疾病的期间 (周期)；经期 *peri (= around), od〈hod (= way, road)
[ˈpɪəriəd] ⓔ transition period (过渡期) the second period (第二节课) period of incubation (潜伏期)

periodic** *n.* 周期的；定期的 *peri (= around), od〈hod (= way, road)
[ˌpɪəriˈɒdɪk] ⓔ periodic attacks of malaria (疟疾的周期性发作) periodic revolution of a heavenly body (天体的周期运转) periodic table ((元素)周期表)

---

periodical*** *n.* 期刊 (日刊除外) *a.* 定期发行的；期刊的；周期的；定期的
[ˌpɪəriˈɒdɪkl] *peri (= around), od〈hod (= way, road)

synod** *n.* 宗教会议 *syn (= together), od〈hod (= way, road)
[ˈsɪnəd]

词根 ORB

来自拉丁语的 orb 意为 circle, track。

exorbitant** [脱离常规、轨道的 ex (= out) + orb (= track, circle)]
[ɪgˈzɔːbɪtənt]
a. (价格、要求等)过高的，过分的
ⓝ exorbitance(价格、要求等的)过高，过分 ⓐⓓ exorbitantly 过高地，昂贵地
ⓔ Prices for butter and eggs were exorbitant during WW II. (第二次世界大战期间黄油和鸡蛋的价格贵得离谱。)

---

suborbital* *a.* 未进入 (地球) 轨道的，亚轨道的；在眼眶之下的 *sub (= under)
[ˌsʌbˈɔːbɪtl] ⓔ suborbital flight ((宇宙飞船等的)) 亚轨迹飞行)

orbit*** *n.* (天体、宇宙飞船等的) 轨道 *v.* 进入轨道；沿轨道飞行、盘旋
[ˈɔːbɪt] ⓔ the earth's orbit round the sun (地球围绕太阳的轨道) How many spacecraft have orbited the moon? (有多少宇宙飞船绕月球运行过?)

orbital* *a.* 轨道的
[ˈɔːbɪtl] ⓔ spacecraft's orbital distance from the earth (宇宙飞船距离地球的轨道距离) orbital velocity (轨道速度)

LECTURE 66

词根 TERMIN

来自拉丁语的 termin 意为 end, limit, boundary。同义词根有来自拉丁语的 fin, ultim 和来自希腊语的 bys 等。

---

exterminate** [ɪkˈstɜːmɪneɪt]

[完全结束 ex (= out) + termin (= end)]

vt. 根除(疾病、想法等); 消灭, 歼灭

ⓝ exterminination 根除, 灭绝 ⓔ Nuclear weapons may be used to exterminate mankind. (核武器很可能会被用来消灭人类。)

---

interminable** [ɪnˈtɜːmɪnəbl]

[没有终止的 in (= not) + termin (= end)]

a. 无限的, 无休止的; 冗长的

ⓐⓓ interminably 无限地; 冗长地 ⓔ The movie was interminable. I was so bored I actually slept! (电影太长了, 我无聊得都睡着了!)

---

terminate*** [ˈtɜːmɪneɪt]

[使结束 termin (= end)]

vt. 使停止; 使结束; 解雇

ⓝ termination 终止, 终结, 结局 terminus 终点站; 终点 ⓐ terminable 有期限的; 可终结的 ⓔ We are terminating your employment effective February 24th. (我们将于 2 月 24 日终止对你的聘用。)

---

conterminous* [kɒnˈtɜːmɪnəs]

a. 有共同边界的; 邻接的; (空间、时间、范围上) 同样广大的

*con⟨com (= together)

ⓔ coterminous (= conterminous)

determine*** [dɪˈtɜːmɪn]

v. 下决心; 决定; 判定; 确定 *de (= away)

ⓐ determinable (可决定的) determinate (有限的; 确定的) determinative (决定的; 限定的) ⓝ 【语】determiner (限定词)

determined*** [dɪˈtɜːmɪnd]

a. 坚决的, 坚定的, 决然的 *de (= away)

ⓔ determined look (坚决的表情)

determination*** [dɪˌtɜːmɪˈneɪʃn]

n. 决定; (~to do) 决心; 决意, 果断; (~of) (数量等的) 计算, 测定 *de (= away)

ⓔ his determination to learn English (他学英语的决心) with an air of determination (神情坚决) the determination of the amount of metal in a specimen of ore (矿石标本中金属含量的测定)

determinant* [dɪˈtɜːmɪnənt]

n. 决定物; 决定因素 *a.* 决定的 *de (=away)

---

predetermine* [ˌpriːdɪˈtɜːmɪn]

v. 预先决定; 预先查明 *pre (= before), de (= away)

ⓝ predetermination (预先决定)

terminal*** [ˈtɜːmɪnl]

a. 末端的; 终点的; 学期的, 期末的; (致命疾病的) 末期的 *n.* 终端, 末端; 终点; 终点站; 【电】端子

ⓔ terminal accounts (终结账户) terminal cancer (晚期癌症) the West London Air Terminal (西伦敦航空终点站) the terminal of a battery (电池的端子)

terminus** [ˈtɜːmɪnəs]

n. (水陆交通线、运输管道的) 终点站

terminology** [ˌtɜːmɪˈnɒlədʒi]

n. 术语; 术语学 *log (= speech)

ⓐ terminological (术语的) ⓔ terminological inexactitude (术语上的不精确) medical / grammatical terminology (医学 / 语法术语)

LECTURE 67

词根 LUC[LUX, LUS]

来自拉丁语的 luc 意为 light，它的变形为 lux，lus。同义词根有来自拉丁语的 lumin [lun] 和来自希腊语的 photo 以及来自盎格鲁－撒克逊语的 light。

elucidate** [iˈluːsɪdeɪt]
[拉出外边使清楚 e‹ex (= out) + luc (= light)]
vt. 说明，阐明(问题)
ⓝ elucidation 说明，解释 elucidator 解说者 ⓔ The rules of rhetoric are elucidated in several works by Aristotle.（亚里士多德的几部作品都对修辞规则作了阐述。）

lucubration* [ˌljuːkjuːˈbreɪʃn]
[在火光、灯光下努力后出现的结果 luc (= light)]
n.（夜间挑灯）刻苦学习；苦心的著作
ⓥ lucubrate 刻苦研究，用功学习；著书立说 ⓔ All those hours of lucubration have furrowed your forehead.（长期的刻苦在你的额头上留下了深深的皱纹。）

pellucid* [pəˈluːsɪd]
a. 透明的；清晰的，明白的 *pel‹per (= through)

translucent** [trænsˈluːsnt]
a. 半透明的 *trans (= through)
ⓔ translucent body（半透明体）

lucid** [ˈluːsɪd]
a. 清晰的，明白的；易懂的；头脑清楚的，神志清醒的；光辉的，明亮的
*id (= having the quality of)
ⓝ lucidity（明朗，清晰；神志清醒） ⓐⓓ lucidly（清晰地） ⓔ lucid explanation（清晰的说明） lucid mind（清醒的头脑）

Lucifer** [ˈljuːsɪfə(r)]
n. 晓星；晨星；撒旦，魔鬼 *fer (= carry)

lucent* [ˈljuːsnt]
a. 发光的；透光的

lustre*** [ˈlʌstə(r)]
n. 光泽，光亮；光彩；光荣；玻璃吊灯架 *lus‹luc (= light)
ⓔ luster of pearls（珍珠的光泽）

lustrous* [ˈlʌstrəs]
a. 有光泽的，光亮的 *lus‹luc (= light)
ⓔ lustrous pearls（明亮的珍珠） her lustrous eyes（她亮晶晶的眼睛）

lusty** [ˈlʌsti]
a. 强壮的，健壮的；精力充沛的；活泼的 *lus‹luc (= light)
ⓔ lusty girl from the country（乡下来的活泼女孩） lusty cheers（热烈的欢呼声）

illustrate*** [ˈɪləstreɪt]
v.（用实例、图解）说明；加插图于 *il‹in (= into, in), lus‹luc(=light)
ⓔ well-illustrated textbook（插图丰富的教科书）

illustration*** [ˌɪləˈstreɪʃn]
n. 图解；实例，例证；（用实例、图解等的）说明
*il‹in (= into, in), lus‹luc (= light)
ⓝ illustrator（插图画家；说明者）

illustrative** [ˈɪləstrətɪv]
a. 说明的，解释的；例证的 *il‹in (= into, in), lus‹luc (= light)

illustrious*** [ɪˈlʌstriəs]
a. 杰出的；著名的；（功绩等）辉煌的，卓越的
*il‹in (= into, in), lus‹luc (= light)

luxury***
[ˈlʌkʃəri]
n. 奢侈，奢华；奢侈品；享受，乐趣 *lux〈luc (= light)
ⓔ life of luxury (奢侈的生活) luxury hotel / ocean liner (豪华饭店 / 豪华远洋客轮)

luxurious***
[lʌgˈʒuəriəs]
a. 奢侈的，豪华的；贪图享受的；放纵的 *lux〈luc (= light)
ⓔ luxurious surroundings (奢侈的环境) luxurious hotel (豪华饭店) luxurious habits (贪图享受的习惯)

luxuriant**
[lʌgˈʒuəriənt]
a. 繁茂的，浓密的；丰富的；(文体、艺术样式)华丽的 *lux〈luc (= light)
ⓝ luxuriance (茂盛；丰富；华丽) ⓔ luxuriant vegetation of the tropics (热带茂密的植被) luxuriant imagination (丰富的想像力)

---

luxuriate*
[lʌgˈʒuərieɪt]
v. 繁茂地生长；尽情享乐，过奢侈的生活 *lux〈luc (= light)
ⓔ luxuriate in the warm spring sunshine (享受春天温暖的阳光)

deluxe*
[ˌdəˈlʌks]
a. 高级的；豪华的；奢华的 *de (= intensive), lux〈luc (= light)
ⓔ deluxe edition (of a book) ((书的)精装版) deluxe hotel (高级饭店) articles deluxe (奢侈品)

词根 EMPT, EM[EEM, MPT, M, ANSOM]

来自拉丁语的 empt, em 意为 to take，其变形为 eem, mpt, m, ansom 等。同义词根有来自拉丁语的 prehend / prehens, pris, cap / capt / cept / ceiv [cip, cup, ceit], rap / rav, sum / sumpt, lab / lep 等。

---

exemplary**
[ɪgˈzempləri]
[抓向外边的、举例的 ex (= out) + em (= take)]
a. 模范的，典范的；惩戒性的，警告性的
ⓥ exemplify 例证；作为榜样 ⓝ exemplification 例证；范例，实例 exempli gratia 例如(缩写：eg) ⓔ He was named valedictorian for his exemplary academic performance. (他因优异的学习成绩而被选为毕业生代表。)

---

impromptu**
[ɪmˈprɒmptjuː]
[不提前抓 im〈in (= not) + pro (= before) + mpt〈empt (= take)]
a. /ad. 无准备的(地)，即兴的(地)
n. 即席之作(如演奏、作诗等)
ⓔ We had an impromptu party in the dorm the day after finals. (期末考试结束后的第二天，我们在宿舍临时开了一个晚会。)

---

peremptory**
[pəˈremptəri]
[采取强硬态度的 per (= intensive) + empt (= take)]
a. (命令)断然的；独断的；强制的
ⓔ The constable issued a peremptory order for a 10 p. m. curfew. (警官发布了晚间十点宵禁的强制禁令。)

---

preempt*
[priˈempt]
[事先抓住、采取 pre (= before) + empt (= take)]
vt. 通过优先购买权获得；为得到优先购买权而占有(公地)；先发制人
ⓝ preemption 优先购买(权)；优先获取 ⓐ preemptive 先取得的；优先购买权的；先发制人的 ⓔ The special news bulletin preempted regular programming. (特别新闻快报取代了正常播放的节目。)

---

exempt***
[ɪgˈzempt]
v. 免除(责任、义务)；豁免 *a.* 被免除的；被豁免的 *ex (= out)
ⓔ exempt from tax (免税的)

exemption*
[ɪgˈzempʃn]
n. 免除 *ex (= out)

prompt***
[prɒmpt]
a. 迅速的，敏捷的 *v.* 刺激，激励，鼓舞；促使；(为忘记台词的演员)提词，提白
*pro (= before, forth), mpt〈empt (= take)

ⓐⓓ promptly (迅速地，敏捷地；立即地) ⓝ prompter (提词员) ⓔ prompt box ((舞台上提词人藏身的)提词厢座) prompt copy (供提词员用的剧本)

promptitude* [ˈprɒmptɪtjuːd]
n. 迅速，敏捷 *pro (= before, forth), mpt〈empt (= take)

premium*** [ˈpriːmiəm]
n. 奖赏，奖金；(公债、股票等的)溢价 *pre (= before), m〈em (= take)

redeem*** [rɪˈdiːm]
v. 赎回；挽回；解救；履行(承诺、义务等)；弥补，补救；【宗】救赎
*red〈re(=again, back), eem〈em(=take)
ⓝ (the) Redeemer (救世主，耶稣基督) ⓐ redeemable (可赎回的；可以挽救的；可偿还的)

redemption** [rɪˈdempʃn]
n. 赎回(买回)；解救；履行 *red〈re (= again, back)
ⓔ redemption of a promise (履行承诺)

redemptive* [rɪˈdemptɪv]
a. 赎回的；挽回的，补偿的；救赎的 *red〈re (= again, back)

ransom*** [ˈrænsəm]
n. 赎金，赔偿金；(俘虏等的)赎身
*r〈re (= again, back), ansom〈em (= take)

LECTURE 68

词根 TOL

来自拉丁语的 tol 意为 to raise, to support。

extol** [ɪkˈstəʊl]
[向外、向上举 ex (= out, up) + tol (= raise, support)]
vt. 高度赞扬，极力称赞
ⓔ Newlyweds tend to extol the virtues of their mates to all who will listen. (新婚夫妇往往喜欢向所有愿意听的人极力称赞自己爱人的美德。)

intolerable** [ɪnˈtɒlərəbl]
[无法支撑自我的 in (= not) + tol (= support, raise)]
a. 无法忍受的，难耐的
ⓝ intolerance 不宽容；无法忍受 ⓐ intolerant 无法忍受的；偏执的 ⓔ I find the heat and humidity in Panama to be intolerable. (我觉得巴拿马的高温和潮湿实在难以忍受。)

tolerate*** [ˈtɒləreɪt]
v. 容忍，忍受；宽容
ⓝ toleration (宽容；容忍) ⓔ How can you tolerate that pompous idiot? (你怎么能忍受那个狂妄自大的白痴?)

tolerance** [ˈtɒlərəns]
n. (对与自己不同的意见、信仰、习惯、行为等的)宽容；容忍
ⓔ religious / racial tolerance (宗教 / 种族宽容)

tolerable** [ˈtɒlərəbl]
a. 可忍受的，可容忍的；尚好的；还可以的，过得去的；〈口〉(身体)还算健康的
ⓐⓓ tolerably (过得去地；可容忍地) ⓔ tolerable food (还可以的食物) in tolerable health (身体还算健康)

tolerant** [ˈtɒlərənt]
a. 宽容的；容忍的
ⓔ tolerant of criticism / contradiction (容忍批评 / 容忍反驳)

toll*** [təʊl]
n. (桥梁、道路等的)通行费；代价；(事故等的)伤亡人数；长途电话费；(缓慢而有规律地敲响的)钟(声) v. 征收捐税，收费；(有规律地、缓慢地)敲钟

ⓔ toll gate（收费门） toll collector（收费员；收费机） toll call（长途电话） toll-free（不用付电话费的） road toll （交通事故死伤者） take a heavy toll of South Korea's manhood（韩国男子大量死伤） The funeral bell tolled solemnly.（丧钟庄严地鸣响。）

LECTURE 69

词根 GREG

来自拉丁语的 greg 意为 flock，mob。

egregious* [ɪˈgriːdʒiəs]
[脱离人群的 e〈ex（= out）+ greg（= flock, mob）]
a. 极坏的；异乎寻常的
ⓐⓓ egregiously 极坏地 ⓔ The bassoon soloist made several egregious mistakes at the recital.（那个低音管独奏者在演奏会上出现了几次极大的失误。）

gregarious* [grɪˈgeəriəs]
[因成群而充满的 greg（= flock, mob）]
a. 群居的，集体的；合群的；爱社交的
ⓔ I tend to be lost in the shadow of my gregarious friend.（同我善于社交的朋友在一起，我会不知所措。）

segregate** [ˈsegrɪgeɪt]
[使脱离于群 se（= away）+ greg（= flock, mob）]
vt. 分离，隔离；实行种族隔离
ⓝ segregation 分离，隔离；种族隔离 segregationist 种族隔离主义者 ⓔ You need to segregate the bitch from the other dogs when she's in heat.（当母狗发情时，你需要把它和其他狗隔离开来。）

aggregate*** [ˈægrɪgeɪt]
v. 聚集，集合；总计达 *n.* [ˈægrɪgət] 合计，总数，总额；（混凝土的）骨料
a. [ˈægrɪgət] 总计的，合计的 *ag〈ad（= to, near）
ⓝ aggregation（集合体，集成体） ⓔ The money collected aggregated $1, 000.（筹集的资金总计 1000 美元。） in the aggregate（总计） aggregate demand（总需求）

congregate** [ˈkɒŋgrɪgeɪt]
v.（使）集合 *con〈com（= together）
ⓔ People quickly congregated around the speaker.（人们很快就聚集到了演说者周围。）

congregation*** [ˌkɒŋgrɪˈgeɪʃn]
n. 会集，集合；（教堂的）会众（通常牧师、圣歌队除外）；（宗教的）集会
*con〈com（= together）

congregational** [ˌkɒŋgrɪˈgeɪʃnl]
a.（教堂）会众的；集合的；（C~）（基督教）公理会的
*con〈com（= together）
ⓔ Congregational church（（基督教的）公理教堂）

desegregate* [ˌdiːˈsegrɪgeɪt]
v. 废除种族隔离 *de（= reverse the action of），se（= away）
ⓝ desegregation（废除种族隔离） ⓔ desegregate schools in Alabama（亚拉巴马州取消种族隔离的学校）

词根 LIC

来自拉丁语的 lic 意为 to entice，to permit。

elicit** [iˈlɪsɪt]
[诱骗使出到外边 e〈ex（= out）+ lic（= entice, permit）]
vt. sth + from + sb 引出；诱出

ⓝ elicitation 引出 ⓔ Her remarks, intended seriously, elicited only laughter from the group.（她的发言本是很严肃的，但却只让大家大笑起来。）

illicit** [ɪˈlɪsɪt]
[法律不允许的 il〈in (= not) + lic (= permit)]
a. 非法的，法律禁止的
ⓐⓓ illicitly 非法地 ⓔ The minister had conducted an illicit affair with a parishioner for years.（那个牧师多年以来一直和一个教区居民保持着非法关系。）

licit** [ˈlɪsɪt]
a. 合法的，正当的

license*** [ˈlaɪsns]
n. 执照；许可证；放纵，放肆 *v.* 许可，准许；发放执照
ⓝ licensee（持有执照者；尤指持有卖酒执照者） licentiate（有开业执照者）
ⓔ license to practice medicine（医生的行医执照） driver's license（驾驶执照）

licensed*** [ˈlaɪsnst]
a. 获准售酒的
ⓔ licensed house（获准售酒处）

licentious** [laɪˈsenʃəs]
a. 放荡的；放肆的

leisure*** [ˈleʒə(r)]
n. 空闲，闲暇；悠闲自在 *a.* 空闲的；悠闲的 *leis〈lic (= permit)
ⓐ leisured（悠闲的；有闲的） leisured classes（有闲阶级） ⓔ life of leisure（悠闲的生活） leisure wear（休闲服） leisure hours / industries（闲暇时间 / 娱乐业）

leisurely*** [ˈleʒəli]
a. 悠闲的，慢慢的；从容不迫的 *ad.* 慢慢地；从容不迫地 *leis〈lic (= permit)
ⓔ leisurely movements（从容不迫的举止） work leisurely（不慌不忙地工作）

词根 RUD

来自拉丁语的 rud 意为 crude。

erudite** [ˈerudaɪt]
[摆脱未成熟的、粗野的状态的 e〈ex (= out) + rud (= crude)]
a. 博学的；有学识的
ⓝ erudition 博学；学识 ⓐⓓ eruditely 博学地 ⓔ Though far from erudite, the instructor at least has a pleasant personality.（虽然那位讲师远谈不上博学，但至少性格很好。）

rude*** [ruːd]
a.（人或言行）无礼的；粗鲁的；粗暴的；猛烈的；未开化的，野蛮的；粗糙的，不精致的；天然的，未加工的
ⓐⓓ rudely（无礼地；粗鲁地，粗暴地；粗糙地） rudely fashioned craft（样式极其简陋的船） ⓔ rude reply（无礼的回答） rude ore / produce（原矿 / 天然产品）

rudiment** [ˈruːdɪmənt]
n.（pl.）基础，基本原理；初步；入门；萌芽
ⓔ rudiments of grammar（语法入门）

rudimentary** [ˌruːdɪˈmentri]
a. 基本的，初步的；未发展完全的
ⓔ rudimentary knowledge of mechanics（力学的基本知识）

词根 VAN[VAIN]

来自拉丁语的 van 意为 empty，它的变形为 vain。同义词根有来自拉丁语的 vac，void 和来自盎格鲁-撒克逊语的 wan。

evanescent** [ˌiːvəˈnesnt]
[完全空着的 e〈ex (= out, intensive) + van (= empty) + esc (= becoming)]
a. 逐渐消失的；短暂的
ⓝ evanescence 逐渐消失；短暂性 ⓔ She's a shy girl with an evanescent

presence. You'll hardly notice her.（她是个不惹人注意的羞涩的女孩。你几乎都察觉不到她的存在。）

vanish***
[ˈvænɪʃ]
v. 消失；绝迹；突然不见
ⓔ vanish into thin air（不知去向，消失得无影无踪） vanishing cream（雪花膏）

vanity***
[ˈvænəti]
n. 自负，自满；虚荣（心）；无价值；空虚，无意义
ⓔ tickle her vanity（满足她的虚荣心） injured vanity（受伤害的虚荣心）

vain*
[veɪn]
a. 无益的，无用的，徒劳的；无价值的；自负的，自大的
*vain〈van（= empty）
ⓐⓓ vainly（徒劳地，无用地；自满地，自负地） ⓔ in vain（无益地，徒劳地；轻慢地，不尊敬地）

vainglory*
[ˌveɪnˈglɔːri]
n. 自满，自负；虚荣 *vain〈van（= empty）
ⓐ vainglorious（自大的，自满的；虚荣的）

LECTURE 70

词根 HILAR

来自希腊语的 hilar 意为 merry。

exhilarate*
[ɪgˈzɪləreɪt]
[使非常明朗 ex（= out, intensive）+ hilar（= merry）]
vt. 使振奋，使兴奋；使愉快
ⓝ exhilaration 振奋，愉快 ⓔ Carnival rides exhilarate the children, but they just make me sick!（嘉年华的游艺木马让孩子们兴奋不已，但却让我感到难受！）

hilarious**
[hɪˈleəriəs]
a. 欢闹的，热闹的

hilarity**
[hɪˈlærəti]
n. 欢闹，兴高采烈

词根 HORT

来自拉丁语的 hort 意为 to urge。

exhort**
[ɪgˈzɔːt]
[强烈地主张、催促 ex（= out, intensive）+ hort（= urge）]
vt. sb + to do 力劝，劝说；告诫
ⓝ exhortation 劝说，劝告；忠告，告诫 ⓔ My father exhorted me to go to college, but unfortunately I ignored him.（我爸爸力劝我去念大学，但可惜的是我没有听他的话。）

hortative*
[ˈhɔːtətɪv]
a. 劝告的，忠告的；鼓舞的，激励的

词根 PI

来自拉丁语的 pi 意为 holy。同义词根有来自拉丁语的 secr, sanct 和来自希腊语的 hagi, hier。

expiate**
[ˈekspieɪt]
[使变得非常神圣 ex（= out, intensive）+ pi（= holy）]
vt. 赎罪；补偿过失
ⓝ expiation 赎罪；补偿 ⓐ expiatory 赎罪的；补偿的 ⓔ His guilt is so strong

he feels he can never expiate his evil deeds.(他犯下的罪行太重了，以至于他自己都觉得无法为自己的罪行赎罪。)

pious***
['paɪəs]
a. 虔诚的，笃信的；可嘉的

piety***
['paɪəti]
n.(宗教上的)虔诚；(对国家、君主、父母等的)忠诚，孝顺
ⓔ filial piety(孝心)

impious**
['ɪmpiəs]
a. 不敬的；不虔诚的　*im⟨in (= not)

impiety**
[ɪm'paɪəti]
n. 不虔诚；对神不敬(的言行)　*im⟨in (= not)

词根 PURG

来自拉丁语的 purg 意为 clean。同义词根有来自拉丁语的 pur。

expurgate*
['ekspəgeɪt]
[去除不纯部分使变成干净、纯洁的状态 ex (= out) + purg (= clean, clear)]
vt. sth + from + sth　删除(书中的不当之处)
ⓝ expurgation 删除　ⓔ Ultraconservatives often want to expurgate passages from great works of literature.(极端保守主义分子常常想删除伟大的文学作品中的一些段落。)

purge***
[pɜːdʒ]
v. 肃清(反对势力等)，清除；净化(水、心灵等)；(用泻药)使通便
n. 肃清；净化；泻药
ⓔ political purges that followed the overthrow of the government(颠覆政权之后伴随的政治肃清)

purgation**
[pɜː'geɪʃn]
n. 净化；洗涤；洗罪

purgative*
['pɜːgətɪv]
a. 通便的，催泻的 *n.* 泻药

purgatory*
['pɜːgətri]
n. 涤罪；炼狱；暂时的苦难
ⓐ purgatorial(涤罪的；炼狱的)

LECTURE 71

词根 TRIC[TRIG]

来自拉丁语的 tric 意为 petty obstacle，它的变形为 trig。

extricate**
['ekstrɪkeɪt]
[使摆脱小障碍物 ex (= out) + tric (= petty obstacle)]
vt. sb / sth + from + sth (从危险、困境中)救出，解救
ⓝ extrication 解救　ⓐ extricable 可救出的　ⓔ We extricated our poor collie from the large fishing net on the beach. (我们在海边救出了我们那只可怜的被困在大渔网里的柯利狗。)

intricate***
['ɪntrɪkət]
[里面存在小障碍物的 in (= in) + tric (= petty obstacle)]
a. 错综复杂的；难以理解的
ⓝ intricacy 错综复杂　ⓐⓓ intricately 复杂地　ⓔ Circuit diagrams are quite intricate—and not easy to understand.(电路图相当复杂，让人难以理解。)

intrigue***
ⓥ [ɪnˈtriːɡ]
ⓝ [ˈɪntriːɡ]

[在里面放入小的障碍物 in (= in) + trig⟨tric (= petty obstacle)]
vt. 策划阴谋；激起…的兴趣
n. 阴谋；密谋；私通
ⓝ intrigant 阴谋者；私通者 ⓐ intriguing 激起兴趣的，引起好奇心的 ⓐⓓ intriguingly 激起兴趣地，引起好奇心地 ⓔ I'm intrigued by the possibility of opening a small coffee shop.（我对能否开一家小咖啡店产生了兴趣。）

词根 BULL

来自拉丁语的 bull 意为 to boil, seal。同义词根有来自拉丁语的 ferv。

ebullient**
[ɪˈbʌliənt]

[向外、向上沸腾的 e⟨ex (= out, up) + bull (= boil)]
a. 沸腾的；热情洋溢的，奔放的
ⓝ ebullience / ebullition 沸腾；感情的奔放 ⓔ She's very likely, with an ebullient personality.（她热情洋溢又很漂亮。）

bulletin***
[ˈbʊlətɪn]
n. 公告，告示，公报；（电视广播的）新闻快报；（学会等的）会报，学报
ⓔ bulletin board（布告栏，布告牌）

bullet***
[ˈbʊlɪt]
n. 子弹
ⓐ bulletproof（防弹的） bulletproof jacket / vest（防弹衣 / 背心）

bully***
[ˈbʊli]
n. 欺凌弱小者，恶霸 *v.* 威吓，胁迫 *a.* 〈口〉极好的

词根 FIG

来自拉丁语的 fig 意为 to form。

effigy**
[ˈefɪdʒi]

[拔出来做成某种样子 ef⟨ex (= out) + fig (= form)]
n. (用木、石等雕刻的)像，模拟像
ⓔ The U. S. President is frequently burned in effigy by protesters.（示威者们经常烧掉美国总统像。）

transfigure**
[trænsˈfɪɡə(r)]
v. 使…变形；改变…的外表 *trans (= change)
ⓝ transfiguration（变形，改观）

figment*
[ˈfɪɡmənt]
n. 虚构的事，臆造的事
ⓔ figments of the imagination（凭空想出来的事）

figure***
[ˈfɪɡə(r)]
n. 数字；图形；图解；图表；雕像，塑像；身材，外形；（飞行或滑冰）花样；舞步；人物
v. 想像；描绘；计算；估计；(~ out) 理解
ⓝ figurehead（傀儡） ⓔ double figures（两位数） geometrical figures（几何图形） a woman of graceful figure（外形优雅的女人） political figure（政界人士） great figures of the age（那个时代的伟大人物） cut a brilliant figure（崭露头角） I can't figure that man out.（我搞不懂那个人。） figure dance（花样舞） figure dancer（跳花样舞的人） figure painting / picture（肖像画） figure skate / skating（花样滑冰）

figured*
[ˈfɪɡəd]
a. 有花纹（或图案）的；用图形表示的
ⓔ figured glass window（压花玻璃窗） figured silk（有花纹的丝织品）

figurative*
[ˈfɪɡərətɪv]
a. 比喻的，象征的；用修辞手法的；【画】形象的
ⓔ in the figurative sense（就比喻意义而言） the figurative arts（形象艺术）

LECTURE 72

词根 MAN[MN, MAIN]

来自拉丁语的 man 意为 to flow, to stay，它的变形为 mn，main。当意为 to flow 时，同义词根有来自拉丁语的 flu，lix 和来自希腊语的 rrh。

emanate** [ˈeməneɪt]
[向外流 e〈ex (= out) + man (= flow, stay)]
vi. from + sth 散发(气味、光、声音、蒸汽、热等)；发源
ⓝ emanation 散发(物) ⓔ The pain seems to emanate from the general location of my liver.(疼痛好像来自肝那个部位。)

remnant*** [ˈremnənt]
[再一次、继续逗留 re (= again) + mn〈man (= stay)]
n. 剩余，残余；(削价出售的)零料，零碎布头；(pl.)遗迹
ⓔ I bought this big bag of fabric remnants for just fifty cents.(我只用 50 美分就买下了这一大包零碎布头。)

immanent* [ˈɪmənənt]
a.(性质)内在的；固有的；(上帝)无所不在的 *im〈in (= in)
ⓝ immanence(内在性；(上帝的)无所不在)

Immanuel* [ɪˈmænjʊəl]
n. 以马内利(基督教《圣经》中先知 Isaiah 及圣徒 Matthew 等对耶稣基督的别称，意为：上帝与我们同在) *im〈in (= in)

permanent*** [ˈpɜːmənənt]
a. 永久的，永恒的；固定性的；常在的 *per (= throughout)
ⓐⓓ permanently(永久地) ⓔ permanent peace / tooth / address(永久的和平 / 恒齿，恒牙 / 固定地址) permanent wave(烫发)

permanence** [ˈpɜːmənəns]
n. 永久，永恒(性)；持久(性) *per (= throughout)
ⓝ permanency(永恒的事物) Is your new job a permanency or merely temporary?(你的新工作是固定的还是临时的？)

manor*** [ˈmænə(r)]
n. 领地；庄园(封建制度下领主所管辖的土地，包括领主直属土地和租种的土地)
ⓐ manorial(领地的；庄园的) ⓔ manor house(庄园主宅地)

manse** [mæns]
n.(苏格兰的)牧师住宅

mansion*** [ˈmænʃn]
n. 大厦；(雄伟的)宅第；[用于专有名词中]公寓大楼
ⓔ Victoria Mansions(维多利亚公寓大楼)

remain*** [rɪˈmeɪn]
v. 留下，遗留；逗留；保持 *re (= again)，main〈man (= stay)

remainder*** [rɪˈmeɪndə(r)]
n. 剩余；残余者(物)；滞销图书 *re (= again)，main〈man (= stay)

remains** [rɪˈmeɪnz]
n. 残留物；遗迹；遗体，遗骸 *re (= again)，main〈man (= stay)
ⓔ the remains of a meal(剩下的饭菜) the remains of ancient Rome(古罗马遗迹) his mortal remains(他的遗骸)

词根 MEND

来自拉丁语的 mend 意为 fault。此外，还有意为 to order 的 mand，mend，请勿混淆。

emend* [iˈmend]
[指出错误、缺点 e〈ex (= out) + mend (= fault)]
vt. 校正(文件等)；修改
ⓝ emendation 校正；修改 ⓥ emendate 校正 ⓔ A good editor emends a text without substantially altering it.(优秀的编辑可以在不改动文本本质内容的基础

上对之进行校对。)

amend*** [ə'mend]
v. 修改,修订(规则、法案等);改善,改进 *a⟨ab (= away)
ⓐ amendable (可修正的;能改善的)

amendment*** [ə'mendmənt]
n. (法案等的)修改,修订;修正案;改善 *a⟨ab (= away)
ⓔ the Eighteenth Amendment (美国宪法第十八条修正案(禁酒令))

amends** [ə'mendz]
n. 赔偿 *a⟨ab (= away)
ⓔ make amends for (为…赔偿)

mendacious* [men'deɪʃəs]
a. 虚假的;说谎的
ⓝ mendacity (虚假;谎言) ⓔ mendacious newspaper reports (虚假的报纸报道)

mending** ['mendɪŋ]
n. (衣物等的)修补;需修补的东西
ⓔ a basketful of mending (一篮子待补的衣物) invisible mending (织补)

词根 NERV

来自拉丁语的 nerv 意为 nerve。同义词根有来自希腊语的 neur。

enervate* ['enəveɪt]
[使去除体力、神经、勇气e⟨ex (= out) + nerv (= nerve)]
vt. 使失去活力;使衰弱
a. 无活力的
ⓝ enervation 失去活力;衰弱 ⓐ enervated 无活力的;衰弱的 ⓔ The president's repeated scandals have enervated the Republican Party. (总统丑闻不断,弄得共和党疲惫无力。)

unnerve* [ˌʌn'nɜːv]
v. 使失去信心;使恐惧;使焦躁 *un (= not)

nerve*** [nɜːv]
n. 神经;勇气;胆量;厚颜;(pl.)神经过敏 v. 鼓励;激励
ⓐ nerveless (没有生气的;无力的) ⓔ nerve cell / center (神经细胞 / 神经中枢;核心) get on one's nerves (使某人心烦,使某人不安) war of nerves (神经战) be all nerves (神经高度紧张) What a nerve! (真是个厚颜无耻的家伙!) have the nerve to do (有勇气做…;厚着脸皮做…)

nervous*** ['nɜːvəs]
a. 神经的;神经兴奋的;紧张的
ⓐⓓ nervously (神经兴奋地;紧张地) ⓔ nervous breakdown (精神崩溃) nervous system (神经系统) nervous disorder (神经错乱) Don't be nervous. (别紧张。)

LECTURE 73

词根 FET

来自拉丁语的 fet 意为 productive。

effete* [ɪ'fiːt]
[生产能力竭尽的、没有的 ef⟨ex (= out) + fet (= productive)]
a. 缺乏活力的;衰弱的;无能力的
ⓔ The very rich are sometimes accused of having effete lifestyles. (巨富们有时会被指责生活方式过于颓废。)

fetus* ['fiːtəs]
n. (妊娠超过3个月的)胎儿(妊娠不足3个月的胎儿称作 embryo)
ⓔ foetus (= fetus)

fetal* ['fiːtl]
n. 胎儿的;胎儿般的
ⓔ foetal (= fetal) fetal position (胎位)

LECTURE 74

词根 MERS, MERG

来自拉丁语的 merg, mers 意为 to dip, to plunge。

immerse** [ɪˈmɜːs]
[向内浸、浸湿 im〈in (= into) + mers (= dip, plunge)]
vt. sb / sth + in + sth 浸入；使深陷于；使埋首于；给…施浸礼
ⓝ immersion 沉浸；专心；浸礼 cf. immerge (= immerse) ⓔ He immersed himself in his studies to the detraction of his social life. (他因埋头于学业而忽视了社交生活。)

emerge*** [iˈmɜːdʒ]
v. 出现；浮现；(事实、想法等)显现出来 *e〈ex (= out)
ⓝ emergence (显现，出现) ⓐ emergent (显现的，出现的；新兴的) emergent countries of Africa (非洲的新兴国家) ⓔ The moon emerges from behind the clouds. (月亮出现在云层后面。)

emergency*** [iˈmɜːdʒənsi]
n. 紧急情况，突然事件 *e〈ex (= out)
ⓔ emergency power (紧急备用动力) emergency exit / fund (紧急出口 / 应急资金) emergency call (紧急呼叫) emergency case / box (急救箱) emergency measures (应急措施)

submerge*** [səbˈmɜːdʒ]
v. 把…浸于水中；淹没；潜入水中 *sub (= under)
ⓝ submergence / submersion (淹没，浸没) ⓐ submersible (能潜入水的)

submerged** [səbˈmɜːdʒd]
a. 浸没的；浸在水中的；陷于贫困的；【海】水下的；水下运行的 *sub (= under)
ⓔ submerged rocks (暗礁) submerged speed (水下行驶速度) wreck that is submerged at high tide (涨潮时被淹没的遇难船只) submerged tenth (社会的最底层)

merge*** [mɜːdʒ]
v. (使)合并；(使)渐渐消失
ⓝ merger ((公司等的)合并) ⓔ The small banks were merged into one large organization. (那家小银行被并入一家大机构。) His fear was gradually merged into curiosity. (他的恐惧逐渐被好奇心所代替。)

LECTURE 75

词根 CALCUL

来自拉丁语的 calcul 意为 to reckon。同义词根有来自拉丁语的 rat。

incalculable** [ɪnˈkælkjələbl]
[无法计算的 in (= not) + calcul (= reckon)]
a. 无法计算的，(数目)巨大的；不可预测的
ⓔ Prime numbers of more than 100 digits are incalculable by today's supercomputers. (今天的超级计算机也无法计算出超过 100 位的素数。)

calculable* [ˈkælkjələbl]
a. 可计算的；可信赖的

calculate*** [ˈkælkjuleɪt]
v. 计算；推算；打算
ⓐ calculating (计算的；审慎的) calculated (计算出的；精心计划的；故意的；可能的) calculated crime (蓄意犯罪) ⓝ calculator (计算器；计算者)

calculation***　n. 计算；仔细的分析（或思考等）
[ˌkælkjuˈleɪʃn]　ⓔ after much calculation（深思熟虑后）

calculus**　n. 计算法；微积分；结石
[ˈkælkjələs]　ⓔ differential / integral calculus（微分学 / 积分学） biliary calculus（胆结石）

LECTURE 76

词根 GRAN[GRAIN]

来自拉丁语的 gran 意为 seed，它的变形为 grain。

ingrained*　[把种子播在里面的 in (= in) + grain⟨gran (= seed)]
[ɪnˈgreɪnd]　a.（习惯等）根深蒂固的；（谎言等）彻头彻尾的
ⓥ ingrain 生染；使（习惯等）根深蒂固；(a.) 生染的；根深蒂固的；(n.)生染的纤维 ⓔ Adults' racial prejudice has typically been ingrained since childhood.（成年人的种族偏见从孩童时期起就已经根深蒂固了。）

granary**　n. 谷仓，粮仓；产粮区　*ary (= place where)
[ˈgrænəri]

granite***　n. 花岗岩，花岗石
[ˈgrænɪt]

granulate**　v. 使成粒状
[ˈgrænjuleɪt]

LECTURE 77

词根 IT[I]

来自拉丁语的 it 意为 to go，它的变形为 i 等。同义词根有来自拉丁语的 ced / cess[ceed, ceas], grad / gress[gred], vad / vas 和来自希腊语的 bat[bet, bit] 以及来自盎格鲁-撒克逊语的 fare 等。

initiative***　[向里去 in (= in, into) + it (= go)]
[ɪˈnɪʃətɪv]　n. 主动的行动；倡议；进取心，积极性；公民的立法提案权
ⓥ initiate 开始；使初步了解；接纳（新成员）；(a.) / (n.) 新加入的（成员）；被传授初步知识的（人） ⓝ initiation 开始，着手；入会 ⓐ initial 初始的，开始的；(n.) 首字母；姓名的首字母；(v.) 用姓名的首字母签名 ⓐⓓ initially 初始地 ⓔ Employees with initiative are likely to be promoted after their first year.（积极进取的职员在第一年之后可能得到提升。）

ambient*　[走向四方的 amb⟨ambi (= around, both) + i⟨it (= go)]
[ˈæmbiənt]　a. 环绕四周的；周围的
ⓝ ambience 环境；氛围 ⓔ The ambient air has a scent of blooming jasmine.（周围的空气中有一股茉莉花香。）

circuitous**　[绕着圈走的 circ (= around) + it (= go)]
[səˈkjuːɪtəs]　a. 迂回（线路）的，曲折的；绕行的

ⓔ We took a circuitous route to the concert to avoid heavy traffic.（为避开交通堵塞，我们绕道去听音乐会。）

transient**
[ˈtrænziənt]
[越过去 trans (= over) + i⟨it (= go)]
a. 一时的，暂时的，短暂的
n. 临时旅客，过往旅客
ⓔ So-called falling stars are transient phenomena, lasting just a few seconds.（所谓的流星只是瞬时现象，仅仅持续几秒钟。）

transition***
[trænˈzɪʃn]
[超过去 trans (= over) + it (= go)]
n. 过渡（期）；变化，变迁
ⓔ The old currency will be used concurrently with the new during a transition period.（过渡期间新旧货币将同时使用。）

reiterate**
[riˈɪtəreɪt]
[再一次、重复地去 re (= again) + it (= go)]
vt. 重复，反复；重申
ⓝ reiteration 反复；重申 ⓔ The company reiterated last week that it expects losses in the next quarter.（那家公司上周重申预计下个季度可能会亏损。）

perishable**
[ˈperɪʃəbl]
[新鲜味易于消失去 per (= away) + ish⟨it (= go)]
a. （食物等）易坏的，易腐烂的；易毁灭的
n. (pl.) 易腐烂的东西
ⓥ perish 灭亡，死亡；腐烂，腐朽 ⓝ perisher 〈口〉讨厌的家伙 ⓔ Perishable items will be shipped in dry ice via overnight express.（易坏的物品将用干冰包好用隔夜快递发送。）

seditious*
[sɪˈdɪʃəs]
[分离去的 sed⟨se (= away) + it (= go)]
a. 煽动性的；参与煽动的
ⓝ sedition 煽动；煽动性的言论；煽动叛乱罪 ⓔ The senator wants to deport the seditious aliens.（那位参议员想将煽动叛乱的外国人驱逐出境。）

ambit*
[ˈæmbɪt]
n. (pl.) 界限；范围 *amb⟨ambi (= around, round)

ambition***
[æmˈbɪʃn]
n. 野心；雄心，志向，抱负 *amb⟨ambi (= around, round)

ambitious***
[æmˈbɪʃəs]
a. 野心勃勃的；有雄心壮志的 *amb⟨ambi (= around, round)
ⓔ ambitious plans（野心勃勃的计划） ambitious attempt（雄心勃勃的尝试）

circuit***
[ˈsɜːkɪt]
n. 巡回，周游；巡回审判；电路，线路 *circ (= round)
ⓔ circuit court（巡回法庭） circuit diagram（电路图，线路图）

coition/coitus*
[kəʊˈɪʃn/ˈkɔɪtəs]
n. 交媾，性交 *co⟨com (= together)

exit*
[ˈeksɪt]
n. （高速公路、剧场等的）出口；（演员的）退场 *ex (= out)
ⓔ exit permit（出国许可（证））

iterate*
[ˈɪtəreɪt]
v. 反复；重述
ⓝ iteration（反复；重述）

itinerant**
[aɪˈtɪnərənt]
a. 巡回的，巡游的
ⓔ itinerant library（流动图书馆） itinerant musicians（巡回表演的音乐家）

itinerary** [aɪˈtɪnərəri]
n. 旅程；路线；旅行计划

transit** [ˈtrænzɪt]
n. 运送；经过；通行；通路；机场的中途转机候机处 *trans (= across, over)
ⓔ goods delayed in transit (延迟运送的货物) transit camp (临时难民营，(部队的)过境宿营地) transit passenger (中转旅客 (在中途靠港停留但不能出机场的旅客)) transit visa (过境签证 (只可通过过境国海关的))

---

transitive* [ˈtrænsətɪv]
a. 【语】及物的 (↔ intransitive 不及物的) *trans (= over)

transitory** [ˈtrænsətri]
a. 短暂的，片刻的；无常的 *trans (= over)

词根 NOV

来自拉丁语的 nov 意为 new。

---

innovation** [ˌɪnəˈveɪʃn]
[翻新里边 in (= in) + nov (= new)]
n. 革新，创新；新方法，新事物
ⓥ innovate 革新，创新 ⓝ innovator 改革者，创新者 ⓐ innovative 革新性的
ⓔ Her innovation contributed to several new and useful teaching methods. (她的革新方案有助于开发一些新颖的、有效的教学方法。)

---

renovate** [ˈrenəveɪt]
[再一次使变新 re (= again) + nov (= new)]
vt. 修整(旧的建筑物)，修复；更新
ⓝ renovation 修理，修复；更新 renovator 更新者，革新者；修理者 ⓔ The Johnsons are renovating their rec room. That explains the mess. (约翰逊一家正在修整他们的娱乐室，所以才会这么乱。)

---

novel*** [ˈnɒvl]
n. 小说 *a.* 新奇的，新颖的
ⓝ novelist (小说家) novelette (短篇、中篇小说) ⓔ popular novel (通俗小说) novel idea (新奇的点子)

novelty*** [ˈnɒvlti]
n. 新鲜，新奇，新颖；新颖的事物，新奇的事物；(pl.) 新产品；(新奇而廉价的) 小商品 (如玩具、小装饰品等)

novice** [ˈnɒvɪs]
n. 新手，生手，初学者；见习修道士 (或修女)
ⓝ noviciate / novitiate (修道士 (或修女) 的见习期；见习修道士 (或修女))

nouveau riche* [ˌnuːvəʊ ˈriːʃ]
n. 暴发户 *nouv〈nov (= new)

nova* [ˈnəʊvə]
n. 新星

LECTURE 78

词根 TIM[TEM]

来自拉丁语的 tim 意为 to fear，元音弱化后变成 tem。同义词根有来自拉丁语的 trem / trep 和来自希腊语的 phob。

---

intimidate** [ɪnˈtɪmɪdeɪt]
[使陷入恐惧的状态 in (= in) + tim (= fear)]
vt. 使害怕；胁迫，威胁
ⓝ intimidation 威吓；胁迫 ⓔ Some adults compel obedience from young

children by intimidating them.（一些大人通过威胁孩子来迫使他们服从。）

timid***
['tɪmɪd]
a. 胆怯的，胆小的；羞怯的
ⓝ timidity（胆怯，胆小；羞怯） ⓔ as timid as a rabbit（胆小如鼠）

timorous**
['tɪmərəs]
a. 极胆小的，易受惊的，提心吊胆的

temerity
[tə'merəti]
n. 鲁莽，冒失

LECTURE 79

词根 PART

来自拉丁语的 part 意为 part。

impartial***
[ɪm'pɑːʃl]
[不分割某物的 im〈in (= not) + part (= part)]
a. 公平的，不偏不倚的
ⓝ impartiality 公正，不偏不倚 ⓐⓓ impartially 公平地 ⓔ Ideally a judge will be impartial in his administration of justice.（理想地说，法官应该公正执法。）

impart***
[ɪm'pɑːt]
[把某物分给、分配给某人 im〈in (= to) + part (= part)]
vt. sth + to + sb（把拥有的东西等）分给；给予；传授；告知（秘密、消息等）
ⓔ The best teachers impart wisdom as well as knowledge to their students.（最优秀的老师不仅向学生传授知识，还传授智慧。）

repartee**
[ˌrepɑː'tiː]
[作为酬答拿出来 re (= back) + part (= part)]
n. 巧妙的应答；机智的反驳
ⓔ After a few minutes of repartee, she suddenly began to cry.（在几分钟的巧妙应答后，她突然哭了起来。）

partition***
[pɑː'tɪʃn]
[分割 part (= part)]
n. 分割，划分，分开；隔离物；隔墙；隔板
vt. 分割；隔开
ⓐ partitive 区分的；【语】表示部分的 ⓔ The partition between our cubicles fell over and broke a vase.（我们寝室间的隔板倒了，砸碎了花瓶。）

partial***
['pɑːʃl]
[部分的 part (= part)]
a. 部分的，局部的；不公平的，偏袒的；偏爱的
ⓝ partiality 偏袒；偏爱 ⓐⓓ partially 部分地；不公平地，偏袒地 ⓔ A partial list of winners has been released to the press.（一部分获胜者名单已经被透露给了媒体。）

apartheid*
[ə'pɑːthaɪt]
n.（南非）种族隔离（政策） *a (= away)

apartment***
[ə'pɑːtmənt]
n. 公寓（多户分住的住宅里一户居民居住的房间） *a (= away)
ⓔ apartment complex（(设有各种公共设施的)综合性公寓建筑）

compartment**
[kəm'pɑːtmənt]
n. 区划，划分；(火车的)隔间；(客船等的)小房间，小客房 *com (= with)
ⓥ compartmentalize（划分；区分） ⓔ The first-class compartments are in front.（一等舱

在前面。)

department***　[dɪˈpɑːtmənt]

n. 部；部门；(大学的)系；(法国等的)省　*de (= away)

ⓐ departmental (部门的)　department duties (各部门的职责)　ⓔ Department of State (〈美〉国务院)　department store (百货商场)　department head / chairman ((大学的)系主任)

depart***　[dɪˈpɑːt]

v. 出发，离开；背离(习惯、原则等)；逝世　*de (= away)

ⓐ departed (以往的，过去的；逝世的)　departed glory (过后的荣耀)　ⓔ pray for the souls of the departed (为死者的灵魂祈福)

---

departure***　[dɪˈpɑːtʃə(r)]

n. 出发，离开；背离　*de (= away)

ⓔ notices showing arrivals and departures of airplanes (通知飞机起落时间的告示)　departure platform (火车出发的站台)　departure from old custom (摆脱旧习俗)

parting***　[ˈpɑːtɪŋ]

n. 分别，离别，告别；(头发的)分缝；(道路的)分界线

a. 离别的，告别的，临别的；分隔的，分开的

ⓔ parting gift (赠别礼物)　at the parting of the ways (在十字路口(必须作出重大抉择的时刻))　parting shot (离别时的言行)　parting wave (临别挥手)

partisan***　[ˌpɑːtɪˈzæn]

n. (党派等的)强硬支持者；游击队员

a. 党派性强的；游击队的

ⓝ partizan (= partisan)　partisanship (党派性；党派偏见)　ⓔ partisan troops (游击队)　partisan spirit (党派性；党派偏见)

particle***　[ˈpɑːtɪkl]

n. 颗粒；粒子；极少量　*cle (= small)

ⓔ elementary particle (基本粒子)　not a particle of evidence (没有丝毫证据)　She hasn't a particle of sense. (她没有丝毫知觉。)

LECTURE 80

词根 FLAT

来自拉丁语的 flat 意为 to blow。

---

inflate**　[ɪnˈfleɪt]

[在里面吹 in (= in) + flat (= blow)]

vt. 使(通货)膨胀，提高物价；使充气；使得意

ⓝ inflation 膨胀；通货膨胀　ⓐ inflatable 可充气的；可膨胀的　inflationary 通货膨胀的　ⓔ The street vendors often inflate their prices for tourists. (路边小贩常常向游人提高价格。)

---

deflate*　[dɪˈfleɪt]

v. 紧缩(通货)；放出(车胎等的)气体，抽出空气；使某人泄气　*de (= down)

ⓔ deflate a pompous politician (使傲慢的政治家骄气大挫)

deflationary*　[ˌdiːˈfleɪʃənri]

a. 通货紧缩的　*de (= down)

ⓔ deflationary measures applied by the Secretary of Treasury (由财政部长实施的通货紧缩措施)

deflation**　[dɪˈfleɪʃn]

n. 通货紧缩；抽出空气　*de (= down)

stagflation*　[stægˈfleɪʃn]

n. (不景气状况下的)滞胀　*stag (= pool)

afflatus*　[əˈfleɪtəs]

n. 灵感　*af〈ad (= near, to)

LECTURE 81

词根 ORD, ORDIN[ORDAIN] 来自拉丁语的 ord, ordin 意为 to order, 变形为 ordain。

insubordinate* [ˌɪnsəˈbɔːdɪnət]
[下边不接受命令的 in (= not) + sub (= under) + **ordin** (= order)]
a. 不服从的; 反抗的
ⓝ insubordination 不服从; 反抗 ⓔ There's no room for insubordinate behavior in the army. (军队绝不允许任何不服从的行为。)

inordinate* [ɪnˈɔːdɪnət]
[不合乎秩序、道理、情理的 in (= not) + **ordin** (= order)]
a. 过度的, 过分的; 无节制的; 非常的
ⓐⓓ inordinately 过度地, 过分地 ⓔ Our three teenage boys consume an inordinate amount of food. (我那三个十来岁的儿子饭量大得离谱。)

subordinate*** ⓐⓝ [səˈbɔːdɪnət] ⓥ [səˈbɔːdɪneɪt]
[命令在下层被接受 sub (= under) + **ordin** (= order)]
a. (地位、阶级等)低的, 下级的; 从属的
n. 下级, 下属, 部下
vt. 把…列入下级; 使从属
ⓝ subordination 下级, 从属 ⓐ subordinative 从属的 ⓔ If you speak to my subordinate, he can get the answer for you. (如果你跟我的下属讲, 他会给你一个答复。)

coordinate** [kəʊˈɔːdɪnət]
a. 同等重要的; 同样质量的, 同一级别 (或类别) 的; 【语】并列的 *n.* 同等物, 同等者; (pl.) 颜色、质料、样式协调的配套服装 (或家具)
v. [kəʊˈɔːdɪneɪt]调整, 协调; 使相配, 使同等 *co〈com (= together)
ⓔ coordinate clause / conjunction (并列分句 / 并列连词) coordinate ideas (调整意见) coordinate the movements of the arms and legs (协调胳膊和腿的动作)

coordination** [kəʊˌɔːdɪˈneɪʃn]
n. 协同, 协调 *co〈com (= together)

coordinator* [kəʊˈɔːdɪneɪtə(r)]
n. 协调者 *co〈com (= together)

extraordinary*** [ɪkˈstrɔːdnri]
a. 异常的, 非凡的; 特命的; 离奇的, 使人惊奇的 *extra (= outside)
ⓐⓓ extraordinarily (异常地; 惊人地) ⓔ a man of extraordinary talents (拥有非凡才能的人) envoy extraordinary (特派公使) extraordinary weather (反常的天气)

ordinal* [ˈɔːdɪnl]
a. 顺序的 *n.* 序数
ⓔ ordinal number (序数↔ cardinal number 基数)

ordinance*** [ˈɔːdɪnəns]
n. 法令, 条例
ⓔ imperial ordinance (敕令)

ordination* [ˌɔːdɪˈneɪʃn]
n. 【宗】授圣职(礼); 颁布法令
ⓝ ordinand (圣职候选人)

ordinary*** [ˈɔːdnri]
a. 普通的, 平凡的; 通常的
ⓐⓓ ordinarily (普通地; 惯常地) ⓔ nothing out of the ordinary (没有什么特别的东西)

ordain*** [ɔːˈdeɪn]
v. 授予圣职; (用法律、法令等)规定, 决定; 命令; (命运)注定 *ordain〈ordin (= order)
ⓥ preordain (预先注定; 预先规定) ⓔ God has ordained that all men shall die. (上帝注定了所有人都必然死亡。)

disorder***
[dɪsˈɔːdə(r)]
n. 无秩序，杂乱，混乱 *v.* 扰乱，使混乱 *dis (= not)

disorderly**
[dɪsˈɔːdəli]
a. 无秩序的，杂乱的；目无法纪的；妨害治安的 *dis (= not)
ⓔ disorderly conduct（妨害治安的行为） disorderly person（治安扰乱分子） disorderly house（妓院；赌场）

orderly***
[ˈɔːdəli]
a. 有秩序的，有规律的，整齐的，井然有序的 *n.* 传令兵（医院尤指军队医院中通常是男性的）护理员
ⓔ a man with an orderly mind（头脑清晰、有条理的人） orderly room（整洁的房间） orderly crowd（有秩序的人群） medical orderly（卫生员）

LECTURE 82

词根 PED[POD, PUS, PEACH, PATCH, FET]

来自拉丁语的 ped 意为 foot，来自希腊语的 ped 意为 child。当 ped 意为 foot 时，其变形为 pod，pus，peach，patch，fet 等。

impediment**
[ɪmˈpedɪmənt]
[把脚放在里面 im⟨in (= in) + ped (= foot)]
n. 妨碍，障碍；(口吃等)语言障碍
ⓥ impede 妨碍，阻碍 ⓝ impedimenta（行李等）妨碍行进的重负
ⓔ Overcrowded, uncomfortable classrooms are an impediment to learning.（过于拥挤的、不舒适的教室会妨碍学习。）

expedite**
[ˈekspədaɪt]
[将脚向外迈 ex (= out) + ped (= foot)]
vt. 促进，加速（行动、进程等）快速执行，迅速处理
ⓝ expedition 探险（队），远征（队）；迅速，敏捷 ⓐ expeditionary 探险的，远征的 expeditious 敏捷的，迅速的 ⓐⓓ expeditiously 迅速地 ⓔ Please expedite the shipment of fruit, as it is perishable.（水果易于腐烂，所以请迅速装运。）

expedient***
[ɪkˈspiːdɪənt]
[将脚向外迈 ex (= out) + ped (= foot)]
a. 方便的，便利的；权宜之计的；得当的；可取的
n. 临时的措施，权宜之计；简便的方法
ⓝ expedience / expediency 便利；权宜之计；有利 ⓐⓓ expediently 便利地；权宜地 ⓔ It is expedient to apply to numerous universities rather than just your favorite.（申请多个学校要比只申请你最喜欢的学校有利一些。）

dispatch***
[dɪˈspætʃ]
[使脚分开走 dis (= apart) + patch⟨ped (= foot)]
vt. 快递；派遣；匆匆吃完；杀死
n. 派遣；快递；急件，快信；迅速，急速；杀死
ⓔ The executive dispatched a letter to the Chicago field office by overnight express.（那位高级官员用隔夜快递向位于芝加哥的驻地机构发送了一封信件。）

inexpedient*
[ˌɪnɪkˈspiːdjənt]
a. 不适当的，不适宜的 *in (= not), ex (= out), ped (= foot)
ⓝ inexpediency（不适当）

pedal**
[ˈpedl]
n.（自行车、织布机、缝纫机、钢琴等的）脚踏板 *a.* 踏板的；脚的 *v.* 踩踏板；骑自行车
*ped (= foot)

ⓔ pedal cyclists (骑脚踏自行车的人) pedal away on his bicycle (骑上他的自行车离开)

peddle★★ [ˈpedl]
v. 沿街叫卖；散播（流言等） *ped (= foot)
ⓔ peddle gossip round the village (在村里到处散播流言)

peddling★ [ˈpedlɪŋ]
a. 无关紧要的；叫卖的 *ped (= foot)
ⓔ peddling details (不重要的细节)

peddler★★ [ˈpedlə(r)]
n. 小贩；传播（流言）的人 *ped (= foot)
ⓝ pedlar / pedler (= peddler)

---

pedestal★★★ [ˈpedɪstl]
n.（雕像等的）底座；柱脚 *ped (= foot), stal (= put)

pedestrian★★ [pəˈdestriən]
n. 步行者 a. 徒步的，步行的；（文章、演讲方式等）枯燥无味的，平淡的
*ped (= foot)
ⓔ pedestrians killed in traffic accidents (死于交通事故的步行者) pedestrian crossing (人行横道) pedestrian bridge (人行天桥) pedestrian precinct (步行区域) pedestrian speech (平淡无奇的演说)

pedicure★ [ˈpedɪkjʊə(r)]
n. 足疗；修脚指甲（↔manicure 护理(手)） *ped (= foot), cur (= take care)

pedigree★★ [ˈpedɪgriː]
n. 家谱；家世，血统 a. 纯种的 *ped (= foot), ig (= drive)
ⓔ family pedigree (家系，家谱) pedigree cattle (纯种的牛) pedigree poodle (纯种卷毛狮子狗)

pedometer★ [peˈdɒmɪtə(r)]
n. 计步器，步程计 *ped (= foot), meter (= measure)

---

biped★ [ˈbaɪped]
n. 两足动物 *ped (= foot), bi (= two)

quadruped★★ [ˈkwɒdruped]
n. 四足动物 *ped (= foot), quadru (= four)

centipede★ [ˈsentɪpiːd]
n. 蜈蚣；百足 *ped (= foot), cent (= hundred)

millipede★ [ˈmɪlɪpiːd]
n. 千足虫 *mill (= thousand), ped (= foot)
ⓝ milleped / millepede (= millipede)

hexapod★ [ˈheksəpɒd]
n. 昆虫；六足的节肢动物 *hexa (= six), pod〈ped (= foot)

---

octopus★★ [ˈɒktəpəs]
n. 章鱼 *octo (= eight), pus〈ped (= foot)

decapod★ [ˈdekəpɒd]
n. 十腕亚目动物（如鱿鱼等）；十足目动物（如蟹、虾等）
*deca (= ten), pod〈ped (= foot)

chiropodist★ [kɪˈrɒpədɪst]
n. 手足病医生 *chiro (= hand), pod〈ped (= foot) cf. chiropody (手足医术)

podiatry★ [pəˈdaɪətri]
n. 脚病学 *pod〈ped (= foot), iatr (= treat)

fetch★★★ [fetʃ]
v. 接来，叫来；取来；引出；使发出(叹息等)；（商品）售得，卖得；给…以（一拳、一击等） *fetch〈ped (= foot)
ⓔ Please fetch the children from school. (请去学校把孩子接回来。) fetch tears to the eyes (催人泪下)

fetching* [ˈfetʃɪŋ]
a. 吸引人的，动人的，迷人的 *fetch〈ped (= foot)
ⓔ What a fetching smile!（多么迷人的微笑啊！）

fetter** [ˈfetə(r)]
n. (pl.)脚镣；束缚（物），桎梏 *v.* 给…上脚镣；束缚 *fet〈ped (= foot)

encyclopedia*** [ɪnˌsaɪkləˈpiːdiə]
n. 百科全书；(某一学科的)专科全书 *en (= make), cycl (= round, circle), ped (= child)
ⓐ encyclopedic（百科全书的；知识广博的） ⓔ *Encyclopedia Britannica*（《大英百科全书》）

orthopedic* [ˌɔːθəˈpiːdɪk]
a. 整形外科的 *ortho (= right), ped (= child)
ⓝ orthopedics（整形外科） orthopedist（整形外科医生） ⓔ orthopedic surgery（整形外科手术） orthopedic treatment（整形治疗）

pedagogue** [ˈpedəgɒg]
n. (小学)教师；喜欢卖弄学问的教师 *agog (= lead), ped (= child)
ⓝ pedagogy（教学法；教育学） ⓐ pedagogic（教学法的；教育学的）

---

pedant* [ˈpednt]
n. 卖弄学问者；(拘泥于规则、先例、学说的)迂腐之人，学究 *ped (= child)
ⓝ pedantry（卖弄学问；迂腐） ⓐ pedantic（卖弄学问的；迂腐）

pediatrics* [ˌpiːdiˈætrɪks]
n. 儿科 *paed (= child), iatr (= treat)

pediatrician** [ˌpiːdiəˈtrɪʃn]
n. 儿科医生 *paed (= child), iatr (= treat)

LECTURE 83

词根 PUN, PEN[POEN]

来自拉丁语的 pun, pen 意为 to punish，pen 变形为 poen。同义词根为来自拉丁语的 veng。

---

impunity** [ɪmˈpjuːnəti]
[不受惩罚 im〈in (= not) + pun (= punish)]
n. 免除(惩罚、损害等)
ⓔ Citizens bribe public officials with impunity in many third world nations.（在许多第三世界国家，公民向公务员行贿可以不受惩罚。）

---

penal** [ˈpiːnl]
[是惩罚、刑罚的 pen (= punishment)]
a. 刑罚的，刑事的
ⓥ penalize 对…处罚；使处于不利地位 ⓝ penalty 处罚，刑罚；罚金；犯规处罚 ⓐⓓ penally 用刑罚；刑事上 ⓔ The warden has been advocating penal reform for many years.（那个监狱长很多年以来一直在提倡刑罚改革。）

---

impenitent** [ɪmˈpenɪtənt]
a. 不知悔改的 *im〈in (= not)

penance** [ˈpenəns]
n. 赎罪，苦修

penitence** [ˈpenɪtəns]
n. 后悔，悔过；忏悔

penitent** [ˈpenɪtənt]
a. 悔罪的；后悔的

penitential* [ˌpenɪˈtenʃl]
a. 后悔的，忏悔的，悔过的；苦修赎罪的

penitentiary** [ˌpenɪˈtenʃəri]
n. 监狱
a. 导致监禁的；用做惩处的；监狱的

penology* [piːˈnɒlədʒi]
n. 刑罚学；监狱管理学

punishment*** [ˈpʌnɪʃmənt]
n. 惩罚，处罚，惩戒；刑罚；〈口〉虐待
ⓥ punish（惩罚） ⓐ punishable（可处罚的） ⓔ capital punishment（极刑） corporal punishment（体罚） disciplinary punishment（纪律处罚） divine punishment（天罚）

punitive* [ˈpjuːnətɪv]
a. 刑罚的；惩罚的
ⓔ punitive expedition（讨伐） punitive justice（因果报应）

repent*** [rɪˈpent]
v. 后悔，悔改 *re (= again, back)

---

repentance** [rɪˈpentəns]
n. 后悔，悔改 *re (= again, back)

repentant** [rɪˈpentənt]
a. 后悔的，悔改的 *re (= again, back)
ⓔ repentant sinner（悔过自新的罪人） repentant of his folly（对自己的愚蠢行为感到后悔） the righteous and the repentant（正人君子和悔改者）

subpoena* [səˈpiːnə]
n.【律】传票 *v.* 传唤，传讯 *sub (= under), poen〈pen (= punish)
ⓔ be subpoenaed as a witness（作为证人被传唤）

词根 CRIMIN

来自拉丁语的 crimin 意为 crime，guilty，to separate。

---

indiscriminate** [ˌɪndɪˈskrɪmɪnət]
[不各自分开的 in (= not) + dis (= apart) + crimin (= separate, guilty, crime)]
a. 无差别的；杂乱的；不分青红皂白的
ⓝ indiscrimination 无差别，无分别 ⓐⓓ indiscriminately 不加区别地 ⓔ The indiscriminate use of corporal punishment creates angry, resentful students.（不分青红皂白地使用体罚只会让学生充满愤怒和怨恨。）

---

incriminate* [ɪnˈkrɪmɪneɪt]
[使处于有罪状态 in (= in) + crimin (= guilty, fault, separate)]
vt. 暗示（或显示）…有罪；归罪于；控告（某人有罪）
ⓔ The presence of his DNA at the crime scene incriminated him.（在犯罪现场发现的他的 DNA 证明他有罪。）

---

recrimination** [rɪˌkrɪmɪˈneɪʃn]
[再一次作为酬答说有罪 re (= again, back) + crimin (= crime)]
n. 反责；反诉
ⓥ recriminate 反责；反诉 ⓐ recriminatory 反责的；反诉的 ⓔ The two sides engaged in endless rounds of mutual recrimination.（双方陷入无止境的相互反诉中。）

---

discriminate** [dɪˈskrɪmɪneɪt]
v. 区别，辨别；有差别地对待；歧视 *dis (= away)

discriminating** [dɪˈskrɪmɪneɪtɪŋ]
a. 有识别力的；形成差别的；区别对待的 *dis (= away)
ⓐ discriminatory（差别对待的；歧视的） discriminatory legislation（歧视性立法）
ⓔ discriminating taste in literature（文学鉴赏力） discriminating tariffs（差别关税）

discrimination** [dɪˌskrɪmɪˈneɪʃn]
n. 区别；识别（力），辨别（力）；歧视；差别待遇 *dis (= away)
ⓔ racial discrimination（种族歧视） without discrimination（无差别地，平等地）

criminal***
[ˈkrɪmɪnl]

n. 罪犯 *a.* 犯罪的，犯法的；刑事的

ⓝ criminology（犯罪学） ⓔ habitual criminal（惯犯） criminal act（犯罪行为） criminal psychology（犯罪心理学） criminal charge（刑事控告） criminal law（刑法） criminal offender（刑事犯） criminal case / action（刑事案件 / 刑事诉讼）

LECTURE 84

词根 STILL

来自拉丁语的 still 意为 to drop。

instill*
[ɪnˈstɪl]

[滴答滴答掉到里边 in（= in, into）+ still（= drop）]

vt. sth + in / into + sb 慢慢地灌输(思想等)；滴注

ⓝ instillation（逐渐）灌输；滴注 ⓔ Honest, hardworking parents tend to instill similar values in their children.（正直、苦干的父母往往倾向于子女灌输相似的价值观。）

distill**
[dɪˈstɪl]

v. 蒸馏；用蒸馏法制作（威士忌等），用蒸馏法净化；（使）滴下 *dis（= away）

ⓔ distilled liquor / water（蒸馏酒 / 蒸馏水） distilling flask（蒸馏烧瓶）

distillation**
[ˌdɪstɪˈleɪʃn]

n. 蒸馏；蒸馏法；蒸馏物 *dis（= away）

ⓔ the distillation of malted barley（（制作威士忌时的）麦芽蒸馏）

distiller*
[dɪˈstɪlə(r)]

n. 蒸馏者；蒸馏器 *dis（= away）

distillery**
[dɪˈstɪləri]

n. 蒸馏间；酿酒厂 *dis（= away），ery（= place where）

LECTURE 85

词根 MORT, MORS, MOR

来自拉丁语的 mort，mors，mor 意为 death。同义词根有来自希腊语的 leth，necr，thanat / than 等。

immortal***
[ɪˈmɔːtl]

[不死 im‹in（= not）+ mort（= death）]

a. 不死的；永生的；不朽的

n. 不朽的人物

ⓔ The Christian religion claims that the soul enjoys immortal life.（基督教主张灵魂不死。）

mortify*
[ˈmɔːtɪfaɪ]

[使达到死亡 mort（= death）]

vt. 使蒙受屈辱，使失面子；抑制（情欲等）

ⓝ mortification 屈辱感；禁欲；苦修 ⓔ It mortified me to be dressed down by the boss in front of my colleagues.（在同事面前被老板训斥让我感到羞辱难当。）

mortal***
[ˈmɔːtl]

[应该死 mort（= death）]

a. 必死的；（伤害、疾病等）致命的；凡人的；不共戴天的；临终的；极度的

n. 人；凡人

ⓐⓓ mortally 致命地；非常地 ⓔ Most Christians believe death is a release from mortal cares.（大多数基督教徒相信，死亡是从凡人尘世的烦恼中的解脱。）

mortality*　n. 必死性；死亡人数；死亡率
[mɔːˈtæləti]　ⓔ epidemic with a heavy mortality（死亡率很高的传染病） mortality tables（(保险的)死亡率统计表）

mortgage*　n. 抵押(行为)；抵押权；抵押契据 v. 抵押　*gage (= pledge)
[ˈmɔːɡɪdʒ]　ⓝ mortgagee（受抵人） mortgager / motrgagor（抵押人，押出人） ⓔ mortgage bond（抵押债券） pay off the mortgage （还清抵押） mortgage my house to Citi Bank of $100, 000（以10万美元将我的房子抵押给花旗银行） land that may be mortgaged（可以抵押的土地）

mortician*　n. 殡仪业者　*ician (= person who)
[mɔːˈtɪʃn]

mortuary*　n. 停尸房，太平间 a. 死亡的；丧葬的　*ary (= place where, pertaining to)
[ˈmɔːtʃəri]　ⓔ mortuary rites（葬礼） mortuary monument（墓碑）

post-mortem*　a. 死后的 n. 尸体解剖，验尸；事后剖析　*post (= after)
[ˌpəʊst ˈmɔːtəm]　ⓔ post-mortem examination（尸体解剖） A post-mortem showed that King Ivan had been poisoned.（验尸结果表明，伊万国王是被毒死的。）

amortize*　v. 用偿债基金(sinking fund)分期偿还(债务)　*a (= to)
[əˈmɔːtaɪz]　ⓝ amortization（(用偿债基金)分期偿还；用以分期偿还的款项）

morgue**　n. 停尸房(保存人的尸体的场所，直到身份被确认并被认领)；(报纸、电影制片厂等的)资料库
[mɔːɡ]

moribund*　a. 垂死的，濒临死亡的，即将灭亡的　*bund (= tending toward)
[ˈmɒrɪbʌnd]

LECTURE 86

词根 POVER[PAUPER]　来自拉丁语的 pover 意为 poor，它的变形为 pauper。

impoverish**　[造成贫穷的状态 im〈in (= in) + pover (= poor)]
[ɪmˈpɒvərɪʃ]　vt. 使贫穷；使(资源、力量等)枯竭；使(土地)贫瘠
ⓝ impoverishment 贫穷；贫乏 ⓐ impoverished 贫乏的；贫瘠的；穷困的；枯竭的；无创造性的 ⓔ The decade of drought impoverished the population of the Great Plains.（十年的干旱使大平原的人们陷入了贫困。）

poverty***　n. 贫穷，贫困；缺乏
[ˈpɒvəti]　ⓔ poverty-stricken（为贫穷所困的，非常贫穷的） poverty-stricken homes（极度贫困的家庭） poverty line（贫困线，最低生活保障标准）

pauper**　n. 赤贫者，贫民；靠救济度日者；乞丐　*pauper〈pover (= poor)
[ˈpɔːpə(r)]　ⓝ pauperism（贫穷，贫困） abolish pauperism（消除贫困） ⓥ pauperize（使贫穷；使成为贫民）

词根 CINER　来自拉丁语的 ciner 意为 ashes。

incinerate*　[使成灰的状态 in (= in, to) + ciner (= ashes)]
[ɪnˈsɪnəreɪt]　vt. 把…烧成灰；焚化
ⓝ incineration 焚化 incinerator 焚化炉 ⓔ Certain kinds of plastics should

never be incinerated.（有些塑料是无法焚化的。）

cinerarium* [ˌsɪnəˈreəriəm] *n.* 骨灰存放所 *arium (= place where)

LECTURE 87

词根 CIT

来自拉丁语的 cit 意为 to call, to arouse。

incite** [ɪnˈsaɪt] [在里面叫 in (= in, on) + cit (= arouse, call)]
vt. sb + to do 刺激；煽动，鼓动
ⓔ The class president incited the students to protest the lunch price increase.（班长鼓动学生们抗议午餐涨价。）

excite*** [ɪkˈsaɪt] *v.* 刺激，使兴奋，使激动；激起（感情等）；（通过刺激）促使（身体器官）活动
*ex (= out)
ⓐ excited（兴奋的） exciting（令人兴奋的） excitable（易兴奋的） ⓝ excitability（易激动性） ⓐⓓ excitedly（兴奋地）

excitement*** [ɪkˈsaɪtmənt] *n.* 兴奋；刺激物 *ex (= out)
ⓔ in excitement（兴奋地，激动地）

recite*** [rɪˈsaɪt] *v.* 吟诵，朗诵；详述；列举 *re (= again)
ⓔ recite to the president a long and tedious speech of welcome（为总统朗读一篇乏味冗长的欢迎辞）

recital*** [rɪˈsaɪtl] *n.* 背诵；朗诵；详述；独奏会，独唱会 *re (= again)
ⓔ the long recital of his adventures（他讲述的冗长的探险故事） piano recital（钢琴独奏会） recital of songs（独唱会）

recitation* [ˌresɪˈteɪʃn] *n.* 详述；列举；背诵，朗读；背诵的诗文；背书答问课

recitative* [ˌresɪtəˈtiːv] *n.*（歌剧等的）宣叙部；宣叙调 *re (= again)

cite*** [saɪt] *v.* 引用，引证；表彰（战功等）；传唤
ⓝ citation（引用；引用文；（对战功等的）表彰） ⓔ cited in dispatches（在派遣任务中受到表扬） be cited in divorce proceedings（在离婚诉讼过程中被传唤）

LECTURE 88

词根 SINU

来自拉丁语 sinu 意为 curve, hollow。

insinuate** [ɪnˈsɪnjueɪt] [在里边画曲线、弯曲 in (= in) + sinu (= curve)]
vt. 暗示；含沙射影地说；使缓缓进入
ⓝ insinuation 旁敲侧击的话；影射 ⓔ Some people are continuing to insinuate that I was responsible for the accident.（有些人一直含沙射影地说我应该对这一事故负责。）

sinuous** [ˈsɪnjuəs]
a. 蜿蜒的，曲折的
ⓝ sinuosity（蜿蜒，曲折）

sinus** [ˈsaɪnəs]
n. 窦（如鼻窦、静脉窦等）

词根 TREP, TREM

来自拉丁语的 trep, trem 意为 to fear。同义词根有来自拉丁语的 tim 和来自希腊语的 phob。

intrepid** [ɪnˈtrepɪd]
[不知道恐惧的 in (= not) + trep (= fear)]
a. 无畏的，勇敢的
ⓝ intrepidity 无畏，大胆 ⓐⓓ intrepidly 无畏地，勇敢地 ⓔ Our 4-year-old child is intrepid, so unlike most other toddlers.（我们那四岁的孩子和大多数其他的小孩不一样，他不知道害怕。）

trepidation** [ˌtrepɪˈdeɪʃn]
n. 惊恐，不安

tremble*** [ˈtrembl]
v.（因恐惧、愤怒、寒冷、衰弱等而）发抖，战栗；（树叶、光线等）晃动，摇晃；焦虑，担忧 *n.* 发抖，战栗；摇晃；震动
ⓐ trembling（发抖的，战栗的） trembling polar（欧洲山杨） ⓔ in fear and trembling（恐惧而焦虑） His voice trembled with anger.（他因愤怒而声音颤抖。） He was all of a tremble.（他浑身都在颤抖。）

tremendous*** [trəˈmendəs]
a. 巨大的；极大的；极度的；〈口〉惊人的；极好的
ⓔ tremendous explosion（剧烈的爆炸） at a tremendous speed（以惊人的速度） tremendous eater / talker（食量惊人的人 / 非常健谈的人） tremendous concert / performance（精彩的音乐会 / 表演）

tremor** [ˈtremə(r)]
n. 发抖，战栗；震颤
ⓔ the tremor of a leaf（树叶的颤动） earth tremors（大地的颤动） tremor of fear（因恐惧而战栗）

tremulous** [ˈtremjələs]
a. 发抖的，颤抖的；胆怯的
ⓔ in a tremulous voice（用颤抖的声音） with a tremulous hand（用颤抖的手）

LECTURE 89

词根 VAR

来自拉丁语的 var 意为 change。

invariable** [ɪnˈveəriəbl]
[不变的 in (= not) + var (= change)]
a. 不变的；恒定的
ⓐⓓ invariably 不变地 ⓔ An invariable truth of life is that all that lives must die.（生命不变的一个真理就是所有活着的都会死去。）

variable** [ˈveəriəbl]
[易于变化的 var (= change)]
a. 易变的，不定的
n. 易变的事物；变量
ⓥ vary（使）变化 ⓝ variation 变化；变形物；变奏曲 variance 不和；不一致；变化 variety 变化，多样；种类；变种；杂耍表演（把歌舞等节目编排在一起的演出） variability 变化性；易变性 ⓐ varied 各种各样的；有变化的；多彩的

various 各种各样的 variant 不同的，相异的 ⓔ His scholastic performance has been variable all year.（他的学习成绩在一年里一直不稳定。）

variegated** [ˈveəriəgeɪtɪd]
a. 杂色的，色彩斑驳的
ⓝ variegation（杂色，色彩斑驳） ⓔ The flowers of pansies are often variegated.（三色紫罗兰的花朵总是杂色的。）

variform* [ˈveərɪfɔːm]
a. 形状不同的；有各种形态的

词根 VER

来自拉丁语的 ver 意为 to feel awe, to fear。此外，ver 还有 true 的意思，注意不要混淆。

irreverent** [ɪˈrevərənt]
[不再感到敬畏的 ir〈in (= not) + re (= again) + ver (= feel awe)]
a. 不尊敬的，不恭敬的
ⓝ irreverence 不敬；不敬的行为（或言辞） ⓔ So many teenagers today are irreverent towards authority figures.（当今，许多十几岁的青少年对权威人士并不尊敬。）

revere** [rɪˈvɪə(r)]
v. 尊敬，崇敬 *re (= again)
ⓐ reverent（恭敬的；虔诚的） reverential（虔诚的；可敬的） ⓔ my revered grandfather（我受人尊敬的祖父）

reverence*** [ˈrevərəns]
n. 崇敬，尊敬，敬意 *re (= again)
ⓔ saving your reverence（〈古〉恕我冒昧（地讲）） You / His Reverence（（对神父、牧师等的尊称）尊敬的阁下）

reverend*** [ˈrevərənd]
a. 值得尊敬的；(the R~) 对神职人员的尊称（书面语常写为 the Rev.，也略写为 Revd.）
n. 牧师，教士 *re (= again)
ⓔ the Reverend (Rev.) Martin Luther King（马丁·路德·金牧师） the Most Reverend（对大主教的尊称） the Right Reverend（对主教的尊称） the Very Reverend（对教长的尊称） the Reverend Father（对天主教司铎的尊称） Reverend Mother（对女修道院院长的尊称）

词根 BIB[BEV]

来自拉丁语的 bib 意为 to drink，它的变形为 bev。

imbibe** [ɪmˈbaɪb]
[喝进去 im〈in (= in, into) + bib (= drink)]
vt. 喝；吸入；接受（思想等）
ⓝ imbibition 吸收，吸入 ⓔ At a dude ranch the guests can imbibe the rural atmosphere for a few days.（客人们可以在观光牧场享受几天乡村气息。）

bib*** [bɪb]
v. 过多地喝酒，经常喝酒 *n.* 围兜；围裙（或工作服）的上部
ⓔ wine-bibbing（贪杯的） wine-bibber（酒鬼） one's best bib and tucker（最好的衣服）

beverage*** [ˈbevərɪdʒ]
n. 饮料 *bev〈bib (= drink)
ⓔ alcoholic / cooling beverage（酒精饮料 / 清凉饮料）

LECTURE 90

词根 PET [PIT, PEAT] 来自拉丁语的 pet 意为 to rush, to seek, to strive，它的变形为 pit, peat。

impetus** [ˈɪmpɪtəs]
[在内部猛冲 im〈in (= in) + pet (= rush)]
n. 推动力，促进；刺激
ⓔ I don't think he has the impetus to complete in the 3-mile race.（我认为他没有完成3公里赛跑的动力。）

perpetual** [pəˈpetʃuəl]
[一直寻找的 per (= through, throughout) + pet (= seek, strive)]
a. 永久的，永恒的；连续不断的
ⓥ perpetuate 使永远存在 ⓝ perpetuity 永远，不朽；终生养老金 perpetuation 永存，不朽 ⓐⓓ perpetually 永久地 ⓔ Maintaining a state of perpetual inner peace is a truth seeker's goal.（永远保持内心的平静是真理追寻者的目标。）

propitious** [prəˈpɪʃəs]
[为事先求得、获得而费心思的 pro (= before, forward) + pit〈pet (= seek)]
a. 顺利的，形势有利的；慈悲的
ⓔ Economic conditions are propitious for starting a new business now.（现在的经济状况利于开展新的生意。）

propitiate** [prəˈpɪʃieɪt]
[事先求得 pro (= before) + pit〈pet (= seek)]
vt. 劝解；安慰，抚慰；取悦
ⓝ propitiation 劝解；安慰 ⓐ propitiatory 劝解的；安慰的 ⓔ I propitiated my offended wife with gift of roses.（我用玫瑰作礼物取悦我生气的妻子。）

impetuous** [ɪmˈpetʃuəs]
a. 激烈的，猛烈的；（言行）鲁莽的；冲动的 *im〈in (= in), pet (= rush)
ⓝ impetuosity（激烈；性急；鲁莽的言行） ⓔ impetuous remarks（冲动的话） impetuous charge / gale（猛袭 / 狂风）

petulant** [ˈpetjulənt]
a. 性急的；易怒的；任性的 *pet (= rush)
ⓝ petulance（性急；易怒；任性）

appetite*** [ˈæpɪtaɪt]
n. 食欲；欲求，欲望；爱好 *ap〈ad (= to), pet (= seek)
ⓝ appetizer（开胃食品，开胃饮料（或酒）） ⓔ have a big appetite（胃口大） appetite for power（权力欲） carnal / sexual appetite（性欲）

appetizing** [ˈæpɪtaɪzɪŋ]
a. 美味可口的；促进食欲的 *ap〈ad (= to), pet (= seek)
ⓔ appetizing smell from the kitchen（从厨房里飘来的诱人的香味）

centripetal* [senˈtrɪpɪtl]
a. 向心的 *centr (= center), pet (= seek)
ⓔ centripetal force（向心力）

compete*** [kəmˈpiːt]
v. 竞争；比赛；对抗 *com (= together), pet (= seek)
ⓔ compete with / against others for a prize（和他人竞争奖项） compete with / against other countries in trade（和他国进行贸易竞争）

competence* [ˈkɒmpɪtəns]
n. 胜任，能力；【律】权限 *com (= together), pet (= seek)
ⓔ his competence in handling money（他掌管钱财的能力）

competent*** [ˈkɒmpɪtənt]
a.（人）有能力的，胜任的；合格的；足够的；充足的 *com (= together), pet (= seek)
ⓔ competent player（有能力的选手） competent knowledge of English（足够的英语知识）

competition*** [ˌkɒmpəˈtɪʃn]
n. 竞争；（较量知识、力量等的）比赛 *com(= together), pet (= seek)
ⓔ trade competition between countries（国家间的贸易竞争） keen competition for a job（激烈的求职竞争） boxing / chess competitions（拳击比赛 / 国际象棋比赛）

competitive*** [kəm'petətɪv]
a. 竞争的；比赛的；有竞争力的　*com (= together), pet (= seek)
ⓔ competitive games（比赛） competitive prices（有竞争力的价格） competitive coexistence（竞争共存）

---

competitor*** [kəm'petɪtə(r)]
n. 竞争者，竞争对手　*com (= together), pet (= seek)

incompetent** [ɪn'kɒmpɪtənt]
a. 不适当的；无能的；无资格的　*in (= not), com (= together), pet (= seek)
ⓝ incompetence / incompetency（不适当；无能力；无资格） ⓔ incompetent to teach science（不适合当理科教师的）

petition*** [pə'tɪʃn]
n. 请愿，恳求；申请；请愿书；(向法院递交的)诉状
v. 向…请愿，恳求，申请　*pet (= seek)
ⓝ petitioner（请愿者；申请人；(特指)离婚诉讼的原告） ⓔ petition to the king（上呈给国王的请愿书） petition of bankruptcy（破产申请） petition of appeal（起诉书） petition of revision（上诉状） the Petition of Right（权利请愿书（1628年由英国议会通过，获得国王查理一世的同意）） petition the mayor（向市长请愿）

repetition*** [ˌrepə'tɪʃn]
n. 重复，反复；背诵　*re (= again), pet (= seek)
ⓐ repetitive / repetitious（重复的，反复性的） the repetitive work of a factory's production line（工厂生产线上的重复性的工作） ⓔ after numerous repetitions（在反复多次之后）

repeat*** [rɪ'piːt]
v./n. 重复，反复　*re (= again), peat〈pet (= seek)
ⓐ repeated（反复的，重复的，再三的） repeating（反复的；循环的；连发的） ⓐⓓ repeatedly（反复地，多次地） ⓔ repeat performance（重演）

词根 DAMN[DEMN, DAM]

来自拉丁语的 damn 意为 curse, harm，其元音弱化后变成 demn，它的变形为 dam。

---

indemnity** [ɪn'demnəti]
[使不受损害 in (= not) + demn〈damn (= harm, curse)]
n. 保障；损害赔偿；保障物；赔偿物，战败国缴纳的赔偿金（或物资）
ⓥ indemnify 保障；赔偿 ⓝ indemnification 赔偿；保障 ⓔ Many people invest in the indemnity provided by a life insurance policy.（很多人投资购买人寿保险以获得赔偿金的保障。）

---

condemn*** [kən'dem]
v. 谴责，指责；宣判…有罪；宣告…不适用；宣告没收（走私物品、财产等）；充公；宣告…患有不治之症　*con〈com (= together), demn〈damn (= harm, curse)
ⓝ condemnation（谴责，指责；宣告有罪；没收） ⓔ condemn a murderer to life imprisonment（判处杀人犯以终身监禁） condemned cell（死刑犯牢房） condemned building（被征用的建筑）

damn*** [dæm]
v. 谴责，指责；罚…下地狱；诅咒 *n.* 诅咒；指责；[和否定词一起使用]一点点，丝毫 *a.* 糟透的，可恶的；十足的 *ad.* 极其，非常 *int.* 他妈的，该死的
ⓔ The book was damned by the critics.（这本书受到了批评家们的谴责。） Damn it!（该死的！） don't give a damn（一点也不在乎） not (be) worth a damn（一文不值） Don't be damn silly / a damn fool.（别犯傻了！）

damned*** [dæmd]
a. 被诅咒的；该死的；糟透的 *ad.* 极其，非常
ⓔ You damned fool!（你这个十足的笨蛋！） damned hot / funny（极其热 / 非常好笑）

damnable** ['dæmnəbl]
a. 讨厌的，可憎的；该遭天罚的；糟透的
ⓔ damnable weather（糟糕的天气）

damnation** [dæm'neɪʃn]
n. 遭天罚，毁灭；谴责，指责
ⓔ suffer eternal damnation（永世受罚）

---

damage*** ['dæmɪdʒ]
n. 损害，损伤；(pl.) 损害赔偿金；〈口〉费用 *v.* 损害，毁坏　*dam〈damn (= harm)
ⓔ do considerable damage to the crops（严重破坏农作物） furniture damaged by fire（因火灾而受损的家具）

词根 FALL

来自拉丁语的 fall 意为 to err。

infallible**
[ɪnˈfæləbl]

[没有做错的 in (= not) + fall (= err)]

a. 绝对正确的；不会失效的；确实可靠的

ⓝ infallibility 无错误，无过失性 ⓔ Despite early hopes, computers have not proven themselves to be infallible. (计算机并没有像早期所期望的那样绝对正确无误。)

fallible*
[ˈfæləbl]

[易犯过失的 fall (= err)]

a. 易犯错误的

ⓝ fallibility 容易犯错 ⓔ It behooves us to forgive others since we're all equally fallible. (我们应当宽以待人，因为我们自己也同样容易犯错。)

fallacy**
[ˈfæləsi]

n. 错误，谬误；谬论；谬误的推理

ⓐ fallacious (谬误的) ⓔ statement based on fallacy (基于谬论的陈述)

LECTURE 91

词根 NOC[NOX, NIC, NEC]

来自拉丁语的 noc 意为 to harm，它的变形有 nox，nic，nec 等。

innocuous**
[ɪˈnɒkjuəs]

[不伤害的 in (= not) + noc (= harm)]

a. 无害的，(特指蛇等)无毒的；没有恶意的，无意冒犯的

ⓔ Uncle Henry is an innocuous enough figure, though he tends to be a bit gruff. (亨利叔叔脾气是有点坏，不过他却是一个毫无恶意的人。)

obnoxious**
[əbˈnɒkʃəs]

[给某人伤痛的 ob (= to) + nox⟨noc (= hurt)]

a. 非常讨厌的；令人极为不愉快的；可憎的

ⓔ That obnoxious little boy just kicked me in the shin! (那个可恶的小男孩儿刚好踢了我的胫骨!)

pernicious**
[pəˈnɪʃəs]

[完全损害、损伤的 per (= through, thoroughly) + nic⟨noc (= harm, kill)]

a. 有害的；恶性的

ⓔ A pernicious computer virus is invading home computers and erasing their data. (一种有害的计算机病毒正在侵入家用电脑，并删除电脑中的资料。)

innocent***
[ˈɪnəsnt]

a. 无罪的；无害的；单纯的，天真的；愚钝的 *n.* 清白的人；单纯的人；天真无邪的人(尤指孩子) *in (= not)

ⓝ innocence (无罪，清白；无害；天真，单纯) ⓐⓓ innocently (天真地)

noxious*
[ˈnɒkʃəs]

a. 有害的；有毒的 *nox⟨noc (= harm)

ⓔ noxious gases (有毒气体)

internecine*
[ˌɪntəˈniːsaɪn]

a. 自相残杀的，两败俱伤的 *inter (= between), nec⟨noc (= harm)

词根 PORT

来自拉丁语的 port 意为 to carry。同义词根有来自拉丁语的 fer，lat，ger / gest，veh / vect 和来自希腊语的 phor / pher。

inopportune*
[ɪnˈɒpətjuːn]

[不是搬运某物的时候的 in (= not) + op⟨ob (= toward) + port (= carry)]

a. 不合时宜的；不适当的

ⓔ Why do telemarketers always seem to call at the most inopportune moments?(为什么电话销售员似乎总是在最不合适的时间打电话呢?)

importune** [ˌɪmpɔːˈtjuːn]
[向内搬 im〈in(= in, into) + port(= carry)]
vt. sb+for+sth 向…强求;纠缠
ⓐ importunate 胡搅蛮缠的 ⓝ importunity 执拗;胡搅蛮缠 ⓔ I importuned the 911 operator to send an ambulance immediately.(我缠着911接线员要求立即派一辆救护车来。)

rapport* [ræˈpɔː(r)]
[再次、继续搬得很近 r〈re(= again) + ap〈ad(= near) + port(= carry)]
n. 亲密关系;融洽,和谐
ⓔ I'm afraid I don't have much of a rapport with my new stepchildren.(我和我的继子女之间恐怕没有多少亲密感。)

portable** [ˈpɔːtəbl]
[可以携带的 port(= carry)]
a. 可携带的;可移动的
ⓝ portability 可携带 porter 搬运工;看门人,守卫 ⓔ This portable cook stove uses small, lightweight tanks of propane.(这种便携式烹饪炉使用的是轻小的罐装丙烷。)

opportune** [ˈɒpətjuːn]
[向着某物搬的 op〈ob(= toward) + port(= carry)]
a. 及时的;时机好的;适宜的
ⓔ This is an opportune time for me to retire—at the end of the project.(这项工程完成之时也正是我退休的好时机。)

purport**
ⓝ [ˈpɜːpɔːt]
ⓥ [pəˈpɔːt]
[向前搬 pur〈pro(= forth) + port(= carry)]
n. 意义,主旨,要旨
vt. 意味着;以…为主旨,大意是;声称
ⓔ A recently announced dietary supplement purports to cure snoring.(据称,最近公布的膳食补充品可以治疗打鼾。)

comport* [kəmˈpɔːt]
v. 举止,举动;(~with)合适,相称 *com(= together)
ⓝ comportment(举止,行为) ⓔ comport oneself with dignity(举止庄重) His conduct did not comport with his position.(他的行为和他的地位不相称。)

deport** [dɪˈpɔːt]
v. 驱逐;[~oneself]举止,举动 *de(= away, intensive)

deportation** [ˌdiːpɔːˈteɪʃn]
n. 驱逐 *de(= away)
ⓔ Years ago criminals in England could be sentenced to deportation to Australia.(过去,英国的罪犯曾被驱逐到澳大利亚。)

deportment** [dɪˈpɔːtmənt]
n. 行为,举止 *de(= intensive)
ⓔ Young ladies used to have lessons in deportment(过去,小姐们经常要接受举止教育。)

disport** [dɪˈspɔːt]
v.(在海边、阳光下)玩耍,娱乐 *dis(= away)

export*** [ɪkˈspɔːt]
v. 输出 *n.* [ˈekspɔːt]出口(行业);出口商品 *ex(= out)
ⓝ exporter(出口商) exportation(出口;输出品) ⓐ exportable(可输出的)

import** [ɪmˈpɔːt]
v. 输入;意味着 *n.* [ˈɪmpɔːt]输入;意义,重要性;(pl.)进口商品 *im〈in(= into)
ⓝ importer(进口商) importation(进口;进口商品)

important*
[ɪm'pɔːtnt]
a. 重要的，重大的；（人）地位高的，有权力的 *im〈in (= into)
ⓝ importance（重要（性）；重大） ⓔ of great / no / not much / little importance（极其重要的 / 不重要的 / 不太重要的 / 无足轻重的）

opportunity*
[ˌɒpə'tjuːnəti]
n. 机会 *op〈ob (= toward)
ⓔ equality of opportunity（机会均等） Opportunity makes the thief.（疏忽招盗贼。） miss a great opportunity（错失良机）

opportunism*
[ˌɒpə'tjuːnɪzəm]
n. 机会主义 *op〈ob (= toward)
ⓝ opportunist（机会主义者）

---

report*
[rɪ'pɔːt]
n. 报告；报道；（学校的）成绩单；传闻；声誉，名声；爆炸声，枪声，炮声
v. 报告；报道；告发 *re (= again)
ⓝ reporter（报告人；记者，新闻通讯员） reportage（报道文体；新闻报道） ⓐⓓ reportedly（据报道，据说） ⓔ weather report（天气预报） newspaper reports（报纸报道） report card（成绩单） The report goes that~（报道称…） of good / evil report（名声好 / 坏）

support*
[sə'pɔːt]
v./n. 支撑，支持；支援，援助；赡养；资助；忍受 *sup〈sub (= under)
ⓝ supporter（支持者；援助者；赡养者） ⓐ supportable（可赡养的；可支撑的；可忍耐的，受得住的） ⓔ supporting troops（支援部队） hospital supported by voluntary contributions（靠自发捐款维持的医院）

transport*
[træn'spɔːt]
v. 运输，搬运；流放，放逐；[常用被动语态]使万分激动，使欣喜若狂
n. ['trænspɔːt]运输，运送；交通工具；军用运输船，运输机；(pl.)强烈的感情，狂喜
*trans (= over)
ⓔ transport goods by lorry（用卡车运输货物） On hearing of the victory, the nation was transported with joy.（听到胜利的消息，全国人民都欣喜若狂。）

transportation*
[ˌtrænspɔː'teɪʃn]
n. 运输，输送；运输业；运输工具；运费；（旅客）交通费；流放，放逐
*trans (= over)
ⓝ transporter（运输者，输送者；运输工具（如移动式起重机、装运汽车的长型货车、传送带等）） ⓔ Our political science department decided to provide you with a yearly stipend of $15, 000 and a tuition waiver of $12, 000, including transportations.（我们政治学系决定，包括交通费用在内，每年为你提供 15, 000 美元的生活津贴，并免除 12, 000 美元的学费。）

portage**
['pɔːtɪdʒ]
n.（两条水路间的）陆运；搬运费

---

porter*
['pɔːtə(r)]
n.（飞机场、火车站等的）行李搬运工；（宾馆的）服务员，（火车卧铺车厢、餐车的）服务员；（宾馆、医院、学校等的）看门人，门房；黑啤酒
ⓝ porterage（搬运，运输） ⓔ porterhouse (steak)（上等牛排）

portfolio**
[pɔːt'fəʊliəʊ]
n. 文件夹，公事包；部长（或大臣）的职位；（个人或银行所持有的）投资组合（如股票和债券） *foli (= leaf)
ⓔ minister without portfolio（不管部部长） portfolio selection theory（投资组合选择论（美国经济学家 J. Tobin 的学说））

portly**
['pɔːtli]
a.（常指中年人）健壮的，魁梧的；肥胖的 *ly (= having the quality of)

portico**
['pɔːtɪkəʊ]
n.（特指建筑物入口处的）门廊，柱廊

portal** [ˈpɔːtl]
n. 门，入口；（大型建筑物的雄伟的）正门

portmanteau** [pɔːtˈmæntəʊ]
n.（两侧都能打开的）旅行包　*manteau（= cloth）

heliport* [ˈhelɪpɔːt]
n.（大楼顶层上的）直升机机场　*heli（词根 heli 本意为 sun，但这里源自 helicopter）
cf. airport（机场） carport（汽车车库（没有四壁只有顶棚）） seaport（海港；港口城市）

passport*** [ˈpɑːspɔːt]
n. 护照；通行证　*pass（= stride）

porch*** [pɔːtʃ]
n.（屋顶延伸到外边的）门廊；入口；阳台　*por〈port（= carry）

词根 TEGR

来自拉丁语的 tegr 意为 to touch。

integrity*** [ɪnˈtegrəti]
[不被触摸、接触的状态 in（= not）+ tegr（= touch）]
n. 诚实，正直，高洁；完全
ⓥ integrate 使成整体；使一体化；取消种族隔离 ⓝ integration 综合，完成，集成；消除种族差别待遇 integer 整数；完整的事物 ⓐ integral 完整的；构成整体所必需的；【数】整数的；积分的 ⓔ Dr. Stanton is a man of unquestioned integrity to whom I entrust my life.（毫无疑问，斯坦顿医生是一个正直的人，值得我托付终身。）

disintegrate** [dɪsˈɪntɪgreɪt]
v. 使分解；使瓦解，使崩溃　*dis（= not, away），in（= not）
ⓝ disintegration（分解，分裂；崩溃；【地】剥蚀） ⓔ rocks disintegrated by frost and rain（被霜冻和雨水剥蚀的岩石）

redintegration* [reˌdɪntɪˈgreɪʃn]
n. 复原；重建　*red〈re（= again），in（= not）
ⓥ redintegrate（复原；重建）

LECTURE 92

词根 VET

来自拉丁语的 vet 意为 old。同义词根有来自拉丁语的 sen，presby 和来自希腊语的 geronto。

inveterate** [ɪnˈvetərət]
[在里面占据时间长的 in（= in）+ vet（= old）]
a.（尤指习惯、感情等）根深蒂固的，成癖的
ⓔ My parents are inveterate world travelers. They're hardly ever at home.（周游世界已成为我父母的习惯，他们几乎从不待在家里。）

veteran*** [ˈvetərən]
n. 老手，富有经验的人；老兵；退伍军人
ⓔ veterans of two World Wars（经历两次世界大战的老兵） veteran teacher（经验丰富的教师） veteran Rolls Royce（1916 年前制的老式劳斯莱斯汽车） Veterans（'）Day（退伍军人节）

veterinary** [ˈvetnri]
a. 兽医的
ⓝ veterinarian（兽医） ⓔ veterinary surgeon / college（兽医 / 兽医学校）

词根 VULN[VULT]　　来自拉丁语的 vuln 意为 wound，它的变形为 vult。

invulnerable** [ɪnˈvʌlnərəbl]
[不能使受伤的 in (= not) + vuln (= wound)]
a. 不能伤害的，固若金汤的；无懈可击的
ⓔ Young men who take steroids can erroneously believe themselves to be invulnerable.（服用类固醇的年轻人会错误地认为他们是打不倒的。）

vulnerable** [ˈvʌlnərəbl]
a. 易受伤的，易受攻击的；有弱点的
ⓝ vulnerability (易受攻击；弱点) ⓔ position vulnerable to attack (易受攻击的位置) people who are vulnerable to criticism (易受批评的人们)

vulture** [ˈvʌltʃə(r)]
n. 秃鹰；(从他人的不幸中牟取暴利的) 贪婪的人　*vult〈vuln (= wound)

词根 MUT　　来自拉丁语的 mut 意为 to change。

immutable** [ɪˈmjuːtəbl]
[不能换的 im〈in (= not) + mut (= change)]
a. 不变的
ⓝ immutability 不变(性)　ⓔ An immutable fact is that everything that begins will eventually end.（一个不变的事实是任何事情都是有始有终的。）

transmute** [trænzˈmjuːt]
[完全改变 trans (= intensive) + mut (= change)]
vt. 改变(模样、性质、内容等)
ⓝ transmutation 变化；变形；变质　ⓐ transmutable 可变化的　ⓔ In the movie, a man is transmuted into a giant fly.（电影中，一个男人被变成了一只巨大的苍蝇。）

mutable* [ˈmjuːtəbl]
[易于变化的 mut (= change)]
a. 易变的；变化无常的
ⓝ mutability 易变性；反复无常　ⓔ Nature in all its mutable forms teaches us the lesson of death.（大自然以其变化无常的形态给我们死亡的教训。）

commute** [kəˈmjuːt]
v. 交换；改变(尤指支付方式)；代替；减刑；(搭乘火车、汽车等，购买长期票) 通勤；改变(电流) 方向　*com (= with)
ⓐ commutable (可改变的；可代替的) ⓝ commutator ((电流) 换向器) ⓔ commute an annuity for a lump sum (将年薪一次付清)

commutation* [ˌkɒmjuˈteɪʃn]
n. 交换，变换；减刑；(购买长期票) 通勤　*com (= with)
ⓔ commutation of the death sentence to life imprisonment (将死刑改为终身监禁的减刑)

commuter** [kəˈmjuːtə(r)]
n. 通勤者，长期车票使用者；(不住在大学宿舍的) 走读学生　*com (= with)
ⓔ commuter train (通勤火车) commuter marriage (两地往返婚姻，两地分居婚姻)

permute* [pəˈmjuːt]
v. 变更，交换；【数】排列　*per (= completely)
ⓝ permutation (交换；排列)

mutual*** [ˈmjuːtʃuəl]
a. 相互的，彼此的；共同的，共有的
ⓐⓓ mutually (互相地；共同地，共有地) ⓔ mutual suspicion / affection / respect / understanding (相互怀疑 / 相爱 / 相互尊重 / 相互理解) mutual assured destruction (确保同归于尽，相互威慑理论 (美苏双方相互遏制战略得以实施的前提，(缩写：MAD)) mutual fund (共有基金)

LECTURE 93

词根 PUGN

来自拉丁语的 pugn 意为 to fight。同义词根有来自拉丁语的 milit。

impugn* [ɪmˈpjuːn]
[针对某人打 im〈in (= on, against) + pugn (= fight)]
vt. 对(声明、行为、性质等)表示怀疑；驳斥，抨击
ⓔ Immoral actions can impugn one's ethical standing. (不道德行为可使一个人的道德立场受到怀疑。)

repugnant** [rɪˈpʌgnənt]
[与某事敌对而打斗的 re (= back, against) + pugn (= fight)]
a. 使人反感的，使人不快的，讨厌的
ⓝ repugnance 厌恶，极其反感 ⓔ I think animal testing is morally repugnant (从道德上讲，我认为动物实验是令人憎恶的。)

oppugn* [ɒˈpjuːn]
v. 提出异议，反对 *op〈ob (= against)

pugnacious** [pʌgˈneɪʃəs]
a. 好斗的，好战的
ⓝ pugnacity (好斗)

pugilist** [ˈpjuːdʒɪlɪst]
n. 拳击选手
ⓐ pugilism (拳击) pugilistic (拳击选手的；拳击的)

LECTURE 94

词根 ANIM

来自拉丁语的 anim 意为 life, mind, breath。同义词根有来自拉丁语的 viv, vit, vig / veg 和来自希腊语的 bio 等。

inanimate** [ɪnˈænɪmət]
[没有生命、生气的 in (= not) + anim (= life, mind, breath)]
a. 无生命的；无生气的，死气沉沉的，单调的
ⓔ Some people believe that inanimate objects possess soul or spirit. (一些人相信无生命物体也有灵魂和精神。)

animosity** [ˌænɪˈmɒsəti]
[狠下决心 anim (= mind, breath, life)]
n. 憎恶；敌意；仇恨
ⓔ We quarreled once but now there's little animosity between us. (我们之前虽有过争执，不过现在我们之间几乎没有敌意。)

equanimity** [ˌekwəˈnɪməti]
[心不动、不变 equ (= equal, same) + anim (= mind, life, breath)]
n. 平静，镇定，沉着
ⓔ She's dealing with her lung cancer with inspiring equanimity. (面对肺癌，她表现得极其镇定。)

animate** [ˈænɪmət]
a. 活的；生机勃勃的 *v.* [ˈænɪmeɪt] 赋予生命；使有活力；鼓舞；绘制(卡通影片)
ⓔ things animate and inanimate (生物和无生命物) animated cartoon (卡通影片)

animation** [ˌænɪˈmeɪʃn]
n. 生气，活力，活泼；动画片
ⓔ with animation (活泼地，生机勃勃地)

animal*　n.（包含人在内的）动物 a. 肉欲的；肉体的；动物的，兽类的
[ˈænɪml]　ⓔ animal kingdom（动物界） animal desires（肉欲）

animism*　n. 万物有灵论（认为木石等也有灵魂的信仰）
[ˈænɪmɪzəm]

animadvert*　v. 批评，谴责　*vert（= turn）
[ˌænɪmædˈvɜːt]　ⓝ animadversion（批评，谴责）

---

animus*　n. 恶意，敌意
[ˈænɪməs]　ⓔ animus against me（对我的敌意）

pusillanimous*　a. 胆怯的，怯懦的　*pusill（= very small）
[ˌpjuːsɪˈlænɪməs]　ⓝ pusillanimity（懦弱，胆怯）

unanimous***　a. 全体一致的；无异议的　*un〈uni（= one）
[juˈnænɪməs]　ⓐⓓ unanimously（全体一致地） ⓝ unanimity（全体一致） ⓔ unanimous decision（一致通过的判决，一致通过的决定）

词根 AVI[AU]

来自拉丁语的 avi 意为 bird，它的变形为 au。

---

inauspicious*　[没法看见鸟的 in（= not）+ au〈avi（= bird）+ spic（= look）]
[ˌɪnɔːˈspɪʃəs]　a. 不吉利的，不祥的
ⓐⓓ inauspiciously 不吉利地　ⓔ After an inauspicious first quarter, the team went on to win the game.（那个队在比赛起初的四分之一虽然有些不顺，但之后却节节胜利，赢得了比赛。）

---

auspicious**　[看见鸟的 au〈avi（= bird）+ spic（= look）]
[ɔːˈspɪʃəs]　a. 吉兆的，吉利的，幸运的；有前途的
ⓝ auspices 赞助，资助　ⓔ I plan to propose when an auspicious moment presents itself.（我打算在一个幸运的时刻求婚。）

---

aviation***　n. 飞行，航空；航空学
[ˌeɪviˈeɪʃn]　ⓔ civil aviation（民用航空） aviation badge / cap / corps（飞行徽章 / 飞行帽 / 飞行队）

aviator***　n. 飞行员
[ˈeɪvieɪtə(r)]

LECTURE 95

词根 CALC[CULC]

来自拉丁语的 calc 意为 to tread，它的变形为 culc。

---

inculcate**　[为进入某人内心而踩踏 in（= in, on）+ culc〈calc（= tread）]
[ˈɪnkʌlkeɪt]　vt. sth + in / into + sb　灌输；谆谆教诲
ⓝ inculcation 灌输；谆谆教诲　ⓔ Mr. Scarrow inculcated in us a deep respect for people of all races.（斯卡路先生谆谆教导我们要尊重所有种族的人。）

---

recalcitrant**　a. 不服从的，反抗的；固执的　*re（= back, against）
[rɪˈkælsɪtrənt]　ⓝ recalcitrance / recalcitrancy（不服从，反抗；固执）

词根 FIRM

来自拉丁语的 firm 意为 strong。同义词根有来自拉丁语的 bil, fort / forc, rob, val / vail 等。

infirmity** [ɪnˈfɜːməti]

[不强壮的状态 in (= not) + firm (= strong)]

n. 虚弱，体弱；疾病，病症；(意志等的)薄弱

ⓐ infirm 虚弱的；意志不坚定的 ⓝ infirmary 医院；(学校或者机关的)所，医务室 ⓔ Despite Grandmother's physical infirmity, her mind is sharp as a tack.(奶奶尽管身体很虚弱，头脑却非常敏捷。)

affirm*** [əˈfɜːm]

v. 坚称，断言；肯定，确认，证实 *af〈ad (= to)

ⓝ affirmation (断言；肯定，证实) ⓔ affirm that the news is true (坚称消息属实) It may be safely affirmed that~ (可以很肯定地说…) The witness affirmed to the fact. (证人证明确是事实。)

affirmative*** [əˈfɜːmətɪv]

a. 肯定的；同意的 *af〈ad (= to)

ⓔ affirmative action (= positive discrimination 积极区别对待政策(对因种族、性别等原因遭歧视的群体在就业等方面给予特别照顾)) affirmative answer (肯定的回答) affirmative votes (赞成票) affirmative side (赞成方)

confirm*** [kənˈfɜːm]

v. 加强(势力、权力等)；证实；认可，批准；确认；【宗】给…施坚信礼

*con〈com (= intensive)

ⓔ What you tell me confirms my suspicions. (你所说的证实了我的怀疑。) The report of an earthquake in Japan has now been confirmed. (日本发生地震的报道已经被证实。) confirm the treaty of Versailles (批准凡尔赛条约) confirm a reservation (确认预订)

confirmed*** [kənˈfɜːmd]

a. 确定的，证实的；根深蒂固的；慢性的 *con〈com (= intensive)

ⓔ confirmed drunkard (饮酒成癖的人) confirmed disease (痼疾；慢性病) confirmed report (可靠的报道)

confirmation*** [ˌkɒnfəˈmeɪʃn]

n. 确定，确认，确证；认可，批准；坚信礼 *con〈com (= intensive)

ⓔ in confirmation of (以证实…)

firmament*** [ˈfɜːməmənt]

n. (the ~) 天空；苍天

LECTURE 96

词根 SCRUT

来自拉丁语的 scrut 意为 to examine。

inscrutable [ɪnˈskruːtəbl]

[不能调查的 in (= not) + scrut (= examine)]

a. 不可知的；难以理解的

ⓐⓓ inscrutably 不可知地；难以理解地 ⓔ I can read my dog, but my cat is utterly inscrutable. (我可以理解我的狗，但却完全无法看透我的猫。)

scrutiny** [ˈskruːtəni]

n. 仔细的检查；细看；监督；(特指)选票复查

ⓔ demand a scrutiny (要求复查选票)

scrutinize** [ˈskruːtənaɪz]

v. 仔细检查；细看

scrutineer* [ˌskruːtəˈnɪə(r)]

n. 监票人

词根 SURG, SURRECT

来自拉丁语的 surg，surrect 意为 to rise。

insurgent*** [ɪnˈsɜːdʒənt]
[在内部反抗暴起 in (= in, against) + surg (= rise)]
a. 暴动的；叛乱的，谋反的
n. 暴动者；(政党内部的)反对派
ⓔ A group of insurgent military officers led a revolt against him. (一群反对派军官发动了颠覆他的叛乱。)

resurgent* [rɪˈsɜːdʒənt]
a. 复苏的；复活的 *re (= again)
ⓝ resurgence (复苏；复活) ⓔ resurgent hopes / nationalism (重生的希望 / 复苏的民族主义)

surge*** [sɜːdʒ]
n. 汹涌；波涛 *v.* 汹涌澎湃；(人)蜂拥而至
ⓔ surge of the sea (大海的汹涌澎湃) a surge of anger / pity (勃然大怒 / 油然而生的怜悯之情)

insurrection*** [ˌɪnsəˈrekʃn]
n. 暴动，叛乱 *in (= against)

resurrection** [ˌrezəˈrekʃn]
n. 复活，复兴；(the R~)耶稣复活 *re (= again)
ⓔ *The Resurrection* ((托尔斯泰的作品)《复活》) resurrection of hopes (希望的复苏)

resurrect* [ˌrezəˈrekt]
v. 使再流行；使复活，使复兴；挖出 *re (= again)
ⓔ resurrect an old word / custom (使古老的词再次流行 / 恢复旧的习俗) My dog resurrected an old bone in the garden. (我的狗在花园里挖出一块老骨头。)

LECTURE 97

词根 TEMPER

来自拉丁语的 temper 意为 moderate，to stretch。

intemperate** [ɪnˈtempərət]
[不节制的 in (= not) + temper (= moderate, stretch)]
a. 无节制的；放纵的
ⓝ intemperance 无节制，过度；酗酒 ⓐⓓ intemperately 无节制地，过度地
ⓔ She later felt enormous remorse for her intemperate words. (她后来对自己肆无忌惮的言语感到非常后悔。)

temperament*** [ˈtemprəmənt]
n. 气质；性格，性情；易激动的(或急躁的、易兴奋的)脾气
ⓔ girl with a nervous temperament (神经质的女孩)

temperamental** [ˌtemprəˈmentl]
a. 气质引起的，出自本性的；性急的；不冷静的，喜怒无常的
ⓔ temperamental dislike for study (生性不喜欢学习) temperamental tennis player (不冷静的网球选手)

temperance*** [ˈtempərəns]
n. (言行上的)节制，自制；戒酒，禁酒
ⓔ temperance drinks (无酒精的饮料) temperance movement / society (戒酒运动 / 戒酒协会) temperance pledge (发誓戒酒)

temperate*** [ˈtempərət]
a. 节制的；克制的；不过分的；适度的；(气候等)温和的
ⓐⓓ temperately (节制地) ⓔ Be more temperate in your language, please. (请注意控制您的言辞。) north temperate zone (北温带)

temperature***　['temprətʃə(r)]

n. 温度；体温；发烧

ⓔ mean temperature of May（5月的平均气温） absolute temperature（绝对温度） take the temperatures of all the patients（测量所有患者的体温） have a / no temperature（发烧 / 不发烧）

词根 VEH, VECT[VEIGH, VEX]

来自拉丁语的 veh, vect 意为 to carry，它们的变形为 veigh, vex。同义词根有来自拉丁语的 fer, lat, ger / gest, port 和来自希腊语的 phor / pher。

invective**　[ɪn'vektɪv]

[向某人心里运 in (= in, into, to, against) + vect (= carry)]

n. 痛骂；抨击；(pl.) 骂人的话

ⓔ The movie review was an exercise in unmitigated invective.（那篇影评是一篇十足的漫骂之词。）

convection*　[kən'vekʃn]

n. 传送；对流

*con〈com (= together), vect (= carry)

ⓝ convector（对流式暖器，加热机） ⓔ convection current（对流）

vehement**　['viːəmənt]

a. (感情) 激烈的；(人或言行等) 热烈的，充满感情的；猛烈的

ⓐⓓ vehemently（激烈地，猛烈地；热烈地） ⓝ vehemence（激烈，猛烈；热情） ⓔ a man of vehement character（热情的人） vehement desires / passions（强烈的欲望 / 激情） vehement wind（强风）

vehicle***　['viːəkl]

n. (陆上的) 交通工具，车辆；手段；媒介物　*cle (= small)

ⓐ vehicular（车辆的，用车辆运载的；用做媒介的） ⓔ Department of Motor Vehicles（(美国州政府的) 机动车辆局（缩写：DMV）） Art may be used as a vehicle of propaganda.（艺术可以被用做宣传手段。） Language is the vehicle of human thought.（语言是传达人们思想的手段。）

inveigh*　[ɪn'veɪ]

v. 猛烈抨击，痛骂　*in (= against), veigh〈veh (= carry)

convex**　['kɒnveks]

a. 凸的；凸面的　*con〈com (= together)

ⓝ convexity（凸状，凸面体） ⓔ convex lens（凸透镜）

LECTURE 98

词根 PECU

来自拉丁语的 pecu 意为 money。同义词根有来自拉丁语的 lucr。

impecunious*　[ˌɪmpɪ'kjuːniəs]

[没有钱的 im〈in (= not) + pecu (= money)]

a. 没有钱的，身无分文的

ⓔ My impecunious pals and I have learned to have fun on a budget.（我和我那些穷朋友们学会了从精打细算中获得乐趣。）

peculate*　['pekjuleɪt]

v. 侵吞，盗用，挪用(公款等)　*lat (= carry)

ⓝ peculation（挪用，盗用，侵吞） peculator（挪用公款者）

pecuniary**　[pɪ'kjuːniəri]

a. 金钱的

ⓔ pecuniary aid（资金援助） work without pecuniary reward（没有酬金的工作）

词根 TURB

来自拉丁语的 turb 意为 to agitate。

imperturbable**
[ˌɪmpəˈtɜːbəbl]
[没有剧烈地动摇的 im〈in (= not) + per (= intensive) + turb (= agitate)]
a. 不易激动的；冷静的，泰然的
ⓝ imperturbability / imperturbation 沉着，冷静，泰然 ⓔ My wife is imperturbable, but I have a hell of a temper. (我妻子是一个非常冷静的人，而我却是一个脾气暴躁的人。)

perturb**
[pəˈtɜːb]
[剧烈晃动、使动摇 per (= intensive) + turb (= agitate)]
vt. 扰乱，使混乱；使心烦意乱，使不安，使忧虑
ⓝ perturbation 混乱；不安 ⓔ It perturbs me that you keep spreading false rumors about me. (你一直在散播有关我的虚假传闻，这让我很烦。)

turbulent***
[ˈtɜːbjələnt]
[使剧烈动摇的 turb (= agitate)]
a. 狂暴的，凶猛的；混乱的，骚乱的；动荡的
ⓝ turbulence 动乱，骚乱 ⓐⓓ turbulently 狂暴地 ⓔ The years before my parents' divorce were turbulent ones. (我父母离婚前的那几年是一段动荡的岁月。)

disturb***
[dɪˈstɜːb]
v. 打扰（正在休息、工作、思考的人）；扰乱，搅乱；使心神不安 *dis (= away)
ⓔ I hope I'm not disturbing you? (我没有打扰你吧？) disturb the peace (扰乱治安) Don't disturb. (禁止出入；谢绝会客；请勿打扰)

disturbance***
[dɪˈstɜːbəns]
n. 打扰；混乱；不安；骚乱 *dis (= away)

turbid**
[ˈtɜːbɪd]
a. 紊乱的，混乱的；（液体）浑浊的，污浊的
ⓔ turbid thoughts (混乱的思想) turbid imagination (混乱的想像) turbid waters / rivers (浑浊的水 / 河水)

turbine**
[ˈtɜːbaɪn]
n. 涡轮机（由水等的流动推动轮子上的叶片旋转而产生动力的引擎）
ⓔ steam turbine (蒸汽涡轮机)

turbojet*
[ˈtɜːbəudʒet]
n. 涡轮喷气发动机；涡轮喷气飞机
ⓔ turbojet engine (涡轮喷气发动机)

LECTURE 99

词根 OR

来自拉丁语的 or 意为 to say。同义词根有来自拉丁语的 dic / dict, fa / fam / fess, locut / loqu, nounc / nunci, parl 和来自希腊语的 phras, pha / phe / phu。

inexorable**
[ɪnˈeksərəbl]
[到最后都没说的 in (= not) + ex (= out) + or (= say)]
a. 无情的，冷酷的；不可阻挡的
ⓐⓓ inexorably 无情地，冷酷地；不可阻挡地 ⓔ Nothing, not even an Einstein, can halt the inexorable march of time. (没有任何事物，甚至爱因斯坦，也无法阻止时间无情的流逝。)

oration**
[ɔːˈreɪʃn]
[是说话的行为 or (= say)]
n. 演讲，致词
ⓔ A group of placard-carrying protestors repeatedly interrupted her oration. (一群举着标语牌的示威者不停地打断她的演讲。)

adore*** [əˈdɔː(r)] v. 崇拜，敬爱；爱慕 *ad (= add)

adoration** [ˌædəˈreɪʃn] n. 崇拜，崇敬；爱慕 *ad (= add)
ⓔ in adoration (崇拜地)

exorcise* [ˈeksɔːsaɪz] v. (用祈祷、魔法等)驱走(恶魔) *ex (= out)

oracle*** [ˈɒrəkl] n. 神谕，圣谕；哲人
ⓔ consult the oracle (请示神谕)

oracular** [əˈrækjələ(r)] a. 神谕的；晦涩的，玄妙的
ⓔ oracular utterances (玄妙费解的言辞)

---

oral** [ˈɔːrəl] a. 口头的，口述的；口部的 n. 口试
ⓔ the oral cavity (口腔)

orate* [ɔːˈreɪt] v. 演说

orator*** [ˈɒrətə(r)] n. 演说者；雄辩家，演说家

oratorical** [ˌɒrəˈtɒrɪkl] a. 雄辩术的；演说的；演说家的；高谈阔论的
ⓔ oratorical contest (演讲比赛) oratorical manner (演说家的风度) oratorical phrases (演说家的辞令) oratorical gestures (演说家的手势)

oratory** [ˈɒrətri] n. 雄辩(术)；小礼拜堂

---

peroration* [ˌperəˈreɪʃn] n. (演讲的)结束语，结论 *per (= completely)

LECTURE 100

词根 NAT, NASC [NAISS, NAIV]

来自拉丁语的 nat, nasc 意为 to be born，变形为 naiss, naiv。

innate** [ɪˈneɪt] [从出生时起就在某人之内的 in (= in) + nat (= to be born)]
a. 天生的，天赋的，与生俱来的
ⓔ Birds have a miraculous, innate ability to navigate across continents. (鸟类天生就具有飞越大陆的惊人的能力。)

---

nascent* [ˈnæsnt] [出生的 nasc (= born, native)]
a. 尚未形成的；初期的
ⓔ The nascent age of Internet communication has had its pitfalls. (早期的互联网通讯有缺陷。)

---

nation*** [ˈneɪʃn] n. 国家；民族；国民
ⓝ nationhood (作为一个独立国家的地位) achieve nationhood (实现国家的自主独立)
ⓐ nationwide (全国的) ⓔ Western nations (西方国家)

national*** [ˈnæʃnəl] a. 国家的；国民的；民族的；国有的，国营的，国立的；全国性的 n. 国民，国人
ⓔ national anthem / debt / flag / holiday / language / mourning (国歌 / 国债 / 国旗 / 国定假日 / 国语 / 国葬) National Security Council (国家安全委员会) National Assembly

((韩国、法国等的)国民大会) National Convention ((政党的)全国代表大会)

nationalism** [ˈnæʃnəlɪzəm] *n.* 民族主义；国家主义；(受他国控制国家在政治上、经济上的)民族独立运动

nationalist*** [ˈnæʃnəlɪst] *n.* 民族主义者；国家主义者；民族独立运动拥护者；(N~)民族主义(或国家主义)政党成员 *a.* 民族(或国家)主义的；独立运动的；(N~)民族主义(或国家主义)政党成员的

ⓐ nationalistic (民族主义(者)的) ⓔ nationalist movement in Zimbabwe (津巴布韦的民族独立运动)

nationality*** [ˌnæʃəˈnæləti] *n.* 国籍

ⓔ What is your nationality? (你是哪国人？) ship of unidentified nationality (国籍不明的船只) men of all nationalities (各国的人)

---

nationalize* [ˈnæʃnəlaɪz] *v.* 国有化；使成为国家

ⓔ nationalize the railways / the coal mines / the steel industry (使铁路 / 煤矿 / 钢铁工业国有化)

nationalization* [ˌnæʃnəlaɪˈzeɪʃn] *n.* 国有化

ⓔ nationalization of the railways (铁路的国有化)

native*** [ˈneɪtɪv] *n.* 本地人；土著民；原产地的动、植物

a. 出生的；出生地的；土著民的；与生俱来的，天生的，先天的；本土的；本国的；(~to)(动、植物等的)土生的；(金属)天然的

ⓔ native of New York / South Korea (土生土长的纽约人 / 韩国人) native speaker of English (母语为英语的人)

nativity** [nəˈtɪvəti] *n.* 出生，诞生；(the Nativity)耶稣降生(图)

ⓔ Nativity Play (耶稣诞生剧)

nature*** [ˈneɪtʃə(r)] *n.* 自然，自然界；自然力；自然状态，原始状态；天性，本性；性质；种类；生命力；人体的本能(或需要)

ⓝ naturism (裸体主义) naturist (裸体主义者) ⓔ the laws of nature (自然(界)法则) human nature (人的天性) good nature (和蔼，和善) things of this nature (这种事) Nature failed at last. (最终耗尽了生命力。) ease / relieve nature (大便 / 小便)

---

natural*** [ˈnætʃrəl] *a.* 自然的；自然界的；自然发生的；天生的，天赋的；自然状态的；天然的，不做作的；正常的；合乎自然规律的；【音】本位音的 *n.* 天生有才能的人；白痴；本位音

ⓐⓓ naturally (自然地；天生地；当然；不做作地) ⓝ naturalism (自然主义) ⓐ naturalistic (自然主义的) ⓔ natural enemy (天敌) natural gas (天然气) natural resources (自然资源) natural rubber (天然橡胶) natural sciences (自然科学) natural selection (自然选择) natural death (自然死亡)

naturalist*** [ˈnætʃrəlɪst] *n.* 博物学者(尤指直接观察动、植物者) *ist (= person who)

naturalize*** [ˈnætʃrəlaɪz] *v.* 使(外国出生的人)加入国籍，使归化；采纳(外语、外国的风俗习惯等)，吸收；使动、植物适应异域生长环境

ⓝ naturalization (归化；移植) naturalization papers (归化国籍的相关文件) ⓔ She was naturalized in South Korea. (她加入了韩国国籍。) naturalized citizen (归化公民)

renascent* [rɪˈneɪsnt] *a.* 新生的；再生的，复兴的 *re (= again)

ⓝ renascence (新生；再生，复兴)

renaissance*** [rɪˈneɪsns] *n.* 复活，复兴，再生；(the R~)文艺复兴运动(时期)

*re (= again), naiss⟨nasc (= to be born)

ⓔ Renaissance art (文艺复兴时期的艺术)

LECTURE 101

词根 MACUL

来自拉丁语的 macul 意为 stain, spot。

immaculate** [ɪˈmækjələt]

[没有瑕疵、污点的 im〈in (= not) + macul (= stain, spot)]

a. 清白的；没有瑕疵的，完美的；没有污点的，洁净的

ⓔ My mother's kitchen was so immaculate you could serve a meal on the floor. (我妈妈的厨房干净得可以让你在地上就餐。)

macula* [ˈmækjʊlə]

n. 斑点

词根 MUR

来自拉丁语的 mur 意为 wall。

immure* [ɪˈmjʊə(r)]

[关在墙内 im〈in (= in) + mur (= wall)]

vt. oneself + in + sth 使闭门不出；监禁，禁闭

ⓔ The old woman immured herself in her cottage and died there years later. (那个老妇人在自己的小屋内闭门不出，几年后死在了那里。)

intramural* [ˌɪntrəˈmjʊərəl]

a. 同一校内的；同一城市的 *intra (= within)

ⓔ take third place in the hundred-meter dash in the intramural track meet (在校内田径运动会的 100 米短跑中取得第三名)

extramural* [ˌekstrəˈmjʊərəl]

a. (大学等的) 校园外的；(城邑等) 边界外的 *extra (= outside)

ⓔ extramural lectures / studies / students (校外课程 / 学习 / 学生)

mural** [ˈmjʊərəl]

a. 墙壁的；墙壁似的；墙壁上的 *n.* 壁画

ⓔ mural painting (壁画)

LECTURE 102

词根 LUCT

来自拉丁语的 luct 意为 to struggle。

ineluctable* [ˌɪnɪˈlʌktəbl]

[想逃脱却无法挣扎的 in (= not) + e〈ex (= out) + luct (= struggle)]

a. 不可避免的，不可抗拒的

ⓔ She's a victim of the ineluctable frailty of old age. (她无法抗拒年老带来的衰弱。)

reluctant*** [rɪˈlʌktənt]

a. 不情愿的，勉强的 *re (= against)

ⓐⓓ reluctantly (不情愿地，勉强地) ⓔ reluctant helpers (不情愿地帮人的人) reluctant recruit into the army (不得已参军的新兵) reluctant dragon (避战凶龙，指力图避免冲突的领导者)

reluctance** [rɪˈlʌktəns]

n. 勉强，不情愿 *re (= against)

ⓔ without / with reluctance (自愿，情愿 / 勉强)

LECTURE 103

词根 RUPT

来自拉丁语的 rupt 意为 to break。同义词根有来自拉丁语的 fract / frag [fring]。

interrupt*** [ˌɪntəˈrʌpt]
[从其间打碎 inter (= between) + rupt (= break)]
vt. 中断，阻断；打断
ⓔ Regular programming was interrupted for an important news bulletin. (正常的节目被插播的重要新闻快报打断了。)

disrupt* [dɪsˈrʌpt]
[分开打破、粉碎 dis (= apart) + rupt (= break)]
vt. 使(国家、制度、同盟等)分裂；使崩溃，粉碎；使(交通、通信等)暂时不通；使中断；使陷入混乱
ⓝ disruption 分裂；崩溃 ⓐ disruptive 分裂的 ⓔ A violent fight between two female students disrupted the class. (两个女生激烈的争吵扰乱了课堂。)

abrupt*** [əˈbrʌpt]
a. 意外的，突然的；(语言、行动等)鲁莽的，生硬的；不连贯的；陡峭的
*ab (= away)
ⓔ abrupt turns (急转弯) man with an abrupt manner (举止鲁莽的人)

bankrupt*** [ˈbæŋkrʌpt]
a. 破产的 *n.* 破产者；(在某方面)完全丧失的人
v. 使破产 *bank (= bench)
ⓔ go bankrupt (破产)

bankruptcy** [ˈbæŋkrʌptsi]
n. 破产；彻底失败；(名誉等的)完全丧失 *bank (= bench)
ⓔ go into bankruptcy (破产) trustee in bankruptcy (【律】破产管理人)

corrupt*** [kəˈrʌpt]
a. 腐败的，贪污的；堕落的，邪恶的；污浊的 *v.* 收买；(使)堕落；(使)腐败
*cor〈com (= together, completely)
ⓝ corruption (腐败) ⓔ corrupt practices (腐败行为) corrupt air (污浊的空气) young people whose morals have been corrupted (堕落的年轻人)

corruptible* [kəˈrʌptəbl]
a. 易堕落、腐败的；易贿赂的 *cor〈com (= together, completely)
ⓔ corruptible government officials (容易堕落的政府官员)

incorruptible* [ˌɪnkəˈrʌptəbl]
a. 不腐败的，清廉的；不能收买的 *cor〈com (= together, completely)
ⓝ incorruptibility (廉洁，不腐败)

LECTURE 104

词根 MEDI

来自拉丁语的 medi 意为 middle。

intermediary* [ˌɪntəˈmiːdiəri]
[在中间起中介作用 inter (= between) + medi (= middle)]
n. 中间人；调解者；中介物，媒介物
a. 调解的；中间的
ⓐ intermediate (时间、空间、程度等)中间的；(*n.*)中间人；媒介物 ⓔ Most stars use an intermediary like a publicist to help them deal with the public. (大部分明星都会雇用公关人员之类的中间人来帮助他们应付公众。)

mediate** [ˈmiːdieɪt]
[采取中间、中庸态度 medi (= middle)]
vt. 调停，调解
ⓝ mediation 调停，调解 mediator 调停者，调解人 ⓔ I'm a marriage counselor. I'm here to mediate the communication between you two.（我是婚姻顾问。我来是为了通过调解来帮助你们两位沟通。）

---

intermediate** [ˌɪntəˈmiːdiət]
a.（时间、空间、程度等）中间的 *n.* 中间人；媒介物 *inter (= between)
ⓔ at an intermediate stage（在中间阶段） intermediate courses（(初、高级之间的)中级课程） intermediate range ballistic missile（中程弹道导弹，简称：IRBM）

immediate*** [ɪˈmiːdiət]
a.（时间、空间）直接的；紧接的；立即的，即刻的 *im⟨in (= not)
ⓐⓓ immediately（立即，马上；直接地；紧接地） ⓝ immediacy（直接；即时）

Mediterranean*** [ˌmedɪtəˈreɪniən]
a. 地中海的；(m~)被陆地包围的 *n.*（the ~)地中海 *terr (= earth)
ⓔ the Mediterranean Sea（地中海） Mediterranean climate（地中海气候）

medial* [ˈmiːdiəl]
a. 中间的；平均的；普通的；中庸的

median** [ˈmiːdiən]
a. 中央的；中间的；通过中央的 *n.*【数】中点；中线
ⓔ median strip（分隔车道的安全岛）

---

medieval*** [ˌmediˈiːvl]
a. 中世纪的；中古的 *ev (= age, time)

mediocre** [ˌmiːdiˈəʊkə(r)]
a. 不太好的；普通的，平凡的；二流的

mediocrity** [ˌmiːdiˈɒkrəti]
n. 平凡，凡庸；平凡的人
ⓔ Government of mediocrities（平庸的政府）

medium*** [ˈmiːdiəm]
n. 媒介物，媒体，中间物；通灵的人；灵媒 *a.* 中间的；中等的
ⓔ medium for advertising（广告媒体） medium-sized firm（中等规模的公司） medium income group（中等收入群体） medium bomber（中型轰炸机）

LECTURE 105

词根 NUTRI

来自拉丁语的 nutri 意为 to nourish。同义词根有来自拉丁语的 al, troph。

---

malnutrition* [ˌmælnjuːˈtrɪʃn]
[不好的营养状态 mal (= bad) + nutri (= nourishment)]
n. 营养失调，营养不良
ⓔ Malnutrition is a grave public health problem in many African nations.（营养不良是很多非洲国家共有的严重的健康问题。）

---

nutriment** [ˈnjuːtrɪmənt]
n. 营养，养分；滋养物

nutrition*** [njuˈtrɪʃn]
n. 营养（物）；滋养（物）；营养学
ⓐ nutritional（营养的；滋养的） nutritional value（营养价值） the care and nutrition of children（儿童看护与营养）

nutritive** [ˈnjuːtrətɪv]
a. 与营养有关的；有营养的 *n.* 营养物
ⓐ nutritious（有营养的；滋养的）

词根 VOL

来自拉丁语的 vol 意为 will, to fly。

malevolent**

[mə'levələnt]

[带有不好的意图的 male〈mal (= bad) + vol (= will)]

a. 有恶意的，坏心肠的

ⓝ malevolence 恶意，狠毒 ⓔ I don't believe in ghosts, malevolent or otherwise.（我不相信幽灵，不管它是善是恶。）

benevolent**

[bə'nevələnt]

[带有善良的、和善的意图的 bene (= good) + vol (= will)]

a. 仁慈的；亲切的；慈善的

ⓝ benevolence 仁慈；慈善 ⓔ We often experience pleasure ourselves upon performing benevolent acts.（在慈善行动中我们自己也常常体会到快乐。）

volition***

[və'lɪʃn]

[意志介入 vol (= will)]

n. 意志，决断力；决定

ⓐ volitional 意志的 ⓔ We want our children to choose their careers of their own volition.（我们希望孩子们能够根据自己的意愿选择职业。）

voluptuous**

[və'lʌptʃuəs]

a. 性感的，激起情欲的；沉溺酒色的；满足感官的

ⓔ voluptuous music / beauty / thoughts / sensations（给人以快感的音乐 / 肉感美 / 淫念 / 性感） lead a voluptuous life（过荒淫无度的生活）

voluptuary*

[və'lʌptʃuəri]

a. / *n.* 沉迷于酒色的(人)

volunteer***

[ˌvɒlən'tɪə(r)]

n.（做令人不愉快的或危险事情的）志愿者；志愿兵 *v.* 自愿提供；自愿做

ⓔ volunteer corps（义勇军） volunteer police（志愿警察） volunteer to help others（自愿帮助别人） volunteer for service（自愿参军）

voluntary***

['vɒləntri]

a. 自发的；自愿的；靠自由捐助维持的；有意的

ⓐⓓ voluntarily（自发地；自愿地） ⓔ voluntary contribution（自发的捐助） voluntary workers（义工） voluntary appearance / confession（主动出庭 / 主动坦白）

involuntary**

[ɪn'vɒləntri]

a. 非自愿的，非本意的；无意的；不由自主的 *in (= not)

ⓐⓓ involuntarily（不由自主地；非出于本意地） ⓔ involuntary slaughter（过失杀人（罪）） involuntary servitude（强制劳役）

volatile**

['vɒlətaɪl]

a.（液体等）易挥发的；（性格）活泼的；反复无常的；轻浮的；（政局等）紧张的

*vol (= fly)

ⓝ volatility（挥发性；挥发度） ⓔ volatile oil（挥发性汽油） volatile salt（碳酸铵）

LECTURE 106

词根 RECT, RIG

来自拉丁语的 rect, rig 意为 straight, right。

maladroit*

[ˌmælə'drɔɪt]

[不能直着拉向某物的 mal (= bad) + a (= to) + droit〈rect (= straight, right)]

a. 不灵巧的，不熟练的，笨拙的

ⓔ She is so maladroit in physical education that she resembles a clown!（她在体育课上笨拙得像个小丑！）

incorrigible**
[ɪnˈkɒrɪdʒəbl]
[无法一起直着拉走的 in (= not) + cor⟨com (= together) + rig (= straight)]
a. (坏习惯等)不能被纠正的; 无可救药的; 根深蒂固的, 积习难改的
ⓔ The prison guards describe the prisoner as incorrigible. (监狱的看守们说罪犯无可救药。)

rectify**
[ˈrektɪfaɪ]
[使正确 rect (= right)]
vt. 改正; 纠正(恶习等), 矫正; 精馏
ⓝ rectification 改正; 精馏 rectifier 矫正者; 精馏器 ⓔ The onboard computer continually rectifies flight path errors. (机载电脑不断地纠正航道错误。)

corrigible*
[ˈkɒrɪdʒəbl]
a. 可改正的; 有待改正的 *cor⟨com (= together)

dirigible**
[ˈdɪrɪdʒəbl]
n. 飞船 *di⟨dis (= away, apart)

corrigendum*
[ˌkɒrɪˈdʒendəm]
n. (书籍)应更正的错误; 勘误表 *cor⟨com (= together)

rigid***
[ˈrɪdʒɪd]
a. 坚硬的; 坚固的; 不易折断的; 严格的; 刻板的; 严密的
ⓝ rigidity (坚硬; 死板; 严格) ⓔ rigid piece of metal (坚硬的金属片) rigid disciplinarian (严格的纪律执行者) rigid rules (严格的规则)

rigor**
[ˈrɪgə(r)]
n. 严厉, 苛刻; 严格; 苛刻的行为; 艰苦; 严酷
ⓔ rigor mortis (死后僵硬) rigors of prison life (监狱生活的艰苦) rigor(s) of the winter in Canada (加拿大冬天的严酷)

rigorous**
[ˈrɪgərəs]
a. 严酷的; 苛刻的; 严格的, 严厉的
ⓔ rigorous discipline (严格的纪律) rigorous search for dutiable goods (对关税货物的严格检查) rigorous climate (严酷的气候)

righteous**
[ˈraɪtʃəs]
a. 正当的; 正义的, 正直的; 公正的
ⓝ righteousness (公正; 正当; 正直) ⓔ the righteous and the wicked (正直的人和邪恶的人) righteous anger (义愤)

rightful**
[ˈraɪtfl]
a. 正义的; 公正的; 正当的; 合法的; 依法享有权利的
ⓔ rightful owner of the land (土地的合法拥有者) the rightful king (法定的国王)

LECTURE 107

词根 LITER

来自拉丁语的 liter 意为 letter。

obliterate**
[əˈblɪtəreɪt]
[逆着文字走 ob (= against) + liter (= letter)]
vt. 擦掉; 消除痕迹; 消灭
ⓝ obliteration 删除; 擦掉 ⓔ The crows completely obliterated his corn crop this year. (乌鸦把他今年收获的玉米消灭得一干二净。)

literate*
[ˈlɪtərət]
[认识字的 liter (= letter)]
a. 能读写的; 有文化的
n. 能读写的人; 有文化的人
ⓝ literacy 读写能力; 知识 ⓔ Sadly, many adults in developing nations are not

literate.（可悲的是，发展中国家中很多成人还不会读写。）

---

alliteration* [ə,lɪtə'reɪʃn] *n.*【语】头韵(法) *al〈ad (= near, to)
ⓐ alliterative（头韵（法）的）

transliterate* [træns'lɪtəreɪt] *v.* 把…译成另一语言体系中相应的字母；翻译 *trans (= change)
ⓝ transliteration（翻译成另一语言体系中相应的字母；翻译） ⓔ transliterate Greek into Roman letters（把希腊语翻译成罗马字母） transliterate English words into phonetic symbols（用音标来译写英语单词）

illiterate** [ɪ'lɪtərət] *a.* 无知的；文盲的；语言错误的 *n.* 无知的人；文盲 *il〈in (= not)
ⓔ illiterate letter（语言错误连篇的信）

literacy* ['lɪtərəsi] *n.* 读写能力；知识
ⓔ literacy test（读写能力测试）

illiteracy** [ɪ'lɪtərəsi] *n.* 文盲 *il〈in (= not)
ⓔ illiteracy rate（文盲率）

---

literal** ['lɪtərəl] *a.* 文字的；照字面的，逐字的；(人)刻板的；缺乏想象力的
n. 文字错误；印刷错误
ⓔ in the literal sense of the word（照字面意思地）

literally ['lɪtərəli] *ad.* 逐字地；实在地；不夸张地
ⓔ translate literally（直译） literally starving（确实饿着的）

literary*** ['lɪtərəri] *a.* 文学的；通晓文学的；从事写作的；(相对口语来说)书面的
ⓔ literary works（文学作品） literary man（文人） literary style（书面体）

literati* [,lɪtə'rɑːti] *n.*〈拉〉[总称]文人学士；知识分子，知识界

literature*** ['lɪtrətʃə(r)] *n.* 文学；文学作品；文献；印刷品
ⓔ English literature（英国文学） literature on sports（有关体育的文献） send her some literature about package holidays（寄给她一些关于一揽子旅行的印刷品）

litany** ['lɪtəni] *n.* 连祷；应答祈祷(唱赞美歌的歌唱团先唱，信徒们跟着应答歌唱的形式)；(the L~)祈祷文 *lit〈liter (= letter)

词根 ED[ES]

来自拉丁语的 ed 意为 to eat，变形为 es。同义词根有来自拉丁语的 vor 和来自希腊语的 phag。

---

obese* [əʊ'biːs] [多吃的 ob (= intensive) + es〈ed (= eat)]
a. 臃肿的，肥胖的
ⓝ obesity 肥胖 ⓔ Nearly 20% of all Americans are now classified as obese（现在美国人中有近 20%可被列为肥胖。）

---

edible** ['edəbl] *a.* 可以食用的 *n.* (pl.)适合食用的东西；食品
ⓝ edibility（适于食用）

inedible** [ɪn'edəbl] *a.* 不适于食用的，不能吃的 *in (= not)

LECTURE 108

词根 DUR

来自拉丁语的 dur 意为 to last。

obdurate** [ˈɒbdjərət]

[继续拉的 ob (= intensive) + dur (= last)]

a. 顽固的，执拗的

ⓝ obduracy 倔强，执拗，固执 ⓔ He's extremely obdurate—offending people and never apologizing afterward. (他极其固执，冒犯了别人却从不道歉。)

durable*** [ˈdjʊərəbl]

[可持续很久 dur (= last)]

a. 持久的；耐用的

n. 耐用品

ⓝ duration 持续(时间)；持久 durability 持久，耐久性 durance 监禁 ⓔ Indoor-outdoor carpeting is extremely durable. (室内、室外两用地毯非常耐用。)

endure*** [ɪnˈdjʊə(r)]

v. 忍受(痛苦、艰难等)；[主要用在否定句中]容忍；持续；持久 *en (= make)

enduring** [ɪnˈdjʊərɪŋ]

a. 持续的；持久的 *en (= make)

ⓐ endurable (可忍受的；能持久的) ⓔ enduring fame (经久不衰的名望) enduring peace (持久的和平)

endurance*** [ɪnˈdjʊərəns]

n. 忍耐(力)；持久(力) *en (= make)

ⓔ remarkable powers of endurance (非凡的忍耐力) past / beyond endurance (无法忍受地，难以忍耐地) endurance test (耐力测试)

词根 CEL[CUL, CEAL]

来自拉丁语的 cel 意为 to hide，变形为 cul, ceal。同义词根有来自拉丁语的 cond, cover / cur, tect / teg 和来自希腊语的 crypt。

occult** [əˈkʌlt]

[严严实实地藏着的 oc〈ob (= intensive) + cul〈cel (= hide)]

a. 掩藏的；神秘的，超自然的

ⓔ I've long been a student of occult arts. (我学秘术很久了。)

cell*** [sel]

n. (通常指革命的)政党团体的基层组织；(修道院的)单人小房间；监狱的单人牢房；细胞

ⓔ communist cells in an industrial town (工业城市的共产党基层组织)

cellar*** [ˈselə(r)]

n. 地下室

conceal*** [kənˈsiːl]

v. 掩藏；隐瞒 *con〈com (= completely), ceal〈cel (= hide)

concealment*** [kənˈsiːlmənt]

n. 隐藏；隐瞒 *con〈com (= completely), ceal〈cel (= hide)

LECTURE 109

词根 SCEN

来自拉丁语的 scen 意为 to set。

obscene** [əbˈsiːn]
[逆着某物、超越某种程度放置的 ob (= against, over) + scen (= set)]
a. (语言、想法、书籍、绘画等)伤风败俗的;猥亵的,淫秽的;可憎的
ⓝ obscenity 猥亵,淫秽;猥亵的言语(或行为) ⓔ Different people have different opinions about what is obscene. (对于什么是淫秽,不同的人有不同的看法。)

proscenium* [prəˈsiːniəm]
n. (在剧场的大幕和管弦乐队席之间的)舞台前部 *pro (= forth, forward)
ⓔ proscenium arch (位于舞台前部的拱形结构)

scenario** [səˈnɑːriəʊ]
n. (话剧、歌剧、电影等的)提纲,脚本
ⓝ scenarist (剧作家)

scene*** [siːn]
n. (舞台)布景;(戏剧等的)背景;(戏剧的)一场;(舞台、电影表现的)场面,场景;景色;(事件发生的)现场;〈口〉活动领域;〈贬〉当众吵闹
ⓔ scene of the novel (小说的背景) duel scene in *Hamlet* (《哈姆雷特》的决斗场面) *Macbeth*: Act II, Scene 1 (《麦克白》第二幕第一场) behind the scenes (在舞台(或幕)后;秘密地,不公开地) scene of disaster (灾难场景) on the scene (在场) be on the scene (到场)

scenery*** [ˈsiːnəri]
n. (某个地域的)风景,景色(如山、田野、溪谷、树林等);(剧场舞台的)布景
ⓔ mountain scenery (山色) natural scenery (自然风景) painted scenery (绘景)

scenic** [ˈsiːnɪk]
a. 风景的;景色秀丽的;戏剧性的
ⓔ scenic splendors of the Rocky Mountains (落基山脉的壮丽景色) scenic zone (景色优美的地带) scenic railway (游览观光铁道)

LECTURE 110

词根 LOQU, LOCUT

来自拉丁语的 loqu, locut 意为 to say, to speak。同义词根有来自拉丁语的 dic / dict, fa / fam / fess, nounc / nunci, or, parl 和来自希腊语的 phras, pha / phe / phu 等。

obloquy* [ˈɒbləkwi]
[和某人敌对着说 ob (= against) + loqu (= say)]
n. 谩骂;强烈指责;耻辱
ⓔ His reputation was damaged by the obloquy heaped upon him in the press. (舆论对他的大肆指责有损他的名声。)

loquacious* [ləˈkweɪʃəs]
[多说的 loqu (= say)]
a. 话多的;健谈的
ⓝ loquacity 多话,饶舌 ⓔ She's a loquacious old biddy, as old maids often are. (如同一般的老处女那样,她也是个饶舌的老太婆。)

circumlocution* [ˌsɜːkəmləˈkjuːʃn]
n. 婉转;委婉的表达 *circum (= around)

colloquial** *a.* 会话体的，口语体的 *col〈com (= together)
[kəˈləʊkwiəl]

colloquialism* *n.* 口语体，会话体 *col〈com (= together), ism (= speech)
[kəˈləʊkwiəlɪzəm]

colloquy** *n.* 谈话；讨论 *col〈com (= together)
[ˈkɒləkwi]

grandiloquent* *a.* 夸张的；大言不惭的 *grand (= great)
[grænˈdɪləkwənt]
ⓔ grandiloquent speaker (说话夸张的人) written in a grandiloquent style (用夸张的文笔写成)

---

interlocutor* *n.* 对话者 *inter (= between)
[ˌɪntəˈlɒkjətə(r)]

locution* *n.* 语言风格；惯用语
[ləˈkjuːʃn]

ventriloquism* *n.* 腹语(术)；口技 *ventri (= abdomen)
[venˈtrɪləkwɪzəm]

LECTURE 111

词根 OD

来自希腊语的 od 意为 song。

---

parody** [向旁边歌唱 par〈para (= beside) + od (= song)]
[ˈpærədi]
n. 讽刺模仿诗文、戏文；拙劣的模仿
vt. 拙劣地模仿；讽刺性地改编
ⓝ parodist 模仿诗文作者 ⓔ At Jim's retirement dinner, his colleagues presented a parody of his work life. (在吉姆的退休庆祝宴会上，他的同事们上演了一场根据他职场生涯改编的模仿剧。)

---

ode*** *n.* 颂诗；颂歌
[əʊd]

melody*** *n.* 美妙的音乐；歌曲；旋律 *mel (= merry)
[ˈmelədi]
ⓔ old Irish melodies (古老的爱尔兰歌曲)

melodious** *a.* 旋律优美的；有旋律的 *mel (= merry)
[məˈləʊdiəs]
ⓐ melodic (旋律的；曲调优美的) ⓔ the melodious notes of a thrush (画眉的优美歌声)

prosody* *n.* 诗体论；作诗法；韵律学；(特定语言的)重音和语调模式；韵律结构
[ˈprɒsədi]
*pros〈pro (= forth)

词根 DOX

来自希腊语的 dox 意为 opinion。

---

paradox** [脱离某事物的意见 para (= beside, apart from) + dox (= opinion)]
[ˈpærədɒks]
n. 看似矛盾而实际(或可能)正确的说法；悖论
ⓐ paradoxical 悖论的；矛盾的 ⓔ Although an apparent paradox, when lighting is reduced in factories, productivity increases. (虽然看起来很矛盾，不过在工厂减少照明时，生产率却提高了。)

orthodox**
['ɔːθədɒks]
a. 通常的；公认的；(意见、信仰等)正统的　*ortho (= right)
ⓝ orthodoxy (正统的信仰)　ⓔ orthodox beliefs (正统的信仰)　orthodox behavior (正统的行为)　the Orthodox Church (正教会)

heterodox*
['hetərədɒks]
a. 非正统的；异端的　*hetero (= other)
ⓝ heterodoxy (非正统 (学说)；异端，异说)

doxology*
[dɒk 'sɒlədʒi]
n. (做礼拜时的) 颂词 (如"荣耀归于真神")*log (= speech)

词根 SIT

来自希腊语的 sit 意为 food, grain, to sit。

parasite**
['pærəsaɪt]
[是坐在旁边只吃食物的人 para (= beside) + sit (= food, grain)]
n. 寄生生物；〈喻〉寄生虫；食客
ⓐ parasitic / parasitical 寄生的，寄食的；食客的　ⓔ He lives like a parasite (他像寄生虫一样活着。)

site***
[saɪt]
n. 场所，地点；遗址 *v.* 决定…的场所，为…选址
ⓔ site for a new school (新学校的位置)　built on the site of an old fort (在过去的要塞位置上建立的)　deliver materials to a building site (把材料运到建筑工地)　Where have they decided to site the new factory? (他们把工厂的位置定在哪了?)

词根 ALL

来自希腊语的 all 意为 other。同义词根有来自拉丁语的 alter [ulter], ali。

parallelism**
['pærəlelɪzəm]
[两个相互不同的东西并列放置 par〈para (= beside, side by side) + all (= other)]
n. 平行；对应，类似；比拟
ⓐ parallel 平行的；(*n.*) 平行线；相似 (物)；可相比拟的人 (或事物)；纬线；(*v.*) 与…平行；与…类似　ⓝ parallelogram 平行四边形　ⓔ There's distinct parallelism in the personal histories of my best friend and myself. (我和最好的朋友过去明显很相像。)

allegory**
['æləgəri]
n. 寓言；讽喻　*gor〈ger (= carry)
ⓐ allegoric / allegorical (寓言的；讽喻的)

allergy*
['ælədʒi]
n. 【医】过敏；〈口〉反感　*erg (= to work)
ⓝ allergen (过敏原 (引起过敏反应的物质))

allergic*
[ə'lɜːdʒɪk]
a. 过敏的；对…非常反感的　*erg (= to work)
ⓔ allergic to criticism (非常讨厌批评的)

alloy**
[ə'lɔɪ]
v. 使…成合金；影响；使损伤
n. ['ælɔɪ]合金

unalloyed*
[ˌʌnə'lɔɪd]
a. 非合金的；纯粹的，真正的　*un (= not)
ⓔ unalloyed joy (真正的喜悦)

LECTURE 112

词根 GON

来自希腊语的 gon 意为 to compare, to test, angle。

paragon** [ˈpærəgən] ［来到旁边成为比较的对象 para (= beside) + gon (= compare, test, angle)］
n. 模范，榜样，典范
ⓔ Priests are supposed to be paragons of virtue, though that's not always so.（牧师被认为是美德的典范，尽管实际上并非总是如此。）

---

diagonal** [daɪˈægənl] *n. /a.* 对角线（的）；斜线（的） *dia (= across)

trigonometry* [ˌtrɪgəˈnɒmətri] *n.*【数】三角 *tri (= three), metr〈meter (= measure)

pentagon* [ˈpentəgən] *n.* 五边形；(the P~)美国五角大楼 *penta (= five)
ⓐ pentagonal（五边形的） ⓔ Pentagon officials（五角大楼官员）

hexagon* [ˈheksəgən] *n.* 六边形；(the H~)法国(从地图上看，法国近似六边形) *hexa (= six)
ⓐ hexagonal（六边形的） ⓔ Within the Hexagon there are 96 departments.（法国有 96 个省。）

octagon* [ˈɒktəgən] *n.* 八边形 *octa (= eight)
ⓐ octagonal（八边形的）

---

polygon* [ˈpɒlɪgən] *n.* 多边形 *poly (= many)
ⓔ regular polygon（正多边形）

词根 PHRAS, PHA, PHE, PHU

来自希腊语的 phras 意为 to say, to speak，具有相同含义的还有来自希腊语的 pha, phe, phu。同义词根有来自拉丁语的 dic / dict, fa / fam / fess, locut / loqu, nounc / nunci, or, parl 等。

paraphrase* [ˈpærəfreɪz] ［向旁边说 para (= beside) + phras (= say)］
n. 解释；意译
vt. 解释；意译
ⓔ You should footnote the original source even when you paraphrase a passage.（即便是解释某一段文章，也应该加上脚注，标明出处。）

---

phrase*** [freɪz] *n.* 短语；惯用语；措词

phrasing*** [ˈfreɪzɪŋ] *n.* 说法，措词

aphasia* [əˈfeɪzjə] *n.* 失语症 *a〈an (= not, without)

blaspheme** [blæsˈfiːm] *v.* 口出恶言，辱骂；亵渎 *blas (= fault)
ⓔ blaspheme the name of God（亵渎上帝之名）

blasphemous* [ˈblæsfəməs] *a.* 不敬的，亵渎的 *blas (= fault)

---

blasphemy** [ˈblæsfəmi] *n.* 对神的不敬，亵渎；侮慢的言行 *blas (= fault)

emphatic**
[ɪmˈfætɪk]
a. 加强语气的；强调的；明确的；肯定的　*em〈en (= intensive)
ⓝ emphasis (强调) ⓔ emphatic gesture / opinion (坚决的姿态 / 意见) emphatic person (语气强烈的人) emphatic denial (断然的否定)

euphemism*
[ˈjuːfəmɪzəm]
n. 委婉语；委婉的表达　*eu (= good)

euphuism*
[ˈjuːfjuːɪzəm]
n. 华丽的措辞(或文章)　*eu (= good)

prophecy***
[ˈprɒfəsi]
n. 预言(能力)　*pro (= forward, before)

---

prophesy***
[ˈprɒfəsaɪ]
v. 预言　*pro (= forward, before)

prophet***
[ˈprɒfɪt]
n. 先知，预言家；主张人，提倡者　*pro (= forward, before)
ⓐ prophetic (预言的；预言家的) ⓔ the Prophets (基督教《圣经·旧约》中的先知书)

词根 OXY[OX]

来自希腊语的 oxy 意为 sharp, acid。在元音前，oxy 中的 y 脱落，变成 ox。

---

paroxysm**
[ˈpærəksɪzəm]
[变得非常尖锐 par〈para (= intensive) + oxy (= sharp, acid)]
n. (愤怒、笑声等的)突然爆发；(周期性疾病的)发作
ⓔ A paroxysm of rage overtook her and she began shouting at the students. (她突然大发脾气，向学生们大声喊叫。)

---

oxygen***
[ˈɒksɪdʒən]
n. 氧气　*gen (= birth)
ⓥ oxygenize (使氧化) ⓔ oxygen mask / tent (氧气罩 / 氧气帐) oxygen walker ((肺病、心脏病患者用的)小型携带用吸氧器) oxygen cycle (氧循环(大气中的氧气通过动物的呼吸变成二氧化碳，然后二氧化碳依靠植物的光合作用重新成为氧气的循环))

oxymoron*
[ˌɒksɪˈmɔːrɒn]
n.【语】矛盾形容法(例如：sweet sorrow, cruel kindness)　*moron (= foolish)

oxide**
[ˈɒksaɪd]
n. 氧化物　*ox〈oxy (= acid)
ⓝ oxidization (氧化(作用)) ⓔ iron oxide (氧化铁)

oxidize**
[ˈɒksɪdaɪz]
v. (使)氧化；(使)生锈　*ox〈oxy (= acid)
ⓔ oxidizing agent / flame (氧化剂 / 氧化焰) oxidized silver (氧化了的银)

dioxide**
[daɪˈɒksaɪd]
n. 二氧化物　*di (= two), ox〈oxy (= acid)

词根 METER[METR]

来自希腊语的 meter 意为 measure，metr 为其变形。同义词根有来自拉丁语的 mens。

---

parameter*
[pəˈræmɪtə(r)]
[向旁边量 para (= beside) + meter (= measure)]
n. 参数
ⓔ The company is always expanding the parameters of its product offerings. (那家公司常常扩大商品供给的参数。)

---

asymmetry*
[ˌeɪˈsɪmətri]
n. 不均衡，不对称
*a〈an (= not, without), sym〈syn (= together), metr〈meter (= measure)

symmetry**
[ˈsɪmətri]
n. 对称；匀称　*sym〈syn (= together), metr〈meter (= measure)
ⓐ symmetric / symmetrical (均衡的；(图案)对称的) ⓐⓓ symmetrically (对称地) ⓔ The bump on the left side of her forehead spoilt the symmetry of her face. (她额头左侧的肿

块破坏了她脸部的对称。)

barometer** [bəˈrɒmɪtə(r)]
n. 气压计；晴雨表；〈喻〉显示（舆论、物价等）变化的事物
*baro (= weight, pressure)
ⓐ barometric (气压（计）的) barometric pressure (气压) ⓔ barometer stock (标准股)

chronometer* [krəˈnɒmɪtə(r)]
n. （特别指航海中使用的）精密计时表 *chron (= time)

diameter*** [daɪˈæmɪtə(r)]
n. 直径；（透镜的）倍 *dia (= across, through)
ⓔ diameter of a tree-trunk (树干的直径) a lens that magnifies 20 diameters (放大 20 倍的透镜) in diameter (直径上)

---

diametrically* [ˌdaɪəˈmetrɪkli]
ad. 完全相反地；直径地 *dia (= across, through)
ⓔ diametrically opposed view (完全相反的观点)

geometry** [dʒiˈɒmətri]
n. 几何学 *geo (= earth)
ⓐ geometric / geometrical (几何学（上）的；（线、条纹等）几何图案的) geometrical patterns (几何图案（纹样）) geometrical progression (【数】几何级数)

perimeter* [pəˈrɪmɪtə(r)]
n. 【数】周；周边 *peri (= around)

LECTURE 113

词根 JUR

来自拉丁语的 jur 意为 to swear, law。

---

perjury** [ˈpɜːdʒəri]
[虚假地宣誓 per (= falsely) + jur (= swear, law)]
n. 【律】伪证（罪）；背信弃义
ⓥ perjure 使作伪证 ⓝ perjurer 作伪证者 ⓔ The witness was convicted of perjury and fined 2, 000 dollars. (那个证人被判犯有伪证罪，并被处以 2000 美元的罚金。)

---

abjure** [əbˈdʒʊə(r)]
v. 发誓放弃；公开放弃（权利、信仰等） *ab (= away), jur (= swear)
ⓔ abjure ones religion (抛弃信仰) abjure the realm (放弃领土)

abjuration* [ˌæbdʒʊəˈreɪʃn]
n. 发誓放弃；公开放弃 *ab (= away), jur (= swear)
ⓔ abjuration of faith (信仰的抛弃)

adjure** [əˈdʒʊə(r)]
v. 恳求；严令 *ad (= to), jur (= swear)
ⓝ adjuration (恳求；严令) ⓔ I adjure you to tell the truth. (我命令你说实话。)

conjure** [ˈkʌndʒə(r)]
v. 念咒语召唤；魔法变出；使人想起
*con〈com (= together), jur (= swear)
ⓝ conjuration (召唤；咒语；魔法) conjurer / conjuror (魔术师，变戏法的人；魔法师；巫师) ⓔ conjuring trick (魔术) conjure a rabbit out of a hat (从帽子里变出一只兔子)

injure*** [ˈɪndʒə(r)]
v. 使受伤，损害；伤害(感情、名誉等) *in (= not), jur (= law)

---

injured*** [ˈɪndʒəd]
a. （感情）受伤的；（名誉）被损害的 *in (= not), jur (= law)
ⓔ the dead and the injured （(事故等的) 死伤者） in an injured voice (用受伤的声音) injured look (受伤的表情)

injurious***
[ɪnˈdʒʊəriəs]
a. 有害的；致伤的；诽谤的，中伤的 *in (= not), jur (= law)
ⓔ behavior that is injurious to social order (对社会秩序有害的行为) injurious to health (有损健康的)

injury***
[ˈɪndʒəri]
n. (对人、动物、精神等的)伤害；(对物的)损伤；(对健康的)损害；伤口
*in (= not), jur (= law)
ⓔ injury to the head (头上的伤) severe injuries (重伤) do a person an injury (让某人蒙受损害) injury to my pride (对我自尊心的伤害) severe injury to his reputation (对他名誉的严重损害)

jurisprudence**
[ˌdʒʊərɪsˈpruːdns]
n. 法学 *pr〈pro (= before), ud〈vid (= look), jur (= law)
ⓔ Doctor of Jurisprudence (法学博士，缩写：J. D.)

juridical***
[dʒʊəˈrɪdɪkl]
a. 司法（上）的；法律（上）的
ⓔ juridical days (开庭日期)

---

jurist**
[ˈdʒʊərɪst]
n. 法学家；法律学者

juror***
[ˈdʒʊərə(r)]
n. 陪审员；(竞赛等的)评委

jury***
[ˈdʒʊəri]
n. 陪审团；评审委员会
ⓝ juryman (陪审员) ⓔ common jury (普通陪审团) grand jury (大陪审团（特别指由12名到23名人员组成，审理上诉的案件，在认为证据充足的时候作判定）) jury box (陪审(团)席) jury room (陪审团议事室) jury of public opinion (公众舆论的评判)

LECTURE 114

词根 VAD, VAS[WAD]

来自拉丁语的 vad, vas 意为 to go。变形为 wad。同义词根有来自拉丁语的 ced / cess [ceed, ceas], grad / gred / gress, it 和来自希腊语的 bat [bet, bit] 以及来自盎格鲁-撒克逊语的 fare。

---

pervade**
[pəˈveɪd]
[这儿、那儿，一一走遍 per (= through, throughout) + vad (= go)]
vt. 遍及；弥漫于，渗透于
ⓝ pervasion 弥漫，渗透；普及 ⓐ pervasive 遍及的，普遍深入的；渗透的
ⓔ According to conservatives, harmful violence pervades a lot of television programming. (保守主义者认为，有害的暴力行为渗透到了很多电视节目中。)

---

invade***
[ɪnˈveɪd]
v. 入侵，侵略；侵害；大批进入 *in (= into)
ⓝ invasion (入侵，侵略) invader (侵略者，入侵者) ⓔ city invaded by tourists (游客大批涌入的城市)

vade-mecum*
[ˌveɪdɪˈmiːkəm]
n. 随身携带品；袖珍指南手册 *mecum (= together with me)

wade***
[weɪd]
v. 涉水而过（江、河等） *wad〈vad (= go)

waddle**
[ˈwɒdl]
v. 蹒跚而行 *n.* 蹒跚，摇摆的步子 *wad〈vad (= go)

LECTURE 115

词根 ANN[ENN]

来自拉丁语的 ann 意为 year，其元音弱化后变成 enn。

perennial** [pə'reniəl]
[持续整整一年 per (= through, throughout) + enn‹ann (= year)]
a. 终年不断的；长期的；(植物)多年生的
n. 多年生植物
ⓔ The perennial star Julie Andrews no longer sings, but still acts. (老牌歌星朱莉·安德鲁斯不再演唱，但还继续演戏。)

annals*** ['ænlz]
n. 编年史；历史记载；学会的年报
ⓝ annalist (编年史的编者；年报的作者)

anniversary*** [ˌænɪ'vɜːsəri]
n. 周年纪念日；结婚周年 *vers (= turn)
ⓔ my wedding anniversary (我的结婚纪念日) anniversary of Shakespeare's birth (莎士比亚的诞辰纪念日) anniversary dinner (周年纪念宴会)

Anno Domini* ['ænəʊ'dɒmɪnaɪ]
n. 纪元；公元(简称 AD) *domin (= lord, master)

annual*** ['ænjuəl]
a. 每年的；一年一次的；一年生的 *n.* 一年生植物；年鉴，年报
ⓐⓓ annually (每年) ⓔ his annual income (他的年收入) annual production (年产量) annual message (年度咨文) annual enrollment in high schools (高中每年的入学新生) annual ring (树木的年轮) hardy annual (耐寒一年生植物)

annuity** [ə'njuːəti]
n. 年金
ⓝ annuitant (年金受领人) ⓔ life annuity (终身年金) annuity bond (年金债券)

biennial* [baɪ'eniəl]
a. 两年一次的，每两年的 *n.* 两年生植物 *bi (= two), enn‹ann (= year)

millennium** [mɪ'leniəm]
n. 一千年；千年王国，千禧年(《圣经》预言耶稣在世界末日前将重生，亲自为王统治人间的一千年)；未来的黄金时代 *mill (= thousand), enn‹ann (= year)
ⓝ millenarian (相信千禧年的人)

centennial** [sen'teniəl]
n. 一百周年；一百周年纪念日 *a.* 一百年一次的；一百周年的；一百岁的
*cent (= hundred), enn‹ann (= year)
ⓝ centenary (= centennial)

bicentennial* [ˌbaɪsen'teniəl]
n. 两百周年；两百周年纪念日 *a.* 两百年一次的；两百周年的；两百岁的
*bi (= two), cent (= hundred), enn‹ann (= year)
ⓝ bicentenary (= bicentennial)

quincentennial* [ˌkwɪnsen'teniəl]
n. 五百周年；五百周年纪念日 *a.* 五百年一次的；五百周年的；五百岁的
*quin (= five), cent (= hundred), enn‹ann (= year)
ⓝ quincentenary (= quincentennial)

词根 MEA[ME]

来自拉丁语的 mea 意为 to pass，其变形为 me。

permeate** ['pɜːmieɪt]
[这里、那里，一一经过、流过 per (= through) + me‹mea (= pass, flow)]
vt. 渗透，浸透；弥漫
ⓝ permeation 渗透，浸透；弥漫 permeability 浸透性，渗透性 ⓐ permeable 可以渗透的 ⓔ The smell of fish permeated the kitchen for days. (连续几天厨房里一直弥漫着鱼腥味。)

impermeable* [ɪmˈpɜːmiəbl]

a. 不透水的 *im〈in (= not), per (= through), me〈mea (= pass)

LECTURE 116

词根 FUNCT

来自拉丁语的 funct 意为 to perform。

perfunctory** [pəˈfʌŋktəri]

[假装做事的 per (= falsely) + funct (= perform)]

a. 敷衍的，马马虎虎的

ⓐⓓ perfunctorily 敷衍地，马马虎虎地 ⓔ The acquisitions editor only gave a perfunctory glance at the volume of poetry.（组稿编辑只是马马虎虎地看了一眼那本诗集。）

defunct** [dɪˈfʌŋkt]

[停止、中断做事的 de (= off, from) + funct (= perform)]

a. 死的；(法律等)废止的

ⓔ The movie theater in my small town has been defunct for a decade.（我们小城镇的剧场关门已有十年了。）

function*** [ˈfʌŋkʃn]

n. 功能，作用；职务，职能；宗教仪式，庆典活动；【数】函数

v. 起作用；运转

ⓝ functionalism（功能主义） functionalist（功能主义者） ⓔ function of the heart（心脏的功能） the numerous functions that the Queen must attend（女王不得不参加的各种仪式） My new typewriter doesn't function very well.（我的新打字机不太好用。） He functioned as boss.（他起到了首领的作用。）

functional** [ˈfʌŋkʃənl]

a. 机能的；作用的；职务(上)的；(建筑等)从使用的观点设计(或构成)的

ⓔ functional disorder（机能紊乱） functional representation（【医】功能表达法） functional furniture（实用的家具）

functionary** [ˈfʌŋkʃənəri]

n. (尤指政府机关、政党的)官员；公务员

LECTURE 117

词根 CAU

来自拉丁语的 cau 意为 to take care。

precaution*** [prɪˈkɔːʃn]

[事先小心或注意 pre (= before) + cau (= take care)]

n. 谨慎；警惕；预防

ⓐ precautionary 警惕的；预防的 ⓔ As a precaution, please fasten your seat belt before starting the car.（作为一种预防措施，请在发动车之前系好安全带。）

caution*** [ˈkɔːʃn]

n. 小心，慎重；警告；(外貌、行动或言语等)令人发笑的人 *v.* 使某人小心；警告

ⓐ cautionary（警告的；告诫的） cautionary tales（警世故事） ⓔ We were cautioned not to drive fast.（我们被警告不能开快车。）

cautious***
[ˈkɔːʃəs]

a. 谨慎的，小心的

ⓐⓓ cautiously（谨慎地，小心地） ⓔ cautious about giving offense（唯恐让对方生气而小心翼翼的）

词根 MAT

来自拉丁语的 mat 意为 ripe。

premature**
[ˈpremətʃə(r)]

[在成熟之前的 pre（= before）+ mat（= ripe）]

a.（做法等）不成熟的；太早的，不到期的；早产的

ⓔ It would be premature to fire her; she's still learning her job.（解雇她时机尚早，她还在熟悉工作。）

immature**
[ˌɪməˈtjʊə(r)]

a. 未成熟的，发育未全的 *im⟨in（= not）

ⓝ immaturity（未成熟（状态）；未成年） ⓔ immature girl（尚年幼的少女） immature minds of young children（儿童未成熟的心智）

mature***
[məˈtʃʊə(r)]

a. 成熟的；酿熟的；慎重的；周到的；（票据）到支付日期的 *v.* 使成熟；使长成；（票据）到期；酿成

ⓔ mature woman（成熟的女人） mature plans（慎重的计划） This wine has not matured properly.（葡萄酒还没有酿好。）

maturity***
[məˈtʃʊərəti]

n. 成熟；（票据的）到期

ⓔ come to / reach maturity（成熟）

maturate*
[ˈmætʃʊreɪt]

v. 成熟；化脓

ⓝ maturation（成熟；化脓）

LECTURE 118

词根 SUMPT, SUM

来自拉丁语的 sum, sumpt 意为 to take, to use, to waste。同义词根有来自拉丁语的 prehend / prehens, pris, cap / capt / cept / ceiv [cip, cup, ceit], empt / em, rap / rav, lab / lep 等。

presume***
[prɪˈzjuːm]

[事先抓住、思考 pre（= before）+ sum（= take）]

vt. 推断；擅自（做），冒昧（做）

ⓝ presumption 推断；放肆；专横 ⓐ presumptuous 放肆的；专横的 presumable 可以推断的 presuming 放肆的 presumptive 推断的 ⓐⓓ presumably 据推测；可能 ⓔ I presume you'll be flying, not driving, right?（我猜你会坐飞机，而不是自己开车，对吧？）

sumptuous***
[ˈsʌmptʃuəs]

[用得太多或者浪费的 sumpt（= take, use, waste）]

a. 昂贵的，奢侈的；豪华的，华丽的

ⓔ Thank you for the sumptuous meal. You're a wonderful host.（感谢您的盛宴。您真是一位盛情的主人。）

assume***
[əˈsjuːm]

v. 假定；采取；承担；就任；假装 *as⟨ad（= near）

assumption***
[əˈsʌmpʃn]

n. 假定，假说；担任；伪装 *as⟨ad（= near）

ⓔ his assumption of power / the presidency（他掌权 / 任职总统） with an assumption of indifference（装作漠不关心）

consume***
[kən'sjuːm]
v. 消费；浪费；吃光，喝光；耗尽；使全神贯注 *con⟨com (= together, completely)

consuming*
[kən'sjuːmɪŋ]
a. 强烈的；消费的 *con⟨com (= together, completely)
ⓔ consuming ambition (强烈的野心)

consumer***
[kən'sjuːmə(r)]
n. 消费者 *con⟨com (= together, completely)
ⓔ consumer goods (消费品；生活资料) consumer price index (消费者物价指数，缩写：CPI) consumer research (消费者调查) consumer resistance (消费者抵抗) consumer strike ((消费者的) 罢购) consumer science (消费学)

---

consumption***
[kən'sʌmpʃn]
n. 消费；消耗；消费量；肺痨 *con⟨com (= together, completely)

consumptive*
[kən'sʌmptɪv]
a. 消费的；消耗性的；肺痨的 n. 肺痨患者 *con⟨com (= together, completely)

resume***
[rɪ'zuːm]
v. 重新开始；继续；重新占用；重返；收回 *re (= again, back)
ⓝ resumé (简历；摘要，概要)

resumption**
[rɪ'zʌmpʃn]
n. 重新开始 *re (= again, back)

subsume*
[səb'sjuːm]
v. 使包含；把…纳入 *sub (= under)

---

sumpter**
['sʌmptə(r)]
n. 驮马，驮骡

sumptuary*
['sʌmptʃʊəri]
a. 限制费用的；禁止奢侈的
ⓔ sumptuary law (禁止奢侈法)

词根 DOMIN

来自拉丁语的 domin 意为 master, lord。

---

predominant**
[prɪ'dɒmɪnənt]
[提前征服、熟练、精通的 pre (= before) + domin (= master)]
a. 突出的；主要的，支配的；占优势的；显著的
ⓥ predominate 支配；占优势 ⓝ predominance 支配；优势；显著 ⓐⓓ predominantly 占优势地；显著地 ⓔ The predominant color in her decorating scheme is taupe. (她的装饰方案的主色是褐灰色。)

---

dominant***
['dɒmɪnənt]
[支配的或征服的 domin (= master)]
a. 支配的，统治的；居高临下的；高耸的
ⓥ dominate 支配；统治；高耸于；俯视 ⓝ domination 支配；优势 dominance 优势；统治 ⓔ The dominant male in a group of dogs is called the "alpha male". (统治狗群的公狗被称做"阿尔法公狗"。)

---

domineer**
[ˌdɒmɪ'nɪə(r)]
v. (~ over)跋扈，作威作福
ⓔ Big boys sometimes domineer (over) their small sisters. (大男孩们有时候会对小妹妹横行霸道。)

domineering***
[ˌdɒmɪ'nɪərɪŋ]
a. 跋扈的，盛气凌人的
ⓔ He's a very domineering sort of fellow. (他是个盛气凌人的家伙。)

dominion***
[də'mɪnɪən]
n. 支配，统治；领土；(英联邦的) 自治领
ⓔ exercise dominion over (对…行使统治权) the Dominion (of Canada) (加拿大自治领)

domino*
[ˈdɒmɪnəʊ]
n. 假面服（在聚会或化装舞会上穿的带假面的衣服）；多米诺游戏；多米诺游戏中使用的骨牌（用木头或骨头做的扁小的长方形牌，上面有点数）
ⓔ domino effect（多米诺效应（因为一个事件引发一连串事件的连锁效应）） domino theory（多米诺理论）

词根 AMBUL[AMBL]

来自拉丁语的 ambul 意为 to walk，变形为 ambl。同义词根有来自拉丁语的 pat。

---

preamble**
[priˈæmbl]
[提前走出来 pre (= before) + ambl⟨ambul (= walk, go)]
n. (法律、条约等的) 序言，前言
ⓔ My editor asked me to write a short preamble to my latest book.（负责我书稿的编辑让我为自己的新书写一篇简短的序言。）

---

perambulate*
[pəˈræmbjuleɪt]
v. 走过；徘徊；巡视 *per (= throughout)
ⓝ perambulation（徘徊；巡视记录）

perambulator*
[pəˈræmbjuleɪtə(r)]
n. 四轮婴儿车（简称：pram）（在美国一般用 baby-carriage） *per (= throughout)

ramble***
[ˈræmbl]
v. 漫步；漫谈；像蔓草一样横生 *n.* 闲逛；漫步 *r⟨re (= again)
ⓝ rambler（漫谈者；蔓生植物） ⓔ ramble roses（蔓生蔷薇）

rambling***
[ˈræmblɪŋ]
a. (街道、建筑等) 布局零乱的；(演说、随笔等)散漫的 *r⟨re (= again)

noctambulist*
[nɒkˈtæmbjulɪst]
n. 梦游病患者 *noct (= night)
ⓝ noctambulism（梦游病）

---

somnambulism*
[sɒmˈnæmbjəlɪzəm]
n. 梦游病 *somn (= sleep)
ⓝ somnambulist（梦游病患者）

funambulist*
[fjuːˈnæmbjulɪst]
n. 走绳索的艺人 *fun (= rope)
ⓝ funambulism（走绳索）

amble**
[ˈæmbl]
v. (马) 缓行；从容漫步 *n.* 从容的步伐
*ambl⟨ambul (= walk)

ambulance***
[ˈæmbjələns]
n. 救护车
ⓔ ambulance corps（野战救护队）

LECTURE 119

词根 POSTER

来自拉丁语的 poster 意为 coming after。

---

preposterous**
[prɪˈpɒstərəs]
[本来应该在后面的东西跑到前面的 pre (= before) + poster (= coming after)]
a. 前后颠倒的；反常的；不合理的，荒谬的
ⓐⓓ preposterously 荒谬地，不合理地 ⓔ He makes the preposterous claim that he is the best tennis player in the city.（他很荒唐地说自己是本市最出色的网球选手。）

---

posterior**
[pɒˈstɪəriə(r)]
a. (时间、顺序) 较晚的，以后的 *n.* 臀部 (= buttocks)
ⓔ kick his posterior（踹他的屁股）

posterity***
[pɒˈsterəti]
n. 子孙，后裔，后代
ⓔ plant trees for the benefit of posterity（为了造福后代而植树）

postern**
[ˈpɒstən]
n. 暗道；后门；边门；私人出入口
ⓔ postern door / gate（后门）

LECTURE 120

词根 MED

来自拉丁语的 med 意为 to heal，to attend to。

premeditated**
[ˌpriːˈmedɪteɪtɪd]
[事先注意的 pre（= before）+ med（= attend to, heal）]
a. 事先想好的，有计划的
ⓥ premeditate 预先考虑 ⓝ premeditation 预先的设想 ⓔ Her slapping you wasn't a premeditated act. She was just very angry.（她不是有意要打你，只是当时太生气了。）

meditate***
[ˈmedɪteɪt]
v.（~ on）深思，沉思；打算，企图 *med（= attend to）
ⓔ meditate mischief / revenge（企图搞恶作剧 / 策划报复） meditate on his misfortune（深思自己的不幸）

meditation***
[ˌmedɪˈteɪʃn]
n. 冥想，沉思，深思；（pl.）沉思录 *med（= attend to）
ⓐ meditative（冥想的，乐于冥想的） ⓔ deep in meditation（陷入沉思的） meditation on the causes of aggression in man（关于人类侵略原因的思考）

remedy***
[ˈremədi]
n. 治疗；药物；补救（措施），矫正（法）*v.* 治疗；矫正；除去（弊端等）
*re（= again），med（= heal）
ⓔ good remedy for colds（好的感冒药） the only remedy for the situation（这种情况的唯一补救措施） past / beyond remedy（没有补救方法的） Your faults of pronunciation can be remedied.（你发音上的缺陷可以矫正。）

remedial**
[rɪˈmiːdiəl]
a. 治疗的；矫正的；补救的 *re（= again），med（= heal）
ⓐ remediable（可以治疗的；可以矫正的，可以挽回的） ⓔ remedial measures（补救措施） remedial education / classes（矫正教育 / 学习）

irremediable*
[ˌɪrɪˈmiːdiəbl]
a. 无法治疗的；无法挽回的 *ir〈in（= not），re（= again），med（= heal）
ⓔ irremediable acts / faults（不能挽回的行为 / 过失）

medical***
[ˈmedɪkl]
a. 医学的；医术的；医疗的；内科的 *n.* 体检 *med（= heal）
ⓔ medical attendant（私人保健医生） medical care（治疗，医疗） medical fertilization（人工授精） medical art（医术） medical examination（体检） medical jurisprudence（法医学） medical science（医学） medical school（医学院） medical student（医学院学生） medical practitioner（开业医师） medical record（医疗记录） medical certificate（诊断书） medical checkup（体检） medical, not surgical, treatment（不是外科的内科治疗） medical / surgical ward（内科 / 外科病房）

medicament*
[mɪˈdɪkəmənt]
n.（内服或外用的）药 *med（= heal）

medicate*
[ˈmedɪkeɪt]
v. 用药治疗；在…里加入药 *med（= heal）
ⓔ medicated bath / soap / gauze（药浴 / 药用肥皂 / 药制纱布）

medication*
[ˌmedɪˈkeɪʃn]
n. 药物治疗；药物 *med（= heal）
ⓔ mass medication（在公共自来水中加氟等针对大众的预防或治疗措施）

medicine***
[ˈmedsn]
n. 医学，医术；内科；药物，（特别指）内服药；（原始部落的）咒文，符咒；魔法
*med（= heal）
ⓔ Doctor of Medicine（医学博士，缩写：M. D.） practice medicine（（医生）开业） take medicine(s)（吃药） medicine for a cough（治疗咳嗽的药） take one's medicine（忍受不愉快的事情；受到惩罚）

medicinal**
[məˈdɪsɪnl]
a. 药的；治疗的 *med（= heal）
ⓔ medicinal preparations for both internal and external use（内服药和外用药的制作材料）

medico*
[ˈmedɪkəʊ]
n. 医生；医学院学生 *med（= heal）

Medicare***
[ˈmedɪkeə(r)]
n.〈美〉（尤指政府为老年人设置的）医疗保障方案（来源于 medical care）
*med（= heal）

Medicaid***
[ˈmedɪkeɪd]
n.〈美〉（尤指政府为低收入家庭、残疾人设置的）医疗补助方案（来源于 medical aid）
*med（= heal）

词根 TEXT

来自拉丁语的 text 意为 to weave。

pretext**
[ˈpriːtekst]
[事先编织、编造 pre（= before）+ text（= weave）]
n. 借口；托词
ⓔ She used her mild cold as a pretext for missing work today.（今天她以不怎么严重的感冒为借口没去上班。）

context**
[ˈkɒntekst]
n.（文章的）上下文；（事件等的）来龙去脉，背景 *con〈com（= together）
ⓐ contextual（上下文的） ⓔ in this context（在这种背景下）

textile***
[ˈtekstaɪl]
n. 纺织品；编织原料 *a.* 纺织的 *con〈com （= together）
ⓔ textile process（纺织过程） the textile industry（纺织业） textile art / fabrics（编织工艺 / 纺织品）

texture***
[ˈtekstʃə(r)]
n.（织物等的）质地，做工；（文艺作品等的）组织；结构
ⓔ cloth with a loose / close texture（质地稀松的 / 紧密的布） texture of a mineral（矿物的构造） skin of fine / coarse texture（细腻 / 粗糙的皮肤）

text***
[tekst]
n. 正文（相对于注释、图解、插图等）；原文；（布道时引用的）圣经的章节；（演说、讨论等的）题目，主题；课文，课本
ⓔ too much text and not enough pictures（文字太多，图片太少） stick to one's text（（故事等）没有脱离主题） speaker's text（演讲者的主题） algebra text（代数课本）

textual**
[ˈtekstʃuəl]
a. 本文的，原文的
ⓔ textual errors（原文的错误） textual criticism（校勘）

subtle***
[ˈsʌtl]
a. 微妙的；难以捕捉的；敏感的；敏锐的；巧妙的；精妙的；不知不觉间起作用的；狡猾的 *sub（= precisely, under）
ⓔ subtle distinction（微妙的区别） subtle charm（神秘的魅力） subtle mind（敏锐的思维） subtle observer / critic（敏锐的观察者 / 批评家） subtle tricks（狡猾的手段） subtle design（精妙的设计） subtle drug（不知不觉间起作用的药）

subtlety**
[ˈsʌtlti]
n. 微妙；敏感；精巧；细微的差别；微妙之处 *sub（= precisely, under）

LECTURE 121

词根 MON[MIN]

来自拉丁语的 mon 意为 to warn, to advise, to remind。变形为 min。

admonish** [ədˈmɒnɪʃ]

[向某人提出忠告 ad(=to)+mon(=warn, advise, remind)]

vt. 训诫，告诫；警告；劝告

ⓝ admonition 训诫；警告 ⓐ admonitory 告诫的；警告的 ⓔ The teacher admonished the children not to ridicule the crippled girl.（老师告诫孩子们不要嘲笑那个跛脚的女孩儿。）

premonition** [ˌpriːməˈnɪʃn]

[事先警告、使想起 pre (= before) + mon (= warn, advise, remind)]

n. 预感，前兆；预告

ⓐ premonitory 预告的；前兆的 ⓔ I had a premonition that we were going to have an earthquake.（我预感到了我们会遭遇地震。）

reminisce* [ˌremɪˈnɪs]

[返回记忆 re (= back) + min〈mon (= remind, remember, warn)]

vi. 追忆，回想

ⓝ reminiscence 追忆，回想 ⓐ reminiscent 追忆的，回想的 ⓔ We had such fun at the 20th high school reunion, reminiscing about the old days.（在高中同学毕业 20 周年聚会上，我们沉浸在对往昔的回忆中，过得非常愉快。）

monitor** [ˈmɒnɪtə(r)]

n.（学校的）班长；国外电台监听员；监考员；告诫者，告诫物；监视器；监测器 *v.* 监控；监测；监听；监视 *mon(= warn, advise)

monument*** [ˈmɒnjumənt]

n. 纪念碑；纪念塔；纪念馆；不朽的作品；历史遗迹 *mon (= remind)

ⓔ Washington Monument（华盛顿纪念碑） the Monument（(1666 年的）伦敦大火纪念塔） ancient monuments（古迹）

monumental** [ˌmɒnjuˈmentl]

a. 纪念的；(著作等)不朽的；极端的；非常的 *mon (= remind)

ⓔ monumental work（不朽的作品） monumental ignorance（极度的无知）

summon*** [ˈsʌmən]

v. 召唤；传唤；召集 *sum〈sub (= under), mon (= warn)

summons** [ˈsʌmənz]

n. 传唤；传票 *sum〈sub (= under), mon (= warn)

ⓔ issue a summons（发传票）

LECTURE 122

词根 SAG

来自拉丁语的 sag 意为 to perceive。

presage** [ˈpresɪdʒ]

[事先感觉、感知 pre (= before) + sag (= perceive)]

vt. 预示；预言；预知，预感

n. 前兆，预感；预知

ⓔ Chest and arm pains, nausea, and shortness of breath can presage a heart attack.（胸部和手臂疼痛、恶心以及气短都可能是心脏病发作的前兆。）

sage*** [seɪdʒ]

n. 贤人，哲人 *a.* 智慧的；贤明的；〈谑〉道貌岸然的；一本正经的

sagacious**
[səˈgeɪʃəs]

a. 精明的；有洞察力的；（动物）伶俐的

sagacity**
[səˈgæsəti]

n. 贤明；睿智

ⓔ Sagacity, unlike cleverness, may increase with age.（与伶俐不同，睿智可能会随着年龄的增长而增长。）

词根 SCI

来自拉丁语的 sci 意为 to know。同义词根有来自拉丁语的 gno, not。

---

prescience*
[ˈpresiəns]

[事先知道 pre (= before) + sci (= know)]

n. 预知；先见

ⓐ prescient 预知的；有先见之明的 ⓔ Thanks to his prescience, he got out of the stock market before it fell.（幸亏他有先见之明，能在股市下跌之前脱身。）

---

omniscient*
[ɒmˈnɪsiənt]

[无论什么都知道的 omni (= all) + sci (= know)]

a. 无所不知的

ⓝ omniscience 无所不知的 ⓔ Life would be boring if one were truly omniscient.（如果一个人真的通晓一切，那么他的生活将会很无聊。）

---

conscience***
[ˈkɒnʃəns]

n. 良心；道义，善恶观念 *con〈com (= together)

ⓔ have no conscience（没有良心）

conscientious**
[ˌkɒnʃiˈenʃəs]

a. 凭良心的；诚实的；认真的，勤勤恳恳的 *con〈com (= together)

ⓔ conscientious student / worker（勤奋的学生 / 勤勤恳恳的工人） conscientious objector（(根据宗教、道义上的信念)拒服兵役的人（缩写：C. O.））

conscious***
[ˈkɒnʃəs]

a. 意识到的；神志清醒的；(行为等)有意的

*con〈com (= together)

ⓐⓓ consciously（有意识地；自觉地） ⓔ be conscious of（意识到…） class-conscious（阶级意识的）

consciousness***
[ˈkɒnʃəsnəs]

n. 知觉；意识 *con〈com (= together)

ⓔ class consciousness（阶级意识） stream of consciousness（意识流） consciousness of kind（同类意识） moral consciousness of a political party（政党的道德意识） lose / regain (recover) consciousness（丧失 / 恢复意识）

unconscionable*
[ʌnˈkɒnʃənəbl]

a. 不合理的；没良心的 *un (= not), con〈com (= together)

ⓔ unconscionable bargain（不合理的交易）

---

unconscious***
[ʌnˈkɒnʃəs]

a. 无意识的，不知不觉的；没有知觉的，不省人事的 *n.* 无意识

*un (= not), con〈com (= together)

ⓔ unconscious humor（无意识间产生的幽默） unconscious neglect（无意的疏忽） be unconscious of danger（没有意识到危险）

nescience*
[ˈnesiəns]

n. 无知 *ne (= not)

ⓐ nescient（无知的）

plebiscite**
[ˈplebɪsɪt]

n.（对国家重要问题的）公民投票 *pleb (= people)

sciolistic*
[ˌsaɪəʊˈlɪstɪk]

a. 一知半解的

ⓝ sciolist（一知半解的人）

science***
[ˈsaɪəns]

n. 科学；(特指)自然科学；学科；技术

ⓝ scientist（自然科学家） ⓔ natural (physical) / social / applied sciences（自然科学 / 社会科学 / 应用科学） science fiction（科幻小说） political science（政治学）

scientific***
[ˌsaɪən'tɪfɪk]
a. 科学的；系统的；精确的；有技术的　*fic (= make)
ⓔ scientific methods / farming (科学方法 / 科学种田)　scientific name (学名)　scientific argument (科学的论证)

LECTURE 123

词根 CUR

来自拉丁语的 cur 意为 to take care。

procure***
[prə'kjʊə(r)]
[事先注意、小心 pro (= before) + cur (= take care)]
vt. 取得，获得；筹措；引起，导致；介绍（娼妓）
ⓝ procurement 获得；筹措　procurer 拉皮条者　procuress 老鸨　procurator 代诉人　ⓐ procurable 可获得的　ⓔ My fiancé procured a string quartet to play when he proposed.（我未婚夫在向我求婚时，弄来了一个弦乐四重奏乐团。）

accurate***
['ækjərət]
a. 准确的；精密的，精确的　*ac‹ad (= to, intensive)
ⓐⓓ accurately (精确地)　ⓔ accurate machines / statements (精密的机器 / 精确的陈述)　accurate typist (错误极少的打字员)

accuracy***
['ækjərəsi]
n. 准确；精密　*ac‹ad (= to, intensive)
ⓔ with accuracy (准确地)

secure***
[sɪ'kjʊə(r)]
a. 安全的；安心的；确定无疑的，确信的；稳固的；稳当的 *v.* 使安全，确保；得到（不易获得的东西）；缚牢；关紧　*se (= away)
ⓐⓓ securely (安全地；有把握地)　ⓔ secure investments / position (稳当的投资 / 稳固的地位)　The success secured his reputation.（成功确保了他的名声。）　Please secure a seat for me.（请给我占一个位子。）

security***
[sɪ'kjʊərəti]
n. 安全(感)；保证；保安，防卫；担保（物）；(pl.) 债券，证券　*se (= away)
ⓔ the Security Council ((联合国)安全理事会)　security police / forces (秘密警察 / 保安部队)　Security is the greatest enemy.（安全是最大的敌人。不能掉以轻心。）　security for a loan (贷款的担保)　government securities (政府债券)　Securities and Exchange Commission (证券交易委员会 (缩写: SEC))

cure***
[kjʊə(r)]
n. 治疗；治愈；(处理社会问题等的) 对策 *v.* 治疗；纠正；消除（弊病等）；加工处理（通常指的是为了保存肉、鱼等而腌制、熏制、风干等）
ⓔ curé (〈法〉堂区牧师)　cure-all (万能药)　cure for unemployment (失业的对策)　well-cured bacon (加工得好的熏肉)

curable*
['kjʊərəbl]
a. 可医治的；可以纠正的
ⓝ curability (治愈可能性)

curative*
['kjʊərətɪv]
a. 有疗效的；治疗的
ⓔ curative value of sunshine and sea air (日光和海边空气的治疗价值)

curator**
[kjʊə'reɪtə(r)]
n. (博物馆、美术馆的) 馆长；管理者

curio**
['kjʊəriəʊ]
n. 古董，真品
ⓔ curio dealer (古董商)

curiosity***
[ˌkjʊəri'ɒsəti]
n. 好奇心；珍品；古玩
ⓔ curiosity shop (古玩店)

curious*** [ˈkjʊəriəs]
a. 有好奇心的；爱打听别人的事的；奇妙的
ⓐⓓ curiously（好奇地；奇妙地）

LECTURE 124

词根 MONT, MOUNT

来自拉丁语的 mont, mount 意为 hill, to rise。

promontory** [ˈprɒməntri]
[向前突出的山坡 pro (= forth) + mont (= hill, rise)]
n. 岬，海角
ⓔ This is a small promontory of land jutting into the Pacific.（这是伸向太平洋的一个小海角。）

paramount** [ˈpærəmaʊnt]
[在山坡旁边的 para (= beside) + mount (= hill)]
a. 至高无上的；卓越的；主要的，最重要的
ⓝ paramountcy 最高权威；至高无上；卓越 ⓔ Childhood vaccinations are of paramount importance to prevent terrible diseases.（从小接种疫苗对预防重大疾病至关重要。）

surmount*** [səˈmaʊnt]
[越过山坡走 sur (= over) + mount (= hill, rise)]
vt. 克服（困难、障碍）；越过；在…顶上，高于
ⓐ surmountable 可以克服的 ⓔ The typical hero of a romance novel surmounts difficulty and triumphs.（典型的爱情小说中的男主人公总是能够克服困难取得胜利。）

insurmountable** [ˌɪnsəˈmaʊntəbl]
a. 无法克服的；无法逾越的 *in (= not), sur (= over)

tantamount* [ˈtæntəmaʊnt]
a. 相当于…的 *tanta (= so much)
ⓔ The Queen's request was tantamount to a command.（女王的要求等同于命令。）

dismount*** [dɪsˈmaʊnt]
v. 使下马；使掉下马；卸下；拆开（机器等） *dis (= away)
ⓐ dismounted（（骑兵）像步兵一样战斗的） ⓔ dismount from one's horse / bicycle（从马 / 自行车上下来） dismount a gun（（从炮架上）放下大炮）

remount* [ˌriːˈmaʊnt]
v. 再骑上（马等）；重登上（梯子等）；补充新马 *n.* 补充的新马 *re (= again)

mountain*** [ˈmaʊntən]
n. 山；(pl.) 山脉；〈喻〉堆积成山的东西；大量
ⓝ mountaineer（登山家；在山地生活的人） mountaineering（登山） ⓔ mountain sickness（高山病） a mountain of debts / difficulties（堆积成山的债务 / 困难）

mountainous*** [ˈmaʊntənəs]
a. 多山的；有山的；像山一般的；巨大的
ⓔ mountainous country（山岳地带） mountainous waves（如山的波浪）

mount** [maʊnt]
v. 爬上（山、梯子、楼梯等）；骑（马等）；（物价等）上涨；发动（攻击等）
n. 骑马；可乘骑的东西（如马、车等）；底座；炮架；山，峰（通常简称 Mt，附加在山的名字上）
ⓔ Mount (Mt.) Everest（珠穆朗玛峰） the Sermon on the Mount（《山顶布道》，出自《马太福音第五章》） Mount Rushmore（总统山）

mountebank* n. 骗子；江湖郎中 *bank (= bench)
[ˈmaʊntɪbæŋk]

montage* n. 蒙太奇
[ˌmɒnˈtɑːʒ]

Mont Blanc* n. 勃朗峰（位于法国、意大利国境线上的阿尔卑斯山的最高峰，4807 米）
[ˈmʊŋˈblɒŋ] *blanc (= white)

---

piedmont** n. 山麓地带；(P~) 北美洲 Appalachian(阿巴拉契亚)山脉和大西洋沿岸间的高原
[ˈpiːdmɒnt] *pied (= foot)

LECTURE 125

词根 FUS, FUT, FUND, FOUND

来自拉丁语的 fus, fut, fund, found 意为 to pour。同义词根为 chem。

---

profuse** [向前倾泻、倾倒的 pro (= forth) + fus (= pour)]
[prəˈfjuːs]
a. 丰富的；浪费的，奢侈的；毫不吝惜的，慷慨的
ⓝ profusion 丰富；慷慨；浪费，奢侈 ⓐⓓ profusely 毫不吝惜地；丰富地 ⓔ The profuse stand of Douglas fir trees perfumes the air with pine scent.（茂密的花旗松的松香弥漫在周围的空气中。）

---

effusive** [向外倾泻的 ef〈ex (= out) + fus (= pour)]
[ɪˈfjuːsɪv]
a. 过分热情的；喷出的，溢出的
ⓥ effuse 使流出；流露 ⓝ effusion 流出；流露 ⓐⓓ effusively 过分热情地 ⓔ I find effusive praise embarrassing, but I do appreciate it all the same.（虽然过分热情的称赞会让我有些不知所措，但我仍然对此表示真心感谢。）

---

irrefutable* [不能往回倒的 ir〈in (= not) + re (= back) + fut (= pour)]
[ˌɪrɪˈfjuːtəbl]
a. 无法反驳的
ⓔ I attended a seminar on the "Irrefutable Laws of Leadership".（我参加了一个有关"无可辩驳的领导法则"的研讨会。）

---

confuse*** v. 搞乱，使混乱；使糊涂 *con〈com (= together)
[kənˈfjuːz]
ⓐ confusing（令人困惑的） ⓐⓓ confusedly（困惑地；混乱地） ⓔ I got confused.（我困惑了。）

confusion*** n. 混乱；糊涂 *con〈com (= together)
[kənˈfjuːʒn]
ⓔ Confusion!（混乱！） confusion worse confounded（乱上加乱） in the confusion of the moment（在片刻的混乱中）

defuse* v. 拆去（炮弹等的）引信，使失去爆炸性；使镇定，缓和 *de (= reverse the action of)
[ˌdiːˈfjuːz]
ⓔ defuse a situation / crisis（使情况缓和 / 平息危机）

diffuse*** v. 使（热气体等）散开；传播（知识、消息等），散布
[dɪˈfjuːz]
a. [dɪˈfjuːs] 冗长的；扩散的 *dif〈dis (= away, apart)
ⓔ diffuse learning / knowledge（普及知识） diffuse writer（废话多的作家）

diffusion** n. 散布；普及，传播；扩散 *dif〈dis (= away, apart)
[dɪˈfjuːʒn]
ⓔ diffusion of knowledge through books and lectures（通过书籍和讲课传播知识） diffusion of gases and liquids（气体和液体的扩散）

infuse★★ [ɪnˈfjuːz]
v. 注入(思想、活力等);泡(茶、药等);鼓舞 *in (= in)
ⓔ infuse soldiers with fresh courage(让士兵们鼓足勇气) infuse herbs(泡药草)

infusion★★ [ɪnˈfjuːʒn]
n. 灌,注入;鼓舞;泡制;注入物 *in (= in)
ⓔ infusion of new blood into old stock((为了改良)给旧的品种注入新鲜的血液)

refuse★★★ [rɪˈfjuːz]
v. 拒绝;不肯;不愿 *n.* [ˈrefjuːs]废物,垃圾 *a.* [ˈrefjuːs]废物的,扔掉的
*re (= back)
ⓔ refuse dump(垃圾回收处) refuse consumer(垃圾焚烧器) refuse collector(垃圾工人)

refusal★★★ [rɪˈfjuːzl]
n. 拒绝;推辞;(pl.)优先取舍权,优先购买权 *re (= back)
ⓔ give her a flat refusal(断然地拒绝她)

suffuse★ [səˈfjuːz]
v. 遍布;(液体、色彩等)充满 *suf〈sub (= under)
ⓝ suffusion(充溢,布满;(脸上的)红晕) ⓔ eyes suffused with tears(泪汪汪的眼睛)

---

transfuse★ [trænsˈfjuːz]
v.【医】输血,注射(生理盐水等);使(液体、色彩等)渗入;灌输(思想等);倾注
*trans (= through)

transfusion★★ [trænsˈfjuːʒn]
n. 倾注;输血 *trans (= through)
ⓔ The injured man was given a blood transfusion.(给那个受伤的人输了血。)

fuse★★★ [fjuːz]
v. 熔化;保险丝烧坏 *n.* (炮弹等的)导火索,(用于爆破等的)导火线;熔丝
ⓔ The light has fused.(保险丝烧断了,灯不亮了。) time fuse(定时导火索) fuse wire(保险丝,熔丝)

fusion★★ [ˈfjuːʒn]
n. 熔解;(政党等的)联合,合作;(核)聚变
ⓔ fusion of copper and tin(铜和锡的熔合) fusion of races / political parties(种族/政党的联合)

refund★★ [rɪˈfʌnd]
v. 归还;偿还 *n.* [ˈriːfʌnd]返还(物);偿还(金) *re (= back)
ⓔ refund the cost of postage(归还邮费) obtain a refund of a deposit(得到返还押金)

---

confound★★★ [kənˈfaʊnd]
v. 混淆;使混乱;挫败 *con〈com (= together)
ⓔ confound right and wrong(混淆了对与错) Don't confound the means with the ends.(不要混淆手段和目的。)

confounded★ [kənˈfaʊndɪd]
a. 狼狈的;困惑的;〈口〉讨厌的;无理的 *con〈com (= together)
ⓐⓓ confoundedly(非常地) confoundedly hot(非常热) ⓔ confounded lie(无理的谎言) You're a confounded nuisance!(你真是个让人讨厌的家伙!)

foundry★★ [ˈfaʊndri]
n. 铸造厂;玻璃厂
ⓔ type foundry(活字铸造厂)

confute★ [kənˈfjuːt]
v. 驳倒 *con〈com (= intensive)
ⓝ confutation(驳斥,驳倒)

refute★★ [rɪˈfjuːt]
v. 驳斥,反驳 *re (= back)
ⓝ refutation(驳斥,反驳) ⓐ refutable(可以驳斥的) ⓔ refute an argument / an opponent(驳斥一个论点/对手)

---

futile★★★ [ˈfjuːtaɪl]
a. 无用的,无益的,无效果的;没出息的;愚蠢的
ⓝ futility(无用,无益;无益的事) the futility of life(人生的无用) ⓔ futile attempt(徒劳的尝试)

LECTURE 126

词根 AL

来自拉丁语的 al 意为 to nourish。同义词根有来自拉丁语的 nutri, troph。

prolific**
[prəˈlɪfɪk]
[给予养分使其向前的 pro (= forth) + l<al (= nourish)]
a. 多产的；作品多的；肥沃的，丰富的
ⓔ The composer remained prolific. (那位作曲家在创作上依然硕果累累。)

alimentary**
[ˌælɪˈmentri]
a. 营养的
ⓔ alimentary canal (消化道)

alimony**
[ˈælɪməni]
n. 离婚赡养费；生活费

alma mater*
[ˌælmə ˈmɑːtə(r)]
n. 〈拉〉母校；校歌

LECTURE 127

词根 CLIV

来自拉丁语的 cliv 意为 to bend。同义词根有来自拉丁语的 clin / cli, flect / flex, cumb / cub 和来自盎格鲁-撒克逊语的 croach [croch, crouch, crotch, crutch, crook] 等。

proclivity*
[prəˈklɪvəti]
[向前弯曲 pro (= forward) + cliv (= bend)]
n. 倾向；癖性；气质
ⓔ Don't believe everything she says; she has a proclivity for exaggeration. (她说的话不要全信，她总爱夸大其词。)

acclivity***
[əˈklɪvəti]
n. 斜坡；上倾　*ac<ad (= to, toward)

declivity**
[dɪˈklɪvəti]
n. 下斜；斜坡　*de (= down)

词根 TEG, TECT

来自拉丁语的 teg, tect 意为 to hide, to cover。同义词根有来自拉丁语的 cond, cel [ceal, cul], cover / cur 等和来自希腊语的 crypt。

protégé**
[ˈprɒtəʒeɪ]
[事先隐藏、遮盖 pro (= before) + teg (= cover, hide)]
n. 〈法〉被保护人；门徒
ⓔ Mr. Higgins treated me as his protégé during my first years with the firm. (在我进入公司最初几年的时间里，希金斯先生一直把我当成他的门生。)

detect***
[dɪˈtekt]
v. 发现，察觉；探测；侦察　*de (= away, reverse the action of)
ⓐ detectable (可察觉的)　ⓝ detector (探测器)

detection**
[dɪˈtekʃn]
n. 察觉，发现；探测；侦察　*de (= away, reverse)
ⓔ detection of crime (犯罪的侦查)

detective***
[dɪˈtektɪv]
n. 侦探　*de (= away, reverse)
ⓔ detective story (侦探小说)

protect***
[prəˈtekt]
v. 保护　*pro (= before)

protection*** [prəˈtekʃn]
n. 保护；【经】保护贸易制度 *pro (= before)
ⓝ protectionism（保护贸易主义） protectionist（保护贸易主义者）

---

protective*** [prəˈtektɪv]
a. 保护的，防护的 *pro (= before)
ⓔ protective foods / clothing / coloring ((含必要维生素、矿物质等的)保健食品 / 防护衣 / (动物、鸟类、昆虫的)保护色) protective tariff (保护性关税) protective covering (防护罩)

protectorate** [prəˈtektərət]
n. 保护国；保护关系 *pro (= before)
ⓝ protector（保护者，防御者；保护物，防御装置）

LECTURE 128

词根 BURS

来自拉丁语的 burs 意为 bag, sack, purse。

---

reimburse* [ˌriːɪmˈbɜːs]
[放回钱包 re (= back) + im⟨in (= in) + burs (= purse, bag, sack)]
vt. 偿还；赔偿，补偿
ⓝ reimbursement 偿还；赔偿 ⓔ Please pay your own travel expenses and the company will reimburse you.（请先支付出差费用，公司会给你报销。）

---

disburse* [dɪsˈbɜːs]
v. 支付，支出 *dis (= away)
ⓝ disbursement（支付，支出；支付金）

bursar*** [ˈbɜːsə(r)]
n. 财务主管，司库
ⓔ Bursar's Office ((大学的)会计办公室)

bursary** [ˈbɜːsəri]
n. 大学的会计室；奖学金

bursitis* [bɜːˈsaɪtɪs]
n.【解、动】黏液囊炎 *itis (= inflammation)

LECTURE 129

词根 FORT, FORC

来自拉丁语的 fort, forc 意为 strong。同义词根有来自拉丁语的 bil, firm, rob, val / vail 等。

---

reinforce** [ˌriːɪnˈfɔːs]
[重新使里面变得坚实 re (= again) + in (= in) + forc (= strong)]
vt. 强化，增强；增援
ⓝ reinforcement 强化，增援；(pl.) 增援部队 ⓔ We reinforced the roof with extra beams to make it hurricane proof.（我们另外增加了一根大梁加固房顶，以使其经受得住台风。）

---

fortify*** [ˈfɔːtɪfaɪ]
[使坚实 fort (= strong)]
vt. 筑防御工事；增强(自信、勇气等)；(加入维生素等以)提高营养价值
ⓝ fortification 炮台；防御工事 ⓔ My first political defeat fortified my resolve to succeed the next time around.（我第一次的从政失败增强了我下一轮必胜的决心。）

enforce*** [ɪn'fɔːs]
v. 执行，实施；强制；强迫　*en (= make)
ⓐ enforceable (可以实行、实施的；可以强迫的) ⓔ enforce a law (实施法律) enforce silence (强制要求保持安静)

enforcement*** [ɪn'fɔːsmənt]
n. 实行，实施；强迫　*en (= make)
ⓔ strict enforcement of a new law (新法律的严格执行)

perforce** [pə'fɔːs]
ad. 必然地　*per (= through, completely)

force*** [fɔːs]
n. 力量；暴力；武力；(pl.) 军队；影响(力)；说服力；支配力 *v.* 强制；强行攻占；勉强作出
ⓔ in force ((通常指人)大批的，成群结队的) armed forces of a country (一国军队) police forces (警察) forced labor / landing / march / sale (强制劳动 / 强制着陆 / 强行军 / 强制拍卖) forced smile (强颜欢笑)

forceful** ['fɔːsfl]
a. (性格、辩论等)有力的，有说服力的
ⓔ forceful speaker / style of writing (有说服力的讲演者 / 强有力的文风)

---

forcible** ['fɔːsəbl]
a. 强制的，强迫的；(人、行动、话语等)有力的，有说服力的
ⓐⓓ forcibly (强制地) ⓔ forcible entry into a house (强行进屋) forcible expulsion (强制驱逐)

comfort*** ['kʌmfət]
n. 安慰；安慰者，能够给予安慰的东西；安逸，舒适 *v.* 慰问，安慰
*com (= with)
ⓝ comforter (安慰者，安慰物；加衬芯床罩) ⓐ comfortless (没有安慰的，不舒服的) comfortless room (不舒适的房间) ⓔ words of comfort (安慰的话)

comfortable*** ['kʌmftəbl]
a. 舒服的，舒适的；丰足的，富足的　*com (= with)
ⓐⓓ comfortably (舒适地) ⓔ Make yourself comfortable. (请别客气。)

uncomfortable*** [ʌn'kʌmftəbl]
a. 不舒服的；不安的；令人不快的　*un (= not), com (= with)
ⓔ uncomfortable chair / feeling (不舒服的椅子 / 不安) uncomfortable situation (令人不快的处境)

effort*** ['efət]
n. 努力，尽力；努力的成果　*ef〈ex (= out)
ⓐ effortless (不努力的，不费力的) ⓔ without effort (不费力地，容易地)

---

fort*** [fɔːt]
n. 堡垒，要塞

forte* ['fɔːteɪ]
n. 专长，特长
ⓔ Singing is not my forte. (唱歌不是我的专长。)

fortitude** ['fɔːtɪtjuːd]
n. 坚忍；刚毅

LECTURE 130

词根 TARD

来自拉丁语的 tard 意为 slow。同义词根有来自盎格鲁–撒克逊语的 slo，反义词根有来自拉丁语的 cel。

retard** [rɪ'tɑːd]
[因落后而慢 re (= back) + tard (= slow)]
vt. 妨碍；拖延，推迟
ⓝ retardation 妨碍；迟延，拖延 ⓔ Firefighters use certain chemicals that retard the spread of a fire. (消防队员使用特定的化学物质阻止火势蔓延。)

tardy ***
[ˈtɑːdi]

a. 缓慢的，迟钝的；拖拉的；迟到的

ⓐⓓ tardily（拖拖拉拉地，迟缓地） ⓝ tardiness（缓慢；迟到） ⓔ tardy progress / repentance（缓慢的进展 / 迟来的后悔） tardy in offering help（不情愿帮忙的） be tardy for school（上学迟到）

LECTURE 131

词根 HAB[HIB]

来自拉丁语的hab 意为to live, to have, to hold。它的元音弱化形为hib。

rehabilitate **
[ˌriːəˈbɪlɪteɪt]

[重新拥有 re (= again) + hab (= have, live)]

vt. 使（出狱的人或病愈）恢复正常生活；使复职，复位；使恢复名誉；复原（老建筑等），修复；使复生

ⓝ rehabilitation 恢复正常生活；复职；复位，复原；恢复名誉 ⓔ I strongly believe prisoners should be rehabilitated during their incarceration.（我坚持认为，犯人们在监禁期间应该接受正确的管教。）

inhabitant ***
[ɪnˈhæbɪtənt]

[在里面生活的人 in (= in) + hab (= live, have)]

n. 居民，居住者；（某地区）栖息的动物

ⓥ inhabit 居住于；栖息于 ⓐ inhabitable 适合居住的 inhabited 有人居住的 ⓔ There are only 7 inhabitants in this small apartment building.（这座小公寓楼里只住了 7 个人。）

habituate **
[həˈbɪtʃueɪt]

[使生活 hab (= live, have)]

vt. 使习惯于

ⓔ Bears have become habituated to tourists as a primary food source.（熊已经习惯将游客当作食物的首要来源了。）

malady ***
[ˈmælədi]

[具有不好的状态、恶性 mal (= bad) + ad〈hab (= live, have)]

n. 疾病；（社会的）弊病

ⓔ My brother's a hypochondriac, always complaining of some malady or other.（我的弟弟是个忧郁症患者，经常抱怨有这样或那样的病。）

inhibit **
[ɪnˈhɪbɪt]

[使不能拥有 in (= not) + hib〈hab (= have, hold)]

vt. 抑制；禁止

ⓝ inhibition 抑制；禁止 ⓐ inhibitive 抑制的；禁止的 ⓔ I hate tight clothing because it inhibits my movement.（我讨厌紧身的衣服，因为它妨碍我活动。）

cohabit *
[kəʊˈhæbɪt]

v. （尤指未婚男女）同居生活；共同存在 *co〈com (= together)

ⓝ cohabitation（同居；共同存在） cohabitation politics（左右共治）

habitable **
[ˈhæbɪtəbl]

a. 适合居住的

ⓔ The old house is no longer habitable.（这座老房子再也不适宜居住了。）

habitual **
[həˈbɪtʃuəl]

a. 习惯的；习以为常的，惯常的

ⓐⓓ habitually（习惯地） ⓝ habitude（习惯，习俗；本性） ⓔ habitual reader（养成读书习惯的人） habitual criminal（惯犯） his habitual seat at the dining-table（饭桌上他经常坐的位子）

habitation**
[ˌhæbɪˈteɪʃn]

n. 居住；住所，住宅

ⓔ houses that were not fit for habitation（曾经不适合居住的房子） human habitation（人类的居住环境）

habitat***
[ˈhæbɪtæt]

n.（动、植物的）栖息地；原产地

ⓔ natural habitat（天然栖息地）

---

habitué*
[hæˈbɪtʃueɪ]

n.〈法〉常客，回头客

ⓔ habitué of the Restaurant Maxim（马克西姆餐厅的常客） habitué of the orchestral concerts（经常去听管弦音乐会的人）

habit***
[ˈhæbɪt]

n. 习惯，习性；神职人员的服装；女子骑装

ⓔ creature of habit（习惯的奴隶） monk's habit（僧服，法衣） riding habit（女骑装）

exhibit***
[ɪgˈzɪbɪt]

v. 展示，陈列 *n.*（博物馆等的）展览品；陈列，展示；（提供给法庭的）证据

*ex（= out）

ⓝ exhibitor（（美术展、花卉展等的）展览者） ⓔ Don't touch the exhibits.（请不要触摸展品。） exhibit A（证据甲）

exhibition***
[ˌeksɪˈbɪʃn]

n. 展览，陈列；展览会；（学识等的）表现，显示 *ex（= out）

ⓝ exhibitionism（表现癖） exhibitionist（有表现癖的人；裸露癖患者）

ⓔ opportunity for the exhibition of one's knowledge（展示自己知识的机会）

prohibit***
[prəˈhɪbɪt]

v. 禁止；阻止 *pro（= before）

ⓐ prohibitive（禁止的，禁止性的；（价格）高得买不起的） prohibitive price（高得买不起的价格） prohibitory（禁止的） prohibitory laws（禁止法） ⓔ Smoking strictly prohibited.（严禁吸烟。）

---

prohibition***
[ˌprəʊɪˈbɪʃn]

n. 禁止；禁令；禁酒 *pro（= before）

ⓝ prohibitionist（赞成禁止的人；禁酒主义者） ⓔ prohibition law（【美史】禁酒令（美国于 1920 年到 1933 年实施）） prohibition against the sale of cigarettes to children（禁止向儿童出售香烟的命令）

LECTURE 132

词根 JUVEN

来自拉丁语的 juven 意为 young。

---

rejuvenate**
[rɪˈdʒuːvəneɪt]

[使重新变年轻 re（= again）+ juven（= young）]

v.（使）变年轻；（使）恢复活力

ⓝ rejuvenation 返老还童；回春，恢复活力 ⓔ Those two weeks in Florida rejuvenated me. I feel ten years younger.（在佛罗里达度过的两周使我恢复了活力，我感觉自己好像年轻了十岁。）

---

juvenile**
[ˈdʒuːvənaɪl]

a. 少年的；适合少年的 *n.* 少年

ⓔ juvenile appearance（童颜） juvenile court（少年法庭） juvenile part / role（儿童角色） juvenile literature（青少年文学） juvenile delinquent（少年犯） juvenile delinquency（少年犯罪）

LECTURE 133

词根 LEN

来自拉丁语的 len 意为 soft。

relentless** [rɪˈlentləs]
[根本没有温柔的 re (= intensive) + len (= soft) + less (= without)]
a. 毫不留情的，冷酷的；不断的
ⓐⓓ relentlessly 残酷地 ⓔ I fell victim to her relentless flirting and finally agreed to a date.（我终于抵挡不住她不断的调情，答应和她约会。）

unrelenting** [ˌʌnrɪˈlentɪŋ]
a. 决不宽恕的；冷酷无情的；不缓和的 *un (= not), re (= again)
ⓔ unrelenting pressure / attacks（毫无缓解的压力 / 无情的攻击）

relent** [rɪˈlent]
v. 变宽厚，变温和 *re (= again)
ⓔ At last their mother relented and allowed the children to stay up and watch TV.（最终，母亲心软了，允许孩子们看电视看到很晚。）

lenient** [ˈliːniənt]
a. (处罚) 宽大的；仁慈的
ⓝ lenience / leniency（宽大，宽容） ⓔ lenient parents / judges（宽大仁慈的父母 / 法官）

lenity* [ˈlenəti]
n. 慈悲；宽大

LECTURE 134

词根 VIL

来自拉丁语的 vil 意为 cheap。

revile** [rɪˈvaɪl]
[在背后无耻地纠缠 re (= back) + vil (= cheap)]
vt. 辱骂，斥责
ⓔ I heard the boss reviling you in there. I'm surprised you're still standing.（我听见老板在里面责骂你了，我很吃惊你居然还站着不动。）

vile*** [vaɪl]
a. 卑劣的，可耻的；卑贱的；可恶的，坏透的
ⓔ vile habits / language（极坏的习惯 / 卑劣的语言） vile practice of bribery（可耻的受贿） vile weather（恶劣的天气）

vilify* [ˈvɪlɪfaɪ]
v. 诽谤，诋毁 *ify (= make)
ⓝ vilification（诽谤，诋毁）

villain*** [ˈvɪlən]
n. 恶人，恶棍；(戏剧、小说等的) 反面角色
ⓐ villainous（恶棍的，歹毒的） ⓝ villainy（恶行；罪恶） ⓔ You little villain!（你这个小捣蛋！）

villein** [ˈvɪleɪn]
n. (中世纪的) 农奴
ⓝ villeinage（农奴身份（制））

LECTURE 135

词根 NEG

来自拉丁语的 neg 意为 to deny。

renegade** [ˈrenɪgeɪd]
[完全否定或不相信的人 re (= intensive) + **neg** (= deny)]
n. 叛徒，变节者；改变仰者；脱党分子
a. 背叛的，变节的；叛教的；脱党的
ⓔ When the senator changed parties, he was accused of being a renegade. (那个参议员改入另一党时被指责为叛徒。)

abnegation* [ˌæbnɪˈgeɪʃn]
n. 克制；否定；放弃　*ab (= away)
ⓔ self-abnegation (克己；自我牺牲)

negate* [nɪˈgeɪt]
v. 否定；否认；使无效；取消

negation** [nɪˈgeɪʃn]
n. 否定，否认
ⓔ sign of negation (否认的表示)

negative*** [ˈnegətɪv]
a. (话语、回答) 否定的；负面的，消极的；(照片) 底片的
n. 否定的话；负数；(照片的) 底片 *v.* 驳斥；拒绝
ⓔ negative criticism / praise / virtue (负面的批评 / 只是不说不好 / (未行善也未作恶) 消极的美德) Experiments negatived his theory. (实验驳斥了他的理论。)

negotiate*** [nɪˈgəʊʃieɪt]
v. 协商，协议；通过，越过；兑现(支票、彩票等)；转让
ⓝ negotiation (协商，交涉；流通) negotiator (协商者，交涉者；转让者) ⓔ difficult corner for a large car to negotiate (大型汽车难以通过的拐角)

negotiable** [nɪˈgəʊʃiəbl]
a. 可以协商、协定的；(路、江河等) 可以通行的；可以转让、流通的
ⓔ negotiable securities / instruments (流通证券 / 可以转让的文书)

词根 NOUNC, NUNCI

来自拉丁语的 nounc, nunci 意为 to say, to report。同义词根有来自拉丁语的 dic / dict, fa / fam / fess, locut / loqu, or, parl 等和来自希腊语的 phras, pha / phe / phu。

renounce*** [rɪˈnaʊns]
[宣布向后退 re (= back, against) + **nounc** (= say)]
vt. 放弃；拒绝承认；绝交
ⓔ If you want to become a U.S. citizen, you must renounce your prior citizenship. (如果你想成为美国公民，就必须放弃先前的公民身份。)

announcement*** [əˈnaʊnsmənt]
n. (通过话语、文章、印刷物等) 通告；预告
ⓥ announce (宣布) ⓔ broadcast announcement (广播预告)

annunciate* [əˈnʌnʃieɪt]
v. 宣告，宣布　*an〈ad (= to)

denounce*** [dɪˈnaʊns]
v. 斥责；告发；通告废止 (条约、协定等)　*de (= down)

denunciation** [dɪˌnʌnsiˈeɪʃn]
n. 斥责；告发　*de (= down)
ⓔ denunciation of a traitor (对叛徒的谴责)

enunciate* [ɪˈnʌnsieɪt]
v. 清晰地发音；发表 (学说等)　*e〈ex (= out)

enunciation* [ɪˌnʌnsiˈeɪʃn]
n. 清晰的发音；宣言；表明　*e〈ex (= out)

nuncio** [ˈnʌnsiəʊ]　*n.* (驻外国的)罗马教廷大使

pronounce*** [prəˈnaʊns]　*v.* 发音; 宣言; (尤指在法庭上)发表意见　*pro (= forth)

pronouncement** [prəˈnaʊnsmənt]　*n.* 宣言; 公告; 发表　*pro (= forth)

pronunciation*** [prəˌnʌnsiˈeɪʃn]　*n.* 发音　*pro (= forth)

---

pronunciamento* [prəʊˌnʌnsɪəˈmentəʊ]　*n.* 布告; (尤指西班牙语国家起义者的)宣言
*pro (= forth), men〈man (= hand)

LECTURE 136

词根 SCIND, SCIS

来自拉丁语的 scind, scis 意为 to cut, 同义词根有来自拉丁语的 cis, cop / coup, sect, sever, tail, tons, trench 和来自希腊语的 tom。

---

rescind** [rɪˈsɪnd]　[向后截断, 使之消失 re (= back, away) + scind (= cut)]
vt. 废止, 使无效, 取消
ⓔ The company may rescind an employment offer if references don't check out. (如果相关资料得不到验证, 那么公司可能会取消聘用。)

---

scissors*** [ˈsɪzəz]　*n.* 剪刀

词根 TAC[TIC]

来自拉丁语的 tac 意为 silent, 其元音弱化后变成 tic。

---

reticent** [ˈretɪsnt]　[几乎没有话的 re (= intensive) + tic〈tac (= silent)]
a. 沉默寡言的, 缄默的
ⓝ reticence 沉默寡言, 缄默　ⓔ Employees are often reticent to report fraud for fear of losing their jobs. (职员们常常因担心丢掉工作而不报告欺骗行为。)

---

tacit** [ˈtæsɪt]　*a.* 无言的, 沉默的; 默示的
ⓐⓓ tacitly (肃静地)　ⓔ tacit consent / agreement (默许 / 默契, 默示协议)

taciturn* [ˈtæsɪtɜːn]　*a.* 无言的, 沉默寡言的
ⓝ taciturnity (无言, 沉默)

LECTURE 137

词根 DUB[DOUB]

来自拉丁语的 dub 意为 uncertain。其变形为 doub。

---

redoubtable** [rɪˈdaʊtəbl]　[完全不确定或不明确的 re (= intensive) + doub〈dub (= uncertain)]
a. 可怕的; 令人敬畏的
ⓔ Many modern politicians continue to quote the redoubtable Winston Churchill. (很多现代政治家还在继续引用令人敬畏的温斯顿·丘吉尔的话。)

indubitable* [ɪnˈdjuːbɪtəbl]
[不是不确定的 in (= not) + dub (= uncertain)]
a. 不容置疑的，明确的
ⓔ The indubitable conclusion is that you're either drunk or stoned.（结论毫无疑问：你喝醉了或已烂醉如泥。）

dubious** [ˈdjuːbiəs]
a. 可疑的；半信半疑的；未定的，无把握的；暧昧的，含糊的；名声不好的
ⓔ dubious compliment（明褒实贬的恭维） dubious blessing（令人怀疑的祝福） dubious character（名声不好的人）

dubiety* [djuːˈbaɪəti]
n. 怀疑

LECTURE 138

词根 MONSTR

来自拉丁语的 monstr 意为 to show。同义词根有来自希腊语的 phan / phen。

remonstrate** [ˈremənstreɪt]
[重新、反对着展示 re (= again, against) + monstr (= show)]
vt. 抗议，提出异议；忠告
ⓝ remonstrance 抗议；忠告 ⓔ A rabid fan jumped from the stands to remonstrate with the referee.（一位狂热的爱好者跳下观众席，向裁判抗议。）

demonstrate*** [ˈdemənstreɪt]
v. 证明，论证；（用模型、实验等）说明，示范操作；表露；示威
*de (= completely)

demonstration*** [ˌdemənˈstreɪʃn]
n. 证明，论证；示范；示威（运动） *de (= completely)
ⓔ demonstration reactor（示范反应堆）

demonstrable* [dɪˈmɒnstrəbl]
a. 可论证的，可证明的；显而易见的 *de (= completely)
ⓝ demonstrability（论证、证明可能性）

demonstrative** [dɪˈmɒnstrətɪv]
a. 感情流露的；【语】指示的；明确的，结论性的；示范的
*de (= completely)
ⓔ demonstrative behavior（流露情感的行为） demonstrative pronoun（指示代词）

demonstrator* [ˈdemənstreɪtə(r)]
n. 示威者，参加游行的人；示范者；论证者 *de (= completely)

monstrous*** [ˈmɒnstrəs]
a. 怪异的，似怪物的；巨大的；骇人听闻的；让人厌恶的；荒谬的
ⓝ monstrosity（怪异；怪物，可怕的东西） ⓔ monstrous crimes（骇人听闻的罪行） monstrous sum（巨额） It's perfectly monstrous that men should be paid more than women for the same job.（同一职业的男性的收入应该比女性的多，这简直太荒谬了。）

monster*** [ˈmɒnstə(r)]
n. （一种虚构的非人非兽的）怪物；凶残的人；畸形的动物（或植物）
a. 巨大的；像怪物的
ⓔ Mermaids, griffins and dragons are monsters.（人鱼、狮身鹫首的怪兽和龙都是虚构的怪物。） A five-legged dog is a monster.（五条腿的狗是畸形动物。） monster of cruelty（极度凶残的人） monster ship（大型船舶） monster tree（巨树）

词根 PUD

来自拉丁语的 pud 意为 ashamed。

repudiate**
[rɪˈpjuːdieɪt]
[将羞愧置后或远离 re (= back, away) + pud (= ashamed)]
vt. 断绝关系；否认，反驳；拒付
ⓝ repudiation 拒绝，否认；拒付；断绝关系　ⓔ Madge publicly repudiated Don at every opportunity after their divorce.（玛奇和唐离婚后，一有机会就公开指责唐。）

impudence**
[ˈɪmpjədəns]
n. 厚颜无耻；无礼，放肆　*im⟨in (= not)
ⓔ Such impudence!（真无耻！） None of your impudence!（不得放肆！） have the impudence to do（不知廉耻地做…）

impudent**
[ˈɪmpjədənt]
a. 厚颜无耻的；无礼的，放肆的　*im⟨in (= not)
ⓔ He was impudent enough to call me a fool.（他居然放肆地说我是傻瓜。） impudent beggar（放肆无礼的家伙）

pudenda☆
[pjuːˈdendə]
n. (pl.) 女性的外阴部

LECTURE 139

词根 TRENCH

来自拉丁语的 trench 意为 to cut。同义词根有来自盎格鲁-撒克逊语的 tail，来自拉丁语的 cis，cop / coup，scind / scis，sect，sever，tons 和来自希腊语的 tom[tem]。

retrench**
[rɪˈtrentʃ]
[向后截断 re (= back) + trench (= cut)]
v. 减少（费用），紧缩；节约
ⓝ retrenchment 紧缩；节约经费　ⓔ The corporation was forced to retrench in light of falling revenues.（由于收益减少，那家公司不得不缩减开支。）

entrench*
[ɪnˈtrentʃ]
[在内部截断 en (= in) + trench (= cut)]
vt. 用壕沟围住，以壕沟防护；确立
ⓝ entrenchment 堑壕；挖壕沟　ⓔ Approval of commercial whaling is deeply entrenched in Japanese society.（日本社会对商业性捕鲸活动的认可已经根深蒂固。）

trenchant**
[ˈtrentʃənt]
[截断的 trench (= cut)]
a. （话语）锋利的；尖锐的；（政策）有力的；（轮廓）清晰的
ⓥ trench 掘沟，挖战壕；(*n.*) 战壕，沟渠；海沟　ⓝ trenchancy 尖锐，锋利　ⓐⓓ trenchantly 尖锐地，锋利地　ⓔ We'll miss your trenchant comments at these meetings after you retire.（您退任之后，我们会怀念您在会议上所发表的那些一针见血的评论的。）

trench***
[trentʃ]
n. 堑壕，阵地；沟渠 *v.* 挖战壕；挖沟渠
ⓔ trench warfare（堑壕战） trench a field（在田地里挖沟渠）

trencher**
[ˈtrentʃə(r)]
n. 挖战壕的人；（尤指旧时招待客人时用的）大木盘
ⓝ trencherman（食客；食量大的人） ⓔ trencher cap（大学的方顶帽）

LECTURE 140

词根 OL, OD

来自拉丁语的 ol, od 意为 smell。

redolent* [ˈredələnt]

[强烈地散发出气味的 red〈re (= intensive) + ol (= smell)]

a. 芳香的，有…气味的；使人想起…的

ⓝ redolence 香气，芳香 ⓔ The small restaurant was redolent of curry and cumin.（小饭馆里散发着咖喱和小茴香的香味。）

olfactory** [ɒlˈfæktəri]

a. 嗅觉的 *fact (= make)

ⓔ olfactory nerves（嗅觉神经） olfactory organs（嗅觉器官）

malodorous* [ˌmælˈəʊdərəs]

a. 恶臭的 *mal (= bad)

odorous*** [ˈəʊdərəs]

a. 芳香的

odour*** [ˈəʊdə(r)]

n.（好闻的或者不好闻的）气味；名声；意味

odoriferous** [ˌəʊdəˈrɪfərəs]

a. 散发着芳香的 *fer (= carry)

词根 FULG

来自拉丁语的 fulg 意为 to shine。同义词根有来自拉丁语的 splend。

refulgent* [rɪˈfʌldʒənt]

[非常闪耀的 re (= intensive) + fulg (= shine)]

a. 辉煌的；灿烂的

ⓝ refulgence 光辉，灿烂 ⓔ I had an amazing dream of a holy figure garbed in refulgent robes of light.（我做了一个惊人的梦，梦见一个圣人穿着一件光芒灿烂的衣服。）

effulgent* [ɪˈfʌldʒənt]

a. 辉煌的，灿烂的 *ef〈ex (= out)

ⓝ effulgence（光辉，灿烂）

LECTURE 141

词根 SPLEND

来自拉丁语的 splend 意为 to shine。同义词根为来自拉丁语的 fulg。

resplendent** [rɪˈsplendənt]

[非常闪耀的 re (= intensive) + splend (= shine)]

a. 辉煌的；灿烂的

ⓝ resplendence / resplendency 光辉；灿烂 ⓔ We stopped to admire a resplendent Christmas tree in the square.（我们停下脚步欣赏立在广场的上光彩夺目的圣诞树。）

splendid*** [ˈsplendɪd]

a. 耀眼的；壮丽的；出色的；极好的

ⓔ splendid sunset / house / victory（壮观的落日 / 雄伟的房子 / 辉煌的胜利） splendid dinner / idea（极好的晚餐 / 想法）

splendiferous* [splenˈdɪfərəs]

a. 了不起的；辉煌的 *fer (= produce)

splendour* [ˈsplendə(r)]

n. 壮观；辉煌，光彩；(名声、业绩等的)杰出

ⓔ splendour of the palace (宫殿的壮观) splendour of stained glass window (彩色玻璃窗的光彩)

LECTURE 142

词根 FRACT, FRAG [FRA, FRING]

来自拉丁语的 fract, frag 意为 to break，变形为 fra, fring。同义词根有来自拉丁语的 rupt。

suffrage* [ˈsʌfrɪdʒ]

[破坏到底 suf〈sub (= under) + frag (= break, loud applause)]

n. 投票权，选举权；投票；赞成票

ⓝ suffragette 主张妇女参政权的女子 ⓔ Suffrage is constitutionally guaranteed to all non-criminal adults. (宪法保障所有不违法的成年人都有选举权。)

infraction** [ɪnˈfrækʃn]

[闯入里面 in (= in, into, against) + fract (= break)]

n. 违反，违背

ⓔ I already have two traffic infractions on my record this year. (今年我已经有两次违反交规的记录了。)

refractory** [rɪˈfræktəri]

[继续破碎的或粉碎的 re (= again) + fract (= break)]

a. 不听话的，难以驾驭的，执拗的；(疾病等)难以治愈的，痼疾的；难熔的；难以处理的

ⓔ Four of the refractory children have been placed in foster homes. (那些难管教的孩子中有四个被送到领养家庭去了。)

fractious* [ˈfrækʃəs]

[折断的 fract (= break)]

a. 易怒的，暴躁的；难以对待的，难驾驭的

ⓔ Italian politics are famously fractious—It's almost a national joke. (意大利政治是出了名的难以驾驭——这差不多快成了国家的笑话了。)

refract* [rɪˈfrækt]

v. 使(光线)折射 *re (= back)

ⓝ refraction (折射) ⓔ Light is refracted when it passes through a prism. (光在通过棱镜时会折射。)

fraction* [ˈfrækʃn]

n. 小部分；一点，少量；【数】分数

ⓐ fractional (小的，没有多少的；分数的) fractional distillation (【化】分馏)

fracture* [ˈfræktʃə(r)]

n. 破碎，破裂；骨折 *v.* 使破碎，使破裂；使骨折

ⓔ compound / simple fractures (有创 / 单纯性骨折) bones that fracture easily (易碎的骨头)

fragment* [ˈfrægmənt]

n. 碎片；片断 *v.* (使)成碎片

ⓔ put the fragments of a broken vase together (把破碎的花瓶碎片拼在一起) overhear fragments of conversation (无意中听到谈话的只言片语) The shell fragments on impact. (贝壳会被击碎。)

fragmentary* [ˈfrægməntri]

a. 碎片的；断断续续的；不完整的

ⓔ fragmentary report of an event (对事件不完整的报道)

fragmentation* [ˌfræɡmenˈteɪʃn] *n.* 分裂；破碎

ⓔ fragmentation bomb / grenade (破裂弹 / 杀伤手榴弹)

fragile*** [ˈfrædʒaɪl] *a.* 易碎的，易折断的；(体质) 虚弱的

ⓝ fragility (脆弱；虚弱) ⓔ fragile china / health / happiness (易碎的瓷器 / 虚弱的体质 / 易逝的幸福)

infringe** [ɪnˈfrɪndʒ] *v.* 触犯 (法规)，违反；侵害，侵犯权利 *in (= against, in)

ⓝ infringement (违反；侵害) ⓔ infringe a rule / an oath / copyright / a patent (违反规则/违背誓言/侵犯版权/侵犯专利权) infringe upon the rights of other people (侵犯他人权利)

frail*** [freɪl] *a.* 易碎的；(体质) 虚弱的；(意志)薄弱的

ⓔ frail child / support (虚弱的孩子 / 不结实的柱子) frail happiness (易逝的幸福)

frailty** [ˈfreɪlti] *n.* 软弱，脆弱，薄弱；(pl.) 缺点，瑕疵

ⓔ the frailty of human life (人生命的脆弱) He loved her in spite of her little frailties. (他爱她，即使她有小小的缺点。) Frailty, thy name is woman. (软弱啊，你的名字叫女人。)

---

refrain*** [rɪˈfreɪn] *v.* 节制，忍耐 *n.* 副歌 *re (= back)

ⓔ Please refrain from spitting in public places. (请不要在公共场所吐痰。) Will you all join in singing the refrain please? (大家一起唱那段副歌吧。)

LECTURE 143

词根 PLANT

来自拉丁语的 plant意为 to plant。

supplant*** [səˈplɑːnt] [代替某物种植 sup⟨sub (= under, in place of) + plant (= plant)]

vt. 替代；排挤

ⓝ supplanter 替代者；排挤者 ⓔ Lasers supplanted the use of scalpels for eye surgery decades ago. (激光替代了数十年前在眼科手术中使用的解剖刀。)

---

implant** [ɪmˈplɑːnt] *v.* 使 (想法、感情等) 注入，灌输 *im⟨in (= in)

ⓔ deeply implanted hatred (深深扎根于内心的憎恨) implant sound principles in the minds of children (向孩子们灌输正确的原则)

transplant** [trænsˈplɑːnt] *v.* 移种 (植物等)；移植 (人体组织、内脏等)；(人) 移居 *n.* [ˈtrænsplɑːnt](人体组织等的) 移植 *trans (= change)

ⓝ transplantation (移植) ⓔ transplant young cabbage plants (移植卷心菜秧苗) kidney transplant (肾脏移植)

LECTURE 144

词根 CINCT

来自拉丁语的 cinct意为 to bind, to gird。同义词根有来自拉丁语的 lig[li, leag, ly], nect / nex , strain / strict / string / stress等，以及来自盎格鲁-撒克逊语的 bond。另外，意为 to join的 junct / join / jug也与此类似。

succinct** [səkˈsɪŋkt] [精心细致地捆绑的 suc⟨sub (= under, precisely) + cinct (= gird, bind)]

a. 简洁的；简明的

ⓝ succinctness 简洁；简明 ⓐⓓ succinctly 简洁地 ⓔ Tell me what happened, and be succinct. I don't have all day.（告诉我发生什么事了，要讲得简洁点儿，我没有那么多时间。）

precinct*** [ˈpriːsɪŋkt]
n.（行政、警察）管辖区；（地方）选区；界限，范围；（pl.）（建筑物等的）附近场地
*pre（= before）
ⓔ police precinct（警察管辖区） election precinct（选区） pedestrian precinct（步行区） shopping precinct（商业区，商店集中的区域）

cincture* [ˈsɪŋktʃə(r)]
n. 环带；腰带

LECTURE 145

词根 RAP, RAV[REP]

来自拉丁语的 rap，rav 意为 to take，to snatch。rap 中的元音弱化后变成 rep。同义词根有来自拉丁语的 prehend / prehens，pris，cap / capt / cept / ceiv[cip，cup，ceit]，empt / em，sump / sumpt，lab / lep 等。

surreptitious* [ˌsʌrəpˈtɪʃəs]
[向下抓住、采用的 sur〈sub（= under）+ rep〈rap（= take）]
a. 秘密的；鬼鬼祟祟的
ⓔ That handsome dude over there is stealing surreptitious glances at you.（那边那个帅哥正在向你暗送秋波呢。）

ravage*** [ˈrævɪdʒ]
[被抢夺或被夺取的状态 rav（= take, seize）]
n. 破坏；荒废；（pl.）破坏后的残迹
vt. 破坏，使荒废；（军队等）劫掠
ⓔ The lion ravaged the zebra until nothing was left but bones.（狮子将一匹斑马吞食得只剩下了骨头。）

rape** [reɪp]
n./v. 抢夺；强奸
ⓝ rapist（强奸犯）

rapacious** [rəˈpeɪʃəs]
a.（尤指对金钱）贪婪的，掠夺的
ⓝ rapacity（贪婪）

rapid*** [ˈræpɪd]
a.（速度）快的；陡峭的 *n.*（pl.）急流
ⓝ rapidity（迅速，急速） ⓐⓓ rapidly（快地，迅速地）

rapine** [ˈræpaɪn]
n. 抢夺，掠夺

rapt** [ræpt]
a. 着迷的，埋头的
ⓔ with rapt attention（全神贯注地） rapt in a book（埋头读书的）

rapture** [ˈræptʃə(r)]
n. 狂喜，高兴；着迷
ⓐ rapturous（狂喜的） ⓔ go into raptures over（着迷于…）

enrapture** [ɪnˈræptʃə(r)]
v. 使狂喜 *en（= make）

raven** [ˈreɪvn]
n. 渡鸦（通常被看做不吉利的鸟）*a.*（毛发等）乌黑的 *v.* 掠夺
ⓔ raven locks（乌黑的头发）

ravening* [ˈrævənɪŋ]
a. 空腹觅食的；狼吞虎咽的
ⓔ ravening wolf（觅食的饿狼）

ravenous**
[ˈrævənəs]

a. 狼吞虎咽的，非常饥饿的；贪婪的

ⓔ ravenous appetite（极好的胃口） ravenous hunger（极度的饥饿） ravenous for power（贪图权力的）

---

ravine**
[rəˈviːn]

n. 峡谷

ravish**
[ˈrævɪʃ]

v. 使狂喜；使陶醉；掠夺

ⓐⓓ ravishingly（狂喜地；陶醉地） ⓝ ravishment（陶醉；狂喜） ⓔ ravishing view（令人陶醉的景色） ravished with her beauty（被她的美貌迷住）

LECTURE 146

词根 PLU

来自拉丁语的 plu 意为 more。

surplus***
[ˈsɜːpləs]

[大大超过 sur (= over) + plu (= more)]

n. 剩余；过剩；余额

a. 过剩的；剩余的

ⓔ We have a surplus of uniforms in size XL.（我们还剩一套 XL 号的制服。）

---

plural**
[ˈpluərəl]

a. 复数的；多元的 *n.* 复数

ⓔ plural society（多民族社会，多元社会） plural voter（一人多次投票权享有者） plural marriage（一夫多妻，一妻多夫）

pluralism**
[ˈpluərəlɪzəm]

n. 多元论；兼任，兼职

ⓝ pluralist（多元论者；兼职者）

plurality**
[pluəˈræləti]

n. 大多数；超过票数（竞争中得票最多和次多者的票数差）；最高票数或未达到半数的票数

plus***
[plʌs]

prep. 加（↔minus 减）*a.* 加法的；正的；比一般略好的 *n.* 加号（ + ）

ⓔ plus fours（尤指打高尔夫球时穿的宽大的运动裤）

词根 CILI

来自拉丁语的 cili 意为 eyelid。

supercilious**
[ˌsuːpəˈsɪliəs]

[将眉毛向上挑起来的 super (= above) + cili (= eyelid)]

a. 傲慢的，自大的

ⓔ His supercilious manner is quite off-putting.（他傲慢的态度真让人厌恶。）

---

cilia**
[ˈsɪliə]

n. 睫毛；纤毛

LECTURE 147

词根 MIT, MISS[MIS, MESS]

来自拉丁语的 mit, miss意为 to send。变形为 mis和 mess。同义词根有来自拉丁语的 leg和来自希腊语的 stle。

surmise***
ⓥ [sə'maɪz]
ⓝ ['sɜːmaɪz]

[关于、对于某事寄送 sur (= over) + mis (= send)]

vt. 推测；猜想

n. 推测；猜想

ⓔ The Republicans in this district aren't as conservative as you might surmise. (这个地区的共和党人不像你想的那么保守。)

demise**
[dɪ'maɪz]

[远远地、完全地寄送 de (= away, intensive) + mis (= send)]

n. 去世，驾崩；转让；遗赠

vt. 死；转让；遗赠

ⓔ The demise of a national administration in the United States is never a crisis. (在美国，一个政府的消亡不会成为危机。)

emit**
[i'mɪt]

[向外寄送 e〈ex (= out) + mit (= send)]

vt. 散发(光、热、声音、气味等)；发出，发射；发行(货币等)

ⓝ emission 散发；发射；发射物；发行 ⓔ Smoke detectors emit a warning sound when the battery is low. (当电池电量低时，烟雾探测器会发出警报声。)

intermittent**
[ˌɪntə'mɪtənt]

[送向其间的 inter (= between) + mit (= send)]

a. 间歇的；断断续续的

ⓥ intermit 暂停，间断 ⓝ intermission 中断；休息时间，幕间休息 ⓐⓓ intermittently 间歇地；断断续续地 ⓔ Our smoke alarm makes an irritating intermittent beep that won't stop. (我们家的火警器没完没了地发出烦人的间歇性的响声。)

noncommittal**
[ˌnɒnkə'mɪtl]

[不传送自己的意见的 non (= not) + com (= with) + mit (= send)]

a. 态度不明朗的，不表态的

ⓔ She was noncommittal about selling the house, but I think she wants to. (尽管她对卖房子一事的态度并不明朗，但我觉得她还是想卖的。)

remit**
[rɪ'mɪt]

[远远地、向后寄送 re (= back, away) + mit (= send)]

v. 汇款；宽恕；免除；缓解；【律】将诉讼打回下级法院

ⓝ remission 宽恕，赦免；免除；缓解 remittance 汇款(额) ⓐ【医】remittent 弛张的 ⓔ We'll ship the merchandise as soon as you remit payment in full. (你一将货款全部汇到，我们就用船运送货物。)

remiss*
[rɪ'mɪs]

[向后寄送的 re (= back) + miss (= send)]

a. 怠慢的，疏忽的

ⓔ I was remiss not to greet you as you came in. (我怠慢了，在您进来时没跟您打招呼。)

submissive** [把自己向下运送的 sub (= under) + miss (= send)]
[səbˈmɪsɪv] *a.* 顺从的；驯顺的
ⓥ submit 服从，屈服；提交 ⓝ submission 服从；投降 ⓔ Rather than being submissive or aggressive, it's healthier to be assertive. (比起服从或者挑衅，自信坚定要更健康有益。)

transmit*** [越过去输送 trans (= over, across) + mit (= send)]
[trænsˈmɪt] *vt.* 送(货物等)，传递；发射(信号)；传送(光、热、电等)，传导；遗传(给子孙)
ⓝ transmission 传递；传达；传导；遗传；(汽车的)变速器 transmitter 传递者；传达者；话筒；发报台 ⓔ Long documents can easily be transmitted over the Internet. (长篇幅的文件可以通过网络轻松传送。)

compromise*** *n.* 折中；妥协，妥协或折中方案；让步，(原则等的)放弃；和解 *v.* 妥协，让步；泄露；危及 *com (= together), pro (= forth, forward)
[ˈkɒmprəmaɪz] ⓔ compromise agreement (和解协议) effect a compromise (达成和解) compromise one's honor (有损某人的名誉)

uncompromising** *a.* 不妥协的，不让步的，强硬的 *un (= not), com (= forth, forward), pro (= forth)
[ʌnˈkɒmprəmaɪzɪŋ] ⓔ uncompromising member of the Republican Party (决不妥协的共和党人)

promise*** *n.* 约定，允诺；(对好结果的)希望；给予希望的东西 *v.* 允诺；有希望；预示
[ˈprɒmɪs] *pro (= forth, forward)
ⓔ the Promised Land (应许之地(神许诺给以色列人的肥沃的土地迦南，未来的幸福国家)) The clouds promise rain. (乌云预示着要下雨。)

promising*** *a.* 有希望的，有前途的，大有可为的 *pro (= forth, forward)
[ˈprɒmɪsɪŋ] ⓔ promising young man in South Korea (大有可为的韩国年轻人)

premise*** *n.*【逻】前提(用做此义时，premiss 更常用)；(pl.)生产场所；经营场所；合同的说明部分 *v.* 作为前提 *pre (= before)
[ˈpremɪs] ⓔ major / minor premise (大 / 小前提) business premises (营业场所) food that can be consumed on the premises (可以在店里面吃的食物) Keep off the premises. (禁止入内。)

message*** *n.* 信息；书信；咨文；(预言者的)启示
[ˈmesɪdʒ] ⓔ verbal / oral message (口头消息) congratulatory message (贺信，贺电) the message of Muhammad to his age (穆罕默德向同时代的人发出的号召) Got the message? (听明白了吗?) leave a message (留个话)

messenger*** *n.* 使者，报信的人；邮递员
[ˈmesɪndʒə(r)] ⓔ imperial messenger (敕使)

admit*** *v.* 准许进入；准许加入；承认；(~of)留有余地；通向 *ad (= to)
[ədˈmɪt] ⓔ He was admitted to the State Bar of New York. (他成为纽约州的律师。) The theater admits about 300 persons. (那个剧场可以容纳大约 300 人。) It is generally admitted that... (被普遍承认的是…) admit of discussion / no excuse (有讨论余地 / 不允许辩解)

admittedly*** *ad.* 公认地，无可否认地，(通常用于文章开头)诚然 *ad (= to)
[ədˈmɪtɪdli] ⓐ admitted (公认的，明白的) ⓔ He is admittedly an atheist. (无可否认，他是一个无神论者。) Admittedly I've never actually been there. (诚然，我从来没有去过那里。)

admission*** *n.* 准许进入，允许加入；入场费，入会费；自白，坦白；供认书 *ad (= to)
[ədˈmɪʃn]

ⓔ admission fee / ticket（入场费 / 入场券） admission free（免费入场） charge admission（收取入场费） by / on his own admission（根据他自己的供认（或坦白））

---

admittance** [əd'mɪtns]
n.（允许）入场，准入 *ad（= to）
ⓔ No admittance.（禁止入场。）

admissible* [əd'mɪsəbl]
a. 可接受的；可采纳（或考虑）的 *ad（= to）
ⓝ admissibility（进入或被采纳的资格） ⓔ admissible evidence（可采证据）

commit*** [kə'mɪt]
v. 犯(罪、过失等)，干(坏事)；委托(保存、处理等)；(对某个问题、疑问)表明立场，说明(意向等)；使作出保证，使承担义务 *com(=together)
ⓔ Commit no nuisance.（禁止小便。） commit an error / an offense / murder / suicide（犯错误 / 犯法，违反规定 / 杀人 / 自杀） He refused to commit himself on the subject.（他拒绝对那个问题表态。） Do not commit yourself.（你不要表态。） I won't commit myself to that course of action.（我不会让自己被那样的行动方针绊住。）

commitment** [kə'mɪtmənt]
n. 委任；承担的义务；承诺 *com（= together）
ⓔ If you have agreed to allow your parents pocket money, help to pay your brothers college expenses and give your sister $1,000 a year for clothes, you have quite a lot of commitments.（如果你同意给父母零花钱，帮助弟弟付上大学的费用，并且每年给妹妹1,000美元买衣服，你就要履行很多承诺。）

committee*** [kə'mɪti]
n. 委员会 *com（= together）
ⓔ standing committee（常设委员会） joint committee（（两院）联合委员会） Committee of Ways and Means（（议会的）筹款委员会）

---

commission*** [kə'mɪʃn]
n.（人、职权的）委任，委托；（受到委托的）任务；委任状，委任事项；手续费，佣金；（承担调查任务的）委员会；（军官的）职务；犯（罪）*v.* 委任，委托，任命…为军官 *com（= with, together）
ⓔ sell goods on commission（收取佣金销售商品） Atomic Energy Commission（原子能委员会） Commission of the Peace（治安官） commissioned officer （（有委任状的）军官） commission an artist to paint a portrait（委托一位画家画一幅肖像画）

commissioner*** [kə'mɪʃənə(r)]
n.（政府厅、局、处等部门的）长、长官；特派员；职业体育组织的行政管理人 *com（= with, together）
ⓔ Commissioner of Education（教育局长）County Commissioner（〈美〉县行政专员（County Executive 更常用）） Commissioner of Customs（海关关长） the Commissioner of the Internal Revenue Service（〈美〉国内收入署署长）

commissionaire* [kəˌmɪʃə'neə(r)]
n. <英>（剧场、饭店、商店等的穿制服的）门警 *com（= with, together）

commissary** ['kɒmɪsəri]
n.（军队、矿山等的）杂货商店；（旧时的）军需官 *com(= with, together)
ⓔ commissary general / line（兵站所将军 /兵站所线路）

commissar** [ˌkɒmɪ'sɑː(r)]
n.（前苏联）人民委员；（前苏联）军队的政治委员 *com（= with, together）

---

commissariat* [ˌkɒmɪ'seəriət]
n.（前苏联各部的）人民委员部；（部队的）给养部门 *com（= with, together）

dismiss*** [dɪs'mɪs]
v. 解雇，使免职；使离开；解散（集会、队伍等）；打消（想法等） *dis（= away, apart）
ⓝ dismissal（解雇，免职；解散） ⓔ dismissed for drunkenness（因为酗酒被解雇） Dismiss!（（口令）解散！） dismiss all thoughts of revenge（打消所有报复的念头）

emissary**
[ˈemɪsəri]
n. 特使 *e〈ex (= out), ary (= person who)

manumit*
[ˌmænjʊˈmɪt]
v. 解放（奴隶等） *manu (= hand)
ⓝ manumission（解放（奴隶等））

omit ***
[əˈmɪt]
v. 省略；疏忽，遗漏 *o〈ob (= away)

---

omission**
[əˈmɪʃn]
n. 省略；遗漏，疏忽；被省略、遗漏的东西 *o〈ob (= away)

permit***
[pəˈmɪt]
v. 允许，许可，容许
n. [ˈpɜːmɪt] 许可证，执照，通行证 *per (= through)

permission***
[pəˈmɪʃn]
n. 允许，许可，准许 *per (= through)
ⓔ with your permission（获得你的许可）

permissive*
[pəˈmɪsɪv]
a. 许可的，被容许的 *per (= through)
ⓐ permissible（可容许的） ⓔ permissive legislation（非约束性立法） permissive society（性开放社会）

pretermit*
[ˌpriːtəˈmɪt]
v. 忽视；对…置之不理 *preter (= past, beyond)

---

missile**
[ˈmɪsaɪl]
n. 导弹；发射物（指箭、子弹、石头等）*a.* 导弹的；可投射的
ⓔ guided missile（导弹） inter-continental ballistic missile（洲际弹道导弹（缩写：ICBM）） missile sites / bases（导弹基地） missile killer（专门攻击导弹的导弹） missile vehicle（导弹运载工具）

mission***
[ˈmɪʃn]
n. 使命；代表团；使节团；(pl.) 传道事业；传教会，传教团；（在城市贫民区设立的）社会救济组织；飞行任务，军事行动
ⓔ on a mission of inquiry（执行调查任务） economic / trade mission（经济 / 贸易代表团） foreign / home mission（外国 / 国内传教（活动）） The group has flown twenty missions.（这个空军大队已经执行了 20 次飞行任务。）

missionary***
[ˈmɪʃənri]
n. 传教士 *a.* 传教（士）的

missive**
[ˈmɪsɪv]
n.（长篇大论的）书信

LECTURE 148

词根 FORM

来自拉丁语的 form 意为 form。同义词根有来自希腊语的 morph。

---

transform***
[trænsˈfɔːm]
[使样子交叉 trans (= across) + form (= form)]
vt. 使变形；改变
ⓝ transformation 变形，变化 ⓐ transformer【电】变压器；促使变化的人（或物） transformable 可变形的 ⓔ Two weeks in the hot sun on a Mexican beach will transform you.（在墨西哥海边炙热的阳光下度过两个星期会让你变样。）

---

formulate***
[ˈfɔːmjuleɪt]
[使具备形式、形态 form (= form, shape)]
vt. 使公式化；明确地、系统地表达

ⓝ formulation 公式化；明确的表达 formula 公式，程式；方案；处方 ⓔ The committee will formulate a plan to respond to earthquake emergencies.（委员会将制定一个方案，以应对地震时所发生的紧急情况。）

---

conform***
[kən'fɔːm]
v.（使）一致；（使）遵照；【英史】遵奉国教会惯例 *con⟨com（= together）
ⓐ conformable（一致的） ⓔ conform one's life to certain principles（使自己的生活遵照某种原则） conform to the usages of society（遵从社会习俗）

conformity**
[kən'fɔːməti]
n. 遵从（常规、法律等） *con⟨com（= together）
ⓝ conformist（遵奉习俗的人）

conformation*
[ˌkɒnfɔː'meɪʃn]
n. 构造；形态 *con⟨com（= together）

deform**
[dɪ'fɔːm]
v. 使变形 *de（= away）

deformed**
[dɪ'fɔːmd]
a. 畸形的；道德上反常的 *de（= away）
ⓔ The boy has a deformed foot and cannot play games.（那个男孩的一只脚是畸形足，不能做游戏。）

---

deformity**
[dɪ'fɔːməti]
n. 畸形状态；畸形部位 *de（= away）

deformation*
[ˌdiːfɔː'meɪʃn]
n. 损形；畸形；变形 *de（= away）

inform***
[ɪn'fɔːm]
v. 告诉；告发 *in（= into）
ⓝ informant（通知者；报告人，告密人） informer（告密者）

informed***
[ɪn'fɔːmd]
a. 知识（或见闻）丰富的；消息灵通的 *in（= into）
ⓔ well-informed man（情报、信息灵通的人） informed sources（消息灵通人士） I will keep you informed.（我会继续向你通告的。） informed mind（博学多识的智者）

informative**
[ɪn'fɔːmətɪv]
a. 提供信息的；增长知识的 *in（= into）
ⓔ informative books（增长知识的书） informative talk（增长知识的谈话）

---

informal***
[ɪn'fɔːml]
a. 非正式的；不拘礼节的；适于日常会话的 *in（= not）
ⓐ informality（非正式；不拘礼节） ⓔ informal visit（非正式访问） informal conversations（非正式会谈） informal proceedings（简略的手续） informal dress（便服）

information***
[ˌɪnfə'meɪʃn]
n. 信息；情报，消息；资料；通知，报告；知识，见闻；问讯处 *in（= into）
ⓔ confidential information（秘密情报） information desk（问讯处） information industry（信息产业） information officer（情报官） information pollution（信息污染） information retrieval（信息检索（缩写：IR））

perform***
[pə'fɔːm]
v. 履行，执行；完成；演出，表演乐器 *per（= thoroughly）
ⓝ performer（演出者） ⓔ perform a task（完成一项任务） perform a surgical operation（做外科手术） perform "Hamlet"（扮演哈姆雷特） perform skillfully on the flute（长笛吹得非常娴熟） The seals performed well at the circus.（海豹在马戏团的表演非常精彩。） performing arts（表演艺术）

performance***
[pə'fɔːməns]
n. 履行，执行；（飞机、汽车、机器等的）性能；成绩；演出；展览 *per（= thoroughly）
ⓔ faithful in the performance of his duties（忠实地履行他的义务的） of good performance（性能良好的） fine performance（好成绩） No entrance during performance.（演出中禁止入场。） two performances a day（一天两次演出）

reform*** v.（使）改革；改良；改正；改造 n. 改革；改良；改造　*re（= again）
[rɪˈfɔːm] ⓝ reformer（改革者）ⓔ reform a system（改革制度）reform a juvenile delinquent（改造少年罪犯）social / political reform（社会 / 政治改革）

---

reformation** n. 改革，革新，改善；改正；(the R~)（16世纪的）基督教改革运动　*re（= again）
[ˌrefəˈmeɪʃn]

reformatory** a. 改革的，改良的 n.（旧时的）少年感化院
[rɪˈfɔːmətri] *re（= again），ory（= pertaining to, place where）

uniform*** a. 一致的；（色彩等）均匀的；始终如一的；统一的 n.（军人、警官、护士等的）制服
[ˈjuːnɪfɔːm] *uni（= one）
ⓔ sticks of uniform length（长度相同的棍）uniform wage（统一的工资）the khaki uniform（卡其色制服）

uniformity** n. 一致；单调　*uni（= one）
[ˌjuːnɪˈfɔːməti] ⓔ Act of Uniformity（（英国议会力求教会划一使用1662年《公祷书》而提出的）划一法案）

LECTURE 149

词根 SCEND[SCENT, SCENS, SCAN]

来自拉丁语的scend意为to climb。变形有scent，scens，scan等。另外，来自拉丁语的scal有ladder的意思，含义相似。

---

transcend** [越过某物爬 tran〈trans（= over, beyond）+ scend（= climb）]
[trænˈsend] vt. 超越（人类的经验、理性、信仰、描述能力等的范围）；优于
ⓐ transcendent 出众的，卓越的 transcendental 先验的；超自然的；晦涩的 ⓝ transcendence / transcendency 卓越，超越 ⓔ You can transcend your shyness by doing these exercises daily.（你每天做这些练习可以克服羞涩。）

---

condescend** [和别人一样爬下来 con〈com（= together）+ de（= down）+ scend（= climb）]
[ˌkɒndɪˈsend] vi. to + sb / do 屈尊；带着优越感表示亲切
ⓔ That instructor condescends to his students by treating them like babies.（那个教练不摆架子，像对待孩子似的亲切地对待他的学生。）

---

ascend*** v. 攀登（山）；登上；上升　*a〈ad（= to, toward）
[əˈsend] ⓔ The path ascends here.（路从这里开始就是上坡了。）ascend the throne（登基）

ascendancy** n. 权势；优势　*a〈ad（= to, toward）
[əˈsendənsi] ⓝ ascendency（= ascendancy）ⓔ have the ascendancy over his rivals（比他的对手更有优势）

ascendant* a. 上升的；优势的　*a〈ad（= to, toward）
[əˈsendənt] ⓐ ascendent（= ascendant）ⓔ in the ascendant（占优势的）

ascension** n. 攀登；上升　*a〈ad（= to, toward），scens〈scend（= climb）
[əˈsenʃn] ⓔ the Ascension（【基督教】耶稣升天节）

ascent** n. 上升；上坡路；登高；提高　*a〈ad（= to, toward），scens〈scend（= climb）
[əˈsent] ⓔ ascent of the mountain（登山）last part of ascent（坡路的尽头）

descend***
[dɪˈsend]

v. 下来，下降；（财产等）一代一代传下来；为…的后裔（be descended from sb.）；袭击，出其不意地访问（~on / upon）；降低身份做…（~to） *de (= down)

ⓔ descend the stairs（走下楼梯） descend upon the defenseless village（突袭毫无防备的村庄）

descendant***
[dɪˈsendənt]

n. 子孙，后裔 *de (= down)

ⓔ the descendants of Queen Victoria（维多利亚女王的后裔）

descent***
[dɪˈsent]

n. 下降，下来；血统；（财产等的）继承，世袭；遗传；袭击；出其不意的拜访

*de (= down), scens〈scend (= climb)

ⓔ the descent of the mountain（下山） of French descent（有法国血统的） Darwin's *Descent of Man*（达尔文的《人类的由来》） The Danes made numerous descents upon the English coast during the 10th century.（10 世纪的时候，丹麦人多次袭击过英国海岸。）

scan***
[skæn]

v. 细看，审视；浏览（报纸等）；扫描，用雷达监测（特定区域）；标出韵律；符合韵律

*scan〈scend (= climb)

ⓝ scansion（（诗歌的）韵律节奏分析；按韵律诵读） ⓔ scan the horizon anxiously every morning（每天早晨不安地望着地平线） scan the newspaper while having his breakfast（吃早饭的时候浏览报纸）

LECTURE 150

词根 VEST

来自拉丁语的 vest 意为 to dress。

travesty**
[ˈtrævəsti]

[超过某种程度给穿衣服 tra〈trans (= over, across) + vest (= dress)]

n. 滑稽模仿（严肃的作品），拙劣的模仿；歪曲；曲解

vt. 拙劣地模仿；滑稽地模仿；歪曲

ⓔ The trial was a complete travesty—totally unfair.（这场审判简直就是一场滑稽剧——根本不公正。）

invest***
[ɪnˈvest]

v. 投资（~in）；赋予；授予（勋章等）（~with）；包围，围攻 *in (= in)

ⓝ investor（投资人） ⓔ invest $10,000 in stocks（在股票上投资 10,000 美元） The military governor has been invested with full authority.（军政长官被授予全权。）

investment***
[ɪnˈvesɪmənt]

n. 投资；投资额；包围；封锁（城市、要塞等） *in (= in)

ⓔ investment company（投资公司） wise and profitable investment（英明的、有利可图的投资） investment of $1,000 in oil shares（在石油股上投资的 1,000 美元）

investiture*
[ɪnˈvestɪtʃə(r)]

n. 授职仪式，授权仪式 *in (= in)

vest***
[vest]

n. 背心；（女服胸前的）V 字形装饰；防弹背心 *v.* 赋予，授予（权限等）；（财产等）归属；使穿衣

ⓔ play it close to the vest（避免冒险） In some countries authority is said to be vested in the people.（据说在某些国家权力属于人民。） vested interest / rights（【律】既得利益 / 既定权利） power / authority that vests in the Crown（属于王室的权力 / 权威）

vestment**
[ˈvesmənt]

n. 官服；礼服；祭服

---

vestry**
[ˈvestri]

n.（教堂的）法衣室；教堂的附属室

vesture**
[ˈvestʃə(r)]

n. 衣服 *v.* 给…穿衣

第二部分　利用后缀扩充词汇之词根篇

Part Two

LECTURE 151

词根 HER

来自拉丁语的 her 意为 heir，注意不要和意为 to stick 的 her / hes 相混淆。

heritage***
[ˈherɪtɪdʒ]
[继承人继承的东西 her (= heir)]
n. 遗产；继承物
ⓐ heritable 会遗传的；可继承的 ⓔ As the eldest son, the title of Duke is his heritage. (作为家里的长子，他继承了公爵爵位。)

heredity**
[həˈredəti]
n. 遗传；遗传的特征
ⓔ heredity factors / genes (遗传因素 / 基因)

hereditary***
[həˈredɪtri]
a. 世袭的，世代相传的；遗传的
ⓔ hereditary rulers / beliefs / diseases (世袭的统治者 / 世代相传的信仰 / 遗传性疾病)

hereditament*
[ˌherɪˈdɪtəmənt]
n. 世袭财产

heritable*
[ˈherɪtəbl]
a. 可遗传的；可继承的

inherit***
[ɪnˈherɪt]
v. 继承（财产、权力、爵位等）；因遗传而获得（某些特点） *in (= in)
ⓔ inherit 30,000 dollars from his father (从他父亲那里继承 3 万美元) inherit her mother's good looks and her father's bad temper (继承了她母亲的美貌和父亲的坏脾气)

inheritance***
[ɪnˈherɪtəns]
n. 继承；继承物，遗产；继承权 *in (= in)
ⓔ receive property by inheritance (因继承而得到财产)

词根 BOND

来自拉丁语的 bond 意为 to bind。同义词根有来自拉丁语的 cinct，lig [li，leag，ly]，nect /nex，strain / strict / string / stress 等。另外，注意不要和意为 to join 的 junct / join / jug 相混淆。

bondage**
[ˈbɒndɪdʒ]
[被捆绑的状态 bond (= bind)]
n. 农奴、奴隶的状态(身份)；束缚，奴役
ⓔ The poor guy is in bondage to cocaine. It's all he thinks about. (那个可怜的人成了可卡因的奴隶，他脑子里想的都是它。)

bondholder**
[ˈbɒndˌhəʊldə(r)]
n. 债券持有者

bondstone*
[ˈbɒndstəʊn]
n. 束石

词根 SALV [SAV]

来自拉丁语的 salv 意为 safe。sav 是它的变形。

salvage**
[ˈsælvɪdʒ]
[使安全的行为 salv (= safe)]
n. 海难救助；抢救的财物，被救的船舶；救助酬金；废物利用
vt. 救助；打捞；利用（废品）
ⓔ After the tornado, there was literally nothing to salvage from our home. (龙卷风过后，我们家真的是没有任何值得抢救的东西了。)

salvation***
[sælˈveɪʃn]

n. 拯救，救助；救援工具（或手段）

ⓔ Salvation Army（救世军） Government loans have been the salvation of several shaky business companies.（政府的贷款挽救了几个濒危的公司。） work out one's salvation（谋划自救措施）

salve**
[sælv]

v. 安慰，抚慰；使缓和；给涂抹软膏 *n.* 抚慰，安慰；药膏，软膏

ⓔ salve his conscience by giving stolen money to charity（把他偷来的钱捐给慈善事业，以此来安慰良心） lip salve（护唇膏）

saviour***
[ˈseɪvjə(r)]

n. 救助者；（the S~）救世主，上帝 *sav〈salv（= safe）

ⓔ The Saviour, Our Saviour（我们的救世主）

LECTURE 152

词根 CARN

来自拉丁语的 carn 意为 flesh。

carnage**
[ˈkɑːnɪdʒ]

[大堆的肉 carn（= flesh）]

n. 杀戮，大屠杀

ⓐ carnal 肉体的；肉欲的 ⓝ carnation 肉色；康乃馨 ⓔ Most people would be shocked to see close up the carnage after an auto accident.（大部分人近距离看到车祸后的血腥场面都会感到震惊。）

carnival**
[ˈkɑːnɪvl]

n. 狂欢节（四旬斋前持续半周或一周）；巡回演出；庆祝

*val（= worth）

carnivore**
[ˈkɑːnɪvɔː(r)]

n. 肉食动物 *vor（= eat）

carnivorous**
[kɑːˈnɪvərəs]

a. 食肉的

ⓔ carnivorous animals（肉食动物）

词根 PIL

来自拉丁语的 pil 意为 hair。

pillage**
[ˈpɪlɪdʒ]

[拔头发的行为 pil (l)（= hair）]

n.（特别指战时的）掠夺，抢劫

vt. 掠夺，抢劫

ⓝ pillager 掠夺者，抢劫者 ⓔ The rioters broke store display windows and pillaged their merchandise.（暴徒砸碎了商店的橱窗，抢走了商品。）

pillow***
[ˈpɪləʊ]

n. 枕头 *v.* 放在枕头上面；用枕头垫着；用做…的枕头

ⓔ pillow case / slip（枕头套） pillow fight（（孩子们）用枕头打架的游戏）

depilatory*
[dɪˈpɪlətri]

a. 有脱毛作用的 *n.* 脱毛药 *de（= away）

词根 VERB

来自拉丁语的 verb 意为 word。同义词根有来自希腊语的 lex。

verbiage*
[ˈvɜːbiɪdʒ]

[言语的集合 verb（= word）]

n. 冗词

ⓝ【语】verb 动词 verbosity 赘言；冗长 ⓥ verbalize 以言语表达 ⓐ verbal 言语的；逐字的；动词的 verbose 啰嗦的；冗长的 verbatim 逐字的，一字不差的；(ad.) 逐字地，一字不差地 ⓐⓓ verbally 口头地；作为动词 ⓔ All that verbiage just to say you're sorry? OK—apology accepted. (你啰嗦这多久就只为说声对不起？好吧，你的道歉我接受了。)

---

verbal**
[ˈvɜːbl]

a. 言辞的；口头的，口述的；(翻译等)逐字逐句的；动词的

ⓐⓓ verbally (口头地，口述地；作为动词) ⓥ verbalize (用言语表达) ⓔ verbal test (口头测试) verbal communication (语言交际) verbal statement (口头陈述) verbal note (不署名备忘录，口头通告) verbal contract (口头约定) verbal translation (逐字的直译)

verbatim*
[vɜːˈbeɪtɪm]

a. / ad. 逐字逐句的(地)；一字不差的(地)

ⓔ verbatim report (一字不差的报告) report a speech verbatim (逐字报道一篇讲话)

adverb*
[ˈædvɜːb]

n.【语】副词 *ad (= to, to add)

proverb***
[ˈprɒvɜːb]

n. 谚语 *pro (= before)

ⓔ as the proverb goes / runs / says (正如谚语所讲的) (the Book of) Proverbs (基督教《圣经·旧约》中的《箴言》)

proverbial**
[prəˈvɜːbiəl]

a. 谚语的；众所周知的 *pro (= before)

ⓔ proverbial saying / wisdom (谚语 / 谚语表达的智慧)

---

reverberate**
[rɪˈvɜːbəreɪt]

v. 使(声音)回响 *re (= again)

ⓝ reverberation (回响) ⓐ reverberant (回响的) ⓔ The roar of the train reverberated in the tunnel. (火车的呼啸声在隧道里回响。)

词根 MIR

来自拉丁语的 mir 意为 to wonder。

---

mirage**
[ˈmɪrɑːʒ]

[引起惊讶的事物 mir (= wonder)]

n. 海市蜃楼；幻想，妄想

ⓔ Is that a mirage up ahead, or am I finally seeing the Rocky Mountains? (我面前的是海市蜃楼，还是我终于见到了落基山脉？)

---

miracle***
[ˈmɪrəkl]

n. 奇迹；(~of)惊人的事例

ⓔ miracle play ((中世纪取材自《圣经》或圣徒的)奇迹剧) miracle drug (有奇效的药) It's a miracle of ingenuity. (这真是令人吃惊的精巧。)

miraculous***
[mɪˈrækjələs]

a. 奇迹般的；超自然的；不可思议的

ⓐⓓ miraculously (神奇地；不可思议地)

mirror***
[ˈmɪrə(r)]

n. 镜子；反映，真实的写照；榜样，典范

ⓔ driving mirror ((汽车的)后视镜) mirror image (镜像) *Pepys's Diary* is a mirror of the times he lived in. (《佩皮斯日记》是他生活的时代的真实写照。) The still water of the lake mirrored the hillside. (平静的湖水倒映着山坡。)

admire***
[ədˈmaɪə(r)]

v. 钦佩，称赞；欣赏 *ad (= to)

ⓐ admirable (极好的；值得赞美的)

admiring***
[ədˈmaɪərɪŋ]

a. 羡慕的；赞美的 *ad (= to)

ⓝ admirer (羡慕者；对女性的爱慕者) Mary and her many admirers (玛丽和她众多的仰慕者) ⓔ admiring crowd (一群崇拜者)

admiration*** [ˌædməˈreɪʃn]
n. 钦佩，赞美 *ad (= to)
ⓔ express one's admiration for (表达对…的赞赏)

LECTURE 153

词根 EV

来自拉丁语的 ev 意为 time, age。同义词根有来自拉丁语的 tempor 和来自希腊语的 chron。

longevity** [lɒnˈdʒevəti]
[持续很长时间 long (= long) + ev (= time, age)]
n. 长寿
ⓔ He ascribes his longevity to a glass of red wine after dinner every evening. (他认为他长寿是因为每天晚饭后喝一杯红葡萄酒。)

primeval** [praɪˈmiːvl]
a. 远古的；原始的 *prim (= first)
ⓔ primeval forests (原始森林)

medieval*** [ˌmediˈiːvl]
a. 中世纪的；中古风的 *medi (= middle)

coeval* [kəʊˈiːvl]
n. / *a.* 同岁（的）；同时代的（人、事物） *co〈com (= together)

LECTURE 154

词根 PROX, PROP

来自拉丁语的 prox 意为 near。prop 也属于这一系统。

proximity** [prɒkˈsɪməti]
[近的事物 prox (= near)]
n. 邻近，接近
ⓐ proximate 最近的；近似的 ⓔ Our home's proximity to the grade school was a major selling point. (我们家离小学很近，这是房子的一个主要卖点。)

proxime accessit* [ˈprɒksɪmɪ ækˈsesɪt]
n. (考试、竞争等的) 第二名；第二位 *ac〈ad (= near), cess (= go)
ⓔ I was proxime accessit. (我得了第二名。)

proximo* [ˈprɒksɪməʊ]
a. 下月的 (略作：prox.，商业及正式信函用语)
ⓔ on the 22nd prox. (下月 22 号)

approximate** [əˈprɒksɪmət]
a. 接近的，近似的；大约的 *v.* [əˈprɒksɪmeɪt] (位置、数量、性质等) 近似；接近 *ac〈ad (= near)
ⓓ approximately (大约，大概) ⓔ approximate cost (大约的成本) approximate estimate (概算) approximate numbers (大约的数字)

approximation** [əˌprɒksɪˈmeɪʃn]
n. (数量、品质等的) 接近，近似；近似值 *ap〈ad (= to)
ⓔ mere approximation (仅仅是近似) approximation to the truth (接近真相)

propinquity* [prəˈpɪŋkwəti]
n. (时间、地点的) 接近；近似；(血统上的) 亲近关系；(观念等的) 类似

词根 BREV

来自拉丁语的 brev 意为 short。

brevity**
[ˈbrevəti]
[短的东西 brev (= short)]
n. 简短，简洁；短暂，短促
ⓔ We were surprised by the brevity of the closing argument—just 7 minutes.（我们惊讶于终结辩论的简短——仅仅用了 7 分钟。）

breviary*
[ˈbriːvjəri]
n. (天主教) 每日祈祷书

abbreviate**
[əˈbriːvieɪt]
v. 缩短；省略　*ab⟨ad (= intensive)
ⓝ abbreviation (缩写式；缩写词；缩写) ⓔ abbreviate January to Jan. (把 January 缩写为 Jan.)

LECTURE 155

词根 AC, ACR

来自拉丁语的 ac，acr 意为 sharp。

acuity*
[əˈkjuːəti]
[尖锐的性格 ac (= sharp)]
n. 尖锐；剧烈；敏锐
ⓐ acute 敏锐的；尖锐的；剧烈的；急性的 ⓝ acumen 敏锐；尖锐 ⓔ Only soldiers with perfect visual acuity can be trained to be fighter pilots. (只有那些视敏度绝好的战士才能被训练成战斗机飞行员。)

acupuncture*
[ˈækjupʌŋktʃə(r)]
n. 针灸，针刺疗法　*punct (= prick)

acme**
[ˈækmi]
n. 顶峰，顶点；鼎盛期

acrid***
[ˈækrɪd]
a. (气味等)刺激的；辛辣的；(言语等) 尖刻的，讥讽的
ⓔ acrid smell of burning feathers (烧羽毛的刺鼻气味)

acrimony*
[ˈækrɪməni]
n. (语言等的) 刻薄，辛辣，尖刻
ⓐ acrimonious (辛辣的，刻薄的)

词根 LETH

来自希腊语的 leth 意为 death。同义词根有来自拉丁语的 mort / mors / mor 和来自希腊语的 necr，thanat / than。

lethargy**
[ˈleθədʒi]
[死后不动的状态 leth (= death) + a (= not) + rg⟨erg (= work)]
n. 昏睡(状态)；嗜睡；无生气
ⓐ lethargic 昏睡 (状态) 的；嗜睡的；无生气的 ⓔ Normally I feel invigorated after exercise, but all I feel today is lethargy. (平时做完运动我都感到精力充沛，但今天却觉得很没力气。)

lethal*
[ˈliːθl]
a. 致命的
ⓔ lethal dose of poison (足以致死的毒药量) lethal weapons (致命武器) lethal chamber ((使用毒气的)无痛屠宰场)

Lethe*
[ˈliːθi]
n. 忘川 (冥府一河流名，喝了河水可以忘记过去)；(亦作 l~) 忘却

LECTURE 156

词根 PROPR

来自拉丁语的 propr 意为 one's own。

propriety** [prəˈpraɪəti]

[自身所固有的性质 propr (= one's own)]

n. (行为等的)得体；妥当，适当；礼貌；(pl.)礼仪，礼节

ⓐ proper 合适的，妥当的；有礼貌的；本身的 ⓐⓓ properly 合适地；有礼貌地；彻底地 ⓔ I question the propriety of his promoting his own son to V. P. at such an early age. (我怀疑他将自己如此年轻的儿子提升为副总裁是否妥当。)

appropriate*** [əˈprəuprieɪt]

v. 占用，挪用，盗用；拨出(款项等)

a. [əˈprəupriət]适合的，适当的 *ap<ad (= to, near)

ⓔ Don't appropriate others' ideas. (不要盗用别人的见解。) appropriate $500,000 for the new school buildings (为建新校舍拨款 50 万美元) The legislature appropriated the funds for the university. (州议会为那所大学拨了款。) Sports clothes are not appropriate for a formal wedding. (运动服不适合正式的婚礼。)

appropriation*** [əˌprəupriˈeɪʃn]

n. 私用，挪用(资金)；拨给的费用 *ap<ad (= to, near)

ⓔ make an appropriation for payment of debts (为了偿还债务而支出) appropriation bill ((提交国会的)拨款预算案) appropriations committee ((政府)拨款委员会)

expropriate* [eksˈprəuprieɪt]

v. 没收(财产)；征用(土地等的)使用权；夺取所有权 *ex (= out, away)

ⓝ expropriation (没收；征用)

词根 HIER

来自希腊语的 hier 意为 holy。同义词根有来自拉丁语的 secr / sacr / sanct, pi 和来自希腊语的 hagi。

hierarchy** [ˈhaɪərɑːki]

[神圣的治理 hier (= holy) + arch (= govern, rule)]

n. 等级森严的组织；等级秩序；统治集团；僧侣统治(集团)

ⓐ hierarchic / hierarchical 等级森严的组织的；僧侣统治集团的 ⓔ Groups of dogs always form a strict hierarchy, led by the alpha male. (狗群通常在领头公狗的领导下形成严格的等级群体。)

hieroglyph* [ˈhaɪərəglɪf]

n. 象形文字；似象形文字的符号 *glyph<graph (= write)

hieroglyphic** [ˌhaɪərəˈglɪfɪk]

a. 象形文字的；用象形文字写的 *n.* (pl.)难辨认的字 *glyph<graph (= write)

词根 LOG

来自希腊语的 log 意为 speech。

logomachy* [lɒˈgɒməki]

[斗言语的行为 log (= speech) + mach (= fight)]

n. 对词义的争执；舌战

ⓔ They're just two ivory tower academics engaged in a literary logomachy. (他们不过是两名热衷于文学论战的象牙塔式的学者而已。)

logical* [ˈlɒdʒɪkl]

[话语正确的 log (= speech)]

a. 逻辑的；符合逻辑的；可想而知的

ⓝlogic 逻辑(学) logicality 合乎逻辑，逻辑性 logician 逻辑学家 ⓐⓓlogically 逻辑上；符合逻辑地 ⓔThe only logical conclusion I can draw is that he's guilty. (我可以得出的唯一合乎逻辑的结论就是他有罪。)

apology* [əˈpɒlədʒi]

v. 赔罪，道歉；辩解，辩护 *apo (= away)

ⓥapologize (赔罪，道歉；辩解) apologize to his sister for being so rude (因自己如此无礼而向他妹妹道歉) ⓐapologetic (道歉的，认错的；辩护的) write an apologetic letter (写一封道歉信)

analogy** [əˈnælədʒi]

n. 类似，相似；比拟；类推 *ana (= again)

ⓐanalogous (类似的，相似的；可比拟的) ⓔanalogy between the human heart and a pump (人的心脏和抽水泵的相似性) false analogy (错误的类推) forced analogy (牵强的类推，牵强附会)

catalogue* [ˈkætəlɒg]

n. 目录 *v.* 做目录；将…编入目录 *cata (= completely)

ⓔlibrary catalogue ((图书馆的)图书目录)

dialogue* [ˈdaɪəlɒg]

n. 对话(式的作品)；意见交换 *dia (= between)

ⓔdialogue between the two Presidents (两个总统之间的意见交换)

eulogy** [ˈjuːlədʒi]

n. 赞辞；赞颂 *eu (= good)

ⓥeulogize (赞颂，称赞) ⓐeulogistic (颂扬的；歌功颂德的) ⓝeulogist (赞颂者，称赞者)

monologue** [ˈmɒnəlɒg]

n. 独白；(戏剧等的)独角戏 *mono (= one)

prologue** [ˈprəʊlɒg]

n. 序言；(戏剧的)开场白；一系列事件的开端，序幕；念开场白(或开场诗)的演员 *pro (= before)

epilogue** [ˈepɪlɒg]

n. (文学作品的)跋文；结语；尾声 *epi (= after)

LECTURE 157

词根 AUD[ED, EIS]

来自拉丁语的aud 意为to hear。其变形为ed, eis。同义词根 为来自希腊语的acou。

audition* [ɔːˈdɪʃn]

[听一听 aud (= hear)]

n. (歌手、演讲者等发声的)试听；听力，听觉；(对志愿艺人等的)面试(指试演、试唱、试奏等)

ⓔMy acting audition is at 3:30, and my singing audition is at 5:15. (我的试演时间是3点30分，试唱时间是5点15分。)

inaudible** [ɪnˈɔːdəbl]

[听不见的 in (= not) + aud (= hear)]

a. 听不懂的；听不见的

ⓝinaudibility 听不见 cf. audible 听得见的 ⓔOne section on the tape recording is inaudible. (录音带有一部分听不见。)

obeisance** [əʊˈbeɪsns]

[很听话 ob (= intensive) + eis<aud (= hear)]

n. 敬礼；尊敬；服从

ⓔ My sister pays devoted obeisance to an Indian guru, of all things.（我妹妹完全忠实于一位印度教领袖。）

audible*** ['ɔːdəbl]

a. 可听见的

ⓐⓓ audibly（可听见地） ⓝ audibility（可闻度） ⓔ in a scarcely audible voice（用勉强可以听得见的声音）

audience*** ['ɔːdiəns]

n. 听众，观众；（杂志等的）读者；谒见

ⓔ large audience（众多听众） audience rating（电视、广播等的）收视率，收听率）

audio*** ['ɔːdiəʊ]

a. 音频的；声音的 *n.*（声音的）接收、传送

ⓔ audio-visual aids（视听教具）

audit** ['ɔːdɪt]

n. 审计 *v.* 审计；旁听

ⓝ auditing（审计；旁听）

auditor** ['ɔːdɪtə(r)]

n. 听众；旁听人；审计师

ⓔ board of auditors（审计委员会）

auditorium** [ˌɔːdɪ'tɔːriəm]

n. 会堂，礼堂　*orium (= place where)

auditory** ['ɔːdətri]

a. 听觉的；耳朵的

ⓔ the auditory nerve（听觉神经） auditory canal（耳道）

obedient*** [ə'biːdiənt]

a. 顺从的；恭顺的　*ob (= intensive), ed〈aud (= hear)

ⓐⓓ obediently（顺从地） ⓔ obedient children（听话的孩子） Your obedient servant（您恭顺的仆人（正式公文末尾的套语））

obedience*** [ə'biːdiəns]

n. 服从，顺从；恭顺　*ob (= intensive), ed〈aud (= hear)

ⓔ blind obedience（盲从） active / passive obedience（主动的/被动的服从）

disobedience** [ˌdɪsə'biːdiəns]

n. 不服从，违抗　*dis (= not), ob (= intensive), ed〈aud (= hear)

ⓐ disobedient（不服从的）

LECTURE 158

词根 LET, LIV

来自拉丁语的 let, liv 意为 lime。

oblivion** [ə'blɪviən]

[逆着涂抹石灰 ob (= over, against) + liv (= lime)]

n. 忘却，被遗忘的状态；无意识；无意识的状态

ⓐ oblivious 遗忘的，忘却的；不注意的 ⓔ She can't hear you. She's stoned into oblivion on heroin.（她听不到你说话。她吸食了海洛因，恍恍惚惚的，处于无意识状态。）

delete** [dɪ'liːt]

[在某物上撒石灰使本来的形态消失 de (= away) + let (= lime)]

vt. sth + from + sth 删除；消除

ⓝ deletion 删除 ⓔ The editor deleted about 50 words from the letter I sent to the magazine.（编辑从我寄给杂志的信里删掉了大约 50 个字。）

indelible** [ɪn'deləbl]

[用石灰无法消除的 in (= not) + de (= away, from) + li〈liv (= lime)]

a.（痕迹、墨水等）擦不掉的；难以忘却的；（耻辱等）无法洗刷的

ⓔ I have an indelible memory of the day we got married.（结婚的那一天令我无法忘怀。）

deleterious** a.（对身心）有害的；有毒的 *de（= from, away）
[ˌdelə'tɪəriəs]

LECTURE 159

词根 CUSS

来自拉丁语的 cuss 意为 to strike, to shake。同义词根有来自拉丁语的 bat, flict, fend / fens [fenc, fest], lid / lis, plaud / plaus[plod, plos, plex] 等和来自盎格鲁-撒克逊语的 sla。

repercussion* [用力摇晃回去 re（= back）+ per（= intensive）+ cuss（= shake）]
[ˌriːpə'kʌʃn]
n. 弹回；（事件等的）影响；反响
ⓔ The high school shooting had repercussions all over America.（高中枪击事件在全美国引起了反响。）

percussion* n. 冲击；（敲击、撞击产生的）振动；（声音对耳膜的）震动；打击乐器（的演奏）
[pə'kʌʃn]
*per（= completely）
ⓝ percussionist（打击乐演奏者） ⓔ percussion cap（雷管） percussion instrument（打击乐器）

concuss** v. 引起（脑）震荡；震动，猛烈摇动
[kən'kʌs]
*con〈com（= together）

concussion** n. 震动；猛击 *con〈com（= together）
[kən'kʌʃn]
ⓔ concussion of the brain（脑震荡）

discuss*** v. 讨论；论述 *dis（= away）
[dɪ'skʌs]

discussion*** n. 讨论；论述 *dis（= away）
[dɪ'skʌʃn]
ⓔ under discussion（正在讨论）

LECTURE 160

词根 DOC

来自拉丁语的 doc 意为 to teach。

docile** [容易教授的 doc（= teach）]
['dəʊsaɪl]
a. 驯服的；容易教的
ⓝ docility 顺从 ⓔ Deer are docile animals—except for males in rutting season.（鹿是一种温顺的动物，处于发情期的公鹿除外。）

doctor*** n. 医生；博士 v. 治疗；窜改、伪造（证书等）
['dɒktə(r)]
ⓐ doctoral（博士的；博士学位的） doctoral dissertation（博士学位论文） postdoctoral（博士后的） ⓝ doctorate（博士学位） ⓔ Doctor of Philosophy（哲学博士） doctor a cold / a child（治疗感冒 / 给孩子治病）

doctrine*** n. 教义，教理；（政党、学派等的）信条，主义；学说
['dɒktrɪn]
ⓐ doctrinal（教义的；学说的） ⓔ a matter of doctrine（教义问题） doctrine of infallibility（教皇无谬教义）

doctrinaire* n. 空谈理论者；教条主义者 a. 空谈理论的；教条主义的；脱离实际的
[ˌdɒktrɪ'neə(r)]
ⓝ doctrinairism（教条主义；空谈理论）

document*** n. 文件；证件 v. ['dɒkjument] 通过文件证明；提供文件；为（书等）引证
['dɒkjumənt]
ⓝ documentation（文件或证据的提供或备办） ⓔ document of title（所有权凭证）

be well documented（被详尽地引证）

documentary* [ˌdɒkjuˈmentri]
n. 纪录片；纪实节目 *a.* 文件的；根据文件（或证书）的；（电影、文学等）纪实的
ⓔ documentary proof / evidence（书面证据） documentary film（纪录电影）

---

indoctrinate* [ɪnˈdɒktrɪneɪt]
v. 给…灌输（思想、信仰等） *in（= into）

LECTURE 161

词根 IMIT

来自拉丁语的 imit 意为 to mimic。

---

inimitable** [ɪˈnɪmɪtəbl]
［无法模仿的 in（= not）+ imit（= mimic）］
a. 无法模仿的；不可比的，独特的（因而不可模仿的）
ⓔ Marlene Dietrich had an inimitable singing voice.（马琳·迪特里希的嗓音无可比拟。）

---

imitate*** [ˈɪmɪteɪt]
v. 模仿；仿效；仿制，仿造；伪造
ⓔ imitate a bird's cry with the lips（用口哨模仿鸟叫声） imitate great and good men（效仿伟大的、优秀的人） wood painted to imitate marble（漆成大理石样的木头）

imitation*** [ˌɪmɪˈteɪʃn]
n. 模仿，仿效；仿制；冒充；赝品，仿造物 *a.* 人造的；仿造的
ⓔ Beware of imitations.（小心赝品。） imitation leather / jewellery（人造皮革 / 珠宝） imitation pearls（人造珍珠）

imitative** [ˈɪmɪtətɪv]
a. 模仿的；仿造的；拟声的；喜模仿的
ⓔ as imitative as a monkey（像猴子一样爱学样） imitative art（模仿性艺术（临摹真品画作或雕刻等）） imitative music / words（拟声音乐 / 拟声词）

LECTURE 162

词根 PLAUD, PLAUS[PLOD, PLOS, PLEX]

来自拉丁语的 plaud，plaus 意为 to strike。plod，plos，plex 是它们的变形。同义词根来自有拉丁语的 bat，flict，cuss，fend / fens [fenc，fest]，lid / lis 等和来自盎格鲁–撒克逊语的 sla。

---

plausible** [ˈplɔːzəbl]
［可以使其感动的 plaus（= strike）］
a. 看似真实的，似乎有道理的；花言巧语的
ⓝ plausibility 似乎有理，可信性 ⓔ There are several plausible explanations for the current global climate changes.（针对目前全球气候的变化有几种似乎合理的解释。）

---

applaud*** [əˈplɔːd]
v. 鼓掌欢迎；向…喝彩；称赞，赞同 *ap〈ad（= to, near）

applause*** [əˈplɔːz]
n. 鼓掌欢迎；喝彩；称赞，赞同 *ap〈ad（= to, near）
ⓔ general applause（全场喝彩） win the applause of the audience（赢得听众的喝彩）

plaudit*
[ˈplɔːdɪt]
n. 鼓掌喝彩；称赞
ⓔ gratified at the plaudits of the audience（对听众的喝彩感到高兴）

explode***
[ɪkˈspləʊd]
v. 使爆炸；爆发；(感情)迸发；推翻（意见、理论等）；戳穿；激增 *ex (= out)
ⓔ explode a bomb（引爆炸弹） explode a superstition（破除迷信） exploded idea（被驳倒的意见）

explosion***
[ɪkˈspləʊʒn]
n. 爆炸；（愤怒、笑声等的）爆发；激增 *ex (= out)
ⓔ population explosion after World War II（第二次世界大战后人口的激增）

---

explosive***
[ɪkˈspləʊsɪv]
a. 易爆炸的，爆炸性的；爆发的 *n.* 炸药，爆炸物 *ex (= out)
ⓔ explosive substance（爆炸物） high explosive（高性能炸药，烈性炸药）

implosion*
[ɪmˈpləʊʒn]
n.（电灯泡等因为外力而发生的）内向爆炸 *im〈in (= in)

apoplexy**
[ˈæpəpleksi]
n. 中风，卒中 *apo (= away)
ⓐ apoplectic（中风的，患中风的；有中风迹象的，濒于中风的） ⓔ cerebral apoplexy（脑卒中）

LECTURE 163

词根 DOMIT

来自拉丁语的 domit 意为 to tame。

indomitable**
[ɪnˈdɒmɪtəbl]
[不能驯服的 in (= not) + domit (= tame)]
a. 不屈服的，顽强的
ⓔ It's amazing how much one can accomplish with an indomitable will.（一个人靠坚强不屈的意志取得的成就是惊人的。）

LECTURE 164

词根 CENS

来自拉丁语的 cens 意为 to assess。

censurable*
[ˈsenʃərəbl]
[可以评价的 cens (= assess)]
a. 该责备的
ⓥ censure 指摘，谴责；(*n.*) 指摘，批评，指责 ⓔ The senator's comments were in poor taste, but not censurable.（那个参议员的评论虽然不怎么样，不过也无可指摘。）

---

censor**
[ˈsensə(r)]
n.（出版物、戏剧、电影等的）审查官；（古代罗马的）监察官
v. 检查；删节（书籍等）
ⓝ censorship（检查；审查官的职权、任期）

censorious*
[senˈsɔːriəs]
a. 挑剔的，吹毛求疵的
ⓔ censorious of one's neighbors（对邻居挑剔的）

census***
[ˈsensəs]
n. 人口调查；人口普查
ⓔ take a census（进行人口普查） census paper（人口普查表） census taker（人口调查员）

词根 CULP　来自拉丁语的 culp 意为 fault, to blame。

culpable* [ˈkʌlpəbl]
[可以指责的 culp (= blame, fault)]
a. 应该指责的，应该受到责问的；有罪的
ⓝ culpability 苛责；有罪　ⓐⓓ culpably 该罚地；可恶地　ⓔ The culpable party is unknown, but we'll find him or her.（尽管还不知道罪犯是谁，但我们会找到的。）

culprit** [ˈkʌlprɪt]
n. 被指控的人；罪犯

exculpate* [ˈekskʌlpeɪt]
v. 使无罪，开脱　*ex (= out)
ⓔ exculpate him from a charge（为他开脱，使其无罪）

inculpate* [ˈɪnkʌlpeɪt]
v. 牵连；暗示…有罪；控告　*in (= in, on)

LECTURE 165

词根 PALP　来自拉丁语的 palp 意为 to touch。同义词根有来自拉丁语的 ting / tig / tag / tang / tact 和 tegr。

palpable** [ˈpælpəbl]
[可以触摸的 palp (= touch)]
a. 可触知的；明显的，明白的
ⓐⓓ palpably 可触知地，明白地　ⓔ Her palpable anxiety started to make me nervous, too.（她明显的不安也开始让我感到紧张。）

palpitate** [ˈpælpɪteɪt]
v. (心脏) 悸动；(因为恐惧等而) 发抖
ⓝ palpitation (心悸；发抖)

词根 PECC　来自拉丁语的 pecc 意为 sin。

impeccable* [ɪmˈpekəbl]
[没有错误、过失的 im〈in (= not) + pecc (= sin)]
a. 没有缺点的，无瑕疵的；没有过失的
ⓔ The prisoner's sentence was reduced for his impeccable behavior.（那个罪犯因其良好表现而获减刑。）

peccable* [ˈpekəbl]
a. 易犯罪的

peccadillo* [ˌpekəˈdɪləʊ]
n. 轻罪，小过失

LECTURE 166

词根 CEL

来自拉丁语的 cel 意为 sky, heaven。同义词根有来自希腊语的 uran。另外，还请记住意为 star 的词根 aster / stell / sider，意为 sun 的词根 sol / heli，意为 moon 的词根 lun，意为 universe 的词根 cosm，意为 earth 的词根 terr / chame，和意为 sea 的词根 mar / pelag。

celestial*** [sə'lestiəl]
[天空的、天国的 cel (= sky, heaven)]
a. 天空的；天国的；神圣的
ⓔ Astrologists believe celestial bodies affect our destinies.（占星术师们认为天体会影响我们的命运。）

词根 GLOB

来自拉丁语的 glob 意为 sphere。

global* ['gləubl]
[球的、球体的 glob (= sphere)]
a. 全球的，全世界的；总体的，全体的；球体的
ⓔ Global communication becomes more efficient every year.（全球通讯的效率每年都在提高。）

globe*** [gləub]
n. 球；地球仪，天球仪；用玻璃等做的球状物体（如球形灯、鱼缸等）；(the~)地球
ⓔ globefish（河豚）globe-trot（环球旅行） globe-trotter（环球旅行者）

globule** ['glɒbju:l]
n. 小球；小滴；药丸 *ule (= small)
ⓐ globular（球状的；由小球组成的）

词根 MAR

来自拉丁语的 mar 意为 war，也有 sea 的意思。

martial*** ['mɑ:ʃl]
[作战的 mar (= war)]
a. 战争的；军事的；好战的
ⓔ The reenactment of *The Civil War* provided a display of martial splendor.（重演的《南北战争》展示了战争的恢弘壮阔。）

Mars*** [mɑ:z]
n.【罗神】战神；【天】火星 *mar (= war)

Martian** ['mɑ:ʃn]
a. 火星的 *n.* 火星人 *mar (= war)

submarine*** [ˌsʌbmə'ri:n]
n. 潜艇 *a.* 海底的；水下的；水下发生的 *sub (= under), mar (= sea)
ⓝ submariner（潜水艇人员） ⓔ submarine plant / cable（海底植物 / 电缆）

marine*** [mə'ri:n]
a. 海洋的；海产的；船舶的；海运(业)的；海军陆战队的
n.（一个国家的）全部船舶；(常作 M~)海军陆战队士兵 *mar (= sea)
ⓔ marine products（海产品） marine plants（海生植物） marine insurance（海上保险） marine transportation（海运） the Marine Corps（海军陆战队） Tell that to the marines（〈口〉说给鬼听才会相信。）

marina* [mə'ri:nə]
n.（快艇、摩托艇专用的）船坞，码头 *mar (= sea)

mariner** [ˈmærɪnə(r)]
n. 船员，水手 *mar (= sea)
ⓔ mariner's compass (船用指南针) the master mariner ((货船、渔船的)船长)

maritime*** [ˈmærɪtaɪm]
a. 海洋的；海上的；海事的；近海的，沿海的 *mar (= sea)
ⓔ maritime law (海商法) great maritime powers (海上诸强国) maritime provinces of the Soviet Union (前苏联的沿海省) maritime college (海事大学)

marsh*** [mɑːʃ]
n. 湿地，沼泽 *mar (= sea)
ⓔ marsh gas (沼气) miles and miles of marsh (绵延数英里的沼泽(地带))

mare clausum* [ˈmɑːreɪ ˈklaʊsʊm]
n. 领海 *mar (= sea), claus〈clus (= shut)

mare liberum* [ˈmɑːreɪ ˈlɪbərəm]
n. 公海 *mar (= sea), liber (= free)

---

mermaid** [ˈmɜːmeɪd]
n. (女性)美人鱼；女子游泳健将 *mer〈mar (= sea)
ⓔ merman ((男性)人鱼；男子游泳健将)

LECTURE 167

词根 OP, OPT, OPHTHALM

来自希腊语的 op, opt 意为 eye。同义词根有来自拉丁语的 ocul。此外，还有形态和意思均与 op, opt 相似的来自希腊语的 ophthalm。

---

optional** [ˈɒpʃənl]
[选择的 opt (= choose) + ion (= state, quality) + al (= nature of)]
a. 随意的，非强制的；可自由选择的
ⓥ opt 选择 ⓝ option 选择权；可选择的东西；选修科目；买卖的特权 ⓐⓓ optionally 随意地 ⓔ The roasted pine nuts are optional in the recipe. (在食谱上，烤松仁是可选放的材料。)

---

myopic* [maɪˈɒpɪk]
[闭上眼睛的 my (= close) + op〈opt (= eye)]
a. 近视的；目光短浅的
ⓝ myopia 近视 ⓔ He says I have a myopic attitude toward technology, as though that's bad thing! (他说我对技术持有一种短视的态度，好像那很不好似的！)

---

amblyopia* [ˌæmblɪˈəʊpiə]
n. 弱视 *ambly (= dull)

ametropia* [ˌæmɪˈtrəʊpiə]
n. (眼睛的)屈光不正(如散光、远视、近视) *a〈an (= not), metr (= measure)

autopsy* [ˈɔːtɒpsi]
n. 验尸，尸体解剖；亲自勘察 *aut〈auto (= self)

biopsy* [ˈbaɪɒpsi]
n. 活组织检查 *bi〈bio (= life)

diplopia* [dɪˈpləʊpiə]
n. 复视(症) *di (= two), pl〈plo (= fold)

---

emmetropia* [ˌeməˈtrəʊpiə]
n. 正视 *em〈en (= into), metr (= measure)

hypermetropia* [ˌhaɪpəmɪˈtrəʊpiə]
n. 远视 *hyper (= over), metr (= measure)

nyctalopia* [ˌnɪktə'ləʊpiə] *n.* 夜盲症 *nyct〈noct (= night), al (= blind)

presbyopia* [ˌprezbɪ'əʊpiə] *n.* 老花眼 *presby (= old)
ⓐ presbyopic(老花眼的)

synopsis** [sɪ'nɒpsɪs] *n.* 概要 *syn (= together)

---

optic** ['ɒptɪk] *a.* 眼的；视觉的 *n.* (pl.)光学部件
ⓔ optic nerve (视神经)

optical** ['ɒptɪkl] *a.* 眼的；视觉的；光学的
ⓔ optical illusion (光幻觉，错视) optical instruments (光学仪器) optical glass (光学玻璃)

optician* [ɒp'tɪʃn] *n.* 光学仪器商；眼镜商

optometrist** [ɒp'tɒmətrɪst] *n.* 验光师 *metr (= measure)
ⓝ optometry(视力测定，验光)

ophthalmia* [ɒf'θælmiə] *n.* 眼炎

---

ophthalmic* [ɒf'θælmɪk] *a.* 眼睛的；眼炎的

ophthalmologist* [ˌɒfθæl'mɒlədʒɪst] *n.* 眼科医生

ophthalmology* [ˌɒfθæl'mɒlədʒi] *n.* 眼科学

ophthalmoscope* [ɒf'θælməskəʊp] *n.* 检眼镜 *scop (= see, watch)

词根 MATR[MATER]

来自拉丁语的 matr 意为 mother，变形为 mater。

---

maternal*** [mə'tɜːnl] [母亲的 mater〈matr (= mother)]
a. 母亲的，母亲般的；母亲一方的；母系的
ⓝ maternity 母性；为母之道 ⓔ My dog didn't seem to have much natural maternal feeling for her puppies. (我的狗对自己的幼崽似乎没有多少天生的母性。)

---

matriarch* ['meɪtriɑːk] *n.* 女家长；女族长 *arch (= govern)
ⓝ matriarchy(母权制；母权制社会)

matricide* ['mætrɪsaɪd] *n.* 杀母(罪)；杀母者 *cid (= kill)

matriculate* [mə'trɪkjuleɪt] *v.* (主要指在英国)准许入学
ⓝ matriculation(大学入学许可)

matrimony** ['mætrɪməni] *n.* 婚姻；夫妻关系；婚姻生活
ⓐ matrimonial (结婚的；夫妻的) matrimonial troubles (婚姻生活的麻烦) ⓔ unite persons in holy matrimony(让人们结成神圣的婚姻)

matrix* ['meɪtrɪks] *n.* 母体；子宫；基础

matron***　n. 女舍监；女性管理人；（医院的）护士长；（有社会地位的）已婚妇女；寡妇
[ˈmeɪtrən]　ⓐ matronly（像主妇（或女总管）一样的；有威严的；庄重的） matronly manner（端庄的举止）

词根 PATR[PATER]

来自拉丁语的 patr 意为 father, country，变形为 pater。

paternal***　[父亲的 pater〈patr（= father）]
[pəˈtɜːnl]　a. 父亲的，父亲般的；父亲一方的；父系的
ⓝ paternity 父亲的身份；父性；父权；父系 paternalism 家长作风；家长式的统治 ⓐⓓ paternally 作为父亲；父亲般地 ⓔ The birth of our daughter brought out unsuspected paternal feelings in me.（女儿的出生唤醒了我心中不曾意识到的父爱。）

patriarch*　n.（男性）家长（相对于 matriarch（女家长）而言）；族长；元老；（早期基督教会的）主教；（罗马教和东正教的）最高一级的主教 *arch（= govern），patr（= father）
[ˈpeɪtriɑːk]　ⓝ patriarchy（家长（或族长）统治；父权制） patriarchate（家长（或族长、教长）的统治（或地位）；宗族社会） ⓐ patriarchal（家长的；族长的；（最高一级）主教的）

patrician***　n.（古罗马的）贵族 a. 贵族的；贵族似的
[pəˈtrɪʃn]　*patr（= father）

patricide*　n. 杀父者；杀父（罪） *patr（= father），cid（= kill）
[ˈpætrɪsaɪd]　ⓝ parricide（= patricide）

patrimony**　n. 世袭的财产；继承之事物（如特征等）；教会（或寺院）财产 *patr（= father）
[ˈpætrɪməni]　ⓔ the patrimony of St. Peter（圣彼得教产）

patrimonial*　a. 世袭财产的；祖传的；世袭的 *patr（= father）
[ˌpætrɪˈməʊniəl]　ⓔ patrimonial waters / sea（承袭海）

patron***　n.（个人、企业、艺术等的）赞助人；资助人；保护者；（商店、旅馆等的）主顾（尤指老顾客） *patr（= father）
[ˈpeɪtrən]　ⓝ patroness（女资助人，女赞助者；女主顾） ⓔ the patron of the arts（艺术资助人） theater patron（剧场观众） patron saint（保护圣徒；守护神）

patronage***　n. 支援，赞助，保护；（客人的）惠顾，（作为常客的）光顾；施恩的态度；资助人身份；圣职授予权，任命（重要职位）权 *patr（= father）
[ˈpætrənɪdʒ]　ⓔ under the patronage of Duke of Wellington（在惠灵顿公爵的支援（或赞助）下）

patronize**　v. 保护；资助；对…以恩人自居；成为…的常客 *patr（= father）
[ˈpætrənaɪz]　ⓐ patronizing（以恩人自居的；屈尊俯就的）

patronymic*　a. 取自父名（或祖先名）的（Johnson（= son of John），Robertson（= son of Robert））
[ˌpætrəˈnɪmɪk]　*patr（= father），onym（= name）

patriot**　n. 爱国者 *patr（= country）
[ˈpeɪtriət]　ⓝ patriotism（爱国主义；爱国心） ⓐ patriotic（爱国的，有爱国心的）

compatriot**　n. 同胞，同国人 *com（= together），patr（= country）
[kəmˈpætriət]　ⓔ overseas compatriot（海外同胞）

expatriate*　v. 流放；放弃原国籍；（为了移居海外而）离开祖国 a. 被流放国外的；移居国外的；放弃国籍的 n. 移居国外者；被流放国外者；放弃国籍的人
[ˌeksˈpætriət]　*ex（= out），patr（= country）
ⓝ expatriation（流亡国外；放弃国籍） ⓔ American expatriate in Paris（在巴黎的美国移

民）expatriate Americans（移居国外的美国人）

repatriate* [ˌriːˈpætrieɪt]
v. 遣送回国 n. 被遣送回国的人　*re（= again, back）, patr（= country）
ⓝ repatriation（遣送回国） ⓔ repatriate refugees after a war（战后遣送难民回国）

LECTURE 168

词根 REG [REIG]

来自拉丁语的 reg 意为 to rule。reig 是它的变形。同义词根有来自希腊语的 arch, cracy / crat。

---

regal*** [ˈriːgl]
[治理的 reg（= rule）]
a. 国王的，帝王的；国王般的；庄严的，华丽的
ⓔ Our Great Dane, Bobby, has a noble, even regal manner.（我们的大丹狗博比有一种贵族，甚至是帝王的风范。）

---

regnant* [ˈregnənt]
a. 统治的；优势的，占支配地位的
ⓔ Queen Regnant（（作为君主的）女王）

regicide* [ˈredʒɪsaɪd]
n. 弑君(罪)；弑君者　*cid（= kill）

Regina* [rɪˈdʒaɪnə]
n. 女王（略作：R.）
ⓔ Elizabeth Regina（（略作：E. R.，用于正式文件中）伊丽莎白女王） Regina v. Hay（女王诉海案(诉讼事件的名称)）

regent** [ˈriːdʒənt]
n. 摄政王；〈美〉(州立大学的）校务委员 a. 摄政的
ⓔ the Prince Regent（摄政王） the Queen Regent（摄政女王）

regency** [ˈriːdʒənsi]
n. 摄政；摄政统治区；摄政期；摄政权；〈美〉(州立大学等的）校务委员职位
ⓔ the Regency（【英史】摄政时期）

---

regalia* [rɪˈgeɪliə]
n. 王位的标志（如王冠）；（官职、协会等的）徽章，标记

regime*** [reɪˈʒiːm]
n. 政权；政体
ⓔ military regime（军事政权） under the old regime（在旧政体下）

regiment*** [ˈredʒɪmənt]
n.【军】团（缩写：regt., R.）；(~of)大群的 v. 使系统化；严密管制，编成团队
ⓝ regimentation（系统化；严密管制） ⓔ the first battalion of the Manchester Regiment（曼彻斯特团第一营） whole regiments of starlings（一大群椋鸟） regiment the workers of a country（严密控制一个国家的劳动者）

regimental** [ˌredʒɪˈmentl]
a. 团的；兵营式的 n.（pl.）军装
ⓔ regimental color / tie（团旗 / 团旗的装饰带） in full regimentals（穿一身军装）

regimen*** [ˈredʒɪmən]
n. 食疗法；养生法

---

region*** [ˈriːdʒən]
n. 地域，地带，地区；（艺术、科学等的）领域；（身体的）局部，部位
ⓔ tropical / fertile / forest region（热带地区 / 富饶的地区 / 森林地带） the lower / infernal / nether regions（地狱） the upper regions（天国） region beyond the grave（地府） region of metaphysics（形而上学的领域） abdominal / lumbar region（腹部 / 腰部）

regional** [ˈriːdʒənl]
a. 地方的，地域的；局部的
ⓝ regionalism（地方主义） ⓔ regional library（〈美〉地区图书馆）

regular***
[ˈregjələ(r)]

a. 端正的；整齐的；规律的；定期的；日常的；不变的；正规的，正式的；〈美〉政党领导选定的；〈口〉挺不错的 *n.*（pl.）正规兵；常客；忠于自己政党的人

ⓐ regularly（有规则地；定期地） garden regularly laid out（修剪得整整齐齐的花园）
ⓝ regularity（规则；一成不变） win a prize for regularity of attendance（得全勤奖）
ⓔ regular breathing / habits（有规律的呼吸 / 习惯） regular customers（常客） regular soldiers（正规兵） regular army（正规军） regular member（正式成员）

regularize*
[ˈregjələraɪz]

v. 使有规律；使规范化

ⓔ regularize the proceedings（使进程规范化）

regulate***
[ˈregjuleɪt]

v. 控制；管束；调整（机器等），调节

ⓝ regulator（调整者；调整器；（特别指手表等的）快慢针） ⓔ regulate one's conduct / expenditure（控制行为 / 费用） regulate the traffic（指挥交通） regulate a clock（校准一只钟表） regulate the speed of a machine（调节机器的速度）

---

regulation**
[ˌregjuˈleɪʃn]

n. 调整，调节；规则，规定，法规 *a.* 按规定的，正式的

ⓔ regulation of affairs / of a clock（业务的 / 钟的调整） safety / traffic regulations（安全规则 / 交通规则）

reign***
[reɪn]

n. 支配，统治；在位期间；优势 *v.* 支配；占优势；盛行 *reig〈reg（= rule）

ⓔ the Reign of Terror（法国资产阶级革命期间的恐怖统治时期） in the reign of King Alfred（在艾尔弗雷德国王的统治下） reign of law / reason（法律 / 理性的主宰） The King reigns, but he does not rule.（国王是国家元首，但是不治理国事。） reign over people（统治人民） Silence reigns.（四周一片寂静。） reigning beauty（第一美人）

sovereign***
[ˈsɒvrɪn]

n. 最高统治者，元首，君主 *a.* 君主的；有独立自主权的；最高的，至上的；（国家、政府、统治者）拥有最高统治权的；卓越的；有效的

*sover〈super（= above, over），reig〈reg（= rule）

ⓔ sovereign prince（君主，元首） sovereign authority / power（主权） sovereign state（自主（独立）国家） sovereign good（至善） sovereign remedy for cancer（治疗癌症的特效药）

sovereignty***
[ˈsɒvrənti]

n. 主权；统治权；主权国家 *sover〈super（= above, over），reig〈reg（= rule）

词根 RUS[RUR]

来自拉丁语的 rus 意为 country。rur 是它的变形。

---

rural***
[ˈrʊərəl]

[乡村的 rur〈rus（= country）]

a. 乡村的，田园的；乡村风格的

ⓔ Rural life agrees with me. I enjoy the peace and quiet.（乡村生活适合我，我喜欢那种平和与宁静。）

---

rustic***
[ˈrʌstɪk]

a.（褒义）乡村（风格）的；纯朴的，朴素的；粗野的，土气的；（桌、椅、桥等）用带皮树枝（或树根）做成的 *n.* 乡下人，农夫

ⓝ rusticity（朴素；粗野） ⓔ rustic simplicity（淳朴） rustic speech / manners（土里土气的言语 / 样子） rustic bench / bridge（粗木材做的长椅 / 桥）

rusticate*
[ˈrʌstɪkeɪt]

v. 在乡下生活

LECTURE 169

词根 CRUC[CRUIS]

来自拉丁语的 cruc 意为 cross。cruis 是它的变形。

crucial** [ˈkruːʃl]
[像十字架的 cruc (= cross)]
a. 决定性的，至关重要的；严酷的，艰难的；十字形的
ⓔ Teachers can provide crucial emotional support to troubled children.（老师能给那些苦恼的孩子以重要的精神支持。）

crucible* [ˈkruːsɪbl]
n. 坩埚；严酷的考验
ⓔ in the crucible of（经受…的严酷考验的）

crucifix** [ˈkruːsəfɪks]
n. 十字架　*fix (= fasten)

crucifixion** [ˌkruːsəˈfɪkʃn]
n. 钉死于十字架；拷问；精神苦恼　*fix (= fasten)

cruciform* [ˈkruːsɪfɔːm]
a. 十字形的　*form (= form)

crucify** [ˈkruːsɪfaɪ]
v. 在十字架上钉死；残酷折磨；压制（情欲等）　*ify (= make)
ⓔ Crucified Jesus Christ（被钉死在十字架上的耶稣基督）

cruise*** [kruːz]
v. 巡航；（汽车等）以经济巡航速度行驶；飞机以巡航速度飞行 *n.* 巡航；乘船游览
*cruis〈cruc (= cross)
ⓔ cruise missile（巡航导弹） have a cruising speed of 50 miles an hour（以时速 50 英里的经济巡航速度） The liner is making a round-the-world cruise this year.（那艘客轮今年将环球旅行。）

cruiser*** [ˈkruːzə(r)]
n. 巡洋舰；游艇；巡航飞机　*cruis〈cruc (= cross)
ⓔ cabin-cruiser（具备食宿、沐浴等设施的游艇）

词根 COLOSS[COLIS]

来自希腊语的 coloss 意为 great，变形为 colis。同义词根有来自拉丁语的 grand，maj，max 和来自希腊语的 magn，maha，mega / megalo，metro 等。

colossal*** [kəˈlɒsl]
[大东西的 coloss (= great)]
a. 巨大的；庞大的
ⓔ Due to a colossal blunder, AIDS tainted blood was given to hemophiliacs.（因为一次大的失误，感染艾滋病毒的血液被输给了血友病患者。）

colosseum** [ˌkɒləˈsɪəm]
n. 古罗马圆形大剧场

coliseum* [ˌkɒlɪˈsɪəm]
n. 体育馆；大型竞技场　*colis〈coloss (= great)

词根 HEMER

来自希腊语的 hemer 意为 day。同义词根有来自拉丁语的 journ。

ephemeral** [ɪˈfemərəl]
[历时一天的 ep〈epi (= upon) + hemer (= day)]
a. 只生存一天的，短命的；短暂的

ⓝ ephemera 蜉蝣类昆虫 ⓔ Drugs provide only ephemeral pleasure, but such enduring problems. (毒品所带来的快乐是短暂的，但问题是持久的。)

Decameron☆ [dɪˈkæmərən]
n. (意大利作家薄伽丘的名著)《十日谈》 *deca (= ten), mer〈hemer (= day)

LECTURE 170

词根 NOCT, NOX

来自拉丁语的 noct, nox 意为 night。

nocturnal★★ [nɒkˈtɜːnl]
[夜晚的 noct (= night)]
a. 夜晚的，夜间的；夜间活动的
ⓔ I'm just a nocturnal being, I guess. I hate to go to bed early. (我想我可能是个夜猫子，我讨厌早睡。)

nocturne★ [ˈnɒktɜːn]
n. 夜曲 (柔美的音乐)；夜景画

equinox★★ [ˈiːkwɪnɒks]
n. 昼夜平分时，春分或秋分 *equ (= same)
ⓔ the autumnal / spring equinox (秋分 / 春分)

equinoctial★ [ˌiːkwɪˈnɒkʃl]
a. 昼夜平分时的，春分的，秋分的 *equ (= same)
ⓔ equinoctial circle / line (天(球)赤道) equinoctial point (二分点) equinoctial gales / tides (二分点风暴，指春分 (或秋分) 时节的风暴 / 分点潮)

词根 NOMIN, NOMEN

来自拉丁语的 nomin, nomen 意为 name。另外，来自希腊语的意为 law, order, rule 的 nom 与该词根形态、意思相似。

nominal★★ [ˈnɒmɪnl]
[只是名字的、名目的 nomin (= name)]
a. 名字的；名义上的，有名无实的；不重要的，微不足道的；【语】名词性的
ⓐⓓ nominally 名义上地 ⓔ The chair has nominal authority, but the real person in power is the executive secretary. (主席只拥有名义上的职权，实际掌权的是行政秘书。)

nominate★★★ [ˈnɒmɪneɪt]
v. 提名；命名；指定，任命
ⓔ nominate Nixon for the presidency (提名尼克松为总统候选人) President Nixon nominated Henry Kissinger as Secretary of State. (尼克松总统任命亨利·基辛格为国务卿。)

nomination★★★ [ˌnɒmɪˈneɪʃn]
n. 任命；提名；任命 (或提名) 权
ⓔ How many nominations have there been so far? (截至现在提名了多少人了？)

nominee★★ [ˌnɒmɪˈniː]
n. 被提名者；被任命者

nominative★ [ˈnɒmɪnətɪv]
a. 【语】主格的；被提名的；被任命的 *n.* 【语】主格
ⓔ the nominative case (主格) Is it nominative or elective? (是提名还是选举？)

denominate★★ [dɪˈnɒmɪneɪt]
v. 命名，称呼…为… *de (= intensive)
ⓔ They did not denominate him a priest. (他们不叫他牧师。)

denomination*** [dɪˌnɒmɪˈneɪʃn]

n. (特别指分支、教派、流派的)名字，名称；命名；宗派，教派；(度量衡、货币等的)单位、面额 *de (= intensive)

ⓐ denominational (宗派的，教派的) denominational schools (教派学校) ⓔ The Protestant denominations include the Methodists, Presbyterians and Baptists. (新教诸派包括循道宗信徒、长老派成员和浸礼会教徒。) clergy of all denominations (所有宗派的牧师) The US coin of the lowest denomination is the cent. (最小面额的美国硬币是分币。)

denominator* [dɪˈnɒmɪneɪtə(r)]

n.【数】分母 *de (= intensive)

renomination* [ˌriːnɒmɪˈneɪʃn]

n. 重新提名；提名连任 *re (= again)

ⓥ renominate (重新提名；提名连任)

nomenclature** [nəˈmenklətʃə(r)]

n. 命名法；术语 *clat〈calat (= call)

ⓔ botanical nomenclature (植物学术语) the nomenclature of chemistry (化学术语)

词根 BAN

来自拉丁语的 ban 意为 prohibition, control。

banal* [bəˈnɑːl]

[必须禁止的、控制的 ban (= prohibition, control)]

a. 平凡的；陈腐的

ⓝ banality 平凡；陈腐 ⓔ I was having a banal conversation with the bartender when the earthquake hit. (地震发生时，我正在和酒吧的招待员闲聊。)

banish*** [ˈbænɪʃ]

v. 流放；放逐；把…驱逐出境；消除

ⓝ banishment (流放，放逐，驱逐) go into banishment (被流放) ⓔ He was banished from the realm. (他被驱逐出境了。) banish care (消除烦恼)

bandit** [ˈbændɪt]

n. 强盗 *dit (= give)

ⓝ banditry (强盗行为)

contraband** [ˈkɒntrəbænd]

n. 违法交易(品)，违禁品；走私(品) *a.* 禁运的；违禁(品)的 *contra (= against)

ⓔ contraband of war (战时禁运品) absolute / unconditional contraband (绝对禁止的非法交易品(如武器、弹药等)) conditional contraband (有条件禁运品(如食品、棉花等)) contraband goods (禁运货) contraband trade (违禁(品)买卖)

词根 PRIM[PREM, PRIN, PRI]

来自拉丁语的 prim 意为 first。变形有 prem, prin, pri 等。

primordial* [praɪˈmɔːdiəl]

[最早开始的 prim (= first) + ord (= begin)]

a. 原始的；最早的；基本的

ⓔ Primordial warfare was performed with primitive weapons—but was still deadly. (原始时代的战争虽然使用的是原始武器，但是仍然可以致命。)

prima* [ˈpriːmə]

a. 第一的；主要的

ⓔ prima donna (歌剧中的女主角；首席女歌手；喜怒无常的人，自负的人，爱慕虚荣的人) prima ballerina (芭蕾舞团首席女演员) prima facie (乍看时，据初步印象) prima facie evidence (初步证据) have a prima facie / a good case (接手了一个初步证据确凿的 / 看上去(对胜诉)有利的案件)

primacy** [ˈpraɪməsi]

n. 卓越，首位

ⓐ primal (最早的，原始的；首要的)

primary*** [ˈpraɪməri]
a. 首位的，主要的；最早的，原始的；第一手的；基本的；小学(教育)的；初生的；原生的； n.(政党的)初选
ⓐⓓ primarily(首先，主要地；起初，本来) ⓔ primary election / meeting (初选 / 政党地区会议；政党基层会议) primary care (最初保健护理)

primate** [ˈpraɪmeɪt]
n. 首主教；灵长目动物
ⓔ the Primate of All England ((英国的) 坎特伯雷大主教 (= the Archbishop of Canterbury)) the Primate of England (约克大主教 (= the Archbishop of York))

prime*** [praɪm]
a. 首位的，主要的；基本的；一流的，一级的，最好的 n. 全盛期，青春(时代)，壮年期；最好的部分，精华；初期 v. 使准备好；给(爆炸物)装上雷管(或导火线)；使…启动；事先给…指导；使喝足，使吃饱；在(墙上或板子上)涂底漆(或底色)
ⓔ the Prime Minister (首相) his prime motive (他的主要动机) prime (cuts of) beef (上等牛肉) of prime quality (上等的) in prime conditions (最好的) prime ribs (上等肋(牛肉最好的部位)) prime time ((电视、广播的)黄金时间) prime the pump ((尤指以政府经费)刺激经济的发展)

---

primer** [ˈpraɪmə(r)]
n. 初级读本，基础读物；雷管，导火线；底漆

priming* [ˈpraɪmɪŋ]
n. 装雷管；起爆药；底漆

primitive*** [ˈprɪmətɪv]
a. 原始的，远古的，早期的；粗糙的；简单的 n. 文艺复兴以前的艺术家(或其作品)
ⓔ Primitive Church (早期基督教教会)

primogeniture* [ˌpraɪməʊˈdʒenɪtʃə(r)]
n. 长子身份；长子继承(权) *gen (= birth)
ⓔ right of primogeniture(长子继承权)

priority** [praɪˈɒrəti]
n. 优先(权)；先取权；(时间、顺序的)在先，先前；重点；应予以优先考虑的事
*pri⟨prim (= first), or (= Latin comparative degree)
ⓔ top / first priority(头等大事) priority seating ((列车等的)老、弱、病、残、孕座位) priority principle (优先原则) creditors by priority(优先债权人) have priority over (比…优先) give priority to (给…优先权)

---

prior*** [ˈpraɪə(r)]
a. 在前的；优先的，更重要的 ad. 优先，在前 n. 大修道院副院长；小隐修院院长
*pri⟨prim (= first), or (= Latin comparative degree)
ⓔ have a prior claim to ~ (对…拥有优先权) prior to my arrival (在我到达之前) prior to any discussion of this matter (在对这件事进行讨论之前) The house was sold prior to auction. (那所房子在拍卖之前就卖出去了。)

pristine* [ˈprɪstiːn]
a. 原始的；早期的 *pri⟨prim (= first), st (= stand)

premier** [ˈpremiə(r)]
n. 首相，总理；第一的，首位的 *prem⟨prim (= first)
ⓔ take the premier place (占首位 / 首席)

premiere* [ˈpremieə(r)]
n.(戏剧的)首次公演，(电影的)首映 *prem⟨prim (= first)

LECTURE 171

词根 DIG

来自拉丁语的 dig 意为 to need, to lack。

indigent★★ [ˈɪndɪdʒənt]
[缺乏、不足的状态 in (= in) + dig (= need, lack)]
a. 贫穷的，贫困的
ⓔ Local charities provide housing for indigent individuals. (当地慈善团体为穷人提供住所。)

词根 RAD

来自拉丁语的 rad 意为 ray。

radiant★★★ [ˈreɪdiənt]
[闪耀的 rad (= ray)]
a. 容光焕发的；辐射的
ⓥ radiate 放射；散发 ⓝ radiation 放射，散发；放射物 radiator 散热器；电炉 radium 镭 ⓐ radioactive 放射性的 ⓔ You had the most radiant smile as you crossed the finish line. (你越过终点线时绽放出了最灿烂的笑容。)

radar★★★ [ˈreɪdɑː(r)]
n. 雷达，无线电探测器 (来源于 radio detecting and ranging)
ⓔ radar fence / screen (雷达网) radar homing (雷达导航的) radar installation (雷达装置) follow the flight of an aircraft by radar (通过雷达追踪飞机)

radial★★ [ˈreɪdiəl]
a. 光线的；半径的；(自行车轮辐条等) 放射状的
ⓔ radial tire (子午线轮胎)

radius★★★ [ˈreɪdiəs]
n. (圆、球的) 半径；半径范围；(活动等的) 范围
ⓔ every tree within a radius of two miles (周围 2 英里的所有树木) radius of action (行动范围)

词根 VIG[VEG]

来自拉丁语的 vig 意为 to live, lively。其元音弱化后变成 veg。同义词根有来自拉丁语的 anim, viv / vit 和来自希腊语的 bio。

vigilant★★ [ˈvɪdʒɪlənt]
[活着的 vig (= lively)]
a. 警惕的；警戒的
ⓝ vigil 守夜；(尤其指夜间的) 警戒；失眠 vigilance 守夜；警戒，警惕；失眠症 vigilante 治安维持会成员 ⓔ Be especially vigilant with the kids when they go to swim. (孩子们去游泳的时候尤其要保持警惕。)

vigor★★★ [ˈvɪgə(r)]
n. 活力，精力，体力；(话语等的) 力量；气势；(法律的) 效力
ⓔ have great vigor (精力旺盛) in full vigor (朝气蓬勃的) the vigor of her denial (她拒绝的坚决、严厉) with vigor (充满活力/力量地，有精神地)

vigorous★★★ [ˈvɪgərəs]
a. 体力旺盛的，精力充沛的；强有力的
ⓐⓓ vigorously (旺盛地，有活力地) ⓔ vigorous in body and in mind (身心充满活力的) vigorous enforcement of a law (法律的强力执行)

invigilate★ [ɪnˈvɪdʒɪleɪt]
v. 看守；〈英〉监考 (美国主要用 proctor) *in (= intensive)
ⓝ invigilator (〈英〉监考官) invigilation (〈英〉监考)

invigorate★★ [ɪnˈvɪgəreɪt]
v. 注入活力；鼓舞，鼓励 *in (= in)
ⓔ invigorating climate / speech (使人爽快的气候 / 鼓舞人心的演讲)

vegetable* ** n. 蔬菜；植物；植物人 a. 植物（性）的；蔬菜的
[ˈvedʒɪtəbl] ⓔ green vegetables（绿叶青菜） live on vegetables（过素食生活） vegetable kingdom（植物界） vegetable oils（植物油）

vegetarian** n. 素食（主义）者 a. 素食主义（者）的
[ˌvedʒəˈteəriən] ⓔ vegetarian diet（素食） vegetarian principles（素食主义）

vegetate* v. 无所事事地生活；过单调乏味的生活
[ˈvedʒəteɪt]

vegetation*** n. 植物，草木；呆板单调的生活方式
[ˌvedʒəˈteɪʃn]

词根 FERV

来自拉丁语的 ferv 意为 to boil。同义词根有来自拉丁语的 bull。

fervent** [沸腾的 ferv（= boil）]
[ˈfɜːvənt] a. 炽热的；热烈的，激烈的，热情的
ⓝ fervency 热；热烈，热情 ⓔ My sister is a fervent fan of the TV show *Friends*.（我姐姐是电视节目《老友记》的狂热爱好者。）

fervor n. 热烈，热情
[ˈfɜːvə(r)]

fervid** a. 热烈的，热情的
[ˈfɜːvɪd] ⓔ fervid orator（热情洋溢的演讲者）

effervesce** v.（碳酸水等）起泡沫；泡腾；欢腾
[ˌefəˈves] *ef〈ex（= out），esc（= becoming）
ⓐ effervescent（起泡沫的；欢腾的） ⓝ effervescence（起泡沫；欢腾）

LECTURE 172

词根 DORM

来自拉丁语的 dorm 意为 to sleep。同义词根有来自拉丁语的 somn 和来自希腊语的 com，hypn。

dormant** [睡觉的 dorm（= sleep）]
[ˈdɔːmənt] a. 潜伏的；睡眠的；休眠的
ⓝ dormancy 休眠 ⓔ Tulip bulbs lie dormant throughout the cold winter months.（郁金香球茎在整个寒冬一直处于休眠状态。）

dormitory** n. 宿舍（口语中多用 dorm） *ory（= place where）
[ˈdɔːmətri]

dormouse* n. 睡鼠
[ˈdɔːmaus]

词根 MILIT

来自拉丁语的 milit 意为 to fight。同义词根有来自拉丁语的 pugn。

militant** [打架的 milit（= fight）]
[ˈmɪlɪtənt] a. 好战的，富于战斗性的；交战中的

n. 好战者

ⓝ militancy 交战状态；好战性，战斗精神 militarism 军国主义 militarist 军国主义者 ⓐ military 军队的；军事的；陆军的；(*n.*)武装部队，军方 militaristic 军国主义的；军国主义者的

ⓔ The students' militant attitude has seriously alienated the administration.（学生们好战的态度使他们和行政部门的关系严重疏远。）

---

militia*** [məˈlɪʃə]
n. 民兵组织；国民军
ⓝ militiaman（民兵）

militate* [ˈmɪlɪteɪt]
v.（证据、事实）产生作用或影响

demilitarize* [ˌdiːˈmɪlɪtəraɪz]
v. 使…非军事化 *de（= reverse the action of）
ⓝ demilitarization（非军事化，非武装化） ⓔ demilitarized zone（非军事区）

LECTURE 173

词根 VAG

来自拉丁语的 vag 意为 to wander。同义词根有来自拉丁语的 err, plan。

---

vagrant** [ˈveɪɡrənt]
［彷徨的 vag（= wander）］
a. 漂泊的，流浪的；(思想等)游移不定的
n. 流浪者，漂泊者；无业游民
ⓝ vagrancy 漂泊，流浪；游移不定 ⓔ I came across a couple of vagrants under the railroad bridge.（我在铁路桥下碰到了几个流浪者。）

---

vague*** [veɪɡ]
a. 含糊的；不清楚的，不明确的，暧昧的；模糊的
ⓐⓓ vaguely（不清楚地） ⓔ vague answer（含糊其辞的回答） vague rumor（暧昧的流言） vague demands（不确定的需要）

vagabond*** [ˈvæɡəbɒnd]
n. 流浪者；浪子 *a.* 流浪的
ⓔ live a vagabond life（过流浪生活） vagabond Gypsies（流浪的吉普赛人）

vagary** [ˈveɪɡəri]
n.（pl.）怪异的行为，奇想；难以预测的变化
ⓔ the vagaries of human emotions / fashions（人情感的变化莫测 / 时尚的变化莫测）

extravagant*** [ɪkˈstrævəɡənt]
a. 奢侈的，挥霍的；(想法、话语、行为过分的，离谱的；放肆的 *extra（= beyond）
ⓔ extravagant man（奢侈的人） extravagant tastes / habits（奢侈的爱好 / 浪费的习惯） extravagant praise / behavior（过分的称赞 / 行为） extravagant price（过高的价格）

extravagance*** [ɪkˈstrævəɡəns]
n. 奢侈，浪费；无节制；过分的话（或行为） *extra（= beyond）

词根 DULG

来自拉丁语的 dulg 意为 to yield。

---

indulgent** [ɪnˈdʌldʒənt]
［向某人让步的 in（= to）+ dulg（= yield）］
a. 纵容的；宽容的
ⓥ indulge 沉迷，沉溺于；纵容；使自己高兴一下 ⓝ indulgence 纵容，放纵；宽容；沉溺 ⓔ She was a harsh mother but is an indulgent grandmother.（她是一个严厉的母亲，不过却是一个宽容的祖母。）

词根 CHAL

来自拉丁语的 chal 意为 warm, ardent。

nonchalant**
[ˈnɒnʃələnt]

[不温暖的或不热烈的 non (= not) + chal (= warm, ardent)]

a. 冷漠的，冷淡的，没有热情的；泰然的

ⓝ nonchalance 冷漠，冷淡 ⓔ You're so nonchalant. Flying makes me a nervous wreck! (你是这么泰然自若。飞行可让我神经紧张!)

LECTURE 174

词根 OP

来自拉丁语的 op 意为 to work, riches。同义词根有来自拉丁语的 labor。

opulent**
[ˈɒpjələnt]

[富足的，丰富的 op (= riches)]

a. 富有的；丰富的；丰饶的

ⓝ opulence 丰富；富裕 ⓐⓓ opulently 丰饶地，富裕地 ⓔ It was an opulent affair—caviar, diamonds, the whole nine yards. (这是一件报酬颇丰的事——鱼子酱、钻石，所有的一切。)

opera***
[ˈɒprə]

n. 歌剧

ⓔ opera house (歌剧剧场) comic / grand / light opera (滑稽歌剧 / 大歌剧 / 轻歌剧)

operatic**
[ˌɒpəˈrætɪk]

a. 歌剧的；似歌剧的

ⓔ operatic music / singer (歌剧音乐 / 歌手)

operetta*
[ˌɒpəˈretə]

n. 小歌剧

opus**
[ˈəʊpəs]

n. 作品 (尤指音乐作品)

opuscule*
[əʊˈpʌskjuːl]

n. 小作品 *cule (= small)

operate***
[ˈɒpəreɪt]

v. 操作(机器等)，(使)运转；起作用，产生影响；运营、经营(工厂等)；动手术；(军队)采取作战(或军事)行动；从事证券交易；(药品等)见效

ⓐ operable (可以手术的) ⓔ operate a machine (操作机器) operate on a patient for a tumor (给患者的肿瘤做手术) operating on a large scale (采取大规模的军事行动)

operation***
[ˌɒpəˈreɪʃn]

n. 运转，(机器的)操作；运营，经营；作用；效力；业务；工作；手术；交易；买卖；(法律等的)生效；(pl.)作战

ⓔ building / banking operations (建筑 / 银行的运营) operations research (运筹学) operation of drugs (药效) put a law into operation (实施一部法律) operations room (作战指挥室) military operations (军事作战) base of operations (作战基地) field of operations (作战区域)

operating*
[ˈɒpəreɪtɪŋ]

a. 手术的，用于手术的；经营、运营上的

ⓔ operating room / table (手术室 / 手术台) operating theater (手术室) operating expense / costs (运营经费)

operative**
[ˈɒpərətɪv]

a. 运转着的；有效的；工作着的；手术的；实施的 *n.* 技工

ⓔ operative words ((证书等中)有法律效力的词) operative dose (药的有效剂量)

operative treatment（手术治疗） cotton operatives（棉纺工人）

operational**
[ˌɒpəˈreɪʃənl]

a. 操作的；运营（或经营）上的

ⓔ operational costs / expenditure（业务费用） operational research（运筹学） When will the newly designed airliner be operational?（新型飞机什么时候开始使用？）

operator***
[ˈɒpəreɪtə(r)]

n.（机械的）操作员；驾驶员；接线员；（外科的）手术者；（工厂、矿山等的）经营者；圆滑的人

ⓔ private operators in civil aviation（民间飞机技师） telephone / telegraph operators（电话接线员 / 电报员） He's a smooth / slick operator.（他是个技术好的 / 狡猾的人。）

co(-)operate***
[kəʊˈɒpəreɪt]

v. 合作，协作　*co〈com（= together）

ⓝ co(-)operator（合作者，协作者；合作社社员）

co(-)operation***
[kəʊˌɒpəˈreɪʃn]

n. 合作，协作　*co〈com（= together）

ⓔ co-op（合作社） on the co-op（通过合作社的方式） She does all her shopping at the co-op.（她买什么都到合作社。）

co(-)operative***
[kəʊˈɒpərətɪv]

a. 合作的，协作的 *n.* 合作社；合作企业（或组织） *co〈com（= together）

ⓔ co(-)operative movement / society / store（合作运动 / 合作团体 / 合作商店） consumers / consumptive co(-)operative（消费合作） producers / productive co(-)operative（生产合作）

LECTURE 175

词根 SOMN

来自拉丁语的 somn 意为 to sleep。同义词根有来自拉丁语的 dorm 和来自希腊语的 com，hypn。

somnolent*
[ˈsɒmnələnt]

[睡觉的 somn（= sleep）]

a. 困倦的，昏昏欲睡的；催眠的

ⓝ somnolence 困倦，昏昏欲睡　ⓔ The children grew somnolent, staring into the campfire's dying flames.（孩子们看着将要熄灭的营火，渐渐地困倦起来。）

somnambulism*
[sɒmˈnæmbjəlɪzəm]

n. 梦游病　*ambul（= walk）

ⓝ somnambulist（梦游病患者）

somniloquy*
[sɒmˈnɪləkwi]

n. 说梦话（的习惯）　*loqu（= say）

ⓝ somniloquist（说梦话者）

insomnia**
[ɪnˈsɒmniə]

n. 失眠；失眠症　*in（= not）

ⓝ insomniac（失眠症患者）　ⓔ ill after weeks of insomnia（因为好几周的失眠而生病的）

词根 CORP

来自拉丁语的 corp 意为 body。同义词根有来自希腊语的 som / somat 和来自盎格鲁-撒克逊语的 body。

corpulent**
[ˈkɔːpjələnt]

[肉体的、身体的 corp（= body）]

a. 肥胖的，肥大的

ⓝ corpulence 肥胖，肥大　ⓔ She's quite corpulent for such a young teenager.（作为十几岁的孩子，她算是相当胖了。）

corporal***
[ˈkɔːpərəl]

a. 肉体的，身体的 *n.* 下士（sergeant 的下一级）

ⓔ corporal punishment（肉刑；体罚）

corporeal* [kɔːˈpɔːriəl]
a. 肉体的；物质的；【律】有形的
ⓔ corporeal needs（身体必需的东西（如食物等））

corporate** [ˈkɔːpərət]
a. 法人（团体）的；共同的；集团的，团体的
ⓔ corporate property（集团财产） corporate body（法人团体）

corporation*** [ˌkɔːpəˈreɪʃn]
n. 法人；社团；公司
ⓔ corporation aggregate（集体法人） corporation tax（公司税）

corps*** [kɔː(r)]
n. 军；部队；（德国大学的）学生联谊会
ⓔ the US Marine Corps（美国海军陆战队）

---

corpse** [ˈkɔːps]
n.（尤指人的）尸体
ⓔ corpse candle（埋葬前点在死者四周的蜡烛；磷火（鬼火）） corpse watch（守灵）

corpus* [ˈkɔːpəs]
n. 身体；尸体；（特别指论文、研究资料的）文集
ⓔ Corpus Christi（(天主教)圣体节） corpus juris（法典） Corpus Juris Civilis（《民法大全》）

corpusc(u)le** [ˈkɔːpʌsl]
n. 血球；微粒

incorporate*** [ɪnˈkɔːpəreɪt]
v.（使）合并；使具体化；使成为公司；包含，加上，吸收
a. [ɪnˈkɔːpərət]合并的；组成公司的 *in (= into)
ⓔ Hanover was incorporated into Prussia in 1866.（汉诺威 1866 年被普鲁士兼并。）
Your suggestions will be incorporated in the plan.（你的提议会被列入计划中。）

incorporated*** [ɪnˈkɔːpəreɪtɪd]
a. 合并的；组成公司的，股份有限的 *in (= into)
ⓔ an incorporated company（股份有限公司（英国称 limited (liability) company））

---

incorporation** [ɪnˌkɔːpəˈreɪʃn]
n. 合并；包含；组成公司 *in (= into)

incorporeal* [ˌɪnkɔːˈpɔːriəl]
a. 非物质的；非实体的；灵魂的；无形体的

LECTURE 176

词根 MUN

来自拉丁语的 mun 意为 duty, function, gift, service。

---

munificent** [mjuːˈnɪfɪsənt]
[使成为礼物的 mun (= gift, service) + i + fic (= make, do) + ent (= having the quality of)]
a. 慷慨的，大方的
ⓝ munificence 慷慨 ⓔ The company made me a munificent offer, but I declined it.（那家公司的出价很慷慨，但我还是拒绝了。）

---

immunity** [ɪˈmjuːnəti]
[没有税金、效用 im〈in (= not) + mun (= duty, function, gift)]
n.（疾病等的）免疫（性）；（责任、义务等的）免除
ⓐ immune 免疫的；免除的，免于…的 ⓥ immunize 使免疫；使免除 ⓝ immunization 免疫 immunology 免疫学 ⓔ The prosecutor granted immunity to the witness in exchange for testimony.（检察官同意免除证人的责任以换取其证词。）

municipal***
[mjuːˈnɪsɪpl]

a. 市的；市立的；市政的；自治市的　*cip〈cap (= take)

ⓐⓓ municipally (市政地)　municipality (自治市；市政当局) ⓔ municipal buildings (市属/市立建筑) municipal undertakings (市立企业)

LECTURE 177

词根 COMIT

来自拉丁语的 comit 意为 to accompany。同义词根有来自拉丁语的 soci。

concomitant**
[kənˈkɒmɪtənt]

[一起的朋友 con〈com (= together) + comit (= companion)]

a. 伴随的

n. 伴随物

ⓝ concomitance 伴随，共存 ⓔ I recommend concomitant radiation therapy and chemotherapy. (我建议同时使用放疗和化疗。)

词根 MORD, MORS

来自拉丁语的 mord, mors 意为 to bite。

mordant*
[ˈmɔːdənt]

[撕咬的 mord〈mors (= bite)]

a. 尖酸的，刻薄的，讽刺的

ⓔ His mordant wit is always amusing though sometimes offensive. (他的讥讽总是很有趣，虽然有时有点无礼。)

morsel***
[ˈmɔːsl]

n. (特别指食物的)一块，一口；少量；在佳肴；(美味)小吃

ⓔ There was not even a morsel of food. (没有留下一点食物。) What a dainty / choice morsel! (真是美味的/精选的小吃!)

remorse***
[rɪˈmɔːs]

n. 极度懊悔；自责　*re (= back)

ⓐ remorseful (极度懊悔的) remorseless (无悔意的；无恻隐心的) ⓔ feel remorse for my failure to help her (我后悔没有帮成她) in a fit of remorse (有些懊悔) without remorse (无情的(地))

词根 CLAR[CLAIR]

来自拉丁语的 clar 意为 clear。clair 是它的变形。

clairvoyant*
[kleəˈvɔɪənt]

[看上去分明、透明 clair〈clar(=clear)+voy(=look)+ant(=having the quality of)]

a. 有超人的视力的；有洞察力的

n. 有超人的视力的人；有洞察力的人

ⓝ clairvoyance 超人的视力；洞察力 ⓔ She billed herself as a clairvoyant counselor. (她在海报上宣传自己是一位极具洞察力的顾问。)

clarify**
[ˈklærəfaɪ]

[使清楚 clar (= clear)]

vt. 阐明(意义、见解等)；澄清；净化

ⓝ clarification 净化；澄清；说明 clarity 明晰，明确；透明，清澈 ⓔ Could you please clarify for me the guidelines you use for grading essays? (能否请您说明一下您给文章评分时所使用的标准?)

clarinet*
[ˌklærəˈnet]

n. 单簧管

ⓔ clarinetist (单簧管演奏者)

clarity**
[ˈklærəti]
n. 透明；清澈；明确；明晰

declare***
[dɪˈkleə(r)]
v. 宣布；断言；声明；（向海关）申报（纳税品等） *de (= intensive)
ⓐ declarable（应申报的） ⓔ declare the results of an election（宣布选举结果） declare war（宣战） Have you anything to declare?（你有要申报过关的物品吗？）

declaration***
[ˌdekləˈreɪʃn]
n. 宣言（书）；声明（文）；申报（单） *de (= intensive)
ⓔ declaration of war（宣战书） *Declaration of Independence*（（美国的）《独立宣言》） declaration of income（（向税务局提交的）收益申报）

LECTURE 178

词根 MERC

来自拉丁语的 merc 意为 to trade。

mercenary**
[ˈmɜːsənəri]
[收钱出售 merc (= trade)]
a. 为金钱的；贪财的
n. （外国）雇佣兵
ⓔ Some poor foreign women have mercenary motives when they marry rich Americans.（一些贫困的外国女人为钱而和富有的美国人结婚。）

mercantile*
[ˈmɜːkəntaɪl]
a. 商业的；商人的；重商主义的
ⓝ mercantilism（重商主义） ⓔ mercantile marine（商船） mercantile doctrine / theory / system（重商主义）

merchant***
[ˈmɜːtʃənt]
n. 商人 *a.* 商人的；商业的；商船的
ⓔ coal merchant / wine merchant（煤炭 / 葡萄酒商） merchant prince（巨贾） merchant ship（商船） merchant seaman（商船船员）

merchandise***
[ˈmɜːtʃəndaɪz]
n. 商品

mercer**
[ˈmɜːsə(r)]
n. 〈英〉绸布商
ⓝ mercery（绸布店）

commerce***
[ˈkɒmɜːs]
n. 商业，（特别指国家间的）贸易，交易；交流 *com (= together)
ⓔ chamber of commerce（商会）

commercial***
[kəˈmɜːʃl]
a. 商业的；商务的；商品的；营利本位的；广告商付费的
n. （广播、电视）商业广告 *com (= together)
ⓔ commercial attitude（商业态度） commercial attache / bank / transaction / treaty（商务专员 / 商业银行 / 商业贸易 / 通商条约） commercial company（商业公司） commercial soda（商品苏达） commercial TV / radio（商业电视 / 广播）

词根 BAT [BET, BIT]

来自希腊语的 bat 意为 to go。bet, bit 是它的变形。同义词根有来自拉丁语的 ced, cess [ceed, ceas], grad / gred / gress, it, vad / vas 等，此外，还有来自盎格鲁-撒克逊语的 fare。另外，在前面还学过意为 to strike, to beat 的 bat，注意不要混淆。

arbitrary***
[ˈɑːbɪtrəri]
[向着某物进发的 ar (= to) + bit〈bat (= go)]
a. 任意的，随意的；独断的；专横的

ⓐⓓ arbitrarily 独断地；任意地 ⓔ I hate my sergeant. His punishments are both harsh and arbitrary.（我很讨厌我的中士。他的处罚既严厉又专横。）

arbitrate** [ˈɑːbɪtreɪt] v.（通常指应当事双方的要求）仲裁，调停 *ar (= to), bit〈bat (= go)
ⓔ arbitrate the dispute / between the employers and their workers（调停争论 / 劳资纠纷）

arbitration** [ˌɑːbɪˈtreɪʃn] n. 仲裁，调停 *ar (= to), bit〈bat (= go)
ⓔ refer a wage dispute to arbitration（把工资纠纷提请仲裁） The Union agreed to go to arbitration.（工会同意提请仲裁。） court of arbitration（仲裁法庭）

arbitrator** [ˈɑːbɪtreɪtə(r)] n. 仲裁人，调停人 *ar (= to), bit〈bat (= go)

acrobat** [ˈækrəbæt] n. 杂技演员 *acro (= high)

acrobatic* [ˌækrəˈbætɪk] a. 杂技的 *acro (= high)
ⓔ acrobatic feats（杂技）

acrobatics* [ˌækrəˈbætɪks] n. 杂技；特技飞行 *acro (= high)
ⓔ aerial acrobatics（特技飞行）

aerobatics* [ˌeərəˈbætɪks] n. 特技飞行 *aero (= air)

diabetes** [ˌdaɪəˈbiːtiːz] n. 糖尿病 *dia (= through)

diabetic* [ˌdaɪəˈbetɪk] a. 糖尿病的 n. 糖尿病患者 *dia (= through)

词根 AUG, AUCT [AUX] 来自拉丁语的 aug, auct 意为 to increase。aux 是它们的变形。

auxiliary** [ɔːgˈzɪliəri] [使增长 aux〈aug (= increase)]
a. 辅助的；附属的
n.【语】助动词；(pl.) 外国援军
ⓔ We do have a good auxiliary library in our suburb.（我们市郊有一个很不错的附属图书馆。）

augment*** [ɔːgˈment] v.（使）增加
ⓝ augmentation（增加；增加物） ⓔ augment my income by writing English textbooks for college students（我通过编写大学英语教材增加收入）

august*** [ɔːˈgʌst] a. 威严的，令人敬畏的

auction** [ˈɔːkʃn] n. 拍卖
ⓔ public auction（公开拍卖） Dutch auction（（开价甚高然后逐渐降价的）荷兰式拍卖）

auctioneer** [ˌɔːkʃəˈnɪə(r)] n. 拍卖商
ⓔ come under the auctioneer's hammer（被拍卖）

LECTURE 179

词根 MAND, MEND

来自拉丁语的 mand, mend 意为 to order, to entrust。同义词根有来自拉丁语的 ordin, 意为 to order。

mandatory** [ˈmændətəri]
[和命令有关 mand (= order)]
a. 命令的；受委托的；强制的，义务的
n. 受托管理国，受托管理者
ⓔ The hour of morning exercise is mandatory during basic training. (在基础训练期间必须保证晨练的时间。)

commandeer*** [ˌkɒmənˈdɪə(r)]
[严厉命令 com (= intensive) + mand (= order)]
vt. 征用；强征入伍；霸占
ⓔ The FBI agent commandeered a private vehicle to chase the suspect. (联邦调查局特工为追击嫌疑人征用了一辆私家车。)

commend*** [kəˈmend]
[完全委托 com (= intensive) + mend (= entrust, order)]
vt. sb + for + sth; sb + to + sb 称赞；赞赏；委托，托付
ⓝ commendation 称赞 ⓐ commendable 值得称赞的 ⓔ With some trepidation, I commended my young son to the boarding school's care. (把我儿子托付给寄宿学校，我很担心。)

remand* [rɪˈmɑːnd]
[命令向后发送 re (= back) + mand (= order)]
vt. 将(犯人)还押候审；将(案件)发回原审法院重审
n. 还押；发回重审
ⓔ After having testified, the prisoner was remanded to his prison cell. (罪犯在法庭上作证后被押回牢房候审。)

command*** [kəˈmɑːnd]
v. 命令；指挥，统率；控制；博得；俯瞰 *n.* 命令，指挥权；运用能力
*com (= intensive)
ⓔ command the air / sea (拥有制空 / 制海权) Great men command our respect. (伟人值得我们尊敬。) The hill commands a fine view. (这座小山的俯瞰视野很好。) chain of command (指挥系统) I am at your command. (我服从你的命令。) command module ((宇宙)指令舱) command post (指挥所(缩写：C. P.)) have a good / great command of the English language (精通英语)

commanding* [kəˈmɑːndɪŋ]
a. 指挥的；有权威架子的；居高临下的 *com (= together)
ⓔ commanding officer (指挥官) commanding ship (指挥舰) in a commanding tone (以权威的口气) in a commanding position (站在指挥的位置上)

commander*** [kəˈmɑːndə(r)]
n. 指挥官；司令官；海军中校
ⓝ commandant (指挥官；司令) ⓔ commander-in-chief (总司令)

commandment*** [kəˈmɑːndmənt]
n. 戒律 *com (= together)
ⓔ the Ten Commandments (【基督教】十诫)

commando* [kəˈmɑːndəʊ]
n. 突击队(员) *com (= together)

countermand* [ˌkauntəˈmaːnd]
v. 取消，撤回(命令等) *counter (= against)

demand*** [dɪˈmaːnd]
v./n. 要求；需要 *de (= down)
ⓔ demand an apology from her (要求她道歉)

recommend*** [ˌrekəˈmend]
v. 推荐，举荐；劝说，劝告；使受欢迎 *re (= again), com (= intensive)
ⓔ Behavior of this sort will not recommend you. (那样的行为使你无法获得别人的好感。)

recommendation*** [ˌrekəmenˈdeɪʃn]
n. 推荐，举荐；劝告；推荐信，介绍信；长处 *re (= again), com (= intensive)
ⓔ letter of recommendation (推荐信)

reprimand** [ˈreprɪmaːnd]
v./n. 申斥，斥责 *re (= again), pri〈press (= press)

mandamus* [mænˈdeɪməs]
n./v. (上级法院向下级法院发布的)执行令

mandarin** [ˈmændərɪn]
n. (中国旧时的)官吏；中国官话(普通话的旧称)；(作品风格的)繁复晦涩
ⓔ mandarin prose of some civil servants (一些公务员写的繁复晦涩的文章) mandarin duck (鸳鸯) mandarin orange (柑橘)

LECTURE 180

词根 MIM

来自拉丁语的 mim 意为 to imitate。

mimic** [ˈmɪmɪk]
[模仿 min (= imitate)]
a. 模仿的，效仿的
n. 善于模仿的动物或人
v. 模仿；酷似
ⓝ mimicry 模仿，效仿；【生】拟态 mimicker 模仿别人的人 ⓐ mimetic 模仿的 ⓥ mimick (= mimic) ⓔ Don't mimic the way I speak; it drives me crazy. (不要学我说话，我受不了。)

mimetic* [mɪˈmetɪk]
a. 模仿的；模拟的；拟态的；拟声的
ⓔ mimetic word (拟声词)

mime* [maɪm]
n. (用表情、姿态表演的)哑剧；哑剧演员；丑角 *v.* 表演哑剧

mimeograph* [ˈmɪmɪəgraːf]
n. 油印机 *v.* 油印 *graph (= write)

pantomime** [ˈpæntəmaɪm]
n. 哑剧；手势 *panto (= all)

词根 GRAPH, GRAM

来自希腊语的 graph, gram 意为 to write。同义词根有来自拉丁语的 scrib / script。

graphic** [ˈgræfɪk]
[写的 graph (= write)]
a. 书写的；图解的，绘画的；生动的
ⓝ graphics 制图法 ⓐⓓ graphically 生动地；用文字；通过图表 ⓔ Her graphic presentation of the data was quite clear. (她用图表所展示的数据非常清晰明了。)

graphite** [ˈɡræfaɪt]
n. 石墨
ⓒ graphite fiber（石墨纤维）

autograph** [ˈɔːtəɡrɑːf]
n. 亲笔签名 v. 亲笔签名 *auto (= self)
ⓒ autograph book / album（签名纪念册） book autographed by the author（作家亲笔签名的书） autographed photograph（亲笔签名的照片）

autobiography** [ˌɔːtəbaɪˈɒɡrəfi]
n. 自传 *auto (= self), bio (= life)
ⓝ autobiographer（自传作者）

biography** [baɪˈɒɡrəfi]
n. 传记 *bio (= life)

bibliography** [ˌbɪbliˈɒɡrəfi]
n. 书目提要；参考书目；目录学 *bibl (= book)
ⓝ bibliographer（书目提要编者）

calligraphy* [kəˈlɪɡrəfi]
n. 书法；笔迹 *calli (= beautiful)
ⓝ calligrapher（书法家）

geography*** [dʒiˈɒɡrəfi]
n. 地理学 *geo (= earth)
ⓝ geographer（地理学者）

lithography* [lɪˈθɒɡrəfi]
n. 平版印刷术 *lith (= stone)
ⓝ lithograph（平版画） ⓐ lithographic（平版印刷(术)的）

phonograph** [ˈfəʊnəɡrɑːf]
n. 留声机 *phon (= sound)

photograph*** [ˈfəʊtəɡrɑːf]
n. 照片 v. 拍照 *photo (= light)
ⓝ photography（摄影术） ⓐ photographic（摄影的；摄影用的） photographic apparatus / goods / periodicals（摄影器械 / 用品 / 杂志）

photographer** [fəˈtɒɡrəfə(r)]
n. 摄影师 *photo (= light)

polygraph* [ˈpɒliɡræf]
n. 复写仪；【医】多种波动描记器；测谎器 *poly (= many)

pictograph* [ˈpɪktəʊɡrɑːf]
n. 象形文字；古代石壁画；(用图形表示的)统计图表 *pict (= paint)

stenography* [stəˈnɒɡrəfi]
n. 速记；速记法 *steno (= narrow)

stenographer* [stəˈnɒɡrəfə(r)]
n. 速记员 *steno (= narrow)

telegraph*** [ˈtelɪɡrɑːf]
n. 电报；电报机 v. 发电报；流露 *tele (= far)
ⓝ telegraphy（电报学） telegrapher / telegraphist（报务员） telegraphese（电报文体）
ⓒ telegraph post / pole（电线杆） telegraph line / wire（电报线路） bush telegraph（丛林居民远距离传播消息的方法(如烽火、击鼓等)）

telegraphic** [ˌtelɪˈɡræfɪk]
a. 电报的；电报文体的 *tele (= far)
ⓒ telegraphic address（电报挂号） telegraphic code（电报电码） telegraphic instructions（电报指令） telegraphic message / picture（电文 / 电传图片）

grammar*** [ˈɡræmə(r)]
n. 语法
ⓝ grammarian（语法学家） ⓐ grammatical（语法的，语法上的） grammatical error（语法错误）

cryptogram* [ˈkrɪptəʊɡræm]
n. 密码 *crypt (= hide)

diagram*** [ˈdaɪəɡræm]
n. 图表；图解 *dia (= through)

epigram** [ˈepɪgræm]
n. 警句；讽刺短诗 *epi (= on)
ⓐ epigrammatic (警句(式)的；讽刺短诗(般)的)

program*** [ˈprəʊgræm]
n. 程序；节目单；计划(表)；(政党的)纲领 v.【计】编程序；制订计划；安排节目
*pro (= forth, before)
ⓝ program(m)er (节目编排人；(计算机的)程序员) ⓔ program director ((广播、电视的)节目编导) program note (节目简介) program music (标题音乐) political program (政治纲领)

telegram*** [ˈtelɪgræm]
n. 电报 *tele (= far)
ⓔ urgent telegram (紧急电报) send / address / dispatch a telegram (发电报) telegram in cipher (密码电报)

词根 CAUST, CAUT

来自希腊语的 caust, caut 意为 to burn。同义词根有来自拉丁语的 flagr / flam, arid, torr 和来自希腊语的 ether，此外还有来自盎格鲁–撒克逊语的 burn / bran。

caustic** [ˈkɔːstɪk]
[燃烧的 caust (= burn)]
a. 腐蚀性的，苛性的；刻薄的，讥讽的
ⓔ Battery acid is quite caustic and can ruin your clothes. (电池里的酸性物质腐蚀性很强，会毁坏衣服。)

holocaust* [ˈhɒləkɔːst]
n. 大屠杀；大破坏 *hol (= whole)

cauterize* [ˈkɔːtəraɪz]
v. (用烙器或烧灼剂等)烧灼；腐蚀；使麻木不仁

LECTURE 181

词根 CRAT, CRACY

来自希腊语的 crat, cracy 意为 to govern, to rule, government。同义词根有来自拉丁语的 reg 和来自希腊语的 arch。

autocratic** [ˌɔːtəˈkrætɪk]
[独自统治的 auto (= self) + crat (= government, rule)]
a. 独裁的，专制的；专横的
ⓐ autocracy 独裁政治；独裁政府 autocrat 专制者；专制君主 ⓔ She's a famous poet, but her autocratic manner wins her no friends. (她是个有名的诗人，不过因为态度专横，所以一个朋友也没有。)

aristocratic*** [ˌærɪstəˈkrætɪk]
a. 贵族的；有贵族气派的；势利的 *aristo (= best)
ⓔ with an aristocratic bearing (以贵族的姿态)

aristocracy*** [ˌærɪˈstɒkrəsi]
n. 贵族；贵族阶级；贵族统治；最优秀的人物 *aristo (= best)
ⓔ aristocracy of talent (人杰)

aristocrat*** [ˈærɪstəkræt]
n. 贵族 *aristo (= best)

bureaucratic* [ˌbjʊərəˈkrætɪk]
a. 官僚政治的；官僚的 *bureau (= table)
ⓔ bureaucratic procedures (官僚式的程序)

bureaucracy** [bjʊəˈrɒkrəsi]
n. 官僚制度；[总称]官僚 *bureau (= table)

bureaucrat* [ˈbjʊərəkræt]
n. 官僚 *bureau (= table)
ⓝ bureaucratism（官僚主义）

democratic*** [ˌdeməˈkrætɪk]
a. 民主主义的，民主的；(D~)〈美〉民主党的 *demo (= people)
ⓐⓓ democratically（民主地） ⓔ democratic government（民主政府） Democratic Party（〈美〉民主党）

democracy*** [dɪˈmɒkrəsi]
n. 民主主义；民主政体（的国家） *demo (= people)
ⓔ Is there more democracy in USA than in Great Britain?（美国比英国更民主吗？）

democrat*** [ˈdeməkræt]
n. 民主主义者；(D~)〈美〉民主党人 *demo (= people)

democratize* [dɪˈmɒkrətaɪz]
v.（使）民主化 *demo (= people)
ⓝ democratization（民主化）

---

plutocratic* [ˌpluːtəʊˈkrætɪk]
a. 富豪统治的；财阀的，富豪的 *pluto (= wealth)

plutocracy* [pluːˈtɒkrəsi]
n. 富豪统治；[总称]富豪 *pluto (= wealth)

plutocrat* [ˈpluːtəkræt]
n. 富豪，财阀 *pluto (= wealth)

technocracy** [tekˈnɒkrəsi]
n. 专家政治；实行专家政治的国家 *techn (= art, skill)

technocrat* [ˈteknəkræt]
n. 专家政治论者；技术专家 *techn (= art, skill)

---

meritocracy* [ˌmerɪˈtɒkrəsi]
n. 精英领导（制度）；英才教育；精英管理的国家 *merit (= deserve)
ⓝ meritocrat（精英领导群之一）

词根 THET, THES [THEC, THEM]

来自希腊语的 thet, thes 意为 to place, to put。thec, them 是其变形。同义词根有来自拉丁语的 sert, loc, pos / post / pon / pound, stal 等和来自希腊语的 top。

---

hypothetical** [ˌhaɪpəˈθetɪkl]
[放在下面的 hypo (= under) + thet (= put)]
a. 假设的，假定的
ⓝ hypothesis 假设，假定 ⓥ hypothesize 假设，假定 ⓔ A hypothetical example will illustrate how the costs will be allocated.（一个假定的例子将说明如何分配那笔费用。）

---

synthetic** [sɪnˈθetɪk]
[放在一起的 syn (= together) + thet (= put)]
a. 综合的；合成的，人造的；【语】综合型的
ⓝ synthesis 综合；合成 synthesizer 音响合成器，电子合成器 ⓥ synthesize 综合，合成；综合处理 ⓔ She refuses to wear clothing made from synthetic fibers.（她拒绝穿合成纤维面料的衣服。）

---

photosynthesis* [ˌfəʊtəʊˈsɪnθəsɪs]
n. 光合作用 *photo (= light), syn (= together)

thesis** [ˈθiːsɪs]
n. 论文；毕业（或学位）论文；论题

antithesis** [ænˈtɪθəsɪs]
n. 对立面，对照；（修辞学的）对语 *anti (= against)
ⓐ antithetic / antithetical（对立的；对照的；对偶的）

parenthesis* [pəˈrenθəsɪs]

n. 圆括号；插入语　*par〈para (= side by side), en (= into)

ⓐ parenthetic / parenthetical（插入语的，使用插入语的；放在括号里的）ⓔ in parenthesis（放在括号内的）

epithet** [ˈepɪθet]

n. 表示特征的修饰词；（描述性的）称号　*epi (= upon)

ⓔ Peter the Great（彼得大帝） Richard the Lion-Hearted（狮子王理查德） Ivan the Terrible（暴君伊凡） William the Conqueror（征服者威廉）

---

apothecary** [əˈpɒθəkəri]

n. 药剂师；药商　*apo (= away), thec〈thes (= put), ary (= person who)

anathema** [əˈnæθəmə]

n. 诅咒；（天主教的）革出教门；被诅咒者　*ana (= up)

ⓥ anathematize（诅咒）

theme*** [θiːm]

n. 题目；主题

ⓔ theme song（主题歌）

词根 AX

来自拉丁语的 ax 意为 axis。

---

axiomatic* [ˌæksiəˈmætɪk]

［有轴的 ax (= axis)］

a. 公理的；自明之理的

ⓝ axiom 自明之理；原理；公理　ⓔ It's axiomatic that students learn better in smaller classrooms.（学生们在小教室里学习效果更好，这是不言自明的。）

---

axis*** [ˈæksɪs]

n. 轴；轴线

ⓔ earth's axis（地轴） Berlin-Rome-Tokyo Axis（二战中的德、意、日三国联盟） Axis powers（轴心国）

axle*** [ˈæksl]

n. 轴；车轴，轮轴

ⓔ axle box（轴箱）

axilla* [ækˈsɪlə]

n. 腋窝

LECTURE 182

词根 POLIT [POLIC, POLIS]

来自希腊语的 polit 意为 city, state。polic, polis 是其变形。同义词根有来自拉丁语的 urb。

---

politic*** [ˈpɒlətɪk]

［治理城市、国家的 polit (= city)］

a. 明智的，精明的；策略性的；狡猾的；政治的

ⓝ politics 政治（学） polity 政体；国家组织；政治组织 politician 政治家；政客 ⓐ political 政治的；政治上的 ⓥ politicize 使政治化，使具政治性 politick 进行政治活动 ⓔ It's not politic to wear loud or provocative clothing in the workplace.（在工作场所穿花哨或具有挑逗性的衣服是不明智的。）

---

polity* [ˈpɒləti]

n. 政体；政治组织；国家组织

ⓔ student polity（（大学的）学生会）

politburo* [ˈpɒlɪtbjʊərəʊ]

n. （共产党的）政治局　*buro (= table)

cosmopolitan** [ˌkɒzməˈpɒlɪtən]

a. 世界性的；遍布世界各地的；世界主义的 *n.* 四海为家的人；世界主义者

*cosm (= universe)

ⓝ cosmopolitanism（世界主义） ⓔ cosmopolitan gathering at the United Nations Assembly（联合国大会中的世界集会） statesman with a cosmopolitan outlook（具备世界眼光的政治家）

metropolitan***
[ˌmetrəˈpɒlɪtən]
a. 大都市的；（基督教）大主教辖区的；作为宗主国的 *n.* 大都市；（基督教）大主教
*metro（= great）
ⓔ metropolitan area（大都市区） metropolitan police（大都市的警察） metropolitan newspapers（大城市的报纸） Metropolitan France（作为宗主国的法国（不包括殖民地等））

metropolis***
[məˈtrɒpəlɪs]
n. 主要都市；（活动的）中心地；大都市；（殖民地的）宗主国；大主教辖区
*metro（= great）

---

acropolis**
[əˈkrɒpəlɪs]
n.（古希腊城市的）卫城，（the A~）雅典卫城（上筑有巴台农神庙） *acro（= high）

police***
[pəˈliːs]
n.（pl.）警察；（the~）警察机关；治安人员；（军营中的）内务执勤（兵） *v.* 维护…的治安，守卫；监督，管理
ⓔ police officer（警察） police sergeant / lieutenant / inspector / superintendent（警佐 / 警察副官 / 警察巡官 / 警司） senior superintendent（缩写：Sr. Supt.，高级警司） police chief（警察局局长） police commissioner（警察局局长；警长） police action（警察行动（指为维护国际和平秩序所采取的地区性治安军事行动）） United Nations forces policed the Gaza strip for a long period.（联合国部队在加沙地区维持治安。）

policy***
[ˈpɒləsi]
n.（国家、政党等的）政策，方针；策略；保险单
ⓔ South Korean foreign policy / eastern (northern) policy（韩国的外交政策 / 东部（北部）政策） policy of non-alignment（非同盟 / 不结盟政策（不加入两大阵营的任何一方）） policy making（政策制定） policy maker（决策者） Honesty is the best policy.（诚实是最明智的策略。） fire-insurance policy（火灾保险单） policy holder（投保人） policy loan（保险单贷款）

词根 EGYR

来自希腊语的 egyr 意为 to bring together。

panegyric***
[ˌpænəˈdʒɪrɪk]
[所有的东西一起带来 pan（= all）+ egyr（= bring together）]
n. 颂词
ⓔ Read this panegyric to Elton John on this website. It's great!（读一读这个网站上关于埃尔顿·约翰的赞词。真是太棒了！）

LECTURE 183

词根 ECO[ECU, OCE]

来自拉丁语的 eco 意为 house。ecu, oce 是它的变形。同义词根有来自拉丁语的 cas。

ecumenical*
[ˌiːkjuːˈmenɪkl]
[拉回家的 ecu〈eco（= house）+ men（= lead）]
a. 普遍的；全基督教（会）的；促进全世界基督教团结的
ⓔ Local ministers formed an ecumenical youth group that's been quite popular.（当地牧师们成立了一个颇具人气的全基督教青年团体。）

---

ecology*
[iˈkɒlədʒi]
n. 生态学
ⓝ ecologist（生态学者）

ecological* [ˌiːkəˈlɒdʒɪkl]
a. 生态学的
ⓝ ecosystem（生态系统） ⓔ the ecological effects of industry（工业的生态影响（如大气、河流污染等）） ecological allergy（生态过敏反应）

economy*** [ɪˈkɒnəmi]
n. 经济；(某个国家、地区或时期的）经济制度，经济结构；节约，节俭 *nom (= law)
ⓔ political economy（政治经济学） viable economy（独立经济） the totalitarian economies of Germany before the Second World War（第二次世界大战前德国的极权主义经济制度） economy class （（特别指客机的）经济舱位，二等舱位） economy of time and labor（时间和劳动力的节约） practice / use economy（节约）

economic*** [ˌiːkəˈnɒmɪk]
a. 经济（上）的，经济学的 *nom (= law)
ⓔ economic sanctions / zone / power / development / growth / independence（经济制裁 / 区域 / 大国 / 发展 / 成长 / 独立） for economic reasons（因为经济原因）

economical*** [ˌiːkəˈnɒmɪkl]
a. 节约（金钱、时间等）的；经济的；节俭的 *nom (= law)
ⓐⓓ economically（经济地） ⓔ economical fire（经济燃料） be economical of time and energy（节约时间和能源）

---

economics*** [ˌiːkəˈnɒmɪks]
n. 经济学；(国家的）经济情况 *nom (= law)
ⓝ econometrics（计量经济学） ⓔ home economics（家政学）

economist*** [ɪˈkɒnəmɪst]
n. 经济学者；节俭的人 *nom (= law)

economize** [ɪˈkɒnəmaɪz]
v. 节约 *nom (= law)
ⓔ economize by using buses instead of taking taxis（不坐出租车，坐公交车省钱） economize on fuel（节约燃料）

diocese** [ˈdaɪəsɪs]
n. 主教辖区 *di〈dia (= through), oce〈eco (= house)
ⓐ diocesan （主教辖区的） ⓔ The bishop summoned all of the priests of his diocese.（那个主教召集了辖区所有的牧师。）

词根 LITH

来自希腊语的 lith 意为 stone。同义词根有来自拉丁语的 lapid 和来自希腊语的 petr。

---

monolithic* [ˌmɒnəˈlɪθɪk]
[形成一块石头的 mono (= one) + lith (= stone)]
a. 整体的；坚如磐石的
ⓐ monolith 独块巨石（如 obelisk(方尖碑)等） ⓔ John Wayne had a monolithic presence in movies that few current stars can match.（约翰·韦恩在电影中的表演综合而全面，这是当今影星中很少有人可以匹敌的。）

---

neolithic* [ˌniːəˈlɪθɪk]
a. 新石器时代的 *neo (= new)
ⓔ neolithic man（新石器时代的人）

paleolithic* [ˌpæliəˈlɪθɪk]
a. 旧石器时代的 *paleo (= old)

lithography* [lɪˈθɒgrəfi]
n.【印】平版印刷（术） *graph (= write)
ⓝ lithograph（平版印刷品，石印品） ⓐ lithographic（平版印刷（术）的）

词根 NARC

来自希腊语的 narc 意为 numbness, stupor。

---

narcissistic* [ˌnɑːsɪˈsɪstɪk]
[麻痹、无感觉的 narc (= numbness, stupor)]
a. 自我陶醉的；自恋的
ⓝ narcissism / narcism 自我陶醉；自恋 narcissist 自我陶醉者 cf. Narcissus【希神】那喀索斯；(n~) 水仙花 ⓔ He's so narcissistic that he could never love

another person.(他太自恋了，以至于根本不可能爱上别人。)

narcolepsy* [ˈnɑːkəlepsi]
n. 嗜睡症 *lep (= take)

narcotic** [nɑːˈkɒtɪk]
a. 麻醉的；与毒品有关的 *n.* 麻醉剂；起麻痹作用的事物
ⓝ narcotism (麻醉作用（或状态）) narcotist (麻醉剂上瘾者；吸毒成瘾者) narcotine (那可汀) ⓔ Opium is a narcotic drug.(鸦片是一种毒品。) The use of narcotics by teenagers is now a problem in South Korea.(现在韩国十几岁的青少年使用麻药的现象很成问题。)

词根 PRAG, PRACT

来自希腊语的 prag, pract 意为 to do, business。

pragmatic* [præɡˈmætɪk]
[不管什么都做的 prag (= do, business)]
a. 实际的；实用主义的；实干的
ⓝ pragmatism 实用主义 pragmatist 实用主义者 ⓔ The pragmatic decision is to forgo the vacation and study.(务实的决定是放弃休假去学习。)

practice*** [ˈpræktɪs]
n. 实行；实施；实践；常规，惯例；习惯；练习；(医生、律师的)业务；诉讼手续
v. 练习；实习；习惯做…；从事(职业)
ⓐ practiced (熟练的；老练的) ⓔ practice teacher ((本人是学生的)实习教师) put a plan into practice (将计划付诸实施) practice medicine / law (行医 / 做律师)

practical*** [ˈpræktɪkl]
a. 实际的；实用的；(比起理论)注重行动的；实践的；事实上的，实际上的
ⓐⓓ practically (实际地；实用地；事实上；几乎) have practically no fine weather (几乎没有好天气) ⓝ practicality (实用性；实际事物) Let's get down to practicalities.(让我们考虑一下实际。) ⓔ practical joke (玩笑；恶作剧) practical English (实用英语) practical knowledge (实用知识) ideas that appeal to practical minds (讲求实用主义的想法)

practicable** [ˈpræktɪkəbl]
a. 适用的；能实行的；可通行的
ⓐⓓ practicably (可实行地) ⓝ practicability (可行性) ⓔ methods that are not practicable (不可行的方法) mountain pass that is practicable only in summer (只能在夏天通行的山路)

practitioner** [prækˈtɪʃənə(r)]
n. 开业者(尤指医生、律师等)；从业者；实践者；(基督教科学派的)信仰疗法术士
ⓔ general practitioner (缩写：GP)(普通医生(相对于专科医生而言))

词根 PTO

来自希腊语的 pto 意为 to fall。同义词根有来自拉丁语的 cid / cad / cas 和 laps。

symptomatic* [ˌsɪmptəˈmætɪk]
[一起掉下来的 sym〈syn (= together) + pto (= fall)]
a. 征候的；(有)症状的
ⓝ symptom 症状；征候 ⓔ Severe chest pain can be symptomatic of a heart attack or just simple indigestion.(严重的胸痛可能是心脏病发作的征兆，也有可能只是单纯的消化不良。)

LECTURE 184

词根 NOT

来自拉丁语的 not 意为 to know。同义词根有来自拉丁语的 gno，sci。

notorious***
[nəʊˈtɔːriəs]
[广为人知的 not (= know)]
a. 声名狼藉的，臭名昭著的
ⓝ notoriety 恶名 ⓔ His daughter is notorious for shoplifting and petty thievery. (他的女儿因从商店偷东西等小偷小摸而臭名昭著。)

notable***
[ˈnəʊtəbl]
[可以知道 not (= know)]
a. 值得注意的；显著的；著名的
n. 显要人物，名人
ⓝ notability 显著；显要人物 ⓐⓓ notably 显著地，明显地 ⓔ Your grandfather was one of the most notable citizens of this town. (你的祖父曾是这个镇上最出名的人之一。)

nota bene*
[ˈnəʊtə ˈbiːni]
imper. 留心，注意(缩写：N. B.) *bene (= good)

notary**
[ˈnəʊtəri]
n. 公证人
ⓥ notarize ((公证人)对…公证) ⓔ notary office (公证事务所)

notation**
[nəʊˈteɪʃn]
n. (表示数、量等的)符号，记号；(乐谱的)标记法

note***
[nəʊt]
n. 留言，备忘录；笔记；(外交)照会；简短的信；注解，注释；注明；票据；纸币；音符；(钢琴的)键；记号，符号；语调 *v.* 记录，做笔记；注意；为(书等)加注释
ⓐ noteworthy (值得注意的；显著的) ⓔ take notes of (记录，做笔记) He noted down the main points of the lecture. (他把演讲的要点记录了下来。) Please note my words. (请注意我的话。) I noted her eyes filling with tears. (我注意到她眼中充满泪水。)

noted***
[ˈnəʊtɪd]
n. 著名的
ⓔ town noted for its pottery / as a health resort (以陶器 / 疗养地而闻名的城市)

notice***
[ˈnəʊtɪs]
n. 通知，布告，告示；警告；注意；(报刊上对图书、戏剧、电影等的)简介；短评
v. 注意，留意；通知，通告；短评(图书、戏剧、电影等)
ⓐ noticeable (显而易见的；值得注意的) ⓔ put up a notice (贴告示) send a notice (下通知) leave without notice (没有预先通知(无端)地离开)

notify***
[ˈnəʊtɪfaɪ]
v. 通知，通报，报告 *ify (= make)
ⓝ notification (通知，报告；通知书) ⓐ notifiable (必须报告卫生当局的) ⓔ We have been notified that~(我们收到了…通知。) notify the police of a loss (将失窃一事报警)

notion***
[ˈnəʊʃn]
n. 概念；观念，想法，意见；(pl.)小日用品(如针、线、丝带、纽扣等)
ⓐ notional ((知识等)纯理论的；概念的) ⓔ common notion (一般概念) have no notion of what he means (完全搞不懂他是什么意思)

annotate*
[ˈænəʊteɪt]
v. (给…)加注解 *an〈ad (= to, add)
ⓝ annotation (注释，注解) ⓔ annotated edition / text (注释版 / 有注释的课文)

connote*
[kəˈnəʊt]
v. 意味着；暗示 *con〈com (= with)
ⓝ connotation (隐含意义) ⓔ The word "Tropics" means the area between about 23N

and 23S; it connotes heat. (热带指的是北纬23度和南纬23度之间的区域，这意味着那个地区很热。)

denote* [dɪˈnəʊt]
v. 表示；意味着 *de (= down, away)
ⓝ denotation (表示；意义；名称；符号)

LECTURE 185

词根 VOR

来自拉丁语的 vor 意为 to eat。同义词根有来自拉丁语的 ed / es 和来自希腊语的 phag。

voracious** [vəˈreɪʃəs]
[多吃的 vor (= eat)]
a. 狼吞虎咽的，暴食的，贪食的；贪婪的，如饥似渴的
ⓝ voracity 贪食；贪婪 ⓐⓓ voraciously 狼吞虎咽地；贪婪地 ⓔ Our two teenage boys have voracious appetites. (我们那两个十来岁的儿子胃口极大。)

omnivorous* [ɒmˈnɪvərəs]
[不论什么都吃的 omni (= all) + vor (= eat)]
a. 什么都吃的，杂食的；什么都读的
ⓔ Our 2-year-old baby has an omnivorous curiosity. His favorite word is, "Why". (我们两岁的宝宝对什么都好奇。他最喜欢的词就是"为什么"。)

devour*** [dɪˈvaʊə(r)]
v. 狼吞虎咽地吃；吞噬；如饥似渴地看（或听、读）；吸引…的全部注意力
*de (= intensive), vour〈vor (= eat)
ⓔ The hungry boy devoured his dinner. (那个男孩饿了，他狼吞虎咽地吃了晚饭。) The fire devoured twenty square miles of forest. (火灾吞噬了20平方英里的森林。)

carnivorous** [kɑːˈnɪvərəs]
a. 食肉（性）的 *carn (= flesh)
ⓔ carnivorous animals (食肉动物)

carnivore** [ˈkɑːnɪvɔː(r)]
n. 食肉动物 *carn (= flesh)

insectivorous* [ˌɪnsekˈtɪvərəs]
a. 食虫的 *in (= into), sect (= cut)
ⓔ Swallows are insectivorous. (燕子是食虫的动物。)

herbivorous* [hɜːˈbɪvərəs]
a. （动物）食草的 *herb (= grass)

词根 DEXTR

来自拉丁语的 dextr 意为 right hand。sinistr 是它的反义词根，意为 left hand。

ambidextrous* [ˌæmbiˈdekstrəs]
[两手都像右手一样灵活使用的 ambi (= both, around) + dextr (= right hand)]
a. 两手都善用的；非常灵巧的
ⓝ ambidexter 两手都运用自如的人 ⓔ Not many people are truly ambidextrous, but my brother is. (能双手都运用自如的人不是很多，我兄弟就能。)

dextrous / dexterous**** [ˈdekstrəs]
a. 灵巧的，敏捷的

dexterity** [dekˈsterəti]
n. 灵巧，敏捷

词根 CAVAL[CHIVAL]

来自拉丁语的 caval 意为 horse，变形为 chival。同义词根有来自拉丁语的 equ，和来自希腊语的 hipp。

chivalrous**
[ˈʃɪvlrəs]
[骑马的 chival〈caval (= horse)]
a. 骑士的，有骑士风度的；勇武的；骑士时代的；对女子有礼的
ⓝ chivalry 骑士风度，骑士精神；骑士制度 ⓔ He played a chivalrous knight in the motion picture. (他在那部动作电影里扮演了一个神勇的骑士。)

cavalry***
[ˈkævlri]
n. [总称] (pl.) 骑兵(队)；高度机动化的地面部队
ⓔ cavalry soldier / officer (骑兵 / 骑兵军官)

cavalier***
[ˌkævəˈlɪə(r)]
n. 骑手；骑士；对女人献殷勤的男子；(17 世纪英国内战中查理一世时代的) 保王党党员
a. 漫不经心的；傲慢的，目空一切的

cavalcade**
[ˌkævlˈkeɪd]
n. 马队

LECTURE 186

词根 MAGN

来自拉丁语的 magn 意为 great。同义词根有来自拉丁语的 grand，maj，max 和来自希腊语的 coloss，maha，mega / megalo，metro 等。

magnanimous**
[mægˈnænɪməs]
[有宽大的心的 magn (= great) + anim (= mind)]
a. 宽宏大量的，有雅量的
ⓝ magnanimity 宽宏大量，雅量 ⓔ She couldn't have been more magnanimous when our ball broke her windows. (我们的球打破她的窗户时，她表现得宽容极了。)

magnate**
[ˈmægneɪt]
n. 要人，有权势的人；(工商界的) 寡头，巨头，大王　*ate (= person who)
ⓔ territorial magnates (大地主) oil magnate (石油大王)

magnet***
[ˈmægnət]
n. 磁石，磁铁；有吸引力的人(或物)
ⓔ bar magnet (条形的磁铁) U/horseshoe magnet (U 形/马蹄形磁铁) natural / permanent magnet (天然磁铁)

magnetic***
[mægˈnetɪk]
a. 磁石的，有磁性的，磁力的；有吸引力的，有魅力的
ⓔ magnetic field (磁场) magnetic needle (磁针) magnetic tape (磁带) magnetic smile / personality (有魅力的微笑 / 性格)

magnetism**
[ˈmægnətɪzəm]
n. 【物】磁力；磁学；魅力

LECTURE 187

词根 GRAT[GRAC]

来自拉丁语的 grat 意为 thankful，pleasing 等。grac 是它的变形。

gratuitous**
[grəˈtjuːɪtəs]
[作为感谢而做的 grat (= thank, pleasing)]
a. 免费的，无报酬的；没有理由的
ⓝ gratuity 遣散费；(军人的)退役金 ⓔ Your gratuitous cruelty is abominable.

I've had enough! (你那无端的残忍实在令人生厌。我已经受够了!)

ingratitude** [不感谢 in (= not) + **grat** (= thank, pleasing, favor)]

[ɪnˈɡrætɪtjuːd] *n.* 忘恩负义；不感恩图报

ⓝ ingrate 忘恩负义者 ⓔ Because of her past ingratitude, I won't be giving her any more gifts. (因为她过去不知感恩，所以我不会送给她礼物了。)

ingratiate** [使对方感到好感 in (= in) + **grat** (= thank, pleasing, favor)]

[ɪnˈɡreɪʃieɪt] *vt.* [~ oneself] 使满意，讨好，迎合

ⓔ Despite my lack of credentials, I ingratiated myself with the hiring manager. (虽然我不够资格，但我逢迎了招聘主管，使其对我满意。)

gratify*** [使高兴 **grat** (= pleasing, thank)]

[ˈɡrætɪfaɪ] *vt.* 使高兴，使满意

ⓝ gratification 喜悦；使人满足的事 ⓐ gratifying 令人愉快的，令人满足的

ⓔ What gratifies me most is that I got admitted without any help from my father. (最让我最高兴的是我没有借助爸爸的任何帮助就被录取了。)

congratulate*** *v.* 祝贺 *con〈com (= together)

[kənˈɡrætʃuleɪt] ⓐ congratulatory (祝贺的) congratulatory letter / telegram (贺信 / 贺电)

congratulation** *n.* 祝贺；庆贺；(pl.) 祝词 *con〈com (= together)

[kənˌɡrætʃuˈleɪʃn] ⓔ Congratulations! (祝贺!) offer one's congratulations to (对…说祝贺的话)

ungrateful*** *a.* 忘恩负义的，不知感谢的 *un (= not)

[ʌnˈɡreɪtfl]

grateful*** *a.* 感谢的，感激的；令人高兴的，令人愉快的

[ˈɡreɪtfl] ⓔ I am grateful to you for your kindness. (谢谢你的好意。) grateful letter (感谢信) trees that afford a grateful shade (有宜人荫凉的大树)

gratis** *ad.* / *a.* 免费地 (的)

[ˈɡrætɪs] ⓔ be admitted gratis (免费入场)

gratitude*** *n.* 感谢，谢意

[ˈɡrætɪtjuːd] ⓔ in token of my gratitude (为表达我的一片谢意)

grace*** *n.* 优雅；好意，恩惠；(饭前、饭后的) 谢恩祈祷；(神的) 恩宠；慈悲；阁下，阁下夫人；(票据等的) 宽限期 *v.* 使优雅；使增光

[ɡreɪs] ⓐ graceful (优雅的) graceful dancer (优雅的舞蹈家) graceless (难看的；粗俗的，不知礼的) graceless behavior (粗俗的行为) gracious (亲切的；慈悲的) her gracious Majesty the Queen (女王陛下) ⓔ airs and graces (装腔作势，做作) days of grace ((期票、保险费等的) 宽限期) say (a) grace (谢恩祈祷)

disgrace*** *n.* 丢脸，耻辱；失宠 *v.* 使丢脸，玷污；使失宠 *dis (= not)

[dɪsˈɡreɪs] ⓐ disgraceful (可耻的) disgraceful behavior (可耻的行为)

LECTURE 188

词根 MERIT

来自拉丁语的 merit 意为 to deserve, to earn。

meritorious** [有接受价值的 merit (= deserve)]
[ˌmerɪˈtɔːriəs]
a. 有功的；值得称赞的
ⓝ meritocracy 精英管理的国家 ⓔ He won an award for meritorious achievement in undergraduate instruction. (他因在大学生教育中取得佳绩而获奖。)

merit*** *n.* 功劳，功绩；(pl.) 功过；优点；价值；(pl.) 是非曲直 *v.* 值得
[ˈmerɪt]
ⓔ man of merit (有功劳的人) certificate of merit (奖状) decide the case on its merits (根据事件的是非曲直作决定) Don't make a merit of being punctual. (严格守时没什么好自夸的。) merit rating (成绩评定) merit system (根据成绩的任用、晋升制度)

demerit* *n.* 过失，罪过；缺点 *de (= away)
[diːˈmerɪt]
ⓔ merits or demerits of a thing (事物的优、缺点)

emeritus* *a.* 荣誉退休的 *e〈ex (= out)
[iˈmerɪtəs]
ⓔ emeritus professor / professor emeritus (荣誉退休教授)

LECTURE 189

词根 PHON

来自希腊语的 phon 意为 sound。同义词根有来自拉丁语的 son 和来自希腊语的 ech。

cacophonous* [听起来声音不好的 caco (= bad) + phon (= sound)]
[kəˈkɒfənəs]
a. (声音)刺耳的；发音不和谐的
ⓝ cacophony 不和谐音 ⓔ There was a constant cacophonous hubbub in the substitute teacher's classroom. (代课教师的教室里不断发出刺耳的吵闹声。)

euphony* *n.* 悦耳之音，和谐音 *eu (= good)
[ˈjuːfəni]
ⓐ euphonious (悦耳的)

megaphone** *n.* 扩音器 *mega (= great)
[ˈmegəfəun]

microphone*** *n.* 麦克风 *micro (= small)
[ˈmaɪkrəfəun]

symphony*** *n.* 交响曲，交响乐；交响乐团 (的演出) *sym〈syn (= together)
[ˈsɪmfəni]
ⓐ symphonic (交响曲的) symphonic poem (交响诗) ⓔ symphony orchestra (交响乐团)

telephone*** *n.* 电话 *v.* 打电话 *tele (= far)
[ˈtelɪfəun]
ⓝ telephony (电话学；电话(指通讯方式)) telephonist (接线员；话务员) ⓔ telephone book (directory) / booth / call / exchange / line / message / number / operator / receiver / set / subscriber (电话簿 / 公用电话亭 / 电话 / 电话局 / 电话线 / 电话留言条 / 电话号码 / 话务员 / 听筒 / 电话机 / 电话用户) I'll phone you tomorrow. (我明天给你打电话。)

xylophone* [ˈzaɪləfəun]
n. 木琴 *xylo (= tree)
ⓝ xylophonist (木琴演奏者)

phoneme* [ˈfəuniːm]
n.【语】音素；语音
ⓐ phonemic (语音的) ⓝ phonemics (语音学) ⓔ English has 24 consonant phonemes. (英语有 24 个辅音音素。)

phonetic* [fəˈnetɪk]
a.【语】语音的，表示语音的；语音学的
ⓝ phonetics (语音学) ⓔ phonetic notation / spelling / signs (alphabet, symbols) (注音 / 表音拼写法 / 音标)

phonic* [ˈfɒnɪk]
a. 音的；【语】语音的
ⓝ phonics (读音法；声学)

phonograph*** [ˈfəunəgrɑːf]
n. 留声机 *graph (= write)

phonology* [fəˈnɒlədʒi]
n. 音韵学 *ology (= science)

词根 LUMIN[LUN]

来自拉丁语的 lumin 意为 light。lun 是它的变形。同义词根有来自拉丁语的 luc / lux / lust 和来自希腊语的 photo 以及来自盎格鲁–撒克逊语的 light。

luminous*** [ˈluːmɪnəs]
[充满光的、明白的 lumin (= light)]
a. 发光的，明亮的；清楚的，易懂的
ⓝ luminosity 光明，光辉；发光度；发光物 ⓔ We saw several luminous sea creatures on our deep dive. (我们深度潜水时看到了几个发光的海底生物。)

luminary** [ˈluːmɪnəri]
n. 发光体，天体（如太阳、月亮、星星等）；（在学识、道德或精神方面有影响力的）杰出人物；才智出众的人 *ary (= person who)

illuminate*** [ɪˈluːmɪneɪt]
v. 照亮，照明；（作为祝贺的表示，在街道上）用灯装饰；阐明；启发；用金色、银色、红色或图案等装饰(起首字母或手稿) *il〈in (= into)
ⓔ street illuminated by oil lamps (用油灯照明的街道) poorly illuminated rooms (照明不好的房间) illuminate a difficult passage in a book (阐明书中令人费解的一段)

illumination*** [ɪˌluːmɪˈneɪʃn]
n. 照明，照亮；灯饰；（用金色或鲜明的色彩、图案）装饰（起首字母、手稿等）
*il〈in (= into)

lunatic*** [ˈluːnətɪk]
n. 疯子，狂人；极端愚蠢的人 *a.* 精神错乱的，疯狂的；极端愚蠢的 *lun〈lumin (= light)
ⓔ lunatic asylum (疯人院) lunatic fringe ((政治、文学、宗教等的）少数的狂热派、极端派) lunatic proposal (极端愚蠢的提案)

lunacy** [ˈluːnəsi]
n. 精神失常；愚蠢的行为，疯狂的行为 *lun〈lumin (= light)
ⓔ It's sheer lunacy. (这简直就是愚蠢的行为。)

LECTURE 190

词根 PHAN[PHEN, FAN]

来自希腊语的 phan 意为 to show, to appear，其元音弱化后变成 phen。fan 也是其变形。同义词根有来自拉丁语的 monstr。

diaphanous* [daɪˈæfənəs]
[通过某物可见的 dia (= through) + phan (= show, appear)]
a. (衣服等的布料)透明的

ⓔ The diaphanous curtains are lovely but don't afford much privacy.(透明的窗帘虽然好看，但是私密性较差。)

---

phantom***
[ˈfæntəm]
n. 幽灵；幻影；(P~)鬼怪式飞机 *a.* 幽灵的；幻觉的
ⓔ phantom ships(幽灵船) phantom order(虚拟订货(政府订购军火等的须经正式批准执行方生效的长期协议)) phantom tumor(幻想瘤；假性瘤)

phantasm*
[ˈfæntæzəm]
n. 幻影；幽灵
ⓐ phantasmal(幻影(似)的；幽灵(似)的) ⓝ phantasmagoria(变幻无常的幻觉(梦中、发高烧时出现))

phenom*
[fəˈnɒm]
n.(体育界等的)杰出人才 *phen〈phan(= appear)

phenomenon***
[fəˈnɒmɪnən]
n. 现象；奇才；奇迹 *phen〈phan(= appear, show)

phenomenal**
[fəˈnɒmɪnl]
a. 现象的；关于现象的；感觉到的；惊人的，杰出的
*phen〈phan(= appear, show)
ⓔ phenomenal world(【哲】现象世界) phenomenal memory(惊人的记忆力)

---

phenotype*
[ˈfiːnəʊtaɪp]
n.【生】表现型(指一个生物体的可观测性状)(↔genotype 遗传型)
*phen〈phan(= appear, show)

fantasia*
[fænˈteɪziə]
n. 幻想曲；集成曲 *fan〈phan(= appear, show)

fantasy***
[ˈfæntəsi]
n. 空想，幻想；幻想的产物；幻想曲 *fan〈phan(= appear, show)

fantastic***
[fænˈtæstɪk]
a. 奇怪的，怪异的；(想法、计划等)不现实的；令人吃惊的；极好的
*fan〈phan(= appear, show)
ⓔ fantastic dreams / shapes / fashions(奇怪的梦/模样/时尚) Christina's a really fantastic girl!(克里斯蒂娜真是个出色的女孩！)

fancy***
[ˈfænsi]
n.(没有根据的)想像，幻想；爱好，嗜好
a. 空想的，想像的；装饰的；花式的；花哨的；杂色的；别致的；精致的；精选的
v. 空想，想像；喜欢 *fan〈phan(= appear, show)
ⓔ I have a fancy that she will not come.(我猜她不会来了。) fancy cake(花式蛋糕) fancy goods(花哨商品) fancy button(装饰性的纽扣) fancy ball / dress(化装舞会/化装舞会所穿的衣服(通常是时尚的或有异国情调的服装)) fancy work(编制物品、刺绣等) fancy pansies(三色紫罗兰) Don't fancy that you can succeed without hard work.(不要幻想不努力就能成功。) Do you fancy that girl?(那个女孩儿合你心意吗?) He fancies himself as a golfer.(他幻想自己是个高尔夫球手。)

---

fanciful**
[ˈfænsɪfl]
a. 陷入空想的，想像的，充满幻想的；不现实的；奇异的
*fan〈phan(= appear, show)
ⓐ fancied(空想的，想像的) fancied grievances(无根据的不满) ⓔ fanciful writer(富于幻想的作家) fanciful drawings(奇异的画)

fancier**
[ˈfænsiə(r)]
n. [附在名词后]爱好者；(展览或观赏型动、植物的)育种者
*fan〈phan(= appear, show)
ⓔ bird / dog / rose fancier(鸟/狗/玫瑰的育种者)

词根 MELL, MEL[MIL, MOL, MAR]

来自拉丁语的 mel，mell 意为 honey。mil，mol，mar 是它们的变形。

mellifluous* [me'lɪfluəs]
[像蜂蜜一样流出来的 mell (= honey) + flu (= flow)]
a. (嗓音、话语、音乐等) 甜美的；柔和的；流畅的
ⓔ The mellifluous monotony of train wheels on tracks soothes me. (火车车轮碰到轨道发出的柔和而单调的声音让我感到平静。)

mellow*** ['meləʊ]
a. (果实因熟透而) 甘甜的，甘美的；(酒) 醇香的；(声音、颜色等) 柔和的；(因年龄大、经验多而) 成熟的；微醺的 *v.* 使柔美，使甘甜，使成熟；(因用大麻等而) 愉快忘情的
ⓔ mellow wine (醇酒) violin with a mellow tone (音调柔美的小提琴) mellow judgment (成熟的判断(力))

melon*** ['melən]
n. 瓜 (尤指西瓜、甜瓜等)；〈俚〉红利；赃物，横财
ⓝ watermelon (西瓜) ⓔ a slice of melon (一块瓜) cut / carve / split melon (瓜分巨额利益)

mildew** ['mɪldjuː]
n. 霉；(植物的) 霉病 *v.* (使) 发霉，(使) 患上霉病 *mil〈mel (= honey)

molasses*** [mə'læsɪz]
n. 〈美〉糖蜜 *mol〈mel (= honey)

chamomile* / camomile* ['kæməmaɪl]
n. 春黄菊 (可药用) *chamo〈chame (= earth), mil〈mel (= honey)

marmalade** ['mɑːməleɪd]
n. (橘子或柠檬等制成的) 果酱 *mar / mal〈mel (= honey)

词根 POPUL[PUBL]

来自拉丁语的 popul 意为 people。publ 是它的变形。同义词根有来自拉丁语的 pleb，vulg [mulg] 和来自希腊语的 demo 以及来自盎格鲁–撒克逊语的 la。此外还请记住意为 man (人类、人) 的 anthrop / hom / man，意为 man (男子) 的 andr / mascul / vir，以及意为 woman (女子) 的 femin / gyn / virg。

populous** ['pɒpjələs]
[满是人的 popul (= people)]
a. 人口稠密的
ⓥ populate 使居住 ⓝ population 人口；(某地域的) 全体居民 ⓔ Worldwide, the regions near the equator are quite populous. (在全世界，赤道附近区域人口相当稠密。)

depopulate* [ˌdiː'pɒpjuleɪt]
v. 人口减少 *de (= down)
ⓝ depopulation (人口减少) depopulation policy (减少人口政策) ⓔ country depopulated by war / famine (人口因为战争 / 饥饿而缩减的国家)

popular*** ['pɒpjələ(r)]
a. 民众的；大众的，通俗的，流行的；得人心的，受欢迎的
ⓐⓓ popularly (普遍地；大众地) ⓔ popular bonds / discontent / election / education / front / opinion / sovereignty / subscription / vote (公债 / 民众的不满 / 普选 / 普通教育 / 人民阵线 / 舆论 / 人民主权 / 大众订阅 / 直接投票) popular song / singer (流行歌曲 / 歌手)

popularity*** [ˌpɒpju'lærəti]
n. 名望；大众化；流行；受欢迎
ⓔ win popularity (受到欢迎) popularity poll (声望调查) enjoy great / general popularity (深受欢迎，获得广泛好评)

populace** [ˈpɒpjələs]
n. 民众；平民

popularize** [ˈpɒpjələraɪz]
v. 使通俗，使普及 *ize (= make)
ⓔ popularize a new method of teaching spelling (普及新的拼写教法)

populism* [ˈpɒpjəlɪzəm]
n. (P~)平民主义，平民论；民粹主义，民粹派
ⓝ populist (平民主义者，平民论者；民粹论者)

public*** [ˈpʌblɪk]
a. 公众的；公共的；为公众事务的；国家的；公开的；闻名的，众所周知的
n. (the ~) 公众，民众；志趣相同或(从事同类活动的)群体
*publ⟨popul (= people)
ⓐⓓ publicly (公开地) ⓔ certified public accountant (〈美〉执业会计师 (缩写：CPA)) public relations (公共关系) book that will appeal to a large public (广大读者会喜爱的书) in public (公然地，公开地)

publish*** [ˈpʌblɪʃ]
v. 出版；发表；公布，颁布(法律等) *publ⟨popul (= people)
ⓝ publishing (出版(业)) publishing house / company / firm (出版社，出版公司)
ⓔ publish the news (发布新闻) publish an edict / law (公布布告 / 法令)

publisher*** [ˈpʌblɪʃə(r)]
n. 出版商；发表者；(报社)业主；(报刊)发行人 *publ⟨popul (= people)
ⓔ publisher's imprint (版本说明 (书的书名页或版权页上标注的出版人、出版地点、出版时间、版次、印数等的说明))

publication*** [ˌpʌblɪˈkeɪʃn]
n. 出版；出版物；公布，发表 *publ⟨popul (= people)
ⓔ date of publication (出版日期) monthly / weekly publication (月刊 / 周刊出版物) publication of a report (报告的公布)

---

publicize* [ˈpʌblɪsaɪz]
v. (尤指用广告)宣传 *publ⟨popul (= people)

publicity*** [pʌbˈlɪsəti]
n. (公众的)注意；名声；宣传(文章)；广告 *publ⟨popul (= people)
ⓔ publicity hound (求名者) actress who seeks / avoids publicity (希望 / 避免引人注意的女演员) adverse publicity that he received during the investigation (调查给他带来的坏名声) give a new book / play, etc. wide publicity (大力宣传新书 / 新剧等) conduct a publicity campaign (进行宣传活动) publicity department (宣传部) publicity agent ((演员、商品等的)广告员，宣传员)

publicist** [ˈpʌblɪsɪst]
n. 时事评论员；广告员；宣传员 *publ⟨popul (= people)

republic*** [rɪˈpʌblɪk]
n. 共和国；共和政体 *re⟨res (= thing, affair, interest), publ⟨popul (= people)
ⓔ the First / Second / Third / Fourth / Fifth Republic (法兰西第一共和国 / 第二共和国 / 第三共和国 / 第四共和国 / 第五共和国)

republican*** [rɪˈpʌblɪkən]
a. 共和国的；共和政体的；共和主义的；(R~)〈美〉共和党的 *n.* 共和主义者；〈美〉共和党党员 *re⟨res (= thing, affair, interest), publ⟨popul (= people)
ⓝ republicanism (共和主义) ⓔ Republican Party (〈美〉共和党)

LECTURE 191

词根 MIGR

来自拉丁语的 migr 意为 to move。同义词根有来自拉丁语的 mot / mob / mov 和来自希腊语的 kine / cinema。

migrate***
[maɪˈgreɪt]

[使移动 migr (= move)]
vi. 移居;(候鸟等动物)随季节迁徙,移栖
ⓝ migration 移居;移动 migrant 候鸟;移居者 ⓐ migratory 移动的;移居的
ⓔ Many birds migrate for thousands of miles to avoid cold weather. (许多鸟为了躲避严寒而迁徙数千英里。)

immigrate*
[ˈɪmɪgreɪt]

v. (从外国)移入;作为移民定居 *im〈in (= into)

immigration***
[ˌɪmɪˈgreɪʃn]

n. 移居;[总称](外来)移民 *im〈in (= into)
ⓔ immigration officer (〈美〉移民管理局官员) numerous immigrants into the United States (移居美国的大量移民)

immigrant***
[ˈɪmɪgrənt]

n. 移民 *im〈in (= into)
ⓔ South Korean immigrants in USA (美国的韩国移民)

emigrate**
[ˈemɪgreɪt]

v. 移居外国 *e〈ex (= out)
ⓝ emigration (移居外国;[总称]移民)

emigrant**
[ˈemɪgrənt]

n. 移居外国者 *e〈ex (= out)
ⓔ emigrants to Canada (移居加拿大的人) emigrant laborers (移居外国的工人)

émigré*
[ˈemɪgreɪ]

n. (法国革命时的)逃亡贵族;政治流亡者;移居国外者 *e〈ex (= out)

transmigration*
[ˌtrænzmaɪˈgreɪʃn]

n. 移民;【宗】转生,轮回 *trans (= over, change)
ⓥ transmigrate (移民;(灵魂)转生,轮回) ⓔ transmigration of the soul (灵魂转生)

LECTURE 192

词根 VARIC

来自拉丁语的 varic 意为 to straddle。

prevaricate*
[prɪˈværɪkeɪt]

[使事先观望 pre (= before) + varic (= straddle)]
vi. 说谎;含糊其辞,推诿;支吾
ⓝ prevarication 支吾;说谎 ⓔ Most young children will prevaricate to avoid punishment. (大多数小孩儿都会为躲避惩罚而说谎。)

LECTURE 193

词根 ULTIM

来自拉丁语的 ultim 意为 end。同义词根有来自拉丁语的 fin, termin 和来自希腊语的 bys。

ultimate***
[ˈʌltɪmət]

[最后的、最终的 ultim (= last)]
a. 最后的,终极的;根本的

ⓐⓓ ultimately 最后，最终 ⓝ ultimatum 最后通牒 ⓔ The website is the ultimate guide to science fiction web pages, with 6,000 links! (那个网站有 6000 个链接，是科幻小说网页的终极指南！)

ultimatum** [ˌʌltɪˈmeɪtəm]
n. 最后通牒

ultimogeniture* [ˌʌltɪməʊˈdʒenɪtʃə(r)]
n. 【律】幼子继承制(↔primogeniture 长子继承制) *gen (= birth)

ultimo* [ˈʌltɪməʊ]
a. 上个月的(缩写：ult.)
ⓔ the 5th ultimo (上个月 5 号)

penultimate* [peˈnʌltɪmət]
n. / a. 倒数第二(的)；【语】(词的)倒数第二个音节(的) *pen (= almost)
ⓔ penultimate resting place (倒数第二个休息地)

词根 ORN

来自拉丁语的 orn 意为 to decorate。

ornate** [ɔːˈneɪt]
[装饰的 orn (= decorate)]
a. (装饰、文体)华丽的；过分修饰的
ⓔ This wallpaper is too ornate for me; I want something simpler. (这种壁纸对我来说太华丽了，我想要简单点的。)

ornament*** [ˈɔːnəmənt]
n. 装饰(品)；增添光彩的人(或物) v. 装饰，修饰
ⓝ ornamentation (装饰；装饰品) church with no ornamentation (没有装饰品的教堂)
ⓔ altar rich in ornament (装饰华丽的祭坛) shelf crowded with ornaments (堆满装饰品(如小坛子、陶瓷品等)的架子) He is an ornament to his profession. (他是一个为行业增光的人。) ornament the table with a bunch of flower (用一束花来装点桌子)

ornamental*** [ˌɔːnəˈmentl]
a. 装饰的；装饰品的

adorn*** [əˈdɔːn]
v. 装饰 *ad (= to)
ⓝ adornment (装饰；装饰品)

LECTURE 194

词根 SCAL

来自拉丁语的 scal 意为 ladder。另外，请注意来自拉丁语的 scend / scens / scent / scan 与此词根含义相似，意为 to climb。

escalate* [ˈeskəleɪt]
[使通过梯子向外、向上走 e⟨ex (= out, up) + scal (= ladder)]
vt. 使逐步上升，使逐步升级
ⓝ escalation 逐步上升，逐步扩大 ⓔ The conflict between the neighbors continues to escalate. (邻居间的矛盾在不断升级。)

de-escalate* [ˌdiːˈeskəleɪt]
v. 使(范围、规模、数量等)逐步缩小，使逐步降级 *de (= down), e⟨ex (= out)
ⓝ de-escalation (逐步缩小；逐步降级)

词根 ONER

来自拉丁语的 oner 意为 burden。

exonerate* [ɪgˈzɒnəreɪt]
[使从沉重的行李、负担中解脱出来 ex (= out) + oner (= burden)]
vt. 免除(责任、义务、苦难等)；证明…无罪

ⓝ exoneration 免除；释罪 ⓔ Many convicted criminals have been exonerated by DNA evidence.（很多被宣告有罪的罪犯依靠 DNA 证据被证明无罪。）

onerous* [ˈəʊnərəs]
a. 繁重的；麻烦的
ⓔ onerous duties（繁重的税）

词根 INSUL[ISOL]

来自拉丁语的 insul 意为 island。isol 是它的变形。同义词根有来自盎格鲁-撒克逊语的nes。

insulate** [ˈɪnsjuleɪt]
[使成为岛屿 insul（= island）]
vt.【物】使绝缘；使绝热；隔离，使孤立
ⓝ insulation 绝缘；隔离 insulator 绝缘体 insularity 岛国性质 insularism(思想观点的）偏狭性 ⓐ insular 海岛的；岛民的；偏狭的 insulated 被绝缘的；被隔热的 ⓔ I insulated my home against undue heat loss.（为了防止热量过多散失，我把我们家做了隔热处理。）

isolate*** [ˈaɪsəleɪt]
v. 使孤立；隔离；使脱离 *isol〈insul（= island）
ⓔ isolated house（单人房） community that had been isolated from civilization（与文明孤立隔绝的社会）

isolation*** [ˌaɪsəˈleɪʃn]
n. 孤立，隔离 *isol〈insul（= island）
ⓝ isolationism（（国际事件上的）孤立主义） isolationist （孤立主义者） ⓔ in isolation（孤立地；独自地） isolation hospital / ward（隔离医院 / 病房）

LECTURE 195

词根 STIP

来自拉丁语的 stip 意为 to press together。

stipulate** [ˈstɪpjuleɪt]
[使一起按压 stip（= press together）]
vt.（作为条件）讲定，约定，规定；确定，保证
ⓝ stipulation 约定，规定；条款 ⓔ I stipulated that the company pay my moving expenses before accepting the job.（我要求那家公司先支付我搬家的费用，然后我才会接受这份工作。）

constipate** [ˈkɒnstɪpeɪt]
v. 使患便秘 *con〈com（= intensive）
ⓐ constipated（便秘的） ⓝ constipation（便秘） ⓔ find some kinds of food constipating（发现一些引起便秘的食物）

词根 CAST[CEST, CHAST]

来自拉丁语的 cast 意为 pure。cest，chast 是它的变形。同义词根有来自希腊语的 cath。

castigate* [ˈkæstɪgeɪt]
[使拉走得干干净净 cast（= pure）+ ig（= drive）]
vt. 严惩；严厉批评；责打
ⓝ castigation 惩罚；责打 ⓔ The sergeant castigated the private for not shining his shoes.（因为没有擦鞋子，中士严厉地批评了卫兵。）

caste** [kɑːst]
n.（印度社会的）种姓；社会阶层；等级地位
ⓔ lose caste（失去社会地位）

chaste***
[tʃeɪst]
a. （想法、言行等）正派的，高尚的；守贞节的；（文风等）简洁朴实的；纯洁的
*chast〈cast (= pure)

chastity**
[ˈtʃæstəti]
n. 正派，高尚；纯洁；简洁 *chast〈cast (= pure)
ⓔ chastity belt (贞节带)

chasten**
[ˈtʃeɪsn]
v. 通过惩罚使（犯错误的人）改正（或变得更好）；磨炼（人）；使缓和，遏制；使(文章等)简洁朴实 *chast〈cast (= pure)

chastise**
[tʃæˈstaɪz]
v. 惩罚；责骂 *chast〈cast (= pure)

---

incest*
[ˈɪnsest]
n. 乱伦 *in (= not), cest〈cast (= pure)
ⓐ incestuous (乱伦的)

LECTURE 196

词根 PAT

来自拉丁语的词根pat 意为 to walk。同义词根有来自拉丁语的 ambul [ambl]。

---

expatiate*
[ɪkˈspeɪʃieɪt]
[向外走出去 ex (= out) + pat (= walk)]
vi. 详述，细说
ⓔ She expatiated on the topic of flower arranging. (她就插花这一主题进行了详细的阐述。)

---

peripatetic*
[ˌperipəˈtetɪk]
a. 流动的；巡回工作的 *peri (= around)
ⓔ peripatetic religious teachers of India (印度的周游四方宗教教师)

词根 CRASTIN

来自拉丁语的 crastin 意为 tomorrow。

---

procrastinate*
[prəʊˈkræstɪneɪt]
[拉向前使走向明天 pro (= forward) + crastin (= tomorrow)]
v. 延迟，耽搁，拖延
ⓝ procrastination 延迟，拖延 ⓔ My New Year's resolution is to stop procrastinating. (我的新年决心就是做事不再拖延。)

词根 FLIG

来自拉丁语的 flig 意为 to drive。同义词根有来自拉丁语的 ig / ag / act, pel / puls[peal]。另外，来自拉丁语的意为 to lead 的 duc / duct [du], men[mean] 和来自希腊语的 agog 也有相似的含义。

---

profligate**
[ˈprɒflɪgət]
[使拉向前 pro (= forward) + flig (= drive)]
a. 放荡的，不检点的；肆意挥霍的，极度浪费的
n. 放荡者
ⓝ profligacy 放荡，不检点；浪费 ⓔ Citizens are complaining about the profligate salaries for public officials. (公民在抱怨公务员工资高得有些浪费。)

LECTURE 197

词根 ART

来自拉丁语的 art 意为 skill, art。

articulate★★ [话中含有技术、技巧 art (= art, skill)]
ⓐ [ɑːˈtɪkjələt] *a.* (发音)清晰的；表达得清楚有力的；有关节的
ⓥ [ɑːˈtɪkjuleɪt] *vt.* 清晰地发(音)；明确有力地表达；用关节连接
ⓝ articulation 清晰的发音；关节 ⓔ It's difficult for some men to articulate their real feelings. (有些人很难清楚地表达自己的真实情感。)

artifact★★ [ˈɑːtɪfækt] *n.* 人造制品 *fact (=make)

artifice★★ [ˈɑːtɪfɪs] *n.* 灵巧；奸计；诡计 *fic (= make)
ⓔ by artifice (用奸计)

artificer★★ [ɑːˈtɪfɪsə(r)] *n.* 技工；技术兵；创造者 *fic (= make)
ⓔ the Great Artificer (伟大的造物主) engine-room artificer (机舱技工)

artificial★★★ [ˌɑːtɪˈfɪʃl] *a.* 人工的，人为的；人造的，仿造的；不自然的 *fic (= make)
ⓔ artificial flowers / insemination / light / respiration / satellite / turf (假花 / 人工授精 / 人造光线 / 人工呼吸 / 人造卫星 / 人造草皮)

artisan★★ [ˌɑːtɪˈzæn] *n.* 工匠，技工

artillery★★★ [ɑːˈtɪləri] *n.* [总称] 大炮；炮兵(部队)
ⓝ artilleryman (炮兵) ⓔ artillery duel (炮战) artillery fire (炮火) heavy / field artillery (重炮 / 野战炮)

artist★★★ [ˈɑːtɪst] *n.* 艺术家；美术家(尤指画家)；(某方面的)能手
ⓔ artist in words (善言辞的人)

artiste★★ [ɑːˈtiːst] *n.* (职业歌手、演员、舞蹈家等)艺人；(某项手艺的)能手

artistry★ [ˈɑːtɪstri] *n.* 艺术性；艺术技巧；艺术才能

artistic★★ [ɑːˈtɪstɪk] *a.* 艺术的；艺术家的
ⓐ artistical (= artistic) ⓐⓓ artistically (艺术地)

arty★ [ˈɑːti] *a.* 冒充有艺术价值的，附庸风雅的，装作爱好艺术 的
ⓔ arty-crafty ((家具等)美观而不实用的)

artful★★ [ˈɑːtfl] *a.* 狡猾的，奸猾的；人工的

artless★★ [ˈɑːtləs] *a.* (和 artful 相对)单纯的，天真的；自然的 *less (= without)
ⓔ artless village girl (纯朴的乡村姑娘)

词根 ACERB

来自拉丁语的 acerb 意为 bitter, harsh。

exacerbate★★ [ɪgˈzæsəbeɪt] [使非常痛苦或难受 ex (= intensive) + acerb (= bitter, harsh)]
vt. 使(痛苦、疾病等)恶化；激怒
ⓝ exacerbation 恶化；激怒 ⓔ Many study shows that stress and tension can exacerbate pain. (很多研究表明压力和紧张会加剧疼痛。)

acerbity☆ [əˈsɜːbəti]

n. 尖酸；酸，苦，辣

LECTURE 198

词根 BIL

来自拉丁语的 bil 意为 strong。同义词根有来自拉丁语的 firm，forc / fort，rob，val [vail] 等。

debilitate★ [dɪˈbɪlɪteɪt]

[对"使结实"加以否定 de (= reverse) + bil (= strong)]

vt. 使衰弱

ⓝ debility (身体的)虚弱 ⓔ Be brave. Fear debilitates one's will and destroys initiative. (勇敢点儿。恐惧会削弱人的意志，也会破坏主动性。)

词根 FUSC

来自拉丁语的 fusc 意为 dark。同义词根有来自盎格鲁-撒克逊语的 maur [moor]。

obfuscate★ [ˈɒbfʌskeɪt]

[盖在某物上，使其变得黑暗 ob (= upon, over) + fusc (= dark)]

vt. 使模糊；使困惑；使混乱

ⓔ Phone companies excel at obfuscating the actual price per minute you pay. (电话公司善于模糊你每分钟通话应支付的实际价格。)

fuscous☆ [ˈfʌskəs]

a. 暗褐色的

LECTURE 199

词根 RAT

来自拉丁语的 rat 意为 to reckon。

ratify★★★ [ˈrætɪfaɪ]

[一一地清点 rat (= reckon)]

vt. 批准；认可

ⓝ ratification 批准；认可 ⓔ I heartily ratify your choice of restaurants. (你很会选餐厅，对此我由衷地认可。)

rate☆☆☆ [reɪt]

n. 率，比率；价格，费用；速度；等级 *v.* 评价；估价；列为

ⓔ birth / death rate (出生 / 死亡率) exchange rate (汇率) walk at the rate of 3 miles an hour (以每小时 3 英里的速度行走) at a great rate (高速地) first / second / third rate (一级 / 二级 / 三级) first-rate teacher (一流的教师)

rating★★ [ˈreɪtɪŋ]

n. 等级；测试得分；评分；〈英〉水兵，普通海员；声誉；(电视节目的)收视率，(广播的)收听率

ⓔ efficiency rating system (效率评分系统)

ratio★★★ [ˈreɪʃiəʊ]

n. 比，比率

ⓔ direct / inverse / nutritive ratio (正比 / 反比 / 营养比值) ratio 3:2 ((读做 the ratio of three to two) 3：2 的比率) in the ratio of (以…的比率)

ratiocination* [ˌrætiˌɒsɪˈneɪʃn] *n.* (尤指用三段论法的)推理

ration*** [ˈræʃn] *n.* 定额,定量,(食品等的)配给(量);(pl.)【军】(日需)口粮;(日需)给养
v. 定量供应(粮食、水等);平均分配
ⓔ ration card / book(定量供应卡/(定量)配给票证簿) go and draw rations(去领取分发的东西) ration the water(定量供水) ration out the bread(分发面包)

---

rational*** [ˈræʃnəl] *a.* 理智的;理性的;合理的
ⓐⓓ rationally(理性地;合理地) ⓝ rationality(理性观点(或行动);合理性) ⓔ rational conduct / explanations(合理的行为/解释)

rationale* [ˌræʃəˈnɑːl] *n.* 理由的说明

rationalism* [ˈræʃnəlɪzəm] *n.*【哲】理性主义;唯理论
ⓝ rationalist(理性主义者;唯理论者) ⓐ rationalistic(理性主义(者)的;唯理论(者)的)

rationalize* [ˈræʃnəlaɪz] *v.* 使合理;合理地解释
ⓝ rationalization(合理化) ⓔ rationalize his fears / behavior(合理解释他的不安/行为)

LECTURE 200

词根 JUST

来自拉丁语的词根 just 意为 right。同义词根有来自希腊语的 orth(o)。

---

justify*** [ˈdʒʌstɪfaɪ] [使正确、正当 just(= right)]
vt. 证明…正当;为…辩护
ⓝ justification 证明为正当;辩护 ⓐ justifiable 可证明为正当的;可辩护的 ⓔ How can we justify space exploration when starvation is rampant on Earth?(地球上到处饥饿横行,怎么能说这时候进行宇宙探险是正当的呢?)

---

justice*** [ˈdʒʌstɪs] *n.* 正义;公平;司法,裁判;法官
ⓔ Department of Justice(〈美〉司法部(部长是 Attorney General)) Chief Justice(〈美〉最高法院首席法官)

injustice*** [ɪnˈdʒʌstɪs] *n.* 不公正;不公平 *in(= not)
ⓔ remedy injustice(消除不公正)

unjust*** [ˌʌnˈdʒʌst] *a.* 不公正的;不公平的;非正义的 *un(= not)
ⓔ unjust enrichment(不正当的发财) the just and the unjust((无论正直与否的)所有人)

unjustifiable* [ʌnˈdʒʌstɪfaɪəbl] *a.* 不合理的;无法辩护的 *un(= not)

adjust*** [əˈdʒʌst] *v.* 调整,调节;改变…以适应;校准 *ad(= to)
ⓐ adjustable(可以调节的) well-adjusted(完全适应环境的) well-adjusted child(完全适应环境的孩子) ⓝ adjuster((要求赔偿损失时)负责调整赔偿金额的理算员)

---

adjustment*** [əˈdʒʌstmənt] *n.* 调节;调解;调整 *ad(= to)
ⓔ adjustment board(调解委员会)

maladjusted* [ˌmæləˈdʒʌstɪd] *a.* 失调的;(尤指人)无法适应(环境等)的 *mal(= bad)
ⓝ maladjustment(失调;不适应)

附录　补充词根

A

1. **acid**(= sour, acid)
acidity** [əˈsɪdəti] 酸味物质；酸的
acidosis* [ˌæsɪˈdəʊsɪs] 酸中毒
acidulous* [əˈsɪdjʊləs] 微酸的；尖刻的
2. **acou, acu**(= to hear)
acoustic* [əˈkuːstɪk] 听觉的
3. **acro**(= high, extremity)
acrobat** [ˈækrəbæt] 杂技演员
acrophobia* [ˌækrəʊˈfəʊbjə] 恐高症
acronym* [ˈækrənɪm] 首字母缩略词
4. **adelph**(= brother)
Philadelphia*** [ˌfɪləˈdelfiə] 费城(美国宾夕法尼亚州(Pennsylvania)东南部港市)
5. **adip**(= fat)
adipose* [ˈædɪpəʊs] 脂肪的；动物脂肪
6. **aeg**(= goat)
aegis* [ˈiːdʒɪs] 保护；赞助
7. **aeth**(= burnt, brown)
Ethiopia*** [ˌiːθiˈəʊpiə] 埃塞俄比亚
8. **agap**(= love)
agape** [əˈgeɪp] (上帝或基督的)对人类之爱
9. **agog**(= to lead)
pedagogue** [ˈpedəgɒg] 教师，教育者
demagogue** [ˈdeməgɒg] 煽动家；(古代的)民众领袖
synagogue** [ˈsɪnəgɒg] 犹太教堂
10. **agon**(= struggle)
agony*** [ˈægəni] 苦恼，痛苦
protagonist* [prəˈtægənɪst] 主角；倡导者
antagonist*** [ænˈtægənɪst] 对手，敌手
11. **agor**(= marketplace)
agoraphobia* [ˌægərəˈfəʊbiə] 广场恐怖症
panegyric** [ˌpænəˈdʒɪrɪk] 颂文
12. **agr**(= field)
agriculture*** [ˈægrɪkʌltʃə(r)] 农业；农学
agrarian** [əˈgreəriən] 土地的；平均地权(重新分配土地)论者
agronomy* [əˈgrɒnəmi] 农艺学，农学
13. **al**(= to nourish)
alma mater* [ˈælməˈmɑːtə(r)] 母校
14. **al**(= the)
alcohol*** [ˈælkəhɒl] 酒精
algebra*** [ˈældʒɪbrə] 代数学
alfalfa** [ælˈfælfə] 紫苜蓿
15. **ala**(= wing)
alate* [ˈeɪleɪt] 有翼的
alar* [ˈeɪlə(r)] 翅状的
16. **alb**(= white)
album*** [ˈælbəm] 相簿；集邮簿
albino** [ælˈbiːnəʊ] 白化病人
albumen* [ˈælbjumɪn] 蛋白；胚乳
17. **alex**(= to protect)
alexin* [əˈleksɪn] 防御素
18. **alg**(= pain)
neuralgia* [njʊəˈrældʒə] 神经痛
nostalgia* [nɒˈstældʒə] 乡愁
analgesic* [ˌænəlˈdʒiːzɪk] 止痛的；止痛剂
19. **americ**(= America)
americium* [ˌæməˈrɪsiəm] 镅(放射性元素；元素符号 Am，原子序号 95)
Amerind* [ˈæmərɪnd] 美洲印第安人
20. **amoeb**(= change, amoeba)
amoeba* [əˈmiːbə] 阿米巴，变形虫
amoeboid* [əˈmiːbɔɪd] 似变形虫的
21. **anatol**(= east)
Anatolian* [ˌænəˈtəʊljən] 安纳托利亚语
22. **andr**(= man)
polyandry* [ˌpɒliˈændri] 一妻多夫
Andrew*** [ˈændruː] 安德烈(耶稣十二使徒之一)
gynandromorph* [gaɪˈnændrəʊmɔːf] 雌雄嵌体
23. **angel**(= message, messenger, angel)
angel*** [ˈeɪndʒl] 天使
evangelist** [ɪˈvændʒəlɪst] 福音传道者
24. **angl**(= English)
Anglican** [ˈæŋglɪkən] 英国国教的
Anglophobe* [ˈæŋgləʊfəʊb] 反英者
Anglo-Saxon** [ˈæŋgləʊˈsæksən] 盎格鲁-撒克逊人
25. **angul, angl**(= angle)
triangle*** [ˈtraɪæŋgl] 三角形；三角关系
26. **angust**(= narrow)
anguish*** [ˈæŋgwɪʃ] (身心的)痛苦；感到极度痛苦
27. **anth**(= flower)
anther** [ˈænθə(r)] 花药
chrysanthemum** [krɪˈsænθəməm] 菊花
anthology** [ænˈθɒlədʒi] (诗、文、曲、画等的)选集
28. **anthrac**(= coal, carbuncle)
anthracite** [ˈænθrəsaɪt] 无烟煤
anthracoid* [ˈænθrəkɔɪd] 似炭痈的，似痈的，

痈状的
anthrax* [ˈænθræks] 炭疽(病)

29. **anthrop**(= man, human being)
anthropology** [ˌænθrəˈpɒlədʒi] 人类学
philanthropist** [fɪˈlænθrəpɪst] 博爱者，慈善家
anthropomorphic* [ˌænθrəpəˈmɔːfɪk] 被赋予人形(或人性)的；拟人的

30. **apert**(= to open)
aperture** [ˈæpətʃə(r)] 缝隙
aperitif* [əˌperəˈtiːf] 开胃酒(为了增加食欲，饭前饮用的酒，如雪利酒)
April*** [ˈeɪprəl] 四月

31. **api**(= bee)
apiary* [ˈeɪpjəri] 养蜂场
apian* [ˈeɪpjən] 蜜蜂的
apiculture* [ˈeɪpɪkʌltʃə(r)] 养蜂

32. **apic**(= top, extremity)
apex** [ˈeɪpeks] 顶点，顶峰
apical* [ˈæpɪkl] 顶上的；舌尖的

33. **aqua**(= water)
aquarium** [əˈkweəriəm] 水族馆；玻璃水槽
aquamarine* [ˌækwəməˈriːn] 海蓝宝石(蓝绿玉的一种)；水绿色
aqueduct** [ˈækwɪdʌkt] 导水管；沟渠

34. **aquil**(= eagle)
aquiline** [ˈækwɪlaɪn] 鹰的(像鹰的)；弯曲的(像鹰嘴的)
Aquila* [ˈækwɪlə] 天鹰座
eagle*** [ˈiːgl] 鹰

35. **arct**(= north, bear(animal))
Arctic*** [ˈɑːktɪk] 北极的；北极地区(圈)
Antarctic** [ænˈtɑːktɪk] 南极的；南极(地区)

36. **aren**(= sand)
arena*** [əˈriːnə] 竞技场，角斗场
arenaceous* [ˌærəˈneɪʃəs] 沙的，多沙的

37. **argent**(= silver)
Argentina*** [ˌɑːdʒənˈtiːnə] 阿根廷
argentiferous* [ˌɑːdʒənˈtɪfərəs] 含银的；产银的

38. **arid**(= dry, to burn)
arid** [ˈærɪd] 干旱的；无趣的
ardent*** [ˈɑːdnt] 热烈的；燃烧的
arson* [ˈɑːsn] 纵火(罪)

39. **arithm**(= number)
arithmetic*** [əˈrɪθmətɪk] 算术
logarithm* [ˈlɒgərɪðəm] 对数

40. **arter**(= artery)
arterial* [ɑːˈtɪəriəl] 动脉的
arteriosclerosis* [ɑːˌtɪəriəʊskləˈrəʊsɪs] 动脉硬化(症)

41. **arthr, art**(= joint)
arthritis* [ɑːˈθraɪtɪs] 关节炎
arthropod* [ˈɑːθrəpɒd] 节肢动物(的)
article*** [ˈɑːtɪkl] (物品的)一件；文章；条款；冠词

42. **asper**(= rough)
asperity* [æˈsperəti] (性格、语气等的)粗暴，刻薄
exasperate** [ɪgˈzæspəreɪt] 激怒

43. **aster**(= star)
asterisk* [ˈæstərɪsk] 星号；标上星号
astronaut** [ˈæstrənɔːt] 宇航员
disaster*** [dɪˈzɑːstə(r)] 灾祸

44. **athen**(= Athena, goddess)
Athens*** [ˈæθənz] 雅典
Athenaeum* [ˌæθɪˈniːəm] 雅典娜神殿
Attic* [ˈætɪk] (古希腊)雅典风格的

45. **athl**(= contest, prize)
athlete*** [ˈæθliːt] 运动员
pentathlon** [penˈtæθlən] 五项运动
decathlon* [dɪˈkæθlən] 十项运动

46. **atlant**(= Atlas, the Titan)
Atlantic*** [ətˈlæntɪk] 大西洋；大西洋的
Atlantis*** [ətˈlæntɪs] 传说沉没于大西洋中的岛
atlas*** [ˈætləs] 地图册

47. **atm**(= breath)
atmosphere*** [ˈætməsfɪə(r)] 大气；气压
atmometer* [ætˈmɒmɪtə(r)] 蒸发计

48. **atr**(= black)
atrocious** [əˈtrəʊʃəs] 残暴的，凶恶的
atrocity** [əˈtrɒsəti] 凶恶，暴行
atrabilious* [ˌætrəˈbɪljəs] 忧郁症的；沉闷的

49. **augur**(= soothsayer)
augur** [ˈɔːgə(r)] 占卜师；占卜；预言
augury* [ˈɔːgjʊri] 占卜
inauguration** [ɪˌnɔːgjəˈreɪʃn] 就职典礼；开幕式

50. **aur**(= air, breeze)
aura** [ˈɔːrə] 气味，香气
soar*** [sɔː(r)] 高飞；暴涨

51. **aur**(= ear)
auricular* [ɔːˈrɪkjulə(r)] 耳状的；听觉的
binaural* [baɪˈnɔːrəl] 有两耳的；两耳用的
auscultation* [ˌɔːskəlˈteɪʃn] 听；听诊

52. **aur**(= gold)

auriferous* [ɔːˈrɪfərəs] 产金的；含金的

aureole* [ˈɔːriəul] 光轮，光环

aureate* [ˈɔːriət] 金色的；灿烂的

53. **austral** (= south)

Australia*** [ɒsˈtreɪljə] 澳大利亚

54. **av**(= to desire)

avid** [ˈævɪd] 渴望的；贪婪的

avarice** [ˈævərɪs] 贪婪，妄想

B

1. **back**(= back)

backward*** [ˈbækwəd] 向后地(的)；相反地(的)

aback** [əˈbæk] 向后地

bacon*** [ˈbeɪkən] 咸肉

2. **bak**(= to bake)

bakery*** [ˈbeɪkəri] 面包店，糕点房

batch** [bætʃ] (面包、陶器等)一炉；一批

3. **ball**(= ball)

balloon*** [bəˈluːn] 气球

ballot*** [ˈbælət] 选票；投票

4. **bane**(= death)

bane** [beɪn] 毒药；祸害，灾害

baneful* [ˈbeɪnfl] 有害(有毒)的

henbane* [ˈhenbeɪn] 天仙子

5. **bank**(= bench)

bank*** [bæŋk] 堤；堆积；用堤围住

bankrupt*** [ˈbæŋkrʌpt] 破产者；破产的；失去的；使破产

banquet*** [ˈbæŋkwɪt] 宴会；设宴款待

6. **bapt**(= to dip)

baptize*** [bæpˈtaɪz] 给人施浸礼；(施洗时)授…以教名

baptism** [ˈbæptɪzəm] 洗礼

pedobaptism* [ˌpiːdəʊˈbæptɪzəm] 幼儿洗礼

7. **bar**(= pressure, weight)

barograph* [ˈbærəgrɑːf] 自动气压计

isobar* [ˈaɪsəbɑː(r)] 等压线

8. **barbar**(= stranger, foreign)

barbarian*** [bɑːˈbeəriən] 野蛮人；异族人；野蛮的，粗鲁的

barbarism** [ˈbɑːbərɪzəm] 野蛮

Barbara*** [ˈbɑːbrə] 巴巴拉(女子名)

9. **basil**(= king, royal)

basilica** [bəˈzɪlɪkə] (古罗马)长方形会堂

Basil** [ˈbæzl] 巴兹尔(男子名)

basilisk* [ˈbæzɪlɪsk] (神话中的)怪蛇；蜥蜴的一种

10. **bass**(= low)

bass*** [beɪs] 男低音；低音的

basset* [ˈbæsɪt] (矿脉、地层等)露出

bassoon* [bəˈsuːn] 低音管

11. **bath**(= deep)

bathy-scaphe* [ˈbæθɪskeɪf] 深海生物调查用潜水艇

bathy-sphere* [ˈbæθɪˌsfɪə(r)] (深海生物调查用的)球形潜水装置

bathos* [ˈbeɪθɒs] 突降法

12. **beck**(= sign)

beck** [bek] 点头示意；招手示意

beckon*** [ˈbekən] 招手；召唤

beacon** [ˈbiːkən] 烽火；灯塔；为…设置信标

13. **ben**(= son of)

Benjamin*** [ˈbendʒəmɪn] 本杰明(男子名)；受宠爱的幼子

14. **bengal**(= Bengal(India))

Bengalese* [ˌbeŋgəˈliːz] 孟加拉人

Bengali* [beŋˈgɔːli] 孟加拉(人)的

bungalow*** [ˈbʌŋgələʊ] (带走廊的)平房

15. **-berg**(= mountain, village)

iceberg** [ˈaɪsbɜːg] 冰山

Heidelberg** [ˈhaɪdəlbɜːg] 海德尔堡

Nuremberg** [ˈnjʊərəmbɜːg] 纽伦堡

16. **bert**(= bright)

Robert*** [ˈrɒbət] 罗伯特(男子名)

Albert*** [ˈælbət] 艾伯特(男子名)

Bertha** [ˈbɜːθə] 伯莎(女子名)

17. **bibli**(= book)

bibliophile* [ˈbɪbliəfaɪl] 爱书者；藏书家

bibliography** [ˌbɪbliˈɒgrəfi] 书志学；参考书目

Bible*** [ˈbaɪbl] 圣经

18. **bide**(= to stay)

bide*** [baɪd] 居住

abide*** [əˈbaɪd] 停留；住

abode*** [əˈbəʊd] (abide 的过去式和过去分词)居住，滞留

19. **bio**(= life)

biology*** [baɪˈɒlədʒi] 生物学

autobiography** [ˌɔːtəbaɪˈɒgrəfi] 自传

20. **blanc**(= white, pale)

blanch** [blɑːntʃ] 漂白；使变白

blank*** [blæŋk] 空白的；茫然的；空白；空虚

carte blanche* [ˌkɑːt ˈblɑːnʃ] 全权委任状

21. **bla**(= to blow, to swell)

blow*** [bləʊ] 吹动；随风飘动

bladder** [ˈblædə(r)] 膀胱；囊状物

blast*** [blɑːst] 一阵风；爆炸

22. **blaz**(= torch)

blaze*** [bleɪz] 火焰；闪耀；燃烧；照耀

blazer* [ˈbleɪzə(r)] 燃烧体；发光体

emblazon** [ɪmˈbleɪzən] 用纹章装饰

23. **bleach** (= white, pale)

bleach*** [bliːtʃ] 晒得褪色；漂白

bleacher* [ˈbliːtʃə(r)] 漂白者；漂白剂

bleak*** [bliːk] 荒凉的；黯然的

24. **bomb** (= drum)

bomb*** [bɒm] 炸弹；爆炸

bombard** [bɒmˈbɑːd] 炮轰

boom*** [buːm] 隆隆声；发隆隆声

25. **bor** (= farmer)

neighbor*** [ˈneɪbə(r)] 邻居；邻居的

boorish* [ˈbʊərɪʃ] 粗鄙的；乡土气的

Boer** [bɔː(r)] 布尔人(的)

26. **bosc, bot** (= to graze, plant)

proboscis* [prəˈbɒsɪs] 鼻子；(昆虫等的)能吸吮、取食的管状器官

botany** [ˈbɒtəni] 植物学

27. **bou, bov**(= cow, ox)

bovine* [ˈbəʊvaɪn] 似牛的；迟钝的；牛科动物

bucolic* [bjuːˈkɒlɪk] 牧羊的；牧歌的；(pl.)田园诗

bugle*** [ˈbjuːgl] 喇叭

28. **bow**(= to bend)

bow*** [baʊ] 鞠躬；低头

elbow*** [ˈelbəʊ] 肘；用胳膊肘推搡

buxom** [ˈbʌksəm] (女子)体态丰满的

29. **brac**(= arm)

bracelet*** [ˈbreɪslət] 手镯；(pl.)手铐

embrace*** [ɪmˈbreɪs] 拥抱

brace*** [breɪs] 支柱；支撑

30. **brad**(= broad, wide)

broad*** [brɔːd] 宽阔的；广泛的；大概的

breadth*** [bredθ] 宽度

31. **brest**(= breast)

abreast** [əˈbrest] 并列

breastplate* [ˈbrestpleɪt] (盔甲的)护胸甲

brisket* [ˈbrɪskɪt] (动物的)胸部(的肉)

32. **brew**(= to ferment)

bread*** [bred] 面包；生计

33. **-bridge, -bruck**(= bridge)

Cambridge*** [ˈkeɪmbrɪdʒ] 剑桥(英国东南部城市)

34. **broc** (= to stitch, to pierce, to tap(keg))

brocade** [brəˈkeɪd] 织有金银丝浮花的锦缎

broach** [brəʊtʃ] 凿子；钻孔

broker*** [ˈbrəʊkə(r)] 经纪人

35. **bronch**(= windpipe)

bronchitis** [brɒŋˈkaɪtɪs] 支气管炎

bronchial* [ˈbrɒŋkiəl] 支气管的

bronchoscope* [ˈbrɒŋkəskəʊp] 支气管窥镜

36. **brun**(= brown)

brunette** [bruːˈnet] 浅黑肤色的女人

37. **bry**(= moss, to swell)

bryology* [braɪˈɒlədʒi] 苔藓学

bryophyte* [ˈbraɪəfaɪt] 苔藓植物

embryo** [ˈembriəʊ] 胎儿

38. **bull**(= to will)

abulia* [əˈbjuːlɪə] 丧志症

39. **bulg**(= bag)

bulge** [bʌldʒ] 凸出部分；暂时的增加；膨胀

budget*** [ˈbʌdʒɪt] 预算；经费；做预算

budgetary** [ˈbʌdʒɪtəri] 预算(内)的

40. **-burg, -burgh**(= fort, town)

Pittsburgh*** [ˈpɪtsbɜːg] 匹兹堡(美国宾夕法尼亚州的钢铁城市)

Edinburgh*** [ˈedɪnbərə] 爱丁堡

41. **burg**(= shelter, town)

burgess** [ˈbɜːdʒɪs] (自治市、郡的)公民

burglar*** [ˈbɜːglə(r)] 夜贼

burrow*** [ˈbʌrəʊ] 洞穴；挖地洞

42. **burn, bran**(= to burn)

burn*** [bɜːn] 烧灼；激起愤怒或欲望

brand*** [brænd] 商标；着火的树木；用…打上烙印

brandy*** [ˈbrændi] 白兰地酒；用白兰地酒调和

43. **-bury, -borough**(= fort, town)

canterbury** [ˈkæntəbəri] 乐谱架

Salisbury** [ˈsɔːlzbəri] 索尔兹伯里(津巴布韦共和国首都)

44. **-by**(= town)

Derby** [ˈdɑːbi] 德比(英国中部的都市)；英国的大赛马会

C

1. **caco**(= bad)

cacophony* [kæˈkɒfəni] 不和谐音

2. **caesar**(= emperor)

caesarean* [siˈzeəriən] 古罗马皇帝的

Czar** [zɑː(r)] (俄国)沙皇

Kaiser** [ˈkaɪzə(r)] 神圣罗马帝国皇帝

3. **cal**(= hot)

calorie*** [ˈkæləri] 卡路里(热量单位)

caldron** [ˈkɔːldrən] 大锅

calescent* [kəˈlesənt] 慢慢变热(增温)的

4. **calc**(= lime)

calcium*** [ˈkælsiəm] 钙

chalk*** [tʃɔːk] 粉笔；用粉笔表示(写)

5. **calli**(= beautiful)

calisthenics* [ˌkælɪsˈθenɪks] 健美操

Calliope* [kəˈlaɪəpi] 司辩论、叙事诗的女神

6. **camera**(= chamber)

camera*** [ˈkæmərə] 照相机

chamber*** [ˈtʃeɪmbə(r)] 房间；议院；关在房间里；装进

comrade*** [ˈkɒmreɪd] 同志

7. **camp**(= field)

campaign*** [kæmˈpeɪn] 战役；选举运动；运动；作战

encampment* [ɪnˈkæmpmənt] 营地，野营地

champagne** [ʃæmˈpeɪn] 香槟

8. **can, cyn**(= dog)

canine** [ˈkeɪnaɪn] 犬的，似犬的；犬

canary*** [kəˈneəri] 金丝雀

cynic** [ˈsɪnɪk] 愤世嫉俗者

9. **can**(= reed, tube, hollow)

cannon*** [ˈkænən] 大炮；炮轰

canyon*** [ˈkænjən] 峡谷

cane*** [keɪn] 拐杖；藤条

10. **can**(= rod, rule)

canon law*** [ˈkænən lɔː] 教会法

canonical* [kəˈnɒnɪkl] 根据教会法的；标准的

canonize* [ˈkænənaɪz] 封为圣徒

11. **canal**(= canal)

canal*** [kəˈnæl] 运河；开凿运河

canaliculus* [ˌkænəˈlɪkjuləs] 小管，细管

channel*** [ˈtʃænl] 海峡；水道；途经；在…开沟(或槽)

12. **cancel**(= cross out)

cancellation** [ˌkænsəˈleɪʃn] 取消

chancellor*** [ˈtʃɑːnsələ(r)] 总理；大臣；名誉校长

chancery** [ˈtʃɑːnsəri] 衡平法

13. **cand**(= white, glowing)

incandescent** [ˌɪnkænˈdesnt] 光亮的；白炽的

candid** [ˈkændɪd] 正直的，率直的；白的；偷拍的照片

candle*** [ˈkændl] 蜡烛

14. **cap**(= cape)

cap*** [kæp] 帽子；给…戴帽

escape*** [ɪˈskeɪp] 溜走，逃脱；逃亡

chapel*** [ˈtʃæpl] 小礼拜堂；礼拜

15. **capill**(= hair)

capillary** [kəˈpɪləri] 毛状的；毛细管的

16. **capr**(= goat)

caper** [ˈkeɪpə(r)] 雀跃

capricorn* [ˈkæprɪkɔːn] 摩羯(星)座

Capri* [kəˈpriː] 卡普里岛

17. **caps**(= container, box)

capsule** [ˈkæpsjuːl] 胶囊；概括

encapsulate* [ɪnˈkæpsjuleɪt] 装入胶囊；概括

casket** [ˈkɑːskɪt] 小匣子；装进小箱子

18. **car**(= dear)

caress*** [kəˈres] 爱抚

charitable*** [ˈtʃærətəbl] 仁慈的；宽大的

cherish*** [ˈtʃerɪʃ] 珍爱；怀有(希望等)

19. **car**(= vehicle)

car*** [kɑː(r)] 汽车

chariot*** [ˈtʃæriət] 战车

carriage*** [ˈkærɪdʒ] 四轮马车；运输；姿态

20. **card**(= heart)

cardiac* [ˈkɑːdiæk] 心脏(病)的；强心剂

pericardium* [ˌperɪˈkɑːdiəm] 心包

endocarditis* [ˌɪndəʊkɑːˈdaɪtɪs] 心内膜炎

21. **cari**(= decay)

caries* [ˈkeəriːz] 龋；骨溃疡

carious* [ˈkeəriəs] 骨溃疡的；腐烂的

carrion** [ˈkæriən] 腐肉；令人作呕的(腐烂的)东西

22. **carl**(= man, freeman)

churlish** [ˈtʃɜːlɪʃ] 粗野的；吝啬的

Charles*** [tʃɑːlz] (男子名)查尔斯

23. **cart**(= paper, card)

card*** [kɑːd] 卡片；名片

chart*** [tʃɑːt] 航海图；图表；计划
cartoon** [kɑːˈtuːn] 讽刺画；漫画化

24. **cartilage**(= gristle)
cartilage** [ˈkɑːtɪlɪdʒ] 软骨(组织)
cartilaginous* [ˌkɑːtɪˈlædʒɪnəs] 软骨(质)的

25. **cas**(= house)
casino** [kəˈsiːnəʊ] 有表演等的赌场
Casablanca* [ˌkæsəˈblæŋkə] 卡萨布兰卡(摩洛哥西北部港市，即达尔贝达)
cassock* [ˈkæsək] 法衣

26. **-caster, -cester**(= camp, fort)
Lancaster** [ˈlæŋkəstə(r)] 兰开斯特(英格兰 Lancashire(兰开夏)的首府)
Manchester** [ˈmæntʃɪstə(r)] 曼彻斯特(英国英格兰西北部港市)
Winchester** [ˈwɪntʃɪstə(r)] 温切斯特(英格兰南部城市)

27. **cath**(= pure)
catharsis* [kəˈθɑːsɪs] 导泻(尤指通便)
cathartic** [kəˈθɑːtɪk] 泻药；通便的，导泻的

28. **caud**(= tail)
caudal* [ˈkɔːdl] 尾部的，近尾部的
coward*** [ˈkaʊəd] 胆小鬼；懦弱的
cue** [kjuː] 暗示；信号

29. **caus**(= reason)
causal* [ˈkɔːzl] 原因的
accuse*** [əˈkjuːz] 揭发；非难
excuse*** [ɪkˈskjuːz] 辩解

30. **cav**(= hollow)
cave*** [keɪv] 洞穴；挖洞；让步
concave** [kɒnˈkeɪv] 凹入的
excavate** [ˈekskəveɪt] 挖掘；开凿

31. **cen**(= empty)
cenotaph* [ˈsenətɑːf] 纪念碑

32. **centr**(= center)
concentric** [kənˈsentrɪk] 同中心的
concentration*** [ˌkɒnsnˈtreɪʃn] 集中
centrifugal** [ˌsentrɪˈfjuːgl] 离心的

33. **chame**(= earth)
chameleon** [kəˈmiːliən] 变色龙

34. **charg**(= to load)
charge*** [tʃɑːdʒ] 装弹于(枪、炮)；指控；费用；攻击
discharge*** [dɪsˈtʃɑːdʒ] (从船上)卸下；清偿(债务)；履行(义务)
cargo*** [ˈkɑːgəʊ] (车、船、飞机等运输的)货物

35. **charis**(= favor, gratitude)
Eucharist* [ˈjuːkərɪst] 圣餐，圣餐面包(及酒)
Eucharistic* [ˌjuːkəˈrɪstɪk] 圣餐的
charisma** [kəˈrɪzmə] 超凡魅力；教皇般的领导力

36. **chem**(= to pour)
chemistry*** [ˈkemɪstri] 化学；化学作用
alchemy* [ˈælkəmi] 炼金术

37. **chiro**(= hand)
chiropractor** [ˈkaɪərəʊpræktə(r)] 脊椎指压治疗者
chiropodist* [kɪˈrɒpədɪst] 手足病医生

38. **chol**(= bile, gall)
choleric** [ˈkɒlərɪk] 易怒的
melancholy*** [ˈmelənkəli] 忧郁；忧郁的
cholera** [ˈkɒlərə] 霍乱

39. **chor**(= to dance)
chorus*** [ˈkɔːrəs] 合唱
choreography* [ˌkɒriˈɒgrəfi] 设计舞蹈动作
chorea* [kɒˈriə] 舞蹈症

40. **christ**(= christ, anointed)
christen** [ˈkrɪsn] 为…洗礼；(施洗时)给…命名
cretin* [ˈkretɪn] 矮呆病患者

41. **chrom, chro**(= color)
chromosome* [ˈkrəʊməsəʊm] 染色体
achromatic* [ˌækrəˈmætɪk] 无色的
panchromatic* [ˌpænkrəˈmætɪk] 全色的

42. **chron**(= time)
chronic** [ˈkrɒnɪk] 慢性的；慢性病的
chronometer* [krəˈnɒmɪtə(r)] 精密计时表
chronicle*** [ˈkrɒnɪkl] 编年史；记事；编入编年史

43. **-cide**(= to kill, to cut)
fratricide* [ˈfrætrɪsaɪd] 杀害兄弟(姐妹)的行为
genocide* [ˈdʒenəsaɪd] 种族灭绝

44. **citr**(= citrus)
citric* [ˈsɪtrɪk] 柠檬的
citronella* [ˌsɪtrəˈnelə] 香茅，枫茅
citron** [ˈsɪtrən] 香木缘，圆佛手柑

45. **civ**(= citizen)
civil*** [ˈsɪvl] 市民的，公民的；文明的
civilian*** [səˈvɪliən] 平民的；民用的
civilization*** [ˌsɪvəlaɪˈzeɪʃn] 文明

46. **clam**(= bond, to stick)
clam*** [klæm] 蛤；沉默寡言的人；保持沉默
clamber*** [ˈklæmbə(r)] 爬上；攀登
climb*** [klaɪm] 登上；攀登

47. **clas**(= to break)

iconoclast* [aɪˈkɒnəklæst] 偶像破坏者；提倡打破旧习的人

48. **clean**(= clean)

cleanse*** [klenz] 使纯净

cleanly*** [ˈkliːnli] 洁净的；干净地

unclean** [ˌʌnˈkliːn] 不洁的；不纯洁的

49. **cleav**(= to split)

cleaver** [ˈkliːvə(r)] 切割者(刀)

cleavage** [ˈkliːvɪdʒ] 分裂；劈开

cleft*** [kleft] 裂缝；裂开的；劈开的

50. **cleav**(= to stick)

cleave*** [kliːv] 固守

cliff*** [klɪf] 悬崖，绝壁

clay*** [kleɪ] 黏土

51. **cler**(= lot, portion)

clergy*** [ˈklɜːdʒi] 圣职者；牧师

cleric** [ˈklerɪk] 圣职者

clerk*** [klɑːk] 店员；办事员

52. **clon**(= spasm)

clonus* [ˈkləʊnəs] (肌肉的)间歇性抽筋

clonic* [ˈklɒnɪk] 阵挛的

53. **cloth**(= cloth)

clothing*** [ˈkləʊðɪŋ] 衣服

clothes*** [kləʊðz] 衣服；被褥

clad*** [klæd]穿衣的；被覆盖的

54. **cohort**(= enclosure, garden)

court*** [kɔːt] 内院；宫廷；法庭

cohort** [ˈkəʊhɔːt] 步兵；(pl.)同伴，支持者

courtier*** [ˈkɔːtiə(r)]朝臣；奉承者，拍马屁的人

55. **col, chil**(= cold)

cold*** [kəʊld] 寒冷的；冷淡的，不热情的

cool*** [kuːl] 凉爽的；冷静的

chilly*** [ˈtʃɪli] 寒冷的；冷淡的

56. **color**(= color)

tricolor** [ˈtrɪkələ(r)] 三色的；三色旗

discolor* [dɪsˈkʌlə(r)] 变色(褪色)；变脏

coloratura* [ˌkɒlərəˈtʊərə] 花腔女高音(的)

57. **combus**(= to burn up)

combustion*** [kəmˈbʌstʃn] 燃烧；兴奋

58. **come**(= to come)

income*** [ˈɪnkʌm] 收入

outcome*** [ˈaʊtkʌm] 结果，成果

welcome*** [ˈwelkəm] 欢迎；受到欢迎的

59. **con**(= cone)

coniform* [ˈkɒnɪfɔːm] 圆锥形的

conifer** [ˈkɒnɪfə(r)] 松类；针叶树

conical** [ˈkɒnɪkl] 圆锥形的

60. **cop**(= to cut)

syncopate* [ˈsɪŋkəpeɪt] 中间部分省略

syncope* [ˈsɪŋkəpi] 词中音省略

apocopate* [əˈpɒkəpeɪt] 省略(词尾字母或音节)

61. **copi**(= abundance)

copious** [ˈkəʊpiəs] 很多的，丰富的

copy*** [ˈkɒpi] 副本，拷贝；抄袭

cornucopia** [ˌkɔːnjuˈkəʊpiə] 丰饶的象征

62. **copr**(= dung)

coprolite* [ˈkɒprəlaɪt] 粪化石

63. **copul**(= bond)

copula* [ˈkɒpjələ] 系词；接合部

copulative* [ˈkɒpjulətɪv] 连接的；交媾的

couple*** [ˈkʌpl] 一对，夫妇；连接

64. **cor**(= leather)

excoriate* [ˌeksˈkɔːrieɪt] 剥皮；激烈地批判

scourge*** [skɜːdʒ] 天谴；苦难的根源；蹂躏

cuirass* [kwɪˈræs] 胸甲；妇女的胸衣

65. **corn**(= horn)

unicorn* [ˈjuːnɪkɔːn] 独角兽

Capricorn* [ˈkæprɪkɔːn] 摩羯宫；摩羯(星)座

66. **coron**(= wreath, crown)

coronation** [ˌkɒrəˈneɪʃn] 加冕礼

coronet** [ˈkɒrənet] 小冠冕

coroner** [ˈkɒrənə(r)] 验尸官

67. **cosm**(= universe, harmony)

cosmic** [ˈkɒzmɪk] 宇宙的；广大的

cosmonaut* [ˈkɒzmənɔːt] 宇航员

microcosm* [ˈmaɪkrəʊkɒzəm] 小宇宙

68. **cosmet**(= beauty, harmony)

cosmetic** [kɒzˈmetɪk] 化妆品；美容的

cosmetology* [ˌkɒzməˈtɒlədʒi] 美容术

69. **coup**(= to cut, to hide)

coupon*** [ˈkuːpɒn] 证明持有人有做某事或获得某物之权利的票据(通常可撕下)

coupe** [ˈkuːpeɪ] 双座四轮轿式马车

cope*** [kəʊp] 应付；(妥善)处理

70. **cover**(= to cover, to hide)

covert*** [ˈkʌvət] 隐蔽的，偷偷摸摸的；掩蔽物

discover*** [dɪˈskʌvə(r)] 发现，发觉

curfew** [ˈkɜːfjuː] (中世纪规定人们熄灯安睡的)晚钟声

71. **cox**(= hip)

coxa* [ˈkɒksə] 髋

coxalgia* [kɒkˈsældʒiə] 髋关节痛

72. **crak**(= to crack)

crack*** [kræk] 发出噼啪声；产生裂纹；使爆裂

crackle*** [ˈkrækl] 噼啪响

crash*** [kræʃ] 突然发出的爆裂声；撞击；坠落；垮台

73. **creat**(= to make)

creative*** [kriˈeɪtɪv] 创造性的

creature*** [ˈkriːtʃə(r)] 生物

recreation [ˌrekriˈeɪʃn] 娱乐，消遣

74. **crek**(= to croak)

creak*** [kriːk] 吱吱的响声

croak*** [krəʊk] (蛙等)发深沉而嘶哑的声音，呱呱叫

cricket*** [ˈkrɪkɪt] 蟋蟀

75. **cri**(= to judge)

criticize*** [ˈkrɪtɪsaɪz] 批评

criterion** [kraɪˈtɪəriən] (判断的)标准

crisis*** [ˈkraɪsɪs] 危机；转折点

76. **crypt, krypt** (= hidden)

crypt** [krɪpt] 土窖；(教堂等的)地下室

cryptic** [ˈkrɪptɪk] 隐藏的；神秘的

krypton* [ˈkrɪptɒn] 氪

77. **cumul**(= heap)

accumulate*** [əˈkjuːmjəleɪt] 积聚；堆积

cumulative** [ˈkjuːmjələtɪv] 累积的

cumulus* [ˈkjuːmjələs] 积云；堆积

78. **cup**(= to desire)

cupidity* [kjuːˈpɪdəti] 物欲；贪婪

concupiscence* [kənˈkjuːpɪsəns] 强烈的性欲

Cupid* [ˈkjuːpɪd] 丘比特(罗马神话中的爱神)

79. **cupr**(= copper)

cuprite* [ˈkjuːpraɪt] 赤铜矿

cupreous* [ˈkjuːpriəs] 铜色的

cupric* [ˈkjuːprɪk] 含铜的

80. **cur**(= care)

pedicure* [ˈpedɪkjʊə(r)] (修趾甲)医师

sinecure** [ˈsɪnɪkjʊə(r)] (名誉或有收入的)闲职

81. **custod**(= guard)

custody** [ˈkʌstədi] 保管；管理

custodian** [kʌˈstəʊdiən] 管理人；保管者

custodial* [kʌˈstəʊdiəl] 保护的

82. **cut**(= skin)

cuticle** [ˈkjuːtɪkl] 表皮

cutaneous* [kjuːˈteɪnjəs] 皮肤(上)的

subcutaneous* [ˌsʌbkjuˈteɪniəs] 皮下的

83. **cutl**(= knife)

cutlass** [ˈkʌtləs] (海盗等用的)短剑，弯刀

cutlery** [ˈkʌtləri] 餐具

cutler** [ˈkʌtlə(r)] 刀匠

84. **cycl**(= circle)

tricycle** [ˈtraɪsɪkl] 三轮车，三轮脚踏车

cyclone** [ˈsaɪkləʊn] 龙卷风

Cyclops** [ˈsaɪklɒps] 【希神】独眼巨人

85. **cypr**(= Cyprus)

Cypriot* [ˈsɪpriət] 塞浦路斯人(语)

copper*** [ˈkɒpə(r)] 铜；铜钱

D

1. **dactyl**(= finger)

dactylic* [dækˈtɪlɪk] 扬抑格(的)

pterodactyl* [ˌterəˈdæktɪl] 翼手龙

2. **dal, tal**(= valley)

dale*** [deɪl] 山谷

taler* [ˈtɑːlə(r)] 德国的旧银币

dollar*** [ˈdɒlə(r)] 美元

3. **dam**(= woman, lady)

dame*** [deɪm] 贵妇人；女士

madam*** [ˈmædəm] 女士；夫人

damsel*** [ˈdæmzl] 少女；闺女

4. **day**(= day)

daylight*** [ˈdeɪlaɪt] 日光；白昼

daisy*** [ˈdeɪzi] 雏菊

dawn*** [dɔːn] 黎明；开始

5. **deal**(= part)

dealer*** [ˈdiːlə(r)] 商人

ordeal** [ɔːˈdiːl] 严酷的考验

6. **dear**(= precious)

dearth** [dɜːθ] 缺乏；饥馑

darling*** [ˈdɑːlɪŋ] 最爱的人；中意的

endearing** [ɪnˈdɪərɪŋ] 可爱的，惹人喜爱的

7. **deb**(= to owe)

debt*** [det] 债务；罪过

debit** [ˈdebɪt] 借方

debenture* [dɪˈbentʃə(r)] 债券

8. **dec**(= becoming(proper))

decent*** [ˈdiːsnt] (着装)得体的，大方的

decorate*** [ˈdekəreɪt] 装饰；给予勋章

indecorous* [ɪnˈdekərəs] 不合礼节的

9. **dei, div**(= God)

deity*** [ˈdeɪəti] 神；神的地位

deify** [ˈdeɪɪfaɪ] 将…奉若神明

divine*** [dɪˈvaɪn] 神的，神圣的

10. **delt**(= delta-shaped(△))

delta*** [ˈdeltə] 三角洲

deltaic* [delˈteɪɪk] 三角洲的

deltoid* [ˈdeltɔɪd] 三角形的

11. **dem**(= to judge)

deem*** [diːm] 认为

doom*** [duːm] 厄运；命中注定

doomsday* [ˈduːmzdeɪ] 最后的审判日，判决日

12. **demo**(= people)

democracy*** [dɪˈmɒkrəsi] 民主主义

epidemic*** [ˌepɪˈdemɪk] 流行病(的)

demagogue** [ˈdeməgɒg] 煽动(民众)者，蛊惑民心的政客

13. **demon**(= demon)

Pandemonium* [ˌpændəˈməʊniəm] 大混乱；地狱

demonology* [ˌdiːməˈnɒlədʒi] 鬼神学(论)，恶魔研究

demonolatry* [ˌdiːməˈnɒlətri] 鬼神崇拜

14. **dent**(= tooth)

dentist*** [ˈdentɪst] 牙科医生

dentifrice* [ˈdentɪfrɪs] 牙膏

dandelion*** [ˈdændɪlaɪən] 蒲公英

15. **derm**(= skin)

dermatology* [ˌdɜːməˈtɒlədʒi] 皮肤医学

epidermis** [ˌepɪˈdɜːmɪs] 表皮

hypodermic* [ˌhaɪpəˈdɜːmɪk] 皮下的；皮下注射(器)

16. **des, dem**(= bond, ligament)

diadem** [ˈdaɪədem] 王冠；带状头饰；给…戴王冠

17. **desider**(= to want)

desideratum* [dɪˌzɪdəˈrɑːtəm] 迫切需要之物

desire*** [dɪˈzaɪə(r)] 期望，希望，渴望

desirable*** [dɪˈzaɪərəbl] 值得向往的；令人满意的

18. **deuter**(= second)

deuterium* [djuːˈtɪərɪəm] 氘

Deuteronomy* [ˌdjuːtəˈrɒnəmi] (《圣经》)《申命记》

19. **di**(= day)

diary*** [ˈdaɪəri] 日记

dial*** [ˈdaɪəl] 刻度盘，转盘；拨电话

dismal*** [ˈdɪzməl] 阴沉的；凄凉的

20. **diabol**(= devil)

diabolical** [daɪəˈbɒlɪkl] 恶魔般的；残忍的

diabolism* [daɪˈæbəlɪzəm] 魔法；恶魔般的行为

devil*** [ˈdevl] 恶魔；恶根

21. **dig**(= to excavate)

dig*** [dɪg] 挖掘，采掘(矿物)

dike** [daɪk] 堤；筑堤防护

ditch*** [dɪtʃ] 沟渠，壕沟；挖沟渠

22. **digit**(= finger, toe)

digit* [ˈdɪdʒɪt] 手指

digital** [ˈdɪdʒɪtl] 手指(状)的

digitalis* [ˌdɪdʒɪˈteɪlɪs] 洋地黄

23. **din, dein**(= terrible)

dinosaur** [ˈdaɪnəsɔː(r)] 恐龙

24. **diplo**(= double)

diploma** [dɪˈpləʊmə] 毕业证

diplopia* [dɪˈpləʊpiə] 复视

diplococcus* [ˌdɪpləʊˈkɒkəs] 双球菌

25. **dips**(= thirst)

dipsomania* [ˌdɪpsəˈmeɪnɪə] 饮酒狂

26. **dom**(= home)

domestic*** [dəˈmestɪk] 家庭的；驯服的；国内的

domicile** [ˈdɒmɪsaɪl] 住所；定居

majordomo* [ˌmeɪdʒəˈdəʊməʊ] (王室、贵族的)男管家

27. **dor**(= gift)

Theodore** [ˈθiːədɔː(r)] 西奥多(男子名)

Dorothy*** [ˈdɒrəθi] 多萝西(女子名)

Pandora** [pænˈdɔːrə] 潘多拉

28. **dors**(= back (of body))

dorsal** [ˈdɔːsl] 背的

endorse** [ɪnˈdɔːs] 签署；认可(计划等)

29. **dra**(= to drive)

drama*** [ˈdrɑːmə] 戏剧

dramatic*** [drəˈmætɪk] 戏剧性的

drastic*** [ˈdræstɪk] 激烈的

30. **drift**(= to drive)

drift*** [drɪft] 漂流；倾向；使漂流

adrift** [əˈdrɪft] 漂泊的

drive*** [draɪv] 驾车；驱动；兜风；猛击

31. **drink**(= to drink)

drinker** [ˈdrɪŋkə(r)] 饮者；喝酒的人

drunk*** [drʌŋk] 喝醉了的；陶醉的

drown*** [draʊn] 溺水；淹没

32. **drip**(= to drip)

drip [drɪp] 滴水；水滴

drop [drɒp] 点滴；使落下

dribble [ˈdrɪbl] 滴下

33. **drom**(= to run, course)
syndrome* [ˈsɪndrəʊm] 综合病症
hippodrome* [ˈhɪpədrəʊm] (古希腊) 竞技场
34. **dryg**(= dry)
dry*** [draɪ] 干燥的; 口渴的
drug*** [drʌg] 药; 麻药; 吸毒
drought*** [draʊt] 干旱; 缺乏
35. **dulc**(= sweet)
dulcet* [ˈdʌlsɪt] 愉快的, 美妙的
dulcimer* [ˈdʌlsɪmə(r)] 扬琴
douceur* [duːˈsɜːr] 赏钱; 贿赂物

E

1. **eccles**(= church)
ecclesiastical** [ɪˌkliːziˈæstɪkl] 教会的
ecclesiology* [ɪˌkliːziˈɒlədʒi] 教堂建筑及装饰学
2. **ech**(= sound)
echo*** [ˈekəʊ] 回声; 发回声; 重复(他人的话)
catechumen* [ˌkætɪˈkjuːmən] 初学者
catechism* [ˈkætəkɪzəm] 问答教学法
3. **ego**(= I, self)
egotist* [ˈiːgətɪst] 自我中心的人
egocentric [ˌegəʊˈsentrɪk] 自我中心的
4. **electr**(= electric amber)
electricity*** [ɪˌlekˈtrɪsəti] 电流
electrode* [ɪˈlektrəʊd] 电极
electrolysis* [ɪˌlekˈtrɒləsɪs] 电解作用
5. **emet**(= to vomit)
emetic* [iˈmetɪk] 催吐的
6. **enigm**(= puzzle)
enigma** [ɪˈnɪgmə] 谜
enigmatic**[ˌenɪgˈmætɪk]谜一样的;不可思议的
7. **entom**(= insect)
entomology* [ˌemtəˈmɒlədʒi] 昆虫学
entomophagous* [ˌentəˈmɒfəgəs] 食虫的
8. **ep**(= word, tale)
epic** [ˈepɪk] 叙事诗(的); 史诗般的作品
epos* [ˈepɒs] 原始叙事诗
9. **equ**(= horse)
equine* [ˈekwaɪn] 马(的)
equestrian** [ɪˈkwestriən] 骑手的; 马术家(的)
equitation* [ˌekwɪˈteiʃn] 骑马; 马术
10. **ere**(= sooner, before)
ere*** [eə(r)] 在…以前
erstwhile** [ˈɜːstwaɪl] 以前的, 往昔的
early*** [ˈɜːli] 早(的); 在初期
11. **erem**(= alone)
eremite* [ˈerɪmaɪt] 隐士
eremitic* [ˌerɪˈmɪtɪk] 隐士的
hermit*** [ˈhɜːmɪt] 修行者, 隐士
12. **ero**(= to love)
erotic* [ɪˈrɒtɪk] 性爱的; 色情的
erogenous* [ɪˈrɒdʒənəs] 唤起情欲的
erotomania* [ɪˌrɒtəʊˈmeɪnɪə] 色情狂
13. **eso**(= within)
esoteric* [ˌesəˈterɪk] 深奥的; 秘密的
14. **eth**(= character, custom)
ethical** [ˈeθɪkl] 伦理的; 道德的
ethics** [ˈeθɪks] 伦理学; 伦理观
ethos* [ˈiːθɒs] 社会(或民族、时代、制度等)的精神气质
15. **ether**(= upper air, to burn)
ethereal** [iˈθɪəriəl] 轻的; 天上的
ethyl** [ˈeθɪl] 乙基; 乙烷基
ester** [ˈestə(r)]酯
16. **ethn**(= race, nation)
ethnic** [ˈeθnɪk] 人种的; 种族的
ethnology* [eθˈnɒlədʒi] 民族学
ethnolinguistics* [ˌeθnəʊlɪŋˈgwɪstɪks] 民族语言学
17. **etym**(= true)
etymology** [ˌetɪˈmɒlədʒi] 语源(学)
etymologist* [ˌetɪˈmɒlədʒɪst] 语源学者

F

1. **far**(= flour, grain)
farina* [fəˈraɪnə] (玉米等的)谷粉; 粉末
farinaceous* [ˌfærɪˈneɪʃəs] 谷粉的; 粉末状的
farrago* [fəˈrɑːgəʊ] 混杂物
2. **farc**(= to stuff)
farce** [fɑːs] 笑剧; 滑稽; 为(演说等)穿插(笑料)
3. **fare**(= to go)
farewell*** [ˌfeəˈwel] 再见; 诀别(的)
thoroughfare** [ˈθʌrəfeə(r)] 通路; 往来, 通行
welfare*** [ˈwelfeə(r)] 福利(事业)
4. **fatu**(= foolish)
fatuous* [ˈfætʃuəs] 愚蠢的, 傻瓜的

fatuity* [fə'tju:əti] 愚昧

infatuation** [ɪnˌfætʃu'eɪʃn] 糊涂；醉心

5. **fe**(= cattle, money, property)

feudalism** ['fju:dəlɪzəm] 封建制度

fee*** [fi:] 费用；酬金

fellow*** ['feləʊ] 人；同事；朋友

6. **febr**(= fever)

febrile* ['fi:braɪl] 发烧的；热病的

febrifuge* ['febrɪfju:dʒ] 退热药

febricity* [fɪ'brɪsəti] 发烧

7. **fed**(= to feed)

fed*** [fed] 抚养的

food*** [fu:d] 食品

foster*** ['fɒstə(r)] 养育；培养

8. **fel**(= cat)

feline** ['fi:laɪn] 猫的；像猫一样的

9. **felic**(= happy)

felicity** [fə'lɪsəti] 喜事，幸福

felicitation* [fəˌlisə'teɪʃn] (pl.)庆祝，庆贺

infelicitous* [ˌɪnfɪ'lɪsətəs] 不幸的；不合适的

10. **femin**(= woman)

feminine*** ['femənɪn] 女子的；像女子的

effeminate** [ɪ'femɪnət] 像女人一样的

female*** ['fi:meɪl] 女性的，母(雌)的；女人

11. **fend**(= to strike)

fender** ['fendə(r)] 防卫物；挡泥板

defend*** [dɪ'fend] 防护；辩护

fence*** [fens] 栅栏；防御

12. **fest**(= feast)

festive** ['festɪv] 庆祝的；喜庆的

festival*** ['festɪvl] 喜庆(的)；节日

festoon** [fe'stu:n] 花彩；使成为花彩

13. **fiss, -fid**(= to split)

fission* ['fɪʃn] 分裂；裂变

fissure** ['fɪʃə(r)] 裂缝

bifid* ['baɪfɪd] 裂成两半的；两裂的

14. **fix**(= to fasten)

prefix** ['pri:fɪks] 前缀；加上前缀

suffix** ['sʌfɪks] 后缀；加上后缀

transfix** [træns'fɪks] 刺穿；(用尖锐的东西)钉住

15. **flabell**(= breeze)

flabellum* [flə'beləm] 扇形器官(结构)

flute*** [flu:t] (吹)长笛

16. **flagell**(= whip)

flagellant* ['flædʒələnt] 自行鞭笞以赎罪的宗教信仰者

flagellation* [ˌflædʒə'leɪʃn] (特别指宗教等方面的)鞭打

flail** [fleɪl] 连枷；用连枷打

17. **flav**(= yellow)

riboflavin* [ˌraɪbə'fleɪvɪn] 核黄素

flavescent* [flə'vesnt] 逐渐变黄的；稍带黄色的

18. **flect, flex**(= to bend)

deflect** [dɪ'flekt] (使)偏斜；(使)偏转

reflection*** [rɪ'flekʃn] 反射；反映；反省

circumflex* ['sɜ:kəmfleks] 声调符号；弯曲的

19. **fledge**(= feathered, mature)

unfledged* [ˌʌn'fledʒd] 未成熟的；羽毛未丰的

full-fledged** [ˌful'fledʒd] 羽毛生齐的；成熟的

fledgeling** ['fledʒlɪŋ] 刚长毛的(或刚会飞的)鸟；初出茅庐者

20. **flor**(= flower)

floral** ['flɔ:rəl] 花的；似花的

florist** ['flɒrɪst] 种花人

Florida*** ['flɔ:rɪdə] 佛罗里达(美国州名)

21. **flot**(= to float)

float*** [fləʊt] 飘浮；使漂浮；摇摆

flotilla** [flə'tɪlə] 小舰队；小型船队

flotsam* ['flɒtsəm] (遇难船只的)漂浮残骸；零碎物

22. **foc**(= focus)

focal** ['fəʊkl] 焦点的

bifocals* [ˌbaɪ'fəʊklz] 双焦点透镜

23. **foli**(= leaf)

foliage*** ['fəʊliɪdʒ] 树叶

exfoliate* [eks'fəʊlieɪt] 片状剥落

portfolio** [pɔ:t'fəʊliəʊ] 文件夹；部长职务

24. **folk**(= people)

folk** [fəʊk] (pl.)人们；家属；民间的；通俗的

folklore** ['fəʊklɔ:(r)] 民俗(学)

Volkswagen*** ['fəʊlksˌvɑ:gən] 大众汽车

25. **foll**(= bellows, windbag, bag)

follicle* ['fɒlɪkl] 小囊，滤泡

folly*** ['fɒli] 愚笨；荒唐事

fool*** [fu:l] 傻瓜；做傻事；游荡

26. **for**(= door, opening, outdoors)

perforation* [ˌpɜ:fə'reɪʃn] 穿孔

forum** ['fɔ:rəm] 古罗马城镇的广场；法庭

forest*** ['fɒrɪst] 森林

27. **fornic**(= arch)

fornicate* [ˈfɔːnɪkeɪt] 私通

28. **foss**(= ditch)

fossa* [ˈfɒsə] 窝，凹

fossorial* [fɒˈsɔːriəl] 掘地的；适于掘地的

29. **franc**(= free, French)

franchise** [ˈfræntʃaɪz] 特权；公民权

Francis*** [ˈfrɑːnsɪs] 弗朗西斯(男子名)

Franco-American** [ˌfræŋkəʊəˈmerɪkən] 法国和美国之间的

30. **frater**(= brother)

fraternity*** [frəˈtɜːnəti] 大学生联谊会；兄弟会；友爱

fraternize* [ˈfrætənaɪz] 亲如兄弟；友善

confraternity* [ˌkɒnfrəˈtɜːnəti] (宗教、慈善事业的)团体

31. **fric**(= to rub)

friction*** [ˈfrɪkʃn] (两个物体间的)摩擦；摩擦力

fricative* [ˈfrɪkətɪv] 摩擦(产生)的

32. **frig**(= cold)

frigid** [ˈfrɪdʒɪd] 冷的；冷淡的

refrigerator*** [rɪˈfrɪdʒəreɪtə(r)] 冰箱

33. **fruct**(= full enjoyment)

fructify* [ˈfrʌktɪfaɪ] 结果实

fruition** [fruˈɪʃn] 结果，成就；拥有，实现

fruit*** [fruːt] 果实；成果

34. **fug**(= to flee)

fugitive*** [ˈfjuːdʒətɪv] 逃跑的；逃亡者

refugee** [ˌrefjuˈdʒiː] 难民；流亡者

centrifugal** [ˌsentrɪˈfjuːgl] 离心的

35. **foul**(= filthy)

foul*** [faʊl] 脏的；不利的；不快的

befoul* [bɪˈfaʊl] 玷污(名字、名誉等)；诽谤

36. **fulv**(= orange)

fulvous* [ˈfʌlvəs] 黄褐色的；茶色的

fulvescent* [fʌlˈvesnt] 变黄褐色的

37. **fum**(= smoke)

fume*** [fjuːm] (pl.)烟，汽；冒烟

fumigate** [ˈfjuːmɪgeɪt] 熏蒸

perfume*** [ˈpɜːfjuːm] 香味；香料；使散发香味

38. **fun**(= rope)

funicular* [fjuːˈnɪkjələ(r)] 索状的

funiculus* [fjuːˈnɪkjələs] 细索，细绳

39. **fund, found**(= to base, to establish)

fundamental*** [ˌfʌndəˈmentl] 基础的；根本的

foundation*** [faʊnˈdeɪʃn] 创办；基础

profound*** [prəˈfaʊnd] 深刻的；深远的

40. **furc**(= fork)

bifurcate* [ˈbaɪfəkeɪt] (使)分叉

G

1. **gal**(= to sing, to scream)

gale*** [geɪl] 疾风，暴风

Nightingale*** [ˈnaɪtɪŋgeɪl] 南丁格尔

yell*** [jel] 大叫；喊声

2. **galact**(= milk)

galaxy** [ˈgæləksi] 银河(系)

galactic* [gəˈlæktɪk] 乳汁的；银河的

3. **gall**(= French)

Gallic** [ˈgælɪk] 高卢的；高卢人的

gallium* [ˈgæliəm] 镓

Gallophobe* [ˈgæləfəʊb] 憎恶法国事物；恐法病

4. **gam**(= marriage)

bigamy* [ˈbɪgəmi] 重婚(罪)

polygamy** [pəˈlɪgəmi] 一夫多妻(制)

monogamous* [məˈnɒgəməs] 一夫一妻的

5. **gar**(= to protect, to supply)

garrison*** [ˈgærɪsn] 卫戍部队；要塞；守卫

garment*** [ˈgɑːmənt] 衣服；(pl.)服装，衣着

garnish*** [ˈgɑːnɪʃ] 装饰

6. **gast**(= to terrify)

ghastly*** [ˈgɑːstli] 苍白的；可怕的

aghast** [əˈgɑːst] 惊骇的，吓呆的

ghost*** [gəʊst] 鬼；幽灵

7. **gastr**(= stomach)

gastric* [ˈgæstrɪk] 胃的

gastritis* [gæsˈtraɪtɪs] 胃炎

gastronomy* [gæsˈtrɒnəmi] 烹饪法

8. **ge(o)**(= earth)

geometry** [dʒiˈɒmətri] 几何学

geology** [dʒiˈɒlədʒi] 地质学

apogee* [ˈæpədʒiː] 最高点，顶点；远地点

9. **geard**(= enclosure, garden)

garden*** [ˈgɑːdn] 花园，公园

yard*** [jɑːd] 院子

orchard*** [ˈɔːtʃəd] 果园

10. **gel**(= frost)

gelid* [ˈdʒelɪd] (像冰一样)冷的；冷淡的

gelatin*** [ˈdʒelətɪn] 明胶

congeal* [kən'dʒiːl] (使)冻结，(使)凝结

11. **gemin**(= twin)

Gemini* ['dʒemɪnaɪ] 双子座

gemination* [ˌdʒemɪ'neɪʃn] 重叠；重复

12. **gemm**(= bud)

gem*** [dʒem] 宝石；贵重品

gemmiferous* [dʒe'mɪfərəs] 产宝石的；发芽的

gemmology* [dʒe'mɒlədʒi] 宝石学

13. **gen, gon**(= knee)

genuflection* [ˌdʒenju'flekʃn] 屈膝；屈从

14. **georg**(= farmer)

George*** [dʒɔːdʒ] 乔治(男子名)

Roger*** ['rɒdʒə(r)] 罗杰(男子名)；(英国的)一种乡村舞蹈

15. **germ**(= bud)

germinal* ['dʒɜːmɪnl] 幼芽的，胚种的

germinate** ['dʒɜːmɪneɪt] (使)发芽

16. **geronto**(= old)

gerontocracy* [ˌdʒerɒn'tɒkrəsi] 老人统治

gerontology* [ˌdʒerɒn'tɒlədʒi] 老年医学

17. **gigant**(= giant)

gigantic*** [dʒaɪ'gæntɪk] 像巨人一样的，巨大的

18. **glac**(= ice)

glacial** ['gleɪʃl] 冰的；冰河的

glacier*** ['glæsiə(r)] 冰河

glaciology* [ˌglæsi'ɒlədʒi] 冰河学

19. **gladi**(= sword)

gladiolus* [ˌglædi'əʊləs] 唐菖蒲

gladiator** ['glædieɪtə(r)] 击剑者；格斗者；论争者

gladiatorial* [ˌglædiə'tɔːriəl] 斗剑(者)的；争论(者)的

20. **glom**(= ball of yarn)

glomerulus* [glɒ'merjuləs] 小球

conglomeration* [kənˌglɒmə'reɪʃn] 团块，混合物

21. **gloss, glot**(= language, tongue)

glossary* ['glɒsəri] 词汇；术语表

polyglot* ['pɒlɪglɒt] 通晓数种语言的(人)

epiglottis* [ˌepɪ'glɒtɪs] 会厌

22. **glutin**(= glue)

gluten** ['gluːtn] 麸质

glutinous* ['gluːtənəs] 黏性的

agglutination* [əˌgluːtɪ'neɪʃn] 黏着，胶合

23. **glyc, gluc**(= sweet)

glycerine** ['glɪsəriːn] 甘油；丙三醇

glucose* ['gluːkəʊs] 葡萄糖

24. **glyph**(= to carve)

hieroglyphic** [ˌhaɪərə'glɪfɪk] 象形文字(的)；难以辨识的

glyph* [glɪf] 雕像，雕刻的文字

25. **gnath**(= jaw)

prognathous* [prɒg'neɪθəs] 突颚的

26. **gorg**(= throat)

gorge*** [gɔːdʒ] 狼吞虎咽；塞饱；峡谷；咽喉

disgorge* [dɪs'gɔːdʒ] 吐出

regurgitate* [rɪ'gɜːdʒɪteɪt] (使)涌回；(使)反刍

27. **gos**(= goose)

gosling* ['gɒzlɪŋ] 小鹅；愚蠢而无经验的人

gossamer** ['gɒsəmə(r)] 轻飘飘的

gooseneck* ['guːsnek] 曲如鹅颈之物

28. **granat**(= grainy)

pomegranate* ['pɒmɪgrænɪt] 石榴

grenade** [grə'neɪd] 手榴弹

garnet** ['gɑːnɪt] 石榴石；石榴红色

29. **grav**(= to dig)

grave*** [greɪv] 坟墓；死亡

engrave*** [ɪn'greɪv] 雕刻；使铭刻

groove*** [gruːv] (唱片等的)纹；惯例；开槽于

30. **gregor**(= watchman)

Gregory** ['gregəri] 格雷戈里(男子名)

Gregorian* [gre'gɔːriən] 教皇的(特别指格列高利一世和十三世)

31. **grip**(= to seize)

grip*** [grɪp] 紧握，紧夹；把手；控制力；抓住

gripe** [graɪp] 紧握；抓紧

grope*** [grəʊp] 摸索

32. **guan**(= dung)

guano* ['gwɑːnəʊ] 海鸟粪；人造肥料

33. **guerr**(= war)

guerrilla** [gə'rɪlə] 〈古〉游击队

nom de guerre* ['nɔːmdə'geə(r)] 假名，艺名

34. **gust**(= taste)

gusto** ['gʌstəʊ] 爱好；兴致勃勃

gustatory* ['gʌstətəri] 味觉的

disgust*** [dɪs'gʌst] 厌恶，嫌恶；使作呕

35. **gym**(= naked, nude)

gymnasium*** [dʒɪm'neɪziəm] 体育馆

36. **gyn**(= woman)

gynaecology* [ˌgaɪnə'kɒlədʒi] 妇科医学

misogynist* [mɪ'sɒdʒɪnɪst] 厌恶女人的人

37. **gyr**(= ring, circle)

gyration* [dʒaɪˈreɪʃn] 回转，旋转
gyroscope* [ˈdʒaɪrəskəʊp] 陀螺仪，回转仪

H

1. **hagi**(= holy)
hagiography* [ˌhægiˈɒgrəfi] 圣徒传
hagiarchy* [ˈhægiˌɑːki] 圣徒统治；圣徒等级组织
hagiolatry* [ˌhægiˈɒlətri] 圣徒崇拜
2. **hal**(= a salt)
halide* [ˈhælaɪd] 卤化物
halogen* [ˈhælədʒən] 卤素
halophile* [ˈhæləfaɪl] 喜盐生物
3. **hal**(= whole, healthy, holy)
hale*** [heɪl] 强壮的，矍铄的
health*** [helθ] 健康；繁荣
halibut** [ˈhælɪbət] 大比目鱼
4. **hald**(= to hold)
halt*** [hɔːlt] (使)停止
held*** [held] 把握住的；主张的；继续维持的
behold*** [bɪˈhəʊld] 看
5. **ham, -heim, home**(= home, town)
Nottingham** [ˈnɒtɪŋəm] 诺丁汉(英国中北部郡名；该郡首府)
homestead*** [ˈhəʊmsted] 带有附属建筑及农场的田园
6. **hang**(= to hang)
hanger** [ˈhæŋə(r)] 挂物的东西
hanker* [ˈhæŋkə(r)] 憧憬(渴望)
hinge*** [hɪndʒ] 关键；根据…而定
7. **hatch**(= to chop)
hatchet*** [ˈhætʃɪt] 短柄斧
crosshatch* [ˈkrɒshætʃ] 使(雕刻或绘画)成平行线相交之阴影
hash** [hæʃ] 把肉切成小块；混杂
8. **hears**(= harrow, to harrow)
hearse** [hɜːs] 柩车，灵车
rehearse*** [rɪˈhɜːs] 练习
rehearsal*** [rɪˈhɜːsl] 练习；背诵
9. **heart**(= heart)
hearty*** [ˈhɑːti] 衷心的；精神饱满的；丰盛的
heartless** [ˈhɑːtləs] 无情的
dishearten** [dɪsˈhɑːtn] 使…气馁
10. **hedon**(= pleasure)
hedonism* [ˈhiːdənɪzəm] 快乐主义
hedonistic* [ˌhiːdəˈnɪstɪk] 快乐主义(者)的
11. **hedr**(= seat, side)
cathedral*** [kəˈθiːdrəl] 大教堂；有权威的
polyhedron* [ˌpɒliˈhiːdrən] 多面体
Sanhedrin* [ˈsænɪdrɪn] 古犹太最高评议会兼最高法院
12. **heli**(= sun)
heliotrope** [ˈhiːliətrəʊp] 具有向阳性的植物
helium** [ˈhiːliəm] 氦
heliocentric* [ˌhiːliəʊˈsentrɪk] 日心的
13. **helic**(= spiral)
helicopter*** [ˈhelɪkɒptə(r)] 直升机
helical* [ˈhelɪkl] 螺旋形的
helix* [ˈhiːlɪks] 螺旋，螺旋状物；耳轮
14. **hem, haem, em**(= blood)
haematology* [ˌhiːməˈtɒlədʒi] 血液学
haemorrhage* [ˈhemərɪdʒ] 出血
toxemia* [tɒkˈsiːmiə] 毒血症
15. **hepat**(= liver)
hepatic* [hɪˈpætɪk] 肝脏的
hepatitis* [ˌhepəˈtaɪtɪs] 肝炎
16. **herb**(= grass)
herbal*** [ˈhɜːbl] 草本的
herbarium* [hɜːˈbeəriəm] 植物标本集
17. **heur**(= to find)
heuristic* [hjuˈrɪstɪk] 启发式的
Eureka* [juˈriːkə] "尤里卡"，欧洲研究协调机构
18. **hev** (= to lift)
heave*** [hiːv] 举起(重物)；使膨胀
heavy*** [ˈhevi] 重的；沉重的；大量的
upheaval** [ʌpˈhiːvl] 举起；(社会等的)剧变
19. **hiat**(= gap)
hiatus* [haɪˈeɪtəs] 裂缝；脱字
20. **hibern**(= winter)
hibernate* [ˈhaɪbəneɪt] 冬眠
21. **hipp**(= horse)
hippopotamus** [ˌhɪpəˈpɒtəməs] 河马
Hippocrates*** [hɪˈpɒkrətiːz] 古希腊医师希波克拉底
22. **hispan, span** (= Spanish)
Hispanic*** [hɪˈspænɪk] 西班牙的；拉丁美洲的
spaniel** [ˈspænjəl] 狗的一种(毛发漂亮，耳朵长)；拍马屁者
23. **hol**(= whole)
holograph* [ˈhɒləgrɑːf] 亲笔文件；亲笔的
catholic*** [ˈkæθlɪk] (兴趣、爱好等)广泛的，

普遍的

24. **hydr**(= water)

hydrant* [ˈhaɪdrənt] 消火栓，消防龙头

dehydrate* [diːˈhaɪdreɪt] (使)脱水

25. **hygi**(= health)

hygiene*** [ˈhaɪdʒiːn] 卫生学

hygienic** [haɪˈdʒiːnɪk] 卫生(上)的

26. **hypn**(= sleep)

hypnotic** [hɪpˈnɒtɪk] 催眠的；催眠药

hypnosis* [hɪpˈnəʊsɪs] 催眠(状态)；催眠术

27. **hyster**(= womb)

hysteria** [hɪˈstɪəriə] 歇斯底里

hysterectomy*** [ˌhɪstəˈrektəmi] 子宫切除(术)

I

1. **iatr**(= healing)

psychiatrist** [saɪˈkaɪətrɪst] 精神科医生

paediatrician** [ˌpiːdiəˈtrɪʃn] 小儿科医生

geriatrics* [ˌdʒeriˈætrɪks] 老年病学

2. **ibi**(= there)

ibidem*** [ɪˈbaɪdem] 同前，如上

3. **id, eid**(= to see)

idea*** [aɪˈdɪə] 想法，观念

ideal*** [aɪˈdiːəl] 理想的，观念的；理想

eidetic* [aɪˈdetɪk] (头脑中印象)鲜明的

4. **ident**(= same)

identity*** [aɪˈdentəti] 同一；本身

identification** [aɪˌdentɪfɪˈkeɪʃn] 认出；身份验证，身份证明(书)

indentical** [aɪˈdentɪkl] 同一的，一致的

5. **idol**(= image)

idolatry** [aɪˈdɒlətri] 偶像崇拜

idolize** [ˈaɪdəlaɪz] 偶像化；盲目崇拜

6. **ign**(= fire)

ignite** [ɪgˈnaɪt] 点燃；使兴奋

ignition** [ɪgˈnɪʃn] 点火，点燃

igneous** [ˈɪgniəs] 火的，似火的

7. **ind**(= Indian)

indigo** [ˈɪndɪgəʊ] 靛青

Hindustan* [ˌhɪndʊˈstɑːn] 印度

Indonesia** [ˌɪndəˈniːʒə] 印度尼西亚

8. **indic**(= pointer)

indices* [ˈɪndɪsiːz] index 的复数

index*** [ˈɪndeks] 索引；指标

9. **irid**(= rainbow, iris (of eye))

iridescent** [ˌɪrɪˈdesnt] 彩虹色的

iris*** [ˈaɪrɪs] 鸢尾属植物；(眼球的)虹膜

10. **-itis**(= inflammation)

appendicitis** [əˌpendəˈsaɪtɪs] 阑尾炎

arthritis* [ɑːˈθraɪtɪs] 关节炎

tonsillitis* [ˌtɒnsəˈlaɪtɪs] 扁桃体炎

J

1. **jan**(= doorway)

janitor** [ˈdʒænɪtə(r)] 看门人，守卫

January*** [ˈdʒænjuəri] 一月

Janus** [ˈdʒeɪnəs] 两面神(门、出口处的守护神)

2. **jejun**(= fasting, empty)

jejune* [dʒɪˈdʒuːn] 贫瘠的；枯燥无味的

jejunum* [dʒɪˈdʒuːnəm] 空肠

3. **joan, john**(= God's gracious gift)

John [dʒɒn] 约翰

4. **joc**(= joke)

jocose* [dʒəʊˈkəʊs] 诙谐的，滑稽的

juggler** [ˈdʒʌglə(r)] 变戏法者；行骗者

jewel*** [ˈdʒuːəl] 宝石；贵重(物)品

5. **jov**(= Jove(Jupiter))

jovial** [ˈdʒəʊviəl] 快活的；【罗神】(主神)朱庇特的

Jovian* [ˈdʒəʊviən]【罗神】朱庇特的；威严的；木星的

6. **jud**(= Jewish)

judaic** [dʒuːˈdeɪɪk] 犹太的；犹太人(民族、文化)的

7. **juxta**(= next to, beside)

juxtapose* [ˌdʒʌkstəˈpəʊz] 使并置，并列

joust*** [dʒaʊst] 马上枪术比赛

K

1. **kin**(= to beget)

kinship** [ˈkɪnʃɪp] 亲族(血族)关系

kindred*** [ˈkɪndrəd] 血缘；亲属

kind*** [kaɪnd] 种类；性质

2. **kine-, cinema**(= to move)

kinetic* [kɪˈnetɪk] 运动的；活动的

cinema*** [ˈsɪnəmə] 电影院；电影

cinematography* [ˌsɪnəməˈtɒgrəfi] 电影摄影术

3. **klept**(= to steal)

kleptomaniac* [ˌkleptəˈmeɪniæk] 有盗窃癖的人

L

1. **la**(= people)

laity** [ˈleɪəti] 俗人(无圣职的人); 外行人

layman*** [ˈleɪmən] 俗人(未受神职的一般信徒); 门外汉

Nicholas** [ˈnɪkələs] 尼古拉斯(男子名)

2. **lab, lep**(= to take, to seize)

syllable*** [ˈsɪləbl] 音节; 只言片语; 按音节分开

syllabus** [ˈsɪləbəs] 课程提纲

epileptic** [ˌepɪˈleptɪk] 癫痫病的, 癫痫的; 癫痫病患者

3. **labyrinth**(= maze)

labyrinth** [ˈlæbərɪnθ] 迷宫; (事情等的)错综复杂, 曲折

labyrinthine* [ˌlæbəˈrɪnθaɪn] 迷宫的; 复杂的

4. **lac**(= milk)

lactation* [lækˈteɪʃn] 哺乳, 喂奶

lactic* [ˈlæktɪk] 乳汁的, 乳的

lactose* [ˈlæktəʊs] 乳糖

5. **lack**(= loose, to allow)

lack*** [læk] 不足, 缺乏, 缺少

slacks*** [slæks] 宽松的裤子

lag*** [læg] 落后; 迟延

6. **lamin, lamell** (= leaf, layer)

laminated* [ˈlæmɪneɪtɪd] 成为薄片状的

omelet** [ˈɒmlət] 煎蛋卷

7. **lanc, launc**(= to throw)

lance*** [lɑːns] 长矛; 用长矛刺

lancet*** [ˈlɑːnsɪt] (外科用)柳叶刀

launch*** [lɔːntʃ] 使船下水; 投掷; 开始, 发起

8. **laps**(= to fall)

elapse*** [ɪˈlæps] (时间的)流逝; 过去

collapse*** [kəˈlæps] 倒塌

relapse** [rɪˈlæps] 堕落, 退步; 故态萌发

9. **larv**(= mask, larva)

larva*** [ˈlɑːvə] 幼虫

10. **lax**(= loose, to allow)

relax*** [rɪˈlæks] 松懈, 放松; 缓和

laxative* [ˈlæksətɪv] 使大便通畅的; 缓泻剂

languid** [ˈlæŋgwɪd] 疲倦的, 没精打采的

11. **leap**(= to leap, to run)

leap*** [liːp] 雀跃, 跳跃

12. **leas, laiss**(= loose, to allow)

laissez-faire [ˌleseɪˈfeə(r)] 不干涉(放任)主义(的)

leash [liːʃ] (拴狗颈的)皮带

lease*** [liːs] 租约; 租赁(租借)

13. **leon**(= lion)

leonine* [ˈliːənaɪn] 狮子的; 狮子般的

Leo** [ˈliːəʊ] 狮子座

14. **lex**(= word, speech)

lexicon** [ˈleksɪkən] 词典

lexicology* [ˌleksɪˈkɒlədʒi] 词汇学

lexicographer* [ˌleksɪˈkɒgrəfə(r)] 词典编纂者

15. **liber**(= free)

liberate*** [ˈlɪbəreɪt] 解放; 释放

liberal*** [ˈlɪbərəl] 自由主义(者)的; 大方的

deliver*** [dɪˈlɪvə(r)] 引渡; 解放

16. **liber, libr**(= weight, balance)

deliberate*** [dɪˈlɪbəreɪt] 深思熟虑, 认真思考

lb.***(= libra [ˈliːbrə]) 磅(重量)

17. **libr**(= book)

library*** [ˈlaɪbrəri] 图书馆; (个人所有的)藏书

librarian** [laɪˈbreəriən] 图书馆管理员

libel** [ˈlaɪbl] 诽谤罪; 中伤

18. **lid, lis**(= to strike)

collide** [kəˈlaɪd] 冲突, 相冲

elide* [iˈlaɪd] 省略; 无视, 抹杀

collision** [kəˈlɪʒn] 冲突; 不一致

19. **limin**(= threshold)

eliminate*** [ɪˈlɪmɪneɪt] 除掉

preliminary*** [prɪˈlɪmɪnəri] 预备的; 预选

subliminal* [sʌbˈlɪmɪnl] 下意识的

20. **lin**(= flax)

linoleum** [lɪˈnəʊliəm] 漆布

linseed** [ˈlɪnsiːd] 亚麻子(亚麻的种子)

21. **lingu**(= language, tongue)

linguistics** [lɪŋˈgwɪstɪks] 语言学

bilingual* [ˌbaɪˈlɪŋgwəl] 能说双语的

22. **liqu**(= fluid)

liquid*** [ˈlɪkwɪd] 液体的; 流动的

liquor*** [ˈlɪkə(r)] 蒸馏酒; 溶液

liquidate** [ˈlɪkwɪdeɪt] 清算, 清理

23. **lix**(= to flow)

prolix* [ˈprəʊlɪks] 冗长的, 说话啰嗦的

24. **loc**(= to put)

allocate* [ˈæləʊkeɪt] 分配, 分派

dislocate** [ˈdɪsləkeɪt] 打乱位置；（特别指）使脱臼；使（交通等）混乱；使（机器等）出故障
relocation* [ˌriːləʊˈkeɪʃn] 再布置；重新安置

25. **loft**（= air）
aloft*** [əˈlɒft] 向上；在帆索上
loft*** [lɒft] 阁楼
lift*** [lɪft] 举起，提高

26. **lop**（= to run）
elope** [ɪˈləʊp] 私奔；出走
gallop*** [ˈɡæləp] 飞驰（马等最大速度的奔跑）；疾驰

27. **lubr**（= slippery）
lubrication** [ˌluːbrɪˈkeɪʃn]（使）润滑
lubricant** [ˈluːbrɪkənt] 滑润剂
lubricity* [luːˈbrɪsəti] 润滑；不稳定

28. **lucr**（= monery, profit）
lucre** [ˈluːkə(r)] 利益，财富
lucrative** [ˈluːkrətɪv] 有利的，挣钱的

29. **lun**（= moon）
lunar** [ˈluːnə(r)] 月亮的
lunate* [ˈljuːneɪt] 新月状的

30. **lys, lyt**（= to loosen）
analyze*** [ˈænəlaɪz] 分析；分解
catalyst* [ˈkætəlɪst] 催化酶，催化剂；起催化酶作用的人或事件
paralysis** [pəˈræləsɪs] 麻痹，瘫痪

M

1. **mac, mc**（= son of）
Mac Donald*** [məkˈdɒnəld] 麦克唐纳，英国政治家

2. **mac**（= thin）
emaciate** [ɪˈmeɪʃɪeɪt] 使憔悴；使土地荒芜；消瘦，变得衰弱

3. **mael**（= to grind）
maelstrom* [ˈmeɪlstrɒm] 大漩涡
meal*** [miːl] 膳食；（谷类的）粗粉
mellow*** [ˈmeləʊ] 甘美的，醇香的

4. **mael**（= to be able）
might*** [maɪt] 力量；强势
may*** [meɪ] 可能，也许
dismay*** [dɪsˈmeɪ] 惊慌；沮丧

5. **magister**（= greater）
magistrate*** [ˈmædʒɪstreɪt] 地方法官
master*** [ˈmɑːstə(r)] 主人
mister*** [ˈmɪstə(r)] 先生

6. **maha-**（= great）
maharaja* [ˌmɑːhəˈrɑːdʒə]（印度的）土邦主（的称号）
mahatma* [məˈhɑːtmə]（印度的）大圣；圣雄（用做尊称）
maharani* [ˌmɑːhəˈrɑːni] maharaja（土邦主）的夫人

7. **maj**（= large）
majority*** [məˈdʒɒrəti] 多数，半数以上
majordomo* [ˌmeɪdʒəˈdoʊmoʊ]（王室贵族的）大管家
mayor*** [ˈmeə(r)] 市长

8. **malle**（= hammer）
mallet* [ˈmælɪt] 槌
malleable** [ˈmæliəbl] 有延展性的，可锻的
malleolus* [mæˈliːələs] 踝

9. **mamm**（= breast）
mammal*** [ˈmæml] 哺乳动物
mammary* [ˈmæməri] 乳房的
mammiform* [ˈmæmɪfɔːm] 乳房状的

10. **man**（= man, human being）
manslaughter** [ˈmænˌslɔːtə(r)] 过失杀人
woman*** [ˈwʊmən] 女人，女性
manikin** [ˈmænɪkɪn] 侏儒；人体模型

11. **mania**（= craving, insanity）
maniac** [ˈmeɪniæk] 发狂的，癫狂的
monomania* [ˌmɒnəˈmeɪniə] 偏执狂
pyromania* [ˌpaɪrəʊˈmeɪniə] 放火狂

12. **margarit**（= pear）
Margaret*** [ˈmɑːɡərɪt] 玛格丽特（女子名）
margarine*** [ˌmɑːdʒəˈriːn] 人造黄油

13. **marit**（= husband）
marital*** [ˈmærɪtl] 丈夫的
marry*** [ˈmæri] 结婚

14. **mark, marc**（= sign, mark）
mark*** [mɑːk] 记号；痕迹；印象；特征
remarkable*** [rɪˈmɑːkəbl] 值得注目的
demarcation* [ˌdiːmɑːˈkeɪʃn] 分界

15. **martyr**（= witness）
martyr*** [ˈmɑːtə(r)] 殉教者
martyrdom** [ˈmɑːtədəm] 殉教，献身；受苦
martyrology* [ˌmɑːtəˈrɒlədʒi] 殉教者名册

16. **mascul**（= man）
masculine*** [ˈmæskjəlɪn] 男性的；男子气概的
emasculate* [iˈmæskjuleɪt] 阉割

male*** [meɪl] 男性的

17. **mast**(= breast)

mastitis* [mæˈstaɪtɪs] 乳腺炎

mastoid* [ˈmæstɔɪd] 乳头状的

mastodon* [ˈmæstədɒn] 乳牙象

18. **mast**(= to learn)

mathematics*** [ˌmæθəˈmætɪks] 数学

chrestomathy* [kresˈtɒməθi] 诸家名文选集

19. **maur**(= dark)

Mauritania* [ˌmɒrɪˈteɪniə] 毛里塔尼亚

Maurice* [ˈmɒrɪs] 莫里斯(男子名)

moorish** [ˈmɔːrɪʃ] 荒野的

20. **max**(= great, large)

maximum*** [ˈmæksɪməm] 最大(的)

maxim*** [ˈmæksɪm] 格言，座右铭

maximize [ˈmæksɪmaɪz] 使…增加到最大限度

21. **maym**(= to mutilate)

maim** [meɪm] 使残废，使受重创

mayhem* [ˈmeɪhem] 故意伤害他人身体罪

mangle** [ˈmæŋgl] 乱砍

22. **maz**(= breast)

amazon** [ˈæməzən] 魁梧、健壮的女人

23. **mechan**(= machine)

mechanical*** [məˈkænɪkl] 机械的，机械制的

mechanic*** [məˈkænɪk] 机修工

mechanism*** [ˈmekənɪzəm] 机械(装置)

24. **mega-, megalo-, meg-**(= great, million)

megaphone** [ˈmegəfəʊn] 扩音器

megalomaniac* [ˌmegələˈmeɪniæk] 夸大狂患者的

megohm* [ˈmegəʊm] 兆欧姆

25. **mel**(= song)

melodrama** [ˈmelədrɑːmə] 情节剧

26. **melan**(= black)

melancholy*** [ˈmelənkəli] 忧郁

Melanesia* [ˌmeləˈniːzɪə,-ʒə] 美拉尼西亚(西南太平洋岛群，原意为“黑人群岛”)

calomel* [ˈkæləmel] 甘汞，氯化亚汞

27. **melior**(= better)

ameliorate* [əˈmiːliəreɪt] 改善；改良；变好

meliorism* [ˈmiːliərɪzəm] 世界向善论

meliorate* [ˈmiːliəreɪt] 改善，改良，变好

28. **member**(= limb, member)

member*** [ˈmembə(r)] 一员，会员

dismember** [dɪsˈmembə(r)] 肢解

membrane*** [ˈmembreɪn] 膜；隔膜；羊皮纸文件的一页

29. **men**(= moon, month)

menopause* [ˈmenəpɔːz] 绝经期

menology* [mɪˈnɒlədʒi] 月历

30. **mens**(= moon, month)

menses* [ˈmensiːz] 月经

menstruation* [ˌmenstruˈeɪʃn] 月经期

31. **mens**(= table)

commensal* [kəˈmensəl] 共餐的；共生的

mesa** [ˈmeɪsə] 高台地

32. **mercur**(= Mercury (god))

mercury*** [ˈmɜːkjəri]【罗神】墨丘利神(众神的信使)

mercurial** [mɜːˈkjʊəriəl] 墨丘利神的

mercury*** [ˈmɜːkjəri] 水银，汞

33. **meridi**(= south, noon)

meridional* [məˈrɪdiənl] 欧洲(尤指法国)南部的；子午线的

meridian** [məˈrɪdiən] 子午线的

a.m.** [ˌeiˈem] 上午

34. **meso-**(= middle)

mesoderm* [ˈmesəʊdɜːm] 中胚层

mesomorphic* [ˌmesəʊˈmɔːfɪk] 具有由中胚层体型的

Mesopotamia** [ˌmesəpəˈteɪmiə] 美索不达米亚(西南亚地区)

35. **-mester**(= month)

semester** [sɪˈmestə(r)] 学期

trimester* [traɪˈmestə(r)] 三个月

36. **met**(= meat, food)

meat*** [miːt] 肉

mate*** [meɪt] 伙伴；同事

inmate** [ˈɪnmeɪt] 同室者，(特指在医院、监狱等的)同住者

37. **met**(= to meet)

meet*** [miːt] 遇见，相遇

meeting*** [ˈmiːtɪŋ] 会见，集会

moot** [muːt] 集会，讨论；还有讨论余地的

38. **metro**(= great)

metropolitan*** [ˌmetrəˈpɒlɪtən] 大都市的，主要城市的

39. **mezz**(= half)

mezzanine* [ˈmetsəniːn] (尤指介于一层与二层之间的)中层楼

mezzo-soprano* [ˈmetsəʊ səˈprɑːnəʊ] 女中音(部)；女中音歌唱者

mezzotint* [ˈmetsəʊtɪnt] 金属版印刷法

40. **miasm**(= pollution)

miasma* [mɪˈæzmə] 瘴气；有害的影响

41. **misc**(= to mix)

miscellaneous*** [ˌmɪsəˈleɪniəs] 各色各样的，五花八门的，混杂的；兴趣杂的

miscegenation* [ˌmɪsɪdʒəˈneɪʃn]（尤指美国白种人与非白种人的）混血

promiscuous** [prəˈmɪskjuəs] 混杂的；不加以区别的

42. **mon**(= moon)

Monday*** [ˈmʌndeɪ] 星期一

month*** [mʌnθ] 月

monthly*** [ˈmʌnθli] 每月的；月刊

43. **mong**(= to mix)

mongrel** [ˈmʌŋgrəl] 杂种(的)，混血儿(的)

mingle*** [ˈmɪŋgl] 使混合

44. **mor**(= custom)

mores* [ˈmɔːreɪz] 风俗，习惯；道德观

moral*** [ˈmɒrəl] 道德(上)的；精神的；教训；品行

amorality* [ˌeɪməˈræləti] 非道德性

45. **mor**(= stupid)

moron* [ˈmɔːrɒn] 糊涂虫，傻瓜

sophomore** [ˈsɒfəmɔː(r)]（大学）二年级学生

46. **morb**(= disease)

morbid** [ˈmɔːbɪd] 病态的，病的

47. **-mouth**(= mouth(of river))

Portsmouth** [ˈpɔːtsməθ] 朴次茅斯(英国港市)

Plymouth*** [ˈplɪməθ] 普利茅斯(英国港市)

48. **mund**(= world)

mundane** [mʌnˈdeɪn] 世间的，世俗的

49. **mourn**(= to grieve)

mourn*** [mɔːn] 哀悼

mourning*** [ˈmɔːnɪŋ] 悲恸；服丧

mournful*** [ˈmɔːnfl] 悲哀的，沉浸于悲伤的

50. **mus**(= mouse, muscle)

muscle*** [ˈmʌsl] 肌肉

musculature* [ˈmʌskjələtʃə(r)] 肌肉组织

51. **mus**(= Muse)

music*** [ˈmjuːzɪk] 音乐

museum*** [mjuˈziːəm] 博物馆

mosaic** [məʊˈzeɪɪk] 嵌花式(的)

52. **musc**(= a fly)

mosquito*** [məˈskiːtəʊ] 蚊子

musket*** [ˈmʌskɪt] 旧式步枪

53. **myria-**(= countless, ten thousand)

myriad*** [ˈmɪriəd] 无数(的)；一万

myriapod* [ˈmɪriəpɒd] 多足类(的)

myriameter* [ˈmɪriəˌmiːtə(r)] 一万米

54. **myst**(= mystery)

mystify** [ˈmɪstɪfaɪ] 迷惑；神秘化

mystagogue* [ˈmɪstəgɒg] 神秘信条传授者

mystical** [ˈmɪstɪkl] 神秘的

N

1. **nap**(= sheet)

napkin*** [ˈnæpkɪn]（餐桌用）餐巾纸

map*** [mæp] 地图

apron*** [ˈeɪprən] 围裙

2. **necr-, nec**(= death, dead)

necrology* [neˈkrɒlədʒi] 死者名册；死亡启事

necromancy* [ˈnekrəʊmænsi] 巫术

nectar** [ˈnektə(r)]【希神】神酒；甘甜的饮料

3. **neigh**(= near)

neighbor*** [ˈneɪbə(r)] 邻居；邻近

nigh*** [naɪ] = near

next*** [nekst] 下一个；邻近的

4. **nepot**(= nephew)

nephew*** [ˈnefjuː] 侄子

nepotism* [ˈnepətɪzəm]（官职任用等）偏袒亲戚

niece*** [niːs] 侄女

5. **neptun**(= Neptune(god))

Neptune*** [ˈneptjuːn] 海王星

neptunium* [nepˈtjuːniəm] 镎

6. **nes**(= island)

Polynesia** [ˌpɒlɪˈniːʒə] 玻利尼西亚

Indonesia** [ˌɪndəˈniːʒə] 印度尼西亚

7. **neth**(= below)

nether** [ˈneðə(r)] 下面的；地下的

Netherlands*** [ˈneðələndz] 荷兰

beneath*** [bɪˈniːθ] 在…之下；比…低；没有做…的价值

8. **neur**(= nerve)

neurology* [njʊəˈrɒlədʒi] 神经(病)学

neuralgia* [njʊəˈrældʒə] 神经痛

neuritis* [njʊəˈraɪtɪs] 神经炎

9. **nigr**(= black)

Negro* [ˈniːgrəʊ] 黑人(的)

negroid** [ˈnɪgrɔɪd] (像)黑人的
denigrate* [ˈdenɪgreɪt] 使变黑；损毁(人格、名誉等)

10. **niht** (= night)
nightly*** [ˈnaɪtli] 夜的；每夜的
midnight*** [ˈmɪdnaɪt] 午夜
benighted** [bɪˈnaɪtɪd] 不觉天黑了的；愚昧的

11. **nitr** (= niter, nitrogen)
nitrate** [ˈnaɪtreɪt] 硝酸盐
nitrous** [ˈnaɪtrəs] 亚硝酸的
nitrobenzene* [ˌnaɪtrəʊˈbenziːn] 硝基苯

12. **niv** (= snow)
Nevada*** [nəˈvɑːdə] 内华达州(美国西部内陆州)

13. **nod** (= knot)
node** [nəʊd] 节点
nodule** [ˈnɒdjuːl] 节结

14. **nom** (= law, rule)
anomalous** [əˈnɒmələs] 不规则的

15. **nor-** (= north)
Norway*** [ˈnɔːweɪ] 挪威(北欧国家)
Normandy*** [ˈnɔːməndi] 诺曼底(法国西北部地区，北临英吉利海峡)
Norfolk*** [ˈnɔːfək] 诺福克

16. **nub, nupt** (= to marry)
connubial* [kəˈnjuːbjəl] 婚姻的；夫妇的
nubile* [ˈnjuːbaɪl] 适婚的
nuptial** [ˈnʌpʃl] 结婚(仪式)的

17. **nucle** (= nut, kernel)
nucleus*** [ˈnjuːkliəs] 核
nuclear*** [ˈnjuːkliə(r)] 核心的；原子核的
enucleate* [ɪˈnjuːklieɪt] 阐明；从…摘除核

O

1. **ocul** (= eye)
oculist* [ˈɒkjəlɪst] 眼科医生
binoculars** [bɪˈnɒkjələz] 双眼望远镜
monocle** [ˈmɒnəkl] 单片眼镜

2. **odi** (= to hate)
odium* [ˈəʊdiəm] 憎恶，讨厌
odious* [ˈəʊdiəs] 讨厌的，厌恶的
annoy*** [əˈnɔɪ] 打扰；使烦恼

3. **ole, -ol** (= oil)
petroleum*** [pəˈtrəʊliəm] 石油
oleomargarine* [ˌəʊlɪəʊˈmɑːdʒəˈriːn] 人造黄油
cholesterol** [kəˈlestərɒl] 胆固醇

4. **oligo-** (= few)
oligotrophic* [ˌɒlɪgəʊˈtrɒfɪk] (湖泊、池塘等)贫营养的

5. **olymp** (= (Mt.) Olympus)
Olympic** [əˈlɪmpɪk] 奥林匹克运动会的
Olympiad** [əˈlɪmpiæd] (四年一次的)奥林匹克世界运动会
Olympian** [əˈlɪmpiən] 奥林匹斯山神的；奥运会选手

6. **ont** (= being)
ontology* [ɒnˈtɒlədʒi] 本体论
ontogeny* [ɒnˈtɒdʒɪni] 个体发生

7. **opi** (= opium)
opiate** [ˈəʊpiət] 鸦片剂；麻醉药

8. **opl** (= weapon)
panoply** [ˈpænəpli] 全套甲胄
hoplite* [ˈhɒplaɪt] 古代希腊的重甲步兵

9. **optim** (= best)
optimum* [ˈɒptɪməm] 最适宜的条件；最适宜的
optimist** [ˈɒptɪmɪst] 乐观主义者
optimize* [ˈɒptɪmaɪz] 乐观；最优化

10. **or, os** (= mouth)
orifice** [ˈɒrɪfɪs] 孔
osculate* [ˈɒskjuleɪt] 接吻；接触

11. **-orama** (= view)
panorama** [ˌpænəˈrɑːmə] 全景
diorama* [ˌdaɪəˈrɑːmə] 西洋景；立体布景
Cinerama* [ˌsɪnɪˈrɑːmə] 西尼拉玛型立体声宽银幕电影

12. **orch** (= to dance)
orchestra*** [ˈɔːkɪstrə] 管弦乐队
orchestration* [ˌɔːkɪˈstreɪʃn] 管弦乐编曲(作曲)法

13. **organ** (= instrument)
organic*** [ɔːˈgænɪk] 有机体的；有机的
organization*** [ˌɔːgənaɪˈzeɪʃn] 组织，机构，团体
organon* [ˈɔːgənɒn] (学习研究的)原则，研究方法

14. **ornith** (= bird)
ornithology* [ˌɔːnɪˈθɒlədʒi] 鸟类学

15. **orth** (= straight, right)
orthopedics* [ˌɔːθəˈpiːdɪks] 整形外科
orthography* [ɔːˈθɒgrəfi] 正字法

16. **oscill**(= to swing)

oscillate** [ˈɒsɪleɪt] (使某物)摆动；动摇

oscilloscope* [əˈsɪləskəʊp] 示波器

17. **oss**(= bone)

ossify* [ˈɒsɪfaɪ] 使骨化；使硬化

ossicle* [ˈɒsɪkl] 小骨

osseous* [ˈɒsɪəs] 骨的，骨状的

18. **ostrac**(= shell)

ostracize* [ˈɒstrəsaɪz] 放逐；排斥

19. **ov**(= egg)

oval** [ˈəʊvl] 鸡蛋形(的)；椭圆形(的)

ovary** [ˈəʊvəri] 卵巢；子房

oviparous* [əʊˈvɪpərəs] 卵生的

20. **own**(= to have)

owner*** [ˈəʊnə(r)] 所有者；业主

disown** [dɪsˈəʊn] 否认；不承认是自己的东西(责任)

ought*** [ɔːt] 应当

P

1. **pale, palai**(= ancient)

paleontology* [ˌpælɪɒnˈtɒlədʒi] 古生物学

2. **palin, pali**(= back, again)

palindrome* [ˈpælɪndrəʊm] 回文

palingenesis* [ˌpælɪnˈdʒenɪsɪs] 新生；轮回

palinode* [ˈpælɪnəʊd] (取消或放弃原作中的某些内容的)翻案诗(尤指颂歌)

3. **pan**(= bread)

pantry*** [ˈpæntri] 餐具室；食品室

company*** [ˈkʌmpəni] 一群；公司；交际

companion*** [kəmˈpæniən] 同伴

4. **pan**(= small, cloth)

pane*** [peɪn] 窗玻璃；一面；把(衣服等)做成格子状的

panel*** [ˈpænl] 评判小组；嵌板

impanel* [ɪmˈpænl] 把…列入陪审名单

5. **pap, pop**(= father)

papa* [pəˈpɑː] 爸爸

papal** [ˈpeɪpl] 罗马教皇的

pope*** [pəʊp] 罗马教皇

6. **papilion**(= butterfly)

papilionaceous* [pəˌpɪlɪəˈneɪʃəs] 蝴蝶状的

pavilion*** [pəˈvɪliən] 大帐篷；楼阁

7. **parl**(= word, speech)

parley** [ˈpɑːli] 会谈

parlor*** [ˈpɑːlə(r)] 客厅，会客室

parole** [pəˈrəʊl] 假释；俘虏宣誓

8. **parthen**(= virgin)

parthenogenesis * [ˈpɑːθɪnəʊˈdʒenɪsɪs] 单性生殖

Parthenon** [ˈpɑːθɪnɒn] 巴台农神庙

9. **past**(= dough)

paste*** [peɪst] 糊；面团；黏土团

pastry*** [ˈpeɪstri] 面粉糕饼

pastel** [ˈpæstl] 彩色蜡笔(画)

10. **past**(= to feed)

pasture*** [ˈpɑːstʃə(r)] 牧场

pastor*** [ˈpɑːstə(r)] 牧师

repast** [rɪˈpɑːst] 就餐

11. **paul**(= little)

Paul*** [pɔːl] 保罗

12. **paus**(= to cease)

pause*** [pɔːz] 休止，中止；中断，暂停

menopause* [ˈmenəpɔːz] 绝经(期)

13. **pelag**(= sea)

archipelago** [ˌɑːkɪˈpeləgəʊ] 群岛；多岛海

pelagic* [pəˈlædʒɪk] 远洋的

14. **pen**(= almost)

peneplain* [ˈpiːnɪpleɪn] 准平原

15. **pen**(= tail, penis)

pencil*** [ˈpensl] 铅笔

penicillium* [ˌpenɪˈsɪliəm] 青霉菌

penicillin* [ˌpenɪˈsɪlɪn] 青霉素

16. **pept, peps**(= to digest)

peptic* [ˈpeptɪk] 助消化的；胃蛋白酶的

dyspepsia* [dɪsˈpepsiə] 消化不良

eupeptic* [juːˈpeptɪk] 消化好的

17. **pest**(= plague)

pest*** [pest] 有害物；有害的事物

pestilence** [ˈpestɪləns] 有害的事物

pestiferous* [peˈstɪfərəs] 传染病的

18. **petal**(= leaf, thin, plate)

petal*** [ˈpetl] 花瓣

19. **petit**(= small, little)

petite** [pəˈtiːt] 小的；体形小的

petticoat* [ˈpetɪkəʊt] 衬裙；裙子；女子

petty*** [ˈpeti] 琐碎的；小气的

20. **petr**(= rock)

petroleum*** [pəˈtrəʊliəm] 石油

petrify** [ˈpetrɪfaɪ] 石化；吓呆

Peter* [ˈpiːtə(r)] 彼得(男子名)

21. **phag** (= to eat)

sarcophagus* [sɑːˈkɒfəgəs] 石棺

esophagus* [iˈsɒfəgəs] 食道

anthropophagous* [ˌænθrəˈpɒfəgəs] 食人的

22. **phall** (= penis)

phallus* [ˈfæləs] 阴茎

phallic* [ˈfælɪk] 阴茎崇拜的

23. **pharmac** (= drug)

pharmacy** [ˈfɑːməsi] 药房；药剂学

pharmacist* [ˈfɑːməsɪst] 药剂师

pharmaceutical* [ˌfɑːməˈsuːtɪkl] 制药的

24. **phil** (= to love)

philanthropist** [fɪˈlænθrəpɪst] 慈善家

philosopher*** [fəˈlɒsəfə(r)] 哲学家

Philadelphia*** [ˌfɪləˈdelfiə] 费城(美国宾夕法尼亚州东南部港市)

25. **phlegm** (= flame)

phlegm* [flem] 黏液；痰；冷淡

phlegmatic** [flegˈmætɪk] 黏液质的；冷淡的

26. **phob** (= to fear)

claustrophobia* [ˌklɔːstrəˈfəʊbiə] 幽闭恐惧症

acrophobia* [ˌækrəˈfəʊbiə] 恐高症

hydrophobia** [ˌhaɪdrəˈfəʊbiə] 狂犬病；恐水病

27. **phoenic** (= red)

phoenix** [ˈfiːnɪks] 长生鸟；完人

28. **phor, pher** (= to carry)

phosphorous** [ˈfɒsfərəs] 含磷的

semaphore* [ˈseməfɔː(r)] (铁道的)信号旗；(军队的)旗语

29. **phot, phos** (= light)

photograph*** [ˈfəʊtəgrɑːf] 照片

photosynthesis* [ˌfəʊtəʊˈsɪnθəsɪs] 光合作用

30. **phragm, phrax** (= fence, enclosure)

diaphragm** [ˈdaɪəfræm] 横膈膜；光圈

31. **phren** (= brain)

phrenology* [frəˈnɒlədʒi] 颅相学

schizophrenic* [ˌskɪtsəˈfrenɪk] 精神分裂症(患者)

frantic*** [ˈfræntɪk] 狂乱的，疯狂的

32. **phyl** (= tribe, race, phylum)

phylum* [ˈfaɪləm] (生物分类学上的)门；比语族关系松散的一组语言

phylogeny* [faɪˈlɒdʒɪni] 种系发生；发展史

33. **phyll** (= leaf)

chlorophyll** [ˈklɒrəfɪl] 叶绿素

phyllopod* [ˈfɪləpɒd] 叶脚目动物

34. **physi** (= nature, natural)

physics** [ˈfɪzɪks] 物理学

physiology** [ˌfɪziˈɒlədʒi] 生理学

physique** [fɪˈziːk] (男子的)体格

35. **phyt** (= plant)

neophyte* [ˈniːəfaɪt] 新入教者；初学者

36. **pisc** (= fish)

piscatorial* [ˌpɪskəˈtɔːriəl] 渔业的，渔民的

piscine* [ˈpɪsaɪn] 鱼类的

Pisces* [ˈpaɪsiːz] 鱼纲；双鱼座

37. **plagi** (= oblique)

plagioclase* [ˈpleɪdʒiəʊkleɪz] 斜长岩

38. **plain** (= to lament)

complain*** [kəmˈpleɪn] 抱怨；控诉

plaintive** [ˈpleɪntɪv] 表示悲哀的

plaintiff** [ˈpleɪntɪf] 原告，起诉人

39. **plan** (= to wander)

planet*** [ˈplænɪt] 行星

40. **plas** (= to form)

plastic** [ˈplæstɪk] 塑料的；有可塑性的

plaster*** [ˈplɑːstə(r)] 石膏；膏药

protoplasm** [ˈprəʊtəplæzəm] 原生质

41. **platin** (= silver, platinum)

platinum** [ˈplætɪnəm] 白金

platiniridium* [ˌplætɪnɪˈrɪdiəm] 铂铱矿

42. **pleb** (= people)

plebeian*** [pləˈbiːən] 平民，大众

43. **pleg** (= stroke, paralysis)

hemiplegia* [ˌhemɪˈpliːdʒiə] 半身不遂

paraplegia* [ˌpærəˈpliːdʒiə] 截瘫；下身麻痹

44. **plum** (= feather)

plume*** [pluːm] 羽毛；羽毛装饰

plumage*** [ˈpluːmɪdʒ] 羽毛；漂亮的衣服

45. **plumb** (= lead(metal), plumb-line)

plumber** [ˈplʌmə(r)] 水管工人

plumb** [plʌm] 铅锤；垂直的(地)

plummet** [ˈplʌmɪt] 铅锤；垂直落下

46. **plut** (= Pluto(God))

Pluto** [ˈpluːtəʊ] 冥王星

plutonium* [pluːˈtəʊniəm] 钚

plutonic* [pluːˈtɒnɪk] 深成的(岩石)

47. **plut** (= wealth)

plutocrat* [ˈpluːtəkræt] 富豪政治家；财阀

48. **pneumon, pneum, pne** (= to breathe, lung)

pneumonia** [njuːˈməʊniə] 肺炎

pneumatic* [nju:ˈmætɪk] 空气的；气体的

49. **pock**(= sack)

pocket*** [ˈpɒkɪt] 衣袋，口袋；侵吞

pockmark* [ˈpɒkmɑ:k] 痘痕，麻子

pouch*** [paʊtʃ] 小袋，邮包；装入口袋

50. **pol**(= axis of sphere)

pole*** [pəʊl] 棒，杆

polar*** [ˈpəʊlə(r)] 两极的，南极(北极)的；南辕北辙的

51. **pol**(= to polish)

polish*** [ˈpɒlɪʃ] 擦亮，磨光；润饰

polite*** [pəˈlaɪt] 有礼貌的；有教养的

politesse* [ˌpɒlɪˈtes] 礼貌

52. **poll**(= head)

poll*** [pəʊl] 投票；头(特别指头顶部和后部或头发)

tadpole** [ˈtædpəʊl] 蝌蚪

53. **poly**(= to sell)

monopoly*** [məˈnɒpəli] 垄断；垄断企业

monopolistic* [məˌnɒpəˈlɪstɪk] 垄断的，独占的

oligopoly* [ˌɒlɪˈgɒpəli] 少数垄断

54. **pom**(= fruit, apple)

pomiferous* [pəʊˈmɪfərəs] 结梨果状果实的

pommel** [ˈpɒml] (刀剑柄)圆头；(马鞍)前桥

pomegranate* [ˈpɒmɪgrænɪt] 石榴(树)

55. **pont**(= bridge)

pontoon* [pɒnˈtu:n] 浮桥；浮码头

pontiff* [ˈpɒntɪf] 教皇；大祭司

56. **por**(= opening, passage)

pore*** [pɔ:(r)] 熟读；凝视；毛孔；小孔

porous** [ˈpɔ:rəs] 多孔的；能渗透的

57. **porn**(= prostitute)

pornography* [pɔ:ˈnɒgrəfi] 色情(或淫秽)作品(如书刊、图片、影片等)

58. **pot, pos**(= to drink)

potion** [ˈpəʊʃn] 一服药；一剂药

symposium** [sɪmˈpəʊziəm] 酒会；专题讨论会；论集

poison*** [ˈpɔɪzn] 毒；毒害；有毒的

59. **potam**(= river)

potamology* [ˌpɒtəˈmɒlədʒi] 河流学

60. **poul**(= chicken)

poultry*** [ˈpəʊltri] 家禽

pullet** [ˈpʊlɪt] 小母鸡

polecat** [ˈpəʊlkæt] 北美臭鼬的一种

61. **prav**(= crooked)

depraved** [dɪˈpreɪvd] 堕落的；腐化的

depravity** [dɪˈprævəti] 堕落；腐败行为

depravation* [ˌdeprəˈveɪʃn] 腐败

62. **presby**(= old)

Presbyterian*** [ˌprezbɪˈtɪəriən] 长老会的

63. **priv**(= single, separate)

private*** [ˈpraɪvət] 私人的；秘密的；私立的

deprive*** [dɪˈpraɪv] 剥夺

64. **prol**(= offspring)

proliferate* [prəˈlɪfəreɪt] 增生；扩散

proletariat*** [ˌprəʊləˈteəriət] (古罗马社会中的)最下层阶级

65. **pub**(= mature, pubic)

puberty* [ˈpju:bəti] 青春期

66. **pulchr**(= beauty)

pulchritude* [ˈpʌlkrɪtju:d] (肉体的)美丽的

pulchritudinous* [ˌpʌlkrɪˈtju:dɪnəs] 美丽的

67. **pulver**(= dust)

pulverize** [ˈpʌlvəraɪz] 研磨成粉

powder*** [ˈpaʊdə(r)] 粉末；火药；使成粉末；洒粉

68. **pupa**(= doll, child)

puppet*** [ˈpʌpɪt] 傀儡；木偶

pupil*** [ˈpju:pl] 学生

pupa** [ˈpju:pə] 蛹

69. **pur**(= clean)

pure*** [pjuə(r)] 纯粹的；纯净的；清纯的

purify*** [ˈpjʊərɪfaɪ] 使纯净；使洗清罪名

purification** [ˌpjʊərɪfɪˈkeɪʃn] 净化

70. **pur, pus**(= foul matter)

purulent* [ˈpjʊərələnt] 脓的；含脓的

suppurate* [ˈsʌpjureɪt] 生脓，化脓

pustule* [ˈpʌstju:l] 脓包

71. **put**(= to prune, to correct)

amputate** [ˈæmpjuteɪt] 切除(手臂、腿等)

72. **putr**(= rotten)

putrid** [ˈpju:trɪd] 腐败的

putrescent* [pju:ˈtresnt] 正在腐烂的

putrefaction* [ˌpju:trɪˈfækʃn] 腐败(作用)

73. **pyr**(= fire)

pyromaniac* [ˌpaɪrəʊˈmeɪniæk] 放火狂的

pyrotechnics* [ˌpaɪrəˈteknɪks] 烟火制造(术)

pyrography* [paɪˈrɒgrəfi] 烙画(术)

Q

1. **qual**(= what kind)
quality*** [ˈkwɒləti] 质量；品质
qualify*** [ˈkwɒlɪfaɪ] 取得资格；限制
qualification*** [ˌkwɒlɪfɪˈkeɪʃn] 资格，条件
2. **quant**(= quantity)
quantity*** [ˈkwɒntəti] 量；大量
quantitative* [ˈkwɒntɪtətɪv] 数量的
quantum* [ˈkwɒntəm] 量，数量
3. **quot**(= how many)
quota ** [ˈkwəʊtə] 配额；限额
quotient* [kwəʊʃnt] 份额

R

1. **rab**(= rabies)
rabid** [ˈræbɪd] 狂暴的；偏激的；患有狂犬病的
2. **ram**(= branch)
ramification** [ˌræmɪfɪˈkeɪʃn] 分枝
3. **re**(= thing)
republic*** [rɪˈpʌblɪk] 共和国
real*** [ˈriːəl] 真实的；现实的，实际的
reify* [ˈriːɪfaɪ] 使(抽象观念等)具体化
4. **rec**(= to stretch)
reach*** [riːtʃ] 达到
overreach* [ˌəʊvəˈriːtʃ] 延伸过远；(胳膊、身体)伸出太远
rack*** [ræk] 行李架；拷问台；使痛苦
5. **reck**(= to heed)
reckon*** [ˈrekən] 计算
reckoning** [ˈrekənɪŋ] 算账；计算
reckless** [ˈrekləs] 不计后果的
6. **rad**(= to interpret)
read*** [riːd] 读；解读
reader*** [ˈriːdə(r)] 读者；读物；校对员
riddle*** [ˈrɪdl] 谜语
7. **red**(= red)
redden*** [ˈredn] 变红
ruddy*** [ˈrʌdi] 红的；红润的
rusty*** [ˈrʌsti] 生锈的；铁锈色的
8. **ren**(= kidney)
renal* [ˈriːnl] 肾的，肾脏的
adrenalin* [əˈdrenəlɪn] 肾上腺素
9. **rept**(= to creep)
reptile*** [ˈreptaɪl] 爬虫动物(的)；卑鄙的
10. **ret**(= net)
retina** [ˈretɪnə] 视网膜
reticulate* [rɪˈtɪkjulət] 网状的
11. **rhod**(= red)
rhododendron* [ˌrəʊdəˈdendrən] 杜鹃花
rhodium* [ˈrəʊdiəm] 铑
Rhode Island** [ˌrəʊdˈaɪlənd] 美国罗得岛州州名(或译作罗德艾兰州)
12. **rhythm**(= measured flow)
rhythmic** [ˈrɪðmɪk] 有节奏的，有节拍的
rhyme*** [raɪm] 韵；押韵
13. **rid**(= to ride)
rider*** [ˈraɪdə(r)] 骑手
road*** [rəʊd] 路
raider** [ˈreɪdə(r)] 奇袭者，入侵者
14. **ripe**(= ripe)
ripen*** [ˈraɪpən] 成熟
reap*** [riːp] 收割；收获
reaper*** [ˈriːpə(r)] 收割者；收割机
15. **ro**(= name)
Robert*** [ˈrɒbət] 罗伯特(男子名)
Roger*** [ˈrɒdʒə(r)] 罗杰(男子名)
Roland*** [ˈrəʊlənd] 罗兰(男子名)
16. **rob, rev**(= to rob, booty)
robe*** [rəʊb] 长袍；礼服
bereave** [bɪˈriːv] 剥夺(生命、希望等)
17. **roll, rol**(= to roll)
role*** [rəʊl] 角色；任务
controller** [kənˈtrəʊlə(r)] 管理员；审计官
roulette** [ruːˈlet] 轮盘赌
18. **roman**(= Roman)
romance*** [rəʊˈmæns] 虚构的故事；浪漫曲；恋爱故事
romaine* [rəʊˈmeɪn] 莴苣的一种
Rumania** [ruˈmeɪniə] 罗马尼亚
19. **ros**(= rose, red)
rosaceous* [rəʊˈzeɪʃəs] 蔷薇科的；玫瑰色的
rosy*** [ˈrəʊzi] 玫瑰红色的
rosary** [ˈrəʊzəri] 玫瑰园；玫瑰花坛
20. **rost**(= gridiron)
roster* [ˈrɒstə(r)] 勤务(值班)名单；花名册
roast*** [rəʊst] 烤，烘烤；烤肉
roaster* [ˈrəʊstə(r)] 炙烤者；烘烤器
21. **rostr**(= beak, prow)

rostrum** [ˈrɒstrəm] 讲坛

rostrated* [ˈrɒstreɪtɪd] 有喙状突起的

22. **rot**(= wheel, to turn)

rotate*** [rəʊˈteɪt] 使旋转；辐状的

rotary** [ˈrəʊtəri] 旋转(回转)的

rotund* [rəʊˈtʌnd] 圆形的；华丽的

23. **-rrhage,-rrhex**(= to burst, to flow)

hemorrhage* [ˈhemərɪdʒ] 出血

24. **-rrhea**(= to flow)

pyorrhea* [ˌpaɪəˈriə] 脓溢

diarrhea* [ˌdaɪəˈriə] 腹泻

25. **rub**(= red)

ruby*** [ˈruːbi] 红宝石；红玉色

rubella* [ruːˈbelə] 风疹

rubric* [ˈruːbrɪk] 红字；红色印刷的；红色的

26. **rugh**(= shaggy)

rough*** [rʌf] 粗糙的；粗暴的；大致的，粗略的

rug *** [rʌg] (小)地毯

ragged*** [ˈrægɪd] 粗糙的；乱蓬蓬的

27. **run**(= to run)

outrun** [ˌaʊtˈrʌn] 超过；逃脱

runway** [ˈrʌnweɪ] 飞机跑道；斜坡跑道；河道

runaround** [ˈrʌnəraʊnd] 借口，遁词

28. **russ**(= Russia)

Russophil* [rʌsəʊfɪl] 亲俄者；亲俄分子

Russophobe* [ˈrʌsəʊfəʊb] 仇俄分子

S

1. **sac**(= bag)

sac** [sæk] 囊；液囊

sack*** [sæk] 大袋，麻袋，布袋

satchel** [ˈsætʃəl] 小背包

2. **sacchar**(= sugar)

saccharine* [ˈsækəriːn] 糖质的；含糖的

saccharic* [səˈkærɪk] 糖合物的；得自砂糖的

sacchariferous* [ˌsækəˈrɪfərəs] 产糖的；含糖的

3. **san**(= healthy)

sane*** [seɪn] 精神正常的；健全的

sanitary*** [ˈsænətri] 卫生的；保持清洁的

sanitarium** [ˌsænɪˈteəriəm] 疗养所

4. **san, sant**(= saint, holy)

San Francisco*** [ˌsæn frənˈsɪskəʊ] 旧金山(美国加利福尼亚西部港市)

Santa Claus*** [ˈsæntə klɔːz] 圣诞老人

5. **sanguin**(= blood)

sanguine** [ˈsæŋgwɪn] 血红色的；乐天的

sanguinary** [ˈsæŋgwɪnəri] 残暴的；血腥的

consanguinity* [ˌkɒnsæŋˈgwɪnəti] 亲族关系

6. **sap**(= taste, judgment)

savor*** [ˈseɪvə(r)] 滋味；风味；趣味；名声

insipid** [ɪnˈsɪpɪd] 清淡的，没有味道的；无趣的

7. **sarc**(= flesh)

sarcastic** [sɑːˈkæstɪk] 讽刺的，辛辣的

sarcophagus* [sɑːˈkɒfəgəs] 石棺

sarcoma* [sɑːˈkəʊmə] 肉瘤

8. **saturn**(= Saturn(god))

saturnine* [ˈsætərnaɪn] (占星术)受土星影响而出生的；阴郁的；铅中毒的

Saturday*** [ˈsætədeɪ] 星期六

sapphire*** [ˈsæfaɪə(r)] 蓝宝石；蓝宝石色的

9. **saur**(= lizard)

dinosaur** [ˈdaɪnəsɔː(r)] 恐龙

ichthyosaurus* [ˌɪkθɪəˈsɔːrəs] 鱼龙

10. **scandal**(= stumbling-block)

scandalous** [ˈskændələs] 诽谤性的，中伤性的

scandalize** [ˈskændəlaɪz] 使愤慨；使吃惊

slander*** [ˈslɑːndə(r)] 诽谤

11. **scel**(= dry)

skeleton*** [ˈskelɪtn] 骨骼；骸骨

12. **schiz, schis**(= to split)

schizophrenia* [ˌskɪtsəˈfriːniə] 精神分裂症

schism** [ˈskɪzəm] 分离，分裂；分派别

schist* [ʃɪst] 片岩

13. **schol**(=leisure, employed in learning)

scholar*** [ˈskɒlə(r)] 学者；获奖学金者

scholastic** [skəˈlæstɪk] 学校的；学术的

school*** [skuːl] 学校；学派

14. **sci, ski**(= shadow)

sciamachy* [saɪˈæməki] 模拟战

squirrel*** [ˈskwɪrəl] 松鼠

15. **scintill**(= spark)

scintilla* [sɪnˈtɪlə] 火花；丝毫

16. **scop**(= to look)

microscope*** [ˈmaɪkrəskəʊp] 显微镜

telescope*** [ˈtelɪskəʊp] 望远镜

cystoscope* [ˈsɪstəskəʊp] 膀胱镜

17. **scrap**(= to scrape)

scraper** [ˈskreɪpə(r)] 刮刀；平土机，铲土机

scrap*** [skræp] 碎片；废料；剪下来的图片；敲碎

scramble*** [ˈskræmbl] 爬行；抢夺；拼凑

18. **sculp**(= to carve)

sculptor*** [ˈskʌlptə(r)] 雕刻家

sculpture*** [ˈskʌlptʃə(r)] 雕刻

scalpel* [ˈskælpəl] 解剖刀

19. **scut**(= shield)

scutate* [ˈskjuːteɪt] 盾状的；有鳞甲的

squire*** [ˈskwaɪə(r)] 乡绅；大地主；护卫

20. **scur**(= to cover)

obscure*** [əbˈskjʊə(r)] 暗的；模糊的，朦胧的；不显眼的

21. **see**(= to see)

foresee*** [fɔːˈsiː] 预见，预知

oversee** [ˌəʊvəˈsiː] 监督；检查；俯瞰

22. **seism**(= to shake)

seismology* [saɪzˈmɒlədʒi] 地震学

seismograph* [ˈsaɪzməgrɑːf] 地震仪

23. **selen**(= moon)

selenium* [sɪˈliːniəm] 硒

selenology* [ˌselɪˈnɒlədʒi] 月球学

24. **sem**(= sign, meaning)

semaphore* [ˈseməfɔː(r)] (铁道的)信号灯；(军队等的)旗语

semantics* [sɪˈmæntɪks] 语义学

25. **sen**(= old)

senior*** [ˈsiːniə(r)] 年长的；资格较老的；年长者

senile* [ˈsiːnaɪl] 年老的；衰老的

senator*** [ˈsenətə(r)] 参议员；(古罗马的)元老院议员

26. **seps, sept**(= putrid)

asepsis* [æˈsepsɪs] 无菌(状态)

antiseptic** [ˌæntɪˈseptɪk] 防腐的；防腐剂

septicemia* [ˌseptɪˈsiːmiə] 败血病

27. **seric**(= silk)

sericeous* [sɪˈrɪʃəs] 丝绸一般的

sericiculture* [ˈserɪsɪˌkʌltʃə(r)] 养蚕(业)

sericite* [ˈserɪsaɪt] 绢云母

28. **-sex**(= saxon)

Wessex* [wesɪks] 西撒克斯(中世纪早期七国时代的七国之一)

Middlesex** [ˈmɪdlseks] 米德尔塞克斯郡(英国英格兰原郡名)

29. **shad**(= shade)

shady*** [ˈʃeɪdi] 成荫的；阴暗的；可疑的

shadow*** [ˈʃædəʊ] 影子；投影

shed*** [ʃed] 工棚；车库

30. **shake**(= to shake)

shaky** [ˈʃeɪki] 动摇的，摇摇欲坠的

shock*** [ʃɒk] 打击；使震动

Shakespeare*** [ˈʃeɪkˌspɪə(r)] 莎士比亚

31. **shin**(= to shine)

shiny*** [ˈʃaɪni] 闪耀的；有光泽的

shimmer** [ˈʃɪmə(r)] 微光；发出微弱的光

32. **shire**(= county)

sheriff*** [ˈʃerɪf] 郡长

Shropshire* [ˈʃrɒpʃɪə(r)] 什罗普郡(英国中西部郡名)

Cheshire* [ˈtʃeʃə(r)] 柴郡(英国郡名)

33. **shrub**(= bush)

shrub*** [ʃrʌb] 灌木

shrubbery** [ˈʃrʌbəri] 灌木，灌木丛

scrub*** [skrʌb] 矮树，灌木；丛林地

34. **shuf**(= to push)

shove*** [ʃʌv] 推挤；强使

shovel*** [ˈʃʌvl] 铲；用铲子铲

shuffle*** [ˈʃʌfl] 拖着脚走；搅乱

35. **sib**(= relative)

sibling** [ˈsɪblɪŋ] (pl.)姐妹，兄弟

gossip*** [ˈgɒsɪp] 闲话；闲谈；爱说闲话的人；朋友

36. **sider**(= star)

sidereal** [saɪˈdɪərɪəl] 恒星的；星的

37. **silic**(= flint, silicon)

silicone** [ˈsɪlɪkəʊn] 硅酮脂

silica* [ˈsɪlɪkə] 硅石；二氧化硅

siliceous* [sɪˈlɪʃəs] 硅质的

38. **silv, sylv**(= forest)

silvan* [ˈsɪlvən] 森林的；生活在森林中

Pennsylvania*** [ˌpensɪlˈveɪniə] 宾夕法尼亚州(美国州名)

savage*** [ˈsævɪdʒ] 野蛮的；凶猛的

39. **sin**(= Chinese)

sinology* [saɪˈnɒlədʒi] 汉学

Sinanthropus* [sɪˈnænθrəʊpəs] 中国猿人(即北京人)

40. **sine**(= without)

sinecure** [ˈsɪnɪkjʊə(r)] (名誉的或者有收入的)闲职

sine qua non* [ˌsɪnɪ kwɑː ˈnəʊn] 必不可缺的东西

sine die * [ˌsaɪnɪ ˈdaɪiː] 无期限地

41. **sinistr**(= left hand)

sinister*** [ˈsɪnɪstə(r)] 不吉利的；左边的

sinistral* [ˈsɪnɪstrəl] 左边的；左撇子的

42. **sip**(= to throw)

dissipate** [ˈdɪsɪpeɪt] 浪费；消散

43. **siphon**(= tube)

siphon** [ˈsaɪfn] 虹吸管

siphonophore* [saɪˈfɒnəfɔː(r)] 管水母

44. **skep**(= to look at, to examine)

skeptic* [ˈskeptɪk] 怀疑论者；无神论者

skepticism* [ˈskeptɪsɪzəm] 怀疑论，无神论

45. **sla**(= to strike, to slay)

slayer* [sleɪə(r)] 杀人者，凶手；屠宰者

slaughter*** [ˈslɔːt(ə)ɪ] 屠杀；屠宰

sly*** [slaɪ] 狡猾的；狡诈的

46. **slav**(= Slavic)

Slavophile* [ˈslɑːvəfaɪl] 亲(崇拜)斯拉夫者

slave*** [sleɪv] 奴隶；像奴隶一样工作

47. **slid**(= to slide)

slither* [ˈslɪðə(r)] 滑动；使滑动

sled*** [sled] 雪橇

48. **slip**(= to glide)

slip*** [slɪp] 使滑动；闪开

slipper*** [ˈslɪpə(r)] (pl.)拖鞋

slippery*** [ˈslɪpəri] (路、地面等)滑的

49. **slo**(= slow)

slovenly** [ˈslʌvnli] 懒散的；不修边幅的

sloth** [sləʊθ] 懒惰；懒散

slothful** [ˈsləʊθfl] 懒散的；懒惰的

50. **smith**(= worker)

blacksmith*** [ˈblæksmɪθ] 锻工；铁匠

locksmith* [ˈlɒksmɪθ] 锁匠

wordsmith* [ˈwɜːdsmɪθ] 语言艺术家

51. **sn**(= to creep)

snake*** [sneɪk] 蛇；阴险的人；(像蛇一样)迂回前进

sneak*** [sniːk] 鬼鬼祟祟地行动

snail*** [sneɪl] 蜗牛；行动缓慢的人

52. **soci**(= companion)

society*** [səˈsaɪəti] 社会；协会

association*** [əˌsəʊsiˈeɪʃn] 联合；交际；协会

dissociate** [dɪˈsəʊʃieɪt] 分离；游离；分裂

53. **som, somat**(= body)

chromosome* [ˈkrəʊməsəʊm] 染色体

psychosomatic* [ˈsaɪkəʊsəˈmætɪk] 由于心理而引起身心病症的

54. **-son**(= son of)

Anderson*** [ˈændəsn] 安德森

55. **son**(= sound)

resonance** [ˈrezənəns] 共鸣；反响

unison** [ˈjuːnɪsn] 和谐；同音；合唱

dissonant* [ˈdɪsənənt] 不谐和的，不调和的；刺耳的

56. **soph**(= wise)

sophisticated** [səˈfɪstɪkeɪtɪd] 老于世故的

57. **sor**(= painful)

sore*** [sɔː(r)] (伤口)疼痛的，令人精神痛苦的

sorry*** [ˈsɒri] 悲伤的；遗憾的；抱歉的

58. **soror**(= sister)

sorority* [səˈrɒrəti] 女学生联谊会

59. **sort**(= lot, chance)

consort** [ˈkɒnsɔːt] 配偶；伙伴

assortment** [əˈsɔːtmənt] 分类；各种各样

sorcery** [ˈsɔːsəri] 魔法，魔术

60. **soth**(= true)

soothsayer** [ˈsuːθseɪə(r)] 预言者；占卜师

forsooth** [fəˈsuːθ] 确实，的确

soothe*** [suːð] 使(情绪)平静；使(痛苦、疼痛)缓和

61. **spasm**(= convulsion)

spasm** [ˈspæzəm] 痉挛；发作

spasmodic** [spæzˈmɒdɪk] 痉挛的；间歇的

spastic* [ˈspæstɪk] 痉挛的；患大脑性麻痹的人

62. **spell**(= to recite)

spell*** [spel] 符咒；魔力；拼写；意味着

gospel*** [ˈgɒspəl] 福音(书)

63. **sper**(= to hope)

desperate*** [ˈdespərət] 拼死的；绝望的

despair*** [dɪsˈpeə(r)] 绝望

prosper*** [ˈprɒspə(r)] 繁荣

64. **spher**(= ball)

hemisphere*** [ˈhemɪsfɪə(r)] 半球

spheroid* [ˈsfɪərɔɪd] 椭球体

spherical** [ˈsferɪkl] 球面的；天体的

65. **sphing, sphinx**(= to bind)

sphinx** [sfɪŋks]【希神】斯芬克司

66. **spin**(= to spin)

spindle*** [ˈspɪndl] 纺锤；长得细长

spinster** [ˈspɪnstə(r)] 未婚妇女；老处女

spider*** [ˈspaɪdə(r)] 蜘蛛；设圈套者

67. **splen**(= spleen)

splenic* [ˈsplɪnɪk] 脾的

68. **spor**(= to sow, seed)

spore** [spɔː(r)] 孢子

sporadic** [spəˈrædɪk] 偶尔发生的；零星的

sporophyte* [ˈspɔːrəfaɪt] 孢子体

69. **stagn**(= pool)

stagnant** [ˈstæɡnənt] 停滞的；不景气的

stagnate* [ˈstæɡneɪt]（水）不流动，停滞

tank*** [tæŋk] 水槽；坦克；把…储于槽中

70. **stal**(= to place)

forestall** [fɔːˈstɔːl] 先发制人，垄断

installment*** [ɪnˈstɔːlmənt] 部分

stalwart** [ˈstɔːlwət] 粗壮的；忠实的人

71. **-stan**(= country)

Pakistan** [ˌpɑːkɪˈstɑːn] 巴基斯坦

Afghanistan** [æfˈɡænɪstɑːn] 阿富汗

Hindustan** [ˌhɪndʊˈstɑːn] 印度

72. **star**(= stiff, to die)

stare*** [steə(r)] 凝视，目不转睛地看

starve*** [stɑːv]（使）饿死；渴望

73. **stell**(= star)

stellar** [ˈstelə(r)] 恒星的；星球的；主要的

constellation** [ˌkɒnstəˈleɪʃn] 星座

stellate* [ˈstelət] 似星的

74. **sten**(= narrow)

stenographer*** [stəˈnɒɡrəfə(r)] 速记员

stenosis* [stəˈnəʊsɪs] 狭窄

75. **ster**(= to steer)

steerage** [ˈstɪərɪdʒ] 操纵（术）；掌舵（术）；下等客舱

astern** [əsˈtɜːn] 在船（或飞机）尾部；向后

starboard** [ˈstɑːbəd] 右舷

76. **stereo, ster**(= three- dimensional, solid)

stereophony* [ˌsterɪˈɒfəni] 立体音响（效果）

stereotype** [ˈsteriətaɪp] 刻板；使一成不变

cholesterol** [kəˈlestərɒl] 胆固醇

77. **sti**(= to go up)

stirrup*** [ˈstɪrəp] 马镫

stile** [staɪl] 墙（或篱的）两侧的阶梯（供人畜通行用）

stair*** [steə(r)] 楼梯

78. **stich**(= line)

hemistich* [ˈhemɪstɪk] 诗的半句，半行

distich* [ˈdɪstɪk] 对句

acrostic* [əˈkrɔːstɪk] 离合诗

79. **sti**(= to pierce)

stick*** [stɪk] 刺，戳；粘贴

stitch* [stɪtʃ] 一针，针脚；缝合

sting*** [stɪŋ] 刺；刺激

80. **stip**(= to stem)

stipe* [staɪp]（菌）柄；（叶）柄

stipule* [ˈstɪpjuːl] 托叶

81. **stle**(= to send)

apostle** [əˈpɒsl]（基徒教）使徒

epistle*** [ɪˈpɪsl] 书信；使徒书

82. **ston, stan**(= stone)

stony*** [ˈstəʊni] 多石的；无情的

83. **stor**(= to set up)

store*** [stɔː(r)] 储藏，储备，存储

restoration*** [ˌrestəˈreɪʃn] 恢复，复原

restaurant*** [ˈrestrɒnt] 餐厅

84. **strat**(= army)

strategy** [ˈstrætədʒi] 战略，战略学；策略，计谋，对策

stratagem** [ˈstrætədʒəm] 策略

stratocracy* [strəˈtɒkrəsi] 军人专政

85. **strat**(= to spread)

prostrate*** [ˈprɒstreɪt] 弄倒；使屈服

stratification* [ˌstrætɪfɪˈkeɪʃn] 分层

street*** [striːt] 街道（的）

86. **strec**(= to stretch, to extend)

stretcher** [ˈstretʃə(r)] 伸展器；担架

straight*** [streɪt] 直的；一贯的，连续的

straggler** [ˈstræɡlə(r)] 落伍士兵

87. **stroph, streph, strept**(= to turn)

catastrophe*** [kəˈtæstrəfi] 灾难，灾祸

streptococcus* [ˌstreptəˈkɒkəs] 链球菌

88. **struct**(= to build)

structure*** [ˈstrʌktʃə(r)] 结构

obstruct*** [əbˈstrʌkt] 阻止，阻碍

instruction*** [ɪnˈstrʌkʃn] 训练；教育；指示

89. **stult**(= stupid)

stultify* [ˈstʌltɪfaɪ] 使显得愚笨；使变得无效，使成为徒劳

stolid** [ˈstɒlɪd] 感觉迟钝的，神经麻木的

90. **stup**(= struck dumb)

stupor** [ˈstjuːpə(r)] 昏迷，恍惚

stupid*** [ˈstjuːpɪd] 愚蠢的；乏味的

stupendous** [stjuːˈpendəs] 惊人的，巨大的

91. **sty**(= enclosure)

pigsty* [ˈpɪɡstaɪ] 猪舍；肮脏的住所

steward*** [ˈstjuːəd]（轮船、飞机等的）乘务员；干事

Stuart*** [stjuːərt]（英国）斯图亚特王室

92. **styl**(= column, pen)

peristyle* [ˈperəstaɪl] 周柱式；列柱廊；列柱

中庭

stylus* [ˈstaɪləs] 铁笔；(留声机的)唱针

93. **su-**(= south)

Surrey** [ˈsɜːri] 萨里郡(英国南部的一个郡)

Suffolk** [ˈsʌfək] 萨克福郡(英国东部的一个郡)

94. **suav**(= sweet, agreeable)

assuage** [əˈsweɪdʒ] 缓和，减轻

sweet*** [swiːt] 甜的，甘美的

95. **sud**(= self)

sudatory* [ˈsjuːdətəri] 促汗的；发汗药；热气浴室

sudatorium* [ˌsjuːdəˈtɔːriəm] 热气浴室

sudarium* [sjuːˈdeəriəm] 擦脸巾

96. **sui**(= self)

suicide*** [ˈsuːɪsaɪd] 自杀

suicidal** [ˌsuːɪˈsaɪdl] 自杀的；自取灭亡的

sui generis* [ˌsuːɪˈdʒenərɪs] 独特的，自成一类的

97. **sulf, sulph**(= sulfur)

sulfate* [ˈsʌlfeɪt] 硫酸盐；以硫酸(或硫酸盐)处理

98. **swer**(= to swear)

answer*** [ˈɑːnsə(r)] 答案；回答

forswear* [fɔːˈsweə(r)] 发誓否认；伪誓(做伪证)

sworn*** [swɔːn] 宣誓的

99. **swet**(= sweet)

sweeten*** [ˈswiːtn] (使)变甜；(使)减轻

sweetheart*** [ˈswiːthɑːt] 恋人，爱人

sweetmeat** [ˈswiːtmiːt] (常 pl.)甜食；糖果；蜜饯

T

1. **tabl**(= plank)

table*** [ˈteɪbl] 桌子；餐桌；装饰板

tablet*** [ˈtæblɪt] 刻写板

tabulate** [ˈtæbjuleɪt] 制成表格；制成平面

2. **tann**(= tanbark)

tan*** [tæn] 鞣(皮革)；(皮肤)晒黑

tannic* [ˈtænɪk] 鞣制的

tawny** [ˈtɔːni] 茶色(的)

3. **tantal**(= Tantalus)

tantalize** [ˈtæntəlaɪz] 逗弄，使干着急

tantalum* [ˈtæntələm] 钽(化学元素)

tantalus* [ˈtæntələs] 上锁的透明酒柜

4. **taph**(= tomb)

epitaph*** [ˈepɪtɑːf] 墓志铭；碑文

cenotaph* [ˈsenətɑːf] (在没有遗骸的地方树立的)纪念碑

5. **tauto-**(= same)

tautology* [tɔːˈtɒlədʒi] 同义反复；重复(语)

6. **tax, tact**(= arrangement)

syntax** [ˈsɪntæks] 句法(论)

taxidermist* [ˈtæksɪdɜːmɪst] (动物标本)剥制师

7. **techn**(= art, skill)

technology** [tekˈnɒlədʒi] (工业)技术

technique*** [tekˈniːk] (专业)技术；(艺术)技巧

pyrotechnic* [ˌpaɪrəˈteknɪk] 烟火的，令人眼花缭乱的

8. **tect**(= builder)

architect*** [ˈɑːkɪtekt] 建筑师；设计师

architectonic* [ˌɑːkɪtekˈtɒnɪk] 关于建筑的；成体系的

tectology* [tekˈtɒlədʒi] 组织形态学

9. **tele, teli, telo**(= end, completion)

teleology* [ˌtelɪˈɒlədʒi] 目的论

10. **tellur**(= earth, tellurium)

telluric* [teˈljʊərɪk] 地球的，陆生的

11. **tempt**(= to try)

tempt*** [tempt] 诱惑

attempt*** [əˈtempt] 尝试

12. **ten**(= ten)

tithe** [taɪð] (宗教捐税)什一税

tenth*** [tenθ] 第十的

fifteenth*** [ˌfɪfˈtiːnθ] 第十五的

13. **ter**(= three)

ternary* [ˈtɜːnəri] 三重的；第三的

tertiary** [ˈtɜːʃəri] 第三的

tertian* [ˈtɜːʃn] 隔日发作的

14. **tea**(= to pluck)

tease*** [tiːz] 逗弄，戏弄

tousle** [ˈtaʊzl] 弄乱(头发等)

tussle* [ˈtʌsl] 格斗；争论

15. **thanat, than**(= death)

thanatopsis* [ˈθænəˈtɒpsɪs] 对死亡的见解

thanatophobia* [ˌθænətəˈfəʊbiə] 死亡恐惧(症)

euthanasia* [ˌjuːθəˈneɪziə] 安乐死

16. **thaum**(= miracle)

thaumaturge* [ˈθɔːmətɜːdʒ] 魔术师

17. **the**(= to look at)

theater*** [ˈθɪətə(r)] 剧场

theory*** [ˈθɪəri] 学说，理论

theorem** [ˈθɪərəm] 原则；定理

18. **thec**(= case)

apothecary** [əˈpɒθəkəri] 药剂师

19. **therap**(= treatment)

therapy* [ˈθerəpi] 治疗，疗法

therapeutic** [ˌθerəˈpjuːtɪk] 治疗(法)的

hydrotherapy* [ˈhaɪdrəʊˈθerəpi] 水疗法

20. **therm**(= heat)

diathermy* [ˈdaɪəθɜːmi] 透热疗法

21. **thirst**(= thirst)

thirst*** [θɜːst] 口渴；渴望

thirsty*** [ˈθɜːsti] 口渴的；渴望的

athirst*** [əˈθɜːst] 渴的；渴望的

22. **thorac**(= chest)

thorax** [ˈθɔːræks] 胸膛

thoracic* [θɔːˈræsɪk] 胸的，胸部的

23. **thrall**(= slave)

thrall** [ˈθrɔːl] 奴隶；束缚

thralldom* [ˈθrɔːldəm] 奴隶身份

enthrall** [ɪnˈθrɔːl] 魅惑；奴役

24. **thrill**(= to pierce)

thrill*** [θrɪl] 发抖；震颤；使心惊胆战

thrilling*** [ˈθrɪlɪŋ] 令人激动的

nostril*** [ˈnɒstrɪl] 鼻孔

25. **tim**(= honor)

timocracy* [taɪˈmɒkrəsi] 荣誉至上的政体

timothy*** [ˈtɪməθi] 梯牧草

26. **ting, tinct**(= to dye)

tinge*** [tɪndʒ] 淡色调

tincture** [ˈtɪŋktʃə(r)] 色调；气息；着色

taint*** [teɪnt] 沾染；感染；使腐坏

27. **titan**(= Titan)

titanic** [taɪˈtænɪk] 巨大的；(t-)大力气的

titanium* [tɪˈteɪniəm] 钛

28. **ton, ta, tetan**(= stretching, tone)

monotone* [ˈmɒnətəʊn] 单调(音)；单调的

tetanus* [ˈtetənəs] 破伤风；(肌肉的)痉挛

29. **ton**(= to thunder)

detonate* [ˈdetəneɪt] (使)爆发；爆炸声

astonish*** [əsˈtɒnɪʃ] 使惊讶

stun*** [stʌn] 使晕倒；使受惊吓

30. **tons**(= to shear, to clip, to cut)

tonsure* [ˈtɒnʃə(r)] 削发

tonsorial* [tɒnˈsɔːriəl] 理发(师)的

31. **top**(= to put, place)

topology* [təˈpɒlədʒi] 拓扑学

topography** [təʊˈpɒgrəfi] 地形学

isotope* [ˈaɪsətəʊp] 同位素

32. **torp**(= to numb)

torpor* [ˈtɔːpə(r)] 麻痹；迟钝

torpid** [ˈtɔːpɪd] 麻痹的；迟钝的

torpedo** [tɔːˈpiːdəʊ] 鱼雷；信号雷管(警备用)

33. **torr**(= to burn)

torrid** [ˈtɔːrɪd] 晒热的；热烈的

34. **tot**(= entirely)

total*** [ˈtəʊtl] 整体的；完全的；合计

totalitarian* [təʊˌtæləˈteəriən] 极权主义的

35. **tour**(= to turn)

tournament*** [ˈtʊənəmənt] 比赛；锦标赛，联赛

return*** [rɪˈtɜːn] 归还；回报

attorney*** [əˈtɜːni] 律师

36. **tox**(= poison)

antitoxin** [ˌæntiˈtɒksɪn] 抗生素

toxemia* [tɒkˈsiːmiə] 血毒症

intoxicate*** [ɪnˈtɒksəkeɪt] 使陶醉

37. **trag**(= goat)

tragedy*** [ˈtrædʒədi] 悲剧

tragic*** [ˈtrædʒɪk] 悲剧的；悲惨的

tragicomedy* [ˌtrædʒiˈkɒmədi] 悲喜剧

38. **traum**(= wound, blow)

trauma* [ˈtrɔːmə] 外伤

traumatic* [trɔːˈmætɪk] 外伤性的；损伤性的

39. **trop**(= to turn)

tropical*** [ˈtrɒpɪkl] 热带(地区)的

heliotrope** [ˈhiːliətrəʊp] 天芥菜属植物

trophy*** [ˈtrəʊfi] 战利品；奖品

40. **tru**(= faithful)

truth*** [truːθ] 真理；真实性；事实

trust*** [trʌst] 信赖

betrothed** [bɪˈtrɔːθt] 订过婚的；订婚者

41. **tu**(= to guard, to look at)

tutor*** [ˈtjuːtə(r)] 家庭教师

tuition** [tjuːˈɪʃn] 学费

intuition** [ˌɪntjuˈɪʃn] 直觉；直观(能力)

42. **tub**(= pipe)

tube*** [ˈtjuːb] 管子

tuba* [ˈtjuːbə] 大号

tubule* [ˈtjuːbjuːl] 小管

43. **tuber**(= bump, swelling)

tuberous* [ˈtjuːbərəs] 有块茎的

tuberculosis** [tjuːˌbɜːkjuˈləʊsɪs] 肺结核

protuberance* [prəˈtjuːbərəns] 隆起，突出物

44. **turk**(= Turkey)

turkey*** [ˈtɜːki] 火鸡；(戏剧、电影等)失败的作品

Turkish*** [ˈtɜːkɪʃ] 土耳其的

turquoise** [ˈtɜːkwɔɪz] 绿松石

45. **tus**(= to pound)

contusion** [kənˈtjuːʒn] 挫伤

obtuse** [əbˈtjuːs] 钝的；愚蠢的

46. **tympan**(= drum)

tympany* [ˈtɪmpəni] 肿胀；傲慢

tympanum* [ˈtɪmpənəm] 鼓膜；鼓室

47. **typ**(= model, impression)

typical*** [ˈtɪpɪkl] 典型的；特有的；象征性的

prototype** [ˈprəʊtətaɪp] 原型；模范

archetype* [ˈɑːkitaɪp] 原型

48. **typ**(= fog, stupor)

typhus** [ˈtaɪfəs] 斑疹伤寒症

typhoid** [ˈtaɪfɔɪd] 似斑疹伤寒的

49. **tyrann**(= tyrant)

tyrannical** [tɪˈrænɪkl] 暴君的；专制的

tyrannicide* [tɪˈrænɪsaɪd] 诛弑暴君

U

1. **ubiqu**(= everywhere)

ubiquity* [juːˈbɪkwəti] (同时的)普遍存在，到处存在

ubiquitous** [juːˈbɪkwɪtəs] 到处存在的

2. **uln**(= elbow)

ulna* [ˈʌlnə] 尺骨

ulnar* [ˈʌlnə(r)] 尺骨的

3. **umbilic**(= navel)

umbilicus* [ʌmˈbɪlɪkəs] 脐；(问题的)核心

umbilical* [ʌmˈbɪlɪkl] 脐的；中央的

4. **unct, oint**(= to oil)

unction** [ˈʌŋkʃn] 油膏，涂抹的油

ointment** [ˈɔɪntmənt] 软膏；药膏

anoint** [əˈnɔɪnt] (宗教仪式)给…涂油

5. **ur**(= tail)

anurous*** [əˈnjʊərəs] 无尾的

6. **uran**(= sky, heavens)

Uranus** [ˈjʊərənəs] 天王星

uranium* [juˈreɪniəm] 铀

uranography* [ˌjʊərəˈnɒgrəfi] 星图学

7. **urb**(= city)

urban** [ˈɜːbən] 城市的；具有城市特征的

suburban*** [səˈbɜːbən] 郊区的，近郊的

8. **urs**(= bear(animal))

ursine* [ˈɜːsaɪn] 熊的；像熊的

Ursa Major* [ˈɜːsə ˈmeɪdʒə(r)] 大熊(星)座

9. **ut**(= out)

utter*** [ˈʌtə(r)] 全然的，绝对的；发出(声音等)，发言

utmost*** [ˈʌtməʊst] 最大限度的，最远的

10. **uter**(= uterus, womb)

uterine* [ˈjuːtəraɪn] 子宫的；同母异父的

11. **utop**(= no-place)

Utopia** [juːˈtəʊpiə] 乌托邦；理想国

utopian** [juːˈtəʊpiən] 乌托邦的；空想的

12. **uxor**(= wife)

uxorial* [ʌkˈsɔːriəl] 妻子的，如妻子的

uxorious* [ʌkˈsɔːriəs] 疼爱妻子的

uxoricide* [ʌkˈsɔːrɪsaɪd] 杀妻者

V

1. **vacc**(= cow)

vaccine*** [ˈvæksiːn] 疫苗的；牛痘的

vaccinate* [ˈvæksɪneɪt] 种牛痘；接种疫苗

vaccination** [ˌvæksɪˈneɪʃn] 接种疫苗；种痘

2. **vagin**(= womb, sheath)

vagina* [vəˈdʒaɪnə] 阴道

vaginal* [vəˈdʒaɪnl] 阴道的

vanilla** [vəˈnɪlə] 香兰子；无特色的

3. **val**(= valley)

vale*** [veɪl] 山谷

valley*** [ˈvæli] 山谷

avalanche** [ˈævəlɑːnʃ] 雪崩，(突然来到的)大量事物

4. **valv**(= folding door)

valve*** [vælv] 活门；(折叠门、推拉门的)一扇

bivalve** [ˈbaɪvælv] 双瓣的；双壳的

valvular* [ˈvælvjulə(r)] 有阀门的

5. **vap**(= steam)

vapor*** [ˈveɪpə(r)] 蒸汽；空想

evaporate*** [ɪˈvæpəreɪt] 蒸发；消失

vapid* [ˈvæpɪd] 索然无味的

6. **vas**(= vessel)

vascular* [ˈvæskjələ(r)] 血管的；脉管的

7. **vel**(= veil, covering)

velum* [ˈviːləm] 缘膜；菌幕

velar* [ˈvɪlə(r)] 膜的；软腭音

revelation*** [ˌrevəˈleɪʃn] 揭露，揭示

8. **veloc**(= fast)

velocity*** [vəˈlɒsəti] 速率；迅速

velocipede* [vəˈlɒsɪpiːd] 早期的脚踏两轮车(三轮车)

velocimeter* [ˌveləˈsɪmɪtə(r)] (特别是发射物的)速度表

9. **ven**(= vein)

venesection* [ˌvenɪˈsekʃn] 静脉切开术，放血术

venous* [ˈviːnəs] 静脉的；有纹理的

venation* [viːˈneɪʃn] 叶脉

10. **vend**(= to sell)

vend* [vend] 出售，贩卖

vendor** [ˈvendə(r)] 卖主；小贩

venal** [ˈviːnl] 能收买的；贪赃枉法的；腐败的

11. **venen**(= poison)

venom** [ˈvenəm] 毒液；怨恨

12. **vener**(= sexual)

venereal* [vəˈnɪəriəl] 性爱的

venery* [ˈvenəri] 追求肉欲，纵欲

13. **ventr**(= stomach)

ventral** [ˈventrəl] 腹部的；里面的

ventriloquist* [venˈtrɪləkwɪst] 腹语表演者

14. **verm**(= worm)

vermin** [ˈvɜːmɪn] 害虫；寄生虫

vermiform* [ˈvɜːməfɔːm] 蠕虫状的

vermicelli* [ˌvɜːmɪˈseli] 细面条

15. **vertebr**(= joint, vertebra)

vertebra** [ˈvɜːtɪbrə] 脊椎骨

invertebrate** [ɪnˈvɜːtɪbrət] 无脊椎的；柔弱的

16. **vestig**(= footprint)

vestige** [ˈvestɪdʒ] 痕迹，遗迹

vestigial* [veˈstɪdʒiəl] 痕迹的；退化的

investigate*** [ɪnˈvestɪgeɪt] 调查，研究

17. **vic**(= substitute)

vicarious* [vɪˈkeəriəs] 代理的；代替的

vicar** [ˈvɪkə(r)] 教区牧师

vice-president*** [ˌvaɪsˈprezɪdənt] 副总统

18. **vicin**(= neighbor)

vicinity*** [vəˈsɪnəti] 附近；接近

vicinal* [ˈvɪsɪnəl] 邻近的；本地区的

vicinage* [ˈvɪsɪnɪdʒ] 附近的地区；邻居

19. **vill**(= country, dwelling)

village*** [ˈvɪlɪdʒ] 乡村；村民

villa*** [ˈvɪlə] 别墅

20. **vill**(= velvet, shaggy)

villus* [ˈvɪləs] 绒毛

villiform* [ˈvɪləfɔːm] 绒毛状的

velvet*** [ˈvelvɪt] 天鹅绒；鹿茸

21. **vin**(= wine)

vintage** [ˈvɪntɪdʒ] 葡萄收获期；葡萄酒

vinegar*** [ˈvɪnɪgə(r)] 醋

viniculture* [ˈvɪnɪˌkʌltʃə(r)] 葡萄栽培；葡萄酒酿造

22. **vir**(= man)

virile** [ˈvɪraɪl] 男性的；有男子气概的

triumvirate* [traɪˈʌmvərət] 三头政治，三人同盟；三位一体

virtue*** [ˈvɜːtʃuː] 美德；优点

23. **vir**(= poison, virus)

virus* [ˈvaɪrəs] 病毒；毒害

virulent* [ˈvɪrələnt] 剧毒的；恶意的

virology* [vaɪˈrɒlədʒi] 病毒学

24. **virg**(= woman, womb)

virgin*** [ˈvɜːdʒɪn] 处女

W

1. **wal**(= foreign, Celtic)

walnut [ˈwɔːlnʌt] 胡桃

Wales [weɪlz] 威尔士

Walloon [wɒˈluːn] 瓦龙人

2. **wan**(= empty)

wanton*** [ˈwɒntən] 奢侈享乐的人；水性杨花的女人；肆意的；淫荡的

3. **war**(= aware)

wary*** [ˈweəri] 机警的；细心的

unaware*** [ˌʌnəˈweə(r)] 没觉察到的

beware*** [bɪˈweə(r)] 小心

4. **ward**(= to protect)

warden*** [ˈwɔːdn] 管理者；典狱长

wardrobe*** [ˈwɔːdrəʊb] 衣柜，衣橱

reward*** [rɪˈwɔːd] 报酬，酬劳

5. **warf**(= to turn)

wharf*** [wɔːf] 码头

whirl*** [wɜːl] 旋转，晕眩

whorl** [wɜːl] 轮生体；螺旋形的物体

6. **warn**(= to protect)

warn*** [wɔːn] 警告；告诫

warrant*** [ˈwɔːrənt] 根据；凭证

warranty* [ˈwɔːrənti] 担保；担保书

7. **whisk**(= to flick)

whisk*** [wɪsk] 扫，拂；挥动

whisker*** [ˈwɪskə(r)] 髯，连鬓胡子

whisk broom* [ˈwɪskbruːm] 小笤帚

8. **-wich,wick**(= town)

Norwich**[nɔːrɪdʒ]诺里奇(英格兰东部，Norfolk(诺福克郡)之首府)

Warwick** [ˈwɔːrɪk] 沃里克(Warwickshire(沃里克郡)之首府)

9. **worth**(= value)

worthy*** [ˈwɜːði] 杰出人士；有价值的

worship*** [ˈwɜːʃɪp] 礼拜；崇拜，尊敬

stalwart** [ˈstɔːlwət] 粗壮结实的；勇敢的

10. **wring**(= to twist)

wring*** [rɪŋ] 拧，绞

wrong*** [rɒŋ] 错误的；不正常的；不道德的；不公正；错误；不公正地对待；加害

11. **writh**(= to twist)

writhe*** [raɪð] 翻滚；扭动

wrath*** [ræθ] 愤怒

wreath*** [riːθ] 花冠；花圈

12. **wroht**(= to work)

wrought*** [rɔːt] 加工的；精细的

cartwright* [ˈkɑːtraɪt] 车匠

playwright** [ˈpleɪraɪt] 剧作家，编剧

X

1. **xanth**(= yellow)

xanthous* [ˈzænθəs] 黄色的；蒙古人种的

xanthophyll* [ˈzænθəfɪl] 黄色色素；叶黄质

2. **xen**(= foreign, strange)

xenophobia* [ˌzenəˈfəʊbiə] 恐外症

xenolith* [ˈzenəlɪθ] 捕虏岩(指火成岩中与其无成因关系的包体)

xenon* [ˈziːnɒn] 氙(惰性气体的一种，元素符号 Xe)

3. **xer**(= dry)

xerophilous* [zɪˈrɒfɪləs] 好干燥的；旱生的

xerography* [ˌzɪəˈrɒgrəfi] 静电印刷术

4. **xyl**(= wood)

xylography* [zaɪˈlɒgrəfi] 木版印刷法

Z

1. **zeal**(= fervor)

zealot** [ˈzelət] 狂热者

zealous*** [ˈzeləs] 热心的；热情的

jealous*** [ˈdʒeləs] 妒忌的

2. **zinc**(= zinc)

zincite* [ˈzɪŋkaɪt] 红锌矿

zinciferous* [zɪŋˈkɪfərəs] 含锌的

zincography* [zɪŋˈkɒgrəfi] 制锌版术

3. **zircon**(= zircon)

zirconium* [zɜːˈkəʊniəm] 锆

zirconate* [ˈzɜːkəneɪt] 锆酸盐

zirconic* [zɜːˈkɒnɪk] 锆的

4. **zo**(= animal)

zoology** [zəʊˈɒlədʒi] 动物学

protozoon* [ˌprəʊtəʊˈzəʊɒn] 原生动物

spermatozoon* [ˌspɜːmətəˈzəʊɒn] 精子

5. **zon**(= belt)

zone*** [zəʊn] (寒带、热带等的)地带

zonal* [ˈzəʊnl] 带状的，形成地带的

6. **zyg, zeug**(= yoke, paired)

zygote* [ˈzaɪgəʊt] 接合子(体)

zygodactyl* [ˌzaɪgəˈdæktɪl] (鸟)对生趾的

7. **zym**(= ferment)

enzyme* [ˈenzaɪm] 酶

zymology* [zaɪˈmɒlədʒi] 发酵学

zymurgy* [ˈzaɪmɜːdʒi] 酿造学

索 引

I. 词根索引

词根索引收录了全书 200 个 Lecture 中的主讲词根，不包括附录中的补充词根。

N

O

P

W

索 引

II. 单词索引

彩色词条为全书 200 个 Lecture 中的 1,000 个主词条。

A

C

F

G

H

J

K

L

N

O

P

Q

R

S

W

金正基

1960年出生于韩国

教育经历：

- 美国纽约州立大学政治学学士（最优等成绩毕业）
- 美国马凯特大学（Marquette University）法学博士
- 美国哈佛大学最高领导人课程研修
- 中国北京大学研究学者

工作经历：

- 韩国首尔大学、高丽大学、延世大学英语讲师
- 《朝鲜日报》（网络版）英语专栏作家
- 美国律师
- 韩国百想律师事务所顾问律师
- 韩国庆熙大学国际法务研究生院外聘教授
- 韩国网络大学首任校长
- 曾任大韩民国驻上海总领事

出版作品：

- 未来型领导的条件（2007，坳林出版社（Seoul Oruem Publishing House））
- 韩国式的协商法则（2004，青年出版社）
- 我挑战1%可能性（2002，朝鲜日报社）
- 巨路大学英语研究（全10册）（1983，巨路出版社）

邮购咨询电话： 010-62605127

爱上英文系列：

《点亮心灵的句子》 俞敏洪 编著
《我的感性名言书》（韩）李秀姬 编著
《我的英语日记》（韩）南银英 编著

- ◎ 激励人心的名言短句，字字珠玑，句句经典
- ◎ 励志与悦读并举，为读者提供美的阅读体验
- ◎ 四色/双色创意插图，帮助读者体会文字意境
- ◎ 激发英文写作兴趣，指导日记创作，受益匪浅

新东方双语书话译丛系列：

唐静 编译

本系列包含《书林辟径：邂逅生命中挚爱的书》《书海逸趣：有书陪伴的人生不寂寞》《护书之苦：书若安好，便是晴天》《藏书之乐：书架上的珍宝》《一派书心：缘何此生只爱书》五册。展一卷书香，赴一场爱书人的心灵之约。

新东方英语美文背诵系列：

《生而为赢》/《摘取梦想的启明星》/《希望长着翅膀》（各含光盘1张）

俞敏洪 编审 王强 录音

新东方英语美文背诵系列是“新东方英语美文背诵大赛”唯一指定用书。本套图书精选了多篇脍炙人口的英语美文，全书配中文参考译文和生词注释，适合英语爱好者学习、诵读。语音部分由新东方资深英语教学专家、美语思维学习法创始人王强老师朗读。

《英语现代文背诵篇章》（含光盘1张）

俞敏洪 包凡一 编译

- ◎ 常考话题尽数涵盖：80篇文章涉及社会生活、人文科学、自然科学等领域众多题材，四六级、托福、雅思、GRE考试常考话题尽数涵盖
- ◎ 听读结合，培养语感：本书配有MP3光盘一张，所有英文内容由美音外教朗读，语音语调纯正。听读结合，能够有效培养语感，提高英语听说能力

定价：25元 开本：32开 页码：272页

英语语法新思维教程系列：

《英语语法新思维初级教程——走近语法》
《英语语法新思维中级教程——通悟语法》
《英语语法新思维高级教程——驾驭语法》
张满胜 著

- ◎ 传统语法书教给你“死规则”，《英语语法新思维》告诉你“活思维”。
- ◎ 传统语法书“大而全”地罗列死规则，《英语语法新思维》“少而精”地点透活思维。

剑桥标准英语教程系列：

(1–4级 共32册，8个盘包)

Michael McCarthy 等 编著

每级包含：
学生用书（附CD/CD-ROM）
学生用书A（附CD/CD-ROM）
学生用书B（附CD/CD-ROM）
教师用书（附CD）
练习册、练习册A、练习册B、Video活动用书、Class Audio CDs、Video

- ◎ 体现语料库教学的最新研究成果
- ◎ 为美语学习提供全新方案
- ◎ 科学构建教学大纲，专注传授真正实用的英语
- ◎ 课程设置前后关联呼应，突出个性化教学与课堂互动
- ◎ 配套教辅细致入微，服务师生，易教易学

剑桥实境英语系列：

(1–4级，每级含听说、阅读、写作分册)
（听说、写作各配光盘1张）

Miles Craven等 编著

本丛书实用性强、覆盖面广、题材丰富、图文并茂，可帮助英语学习者丰富英语知识，积累语言素材，培养良好的语言感觉，训练正确的思维方式，适合学生自学或课堂教学。

《英语会话全书》

(上下全两册)（含光盘1张）

(韩) 李宝宁 编著

- ◎ 全！18大主题，182个细分话题，涵盖日常生活的各个方面！
- ◎ 酷！课堂上学不到的美式英语，一种意思多种表达，你总比别人多会几句！
- ◎ 值！赠送450分钟美音MP3光盘、倍学口语线上体验课程，给你超值学习体验！

定价：59.8元 开本：32开 页码：984页

请将读者反馈email至： bj62605588@163.com

英语随身袋系列：

《轻松打开英语话匣子》
Bernard White，朱秀琴 著
《旅游英语现学现用》
Edwin White，周智惠 著
《看漫画学日常英语》陈凯莉 著
《英语常用句型就这58句》
Albert Brown，周英伦 著
《英语语法6天入门》王嘉敏 著
（套装含光盘1张，包括前四本书录音；单册书音频文件可免费下载）

本系列图书涵盖旅游英语、漫画英语、日常会话、语法等方面内容，风格轻松，设计小巧，便于携带，旨在帮助读者利用零碎时间快速提高英语水平。

《生活口语表现词典》（韩）李宝宁著
《商务口语表现词典》（韩）李昌秀著
（各含光盘1张，附赠句型便携手册）

- ◎ 精选304组生活口语重点句型和280组商务口语重点句型，为各类常见情景提供可直接套用的“句型公式”
- ◎ 精心编写1200多个情景例句，设置大量中译英练习，辐射多种场景，活学活用，举一反三
- ◎ 透析中国人常犯的英语表达错误，对比正误，及时纠错。讲解商务常识，实现准确沟通

《这个词， 英语怎么说》
《这句话， 英语怎么说》

（免费下载图书相关音频文件）

金利 主编

- ◎ 采用“用汉语找英语”的学习方式，教你学会最常用、最常说、最想说的词句
- ◎ 重现大量真实语境
- ◎ 解析词汇内涵，纠正中式英语，训练英语表达思维
- ◎ 拓展同义词汇、例句
- ◎ 图文并茂，版式活泼

《美语发音秘诀》

（含光盘1张） **Ann Cook** 著

- ◎ 《美语发音13秘诀》全新改版，内容更全面，更加符合阅读习惯
- ◎ 不是说教式的课本，而是用直观的图片助你理解语言现象的指导书
- ◎ 不是中规中矩的老方法，而是与现实中的语言行为一致的方法指南
- ◎ 不是哑巴式的美语发音书，而是蕴含绘声绘色的录音内容的发音书
- ◎ 不是只有讲解的枯燥无味的教材，而是讲练结合适合自学的辅导书
- ◎ 新增Teacher's Guide章节，详细指导教学方法，可以作为教材使用

定价：42元 开本：16开 页码：276页

《美语发音秘诀：语法》

（含光盘1张） **Ann Cook** 著

- ◎ 如果你语音语调正确，一张口却都是语法错误
- ◎ 如果你熟知语法规则，却无法将其应用到日常交流中
- ◎ 如果你想要一本既讲语法规则，又教授发音技巧的书
- ◎ 如果你想成为语音、语法双面达人

那么，这本书是你的最佳选择！

定价：42元 开本：16开 页码：360页

老外每天在用的英文系列：

生活口语 / 生活词汇 / 商务口语
（免费下载图书相关音频文件）

(日)吉田研作 荒井贵和 武藤克彦 著

- ◎ 一套只教你最常用、最实用词句的词汇/口语书
- ◎ 一套让你学会语音、语调和语气的词汇/口语书
- ◎ 一套让你一看就会、脱口而出的高效词汇/口语书
- ◎ 一套以漫画重现英文应用场景的有趣词汇/口语书

《从零快乐学英语》

（含光盘1张）

李露 琚晋蓉 杨爽 编著

本书从成人学英语的实际出发，语言浅显，内容简单、实用。内容有“字母启蒙”、“点滴积累”、“认识音标”、“发音规则”、“情景对话”、“语法”、“绕口令”、轻松一下”、“话里话外”和“课堂活动”。

定价：29元 开本：32开 页码：292页

读者反馈表

尊敬的读者：

您好！非常感谢您对**新东方大愚图书**的信赖与支持，希望您抽出宝贵的时间填写这份反馈表，以便帮助我们改进工作，今后能为您提供更优秀的图书。谢谢！

为了答谢您对我们的支持，我们将对反馈的信息进行随机抽奖活动，当月将有20位幸运读者可获赠《**新东方英语**》期刊一份。我们将定期在新东方大愚图书网站www.dogwood.com.cn公布获奖者名单并及时寄出奖品，敬请关注。

来信请寄：

北京市海淀区海淀东三街2号新东方南楼19层

北京新东方大愚文化传播有限公司

图书部收

邮编：100080　　E-mail：bj62605588@163.com

姓名：__________ 年龄：__________ 职业：__________ 教育背景：__________

邮编：__________ 通讯地址：______________________________

联系电话：____________________ E-mail：____________________

您所购买的书籍的名称是：______________________________

1. 您是通过何种渠道得知本书的（可多选）：

□书店　□新东方网站　□大愚网站　□朋友推荐　□老师推荐

□@新东方大愚图书(http://weibo.com/dogwood)　□其他____________________

2. 您是从何处购买到此书的？

□书店　□新东方大愚淘宝网　□其他网上书店　□其他____________________

3. 您购买此书的原因（可多选）：

☐封面设计 ☐书评广告 ☐正文内容 ☐图书价格 ☐新东方品牌

☐新东方名师 ☐其他____________

4. 您对本书的封面设计满意程度：

☐很满意 ☐比较满意 ☐一般 ☐不满意

改进建议____________

5. 您认为本书的内文在哪些方面还需改进?

☐结构编排 ☐难易程度 ☐内容丰富性 ☐内文版式 ☐其他____________

6. 本书最令您满意的地方：☐内文 ☐封面 ☐价格 ☐纸张

7. 您对本书的推荐率：☐没有 ☐ 1 人 ☐ 1—3 人 ☐ 3—5 人 ☐ 5 人以上

8. 您更希望我们为您提供哪些方面的英语类图书?

☐四六级类 ☐考研类 ☐IELTS 类 ☐TOEFL 类 ☐GRE、GMAT 类

☐SAT、SSAT 类 ☐留学申请类 ☐BEC、TOEIC 类 ☐英语读物类

☐初高中英语类 ☐少儿英语类 ☐其他____________

您目前最希望我们为您出版的图书是：____________

9. 您在学习英语过程中最需要哪些方面的帮助?（可多选）

☐词汇 ☐听力 ☐口语 ☐阅读 ☐写作 ☐翻译 ☐语法 ☐其他____________

10. 您最喜欢的英语图书品牌：____________

理由是（可多选）：☐版式漂亮 ☐内容实用 ☐难度适宜 ☐价格适中

☐对考试有帮助 ☐其他____________

11. 您对新东方图书品牌的评价：____________

12. 您对本书（或其他新东方图书）的意见和建议：____________

13. 填表时间：________ 年 ______ 月 ____ 日